lonely pla

Andalusien

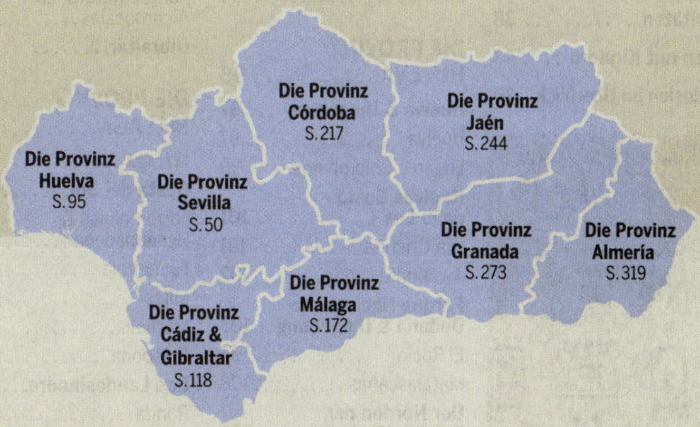

Gregor Clark, Duncan Garwood, Isabella Noble

REISEPLANUNG

CEZARY WOJTKOWSKI/SHUTTERSTOCK ©

CATEDRAL & GIRALDA, SEVILLA S. 52

ECUADORPOSTALES/SHUTTERSTOCK ©

WANDERN AM MULHACÉN S. 302

REISEZIELE IN ANDALUSIEN

Inhalt

COVID-19

Vor Erscheinen dieses Reiseführers wurde jede beschriebene Einrichtung überprüft, ob sie auch nach dem COVID-19-Ausbruch 2020 noch geöffnet ist. Die wirtschaftlichen und sozialen Folgen der Pandemie werden jedoch noch lange spürbar sein, und viele der Geschäfte, Dienstleistungen und Veranstaltungen können weiterhin Einschränkungen unterliegen. Einige Locations sind vielleicht vorübergehend geschlossen, haben Öffnungszeiten bzw. Angebote geändert oder verlangen Reservierungen; einige könnten leider auch dauerhaft geschlossen sein. Daher vor dem Besuch unbedingt über die aktuellen Entwicklungen informieren!

Willkommen in Andalusien

Der Duft von Orangenblüten, das Rascheln eines Flamenco-Kleides, der Anblick eines Dorfes oben auf einem Steilhang: Andalusien begeistert in jeder Hinsicht.

Das Wesen Spaniens

Andalusien, wie man es aus Opern, Kunstwerken und der Literatur des 19. Jhs. kennt, gilt oft als Sinnbild für ganz Spanien: ein von der Sonne verwöhnter Landstrich der Fiestas und der Gitarre schwenkenden Troubadoure, der Stierkämpfer, resoluten Opernheldinnen und traurig schluchzenden Roma-Sänger. Natürlich ist diese vereinfachte Vorstellung veraltet und übertrieben, doch sie enthält auch ein Fünkchen Wahrheit. Andalusien ist eine leidenschaftliche Region, deren Atmosphäre einen ganz plötzlich in den Bann zieht. Das moderne Andalusien steckt aber auch voller Leben und Fortschritt, wofür die beeindruckende Kunst-Renaissance Málagas nur ein Beispiel ist.

Einzigartige Geschichte

Andalusien verdankt seinen Reiz nicht zuletzt seiner Geschichte. Über acht Jahrhunderte war es Grenzland zwischen zwei Religionen: Christentum und Islam. Genau wie ein Fass des knochentrockenen lokalen Sherrys der Gärung überlassen, beeinflussten sich über die Zeit beide Kulturen gegenseitig und es reifte eine Fülle kultureller Kolosse: zu Kirchen umgebaute Moscheen, riesige Paläste, eine von nordafrikanischen Gewürzen und Zutaten beeinflusste Küche, *hammams* und *teterías* (Teehäuser), die an den maurischen Lebensstil erinnern, und eine Reihe weißer Dörfer, die noch immer die zerklüftete Landschaft prägt, von Granadas verschachteltem Viertel Albayzín bis zu den Hügelorten der Provinz Cádiz.

Wildes Andalusien

Es braucht mehr als ein paar Golfplätze, um die vielfältige, oftmals übersehene Ökologie Andalusiens plattzuwalzen. Bedeutende Teile der Küste der Region sind nach wie vor fast unberührt, vor allem an der Costa de la Luz in Cádiz und am Cabo de Gata in Almería. Im Inland warten Bauerndörfer, in denen sich seit Federico García Lorcas *Bodas de sangre* (Bluthochzeit) kaum etwas verändert hat. Mindestens 30 % der Fläche Andalusiens sind Naturschutzgebiete und die Schutzmaßnahmen zeigen positive Ergebnisse. Der Iberische Luchs ist nicht mehr ganz so scheu und die Steinbockpopulation wächst. Sogar der riesige Lämmergeier (Bartgeier) fliegt wieder hoch über den Bergen von Cazorla.

Duende

Einer der geheimnisvollsten Aspekte Andalusiens ist *duende*, der schwer fassbare Geist in der spanischen Kunst und besonders im Flamenco. Es steht für einen Moment besonders intensiver Gefühle, meist während einer künstlerischen Darbietung. In Andalusien wird er an den richtigen Orten sehr beseelt heraufbeschworen. Man findet ihn vielleicht bei Lorca-Stücken in einem Stadttheater, bei Orgelkonzerten in einer gotischen Kirche, bei den spontanen Flamenco-Vorführungen in einer *peña* (Club).

Warum ich Andalusien liebe

Von Isabella Noble, Autorin

Ich wuchs in dem Dorf Cómpeta in der Provinz Málaga auf, tanzte auf *ferias* Flamenco, nahm für immer den *malagueño*-Akzent an, tastete mich als Vegetarierin durch fleischige Menüs und studierte Karten der andalusischen Gipfel, Parks und Flüsse, bis ich später in der Provinz Cádiz lebte. Die Costa de la Luz ist mein absoluter Lieblingsort (dicht gefolgt von Tarifa und Vejer de la Frontera), und obwohl Cádiz, Málaga, Córdoba und Sevilla alle wunderschön sind, reicht nichts an das zauberhafte Granada mit den weltvergessenen Dörfern der Alpujarras direkt vor der Haustür heran. Andalusien wird mit seiner Lebensfreude immer meine Heimat sein.

Mehr über unsere Autoren siehe S. 419

Oben: El Rinconcillo (S. 77), Sevilla

Andalusien

HÖHE
2000 m
1500 m
1000 m
500 m
200 m
100 m
0
Córdoba
Christliche und islamische Architektur aus über 1000 Jahren (S. 220)
Sevilla
Gotische Kirche trifft auf Mudejar-Palast (S. 52)
Parque Nacional de Doñana
Inseln der Artenvielfalt im Río-Guadalquivir-Delta (S. 103)
Jerez de la Frontera
Wiege des Sherry, der Pferde und des Flamenco (S. 130)
Arcos de la Frontera
Das beeindruckendste von Cádiz' weißen Dörfern (S. 143)
Cádiz
Europas älteste Stadt verspricht jede Menge Spaß (S. 119)
Costa de la Luz
Kitesurfen und ganz ursprüngliche Strände (S. 152)
Tarifa
Andalusiens Surferhauptstadt (S. 159)
Ronda
Hoch auf Klippen gelegener Ort inmitten von Bergen (S. 195)
Mérida
Badajoz
SPANIEN
BADAJOZ (EXTREMADURA)
CÓRDOBA
PORTUGAL
HUELVA
SEVILLA
CÁDIZ
MÁLAGA
MAROKKO
ATLANTISCHER OZEAN
Golfo de Cádiz
Bahía de Cádiz
Costa de la Luz
Straße von Gibraltar
Santa Eufemia
Pozoblanco
Peñarroya-Pueblonuevo
Río Guadiato
La Capitana (959 m)
Guadalcanal
Parque Natural Sierra de Hornachuelos
Parque Natural Sierra de Aracena y Picos de Aroche
Rosal de la Frontera
Beja
Jabugo
Castaño (960 m)
Cortegana
Almonaster la Real
Alájar
Aracena
Linares de la Sierra
Cazalla de la Sierra
Parque Natural Sierra Norte de Sevilla
Constantina
Córdoba
Río Huéznar
Palma del Río
Zalamea la Real
Lora del Río
Écija
Río Genil
Río Odiel
Carmona
Río Tinto
Sevilla
Marchena
Monte Francisco
Ayamonte
Isla Cristina
Lepe
Huelva
Punta Umbría
Almonte
Coria del Río
Río Guadaira
Río Corbones
Utrera
Osuna
Parque Nacional de Doñana
Matalascañas
37°N
Parque Natural de Doñana
Trebujena
Sanlúcar de Barrameda
Embalse de Bornos
Coripe
Olvera
El Chorro
Villamartín
Zahara de la Sierra
El Burgo
Grazalema
Ronda
Torrecilla (1918 m)
El Bosque
Jerez de la Frontera
Arcos de la Frontera
El Torreón (1648 m)
Ubrique
Parque Natural Sierra de las Nieves
Parque Natural Sierra de Grazalema
Cádiz
Gaucín
San Fernando
Medina Sidonia
Marbella
San Pedro de Alcántara
Conil de la Frontera
Vejer de la Frontera
Parque Natural Los Alcornocales
Los Caños de Meca
Barbate
La Línea de la Concepción
Gibraltar (GB)
Zahara de los Atunes
Bolonia
Algeciras
36°
Tarifa
Ceuta
Tanger
6°W
5°W
7°W

Entfernungen (km)

	Sevilla	Cádiz	Málaga	Córdoba	Jaén	Granada
Cádiz	126					
Málaga	209	240				
Córdoba	143	261	165			
Jaén	246	330	203	108		
Granada	252	296	125	160	93	
Almería	410	463	207	316	220	162

Anmerkung: Angegeben sind ungefähre Entfernungen.

Andalusiens Top 18

1

Granada & die Alhambra

1 Zweifellos stellten die Nasriden beim Bau der Alhambra von Granada (siehe unten; S. 276) eines unter Beweis: Mit der richtigen Mischung aus Talent und Weitsicht sagen Kunst und Architektur mehr als Worte. Vor der schneebedeckten Kulisse der Sierra Nevada verschlägt diese hoch auf einem Hügel aufragende maurische Zitadelle den Besuchern seit über 700 Jahren die Sprache. Grund dafür ist ihr harmonisches architektonisches Gleichgewicht zwischen Zivilisation und umliegender Natur. Das lebhafte Granada hinterlässt einen nicht weniger bleibenden Eindruck – von gut besuchten Tapas-Bars über schwüle *teterías* (Teehäuser) bis zum Straßenlabyrinth des historisch-maurischen Albayzín.

Sevillas Kathedrale & Alcázar

2 Die Erbauer der Kathedrale von Sevilla (siehe unten, S. 54) wollten im 15. Jh. eine so große Kirche errichten, dass künftige Generationen sie für verrückt halten würden. Der Plan ging auf, denn nur ein Haufen architektonischer Genies könnte so ein gewaltiges gotisches Meisterwerk – das größte der Welt – errichten. Der angrenzende Alcázar, der immer noch als Palast der spanischen Königsfamilie dient, ist ein noch raffinierterer und komplexerer Prachtbau und eine spektakuläre Mischung aus christlicher und Mudejararchitektur. Sevillas zahllose Tapas-Bars und Kneipen sind die perfekte Ergänzung zu diesen unvergleichlichen architektonischen Juwelen.

CEZARY WOJTKOWSKI/SHUTTERSTOCK ©

2

LAPAS77/SHUTTERSTOCK ©

Mezquita von Córdoba

3 Córdobas prächtige Moschee (S. 220) ist ein Prunkstück islamischer Baukunst und ein Symbol für die kulturelle und politische Blütezeit des maurischen Spaniens mit Córdoba als Hauptstadt – der damals größten, kulturell reichsten Stadt in Westeuropa. Im Inneren der Mezquita erstrecken sich Hufeisenbögen in alle Richtungen; die kompliziertesten sind rund um das mit Goldmosaiken geschmückte Portal des *mihrab* (Gebetsnische; siehe unten) zu finden. Besucher Córdobas steuern zu Recht als Erstes die Mezquita an, doch die umliegende Altstadt ist ebenso beeindruckend.

Las Alpujarras & Sierra Nevada

4 Die Sierra Nevada rahmt mit ihren weißen Gipfeln eindrucksvoll das maurische Granada ein, und umfasst zudem das südlichste Skiresort Spaniens. Die verstreuten weißen Dörfer an den Südhängen werden Las Alpujarras (S. 302) genannt und sind für ihr altes Kunsthandwerk, ihre ertragreiche Landwirtschaft, ihre fleischhaltige Küche, ihre Wander- und Reitmöglichkeiten sowie ihre Flachdachhäuser im Berberstil bekannt. Ein Großteil des Gebirgszuges gehört zum 859 km² großen Nationalpark.

Rechts: regional hergestellte Decken, Las Alpujarras

3

STEFANO_VALERI/SHUTTERSTOCK ©

BRENDAN SAINSBURY/LONELY PLANET ©

SERGIO SAAVEDRA RUIZ/SHUTTERSTOCK ©

ELROCE/SHUTTERSTOCK ©

Parque Nacional de Doñana

5 Als „Insel" der Artenvielfalt im Delta des Río Guadalquivir ist der 601 km² große Parque Nacional de Doñana (S. 103) einer von nur zwei Nationalparks in Andalusien. Zusammen mit dem *parque natural* bildet er eines der größten Feuchtgebiete Europas. Der Park gilt als Musterbeispiel für ökologisches Management und steht für eine wegweisende Umweltpolitik, die ein Gleichgewicht zwischen Natur, Tourismus und Landwirtschaft anstrebt. Er bietet zahlreiche Naturerlebnisse und ist eine bedeutende Zufluchtsstätte für Hirsche, Wildschweine, Wasserzugvögel und den vom Aussterben bedrohten Pardelluchs (siehe oben).

Strände an der Costa de la Luz

6 Andalusiens windgepeitschte Atlantikküste ist wilder, weniger erschlossen und überlaufen als seine Mittelmeerküste. An der Costa de la Luz (S. 152) tummeln sich Kite- und Windsurfer, Yogis, Reiter und Wanderer – genug Platz für alle, um auf den weiten Sandstränden mit Marokko in der Ferne zu entspannen. Das actiongeladene Tarifa und das kulinarische Vejer de la Frontera bieten marokkanisches Flair. In anderen Orten wie Zahara de los Atunes, El Palmar und Caños de Meca lässt es sich wunderbar am Strand aalen. Bolonia beeindruckt mit seinen Ruinen am Meer. Antike römische Ruinen in der Nähe von Tarifa (S. 159)

7

MARCIN KRZYZAK / SHUTTERSTOCK ©

8

IONO BALAGUER/SHUTTERSTOCK ©

Flamenco

7 Wie jede großartige von Leiden inspirierte Musik reißt Flamenco die Zuhörer aus ihrer Lethargie und berührt ihre Seele, als wollte er sie am Schmerz unzähliger Generationen vertriebener Außenseiter teilhaben lassen und ihnen eine Tür zur geheimen Welt musikalischer Geister und alter andalusischer Seelen öffnen. Andererseits kann die Flamenco-Kultur auch überraschend fröhlich, witzig und ironisch sein. Es gibt nur eine echte Bedingung: Man muss ihn live hören, am besten in seinen Geburtsorten Sevilla, Jerez und Cádiz (S. 82).

Cabo de Gata

8 Die urspüngliche Küste erlebt, wer sich nach Cabo de Gata (S. 334) im äußersten Südosten der Provinz Almería begibt – eine wilde Gegend ohne Golfplätze, wo immer noch Fischer den Fang einholen, steile Klippen vom azurblauen Meer umspült werden und abgelegene Dörfer in der Landschaft liegen. Obwohl eine der trockensten Gegenden Europas, bietet das *cabo* (Kap) eine buntgefiederte Fauna und eine buschige Vegetation. Es dient auch als geschützter *parque natural*, ideal zum Radfahren, Wandern, Tauchen und Schnorcheln mit einigen der unberührtesten Strände Andalusiens.

Tapas

9 Die spanische Küche mag zwar molekular geworden sein, aber die Grundlagen sind unschlagbar. Tapas definieren sowohl den spanischen Kochstil als auch die Art, zu essen: Man probiert und genießt bei langen Gelagen bis tief in die Nacht hinein. Sevilla (S. 52) beansprucht für sich, die kreativsten Tapas Andalusiens zu servieren, obwohl Málaga, Granada, Cádiz und Vejer de la Frontera das anders sehen könnten. Granada, Almería und Jaén gehören zu den wenigen Provinzen, in denen es immer noch zu jedem Getränk eine leckere kostenlose Tapa gibt. Oben rechts: Espinacas con garbanzos

MARGARET STEPIEN/LONELY PLANET ©

9

Cádiz

10 Die *gaditanos* (Einwohner von Cádiz) sind die größten Spaßvögel Spaniens. In dieser sonnenverwöhnten Stadt (S. 119) mit historischen *barrios* (Stadtvierteln) und dem größten Karneval des Festlandes (rechts) nimmt man nichts allzu ernst. Sogar der lokale Flamenco-Stil namens *alegrías* ist ungewöhnlich fröhlich. Cádiz liegt wie ein großes Schiff auf einer Halbinsel, die in den Atlantik hineinragt, und ist für seine romantischen Bootsfahrten übers Meer, seine goldenen Strände, seine von Meeresfrüchten geprägte Gastro und seine historischen Sehenswürdigkeiten beliebt.

ANDREAS POERTNER/SHUTTERSTOCK ©

10

11

12

Málaga

11 Málaga (S. 173), diese einnehmende Hafenstadt mit phönizischen, römischen und maurischen Wurzeln, strotzt vor Energie und befindet sich mitten in einer Kunstrenaissance. In den letzten zwei Jahrzehnten wurde eine ganze Reihe an Museen und Galerien eröffnet, vom Museo Picasso über das Centre Pompidou (siehe oben) bis hin zum Museo de Málaga. Nun hat die Stadt auch noch einen kostenfreien Raum für Straßenkunst: In Soho, einem ehemaligen Hafenviertel, gibt's riesige Wandbilder und Graffitis, innovative, aufstrebende und kreative Hotels, Cafés, Restaurants.

Kitesurfen in Tarifa

12 Wenn es in Andalusien eine Outdoor-Aktivität schlechthin gibt, dann Kitesurfen: ein adrenalingeladener Sport, dem die starken Winde über der Straße von Gibraltar noch einen extra Kick geben. Dank des Sportes bietet die Costa de la Luz eine künstlerisch-hippe Atmosphäre, auch an ihrer windgepeitschten südlichen Spitze Tarifa (S. 159), einer historischen, weiß getünchten, eher marokkanisch wirkenden Stadt. An den Stränden der Umgebung wimmelt es von Wind- und Kitesurfing-Anbietern. In El Palmar wiederum findet man die besten Bedingungen zum Wellenreiten.

SEANPAVONEPHOTO/GETTY IMAGES ©

JAN_S/SHUTTERSTOCK ©

Ronda

13 Das spektakuläre Ronda (S. 195) thront auf steilen Klippen inmitten der zerklüfteten Berglandschaft der Serranía de Ronda in der Provinz Málaga. Das beliebte weiße Dorf blickt auf eine umkämpfte, von Schmugglern, Rebellen und Stierkämpfern geprägte Geschichte zurück. Darüber hinaus verkehrten hier schon Künstler wie Ernest Hemingway und Orson Welles. Es gibt eine neu belebte Flamenco-Szene und hervorragende Restaurants mit deftiger Bergküche sowie regionalen Weinen und Olivenölen. Alternativ die Wanderschuhe auspacken und ab in die Berge!

Die weißen Dörfer

14 Wer sich für das schönste *pueblo blanco* (weißes Dorf) entscheiden muss, hat die Qual der Wahl. Im Zweifel helfen klassische Merkmale wie: aufregende Lage, eindrucksvoller historischer Kern, unter Anwohner beliebte Tapas-Bars, bewegte Grenzgeschichte. Weniger romantisch ist die Tatsache, dass diese Dörfer im 19. Jh. weiß getüncht wurden, um sich vor der Sonne zu schützen und die Häuser sauber zu halten. In Andalusien gibt es zwei malerische Schwerpunkte: in der Provinz Cádiz (S. 143) und in den bergigen Alpujarras von Granada. Oben: Frigiliana (S. 212)

Baeza & Úbeda

15 Die beiden Außenposten in den Olivenhainen der Provinz Jaén sehen eher italienisch als spanisch aus, was an der perfekt erhaltenen Renaissancearchitektur liegt. Der lokale Adel ließ die Städte im 16. Jh. umgestalten und beauftragte den Architekten Andrés de Vandelvira, gewaltige, hübsch proportionierte Villen, Kirchen und öffentliche Gebäude zu entwerfen. So hielten die Ideen der Renaissance Einzug in Spanien. Seit 2003 gehören Baeza (Bild) und Úbeda (S. 257) zusammen mit den Denkmälern von Granada, Córdoba und Sevilla zum andalusischen UNESCO-Welterbe, werden jedoch weit weniger besucht.

Semana Santa in Sevilla

16 Nur die *sevillanos* (Einwohner Sevillas) können aus Trauer und Tod ein derart atemberaubendes Spektakel machen. Weltweit begehen Städte die christliche Karwoche (S. 70), doch nirgendwo erlebt man einen solchen Elan und eine derartige Leidenschaft wie in Sevilla. Die nächtlichen Umzüge werden von verschiedenen *hermandades* (Bruderschaften; die älteste wurde 1340 gegründet) angeführt, darunter auch maskierte *nazarenos* (Büßer), die in einer emotionsgeladenen, religiösen Atmosphäre kunstvoll gestaltete Wagen durch die Straßen tragen.

15

ABB PHOTO/SHUTTERSTOCK ©

16

JOSE MANUEL GAVIRA/SHUTTERSTOCK ©

QIN XIE/SHUTTERSTOCK ©

ZDENEK MATYAS PHOTOGRAPHY/SHUTTERSTOCK ©

Die Welt des Sherrys

17 In den sonnenverwöhnten Weinbergen der westlichen Provinz Cádiz wird seit der Zeit der Phönizier verstärkter Weißwein hergestellt. Ein typisch spanisches Produkt, das besonders Briten mundete: Sherry galt lange als Getränk für beschwipste englische Omas, feiert jedoch heute ein Comeback. Weinliebhaber können sich bei Führungen, Verkostungen und Sherry-Menüs ein eigenes Bild machen. In den quirligen Städtchen Jerez de la Frontera (S. 130), El Puerto de Santa María und Sanlúcar de Barrameda im Sherry-Dreieck kann man die eichige Note von Sherry probieren.

Parque Natural Sierras de Cazorla, Segura y Las Villas

18 Der Parque Natural Sierras de Cazorla, Segura y Las Villas (S. 266) in Jaén ist eines der artenreichsten Gebiete Andalusiens und zugleich Spaniens größtes Naturschutzgebiet. Saftige Flusstäler und rauschende Wasserfälle wechseln sich mit dichten Wäldern und schroffen Berggipfeln ab. Hier streifen Steinböcke, Hirsche, Wildschweine und Mufflons umher. Auch die Vogelbeobachtung ist ein Vergnügen: Es gibt Steinadler und Gänsegeier; kürzlich wurde sogar der stark bedrohte Bartgeier wieder angesiedelt.

Gut zu wissen

Weitere Informationen siehe Praktische Informationen (S. 385)

Währung
Euro (€); Gibraltar-Pfund (£)

Sprache
Spanisch (Kastilisch); Englisch in Gibraltar

Visa
Mitglieder der EU und Schweizer benötigen nur einen Personalausweis oder Reisepass.

Geld
Geldautomaten sind weithin verfügbar. Die meisten Hotels, Restaurants und Geschäfte akzeptieren Kredit- und Debitkarten.

Handys
Überall in Andalusien bekommt man lokale SIM-Karten, die mit europäischen Handys kompatibel sind. Datenroaming ist in Spanien mit europäischen SIM-Karten kostenlos.

Zeit
Mitteleuropäische Zeit (MEZ), plus eine Stunde im Sommer (MESZ)

Reisezeit

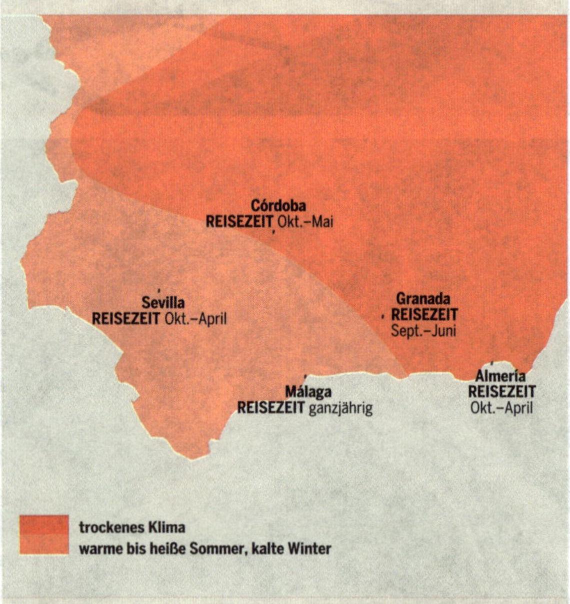

Hauptsaison
(Juli–Mitte Sept.)

- Die Temperaturen schnellen in die Höhe und das Klima ist sehr trocken.
- Da die meisten Spanier im Juli und August Urlaub haben, muss man mit Staus, vor allem an den Küsten, rechnen.
- Viele Hotels erhöhen die Preise, vorab buchen.

Zwischensaison
(April, Mai & Mitte Sept.–Okt.)

- Während der Karwoche und anderer Stadtfeste können sich die Hotelpreise verdreifachen.
- Tolles Wetter: warm, aber nicht zu heiß. (Wanderwetter)
- Im Frühjahr finden viele andalusische Festivals statt.

Nachsaison
(Nov.–März)

- An der Küste bleibt es relativ warm und trocken, im Inland, vor allem in den Höhen, kühler und feuchter.
- Skisaison in der Sierra Nevada.
- Hohe Hotelrabatte (viele schließen aber).
- Sehenswürdigkeiten und Restaurants haben kürzer geöffnet.

Nützliche Websites

Turismo Andalucía (www.andalucia.org) Offizielle Tourismusseite für Andalusien mit Enzyklopädie-Charakter.

Spain (www.spain.info) Hilfreiche offizielle Seite.

Andalucia.com (www.andalucia.com) Praktischer Reiseführer zur Region.

Lonely Planet (www.lonelyplanet.com/spain/andalucia) Infos zu Reisezielen und Hotels sowie Reiseforen und mehr.

Piccavey (www.piccavey.com) Exzellente Infos zu Andalusien von einem Blogger aus Granada.

El País (www.elpais.com) Größte spanische Tageszeitung mit englischsprachigem Teil.

Wichtige Telefonnummern

Es gibt in Spanien keine Ortsvorwahlen. Man wählt einfach die in diesem Reiseführer angegebenen neunstelligen Nummern.

Internationale Vorwahl	☎00
Landesvorwahl	☎34
Krankenwagen	☎061
Notfall	☎112
Polizei	☎091

Wechselkurse

Schweiz	1 Sfr	0,99 €

Aktuelle Wechselkurse siehe unter www.xe.com.

Tagesbudget

Günstig: unter 75 €

- Schlafsaal im Hostel: 15–40 €
- Doppelzimmer im Budget-Hotel: 30–65 €
- Traditionelle Tapas-Bars: 2–4 € pro Tapa
- Busfahrt: 23–30 € (Sevilla–Granada)

Mittelteuer: 75–175 €

- Doppelzimmer im Boutique-Hotel: 65–140 €
- Mietwagen: ab 20 €
- Zweigängemenü: 20–45 €
- Museen & Attraktionen: 3–20 €

Teuer: Mehr als 175 €

- Zimmer in *paradores* oder anderen gehobenen Hotels: mindestens 140 €
- Mahlzeit im Spitzenrestaurant: ab 40 €
- Geführte Tour: ab 20 €
- Mietwagen: ab 20 €

Öffnungszeiten

Die Öffnungszeiten in Andalusien variiren je nach Region und Saison. (In Gibraltar machen Gewerbetreibende keine Siesta: Restaurants sind meist von 8 bis 20 Uhr geöffnet und Geschäfte von 10 bis 18 Uhr; die meisten Läden schließen am Samstagmittag und öffnen wieder am Montagmorgen.)

Banken Mo–Fr 8.30–14 Uhr; einige öffnen auch Do 16–19 Uhr und Sa 9–13 Uhr

Bars & Nachtclubs 22–6 Uhr

Cafés 8–23 Uhr

Geschäfte Mo–Sa 9–13.30 & 17–21 Uhr

Postämter Mo–Fr 8.30–20.30, Sa 8.30–14 Uhr

Restaurants 13–16 & 20–24 Uhr

Shops Mo–Fr/Sa 10–14 & 16.30–19.30 oder 17–20 Uhr; große Supermärkte Mo–Sa 10–20 Uhr

Ankunft in Andalusien

Aeropuerto de Sevilla Der Shuttlebus von EA (4 €) ins Stadtzentrum fährt tagsüber alle 15–30 Minuten (Sonntags seltener). Eine Taxifahrt kostet 23 bis 32 € (15–bis 25 Minuten).

Málaga Airport Der Vorortzug C1 (2,30 €) startet alle 20 Minuten von Terminal 3 und braucht 11 Minuten ins Stadtzentrum. Bus A (3 €, 20 Minuten) startet alle 20 Minuten vor der Ankunftshalle im Terminal 3 in Richtung Stadtzentrum. Es gibt auch Direktbusse vom Flughafen nach Granada, Marbella und Torremolinos. Ein Taxi ins Stadtzentrum kostet 22 bis 25 €.

Granada Airport Alsa betreibt Busse zwischen Flughafen und Stadtzentrum (3,20 €, 20–40 Minuten). Sie fahren um 6 Uhr und dann stündlich zwischen 9.20 und 22 Uhr. Eine Taxifahrt liegt bei 25–30 €.

Unterwegs vor Ort

Auto Andalusien hat ein hervorragendes Straßennetz. Mit einem eigenen Fahrzeug kann man die Zeit optimal nutzen, da Busverbindungen selten häufiger als einmal am Tag in kleinere Ortschaften verkehren. Die besten Preise für Mietwagen bekommt man bei Online-Buchung vorab.

Bus Das Busnetz ist deutlich ausgedehnter und günstiger als das Zugnetz und man erreicht damit auch die kleinsten andalusischen Dörfer. ALSA (S. 189) hat die besten Verbindungen zwischen Städten. Verschiedene andere Firmen bedienen die abgelegeneren Regionen.

Zug AVE-Hochgeschwindigkeitszüge (vorab buchen) bedienen Sevilla, Córdoba, Málaga, Antequera und Granada. Langsamere, dafür günstigere Regionalzüge verbinden den Großteil der restlichen größeren Orte und Städte, helfen allerdings für kleinere Ziele kaum weiter.

Mehr zum Thema **Unterwegs vor Ort**, siehe S. 396

Was gibt's Neues?

Nach der Finanzkrise von 2008 hatte sich Andalusien erfolgreich zurückgekämpft, der Tourismus boomte und auf den Straßen ging es fröhlich zu. Dann kam Corona und Spanien erließ mit die striktesten Lockdowns weltweit. Zwar bereiten die wirtschaftlichen Folgen der Pandemie einige Sorgen, doch die andalusische Liebe zum guten Leben ist ungebrochen.

Best in Travel

2020 belegte die Provinz Cádiz dank ihrer Gastro-Erfolge wie der ersten beiden Michelin-Sterne für Jerez, der spannenden Boutiquehotel-Szene im Foodie-Ort Vejer de la Frontera und neuer Flugverbindungen nach Jerez in den Lonely Planet Top 10 der Regionen den siebten Platz.

Verführerische Unterkünfte

Seit den letzten zehn Jahren spricht aus der andalusischen Hotelszene immer mehr die kreative Seele der Region: In Málaga wurde der Palacio Solecio (S. 182) aus dem 18. Jh. umsichtig modernisiert, in Vejer de la Frontera wurde 2019 in einem umgebauten Kaufmannshaus aus dem 19. Jh. die Boutique-Schönheit Plaza 18 (S. 154) eröffnet und auch der Parador Castillo de Santa Catalina (S. 249) in Jaén öffnete nach einer luxuriösen Verjüngungskur 2020 wieder seine Pforten. Und mittlerweile kann man sogar in der Sherry-Bodega González-Byass (S. 131) in Jerez übernachten.

Sterne für Jerez

Die beiden Spitzenköche Juan Luis Fernández und Israel Ramos haben Jerez, die Königin des Sherry-Dreiecks, mit je einem Michelin-Stern fest auf der kulinarischen Karte Spaniens verankert – 2019 für das LÚ Cocina y Alma (S. 135) und 2020 für das Mantúa (S. 134). Daneben verschafft die luxuriöse Casa Palacio María Luisa (S. 134) aus dem 19. Jh. der Hotelszene Glamour.

INSIDERWISSEN

WAS IST LOS IN ANDALUSIEN?

Isabella Noble, Lonely Planet Autorin

Bei Redaktionsschluss gehörte Spanien leider zu den am heftigsten von der Corona-Pandemie getroffenen Ländern, auch wenn Andalusien weniger schwer zu leiden hatte als Madrid oder Katalonien. Zwar machen sich die Folgeschäden erst langsam bemerkbar, doch der Tourismus, der fast 15 % des spanischen BIP ausmacht, ist unweigerlich betroffen. Vor der Pandemie erlebte die Branche endlich wieder eine Blüte und die Arbeitslosenquote der Region fiel 2018 auf knapp unter 25 %. Doch dies war immer noch die höchste Spaniens, sodass viele junge Andalusier im Ausland nach Arbeit suchten.

Seit 1982 saß der linke Partido Socialista Obrero Español (PSOE; Sozialistische spanische Arbeiterpartei) an den Hebeln der Macht. Doch im Dezember 2018 erreichte die PSOE bei den andalusischen Regionalwahlen keine Mehrheit, sodass mit Unterstützung der Rechtsaußenpartei Vox der Partido Popular (PP) und der Partei Ciudadanos eine rechtsgerichtete Koalitionsregierung bilden konnten.

Und doch fällt es schwer, die Wärme und Farbigkeit Andalusiens mit der Düsternis der neuen Entwicklungen unter einen Hut zu bringen. Die Familien halten weiter eng zusammen, Musik erklingt wie eh und je und die Fiestas nehmen ihren Lauf. Mit ihrem Optimismus, ihrer Herzlichkeit und ihrer Liebe zu den guten Dingen des Lebens machen die Andalusier einfach das Beste aus allem, was das Schicksal ihnen auftischt.

Archäologische Juwelen

Wer die ältesten menschlichen Überreste Europas sehen möchte: In Granada zeigt das frisch restaurierte Museo Arqueológico (S. 286) in einem Palast aus dem 16. Jh. den Orce-Zahn und weitere Relikte. Das neue Museo Íbero In Jaén (S. 249) ist voll von in der Gegend ausgegrabenen Objekten.

Naturweine

Biodynamisch erzeugte Weine, Bio- und Naturweine werden immer beliebter, ob im erstklassig regionalen Restaurant Fargo (S. 76) in Sevilla, im herausragenden Geschäft samt Bar Jugo (S. 233) in Córdoba oder in der umweltbewussten Bar Al Sur de Granada (S. 297) mit Feinkostladen.

Esskultur

Der beste (und köstlichste!) Weg zur Seele Andalusiens führt natürlich übers Essen. Bei einer geleiteten Tapas-Tour oder bei Kochkursen in Málaga, Granada, Sevilla, Córdoba, Cádiz oder Jerez kann man in die endlos faszinierende kulinarische Szene des sonnigen Südens Spaniens eintauchen.

Neue Reiseziele

Weniger bekannte Orte bemühen sich um mehr Besucher und erzählen ihre Geschichte: Die Stadt Almería präsentiert sich als fabelhaftes Ziel für Foodies, nachdem es 2019 Spaniens Gastronomiehauptstadt (Capital Española de la Gastronomía) war. In der Provinz Cádiz lockt das winzige, weißgetünchte Setenil de las Bodegas mit seinen wundervollen Höhlenbehausungen und -restaurants neugierige Besucher an.

Weine aus Granada

Die Provinz Granada produziert ausgezeichnete, mit internationalen Preisen prämierte Tröpfchen. Ein gewaltiger Meilenstein war die Schaffung der Vinos de Granada Denominación de Origen Protegida (DOP; geschützte Herkunftsbezeichnung) im Jahr 2018. Die Gelegenheit für eine Verkostung in einer der Bodegas der Region, besonders in den Contraviesa-Alpujarras-Hügeln.

Olivenöl

Dem preisgekrönten nativen Olivenöl aus der Provinz Jaén wurde von der EU 2019 der IGP-Schutzstatus verliehen. In den endlosen andalusischen Olivenhainen führt das zu einem Boom des Olivenöltourismus mit spannenden Touren, Verkostungen und Events.

Ein neuer Nationalpark?

Bekannt für seine seltenen Pinsapo-Tannen sowie seine Adler und Steinböcke, steht der wilde Parque Natural Sierra de las Nieves in der Provinz Málaga kurz davor, zum dritten Nationalpark Andalusiens zu werden.

La Geoda de Pulpí

Seit 2019 für die Öffentlichkeit zugänglich: die weltweit zweitgrößte Geode (S. 338) – eine faszinierende Masse glitzernder unterirdischer Kristalle in der Provinz Almería.

HÖREN, SEHEN & FOLGEN

Anregungen und Neuigkeiten gibt's auf www.lonelyplanet.com/spain/articles.

El País (www.elpais.com) Große Print- und digitale Zeitung mit englischsprachigen Seiten.

Piccavey (www.piccavey.com) Exzellenter Andalusien-Blog der in Granada ansässigen Expertin Molly Piccavey.

Twitter @Seville_Writer Journalistin und Übersetzerin Fiona Flores Watson teilt Andalusien-Tipps und Neues aus Sevilla.

Sur in English (www.surinenglish.com) Wöchentliche Auswahl spanischer und andalusischer News, Fokus auf der Provinz Málaga.

Cosas de Comé (www.cosasdecome.es) Tolle Artikel zur Kulinarikszene der Provinzen Cádiz und Sevilla auf Spanisch.

Instagram @lacosmopolilla Empfehlungen für ganz Andalusien der in Motril gebürtigen Reisejournalistin Patri Rojas mit gutem Blog.

KURZINFOS

Foodtrends Olivenöl & Naturweine

Zahl der Pardelluchse 461 (2019)

Höchster Berg Mulhacén (3479 m)

Einwohner 8,4 Mio.

Wie wär's mit …

Maurische Architektur

Alhambra (Granada) Imposante maurische Architektur. (S. 276)

Real Alcázar (Sevilla) Spektakulärer Königspalast, dessen Geschichte bis ins 10. Jh. zurückreicht. (S. 56)

Mezquita (Córdoba) Einst eine der weltgrößten Moscheen, heute eine christliche Kirche. (S. 220)

Alcazaba (Almería) Eine prächtige Festung, die von ihrer Anhöhe auf die Skyline herabblickt. (S. 322)

Giralda Das maurische Minarett ragt heute als Glockenturm von Sevillas Kathedrale empor. (S. 53)

Alcazaba (Málaga) In Málagas Königspalast entdecken Kenner eine Verwandtschaft mit der Alhambra. (S. 173)

Mezquita (Almonaster la Real) Eine herrlich erhaltene Moschee in der Provinz Huelva. (S. 117)

Strände

Costa de la Luz (Cádiz) Von Cádiz' strahlend weißen Stränden aus kann man Marokko am Horizont schimmern sehen. (S. 152)

Cabo de Gata Ein geschützter Winkel Almerías mit Sandstränden, abgeschiedenen Buchten und schroffen Klippen. (S. 334)

Nerja Ein beliebter Stadtstrand in der Provinz Málaga mit dem richtigen Mix aus Tourismus und Authentizität. (S. 213)

Mojácar Breite Strände mit lockeren Bars. (S. 339)

Costa Tropical Granadas sanfte Strände und Wassersport in La Herradura. (S. 315)

Playa del Parador Von Klippen gesäumter Strand beim Parque Natural de Doñana. (S. 104)

Costa del Sol Urbanes Strandleben in Málaga, Glamour an der Küste Marbellas. (S. 187)

Kunst

Málaga Galerien, Museen und Streetart schmücken Andalusiens kulturelles Zentrum. (S. 173)

Sevilla Das große Museo de Bellas Artes und Glanzstücke des Goldenen Zeitalters in der Kathedrale. (S. 52)

Cádiz Andalusische Meister im Museo de Cádiz. (S. 119)

Granada Kunstwerke hängen hier in Granadas Sakralbauten, während Wandmalereien Realejos Straßen zieren. (S. 276)

Bodegas Tradición Eine beachtliche private Kunstgalerie in einer Sherry-Bodega in Jerez. (S. 130)

Wandern

Sierra de Grazalema Mit Guide oder auf eigene Faust durch die Bergwelt von Cádiz. (S. 149)

Sierra Nevada Auf Spaniens höchsten Gipfel, den Mulhacén (3479 m), und den leichteren Veleta (3395 m) wandern. (S. 301)

Las Alpujarras Ein antikes Wegenetz verbindet die weißen Dörfer in der Sierra Nevada. (S. 302)

Sierra de Aracena Die verlorene Welt von Huelva ist ein Labyrinth mit idyllischen Pfaden, an denen zeitlose Dörfer liegen. (S. 113)

Cabo de Gata Küstenwege schlängeln sich durch den geschützten Teil Almerías. (S. 337)

Parque Natural Sierras de Cazorla, Segura y Las Villas Aussichtsreiche Routen führen zu Jaéns Bergkuppen und durch idyllische Täler. (S. 266)

Parque Natural Sierras Subbéticas Routen durch Schluchten, Berglandschaften und weiße Dörfer. (S. 237)

La Axarquía Die Sierra de Tejeda östlich von Málaga eröffnet Wanderungen zwischen gekalkten Dörfchen und auf Gipfel. (S. 209)

Regionale Küche

Granada Gratis-Tapas, marokkanische Einflüsse und frisches Gemüse direkt aus der ländlichen Umgebung. (S. 276)

Sevilla Tapas-Bars servieren alles von bodenständiger Kost bis zu Gourmettellern. (S. 52)

Sanlúcar de Barrameda Innovative Tapas, dazu passt der trockene *manzanilla*. (S. 140)

Sierra de Aracena Spaniens Luxusschinken stammt von schwarzen Schweinen, die mit Eicheln gefüttert werden; am besten in Huelva probieren. (S. 113)

Oben: *Tortillitas de camarones* (überbackene Shrimps)

Unten: Capileira (S. 308)

Cádiz *Pescaíto frito* (Backfisch) und *tortillitas de camarones* (überbackene Shrimps) krönen Andalusiens Fischgerichte. (S. 119)

Málaga Wie wär's mit gegrillten Sardinen und *tinto de verano* in einem der *chiringuitos* (Strandbar)? (S. 173)

Vejer de la Frontera Sherry, *almadraba*-Thunfisch und Gemüse bestimmen die Küche an der Costa de la Luz. (S. 152)

Úbeda Die historische Stadt in Jaén verarbeitet in kreativer Weise *picual*-Olivenöl. (S. 257)

Antequera Traditionelle lokale Spezialitäten wie *porra antequerana* (Suppe mit Knoblauch). (S. 205)

Las Alpujarras Eine anstrengende Wanderung belohnt man am besten mit einem fleischigen *plato alpujarreño*. (S. 302)

Córdoba Außergewöhnliches *presa ibérica* (Iberisches Schwein) und die Weine von Montilla-Moriles. (S. 220)

Bergorte

Arcos de la Frontera Das weiße Dorf von Cádiz schmiegt sich an steile Felsen. (S. 143)

Vejer de la Frontera Höhlenartige Restaurants, Boutique-Hotels und Unvergänglichkeit. (S. 152)

Capileira Ein Musterdorf in Las Alpujarras und Basis für Wanderungen in die Sierra Nevada. (S. 308)

Zahara de la Sierra Mit Bougainvilleen geschmückte Gassen unter einer maurischen Burg. (S. 148)

Zuheros Weiße Stadt in der Provinz Córdoba mit Blick über Olivenbäume und Wanderpfade. (S. 273)

Segura de la Sierra Steiles Dorf in der Provinz Jaén mit einer mittelalterlichen Burg. (S. 271)

Cómpeta Einer der beliebtesten Bergorte in Málaga mit schönen Trekkingrouten. (S. 210)

Linares de la Sierra Charmantes gepflastertes Dorf in der Sierra de Aracena. (S. 114)

Monat für Monat

TOP-EVENTS

Carnaval, Februar–März

Festival de Jerez, Februar–März

Semana Santa, März–April

Feria de Abril, April

Feria del Caballo, April–Mai

Januar

Abgesehen von Reyes beginnt das Jahr relativ ruhig. Doch schon Ende des Monats werden zahlreiche *romerías* (religiöse Wallfahrten) und Heiligenfeste gefeiert. In Málaga liegt die Durchschnittstemperatur bei 12°C und steigt manchmal auf 17°C. Die Skisaison in der Sierra Nevada ist jetzt im vollen Gange.

Día de los Reyes Magos

Das Fest der Heiligen Drei Könige am 6. Januar ist das Highlight für Kinder in Spanien. Es gibt Geschenke und die Familie feiert gemeinsam. Drei lokale Persönlichkeiten verkleiden sich am 5. Januar als heilige drei Könige, ziehen durch die Straßen und werfen Süßigkeiten bei der Cabalgata de Reyes.

Februar

Im Februar locken der Karneval in Cádiz und das Flamenco-Festival in Jerez Besucher an. Der kälteste Monat ist auch die beste Zeit zum Skifahren in der Sierra Nevada.

Carnaval

Die größten Spektakel zu Karneval steigen in Cádiz, wo der Schwerpunkt statt auf Pracht eher auf Humor und Satire liegt, was sich in den vernichtend kritischen *chirigotas* (satirische Chorgesänge) zeigt. Umzüge werden veranstaltet und jeder verkleidet sich aufwendig. Die zehntägige Party endet am Dienstag, 47 Tage vor Ostersonntag; manchmal geht der Karneval auch bis in den März hinein. (S. 123)

Festival de Jerez

In der selbst ernannten *cuna* (Wiege) des Flamenco zeigen sich jährlich beim angeblich weltbesten Flamenco-Festival alle namhaften Künstler während der zwei Wochen Ende Februar bis Anfang März. (S. 136)

März

Mit Beginn des Frühlings und des warmen Wetters startet die beste Reisezeit für Andalusien, vor allem in Jahren mit einem frühen Osterfest. Es ist auch eine tolle Zeit für Wanderungen.

April

Einer der schönsten Monate für einen Besuch ist der April mit meist (aber nicht immer!) warmem Wetter, den Umzügen der Semana Santa und ausgelassenen Feierlichkeiten, von denen die in Sevilla die größten sind.

Semana Santa

Nur wenige Orte feiern die christliche Karwoche aufwendiger als Sevilla (S. 71), wo verhüllte *nazarenos* (Büßer) riesige *pasos* (Kreuze) in geisterhafter Andacht durch die Straßen tragen. Sie wird auch spektakulär in Málaga (S. 182), Granada (S. 290), Córdoba (S. 229) und Arcos de la Frontera (S. 143) zelebriert. Fällt manchmal in den März.

Feria de Abril

Sevillas legendäres einwöchiges Frühlingsfest findet zwei Wochen nach Ostern statt und ist Andalusiens größtes Fest: Die *sevillanos* ziehen ihre traditionelle Tracht an, trinken Sherry, reiten und tanzen die *sevillana* (vom Flamenco beeinflusste Volkstänze). (S. 71)

Romería de la Virgen de la Cabeza

Eine der größten religiösen Feierlichkeiten Spaniens zieht Zehntausende an. Eine Statue der Jungfrau Maria wird am letzten Sonntag im April durch die Straßen von Santuario de la Virgen de la Cabeza, 31 km nördlich von Andújar, in der Provinz Jaén getragen. (S. 252)

Feria del Caballo

Bei Jerez' einwöchigem bis ins Mittelalter zurückreichenden Pferdefest Ende April oder Anfang Mai gehören Paraden, Musik, Tanz, Wettbewerbe und provisorische Bars mit dem besten Sherry der Gegend zum Programm. (S. 133)

Mai

Wildblumen überziehen die Berghänge, die Sonne scheint und ganz Andalusien freut sich auf die *romerías* oder Fiestas im Sommer. Liegt Ostern an einem frühen Termin, fällt die Romería del Rocío (Pfingstwochenende) in den Mai.

Cruces de Mayo

In der ersten Maiwoche werden auf den Straßen und Plätzen Kreuze aufgestellt und diese mit Blumen, Tüchern, Gitarren und anderen traditionellen Gegenständen geschmückt, um der Kreuzigung Christi zu gedenken. Córdoba und Granada sind ideal, um den Festlichkeiten beizuwohnen, wobei auch immer mehr andere Orte die Tradition wiederbeleben. (S. 230)

Córdobas Feste

In Córdoba wird Anfang Mai viel geboten, vom Blumenfestival (S. 230) bis hin zur Feria de Mayo (S. 230). Und für eine Hommage an die prächtigen Innenhöfe Córdobas Anfang Mai öffnen rund 50 Hausbesitzer ihre Pforten und konkurrieren um den schönsten Patio.

Feria de la Manzanilla

Im noch kaum entdeckten Sanlúcar de Barrameda (S. 140) steht vor allem Fisch auf der Speisekarte, zudem gibt's Tapas unter freiem Himmel, und das alles spült man mit *manzanilla* runter. Im benachbarten El Puerto de Santa María findet Ende April/Anfang Mai ein Sherry-Festival zu Ehren des lokalen *fino* statt. (S. 137)

Thunfisch-Feste

Im Mai und/oder Juni werden entlang der Costa de la Luz in Cádiz Feste anlässlich der Thunfischfangsaison und der *almadraba* gefeiert, einschließlich Thunfisch-Tapas-Wettbewerben. Zahara de los Atunes hat ein besonders rauschendes Fest. (S. 158)

Romería del Rocío

Die Mutter aller spanischen Wallfahrten lockt um das Pfingstwochenende herum (Pfingstsonntag) über eine Million Besucher in das Dorf El Rocío in der Provinz Huelva, um die Jungfrau von El Rocío zu verehren. Von überallher kommen sie zu Fuß, zu Pferd, per Kutsche oder mit dem Schiff. Die nächsten Termine: 6. Juni 2022, 28. Mai 2023 und 20. Mai 2024 (S. 107).

Juni

Die Temperaturen steigen, die Sommerfeste sind in vollem Gang und werden in jedem Dorf und in jeder Stadt Andalusiens gefeiert. Die Romería del Rocío findet manchmal im Juni statt. Gutes Wanderwetter.

Noche Blanca del Flamenco

Eine ganze Nacht voller erstklassigem Flamenco mit berühmten Künstlern des Genres, die kostenlos an wunderschönen Veranstaltungsorten in und um Córdoba an einem Samstagabend um den 20. Juni herum auftreten. (S. 230)

Ronda Guitar Festival

Rondas sechstägiges Gitarrenfestival feiert alle Stilrichtungen (nicht nur Flamenco) mit Konzerten und Weinproben. (S. 201)

Fronleichnam

Der katholische Feiertag wird achteinhalb Wochen nach Ostern begangen. In Granada spielt er eine besondere Rolle, wo er mit der jährlichen *feria* verknüpft wird. Fällt manchmal in den Mai. (S. 290)

Orgullo de Andalucía

In Sevilla findet Spaniens größtes LGBT-Festival statt. Die Party-Woche voller Konzerte, Ausstellungen, Travestieshows und mehr endet in einer ausgelassenen Parade am Samstagabend. (S. 388)

Noche de San Juan

Am 23. Juni strömen die *andaluces* zu einer Strandparty mit Schwimmen, Trinken, Tanzen, Grillen und Lagerfeuer bis zum Morgen – zum Beispiel in Nerja (S. 214) oder Mojácar (S. 340).

Juli

Nordeuropäer stürmen die Mittelmeerstrände und es wird heiß (in Málaga liegt die durchschnittliche Höchsttemperatur bei 30°C, in Córdoba und Sevilla bei 36°C). Entweder entspannt man an der Küste oder man flieht in die (leicht) kühlere Luft der Bergdörfer. Mitte des Monats beginnen in Spanien die Ferien und man sollte weit im Voraus buchen.

Jazz Vejer

Spanische und internationale Musiker geben sich im weißen Dorf Vejer de la Frontera in Cádiz bei diesem Jazz-Festival Anfang Juli die Klinke in die Hand. Es gibt auch kulinarische Events (www.jazzvejer.com).

Festival Internacional de Música y Danza

Während des dreiwöchigen internationalen Musik- und Tanzfestivals finden erstklassige moderne und klassische Vorführungen in der Alhambra und anderen historischen Stätten statt. (S. 290)

Festival de la Guitarra de Córdoba

Flamenco steht im Mittelpunkt dieses zehntägigen Gitarrenfestivals Anfang Juli im (dann) sehr heißen Córdoba. Es wird aber auch Klassik-, Rock- und Bluesmusik live gespielt. (S. 230)

August

Im August ist es heiß. Brütend heiß. Am Strand weht eine frische Meeresbrise und Málaga veranstaltet Mitte des Monats ein großes Fest. Halb Spanien (und ein Großteil Europas) ist auch an der Küste, also rechtzeitig buchen!

Feria de Málaga

Andalusiens zweitberühmteste Party nach Sevillas Feria de Abril wartet Mitte August mit den üblichen Trümpfen auf: Tanz, Sherry, Fahrgeschäfte, Feuerwerk. Erstaunlicherweise lassen sich kaum Touristen von der Costa del Sol blicken. (S. 182)

Noche del Vino

Die weißgekalkte Stadt Cómpeta in Málagas hügeliger Region Axarquía feiert am 15. August seine süßen Muskateller-Weine mit dem traditionellen Traubentreten und feurigen Flamenco-Vorstellungen – und jeder Menge zu trinken. (S. 211)

September

Endlich wird es kühler (wenn auch nicht überall). Im September herrscht tolles Wander- und etwas kühleres Strandwetter und es ist Zeit für die Traubenlese.

Bienal de Flamenco

Sevilla und Málaga teilen sich dieses prestigeträchtige 30-tägige Flamenco-Festival – Sevilla richtet das einmonatige Event in den geraden Jahren aus. Seit 1980 stehen dabei Superstars des Genres auf der Bühne. (S. 71)

Fiestas de la Vendimia

Jerez' zweiwöchiges Fest im September wird zu Ehren der Weinlese gefeiert. Es wird geritten, Sherry getrunken, *bulería* (ein schneller Flamenco-Song aus Jerez) gespielt und auf den Stufen der Kathedrale werden die ersten Trauben gestampft. (S. 133)

Oktober

Der Herbst bringt die Ernte, eine verführerische Vielfalt kulinarischer Feste und mildere Temperaturen (gutes Wanderwetter). Es locken Käseverkostungen, Suppen-und-Eintopf-Tage, Maronenfeste, Metzgereiwettbewerbe und mehr.

November

Ein wichtiger Monat für die Landwirtschaft. Die Olivenernte ist in vollem Gang und die Schweine werden geschlachtet. Jetzt beginnt auch die Nebensaison und gegebenenfalls die Skisaison in der Sierra Nevada. In Sevilla gibt's allerdings immer noch an die 200 Sonnenstunden.

Dezember

Für Navidad (Weihnachten), dessen Feierlichkeiten bis in den Januar reichen, haben die Andalusier immer noch genug Kraft. Davon abgesehen ist im kalten Dezember wenig los, sofern es einen nicht auf die Skipisten der Sierra Nevada zieht.

Navidad (Weihnachten)

Die Familien treffen sich zu einem Festmahl am 24. Dezember (Nochebuena). Mittlerweile feiern viele Weihnachten und Papá Noel bringt Geschenke, wobei es die traditionell erst beim Fest der Heiligen Drei Könige (6. Januar) gibt.

Reiserouten

2 WOCHEN Die Highlights

Diese Reiseroute ist ideal für Einsteiger und alle, die einen engen Zeitplan haben. In zwei Wochen sind die Highlights Andalusiens drin.

Sevilla ist Ausgangspunkt und ein absolutes Muss, das drei Tage verdient. Seite an Seite stehen hier die gotische Kathedrale und der Alcázar im Mudejarstil. Mit dem Zug geht's 150 km gen Nordosten und ein paar Jahrhunderte in die Vergangenheit nach **Córdoba** mit Patios voller Blumen und der prächtigen Mezquita. Südöstlich locken kostenlose Tapas, Teestuben und die einzigartige Alhambra in **Granada**, aber auch Entspannung in Bädern im maurischen Stil, Spaziergänge durch Albayzín und das Erbe Federico García Lorcas, sodass drei Tage wie im Flug vergehen. Verglichen damit wirkt **Málaga,** das man leicht mit dem Bus erreicht, geradezu dezent. In ein paar Tagen kann man die Galerien, Museen, frischen Meeresfrüchte und das urbane Summen für sich entdecken. Richtung Westen (per Bus oder Auto) bietet das in den Bergen liegende **Ronda** dramatische Kontraste und eine Geschichte voller Rebellen. **Jerez de la Frontera** ist für Flamenco, Festivals, Pferde und Sherry-Bodegas berühmt. **Cádiz,** per Zug nur 45 Minuten Richtung Südwesten, wartet mit belebten Stränden, Flamenco, Meeresfrüchten und überraschenden Sehenswürdigkeiten auf, darunter eine romantische Uferstraße sowie eine majestätische Kathedrale.

5 WOCHEN

Die große Tour

Wer Andalusien richtig verstehen will, muss sich vier oder fünf Wochen Zeit nehmen und eine Reise durch alle acht Provinzen unternehmen. Auf dieser Tour kann man frei wählen, wie man die berühmtesten Sehenswürdigkeiten mit den Geheimtipps kombinieren möchte.

Los geht's in **Sevilla**, wo man neben den Highlights (Kathedrale, Alcázar) auch weniger bekannte Attraktionen (Casa de Pilatos, Triana) besucht. Gen Westen erstreckt sich in den Hügeln der **Sierra de Aracena** im Nordteil der Provinz Huelva ein Wandergebiet mit verschlafenen Dörfern. Anschließend geht's über Sevilla ins historische **Carmona**. Die zweite Woche beginnt mit **Córdoba** und seinen labyrinthartigen Straßen, Patios, römischen Relikten und der Mezquita. Weiter östlich in der Provinz Jaén findet man Olivenhaine und die Renaissance-Architektur von **Baeza** und **Úbeda**. **Cazorla** dient als Tor zum größten Naturpark Andalusiens, dem **Parque Natural Sierras de Cazorla, Segura y Las Villas**.

Am Anfang der dritten Woche darf man **Granada** mit seiner Alhambra und den herzlichen Tapas-Bars nicht verpassen. Um alle acht Provinzen zu schaffen, geht's durch die weißen Bergdörfer von Las Alpujarras nach **Almería** mit der beeindruckenden Alcazaba und zum **Cabo de Gata**. Die vierte Woche beginnt im reizenden **Nerja** an der Küste, bevor es nach **Málaga** geht, einer Provinzhauptstadt mit boomender Kunst und Gastronomie. Nun folgt das weiße Dorf **Ronda**, das sich seit Hemingways Besuch kaum ein Traveller entgehen lässt. In der benachbarten Provinz Cádiz gibt's weitere weiße Städte wie **Olvera**, **Setenil de las Bodegas**, **Grazalema** und **Zahara de la Sierra**, die vom **Parque Natural Sierra de Grazalema** umgeben sind. Fährt man Richtung Westen, wird man magisch von dem spektakulär gelegenen **Arcos de la Frontera** angezogen.

Die letzte Woche an den Stränden der Costa de la Luz in Cádiz mit Übernachtungen in **Tarifa** und **Vejer de la Frontera** steht ganz im Zeichen der Entspannung, bevor man in **Jerez de la Frontera** und **Cádiz** in die andalusische Kultur eintaucht. Die zwei alten Städte strotzen vor Geschichte, Flamenco, Sherry und Sehenswürdigkeiten. Am Ende überquert man in **Sanlúcar de Barrameda**, wo Fisch und Meeresfrüchte auf den Speisekarten stehen, den Río Guadalquivir, um den **Parque Nacional de Doñana** zu erkunden.

10 TAGE Das kulturelle Dreieck

Die Region zwischen Sevilla, Cádiz und Jerez de la Frontera vereint das Wesen Andalusiens am besten in sich.

Dank guter Anbindungen zu Luft und Land ist **Sevilla** der ideale Ausgangspunkt. Ein oder zwei Tage gehören der maurischen und gotischen Architektur und den Festivals. Per Schnellzug geht's für ein bis zwei Tage nach **Jerez de la Frontera** im Süden, dem ersten Ziel im „Sherry-Dreieck" mit Bodegas und Verkostungen samt Pferdeshows, *tabanco*-Tapas, Flamenco und *hammams*. Nun nimmt man den Bus nach **Sanlúcar de Barrameda,** das mit *fino*, *manzanilla* und Meeresfrüchte-Tapas lockt. Die Stadt dient auch als Basis für Huelvas artenreichen **Parque Nacional de Doñana**. Busse verbinden Sanlúcar mit **El Puerto de Santa María** und seinen Bodegas, Festivals und Fischrestaurants. Bei einem Katamaran-Trip durch die Bucht wartet das uralte **Cádiz** mit seiner Meeresküche. Herrlich breite golden-weiße Strände erstrecken sich entlang der Costa de la Luz nach Süden. Sie lassen sich gut von **Vejer de la Frontera** aus erkunden, einem weißen Dorf mit grandioser Lage, Unterkünften und Restaurants.

3 WOCHEN Der Westen im Detail

Wer die Alhambra und Sierra Nevada schon kennt, sollte sich zur Wiege der andalusischen Kultur aufmachen.

Los geht's in Huelva im **Parque Nacional de Doñana** mit Übernachtungen in Sanlúcar de Barrameda oder El Rocío. **Sevilla** hat viele berühmte Sehenswürdigkeiten, doch im Hinterland warten **Carmona** mit seinem Alcázar und **Osuna** mit barocker Architektur. Das raue **Ronda** ist voller Touristen, doch die wenigsten übernachten. Es lohnt sich ein Abstecher zu den weißen Städten **Zahara de la Sierra, Setenil de las Bodegas** und **Grazalema** sowie eine Wanderung im **Parque Natural Sierra de Grazalema**. Auf dem Weg nach Málaga locken die Schlucht **El Chorro** und das antike **Antequera**. Die quirlige Hafenstadt **Málaga** bietet Meeresküche, Galerien und Museen. Im Südwesten zieht **Gibraltar** mit den Makaken viele Besucher an. Dann geht's in die Kitesurfer-Hochburg **Tarifa**, ehe man die Costa de la Luz verlässt und in **Vejer de la Frontera** nächtigt. Unbedingt Zeit einplanen für das kulturelle **Cádiz** mit Abstecher nach **Jerez de la Frontera**, das für seine Sherrys berühmt ist, und das weiße Vorzeigedorf **Arcos de la Frontera**.

3 WOCHEN Die andalusische Küste

Die Küste Andalusiens ist ein Highlight. Wo einst Imperien errichtet wurden, siedeln sich nun eher Resorts an. Die meisten Orte sind per Busnetz verbunden.

Start ist Almerías **Cabo de Gata**, das Klippen, Salzebenen und Sandstrände kombiniert. Westlich liegt das Tapas-verliebte **Almería** mit einer maurischen Alcazaba. Authentisch ist die steile Costa Tropical bei Granada: **Almuñécar** dient als Ausgangspunkt und **La Herradura** bietet Wassersport. Im Westen liegt **Nerja** in der Provinz Málaga. In **La Axarquía** kann man wandern. **Málagas** Ansehen ist durch das Restaurant-, Kunst- und Museumsangebot gestiegen und verdient drei Tage. Der interessanteste Ort an der überlaufenen Costa del Sol ist **Marbella**, doch auch eine Tagestour nach **Mijas** lohnt sich. Südwestlich bewacht **Gibraltar** das Tor nach Europa. Nordwestlich der Kitesurfing-Hauptstadt **Tarifa** wartet die Costa de la Luz mit Wassersport, Küstenwanderungen, römischen Ruinen, Sandstränden und international beeinflusster Küche. Mit **Vejer de la Frontera** als Basis besucht man **Zahara de los Atunes** und **Los Caños de Meca** und schließt die Reise mit zwei Tagen in **Cádiz** ab.

2 WOCHEN Der Osten im Detail

Für die zwei großen Städten sollte man je drei Tage einplanen, ehe man sich – am besten mit dem Auto – ins Umland aufmacht.

Córdoba, einst ein iberisches Zentrum, hat eine schöne Moschee. In **Granada** offenbart sich die Nasriden-Ära in der Alhambra, dem Albayzín und den Bädern im maurischen Stil. Die Provinz Córdoba bietet zudem Highlights wie den **Parque Natural Sierras Subbéticas** und das elegante **Priego de Córdoba** (bekannt für Olivenöl), während Granada mit dem **Parque Nacional Sierra Nevada** und **Las Alpujarras** aufwartet. Mögliche Abstecher führen nach **Guadix** mit seinen bewohnten Höhlen und in die Küstenstädte **Almuñécar** und **La Herradura.** Nördlich von Granada lockt **Jaén** inmitten von Olivenhainen mit Tapas-Bars, und **Baeza** sowie **Úbeda** glänzen mit Renaissance-Architektur. Naturliebhaber zieht es zum **Parque Natural Sierras de Cazorla, Segura y Las Villas** mit seiner zerklüfteten Berglandschaft, Burgen und der vielfältigen Tierwelt.

Im Südosten verspricht **Mojácar** Strandflair. **Cabo de Gata** ist ein ursprüngliches Küstenfleckchen, und **Almería** begeistert mit einer maurischen Alcazaba.

Espetos (gegrillte Fischspieße)

Reiseplanung

Essen & Trinken

In Andalusien ist nicht nur wichtig, was man isst, sondern auch, wie man isst. Zur kulinarischen Kultur gehören ein leichtes Frühstück, ein gemütliches Mittagessen und ein spätes Abendessen, bei dem man mit Genuss nach und nach eine Auswahl an Tapas verspeist. Traveller sollten ihre innere Uhr auf die spanischen Gepflogenheiten einstellen.

Saisonal essen

Andalusien ist ein Sonderfall in Europa: Aufgrund des milden Klimas und der starken Nutzung von Gewächshäusern wird das ganze Jahr über Obst und Gemüse angebaut, vor allem in der Provinz Almería und an der Costa Tropical vor Granada.

April–August

Im Frühling und Sommer stehen Reisgerichte und Gazpacho auf dem Speiseplan, die für Andalusien typische kalte Suppe, von der es verschiedene regionale Varianten wie *salmorejo* (Córdoba) und *ajo blanco* (Málaga) gibt.

August–Oktober

Mit der Traubenernte werden zahlreiche Weinfeste gefeiert. Am bekanntesten sind die Fiestas de la Vendimia (S. 133) im September in Jerez de la Frontera – eine perfekte Gelegenheit, einen *fino* zu trinken und gute Tapas zu essen.

November–März

Mit der traditionellen *matanza*, dem Schlachten der Schweine im November, gehen Festessen mit viel Schweinefleisch einher (wobei die Tradition in manchen Gegenden ausstirbt). Auch die Olivenernte beginnt bald. Im Winter verkaufen Straßenhändler heiße geröstete Maronen, vor allem in den Bergregionen. In Huelva ist von Januar bis April die Haupterntezeit für Erdbeeren.

Kulinarische Highlights

Unvergessliche Genüsse

Bar-Restaurante Eslava (S. 77) Beliebte Adresse für kreative moderne Tapas in Sevilla.

La Brunilda (S. 75) Beste Tapas-Bar in Sevilla.

Aponiente (S. 139) Andalusiens erstes Restaurant mit drei Michelinsternen in El Puerto de Santa María.

Café Azul (S. 163) Das wohl beste Frühstück Andalusiens.

El Jardín del Califa (S. 155) Leckere marokkanisch-andalusische Küche im schönen Vejer.

El Faro de Cádiz (S. 128) Die exklusivsten Tapas aus Fisch und Meeresfrüchten in Cádiz.

Misa de 12 (S. 262) Kleine Bar in Úbeda mit großem kulinarischen Renommé.

Restaurante Arrieros (S. 114) Innovative Slow-Food-Küche in Huelvas Sierra de Aracena.

Bar-Restaurante El Acebuchal (S. 210) Gute ländliche Küche aus der Provinz Málaga in einem abseits gelegenen Ort am Ende der Straße.

Casa Balbino (S. 142) Die besten *tortillitas de camarones* Andalusiens? In Sanlúcar de Barrameda.

El Mesón de Cervantes (S. 184) Fantastischer Tintenfisch und Fleischgerichte in einem argentinisch betriebenen Kleinod Málagas.

Las Chimeneas (S. 313) Herausragende Alpujarras-Küche mit regionalen Bioprodukten.

Picoteca 3Maneras (S. 294) Herrlich kreative Küche im Realejo in Granada.

Óleo (S. 184) Restaurant eines *malagueño*-Kochs und eines japanischen Sushimeisters.

Palacio de Gallego (S. 256) Tolle Fleisch- und Fischgerichte in einem Haus aus dem 16. Jh. in Baeza.

Casa Pepe de la Judería (S. 231) Restaurantklassiker in Córdoba für Fleischgerichte und Tapas.

Acánthum (S. 99) Mit Michelin-Stern ausgezeichnet, zaubert Xanty Elias aufwendige Probiermenüs.

LÚ, Cocina y Alma (S. 135) Restaurant des Michelin-Sternekochs Juan Luis Fernández in Jerez.

Für den kleinen Geldbeutel

Kostenlose Tapas In den Provinzen Granada, Jaén und Almería gibt's zu jedem Getränk eine Tapa for free.

Chiringuitos Halbprovisorische Imbisse, die sich auf gebratene Meeresfrüchte spezialisiert haben, oft – aber nicht immer – am Strand. Die Klassiker – *espeto de sardinas* (Sardinen am Spieß) und *boquerones fritos* (frittierte Sardellen) schmecken mit Bier oder *tinto de verano* (Rotwein mit Limonade). Einige sind nur im Sommer geöffnet.

Desayuno Ein typisches *desayuno* (Frühstück) mit starkem Kaffee und einem getoasteten Stück Brot mit Olivenöl und/oder zerkleinerten Tomaten. *Bocadillos* (belegte Baguettes) sind preiswert und lecker.

Menú del día Drei-Gänge-Mittagsmenüs zu attraktiven Preisen, die mit Brot und Wein serviert werden. Die Preise starten bei 10 € (alles inbegriffen).

Gerichte für Mutige

Ortiguillas In Olivenöl gebackene krokettengroße Seeanemone gilt in und um Cádiz als Delikatesse.

Callos Traditionell günstige Suppe mit Kutteln – besonders in Sevilla beliebt. Das Gericht hat vor Kurzem von einigen der innovativsten Köche Andalusiens eine Frischzellenkur bekommen.

Carrilleras de cerdo Schweinebacken, gegrillt oder als Delikatesse in einer Soße serviert.

Jabalí Wildschwein (gegrillt oder in Soße oder Eintöpfen) wird in den ländlicheren Gegenden der Provinzen Jaén und Córdoba gern gegessen.

Rabo de toro Ochsenschwanz.

Regionale Spezialitäten

Andalusiens Küche ist stark geprägt vom Klima der Region. Ist eine kalte Gazpacho das Beste an einem glutheißen Sommertag, sorgen knusprige Churros in warme Schokoladensoße getunkt für innere Wärme an kalten Winternachmittagen.

Die Provinz Sevilla

Sevillas maurische Vergangenheit macht sich in der großen Auswahl an traditionellen und innovativ-kreativen Tapas bemerkbar. In ganz Andalusien sehr beliebt sind *espinacas con garbanzos* (Spinat mit Kichererbsen und Kreuzkümmel) und *berenjenas con miel de caña* (knusprig gebratene Auberginen mit Honig). Das klassische herzhafte Gericht *huevos a la flamenca* besteht aus Blutwurst, Knoblauch, Zwiebeln, Tomaten und einer Rühreihaube. Aus Sevilla stammen köstliche Süßspeisen wie *polvorones*, kleine krümelige Kekse aus dem Ort Estepa, und *tortas de aceite*, ein süßes Olivenölgebäck. Aus Sevillas bitteren Orangen wird vor allem Marmelade hergestellt.

KONSTANTIN KOPACHINSKY/SHUTTERSTOCK ©

Huevos a la flamenca

KULINARISCHE FÜHRUNGEN & KOCHKURSE

- **Annie B's Spanish Kitchen** (S. 153) Beliebte Kochkurse in Vejer de la Frontera, dazu kulinarische Führungen und Sherry-Verkostungen in der ganzen Provinz Cádiz.
- **Taller Andaluz de Cocina** (S. 70) Sherryverkostung, Kochkurse und Führungen auf Lebensmittelmärkten in Sevillas Viertel Triana.
- **Mimo Sevilla** (S. 70) Weinproben und kulinarische Touren, u. a. nach Jerez.
- **Finca Buenvino** (S. 112) Kochen im Landhotel in der Sierra de Aracena in Huelva.
- **Las Chimeneas** (S. 313) Koch- und Backkurse in den Alpujarras.
- **Spain Food Sherpas** (S. 289) Führungen und Kochkurse mit Schwerpunkt auf lokalen Erzeugnissen in Granada, Sevilla and Málaga.
- **Wanderbeak** (S. 71) Tapas-Führungen durch Sevilla und das Viertel Santa Cruz.
- **Granada Tapas Tours** (S. 289) Lustige Genuss-Führungen in kleinen Gruppen.
- **Foodie & Experiences** (S. 229) Allerlei kulinarische Köstlichkeiten in Córdoba.
- **L'Atelier** (S. 311) Vegetarische Kochkurse in den Alpujarras bei Granada.
- **Cadizfornia Tours** (S. 119) Die bestenTapas aus Fisch und Meeresfrüchten in Cádiz im Rahmen einer lebendigen Führung durch die Tapas-Lokale kennenlernen.
- **Sanlúcar Smile** (S. 141) Sherryverkostung und Tapas-Führungen in Sanlúcar.
- **Devour Tours** (www.devourtours.com) Köstliche Führungen in Sevilla.
- **All Ways Spain** (www.allwaysspain.com) Mehrtägige Genießertouren.
- **Toma & Coe** (www.tomaandcoe.com) Tapas-Führungen und Kochkurse in Málaga.

Die Provinz Huelva

Die Schlagworte für Huelva sind Erdbeeren (die Region schultert 90 % der landesweiten Produktion) und *jamón ibérico*. Huelvas berühmter *jamón* ist der Champagner unter Spaniens Schinken und stammt vom Iberischen Schwein, das frei in der Sierra de Aracena lebt und sich von Eicheln ernährt. Er ist süßer und nussiger als der klassische *jamón serrano*, hat in hauchdünne Scheiben geschnitten aber auch einen stolzen Preis. *Chocos* (Sepia) ist in der Provinz Huelva so beliebt, dass ihre Bewohner den Spitznamen *choqueros* haben.

Die Provinz Cádiz

Die Costa de la Luz ist für Thunfisch bekannt, der oft noch mit der alten Technik *almadraba* gefangen wird. Der beste Fang geht angeblich in Barbate (S. 157) ins Netz. Garnelen werden an der Küste ähnlich geschätzt. *Pescaíto frito* (kleine gebratene Fische) stehen in Cádiz auf der Speisekarte, *tortillitas de camarones* sind die beliebtesten Tapas aus Sanlúcar de Barrameda. Auch frittierte *chipirones* (Babytintenfische) und *cazón en adobo* (marinierter Hundshai) erfreuen sich großer Beliebtheit. Hoch im Kurs stehen auch Gerichte mit marokkanischer Note. Zu den typischen Käsesorten der Provinz Cádiz zählen der dem Manchego ähnliche Grazalema aus Schafsmilch, *payoyo* aus der Milch der seltenen *payoya-Ziege*, die im Bergmassiv der Sierra de Grazalema lebt, und Cádiz, ein strenger Ziegenkäse.

Die Provinz ist außerdem berühmt für Sherry. Jerez de la Frontera und El Puerto de Santa María produzieren die trockene *(fino)* sowie dunkle und süße *(oloroso)* Varianten, während aus Sanlúcar de Barrameda ein einzigartiger *manzanilla* stammt.

Die Provinz Málaga

Am Mittelmeer dreht sich alles um Fisch, in der Provinz Málaga insbesondere um *boquerones* (Sardellen) und *sardinas* (Sardinen). Am Spieß gegrillte Sardinen heißen *espeto de sardinas* und schmecken am besten in einem *chiringuito* am Strand. Bei *ajo blanco* handelt es sich um Málagas Variante der eiskalt servierten Gemüsesuppe Gazpacho, wobei Mandeln die Tomaten ersetzen und für die cremig-weiße Farbe sorgen. *Porra antequerana* ist eine in Antequera beliebte dickere Gazpacho-Variante. Aus den Trauben der Provinz Málaga werden zudem schon lange süße rote und weiße Dessertweine hergestellt, die in letzter Zeit wieder in Mode sind. Andalusier lieben Käse. Zwar werden viele Sorten aus anderen Regionen Spaniens importiert, aber es gibt auch Ausnahmen wie Ziegenkäse aus der Provinz Málaga.

VEGETARIER & VEGANER

In ganz Andalusien gibt's zur jeweiligen Saison frisches Obst und Gemüse. Zwar haben in der regionalen Küche Fleisch, Fisch und Meeresfrüchte dennoch den höchsten Stellenwert, aber das ändert sich langsam – 2019 haben sich ca. 10 % aller Spanier größtenteils fleischlos ernährt. Immer mehr vegetarische oder vegane Restaurants eröffnen vor allem in den größeren Städten. Auf vielen Speisekarten stehen vegetarische Gerichte bzw. können Gerichte auf Wunsch angepasst werden.Die besten Möglichkeiten haben Vegetarier in den Städten Tarifa, Vejer, Granada, Córdoba, Sevilla und Málaga.

Vegetarier treffen mit Salaten eine gute Wahl, sollten sich aber vergewissern, dass sie keinen Thunfisch enthalten (*sin atún*). Auch Gazpacho (kalte Gemüsesuppe) und *ajoblanco* (weiße Gazpacho mit Mandeln und Knoblauch) sind eine Option, *parrillada de verduras* (Grillgemüse) und *berenjenas con miel de caña* (knusprig gebratene Auberginen mit Honig). Vorsicht: „Gemüse"-Gerichte enthalten manchmal doch Fleisch, wie z. B. Bohnen oder Suppen mit etwas Schinken. Verlässlich ist darüber hinaus *pisto* (Ratatouille). Auch *espárragos trigueros* (dünner grüner Spargel), die in der Provinz Cádiz beliebten *tagarninas* (Disteln) und *setas* (Pilze) sind zu empfehlen, entweder gegrillt oder mit *revueltos* (Rührei mit Knoblauch). Zu den fleischlosen Tapas zählen *pimientos asados* (gegrillte Paprika), *aceitunas* (Oliven), *alcachofas* (Artischocken), *espinacas con garbanzos* (Spinat mit Kichererbsen und Kreuzkümmel, allerdings manchmal mit Fleischfond), *queso* (Käse), der aber auch nicht immer komplett vegetarisch serviert wird, und Tortilla.

OLIVENÖL

Spanien ist der größte Olivenölproduzent der Welt. Andalusien wartet mit beeindruckenden Zahlen auf: Es ist mit 100 Millionen Olivenbäumen Spaniens größter Ölproduzent (ca. 80 %!). Bemerkenswerte 20 % des Olivenöls weltweit stammen aus der Provinz Jaén, die mehr Olivenöl produziert als Griechenland. Die schier unendlich wirkenden Olivenhaine der Provinzen Córdoba, Jaén und Sevilla wurden von den Römern gepflanzt, aber die Herstellung von *az-zait* (dem „Saft" der Olive), von dem sich *aceite* *ableitet*, das heutige Wort für Olivenöl, wurde von den Mauren entwickelt. Die häufigste Olivensorte ist die intensive und (manchmal) leicht scharfe *picual*. Sie dominiert in der Provinz Jaén und macht rund 50 % der Olivenölproduktion Spaniens aus. Eine weitere wichtige Sorte ist die *hojiblanca*-Olive. Sie schmeckt fruchtig, grasartig und nussig und wird vor allem in den Provinzen Málaga und Sevilla angebaut.

Die besten Olivenöle haben entweder die Güteklasse virgen (Natives Olivenöl) oder extra virgen (Natives Olivenöl Extra). Virgen muss 40 Qualitäts- und Reinheitskriterien entsprechen; extra virgen ist das beste Olivenöl, dessen Säuregehalt 1 % nicht überschreiten darf. Anerkannte Olivenanbauregionen bekommen die kontrollierte Herkunftsbezeichnung Denominación de Origen (DO), die auf die geografische Herkunft, den Produktionsprozess und die Produktqualität hinweist. Zu Andalusiens DO-Gebieten zählen Baena und Priego de Córdoba in der Provinz Córdoba, die Sierra de Segura und die Sierra Mágina in der Provinz Jaén. 2019 erhielt die Provinz Jaén als erste Region Spaniens das von der EU vergebene Gütesiegel IGP (geschützte geografische Angabe) für sein Extra-Virgen-Olivenöl (S. 239).

Die Provinz Córdoba

In der Binnenprovinz Córdoba werden jede Menge Kichererbsen und Oliven angebaut. Aus den Trauben entstehen Montilla-Moriles-Weine, darunter der bernsteingelbe bis goldene, nussig schmeckende *amontillado* (nicht verstärkter Sherry). Los Pedroches ist ein geschmacksintensiver halb-geräucherter Schafskäse aus der gleichnamigen Region im Norden der Provinz. Zu den klassischen Gerichten aus Córdoba zählen *salmorejo* (dicke Gazpacho-ähnliche Suppe mit einer Einlage aus gekochten Eiern und Schinken), *rabo de toro* (Ochsenschwanz) und *flamenquín* (in *jamón serrano* gewickelte panierte und frittierte Schweinelende).

Die Provinz Jaén

Jaén ist die Hauptstadt des Olivenöls: Aus der gleichnamigen Provinz stammen rund 40 % der spanischen und 20 % der globalen Produktion. Die Qualität ist hoch, wobei klassische Jaén-Öle bitter, aber fruchtig schmecken. Das Bergland des Parque Natural Sierras de Cazorla, Segura y Las Villas ist ein traditionelles Jagdrevier und somit bekannt für sein Wildfleisch, insbesondere für Rebhuhn. Zu den regionalen Spezialitäten von Cazorla zählt *rin-rán,* eine Mischung aus gesalzenem Stockfisch, Kartoffeln und getrockneten roten Paprika.

Die Provinz Granada

Zum besten *jamón serrano* gehört der in der frischen Bergluft des Dorfes Trevélez (S. 310) in den Alpujarras gereifte. Überdies gibt's im Hochland Kanincheneintöpfe und *plato alpujarreño*, einen Sattmacher mit viel Fleisch, Eiern und Kartoffeln. In den flachen Ebenen von La Vega gedeihen Bohnen und Spargel, an der Costa Tropical reift köstliches Obst. Als Provinz mit den größten arabischen Einflüssen Spaniens bietet Granada leckere Tajines und *teterías* (Teehäuser), vor allem in der Stadt Granada. Granada etabliert sich in der Herstellung von Weinen (S. 314) aus den Regionen Guadix und Contraviesa-Alpujarras. 2018 erhielten diese den Status „Denominación de Origen Protegida (DOP)".

Die Provinz Almería

In Almería wird der frische Fisch von der Küste normal nicht frittiert, sondern *a la plancha* (auf dem Metallgrill) zubereitet Auch Klassiker wie *ajo blanco* und *migas* (gebratenes Brot, oft serviert mit Chorizo oder Paprika). Allgegenwärtig sind auch Gewächshäuser voller Obst und Gemüse, das unter der Sonne des Südens gedeiht. Almería ist zu Recht bekannt für seine Tomaten, außerdem wird leckerer Käse aus Ziegen- und Kuhmilch hergestellt.

DAS PASSENDE ESSEN ZUM SHERRY

Obwohl er gerade eine Renaissance erlebt, ist Sherry nicht nur einer der am meisten unterschätzten Weine der Welt, sondern auch überaus vielseitig, vor allem die Sorten *fino* und *manzanilla*. Man muss kein Weinexperte sein, um das passende Essen zum Sherry zu bestellen. Gut auf Sherry abgestimmte Küche und Bodega-Führungen gibt's in Jerez de la Frontera, Sanlúcar de Barrameda und El Puerto de Santa María.

SHERRY-SORTE	TRINK-TEMPERATUR	EIGENSCHAFTEN	DAS PASSENDE ESSEN
Manzanilla	gut gekühlt	trocken, frisch, fein, leicht salzige Essenz	Tapas, Mandeln, Sushi, Oliven
Fino	gekühlt	sehr trocken & hell	Aperitif, Tapas, Suppen, Süßwasserfisch, Schellfisch, Garnelen, Austern, Käse
Amontillado	kühl, aber nicht gekühlt	halbtrocken	Aperitif, Blauschimmelkäse, Hähnchen & helles Fleisch, reifer Käse, Gänseleber, Hase, Consommé, Reisgerichte, Spargel, Artischocken
Oloroso	kühl, aber nicht gekühlt	trocken, nussig, dunkel	dunkles Fleisch & Wild, reifer Käse
Pale Cream	Raumtemperatur	gesüßter *fino*	frisches Obst, Blauschimmelkäse
Cream	Raumtemperatur	süßlich	Trockenfrüchte, Käsekuchen
Pedro Ximénez	Raumtemperatur	sehr süß	dunkle Schokolade, Cantuccini

Essgewohnheiten

Timing, Etikette und etwas Insiderwissen sind in Andalusien von Vorteil.

Esskultur

Ganz wichtig: An die spanischen Essenszeiten anpassen! In Andalusien beginnt der Tag mit Kaffee und süßem Gebäck; beides wird stehend im Café verspeist. Ein nahrhafteres *desayuno* folgt gegen 10 Uhr und besteht oft aus mit Olivenöl beträufelten *tostadas* (geröstetes Brot) mit zerkleinerten Tomaten. Die ersten kleinen Tapas *(picar)* gibt's um 13 Uhr, bevor gegen 14 Uhr ein größeres *almuerzo* (Mittagessen) serviert wird. Manche lassen sich ein Menü mit Vor- und Hauptspeise schmecken, anderen genügt eine Auswahl *medias raciones* (halbe Portion der Hauptgerichte) oder *raciones* (Hauptgerichte).

Nun folgt die Siesta. Wenn man gegen 17 Uhr wieder wach ist, kann man sich eine *merienda* genehmigen, einen kleinen Snack mit Kaffee und Kuchen in einem Café zwischen dem Mittag- und dem Abendessen. Ab 20 Uhr werden die ersten Tapas bestellt, im Sommer eher ab 21 Uhr. Man bahnt sich seinen Weg zum Tresen und bestellt *platillos* (kleine Teller) zu seinem Bier oder *tinto de verano*. Die *cena* (Abendessen) beginnt nie vor 21 Uhr und ist üblicherweise weniger gehaltvoll als das Mittagessen, besonders wenn man bereits mit ein paar Tapas begonnen hat. Sich vor Mitternacht auf den Heimweg zu machen gilt als Fauxpas. Am Wochenende feiern die Menschen bis in die Morgenstunden.

Das richtige Restaurant

Wie überall im Land sind auch in Andalusien die Bars die richtigen Adressen zum Essen, geselligen Beisammensein und Ausgehen, es gibt aber mehrere Varianten.

CHURROS

Womöglich erfanden spanische Schäfer vor Hunderten Jahren die *churros*: lange, dünne Gebäckstreifen, die in Olivenöl frittiert und vor dem Verzehr in heiße Schokolade getunkt werden. In Andalusien isst man sie gerne zum Frühstück, als frühabendliche *merienda* (Snack) oder im Morgengrauen auf dem Heimweg nach dem Ausgehen. Gute *churrerías (churro*-Cafés) gibt's in der Region zuhauf, aber Granada gilt als Andalusiens *churros*-Hauptstadt, vor allem die Plaza Bib-Rambla und die Casa Aranda (S. 184) in Málaga sind legendäre *churros*-Orte. Der *tejeringo* ist eine typisch andalusische *churro*-Variante: ein leichter, fluffiger Gebäckstreifen zum Rad gerollt.

JAMÓN

Anders als der italienische Prosciutto ist der spanische *jamón* fest, tiefrot und mit einer Fettschicht gemasert. Wie Wein und Olivenöl unterliegt er strengen Güteklassen. 90 % der luftgetrockneten Schinken ist *Jamón serrano* von hellhäutigen Schweinen, die in den 1950er-Jahren in Spanien eingeführt wurden. Die Schinken werden gesalzen und von den kalten trockenen Winden der Sierras halb getrocknet, anschließend erfolgt der Reifeprozess, bei dem sie in klimatisierten Lagerhallen abhängen und trocknen.

Jamón ibérico, auch *pata negra* (von der schwarzen Klaue) ist teurer. Er stammt von schwarzen Schweinen, einer Schweineart von der Iberischen Halbinsel, die aus dem Wildschwein hervorging. Seine gastronomische Besonderheit ist die Fähigkeit, Fett in das Muskelgewebe eindringen zu lassen, wodurch besonders gut marmoriertes Fleisch entsteht. Als bester *jamón* von allen gilt der *jamón ibérico* aus Jabugo (S. 111) in der Provinz Huelva. Er stammt von schwarzen Schweinen, die frei in den Eichenwäldern der Sierra Morena leben. Die besten Jabugo-Schinken gibt's in der Kategorie von einem bis fünf *jotas* (Js). Schinken mit *cinco jotas* (JJJJJ) stammen von Schweinen, die nie etwas anderes gefressen haben als Eicheln (*bellotas*). Wenn ein Schwein mindestens 50 % seines Gewichts in der Eichelsaison gewonnen hat, kann der Schinken als *jamón ibérico de bellota* kategorisiert werden, die begehrteste Qualitätsbezeichnung.

Dazu gehören Bodegas (traditionelle Weinbars), *cervecerías* (Bierkneipen), *tascas* (kneipenähnliche Bars) und *taperías* (Tapas-Bars) sowie *tabernas* (Tavernen). In vielen können die Tapas an der Theke verzehrt werden, meist ist jedoch noch ein *comedor* (Speiseraum) vorhanden. Wer am Tresen und nicht an einem Tisch isst, zahlt oftmals 10 bis 20 % weniger.

Restaurantes sind feinere Adressen, wo man immer im Sitzen isst. Ein *mesón* ist ein einfaches Restaurant mit rustikaler Küche; ein *asador* ist auf Fleisch vom Grill spezialisiert. Bei einer *venta* handelt es sich um eine Art Rasthof, dessen günstiges Essen sehr lecker sein kann. Eine *marisquería* ist ein Fischrestaurant, ein *chiringuito* eine kleine Bar oder ein Kiosk, meist (aber nicht immer) am Strand gelegen.

Tapas bestellen

Tapeando (Tapas essen gehen) ist in Andalusien eine beliebte Freizeitbeschäftigung, und obwohl die Snacks eigentlich nur als Einstimmung aufs eigentliche Essen gelten, sind sie oft der wichtigste Teil des Abends. Gern wird das Abendessen durch eine Kombination aus Tapas und Getränken in die Länge gezogen.

Tapas weisen oftmals kulinarische Besonderheiten einer Region auf. In Huelva wäre es ein kulinarisches Verbrechen, etwas anderes als den lokalen *jamón ibérico* zu bestellen, während in Granada nordafrikanische Tajine-Tapas an die Geschichte der Stadt erinnern. Echter Luxus sind die Meeresfrüchte-Tapas in der Provinz Cádiz.

Hier ein paar Tipps für die *bar de tapas*:

- Die beste Zeit zum Tapas-Essen ist von 13 bis 15 und ab 20 Uhr (im Sommer ab 21 Uhr).
- Tapasbars liegen oft dicht beieinander, was das Wechseln von Bar zu Bar erleichtert.
- Ist eine Bar gut besucht, hat das einen Grund. Top Läden sind nicht immer hübsch, jedoch immer voller Menschen.
- Nicht über die vielen benutzten Servietten auf dem Boden wundern; in Andalusien wischt man sie einfach vom Tisch.
- In den Provinzen Granada, Almería und Jaén bekommt man zum Getränk eine kostenlose Tapa.
- Tapas sind auch gut als *medias raciones* oder *raciones* bestellbar, die man toll teilen kann.

Tipps zur Menüauswahl

- Am besten fragt man immer zuerst nach den Tapas des Hauses.
- Andalusische Paella wird oft mit Mandeln, Sherry, Hühnchen und Würsten sowie mit Meeresfrüchten zubereitet.
- Zu den meisten Gerichten gibt's Oliven und einen Brotkorb. In der Regel sind die Oliven grün.
- Gazpacho gibt's nur im Frühling und Sommer.
- Viele Spanier trinken keine Sangria; beliebter ist *tinto de verano*.
- In Andalusien wird kaum süßer Sherry getrunken; größerer Beliebtheit erfreuen sich *fino* und *manzanilla*, besonders zu Tapas.

Mountainbiken, Sierra Nevada (S. 302)

Reiseplanung
Aktivitäten

Der Großteil von Andalusien kommt immer noch traditionell und untouristisch daher und steckt voller Möglichkeiten für Outdoor-Aktivitäten. Alte Wanderwege führen zu verwitterten Dörfern, Radwege winden sich an Burgruinen vorbei und wilde Tiere bevölkern die Hügel. Man kann Tauchen, Kitesurfen, Reiten, Snowboarden und Gleitschirmfliegen ausprobieren.

WESTEND61/GETTY IMAGES ©

Die besten Wanderungen

Bergwanderrouten
Sierra Nevada; Parque Natural Sierra de Grazalema

Gipfel erklimmen
Mulhacén (Sierra Nevada); El Torreón (Sierra de Grazalema); El Lucero (Axarquía)

Für den Adrenalinkick
Málagas einzigartiger Caminito del Rey

Wildtierbeobachtung
Parque Natural Sierras de Cazorla, Segura y Las Villas

Von Dorf zu Dorf
Las Alpujarras; Sierra de Aracena

Ländliche Wanderungen
Sierra de Aracena; Sierra Norte de Sevilla; Sierras Subbéticas

Küstenrouten
Parque Natural de Cabo de Gata-Níjar; Parque Natural de la Breña y Marismas del Barbate

Flüsse und Schluchten
Río Borosa (Parque Natural de Cazorla, Segura y Las Villas); Garganta Verde (Parque Natural Sierra de Grazalema)

Himmlische Ruhe
Parque Natural Sierra Norte de Sevilla; Parque Natural Sierra María-Los Vélez

Wandern

Wanderungen in Andalusien führen in Gegenden, die 95 % der Touristen nie sehen werden. Wer seine Ruhe haben will, sollte sich auf die *senderos* (Wanderwege) begeben.

Gut gekennzeichnete Wanderwege erschließen alle andalusischen *parques naturales* (Naturparks) und *parques nacionales* (Nationalparks). Sie reichen von halbstündigen Spaziergängen bis zu ganztägigen Bergbesteigungen und Weitwanderwegen. Die Landschaft ist oft majestätisch. Manchmal lassen sich Tageswanderungen zu mehrtägigen Touren verknüpfen. Unterwegs bieten Hotels, *hostales* (Pensionen), Campingplätze oder auch vereinzelte Berghütten Unterkunft.

Das Kartenmaterial und die Beschilderung verbessern sich stetig, können aber noch dürftig sein. Am besten beschildert sind die Wege in den *parques naturales* und *nacionales* sowie die Hauptwanderwege wie der Weitwanderweg GR7, der mit rot-weißen Farbanstrichen gekennzeichnet ist.

In Spanien gibt's zwei Hauptkategorien markierter Wege: *senderos de gran recorrido* (GR, Fernwanderwege) und *senderos de pequeño recorrido* (PR, kürzere Strecken von einigen Stunden bis zu zwei Tagen).

Reisezeit

Am besten eignen sich Mai, Juni, September und Oktober. Juli und August sind für die Höhenlagen der Sierra Nevada ideal – in anderen Gegenden ist es dann zu heiß. Einige Wege schließen wegen Waldbrandgefahr.

Praktische Informationen

Bei offiziellen Besucherzentren der *parques naturales* und *nacionales* sowie online unter www.juntadeandalucia.es erhält man Informationen zum Wandern (oft auf Deutsch). Auch die örtlichen Touristeninformationen können weiterhelfen. Es gibt viele ortsansässige Anbieter, die geführte Touren und Wanderurlaube organisieren. Zu den besten Karten zählen die Produkte von Editorial Alpina (www.editorialalpina.com).

Radfahren

In Andalusien gibt's viele Radverleihe, gut gewartete und ausgeschilderte Radwege sowie Offroad-Strecken und eine wachsende Zahl an städtischen Bike-Sharing-Netzen, besonders in Sevilla (S. 81). Geführte Radtouren werden immer beliebter, vor allem in Städten wie Sevilla und Málaga (S. 181). Im Juli und August ist es brütend heiß!

Bestes Biken

Die flachsten und familienfreundlichsten Radwege sind die *vías verdes* (grüne Wege; S. 42), ehemalige alte Bahnstrecken.

Zu den Hotspots des Mountainbikens gehören die Gegenden El Chorro und Ronda/Grazalema, der Parque Natural Sierras de Cazorla, Segura y Las Villas, La Axarquía und die Alpujarras. Im Parque Natural

Sierra Nevada gibt's 13 Strecken. Der „Königsweg" ist die 450 km lange Transnevada, die in acht Etappen um die 1500 und 2000 m hohe Bergkette herumführt.

Tauchen & Schnorcheln

Es ist nicht ganz wie in der Karibik, aber Andalusien hat ein paar lohnenswerte Spots zur Unterwasserwelterkundung, vor allem entlang der Ostküste in den Provinzen Granada und Almería. Die Atlantikküste mit ihren starken Strömungen meidet man besser (wobei es rund um Gibraltar einige interessante Schiffswracks gibt). Auch der westliche Teil von Andalusiens Mittelmeerküste ist kaum von Interesse für passionierte Taucher und Schnorchler.

Praktische Informationen

Die meisten Unternehmen bieten PADI-Kurse sowie Tauchgänge für erfahrene Taucher (ca. 50 €) und Einführungskurse (ca. 70 €) an. Ein viertägiger Open-Water-PADI-Kurs kostet ca. 320 €.

Cabo de Gata, Almería (S. 335) Der Top-Spot hat klares ruhiges Wasser und einen abwechslungsreichen Meeresboden, der von Höhlen, Erdspalten oder Durchlässen übersät ist. Ein Wrack gibt's hier auch.

Costa Tropical, Granada (S. 315) Bunte Fische, Tintenfische, Korallen und Krebstiere sowie das (relativ) warme Wasser sorgen ganzjährig für super Tauch- und Schnorchel-Bedingungen. Für Anfänger ideal ist das flache Wasser vor La Herradura (S. 318). Anbieter aus Nerja in der Provinz Málaga steuern oft dieses Gebiet an.

TIERBEOBACHTUNG

Freilaufendes Wild, majestätische Meeressäuger, Zugvogelschwärme, scheue Pardelluchse – in Andalusien hat eine fantastische Vielfalt an Wildtieren ihren Lebensraum (S. 369). Viele lokale Unternehmen bieten Ausflüge mit Wildtier- und Vogelbeobachtung an.

Andalusiens bekannte vom Aussterben bedrohte Luchspopulation (S. 370), die 2019 bei 461 Tieren lag, verteilt sich auf die Parques Nacional und Natural de Doñana und Sierra Morena und rund um die Naturparks Sierra de Cardeña y Montoro, Sierra de Andújar und Despeñaperros. Lokale Firmen bieten Jeeptouren in den Parque Natural Sierra de Andújar (Provinz Jaén) und die Parques Nacional und Natural de Doñana (Provinzen Huelva und Cádiz) an, in denen die besten – aber immer sehr noch geringen –Chancen bestehen, Luchse zu sehen.

ORT	TIER	TOURVERANSTALTER
Parques Nacional & Natural de Doñana (S. 103)	Wildschweine, Spanische Kaiseradler, Rot- & Damwild, große Flamingos, Wasservögel	Cooperativa Marismas del Rocío (S. 105), Doñana Reservas (S. 106), Doñana Nature (S. 106), Viajes Doñana (S. 141)
Parque Natural Sierras de Cazorla, Segura y Las Villas (S. 266)	Steinböcke, Rot- & Damwild, Wildschwein, Mufflons, Rote Eichhörnchen, Bartgeier, Schwarzgeier, Steinadler, Pilgerfalken, Bartgeier	Turisnat (S. 264)
Sierra Nevada (S. 301)	Andalusiens größte Steinbockpopulation, Wildschweine, Steinadler, Habichtsadler, Gänsegeier, Turmfalken	Nevadensis (S. 305), Spanish Highs (S. 309)
Parque Natural Sierra de Andújar (S. 251)	Steinböcke, Rot- und Damwild, Wildschweine, Wölfe, Mufflons, Schwarzgeier, Schwarzstörche, Spanische Kaiseradler, Iberische Luchse	IberianLynxLand (S. 252), Birds & Lynx Ecotourism (S. 252)
Parque Natural Sierra de Grazalema (S. 149)	Steinböcke, Gänsegeier	Besuch auf eigene Faust empfehlenswert
Straße von Gibraltar (S. 169)	Meeressäuger (April–Okt.), über 300 Zugvogelarten	FIRMM (S. 161), Aviantours (www.aviantours.net)
Laguna de Fuente de Piedra (S. 208)	Vögel, insbesondere große Flamingos (Feb.–Aug.)	Centro de Visitantes José Antonio Valverde (S. 105)
Peñón de Zaframagón (S. 151)	Gänsegeier	Besuch auf eigene Faust empfehlenswert

ALTERNATIVE AKTIVITÄTEN

Vie Ferrate

Für Kletterer sind die beliebten *vie ferrate* ideal – gesichertes Klettern auf Steigen mit Leitern, Seilen, Brücken und manchmal Ziplines. Es gibt Anfängerrouten in Ronda und anspruchsvollere in El Torcal, El Chorro und Comares sowie weitere Möglichkeiten in der Sierra de Grazalema und bei Cazorla. Mehrere Veranstalter bieten geführte Touren an, darunter Andalucía Aventura (S. 204) und Vive Aventura (S. 209) in der Provinz Málaga, Tierraventura (S. 268) in der Provinz Jaén, Nevadensis (S. 305) in Granadas Sierra Nevada und Horizon (S. 147) oder Zahara Catur (S. 148) in der Provinz Cádiz.

Paragliding & Drachenfliegen

In Andalusien erfreuen sich sowohl *parapente* (Paragliding) als auch *ala delta* (Drachenfliegen) großer Beliebtheit, und es gibt immer mehr Startpunkte.

Algodonales am Rand des Parque Natural Sierra de Grazalema in Cádiz zählt mit den vielen Startpunkten und starken Winden – 2001 fand hier die Weltmeisterschaft im Drachenfliegen statt – zu den Hochburgen des Sports in Andalusien. Zero Gravity (S. 150) bietet einwöchige Paragliding-Kurse für Anfänger (885 €) und Tandemflüge (90 €).

Ein zweites Zentrum für Paragliding ist El Yelmo (S. 270) in Jaéns Parque Natural de Cazorla, Segura y Las Villas. Im Juni zieht das Festival Internacional del Aire (S. 270) Tausende hierher. Mit Olivair (S. 270) kann man hier Tandemsprünge erleben (100 €).

In der Sierra Nevada liegen einige der höchsten Startpunkte für Paraglider.

Canyoning

Aufregende Ziele in Andalusien, um Canyons herunterzurasen, sind die Sierra de Grazalema in der Provinz Cádiz mit den Anbietern Zahara Catur (S. 148) oder Horizon (S. 147), Las Alpujarras in der Provinz Granada mit Nevadensis (S. 305), der Parque Natural Sierra de Cazorla, Segura y Las Villas in der Provinz Jaén mit Tierraventura (S. 268) oder die Region La Axarquía bei Málaga mit Salamandra (S. 211).

Wassersport & Yoga

An Andalusiens wunderschöner Küste kann man in einem Kanu davonpaddeln, auf einem Stand-Up-Paddelboard paddeln (SUP) oder das wackelige SUP-Yoga ausprobieren. Einen Kurs belegen oder einfach die Ausrüstung ausleihen und loslegen!

Yoga wird ebenfalls immer beliebter. In Granadas Alpujarras (S. 302) und in der Gegend um Tarifa (S. 159) an der Costa de la Luz in der Provinz Cádiz findet man eine lebendige Yoga-Szene mit Kursen und Retreats.

Reiten

Edle Pferde gehören zu Andalusien wie feuriger Flamenco und Stierkampf. Immer mehr *picaderos* (Reitställe) bieten geführte Ausritte und Reitunterricht an.

Ausritte kosten etwa 30–40 € für ein oder zwei Stunden und ca. 100 € für einen halben Tag. Die meisten Reitställe bieten alle Niveaus, von Unterricht über anspruchsvolle Ausritte bis hin zu mehrtägigen Ausflügen.

Highlights für Pferdefreunde

Hochburg der andalusischen Pferdekultur ist Jerez de la Frontera (Cádiz), die Heimat der berühmten Real Escuela Andaluza del Arte Ecuestre (S. 136) und der Feria del Caballo (S. 133). Das nahegelegene Gestüt Yeguada de la Cartuja – Hierro del Bocado (www.yeguadacartuja.com) bietet einen faszinierenden Einblick in die Pferdewelt.

Highlights für Reiter:

- Ausritte am Strand und durch die Dünen vor Tarifa (S. 159) an der Costa de la Luz.
- Touren um Lanjarón (S. 303) in Granadas Alpujarras und Grazalema (S. 147) in Cádiz.
- Ausritte durch die Wälder um Doñana (S. 107).
- An Bergflanken reiten in Málagas Axarquía nahe Cómpeta (S. 211) und bei Ronda (S. 195).
- Ausritte abseits der Massen in Huelvas Sierra de Aracena (S. 114).

VÍA VERDES

Eine von Spaniens wichtigsten Umweltinitiativen der letzten 20 Jahre sind die *vías verdes* (Grüne Wege; www.viasverdes.com). Es handelt sich um nicht mehr genutzte Eisenbahnlinien, die in ausgeschilderte Wege für Radfahrer, Wanderer, Reiter und andere unmotorisierte Reisende (wie Rollstuhlfahrer) umgewandelt wurden. In Spanien gibt's 7500 km stillgelegter Schienenwege, seit 1993 wurden 2800 km davon zu *vías verdes*.

Andalusien verfügt derzeit über 29 Grüne Wege (insgesamt 700 km Länge). Die 36 km lange Vía Verde de la Sierra (S. 151) in der Provinz Cádiz gilt als der schönste. Zwei weitere Highlights sind Sevillas 18,7 km lange Vía Verde de la Sierra Norte (S. 91) und die 128 km lange Vía Verde del Aceite (S. 249) durch Jaén und Córdoba.

Die *vías verdes* haben nur leichte Steigungen und viele technische Bauwerke (Brücken, Tunnel, Viadukte) sind noch erhalten. Sie sind gut mit Kilometersteinen markiert und mit Übersichtskarten, Aussichtspunkten, Picknickplätzen und Fahrradverleihen ausgestattet. Und an ihnen liegen zu Cafés oder Landhotels umgebaute Bahnhöfe.

Kitesurfen, Windsurfen & Surfen

Dank des starken Windes an der Meerenge von Gibraltar tummelt sich an der Costa de la Luz am Golf von Cádiz die lebhafteste Wind- und Kitesurferszene Europas. Los ging es Anfang der 1980er-Jahre mit dem Windsurf-Boom. Kitesurfen, der jüngere und extremere Ableger, ist mittlerweile sogar noch beliebter. Der starke Wind und die bewegte See vor der Costa de la Luz eignen sich nicht immer für Anfänger. Mai, Juni und September sind die besten Monate.

Kitesurfen Leihausrüstung ganzer Tag 90 €; sechsstündiger Anfängerkurs 250 €.

Windsurfen Leihausrüstung halber Tag 60 €; fünftägiger Anfängerkurs 250–350 €.

Surfen Zweistündiger Kurs in der Gruppe 30 €; Leihgebühr Brett und Neoprenanzug 20 €.

Ziele

Tarifa (S. 159) Europas Wind- und Kitesurfer-Hauptstadt.

Los Caños de Meca (S. 156) Noch ein Surfer- und Kitesurfer-Hotspot, nordwestlich von Tarifa.

El Palmar (S. 156) Der beste Spot für Wellenreiter.

Klettern

Kletterfans denken beim Wort „Andalusien" sofort an El Chorro. Über diese steile Kalksteinschlucht (S. 203) oberhalb des Río Guadalhorce, 50 km nordwestlich von Málaga, ziehen sich Hunderte Kletterrouten mit einfachen bis hohen Schwierigkeitsgraden. Viele beginnen in der Gegend des berüchtigten Caminito del Rey (S. 204).

An Kalksteinfelsen klettern kann man auch in El Torcal de Antequera und Archidona (beide nördlich von Málaga) sowie in der Schlucht Los Cahorros (Sierra Nevada).

Praktische Informationen

In El Chorro kann man Klettertouren und -kurse über die Finca La Campana (S. 205) oder Andalucía Aventura (S. 204) buchen. Klettersaison ist von Oktober bis April. Für eine eintägige Kostprobe zahlt man ca. 50 €.

Skifahren & Snowboarden

Granadas Sierra Nevada (S. 301), nach den Alpen und dem Kaukasus die höchsten Berge Europas, ist auch dessen südlichstes Skigebiet. Ihre Hänge bieten keine megasteile Off-Pisten-Action, aber die Bedingungen sind fantastisch. Es gibt Langlaufloipen und über 110 km Pisten auf Skihängen von bis zu 3300 m Höhe. Oft schneit es schon im November und die Saison kann bis Mai dauern. Die Hänge eignen sich für Anfänger, Familien und Fortgeschrittene.

Praktische Informationen

Tagesskipässe für Erwachsene kosten 47 bis 52 €, dazu kommen 25 € für die Leihausrüstung. Ein eintägiger Gruppenkurs schlägt mit ca. 65 € zu Buche. Hochsaison ist zwischen Weihnachten und Neujahr sowie von Anfang Februar bis Anfang März.

Reiseplanung

Reisen mit Kindern

Warmes Klima, tolle Strände, eine entspannte Atmosphäre und viele Sehenswürdigkeiten machen Andalusien zum idealen Ziel für eine Familienreise. Mehrere Generationen sitzen oft in Restaurants oder in Bars beisammen am Tisch, essen und plaudern – ein wesentlicher Bestandteil der andalusischen Lebensart. Kinder sind außer in den förmlichsten Restaurants stets willkommen, ebenso in den meisten Bars und Hotels.

Toll für Kinder ...

Museen & Galerien

Museo Casa de la Ciencia (S. 68), **Sevilla** Interaktive Ausstellung erweckt Wissenschaft zum Leben.

Museo Picasso Málaga (S. 173), **Málaga** Toll für eine erste Begegnung mit der Kunst Picassos.

Museo Lara (S. 198), **Ronda** Ausstellungen zu Hexerei und Folterinstrumenten!

Pabellón de la Navegación (S. 69), **Sevilla** In diesem maritimen Museum erfahren Besucher alles über die Seefahrt.

Museo de Cádiz (S. 119), **Cádiz** Zwei phönizische Sarkophage aus Marmor wachen über das Museum.

Museo del Baile Flamenco (S. 61), **Sevilla** Täglich um 19 Uhr werden Flamencoshows aufgeführt.

Palacio de Viana (S. 229), **Córdoba** Prächtig leuchtende Blumen in einem Renaissancepalast.

Muelle de las Carabelas (S. 99), **La Rábida** Drei nachgebaute Schiffe aus Kolumbus' Flotte laden zum Klettern ein.

Höhlen & Schlösser

Gruta de las Maravillas (S. 110), **Aracena** Zwölf Höhlen ganz im Norden von Huelva mit beeindruckenden unterirdischen Wasserbecken.

La Geoda de Pulpí (S. 338), **Provinz Almería** Für Kinder ab acht Jahren ist der Abstieg in Europas größte Geode ein tolles Abenteuer.

Cueva de Nerja (S. 213), **Nerja** Höhle voll gruseliger Stalaktiten und Stalagmiten.

Günstig reisen

Unterkunft

Wer rechtzeitig im Voraus bucht, hat die größte Auswahl (wie Familienzimmer oder ein Zimmer für vier Personen im Hotel). Apartments mit Selbstversorgung für Familien gibt es in ganz Andalusien.

Sehenswertes

Bei den meisten Sehenswürdigkeiten zahlen Kinder einen vergünstigten Eintrittspreis. Kinder unter vier Jahren haben in der Regel kostenlos Zugang. Besonders beliebte Sehenswürdigkeiten wie die Alhambra in Granada sollte man rechtzeitig im Voraus buchen.

Verkehrsmittel

Kinder erhalten 40 % Ermäßigung auf Fahrkarten für den Hochgeschwindigkeitszug AVE (Kinder unter vier Jahren fahren kostenlos) und oftmals auch vergünstigte Fährtickets. In den meisten Bussen hingegen zahlen sie den vollen Preis. Mit einem Leihfahrrad (oder im Rahmen einer geführten Fahrradtour) kann man toll Städte wie Málaga für ein kleines Budget erkunden.

Essen

Viele Restaurants bieten Kindermenüs oder halbe Portionen für Kinder an. In einigen Restaurants gibt es sogar ein *menú del día* nur für Kids.

Aktivitäten

Kinder zahlen für Führungen und Ähnliches in der Regel ermäßigte Preise. Dazu gibt es viele tolle kostenlose Führungen.

St. Michael's Cave (S. 167), **Gibraltar** Riesige natürliche Grotte mit See und Auditorium.

Guadix (S. 313), **Provinz Granada** Nordöstlich von Granada kann man in einem Höhlenhaus schlafen und ein Höhlenmuseum besuchen.

Cueva de la Pileta (S. 201), **Benaoján** Faszinierende nicht-kommerzielle Höhlen unweit von Ronda mit engen Gängen, Seen und Höhlenmalereien.

Schlösser In Jaén (S. 245), Segura de la Sierra (S. 271), Almodóvar del Río (S. 242), Olvera (S. 150), La Calahorra (S. 314) und Málaga (S. 173) stehen jahrhundertealte Schlösser, die jeden faszinieren.

Tiere

Parque Nacional de Doñana (www.miteco.gob.es) Rotwild, Wildschweine und der scheue Iberische Luchs leben in Spaniens beliebtestem Nationalpark.

Walbeobachtung (S. 161), **Tarifa** Nirgendwo in Europa kann man besser Wale und Delfine beobachten.

Delfinbeobachtung(S. 169), **Gibraltar** In der Straße von Gibraltar wohnen zahlreiche Delfinarten.

Mariposario de Benalmádena (S. 188), **Benalmádena** 1500 flatternde Schönheiten und eine riesige Schildkröte leben in diesem Schmetterlingspark.

Parque Natural Sierras de Cazorla, Segura y Las Villas (S. 266) Wildschweine, Mufflons, Steinböcke und Rotwild beobachten. Dazu gibt es einen Mini-Zug (5 km) für Kinder und eine Tierrettungsstation.

Themenparks

Tivoli World, Arroyo de la Miel (www.tivoliworld.net) Neben Fahrgeschäften und Rutschen gibt es täglich Musicals, Tanz- und Kinderveranstaltungen.

Isla Mágica (S. 70), **Sevilla** Piratenshows, Achterbahnen und vieles mehr.

Oasys Mini Hollywood (S. 329), **Desierto de Tabernas** Wildwest-Shows, Postkutschen, Can-Can-Tänzerinnen und ein Zoo an einem einstigen Filmset.

Weitere Abenteuer

Jahrmärkte & Feste Bei Stadt- und Dorffesten gibt es immer einen Jahrmarkt mit Fahrgeschäften.

Windsurfen & Kitesurfen (S. 161) Kurse für ältere Kinder in Tarifa an der Küste von Cádiz.

Ausflug nach Marokko (S. 165) Mit der Schnellfähre von Tarifa aus für einen Tag nach Tanger.

Aventura Amazonia (S. 192), **Marbella** Abenteuerspielplatz mit Zipline-Parcours.

Radfahren (S. 181) In Städten (Málaga, Sevilla) kann man mit Leihrädern Familienradtouren machen.

Wassersport (S. 318), **La Herradura** Die Costa Tropical bei Granada eignet sich super zum Windsurfen, Paddeln, Schnorcheln und Kajakfahren.

Vías Verdes (S. 42) In ganz Andalusien wurden 29 ehemalige Bahntrassen in flache, familienfreundliche Wege zum Radfahren, Laufen und Reiten ausgebaut.

Region für Region

Provinz Sevilla

In der Stadt Sevilla (S. 52) gibt es tolle grüne Parks, kann man Schiff fahren, den prächtigen Real Alcázar (S. 56) besuchen und sich im berühmten Freizeitpark Isla Mágica (S. 70) vergnügen.

Provinz Huelva

Die größte Attraktion für Familien in der Provinz Huelva ist der wunderbare Parque Nacional de Doñana (S. 103). Hier kann man an geführten Touren im Safaristil teilnehmen und Rotwild, Wildschweine, Vögel und mit sehr viel Glück einen Iberischen Luchs beobachten. Wer es weniger touristisch mag, quartiert sich in einem der gemütlichen Berghotels weiter nördlich in der Sierra de Aracena (S. 113) ein und macht eine Zugfahrt mit der alten Bergbaubahn an den Minas de Riotinto (S. 109).

Provinz Cádiz & Gibraltar

Tarifa (S. 159) zählt zu den besten Reisezielen Europas zum Kite- und Windsurfen und ist toll für ältere Kinder, die dies tun möchten. An den traumhaften Stränden der Provinz kann man außerdem toll reiten. Tarifa ist der beste Ausgangspunkt für Touren zur Wal- und Delfinbeobachtung in der Straße von Gibraltar. Von Tarifa aus kann man mit der Fähre für einen Tag nach Marokko übersetzen. Von Sanlúcar de Barrameda aus kann man den Parque Nacional de Doñana (S. 103) mit seinen Wildtieren erkunden oder man besucht die Makaken auf dem Felsen von Gibraltar (S. 168).

Provinz Málaga

Das seichte Wasser der Costa del Sol, die lebendigen Strände und Schiffstouren sind toll für die ganze Familie. In der Stadt Málaga (S. 173) gibt es für ältere Kinder viele Museen und Galerien. Die meisten der auf Familien ausgerichteten Themenparks,

Resorts und Unterhaltungsangebote Andalusiens findet man in der Provinz Málaga, vor allem rund um Fuengirola (S. 190), Benalmádena (S. 187) und Marbella (S. 192).

Provinz Córdoba

Kinder allen Alters sind begeistert von der schimmernden Mezquita (S. 220) und den blumengeschmückten Gassen der Stadt Córdoba (S. 220). Dazu gibt es in der gesamten Provinz schöne Ausflugsziele auf dem Land für Familien (wobei es von Juni bis Mitte September sehr heiß wird!).

Provinz Jaén

Familien, die in die weniger stark besuchte Provinz Jaén reisen, zieht es in der Regel in die wilden Weiten des Parque Natural Sierras de Cazorla, Segura y Las Villas (S. 266). Das größte Schutzgebiet Spaniens ist Lebensraum einiger der spektakulärsten Wildtiere des Landes, darunter Steinböcke, Rotwild, Mufflons, Wildschweine und der vom Aussterben bedrohte Lämmergeier. Ebenfalls in der Provinz Jaén liegt der aufregende Parque Natural Sierra de Andújar (S. 251), in dem man mit viel Glück einen Iberischen Luchs oder einen Wolf zu Gesicht bekommt.

Provinz Granada

Die Alhambra (S. 276) in Granada verschlägt Besuchern jeden Alters den Atem. In den Alpujarras kann man reiten und Bergwanderungen in verschiedenen Schwierigkeitsstufen unternehmen. In der Skisaison ist die Sierra Nevada (S. 301) ein Reiseziel und die sanften Strände der Costa Tropical (S. 315) eignen sich toll für Wassersport.

Provinz Almería

Auch wenn Almería nicht die erste Wahl für einen Familienurlaub in Andalusien ist, lassen die Wildwest-Shows in den Filmkulissen der Desierto de Tabernas (S. 329) Kinderherzen höherschlagen. Rund um das Cabo de Gata (S. 334) gibt es traumhafte Strände, an denen man prima schnorcheln und andere Wassersportarten betreiben kann.

Gut zu wissen

Das Symbol 👪 in diesem Reiseführer weist auf familienfreundliche Reisetipps hin.

Unterkunft Familien finden in Andalusien Unterkünfte aller Art und Größe und es gibt zahlreiche Apartments für Selbstversorger. Die meisten Hotels bieten Kinder- und Zustellbetten an; vorher nachfragen.

Essen gehen In kaum einem Restaurant sind Kinder nicht willkommen. Selbst wenn keine Kindergerichte angeboten werden (in vielen Restaurants gibt es sie jedoch), bereiten viele eine kleine Portion zu oder schlagen eine oder zwei Tapas vor. In immer mehr Restaurants findet man Hochstühle. Gegen 17 Uhr ist eine *merienda* (Nachmittagsimbiss) üblich, um die lange Zeit bis zum späten Abendessen zu überbrücken.

Lange Nächte Die einheimischen Kinder bleiben lange auf und bei Feiern ist es nicht unüblich, selbst morgens um zwei noch Kleinkinder durch die Straßen laufen zu sehen.

Reisen mit dem Auto Bei den meisten Autovermietungen kann man Autositze für Kleinkinder und Kinder leihen; im Voraus reservieren.

Kinderwagen & Buggys Die Altstadtzentren haben schmale Bürgersteige und gepflasterte Gassen, was es nicht einfach macht, wenn man mit Kinderwagen oder Buggy unterwegs ist. In einigen großen Sehenswürdigkeiten (wie z. B. in den wichtigsten Teilen der Alhambra in Granada) sind Kinderwagen nicht erlaubt. Am besten nimmt man eine Babytrage mit.

Stillen Viele Frauen in Spanien stillen in der Öffentlichkeit, sodass man dies bedenkenlos tun kann.

Babysachen In Apotheken und Supermärkten bekommt man Windeln, Babynahrung, Hilfsmittel zum Sterilisieren und Fertignahrung. Öffentliche Wickelräume sind selten, deshalb besser eine Wickelunterlage mitnehmen.

Reisezeit In den wichtigsten Urlaubsorten ist im Juli und August sehr viel los. Im Mai, Juni, September und Oktober ist es warm genug, um im Meer zu paddeln, aber noch nicht bzw. nicht mehr knallheiß.

Hilfreiche Informationen

Lonely Planet Kids (www.lonelyplanetkids.com) Blog mit jeder Menge Aktivitäten und tollen Tipps für Familienreisen.

Buch: First Words Spanish (auf Englisch; shop.lonelyplanet.com) Schön bebilderte Einführung in die spanische Sprache für Fünf- bis Achtjährige.

Andalucia.com (www.andalucia.com) Hervorragende Website zu ganz Andalusien mit familienfreundlichen Tipps.

Andalusien im Überblick

Die Provinz Sevilla

Essen & Trinken
Architektur
Musik & Tanz

Tapas

Mit seinen schätzungsweise mehr als 3000 Bars ist Sevilla für seine tolle Tapas-Szene bekannt. Die traditionelleren Vertreter halten es einfach, während abenteuerliche New-School-Lokale der Kreativität freien Lauf lassen. Lokale Schinken, frische Meeresfrüchte und langsam gegartes Fleisch sind in der ganzen Provinz bekannt.

Catedral, Alcázar & mehr

Das Stadtbild Sevillas ist ein aufregendes Sammelsurium von Architekturstilen, vom Mudejarstil des Alcázar über die bombastische Gotik der Kathedrale bis hin zum extravaganten Barock der Kirchen. Außerhalb der Hauptstadt warten weitere Highlights in Osuna, Carmona und Écija.

Flamenco

Andalusiens vielseitigste Auswahl an Flamenco-Bühnen wartet im lebhaften Sevilla. Triana bietet intime *peñas* (Clubs), während im Barrio de Santa Cruz authentische *tablaos* (Shows) locken. Bei der ausgelassenen Feria de Abril stehen volkstümliche *sevillana* (vom Flamenco beeinflusste Volkstänze) im Mittelpunkt.

S. 50

Die Provinz Huelva

Tiere
Wandern
Geschichte

Doñana

Der Parque Nacional de Doñana ist eines von Europas schönsten Schutzgebieten. Hier erstreckt sich das Delta des Río Guadalquivir zwischen Huelva und Sevilla. Man kann seltene Vögel und Säugetiere beobachten: Hirsche, Wildschweine und mit Glück iberische Luchse. Der Wallfahrtsort El Rocío ist ein guter Startpunkt.

Wanderwege

Der wenig touristische Norden Huelvas beherbergt die Eichenwälder und *dehesa* (Weiden, auf denen die schwarzen Schweine der Region nach Eicheln suchen) des Parque Natural Sierra de Aracena y Picos de Aroche, einer Region, die von Wanderwegen durchzogen ist.

Kolumbus & die Mauren

Huelva birgt überraschende historische Schätze, darunter Ausrüstungsgegenstände von Christoph Kolumbus, Niebla mit einer Stadtmauer aus der Zeit der Almohaden und Almonaster La Real mit seiner *mezquita* aus dem 9. Jh.

S. 95

Die Provinz Cádiz & Gibraltar

Strände
Weiße Dörfer
Musik

Weiße Wunder

Die Sandstrände entlang der windgepeitschten Costa de la Luz gehören zu den schönsten und unberührtesten Andalusiens. Kitesurfen in Tarifa, Sonnenbaden neben römischen Ruinen in Bolonia, Entspannen im sanften Los Caños de Meca und Chillen in den *chiringuitos* (Snackbars) von Cádiz.

Bergsiedlungen

Weiße Dörfer mit Burgruinen auf Hügelkuppen, Balkone voller Geranien, verwinkelte Gassen und alte Kirchen: Einst wachten Arcos, Vejer, Zahara, Olvera, Jimena und andere über eine umkämpfte Grenze, die das islamische und christliche Spanien trennte.

Sherry, Thunfisch & Fusionsküche

Atlantischer Blauflossenthunfisch, gefangen nach der *almadraba*-Methode, ist der kulinarische Star an der Costa de la Luz. Städte wie Tarifa und Vejer geben den lokalen Produkten eine internationale Note. Sherry ist die perfekte Begleitung dazu.

S. 118

Die Provinz Málaga

Strände
Kunst
Essen & Trinken

Küstenresorts

Málagas Strände ziehen mehr Touristen an als der Rest von Andalusien zusammen. Man hat die Qual der Wahl: Soll es das lässige Estepona, das glitzernde Marbella, das partyhungrige Torremolinos, das künstlerische Málaga oder das charmante Nerja sein?

Picasso & mehr

Picasso hat Málaga schon verlassen, als er zehn Jahre alt war, aber die Stadt feiert das Vermächtnis des Meisters mit dem Museo Picasso und dem Haus, in dem er 1881 geboren wurde. Eine wachsende Zahl weiterer Museen festigt den Anspruch, Andalusiens „Kunsthauptstadt" zu sein.

Regionale Spezialitäten

Entlang der Küste reihen sich einfache *chiringuitos* am Strand und Tapas-Bars an ausgezeichnete Fischrestaurants. Im Landesinneren serviert Antequera feine Suppen und Desserts, während Ronda die Heimat von Eintöpfen, Fleischspezialitäten und guten Weinen ist.

S. 172

Die Provinz Córdoba

Architektur
Essen & Trinken
Natur

Das Kalifat von Córdoba

Das Kalifat von Córdoba im 10. Jh. prägte vor 1000 Jahren die islamische Architektur. Davon kann man sich in Córdobas berühmter Mezquita oder der Medina Azahara etwas außerhalb der Stadt überzeugen.

Wein & Olivenöl

Die südliche Provinz Córdoba produziert in Montilla-Moriles süße, sherryähnliche DO-Weine aus Pedro-Ximénez-Trauben in alten Bodegas. Es gibt auch Führungen und Verkostungen. Die Olivenhaine liefern zudem wertvolle Öle, insbesondere in der Gegend um Priego de Córdoba und Baena.

Abseits ausgetretener Pfade

Südlich von Córdoba erstreckt sich der Parque Natural Sierras Subbéticas mit smaragdgrünen Bergen, die von Schluchten und Höhlen durchzogen und von weißen Dörfern umgeben sind. Nördlich von Córdoba geht die Region Los Pedroches in die Sierra Morena über.

S. 217

Die Provinz Jaén

Natur
Tiere
Architektur

Andalusische Wildnis

In der Provinz Jaén liegt das größte Naturschutzgebiet Spaniens, der Parque Natural Sierras de Cazorla, Segura y Las Villas, sowie der weniger bekannte Parque Natural Sierra de Andújar, in dem die weltgrößte Population des Iberischen Luchses zu Hause ist.

Seltene Fauna

Luchse, Wildschweine, Mufflons und seltene Vögel wie Mönchsgeier, Kaiseradler und Bartgeier sieht man in Andalusien nur selten. Die besten Chancen dazu bestehen in den ruhigeren Ecken der Provinz, wo die unendliche Weite an Olivenhainen von Naturschutzgebieten und Bergen durchsetzt ist.

Renaissance-Städte

Gleich zwei Renaissance-prachtstücke der Provinz stehen auf der UNESCO-Welterbeliste: Úbeda und Baeza. Darüber hinaus macht die weniger berühmte Provinzhauptstadt Jaén mit ihrer grandiosen Kathedrale jener von Granada und Sevilla Konkurrenz.

S. 244

Die Provinz Granada

Architektur
Weiße Dörfer
Outdoor

Alhambra & Granada

Granada ist eine prächtige Mischung aus vielen Architekturstilen – vom maurischen Albayzín-Viertel und dem charmanten Realejo (altes jüdisches Viertel) über die Barock-Renaissance-Kathedrale bis hin zur unvergleichlichen Alhambra aus der Nasridenzeit.

Las Alpujarras

Während die weißen Dörfer der Provinz Cádiz für ihre Schönheit bekannt sind, liegen jene in Granada höher, in den steilen Tälern der Alpujarras, wo jahrhundertealtes Kunsthandwerk, traditionelle Gerichte, Wanderwege, Landhotels und endlose Ausblicke warten.

Bergwanderungen & Adrenalin

Die mächtigen Gipfel der Sierra Nevada und die Hänge der Alpujarras bilden eine epische Kulisse für aufregende Wanderungen aller Schwierigkeitsgrade, während die Region mit Reiten, Skifahren und Mountainbiking für Adrenalinschübe sorgt.

S. 273

Die Provinz Almería

Küstenlandschaften
Geschichte
Weiße Dörfer

Geschützte Küste

Vergessen oder einfach nur zu trocken, wurde Cabo de Gata von Bulldozern verschont. Heute ist es ein Naturschutzgebiet und trumpft mit der reichsten Tierwelt des südlichen Mittelmeerraums auf.

Maurisches Erbe

Die von Besuchern der Alhambra oftmals unbeachtete Stadt Almería blickt auf eine interessante Geschichte zurück, bei der sich vieles in der Zeit vor dem Christentum abspielte. Die Altstadt und die Alcazaba lohnen eine Besichtigung, bevor man sich ein entspannendes Bad im *hammam* und köstliche Tapas gönnt.

Der abgelegene Norden

Im wenig besuchten Norden Almerías kann man die abgelegene Region Los Vélez erkunden, in der drei weiße Dörfer, UNESCO-gelistete Höhlenkunst und die wilde Sierra de María warten. Das Renaissance-Schloss von Vélez Blanco aus dem 16. Jh. scheint einem Märchen entsprungen.

S. 319

Reiseziele in Andalusien

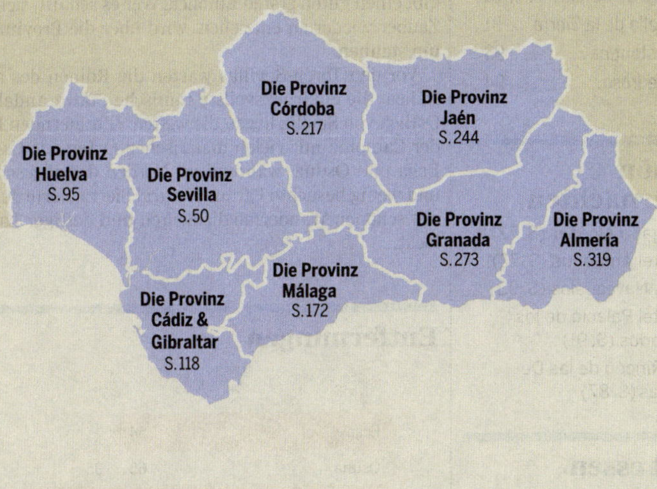

Die Provinz Sevilla

Inhalt ➡

Schön übernachten

- ➡ Legado Alcázar (S. 72)
- ➡ Hotel Amadeus (S. 72))
- ➡ Las Navezuelas (S. 93)
- ➡ Hotel Palacio de los Granados (S. 91)
- ➡ El Rincón de las Descalzas (S. 87)

Gut essen

- ➡ Bar-Restaurante Eslava (S. 77)
- ➡ La Brunilda (S. 75)
- ➡ Agustina (S. 93)
- ➡ La Azotea (S. 74)
- ➡ Taberna Jicales (S. 89)

Auf nach Sevilla!

Von maurischen Palästen und römischen Ruinen bis zu sonnigen Ebenen und bewaldeten Flusstälern – die Provinz Sevilla präsentiert stolz so manche Highlights und verborgenen Schätze Andalusiens. Im Herzen liegt die charismatische, feurige Hauptstadt der Region: Sevilla. Die Metropole am Flussufer ist bekannt für Kunst und Architektur, Flamenco-Clubs und überfüllte Tapas-Bars und gibt einen guten ersten Einblick. Wer es schafft, sich ihrem Zauber wieder zu entziehen, wird über die Provinz ringsum staunen.

Vor den Toren Sevillas warten die Ruinen des antiken Itálica, die eindrucksvollste römische Stätte Andalusiens. Östlich von Sevilla liegen die weiten, flimmernden Ebenen der Campiña mit vielen malerischen Orten wie Carmona, Écija und Osuna, während im Norden der abgeschiedene und wenig besuchte Parque Natural Sierra Norte de Sevilla mit schönen Wandermöglichkeiten und deftiger Landkost lockt.

Entfernungen

	Carmona	Écija	Osuna
Écija	54		
Osuna	65	35	
Sevilla	35	86	87

Highlights

1. **Real Alcázar** (S. 56) Sich vom atemberaubenden Mudejardekor in Sevillas königlichem Palast verzaubern lassen.
2. **Catedral & Giralda** (S. 53) In der weltweit größten gotischen Kathedrale das Grabmal von Christoph Kolumbus bestaunen.
3. **Hospital de los Venerables Sacerdotes** (S. 60) Die Meisterwerke von Diego Velázquez auf sich wirken lassen.
4. **Itálica** (S. 84) Die Ruinen von Sevillas Pompeji durchstreifen.
5. **Museo Histórico Municipal** (S. 90) Im Geschichtsmuseum von Écija großartige Mosaiken bewundern.
6. **Colegiata de Santa María de la Asunción** (S. 88) Barocke Kunstschätze in Osunas Kirche begutachten.
7. **Carmona** (S. 85) Durch das historische Zentrum mit seinen Festungen und Mudejarkirchen flanieren.

SEVILLA

688 710 EW.

Das die meiste Zeit des Jahres von der Sonne verwöhnte Sevilla ist eine der heißesten und verführerischsten Städte Spaniens. Der historische Stadtkern wird von einer gigantischen gotischen Kathedrale beherrscht und legt einen bildschönen Mix aus prächtigen Mudejarpalästen, barocken Kirchen und romantischen, nach Orangen duftenden Innenhöfen offen. Enge und volle Flamenco-Clubs halten die Intensität dieser jahrhundertealten Tradition am Leben, während Herrenhäuser an das Sevilla von einst als maurische Hauptstadt und spätere weltläufige Metropole erinnern, die durch den Handel mit der Neuen Welt reich geworden war.

Jeder einzelne Winkel der Stadt entführt die Besucher in vergangene Zeiten, aber Sevilla ist auch genauso sehr im Hier und Jetzt verankert. In den überfüllten Bars kommen die Leute zusammen und essen Tapas oder lassen den Tag bei einem Drink auf einem der belebten Plätze ausklingen. Die *sevillanos* wissen schon seit Langem, wie man Feste feiert, und Großereignisse wie die Semana Santa und die Feria de Abril hinterlassen einen bleibenden Eindruck.

Geschichte

Der Sage nach wurde Sevilla vom griechischen Halbgott Herkules erschaffen. Plausibler ist, dass hier eine iberische Siedlung entstand, die ein wichtiger römischer Hafen (Hispalis) wurde. Doch erst unter einer Reihe von islamischen Herrschern blühte die Stadt so richtig auf. Ende des 11. Jhs. entwickelte sie sich unter der Dynastie der Abbadiden zum kulturellen Zentrum, und dann nochmals im 12. Jh., als die Almohaden die Macht übernahmen und u. a. die große Moschee errichten ließen, wo heute die Kathedrale steht. Als nach der vernichtenden Niederlage von Las Navas de Tolosa im Jahr 1212 die Macht der Almohaden zunehmend schwächer wurde, ging Sevilla 1248 an den katholischen König Ferdinand III. von Kastilien (*El Santo*; der Heilige).

Mehr als 240 Jahre später verhalf die Entdeckung Amerikas der Stadt zu einem weiteren Goldenen Zeitalter. 1503 erhielt die Stadt ein offizielles Monopol auf den spanischen Handel mit dem neuen Kontinent. Die Reichtümer flossen und Sevilla wurde zu einer der größten, reichsten und kosmopolitischsten Städte.

Doch dieser Status sollte nicht ewig währen. Eine Pestepidemie raffte 1649 die Hälfte der Bevölkerung dahin und bald danach versandete der Río Guadalquivir immer mehr, was den Schiffsverkehr erschwerte. 1717 wurde die Casa de la Contratación (Handelshaus), die Regierungsbehörde, die den Handel mit Amerika kontrollierte, nach Cádiz verlegt. Sevilla musste einen Rückschlag hinnehmen.

Im Zuge der Industrialisierung Mitte des 19. Jhs. entstanden mehrere wichtige Bauvorhaben. 1852 errichtete man die erste eiserne Brücke über den Guadalquivir, den Puente Isabel II., und 1869 wurden wegen einer Stadterweiterung die alten Almohadenmauern niedergerissen. Als Sevilla 1929 die Exposición Iberoamericana austrug, folgten weitere Bauprojekte.

1936, kurz nach Ausbruch des Spanischen Bürgerkriegs, fiel die Stadt trotz heftigen Widerstands in den Arbeitervierteln sehr schnell in die Hände der Nationalisten, die grausame Vergeltung nahmen.

Die jüngste Vergangenheit zeigte eine rasante Entwicklung. 1982 wurde Sevilla zur Hauptstadt der autonomen Region Andalusien und 1992 Austragungsort der Expo. Dafür wurden dann jeweils große Infrastrukturprojekte umgesetzt.

Anfang des 20. Jhs. ging es mit der Wirtschaft – angetrieben durch Tourismus, Handel, Technologie und Industrie – bergauf. Doch die Finanzkrise von 2008 traf die Stadt schwer: Die Wirtschaft brach ein und erreichte 2012 ihren Tiefpunkt. In den letzten Jahren ist die spanische Wirtschaft wieder gewachsen und in Sevilla erlebte der Tourismus einen Boom. Grund zur Sorge gibt aber nach wie vor die hohe Arbeitslosigkeit, v. a. unter Jugendlichen.

Sehenswertes

Catedral & Barrio de Santa Cruz

Santa Cruz, die mittelalterliche *judería* (Judenviertel) von Sevilla, ist ein malerisches Gewirr aus Kopfsteinpflastergassen, weißen Häusern und hübsch bepflanzten Plätzen, die nach Orangenblüten duften. Ganz in der Nähe thront die mächtige Kathedrale Sevillas über der Stadt und der Real Alcázar bezaubert mit seiner Innenausstattung im arabischen Stil und seinen wundervollen Gärten.

★ **Catedral & Giralda** KATHEDRALE

(Karte S. 62f.; ☎ 902 09 96 92; www.catedraldesevilla.es; Plaza del Triunfo; Erw./Kind inkl. Iglesia Colegial del Divino Salvador 10 €/frei, inkl. Dachführung 16 €, Mo 16.30–18 Uhr frei; ⏲ Sept.–Juni Mo 11–15.30, Di–Sa bis 17, So 14.30–18 Uhr, Juli & Aug. Mo 10.30–16, Di–Sa bis 18, So 14–19 Uhr) Sevillas gigantische Kathedrale beeindruckt durch Größe und Prunk. Sie wurde zwischen 1434 und 1517 auf den Überresten der einstigen Hauptmoschee erbaut und ist die weltweit größte gotische Kathedrale. Blickfang sind die Giralda, der mächtige Glockenturm, der das Original-Minarett der ehemaligen Moschee umschließt, das monumentale Grabmal von Christoph Kolumbus und die Capilla Mayor mit einem überwältigenden Altarbild in Gold.

Audioguides kosten 3 €. An den Dachführungen dürfen Kinder unter neun Jahren nicht teilnehmen.

Es werden auch Führungen zu den Buntglasfenstern der Kathedrale angeboten – Infos und Buchung auf der Website.

Die Geschichte der Kathedrale geht ins 15. Jh. zurück, die des christlichen Kults jedoch bis in die Mitte des 13. Jhs. König Ferdinand III. von Kastilien eroberte 1248 die Stadt, die bis dahin von den Almohaden regiert wurde, und verwandelte die große Moschee aus dem 12. Jh. in eine Kirche. 1401 beschlossen die geistlichen Autoritäten der Stadt, die einstige Moschee, die bei einem Erdbeben 1356 beschädigt wurde, durch eine spektakuläre neue Kathedrale zu ersetzen. „Lasst uns ein Bauwerk erschaffen, bei dessen Anblick uns zukünftige Generationen für verrückt erklären", sollen die Kirchenoberen der Legende nach gesagt haben.

So entstand die gigantische Kathedrale, offiziell bekannt unter Catedral de Santa María de la Sede. Sie ist eine der größten Kirchen der Welt und birgt wahrhafte Kunstschätze, wie bedeutende Werke von Zurbarán, Murillo, Goya u. a.

➡ Außenansicht

Mit seinen gewaltigen Strebepfeilern und gotischen Verzierungen bildet das Äußere der Kathedrale eine angemessene Hülle für die herrlichen Schätze im Inneren. Prachtvoll präsentiert sich die **Puerta del Perdón** (heute der Ausgang der Kathedrale) in der Calle Alemanes, eine der wenigen Hinterlassenschaften der ursprünglichen Moschee.

➡ Sala del Pabellón

Im ersten Raum nach dem Kartenschalter werden ausgewählte Schätze aus der Kunstsammlung der Kathedrale präsentiert. Viele sind (wie überall in der Kathedrale) Werke von Meistern aus dem 17. Jh., dem Goldenen Zeitalter Sevillas.

➡ Grabmal von Christoph Kolumbus

Nach Betreten der Kathedrale geht's rechts zum Grabmal von Christoph Kolumbus (Sepulcro de Cristóbal Colón), das direkt vor der **Puerta del Príncipe** (Prinzentor) liegt. Angeblich sind hier die Gebeine des großen Entdeckers begraben, doch darüber streitet man noch.

Die sterblichen Überreste von Kolumbus wurden viele Jahre nach seinem Tod (1506 in Valladolid, Nordspanien) umgebettet und manche behaupten, dass seine echten Gebeine in Santo Domingo liegen. Es steht fest, dass sie einige Zeit in der Dominikanischen Republik waren, nachdem sie 1537 von ihrer ursprünglichen Ruhestätte, dem Monasterio de la Cartuja (S. 69), ins von Spanien kontrollierte Hispaniola überführt worden waren. Später verschiffte man sie dann nach Havanna und 1898 zurück nach Sevilla.

2006 zeigten DNA-Tests eine Übereinstimmung der Knochen, die von Kolumbus stammen sollen, mit jenen seines Bruders Diego. Damit ist das Mysterium nicht restlos geklärt, aber es deutet vieles darauf hin, dass in dem Grabmal mit Kolumbus' Namen tatsächlich seine Überreste ruhen.

➡ Sacristía de los Cálices

Rechts neben dem Grabmal von Kolumbus findet man einige der wichtigsten Kunstschätze der Kathedrale über mehrere Räume verteilt. Der erste Raum ist die Sakristei der Kelche, hinter der Capilla de los Dolo-

TICKETS FÜR DIE KATHEDRALE

Wer sich für den Ticketkauf nicht die Beine in den Bauch stehen möchte, kann die Tickets über die Website der Kathedrale buchen oder an der Iglesia Colegial del Divino Salvador (S. 61) kaufen. Dort gibt's Kombitickets für die Kirche, die Kathedrale und die Giralda und man trifft selten auf Warteschlangen. Montags ist der Eintritt zur Kathedrale von 16.30 bis 18 Uhr frei. Der Zugang ist jedoch zahlenmäßig beschränkt, sodass man auf der Website eine Besuchszeit reservieren sollte.

Die Kathedrale von Sevilla

DIE HIGHLIGHTS

Im Jahr 1402 verkündeten die Architekten Sevillas den Beginn eines der gewaltigsten Bauprojekte des Mittelalters. Ihr Ziel war es, zukünftige Generationen mit der Größe und Pracht des Gebäudes zu beeindrucken. Erst 1506 wurde der Bau abgeschlossen, aber auch 500 Jahre später ist die Kathedrale von Sevilla die größte gotische Kathedrale der Welt.

Um sich leichter zu orientieren, hält man sich am besten an die wichtigsten Attraktionen. Direkt hinter dem Haupteingang befindet sich das 1 **Kolumbusgrab**. Von dort geht's nach rechts zu den Kunstschätzen in der südöstlichen Ecke, den Gemälden Goyas in der Sacristía de los Cálices, Zurbaráns Werken in der 2 **Sacristía Mayor** und Murillos hervorragender Inmaculada in der Sala Capitular. An der Ostwand der Kathedrale liegt die (oft geschlossene) 3 **Capilla Real**, mit einigen Königsgräbern. In die 4 **Capilla Mayor** mit dem fantastischen Altargemälde muss man einen Blick werfen. Im Nordwesten liegt die 5 **Capilla de San Antonio** mit einem Gemälde von Murillo. Die große Tür in der Nähe ist die selten geöffnete 6 **Puerta de la Asunción**. Das hohe Deckengewölbe kann man auf dem Weg zur 7 **Giralda** bewundern. Hat man die Kathedrale dann von oben betrachtet, geht's hinab und hinaus über den 8 **Patio de los Naranjos**.

TOP-TIPPS

- → Den Alcázar und die Kathedrale nicht am selben Tag besichtigen. Es gibt einfach zu viel zu sehen.
- → Man sollte sich Zeit nehmen, das Bauwerk von außen zu bewundern. Besonders beeindruckend ist der Anblick bei Dunkelheit von der Plaza Virgen de los Reyes sowie von Triana auf der anderen Seite des Flusses.
- → Die Warteschlange erspart man sich, wenn man vorab online bucht oder Tickets an der Iglesia Colegial del Divino Salvador kauft.

TRABANTOS / SHUTTERSTOCK ©

Capilla de San Antonio
Dieses Juwel muss man zwischen den 80 Kapellen fast suchen. Es beherbergt das Gemälde *Die Vision des heiligen Antonius von Padua* von Murillo aus dem Jahr 1656. Das Werk wurd 1874 von Dieben beschädigt, aber später restauriert.

Patio de los Naranjos
Im kühlen Patio kann man den Duft von 60 sevillanischen Orangenbäumen genießen. Der Hof ist der Überrest einer Moschee aus dem 12. Jh. Durch die hufeisenförmige Puerta del Perdón geht's hinaus.

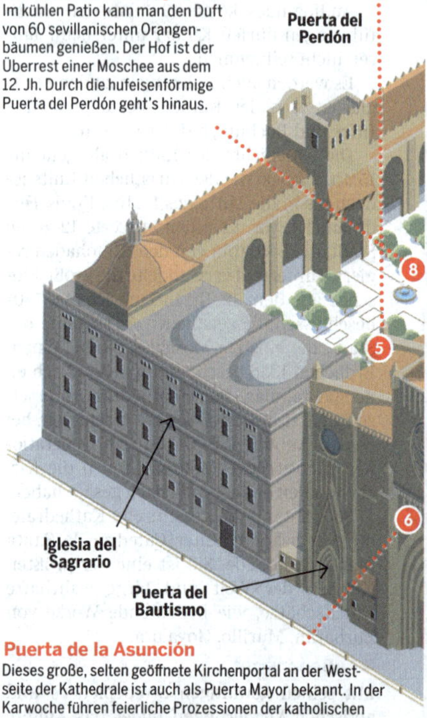

Puerta de la Asunción
Dieses große, selten geöffnete Kirchenportal an der Westseite der Kathedrale ist auch als Puerta Mayor bekannt. In der Karwoche führen feierliche Prozessionen der katholischen *hermandades* (Bruderschaften) durch die Tür.

DMITRY SHAKIN / GETTY IMAGES ©

MISTERVLAD / SHUTTERSTOCK ©

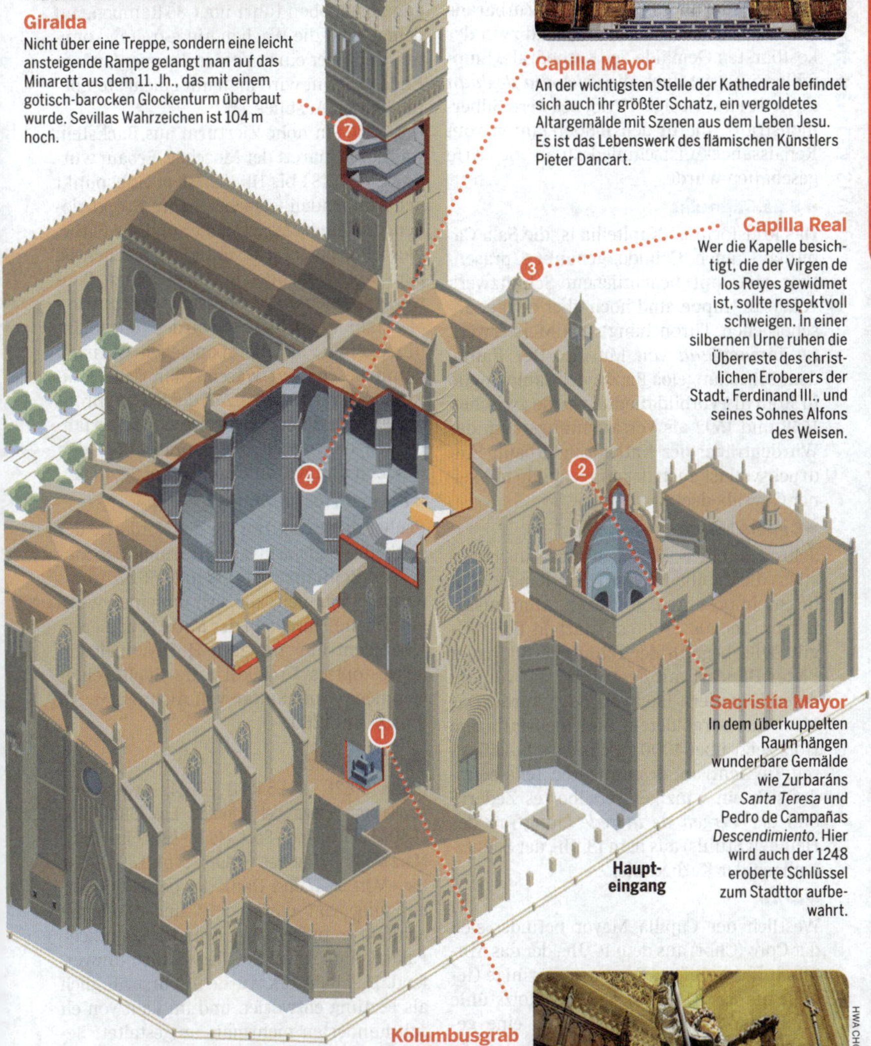

Giralda
Nicht über eine Treppe, sondern eine leicht ansteigende Rampe gelangt man auf das Minarett aus dem 11. Jh., das mit einem gotisch-barocken Glockenturm überbaut wurde. Sevillas Wahrzeichen ist 104 m hoch.

CEZARY WOJTKOWSKI / SHUTTERSTOCK ©

Capilla Mayor
An der wichtigsten Stelle der Kathedrale befindet sich auch ihr größter Schatz, ein vergoldetes Altargemälde mit Szenen aus dem Leben Jesu. Es ist das Lebenswerk des flämischen Künstlers Pieter Dancart.

Capilla Real
Wer die Kapelle besichtigt, die der Virgen de los Reyes gewidmet ist, sollte respektvoll schweigen. In einer silbernen Urne ruhen die Überreste des christlichen Eroberers der Stadt, Ferdinand III., und seines Sohnes Alfons des Weisen.

Sacristía Mayor
In dem überkuppelten Raum hängen wunderbare Gemälde wie Zurbaráns *Santa Teresa* und Pedro de Campañas *Descendimiento*. Hier wird auch der 1248 eroberte Schlüssel zum Stadttor aufbewahrt.

Kolumbusgrab
Nach seiner Beisetzung in Valladolid im Jahr 1506 wurden die Gebeine von Christoph Kolumbus viermal umgebettet und schließlich 1898 in einem kunstvollen Leichenwagen nach Sevilla gebracht.

HWA CHO YI / SHUTTERSTOCK ©

res. Hier hängt über dem Altar Francisco de Goyas Gemälde der sevillanischen Märtyrerinnen *Santas Justa y Rufina* (1817).

➡Sacristía Mayor

Es folgt ein großer Raum mit einer schön gemeißelten Steinkuppel, der zwischen 1528 und 1547 entstand. Pedro de Campañas *El descendimiento* (Kreuzabnahme) von 1547 über dem zentralen Altar am südlichen Ende und Francisco de Zurbaráns *Santa Teresa* rechts daneben sind zwei der kostbarsten Gemälde der Kathedrale. Empfehlenswert ist auch die *Custodia de Juan de Arfe*, eine riesige 475 kg schwere Silbermonstranz, die in den 1580er-Jahren vom Renaissancekunstschmied Juan de Arfe geschaffen wurde.

➡Sala Capitular

Das kreisförmige Kapitelhaus, die Sala Capitular – auch Cabildo genannt – präsentiert eine mit beachtlichem Schnitzwerk verzierte Kuppe, und hoch über dem erzbischöflichen Thron hängt das Meisterwerk *La inmaculada* von Murillo. Der Raum, dem Michelangelos Piazza del Campidoglio in Rom als Vorbild diente, wurde zwischen 1558 und 1592 als Versammlungsraum der Würdenträger der Kathedrale erbaut. Eindrucksvoll ist auch der Antecabildo mit seiner Gewölbedecke.

➡Capilla Mayor

Selbst in einer Kirche dieses Ausmaßes sticht die Capilla Mayor (Hauptkapelle) mit ihrem imposanten gotischen Altaraufsatz hervor, der als größtes Altarbild der Welt gilt. 1482 begann der flämische Bildhauer Pieter Dancart mit dem Werk, das von anderen Künstlern 1564 vollendet wurde. Das Meer aus vergoldetem und mehrfarbigem Holz zeigt über 1000 geschnitzte Bibelfiguren. Im Zentrum des untersten Teils befindet sich ein winziges versilbertes Zedernbild der *Virgen de la sede* (Jungfrau des Heiligen Stuhls) aus dem 13. Jh., der Schutzheiligen der Kathedrale.

➡Coro

Westlich der Capilla Mayor befindet sich der Coro (Chor) aus dem 16. Jh., der das Mittelschiff dominiert. Das kastenförmige Gebilde umfasst 114 reich verzierte Holzstühle im Gotik-Mudejar-Mischstil und eine gewaltige Orgel.

➡Capilla de San Antonio

Die Kapellen an den Seiten der Kathedrale warten mit weiteren Kunstschätzen auf. Von besonderem Interesse ist die Capilla de San Antonio am westlichen Ende des nördlichen Seitenschiffs mit Murillos überdimensionalem Gemälde von 1656, das die Vision des hl. Antonius von Padua darstellt. Das Bild wurde 1874 Opfer eines waghalsigen Kunstraubes.

➡Giralda

In der Nordostecke der Kathedrale befindet sich der Aufgang zur Giralda. Der Aufstieg ganz nach oben führt über 35 Rampen, auf denen einst die Wachen hinaufreiten konnten, und über einen kurzen Treppenlauf am Ende. Belohnt wird man mit einem atemberaubenden Ausblick.

Der 104 m hohe Zierturm aus Backstein war das Minarett der Moschee. Erbaut wurde sie von 1184 bis 1198 auf dem Höhepunkt der Almohadenherrschaft. Ihre Proportionen, die feinen Ziegelmuster und die Farbe, die sich je nach Licht verändert, machen sie zum wohl vollendetsten maurischen Bauwerk Spaniens. Die obersten Abschnitte – oberhalb der Glocke – wurden im 16. Jh. hinzugefügt, als die spanischen Christen damit beschäftigt waren, islamische Bauwerke zu „verbessern“. Auf der Spitze thront der El Giraldillo, eine bronzene Wetterfahne aus dem 16. Jh. Sie repräsentiert den Glauben und wurde zum Symbol Sevillas.

➡Patio de los Naranjos

Früher diente der Hof vor der Nordseite der Kathedrale als zentraler Innenhof der Moschee. Bepflanzt ist er mit 66 *naranjos* (Orangenbäumen), die sich um einen westgotischen Brunnen in der Mitte gruppieren. Über dem Eingang zum Hof baumelt ein ausgestopftes Krokodil – die Replik eines Geschenks vom Sultan von Ägypten an Alfons X. um 1260.

★Real Alcázar PALAST

(Karte S. 62f.; ☎954 50 23 24; www.alcazarsevilla.org; Plaza del Triunfo; Erw./Stud./Kind 11,50/3 €/frei, April–Sept. Mo 18–19 Uhr frei, Okt.–März Mo 16–17 Uhr frei; ⏲April–Sept. 9.30–19 Uhr, Okt.–März bis 17 Uhr) Dank der perfekten Vereinigung von christlicher und Mudejarachitektur präsentiert sich der königliche Palastkomplex von Sevilla wirklich umwerfend. Das Bauwerk wurde 913 ursprünglich als Festung entworfen und im Lauf von elf Jahrhunderten mehrmals umgestaltet. Bemerkenswert ist der Zubau des pompösen Palacio de Don Pedro unter König Peter im 14. Jh., der heute noch das Herzstück bildet. Vor Kurzem war der Alcázar auch Drehort für die Fernsehserie *Game of Thrones*.

Hier sind übrigens lange Warteschlangen die Norm. Um die Wartezeit zu verkürzen, kauft man auf www.alcazarsevilla.org am besten Tickets im Voraus.

Der Alcázar diente im 10. Jh. zunächst als Festung für die Statthalter aus Córdoba. Im 11. Jh. erfolgte die erste große Umstrukturierung. Die Abbadiden erweiterten die Festung und fügten einen Palast namens Al-Muwarak (der Gesegnete) im heutigen Westteil der Anlage hinzu. Danach errichteten die Almohadenherrscher im 12. Jh. östlich davon einen weiteren Palast, der den heutigen Patio del Crucero umschließt. 1248 zog der christliche König Ferdinand III. in den Alcázar ein, nachdem er Sevilla erobert hatte. Einige spätere Herrscher nutzten die Festung als ihre Hauptresidenz. Ferdinands Sohn Alfons X. ließ einen Großteil des Almohadenpalasts durch einen gotischen Bau ersetzen, und zwischen 1364 und 1366 ließ Peter I. den eindrucksvollen Palast, für den er Namensgeber war, bauen.

➡Patio del León

Besucher erreichen die Anlage durch die von gezinnten Mauern flankierte **Puerta del León** (Löwentor) an der Plaza del Triunfo. Dahinter öffnet sich der Patio del León (Löwenhof), einst der Garnisonshof des ursprünglichen Al-Muwarak-Palasts. Links davon befindet sich die **Sala de la Justicia** (Gerichtssaal) mit herrlichen Mudejarstuckdekorationen und einem *artesonado* (Decke aus ineinander verflochtenen Balken mit dekorativen Einlegearbeiten). Der Raum wurde in den 1340er-Jahren unter dem christlichen König Alfons XI. erbaut, der sich hier mit einer seiner Mätressen, Leonor de Guzmán, vergnügte, damals angeblich die schönste Frau Spaniens. Der Raum führt in den hübschen **Patio del Yeso**, Teil des Almohadenpalasts aus dem 12. Jh. und im 19. Jh. rekonstruiert.

➡Patio de la Montería

Der Patio de la Monteria wird von der Fassade des Palacio de Don Pedro beherrscht und schuldet seinen Namen (Jagdhof) der Tatsache, dass sich hier die Jäger vor den Ausflügen mit König Peter versammelten. Die Räume an der Westseite des Platzes waren Teil der **Casa de la Contratación** (Handelshaus), die 1503 zur Kontrolle des spanischen Handels mit den amerikanischen Kolonien gegründet wurde. Der **Salón del Almirante** (Admiralssaal) zeigt Gemälde aus dem 19. und 20. Jh. mit historischen Ereignissen und Persönlichkeiten aus Sevilla. Im angrenzenden Raum an der Nordseite ist eine internationale Sammlung wunderschöner kunstvoller Fächer ausgestellt. In der **Sala de Audiencias** (Kapitelsaal) hängen Wandteppiche mit Darstellungen der Wappenschilder spanischer Admirale sowie Alejo Fernández' gefeiertes Gemälde *Virgen de los mareantes* (Jungfrau der Seeleute) aus den 1530er-Jahren.

➡Cuarto Real Alto

Auch heute noch ist der Alcázar ein königlicher Palast. 1995 fand hier nach der Trauung in der Kathedrale von Sevilla die Hochzeitsfeier der Infantin Elena statt, Tochter von König Juan Carlos I. Der Cuarto Real Alto (obere Königsräume) wird von der spanischen Königsfamilie bei ihren Besuchen in Sevilla genutzt und ist für Führungen geöffnet (4,50 €; 10–13.30 Uhr alle 30 Min.; im Voraus zu buchen). Zu den Highlights der Rundgänge, die auf Spanisch oder Englisch stattfinden, gehören der **Salón de Audiencias** aus dem 14. Jh., noch heute der Empfangssaal des Monarchen, und das Schlafzimmer von Peter I. mit herrlichen Mudejar-Kacheln und Stuckverzierungen.

➡Palacio de Don Pedro

Der Palast, auch Palacio Mudejar genannt, ist das atemberaubendste aller Bauwerke in Sevilla.

König Peter war mit vielen seiner christlichen Zeitgenossen zerstritten, pflegte aber ein dauerhaftes Bündnis mit Mohammed V., dem muslimischen Emir von Granada, jenem Mann, der für die Ausgestaltung der Alhambra verantwortlich war. Als Peter 1364 den Bau eines neuen Palasts im Alcázar beschloss, schickte ihm Mohammed zahlreiche seiner besten Kunsthandwerker, zu denen sich Kollegen aus Sevilla und Toledo gesellten. Ihr Werk, mit Anleihen an maurische Traditionen der Almohaden und des Kalifats Córdoba, bildet eine einzigartige Synthese iberisch-maurischer Kunst.

Inschriften an der Fassade des Palasts bringen die Zusammenarbeit bei diesem Unternehmen auf den Punkt. Während eine davon auf Spanisch erklärt, dass der Erbauer des Gebäudes der „hochwohlgeborene, edelste und mächtigste Eroberer Don Pedro, König von Kastilien und León von Gottes Gnaden" sei, verkünden andere wiederholt auf Arabisch: „Es gibt keinen Eroberer außer Allah."

Im Zentrum des Palasts befindet sich der großartige **Patio de las Doncellas** (Jung-

Sevilla

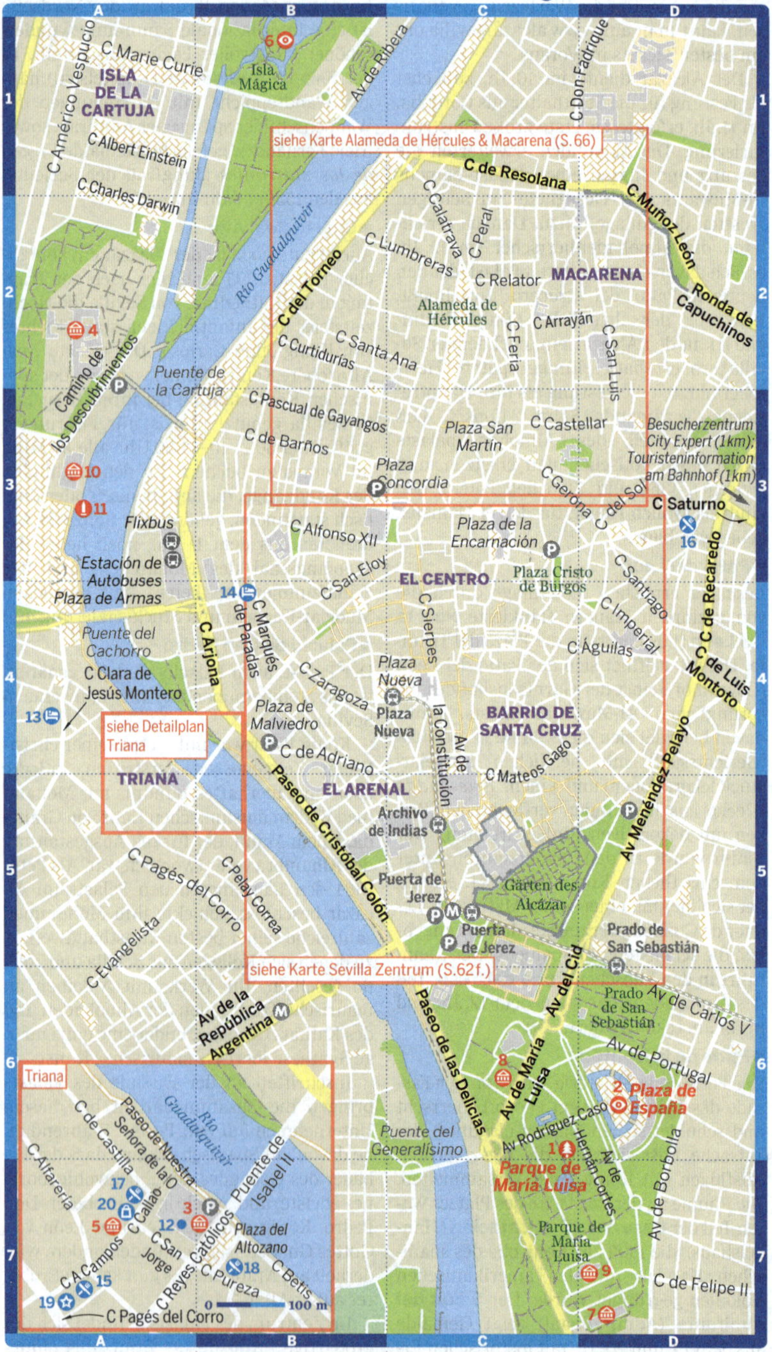

0
500 m
A
B
C
D
1
2
3
4
5
6
7
C Marie Curie
ISLA DE LA CARTUJA
C Américo Vespucio
C Albert Einstein
C Charles Darwin
6
Isla Mágica
Av de Ribera
C Don Fadrique
siehe Karte Alameda de Hércules & Macarena (S. 66)
C de Resolana
C Muñoz León
Ronda de Capuchinos
Río Guadalquivir
C del Torneo
C Lumbreras
C Calatrava
C Peral
C Relator
MACARENA
Alameda de Hércules
C Arrayán
C Feria
C San Luis
4
Camino de los Descubrimientos
Puente de la Cartuja
C Curtidurías
C Santa Ana
C Pascual de Gayangos
C de Baños
Plaza San Martín
C Castellar
Besucherzentrum City Expert (1km); Touristeninformation am Bahnhof (1km)
10
11
Plaza Concordia
C Gerona
C del Sol
C Saturno
16
Flixbus
C Alfonso XII
Plaza de la Encarnación
Estación de Autobuses Plaza de Armas
C San Eloy
EL CENTRO
Plaza Cristo de Burgos
C Santiago
14
C Marqués de Paradas
C Sierpes
C Imperial
C de Recaredo
Puente del Cachorro
C Arjona
C Águilas
C Clara de Jesús Montero
Plaza Nueva
C Zaragoza
C de Luis Montoto
13
siehe Detailplan Triana
Plaza de Malviedro
Plaza Nueva
BARRIO DE SANTA CRUZ
C de Adriano
Av de la Constitución
C Mateos Gago
TRIANA
Paseo de Cristóbal Colón
EL ARENAL
Archivo de Indias
Av Menéndez Pelayo
C Pagés del Corro
C Pelay Correa
Puerta de Jerez
Garten des Alcázar
Puerta de Jerez
Prado de San Sebastián
C Evangelista
siehe Karte Sevilla Zentrum (S. 62 f.)
Av del Cid
Prado de San Sebastián
Av de Carlos V
Av de la República Argentina
Paseo de las Delicias
Av de Portugal
8
Av de María Luisa
2 Plaza de España
Av Rodríguez Caso
Puente del Generalísimo
1
Parque de María Luisa
Av de Hernán Cortés
Av de Borbolla
Parque de María Luisa
9
C de Felipe II
7
Triana
C de Castilla
Paseo de Nuestra Señora de la O
Río Guadalquivir
Puente de Isabel II
C Alfarería
17
20
C Callao
3
5
12
C San Jorge
C Reyes Católicos
Plaza del Altozano
C Campos
15
18
C Pureza
C Betis
19
C Pagés del Corro
0
100 m

Sevilla

Highlights
1 Parque de María Luisa ... C6
2 Plaza de España ... D6

Sehenswertes
3 Castillo de San Jorge ... B7
4 Centro Andaluz de Arte Contemporáneo ... A2
5 Centro Cerámica Triana ... A7
6 Isla Mágica ... B1
7 Museo Arqueológico ... D7
8 Museo Casa de la Ciencia ... C6
9 Museo de Artes y Costumbres Populares ... D7
10 Pabellón de la Navegación ... A3
11 Torre Mirador ... A3

Aktivitäten, Kurse und Touren
12 Taller Andaluz de Cocina ... A7

Schlafen
13 Hotel Monte Triana ... A4
14 La Parada del Marqués ... B4

Essen
15 Alfarería 21 ... A7
16 Bar Casa Eme ... D3
17 Casa Cuesta ... A7
18 Manu Jara Dulcería ... B7

Unterhaltung
19 Casa Anselma ... A7

Shoppen
20 Cerámica Triana ... A7

frauenhof), der von wunderschönen Bogen, Stuckverzierungen und Kachelschmuck umgeben ist. Der Senkgarten in der Mitte wurde 2004 von Archäologen unter einer Marmorabdeckung aus dem 16. Jh. entdeckt.

Nördlich davon liegt die **Alcoba Real** (Königsgemach) mit umwerfend schönen Decken sowie herrlichen Stuck- und Kachelarbeiten ausgeschmückt. Vermutlich diente der hintere Raum als Sommerschlafzimmer des Königs.

Danach geht's zum überdachten **Patio de las Muñecas** (Puppenhof), dem Kern der Privaträume des Palasts. Er ist mit erlesenen Dekorationen im Granada-Stil ausgeschmückt. Tatsächlich kamen die Stuckverzierungen im 19. Jh. aus der Alhambra, als das Mezzanin und die oberste Galerie für Königin Isabella II. angebaut wurden. Der **Cuarto del Príncipe** (Prinzenzimmer) nördlich davon hat eine detailreiche Golddecke, die den nächtlichen Sternenhimmel nachstellt.

Der eindrucksvollste Raum im Palacio und eigentlich im ganzen Alcázar ist der **Salón de Embajadores** (Botschaftersaal) südlich vom Patio de las Muñecas. Dies war einst der Thronsaal von Peter I., wobei die fabelhafte hölzerne Kuppel mit vielfachen Sternenmustern, die das Universum symbolisieren, erst 1427 dazukam. Die Form verlieh dem Raum seinen zweiten Namen, Sala de la Media Naranja (Saal der halben Orange).

Der schöne **Arco de Pavones** (nach den Pfauenmotiven benannt) an der Westseite des Salón liegt vor dem **Salón del Techo de Felipe II.** mit einer Renaissancedecke (1589–91), gefolgt vom **Jardín del Príncipe** (Prinzengarten).

➡Palacio Gótico (Salones de Carlo V)

Eine Treppe in der Südostecke des Patio de las Doncellas führt in den häufig umgestalteten gotischen Palast aus dem 13. Jh. von Alfons X. Die riesigen Säle hier wurden für den spanischen König Karl I. entworfen, der im 16. Jh. regierte und als Karl V. auch Kaiser des Heiligen Römischen Reiches war – daher sind sie heute auch als Salones de Carlo V bekannt. Unter den Räumen sticht v. a. der **Salón de los Tapices** mit einer Reihe von überwältigenden Tapisserien hervor.

➡Patio del Crucero

Der Hof hinter dem Salón de los Tapices war ursprünglich die obere Ebene eines Hofs des Almohadenpalasts aus dem 12. Jh. Damals bestand er lediglich aus erhöhten Gängen an den vier Seiten sowie zwei sich in der Mitte kreuzenden Gängen. Darunter wuchsen Orangenbäume, deren Früchte von den Leuten auf den Gängen ganz einfach mit der Hand gepflückt werden konnten. Die untere Ebene des Hofs wurde im 18. Jh. nach Erdbebenschäden überbaut.

➡Gärten

Zur anderen Seite des Salón de los Tapices erstrecken sich die Gärten des Alcázar. Unmittelbar in der Nähe liegen mehrere sorgfältig angelegte Grünanlagen mit zahlreichen Wasserbecken und Brunnen. Von einem, dem **Jardín de la Danza** (Garten des Tanzes), führt ein Gang unter den Salones de Carlos V. zu den hübschen **Baños de Doña María de Padilla** (Bäder der María de Padilla). Es handelt sich um die Gewölbe unterhalb des Patio del Crucero – einst die untere Ebene des Hofs – mit einer Grotte, die das ursprüngliche Wasserbecken des Hofs ersetzt hatte.

Das faszinierendste Bauwerk der Gartenanlage ist die **Galeria de Grutesco**, eine erhöhte Galerie mit Säulengängen, die im 16. Jh. aus einer Mauer aus der islamischen Ära gefertigt wurden. Vor Ort gibt's ein Heckenlabyrinth, das vor allem Kindern Spaß bereitet. Die malerischen Gärten im Osten hinter einer langen Mauer stammen aus dem 20. Jh.

Archivo General de Indias — ARCHIV

(Karte S. 62f.; ☎ 954 50 05 28; Avenida de la Constitución; ⌚ Di–Sa 9.30–17, So 10–14 Uhr) GRATIS Das Archivo General de Indias ist in einem ehemaligen Börsengebäude an der Westseite der Plaza del Triunfo untergebracht und gibt Einblicke in Spaniens Kolonialgeschichte. Es wurde 1785 mit 7 km langen Regalen bestückt und mit Karten und 43 000 Dokumenten zum spanischen Imperium in Amerika sowie 80 Mio. Seiten Aufzeichnungen von 1492 bis zum Ende des Kolonialreichs im 19. Jh. eingerichtet. Die meisten Unterlagen sind zwar eingelagert, aber man kann ein paar faszinierende Briefe und handgezeichnete Karten begutachten.

★ Hospital de los Venerables Sacerdotes — MUSEUM

(Karte S. 62f.; ☎ 954 56 26 96; www.hospitaldelosvenerables.es; Plaza de los Venerables 8; Erw./Stud./Kind 10/8 €/frei; ⌚ März–Juni & Sept.–Nov. 10–20 Uhr, Juli & Aug. 10–14 & 17.30–21 Uhr, Dez.–Feb. 10–18 Uhr) Das Museum befindet sich in einem früheren Hospiz für in die Jahre gekommene Priester und ist eines der besten in Sevilla. Künstlerisches Prunkstück ist die Sammlung der Focus-Abengoa-Stiftung im Centro Velázquez mit Gemälden aus dem 17. Jh. Die Kollektion ist nicht groß, aber jedes Werk ist eine Meisterleistung auf seinem Gebiet. Zu den Highlights zählen *Santa Rufina* und *Inmaculada Concepción* von Diego Velázquez sowie ein äußerst plastisches Porträt der *Santa Catalina* von Bartolomé Murillo.

Daneben können Besucher die prächtig verzierte Kapelle des Hospitals und den gemütlichen Innenhof mit den rund um einen Brunnen klassisch angeordneten Säulengängen, Keramikfliesen und Orangenbäumen bewundern.

Casa de Salinas — PALAST

(Karte S. 62f.; ☎ 619 254498; www.casadesalinas.com; Calle Mateos Gago 39; Führung Erw./Kind 8/4 €; ⌚ Mitte Okt.–Mitte Juni Mo–Fr 10–18 Uhr, Mitte Juni–Mitte Okt. bis 14 Uhr) Das im Goldenen Zeitalter Sevillas im 16. Jh. erbaute Herrenhaus in Santa Cruz ist eine Art Miniversion des Alcázar - nur ohne die Warteschlangen. Und wie mehrere andere Stadtpaläste (Casa de Pilatos, Palacio de Lebrija und Palacio de Las Dueñas) ist auch dieses Gebäude in privater Hand und die Familie wohnt noch darin, sodass das Gebäude nur im Rahmen von Führungen zu besichtigen ist. Zu sehen gibt's atemberaubende Mudejarstuckbogen und ein römisches Mosaik mit bacchantischen Spielereien, Original-Keramikkacheln sowie die Salons der Familie mit exquisiten Holzdecken.

Centro de Interpretación Judería de Sevilla — MUSEUM

(Karte S. 62f.; ☎ 954 04 70 89; www.juderiadesevilla.es; Calle Ximénez de Enciso 22; Erw./Stud. 6,50/5 €; ⌚ 11–19 Uhr) Das kleine, ergreifende Museum widmet sich Sevillas jüdischer Vergangenheit und ist in einem alten sephardischen Haus im einstigen Judenviertel Santa Cruz untergebracht, das sich niemals von dem brutalen Massaker im Jahre 1391 erholt hat. Es erläutert die Geschehnisse des Pogroms sowie weitere historische Ereignisse, außerdem gibt's ein paar noch erhaltene Gedenkstücke, z. B. Dokumente, Kleidungsstücke und Bücher, zu sehen.

Ebenfalls auf dem Programm stehen zwei- bis 2½-stündige Führungen zu jüdischen Stätten in Sevilla (22 €, mind. 2 Pers., auf Spanisch, Französisch oder Englisch, bei Interesse vorher anrufen).

El Centro & El Arenal

★ Museo de Bellas Artes — MUSEUM

(Museum der Schönen Künste; Karte S. 62f.; ☎ 955 54 29 42; www.museodebellasartesdesevilla.es; Plaza del Museo 9; EU-Bürger/Nicht-EU-Bürger frei/1,50 €; ⌚ Di–Sa 9–21, So bis 15 Uhr) Das Museo de Bellas Artes in einem prächtigen manieristischen Palast, dem ehemaligen Convento de la Merced, ist eines der bedeutendsten Kunstmuseen Spaniens. Die umfassende Sammlung spanischer und sevillanischer Gemälde und Skulpturen umfasst Werke vom 15. bis 20. Jh., mit besonderem Schwerpunkt auf düsteren sakralen Arbeiten aus dem *Siglo de Oro* (Goldenes Zeitalter) Sevillas im 17. Jh.

Die Arbeiten sind chronologisch ausgestellt und die Meisterwerke aus dem Goldenen Zeitalter befinden sich in den *salas* V bis X. Visuell am eindrucksvollsten ist die

SEVILLAS LOGO

Wer durch Sevilla läuft, sieht auf allem, von Lieferwagen und Bussen bis zu Bänken, Mülleimern und Gullydeckeln, das merkwürdige Symbol NO8DO.

Gemäß einer lokalen Legende gewährte König Alfons X. der Stadt dieses Symbol, das heute Sevillas Logo ist, nachdem die Stadt ihn im 13. Jh. bei einem Machtkampf gegen seinen rebellischen Sohn, Sancho IV. von Kastilien, unterstützt hatte.

Die längliche Acht in der Mitte des Worts stellt einen Garnstrang dar; das spanische Wort dafür lautet *madeja*. Aus NO8DO wird so *no madeja do*, das sich anhört wie *no me ha dejado*, „Es (Sevilla) hat mich nicht verlassen".

ehemalige Klosterkirche (*sala* V), mit Gemälden von Meistern des sevillanischen Barocks, v.a. Murillo. Seine *Inmaculada concepción grande* (auch unter dem Tiel *La colosal* bekannt; 1650) am Kopfende des Gebäudes weist all die kurvigen und verschlungenen Bewegungen auf, die für die Barockkunst so typisch sind. Auch von Pacheco (der Lehrer und Schwiegervater von Velázquez), Juan de Valdés Leal, Zurbarán (man sollte nach seinem zutiefst trauervollen *Cristo crucificado*, 1630–35, Ausschau halten) sowie dem Bildhauer Juan Martínez Montañés sind Werke zu sehen.

Ebenfalls nicht entgehen lassen sollte man sich El Grecos Porträt seines Sohnes Jorge Manuel (1600–05), Velázquez' *Cabeza de apóstol* (1620) sowie ein Porträt von Goya in *sala* XI.

Ein ganz anderes Thema behandelt in *sala* XII Gonzalo Bilbaos *Las cigarreras* (Die Zigarrendreherinnen; 1915); es ist eines von mehreren Gemälden mit Alltagsszenen aus Sevilla.

Iglesia Colegial del Divino Salvador — KIRCHE

(Karte S. 62f.; ☎954 21 16 79; www.iglesiadelsalvador.es; Plaza del Salvador; Erw./Kind 5 €/frei, inkl. Catedral & Giralda 10 €/frei; ⌚Sept.–Juni Mo–Sa 11–17.30, So 15–19 Uhr, Juli & Aug. Mo–Sa 10–17.30, So 15–19 Uhr) Die Barockkirche an der Plaza del Salvador wurde zwischen 1674 und 1712 an einer Stelle errichtet, wo vorher die Hauptmoschee des islamischen Ishbiliya gestanden hatte. Hinter der manieristischen Backsteinfassade verbirgt sich ein großer, lichtdurchfluteter Innenraum, der von einer hohen Kuppel gekrönt ist und mehrere extravagante goldene Altarbilder aufweist. Besonders eindrucksvoll ist der *retablo* hinter dem Hauptaltar, ein 21 m hohes Werk, das der portugiesische Künstler Cayetano de Acosta zwischen 1770 und 1779 schuf. Ein weiterer, früherer Altaraufsatz von Acosta ziert die Capilla Sacramental.

Museo del Baile Flamenco — MUSEUM

(Karte S. 62f.; ☎954 34 03 11; www.museoflamenco.com; Calle Manuel Rojas Marcos 3; Erw./Kind 10/6 €, inkl. Show 26/15 €; ⌚10–19 Uhr) Das auf Initiative der sevillanischen Flamenco-Tänzerin Cristina Hoyos entstandene Museum beleuchtet die Kunst des Flamencos anhand von interaktiven Exponaten, Gemälden, alten Kleidern und Fotos früherer und zeitgenössischer Flamenco-Größen. Noch interessanter sind aber die fantastischen Abendkonzerte (17, 19 und 20.45 Uhr; 22 €) im Innenhof sowie im intimeren Saal im Untergeschoss (37 € inkl. Getränk). Für Sparfüchse bietet sich das Kombiticket für Museum und Show an.

Casa de Pilatos — PALAST

(Karte S. 62f.; ☎954 22 52 98; www.fundacionmedinaceli.org; Plaza de Pilatos; Erdgeschoss 10 €, gesamter Palast 12 €; ⌚April–Okt. 9–19 Uhr, Nov.–März 9–18 Uhr) Die atemberaubende Casa de Pilatos ist eine der prächtigsten Villen der Stadt. Das Werk wurde ursprünglich Ende des 15. Jhs. errichtet und zeigt eine geniale Mischung aus Mudejar-, gotischem und Renaissancestil samt wunderschönen Kachelarbeiten und *artesonados*. Alles in allem wirkt sie wie ein Alcázar im Kleinen.

Montags genießen EU-Bürger von 15 bis 19 Uhr freien Eintritt (mit Ausweis).

Das Treppenhaus in den oberen Stock wartet mit den schönsten Kacheln des Gebäudes und einer goldenen *artesonado*-Kuppel auf. Besichtigungen des teils noch immer von den Herzögen Medinaceli bewohnten Obergeschosses sind nur im Rahmen einer Führung möglich. Beim Rundgang sollte man einen Blick auf die Medinaceli-Porträts aus mehreren Jahrhunderten und das kleine Stierkampfgemälde von Goya werfen.

Palacio de la Condesa de Lebrija — PALAST

(Karte S. 62f.; ☎954 22 78 02; www.palaciodelebrija.com; Calle Cuna 8; Erw./Kind inkl. Führung 12/6 €, Erdgeschoss Mo 18 & 19 Uhr frei; ⌚10.30–

Sevilla Zentrum

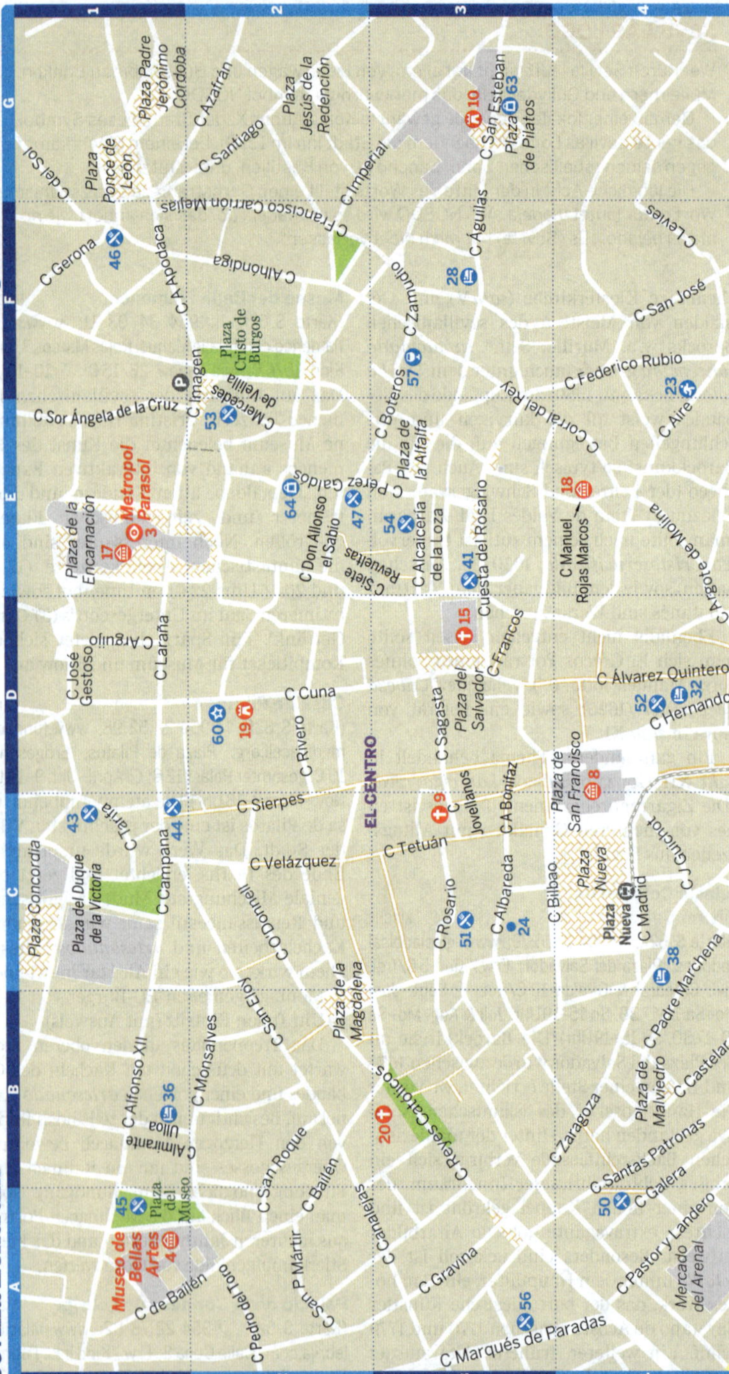

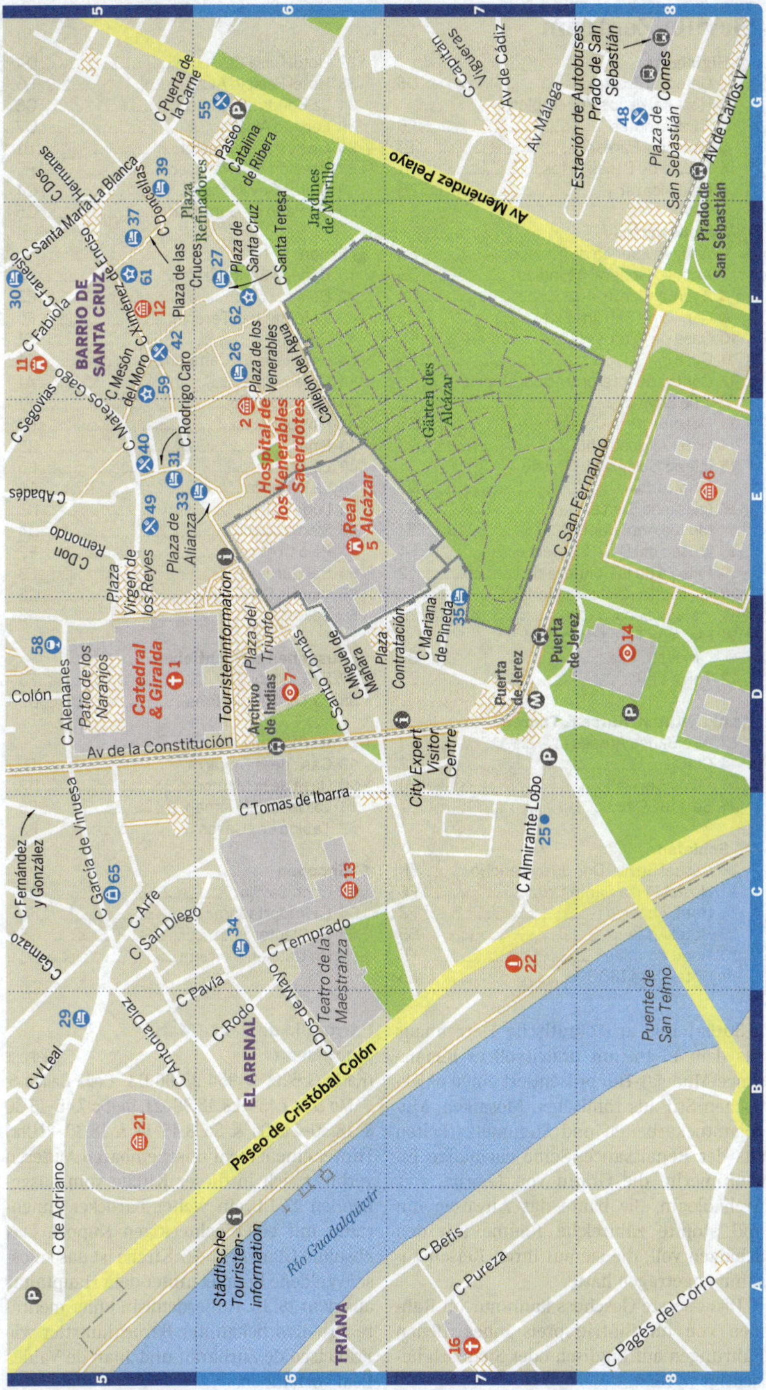
BARRIO DE SANTA CRUZ
EL ARENAL
TRIANA
Catedral & Giralda
Real Alcázar
Hospital de los Venerables Sacerdotes
Gärten des Alcázar
Jardines de Murillo
Av Menéndez Pelayo
Av de la Constitución
Paseo de Cristóbal Colón
Río Guadalquivir
Puente de San Telmo
C San Fernando
C Almirante Lobo
C Tomas de Ibarra
C Temprado
C Dos de Mayo
Teatro de la Maestranza
C García de Vinuesa
C Arfe
C San Diego
C Pavía
C Rodo
C Antonia Díaz
C Gamazo
C V Leal
C de Adriano
C Fernández y González
C Alemanes
Colón
Patio de los Naranjos
Plaza Virgen de los Reyes
Plaza de la Alianza
C Don Remondo
C Abades
C Rodrigo Caro
C Mateos Gago
C Segovias
C Mesón del Moro
C Ximénez de Enciso
C Fabiola
C Farnesio
C Santa María La Blanca
C Dos Hermanas
C Doncellas
Plaza de las Cruces
Plaza Refinadores
Plaza de Santa Cruz
C Santa Teresa
Paseo Catalina de Ribera
C Puerta de la Carne
Plaza de los Venerables
Callejón del Agua
Touristeninformation
Archivo de Indias
Plaza del Triunfo
C Santo Tomás
C Miguel de Mañara
Plaza Contratación
C Mariana de Pineda
City Expert Visitor Centre
Puerta de Jerez
C Capitán Vigueras
Av de Cádiz
Av Málaga
Estación de Autobuses Prado de San Sebastián
Plaza de San Sebastián
Prado de San Sebastián
Av de Carlos V
Comes
Städtische Touristeninformation
C Betis
C Pureza
C Pagés del Corro

Sevilla Zentrum

Highlights

1 Catedral & Giralda ... D5
2 Hospital de los Venerables Sacerdotes ... E6
3 Metropol Parasol ... E1
4 Museo de Bellas Artes ... A1
5 Real Alcázar ... E6

Sehenswertes

6 Antigua Fábrica de Tabacos ... E8
7 Archivo General de Indias ... D6
8 Ayuntamiento ... D4
9 Capilla de San José ... C3
10 Casa de Pilatos ... G3
11 Casa de Salinas ... F5
12 Centro de Interpretación Judería de Sevilla ... F5
13 Hospital de la Caridad ... C6
14 Hotel Alfonso XIII ... D8
15 Iglesia Colegial del Divino Salvador ... D3
16 Iglesia de Santa Ana ... A7
17 Museo Antiquarium ... E1
18 Museo del Baile Flamenco ... E4
19 Palacio de la Condesa de Lebrija ... D2
20 Parroquia de Santa María Magdalena ... B3
21 Plaza de Toros de la Real Maestranza ... B5
22 Torre del Oro ... C7

Aktivitäten, Kurse & Touren

23 Aire Baños Árabes ... F4
24 CLIC ... C3
Mimo Sevilla ... (siehe 14)
25 Surf the City ... C7

Schlafen

26 Casual Sevilla Don Juan Tenorio ... F6
27 Hostal Plaza Santa Cruz ... F6
28 Hotel Abanico ... F3
29 Hotel Adriano ... B5
30 Hotel Amadeus ... F5
31 Hotel Casa 1800 ... E5
32 Hotel Casa de Colón ... D4
33 Hotel Palacio Alcázar ... E6
34 La Banda ... C6
35 Legado Alcázar ... D7
36 Oasis Palace Hostel ... B1
37 Pensión San Pancracio ... F5
38 Suites Sevilla Plaza ... C4
39 Un Patio en Santa Cruz ... G5

Essen

40 Bodega Santa Cruz ... E5
41 Bolas ... E3
42 Café Bar Las Teresas ... F5
43 Cocome ... C1
44 Confitería La Campana ... C1
45 Créeme ... A1
46 El Rinconcillo ... F1
47 Fargo ... E2
48 Ispal ... G8
49 La Azotea ... E5
50 La Brunilda ... A4
51 Lobo López ... C3
52 Mamarracha ... D4
53 Palo Cortao ... E2
54 Sal Gorda ... E3
55 Vinería San Telmo ... G6
56 Zoko ... A3

Ausgehen & Nachtleben

57 El Garlochi ... F3
58 La Terraza del Eme ... D5

Unterhaltung

59 Casa de la Guitarra ... F5
60 Casa de la Memoria ... D2
61 La Casa del Flamenco ... F5
62 Tablao Los Gallos ... F6

Shoppen

63 Coco Sevilla ... G3
64 La Importadora ... E2
65 La Oleoteca ... C5
Un Gato en Bicicleta ... (siehe 47)

19.30 Uhr) Das aristokratische Herrenhaus aus dem 16. Jh. mit prachtvollem Renaissance-Mudejar-Hof präsentiert einen eklektischen Stil aus römischen Mosaiken, Mudejarstuckarbeiten und Steinmetzarbeiten aus der Renaissance. Seine ehemalige Eigentümerin, die Gräfin von Lebrija, war Archäologin. Sie baute das Anwesen um und stopfte zahlreiche Räume mit den Schätzen voll, die sie auf ihren Reisen zusammengetragen hatte.

Das oberste Geschoss kann nur im Rahmen von im Eintrittspreis inbegriffenen Führungen auf Englisch oder Spanisch besichtigt werden.

Parroquia de Santa María Magdalena KIRCHE

(Karte S. 62f.; ☎954 22 96 03; Calle Bailén 5; ⏲Mo & Fr 7.45–11 & 18.30–21, Di–Do 7.45–13.30 & 18.30–21, Sa & So 8.45–14 & 18.30–21 Uhr) Hinter einem recht unscheinbaren Äußeren verbirgt sich in dieser Kirche vom ausgehenden 17. Jh. ein weiter barocker Innenraum mit einer achteckigen Kuppel. Das absolute Glanzlicht der Kirche ist das kolossale goldene Retabel hinter dem Hauptaltar aus dem 18. Jh. Außerdem sind hier mehrere Arbeiten bekannter Barockkünstler wie Francisco de Zurbarán und Juan de Valdés Leal vorhanden.

Capilla de San José KIRCHE
(Karte S. 62f.; ☎954 22 32 42; Calle Jovellanos; ⌚9–12.45 & 18.30–20.30 Uhr) GRATIS Ein Übermaß an barockem Klimbim erwartet die Besucher in dieser kleinen Kirche. Sie versteckt sich in einer Seitenstraße zwischen den Calles Sierpes und Tetuán. Hinter ihrer Fassade aus dem 18. Jh. hält die Kirche verblüffend aufwendiges Dekor bereit, das in einem außergewöhnlichen goldenen Altarbild mit Skulptur von San José gipfelt.

Ayuntamiento HISTORISCHES GEBÄUDE
(Casa Consistorial; Karte S. 62f.; https://casaconsistorialsevilla.sacatuentrada.es; Plaza de San Francisco; Mo–Do 4 €, Sa frei; ⌚Führungen Mo–Do 19, Sa 10 Uhr) Zwischen der Plaza de San Francisco und der Plaza Nueva zwängt sich Sevillas markantes Rathaus, das Ayuntamiento. Ursprünglich stammt das Gebäude aus dem 16. Jh., wurde aber im 19. Jh. umfassend umgestaltet, u. a. mit einer imposanten klassizistischen Fassade an der Plaza Nueva. An den Ostmauern sind reiche Reliefverzierung aus der Renaissance zu finden.

Die Besichtigung der reichhaltig ausgestatteten Räumlichkeiten ist nur im Rahmen 50-minütiger Führungen möglich.

Plaza de Toros de la Real Maestranza MUSEUM
(Karte S. 62f.; ☎954 21 03 15; www.realmaestranza.com; Paseo de Cristóbal Colón 12; Führung Erw./Kind 8/3 €, Mo 15–19 Uhr frei; ⌚April–Okt. 9.30–21 Uhr, Nov.–März bis 19 Uhr, an Stierkampftagen bis 15 Uhr) In der Welt des Stierkampfs ist Sevillas weiß-gelbe Arena, was andernorts große Stadien wie Old Trafford oder der Camp Nou für den Fußball sind. Kurz gesagt: Wer hier kämpfen darf, hat es geschafft. Die Arena wird von Fans nicht nur als Bauwerk von fast religiöser Bedeutung betrachtet, sondern ist auch die älteste Spaniens: Baubeginn war 1761 und bis 1881 wurde immer wieder an der Arena gewerkelt, mit 14 000 Zuschauerplätzen übrigens eine der größten. Bei einem Besuch lernt man etwas über diese tiefverwurzelte Tradition des Stierkampfs, ohne diesem Spektakel selbst beizuwohnen.

Hospital de la Caridad MUSEUM
(Karte S. 62f.; ☎954 22 32 32; www.santa-caridad.es; Calle Temprado 3; Erw./Kind 7–17 J. 8/2,50 €, Mo 15.30–19.30 Uhr frei; ⌚Mo–Sa 10.30–19.30, So 10.30–12.30 & 14–19.30 Uhr) Das große robuste Gebäude, einen Straßenzug östlich des Flusses, wurde Ende des 17. Jh. als Hospiz für arme und ältere Menschen erbaut. Der Gründer Miguel de Mañara war der Legende nach ein verrufener Wüstling, der sein Leben angeblich sein Leben änderte, nachdem er in einer Vision seine eigene Beerdigungsprozession gesehen hatte. Hauptattraktion ist die vergoldete Kapelle, die kunstvoll von mehreren Malern und Bildhauern aus dem Goldenen Zeitalter – allen voran Murillo, Valdés Leal und Roldán – gestaltet wurde.

Das Hospital wurde 1810 von Napoleons Truppen geplündert, und ein französischer Offizier namens General Soult entwendete vier Murillo-Gemälde von den Wänden der Kapelle. Die Kunstwerke wurden nie zurückgegeben, aber 2008 wurden Kopien angefertigt, die an die ursprünglichen Standorte der Bilder gehängt wurden.

Torre del Oro TURM
(Karte S. 62f.; ☎954 22 24 19; Paseo de Cristóbal Colón; Erw./6–14 J. 3/1,50 €, Mo frei; ⌚Mo–Fr 9.30–18.45, Sa & So 10.30–18.45 Uhr) Der markante Turm, eines der Wahrzeichen der Stadt, wacht schon seit dem 13. Jh. über den Río Guadalquivir. Der ursprüngliche zwölfeckige Bau diente der Stärkung der Festungsmauern der Stadt und wurde später aufgestockt, zuerst im 14. Jh. und dann noch einmal im späten 18. Jh. Im Laufe der Jahrhunderte diente der Turm als Kapelle, Gefängnis und Marinebüro. Heute beherbergt er ein kleines Meeresmuseum und eine Aussichtsplattform auf dem Dach.

La Macarena & Alameda de Hércules

★ Metropol Parasol WAHRZEICHEN
(Karte S. 62f.; ☎606 635214; www.setasdesevilla.com; Plaza de la Encarnación; 3 €; ⌚So–Do 9.30–22.30, Fr & Sa bis 23 Uhr) Der Metropol Parasol, auch *las setas* (die Pilze) genannt, ist eines der modernen Wahrzeichen Sevillas. Die 2011 nach Plänen des deutschen Architekten Jürgen Mayer-Hermann errichteten kolossalen Sonnenschirme sind mit ihrem welligen, von Waben durchzogenen Dach, angeblich die größte Holzkonstruktion der Welt, und den gewaltigen Pfeilern ein echter Hingucker. Mit Aufzügen geht's hinauf zu einem kurvigen Fußlauf übers Dach, von wo man eine herrliche Aussicht hat.

Der Bau dauerte sechs Jahre – vorher hatte sich hier ein hässlicher Parkplatz befunden. Im Laufe der Arbeiten stieß man auf römische und maurische Ruinen, die geschickt in die Fundamente integriert wurden und jetzt im **Museo Antiquarium**

Alameda de Hércules & Macarena

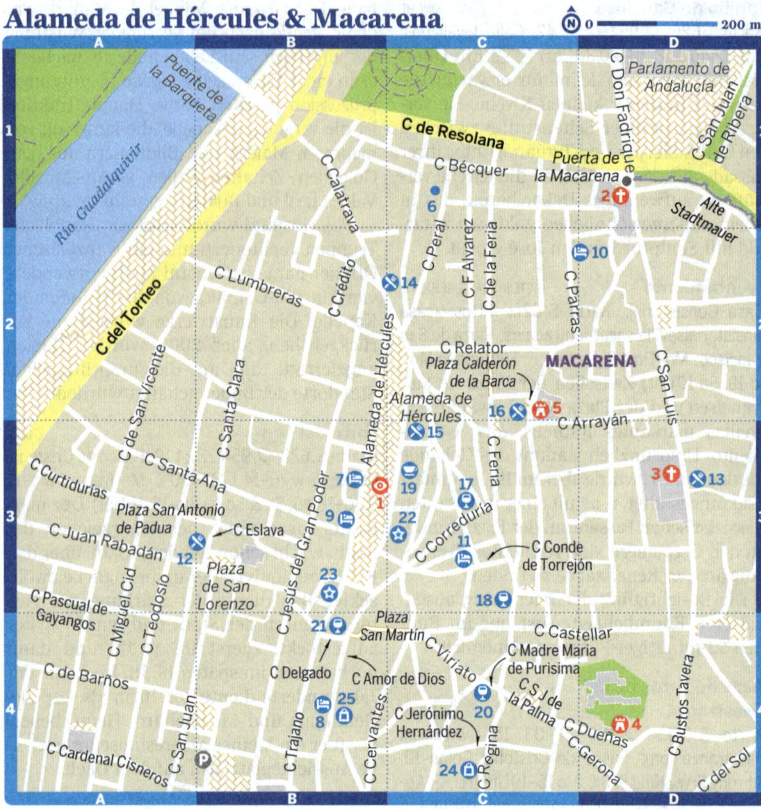

Alameda de Hércules & Macarena

Sehenswertes
1 Alameda de Hércules B3
2 Basílica de La Macarena D1
3 Iglesia de San Luis de los Franceses D3
4 Palacio de Las Dueñas D4
5 Palacio de los Marqueses de la Algaba C2

Aktivitäten, Kurse & Touren
6 Taller Flamenco C1

Schlafen
7 Corner House B3
8 Hotel Boutique Doña Lola B4
9 Hotel Sacristía de Santa Ana B3
10 Hotel San Gil D2
11 One Shot Palacio Conde de Torrejón 09 .... C3

Essen
12 Bar-Restaurante Eslava B3
13 conTenedor D3
14 Duo Tapas C2
15 Freskura C3
16 Mercado de Feria C2

Ausgehen & Nachtleben
17 Bier Kraft C3
18 Casa Vizcaíno C3
Corner House Terraza .... (siehe 7)
19 El Viajero Sedentario C3
20 Gallo Rojo C4
21 Maquila B4

Unterhaltung
22 Fun Club C3
23 Naima Café Jazz B3

Shoppen
24 Lama La Uva C4
25 Tarico B4

(Karte S. 62f.; ☎ 955 47 15 80; Plaza de la Encarnación; 2,10 €; ⏲ Di–Sa 10–20, So bis 14 Uhr) unter der Plaza zu sehen sind. Außerdem beherbergt der Komplex einen Lebensmittelmarkt, den **Mercado de la Encarnación**, mehrere Cafés und Tapas-Bars und die **Plaza Mayor** für Freiluftevents, wo sich heute auch gerne Jugendliche treffen.

Palacio de Las Dueñas PALAST

(Karte S. 66; ☎ 954 21 48 28; www.lasduenas.es; Calle Dueñas 5; Erw./6–12 J. 10/8 €; ⏲ April–Okt. 10–20 Uhr, Nov.–März bis 18 Uhr) Der wunderschöne Palast aus dem 15. Jh. war die Lieblingsherberge der inzwischen verstorbenen Herzogin von Alba, einer der prominentesten Adligen Spaniens. Der Renaissancebau umfasst schöne Gärten und einen hübschen Arkadenhof. Drinnen gibt's Gemälde und Wandteppiche, ebenso die Kollektion der Herzogin zur Semana Santa sowie Stierkampf- und Fußballsouvenirs (sie war Betis-Anhängerin) zu bestaunen. Eine Gedenktafel erinnert an den spanischen Dichter Antonio Machado, der hier 1875 geboren wurde.

Iglesia de San Luis de los Franceses KIRCHE

(Karte S. 66; ☎ 954 55 02 07; Calle San Luis 37; 4 €, So 16–20 Uhr frei; ⏲ Di–So 10–14 & 16–20 Uhr) Die imposante säkularisierte Kirche aus dem 18. Jh., das schönste Zeugnis der Barockarchitektur von Sevilla, ist ein ehemaliges Jesuitennoviziat, das König Ludwig IX. gewidmet war. Der Konstrukteur Leonardo de Figueroa entwarf eine außergewöhnliche runde Struktur, in der vier vergoldete Altaraufsätze mit Gemälden (über dem Bildnis des Königs schwebt eine riesige Krone) und ein Kuppeldach in der Mitte zu sehen sind. Besucher können sich auch in der Kapelle, die mit makabren Reliquien (Gebeine der Heiligen) unter Glas ausstaffiert ist, und in der Krypta umsehen.

Die Kirche war jahrzehntelang geschlossen und öffnete erst nach der Sanierung 2017 wieder. Sehenswert sind die wunderschönen Deckenmalereien zur Fürsprache der Jesuiten, was allerdings keinen Erfolg zeigte, denn sie wurden bald nach Fertigstellung der Kirche 1731 aus Spanien vertrieben. Wer sich Nackenschmerzen ersparen will, begutachtet die Dekoration der Hauptkuppel mit dem geschickt platzierten Spiegel. Sie ist der Aufrechterhaltung der Anbetung Gottes gewidmet: Die jüdische Bundeslade und ein siebenarmiger Kerzenleuchter versinnbildlichen das Alte, die Engel das Neue.

Palacio de los Marqueses de la Algaba PALAST

(Karte S. 66; ☎ 955 47 20 97; Plaza Calderón de la Barca; ⏲ April–Okt. Mo–Fr 10–14 & 18–21, Sa bis 14 Uhr, Nov.–März kürzere Öffnungszeiten) GRATIS Im historischen Herrenhaus im klassischen Mudejarstil mit Innenhof ist das **Centro de la Interpretación Mudéjar** zu Hause, ein kleines Museum mit Mudejarrelikten aus dem 12. bis 20. Jh. Die Kollektion geht in dem wundervoll restaurierten Gebäude etwas unter, aber die Bildunterschriften und Erklärungstafeln (in Spanisch und Englisch) erläutern die Ursprünge und einzigartigen Merkmale des komplexen Baustils sehr umfassend.

Basílica de La Macarena BASILIKA

(Karte S. 66; ☎ 954 90 18 00; Calle Bécquer 1; Basilika/Museum frei/5 €; ⏲ Juni–Mitte Sept. Mo–Sa 9–14 & 18–21.30, So 9.30–14 & 18–21.30 Uhr, Mitte Sept.–Mai Mo–Sa 9–14 & 17–21, So 9.30–14 & 17–21 Uhr) In dieser neobarocken Basilika aus dem 20. Jh. befindet sich Sevillas meistverehrter sakraler Schatz, die *Virgen de la Esperanza Macarena* (Madonna der Hoffnung aus Macarena), kurz die Macarena. Die prächtige Statue aus dem 17. Jh., eine Hauptattraktion zu den glühenden Feierlichkeiten der Semana Santa (Karwoche), steht in all ihrer Pracht hinter dem zentralen Altarbild, geschmückt mit goldener Krone, üppigem Gewand und fünf Broschen aus Diamanten und Smaragden, die der berühmte Matador Joselito El Gallo 1912 gestiftet hat.

Alameda de Hércules PLATZ

(Karte S. 66) Auf dem von Bäumen, Bars, Cafés und Restaurants gesäumten Platz tummeln sich am Abend gerne Familien, Touristen und Studenten und er ist auch in der Schwulenszene sehr beliebt. Er wurde Ende des 16. Jhs. angelegt und in Sevillas Goldenem Zeitalter im 17. Jh. kam man zum Promenieren hierher.

Die beiden römischen Säulen am südlichen Ende sind 2000 Jahre alte Originale mit Statuen von Herkules und Julius Cäsar an der Spitze.

Parque de María Luisa & Südlich des Zentrums

★ Parque de María Luisa PARK

(Karte S. 58; ⏲ Sept.–Juni 8–22 Uhr, Juli & Aug. bis 24 Uhr; 👪🐾) Mit seinenEntenteichen, schön angelegten Gärten und Wegen im Schatten hoher Bäume ist der 34 ha große

Parque de María Luisa eine herrliche grüne Oase und ideal, um dem Lärm und der Hitze der Stadt zu entkommen. Das Land, das einst zum Palacio de San Telmo gehörte, wurde der Stadt Ende des 19. Jhs. übereignet und dann im Vorfeld der Exposición Iberoamericana von 1929 neu erschlossen.

Inmitten der üppigen Gartenanlagen beherbergt der Park mehrere interessante Attraktionen, v. a. die **Plaza de España** (Karte S. 58; Avenida de Portugal, Parque de María Luisa), der markanteste der für die Expo von 1929 errichteten Bauten. Das gewaltige Bauwerk aus Ziegeln und Kacheln umfasst Brunnen, Minikanäle und eine Bilderreihe aus kunterbunten Kacheln, die wichtige Ereignisse aus der Geschichte jeder einzelnen spanischen Provinz darstellt. Für 6 € kann man ein Ruderboot leihen und die Kanäle entlangpaddeln (35 Min.).

Das **Museo Arqueológico** (Karte S. 58; ☎ 955 12 06 32; www.museosdeandalucia.es/web/museoarqueologicodesevilla; Plaza de América, Parque de María Luisa; EU-Bürger/Nicht-EU-Bürger frei/1,50 €; ⌚ Sept.–Juni Di–Sa 9–21, So bis 15 Uhr, Juli & Aug. Di–So 9–15 Uhr) im südlichen Teil der Anlage ist eine Fundgrube römischer Skulpturen, Mosaiken und Statuen, von denen viele von der archäologischen Stätte Itálica vor den Toren von Sevilla stammen.

Gleich gegenüber präsentiert das **Museo de Artes y Costumbres Populares** (Karte S. 58; ☎ 955 54 29 51; www.museosdeandalucia.es/web/museodeartesycostumbrespopularesdesevilla; Plaza de América 3, Parque de María Luisa; EU-Bürger/Nicht-EU-Bürger frei/1,50 €; ⌚ Sept.–Juni Di–Sa 9–21, So bis 15 Uhr, Juli & Aug. Di–So 9–15 Uhr) andalusische Sitten, Bräuche und Traditionen.

Kinder können sich im Park wunderbar austoben und für Familien bieten sich Radtouren an – Quad-Bikes für vier Personen sind für 14 € pro halbe Stunde zu haben.

Museo Casa de la Ciencia — MUSEUM

(Karte S. 58; ☎ 954 23 23 49; www.casadelaciencia.csic.es; Pabellón de Perú, Avenida de María Luisa; Museum 3 €, inkl. Planetarium 5 €; ⌚ Di–So 10–21 Uhr) Der peruanische Pavillon der Exposición Iberoamericana von 1929 ist mit geschnitzten Kondoren und Lamas geschmückt und umfasst ein erstklassiges interaktives Wissenschaftsmuseum mit Planetarium und mehreren Dauer- sowie zwei Wechselausstellungen. Im Saal der Seeungeheuer sind Modelle von Walen und Delfinen, die in der Straße von Gibraltar zu Hause sind, ausgestellt. Anderswo locken Insektenmodelle, Mollusken und Mineralien. Die Wechselausstellungen präsentieren sich interaktiv und familienfreundlich.

Antigua Fábrica de Tabacos — HISTORISCHES GEBÄUDE

(Karte S. 62f.; ☎ 954 55 10 00; Calle San Fernando; ⌚ Mo–Fr 8–21, Sa bis 14.30 Uhr) GRATIS Sevillas riesige ehemalige Tabakfabrik, in der Bizets fiktive Opernheldin Carmen arbeitete, wurde im 18. Jh. erbaut und ist vermutlich nach dem Klosterkomplex Escorial nordwestlich von Madrid Spaniens zweitgrößtes Gebäude.

Man kann hier nach Belieben herumlaufen oder man besorgt sich in der Pförtnerloge in der Eingangshalle einen kostenlosen Audioguide – als Pfand muss man einen Ausweis hinterlegen.

Hotel Alfonso XIII — WAHRZEICHEN

(Karte S. 62f.; Calle San Fernando 2) Das repräsentable Hotel ist sowohl Baudenkmal als auch Unterkunft. Es wurde 1928 gleichzeitig mit der Plaza de España für die Weltausstellung von 1929 errichtet und war damals eine der luxuriösesten Bleiben Europas. Das Bauwerk ist von hohen Palmen umzingelt und die Architektur mit Kacheln und Terrakottaziegeln entspricht dem klassischen Neo-Mudejarstil.

Triana

Triana am Westufer des Guadalquivir genießt schon lange den Ruf als Viertel der „Außenseiter". Hier waren einst Sevillas Roma ansässig; die Vergangenheit Trianas strotzt vor Geschichten von Seefahrern, Stierkämpfern, Flamenco- und Keramikkünstlern sowie religiösem Fanatismus und einer starken Identifikation mit der Arbeiterklasse. Heute ist dies ein buntes Viertel mit Kirchen, Töpfereien und Bars am Fluss.

Castillo de San Jorge — MUSEUM

(Karte S. 58; ☎ 955 47 02 55; Plaza del Altozano; ⌚ Di–Sa 11–17.30, So 10–14.30 Uhr) GRATIS Am Puente de Isabel II liegt das Castillo de San Jorge, dem sein schlechter Ruf vorauseilt, hatte doch die berüchtigte spanische Inquisition hier von 1481 bis 1785 ihre Zentrale. Als die Inquisitionsfeuer in den frühen Jahren des 19. Jhs. endlich gelöscht waren, wurde die Burg abgerissen und auf ihren Ruinen ein Markt errichtet. Die Überreste wurden 1990 wiederentdeckt und beheimaten heute ein Museum, das die Inquisition und das Leben im *castillo* beleuchtet.

KACHELN AUS TRIANA

Ein typisches Merkmal von Sevillas Stadtbild sind die bunten Kacheln, die viele Denkmäler, Paläste, Bänke und Bars schmücken.

Die Herstellung von Keramikkacheln *(azujelos)* in Sevilla reicht bis in römische Zeit zurück: Damals ließen sich in Triana Töpfer nieder und verarbeiteten dort Ton aus der nahegelegenen Gegend um Cartuja.

Unter den Mauren hielten neue Glasiertechniken Einzug und in der ganzen Stadt wurden Paläste mit *azulejos* verziert, die mit komplizierten geometrischen Mustern bemalt waren. Nach der Vertreibung der Mauren änderte sich der Stil: Im 16. Jh. etablierte sich mit Keramikern aus Italien und Flandern ein neuer Trend für Kacheln mit religiösen und mythologischen Motiven.

Danach setzte ein langer Niedergang ein, bis der Engländer Charles Pickman zur Mitte des 19. Jhs. im Monasterio de la Cartuja eine Keramikfabrik gründete. Doch da man nicht mit der Zeit gegangen war, musste die Fabrik wie auch die anderen noch verbliebenen Töpfereien in Triana schließen – 2012 schloss auch die letzte Fabrik, Cerámica Montalván, schließlich für immer ihre Pforten.

Centro Cerámica Triana MUSEUM

(Karte S. 58; ☎954 34 15 82; Calle Antillano Campos 14; Erw./Kind 2,10 €/frei; ⌚Di–Sa 11–17.30, So 10–14.30 Uhr) Das kleine Museum in einer ehemaligen Keramikfabrik liefert einen faszinierenden Einblick in das Triana-Viertel und seine gewerbliche Vergangenheit. Anhand von Brennöfen aus Backstein und einer umfassenden Sammlung von Kacheln werden die Methoden und die Geschichte der Keramikproduktion mit der Vergangenheit Trianas und seiner Bevölkerung verwoben.

Iglesia de Santa Ana KIRCHE

(Karte S. 62f.; http://santanatriana.org; Plazuela de Santa Ana, Calle Pelay Correa; 2 €; ⌚Mo–Do 10.30–13.30 & 16.30–19, Fr 11–13.30 & 16.30–19 Uhr) Die als „Kathedrale von Triana" bekannte Iglesia de Santa Ana aus dem 13. Jh. war die erste Kirche, die nach der Reconquista von 1248 in Sevilla erbaut wurde. Der Architekturstil ist Gotik-Mudejar mit hohem Gewölbe und einer Fülle von religiösen Bildern im Inneren, z. B. von Santa Rufina und Santa Justa, christlichen Märtyrerinnen und Töpferinnen aus dem Viertel. Die Heiligen werden oft mit der Giralda abgebildet, die sie angeblich während des Erdbebens von Lissabon 1755 retteten.

Isla de la Cartuja

Centro Andaluz de Arte Contemporáneo MUSEUM

(Karte S. 58; ☎955 03 70 70; www.caac.es; Avenida Américo Vespucio 2; Eintritt 3 €, Di–Fr 19–21 Uhr & Sa ganztägig frei; ⌚Di–Sa 11–21, So 10–15.30 Uhr) Im Centro Andaluz de Arte Contemporáneo geht moderne Kunst Hand in Hand mit der Architektur des 15. Jhs. Das einfühlsam im Monasterio de Santa María de Las Cuevas untergebrachte Zentrum zeigt wechselnde Ausstellungen andalusischer und internationaler Künstler sowie einige bizarre Werke aus der Sammlung. Unübersehbar ist v. a. *Alicia* von Cristina Lucas, ein massiver Kopf und Arm, die sich durch zwei Fenster bohren – *Alice im Wunderland* soll dafür als Inspiration gedient haben. Mehrere Brennöfen aus Backstein zeugen von der Vergangenheit des Klosters als Keramikfabrik im 19. Jh.

Das Monasterio de la Cartuja de Santa María de Las Cuevas, gemeinhin bekannt als Monasterio de la Cartuja oder einfach La Cartuja, wurde 1400 gegründet. Später kam hier gern Christoph Kolumbus unter, wenn er in Sevilla war, und betete in der Kapelle, bevor er zu seiner Reise nach Amerika aufbrach. Von seinem Tod im Jahr 1506 ruhten hier bis 1537 seine sterblichen Überreste.

1839 kaufte der englische Unternehmer Charles Pickman das Kloster, wandelte es in eine Keramikfabrik um und errichtete die großen flaschenförmigen Öfen, die etwas unpassend im *claustrón* (großer Kreuzgang) stehen. Die Fabrik stellte ihre Produktion in den 1980er-Jahren ein. 1992 diente das Gebäude nach erfolgter Restaurierung während der Expo als königlicher Pavillon.

Pabellón de la Navegación MUSEUM

(Karte S. 58; ☎954 04 31 11; www.pabellondelanavegacion.com; Camino de los Descubrimientos 2; Erw./Kind 4,90/3,50 €; ⌚April–Juni, Sept.

& Okt. Di–Sa 11–20.30, So bis 15 Uhr, Juli & Aug. Di–So 10–15.30 Uhr, Nov.–März Di–Sa 10–17, So bis 15 Uhr; 👪) Der kastenförmige Pavillon aus Beton und Glas am Ufer des Río Guadalquivir beherbergt ein ehemaliges Seefahrtsmuseum, das zur Expo 1992 eingerichtet wurde und bis 1999 geöffnet war. Die Dauerausstellung ist in vier Abteilungen zu den Themen Seefahrt, Seeleute, Leben an Bord und historische Ansichten von Sevilla gegliedert. Viele Exponate sind interaktiv und kindgerecht, für Erwachsene aber vielleicht etwas langweilig. Mit der Eintrittskarte hat man auch Zutritt zur benachbarten **Torre Mirador** (Torre Schindler; Karte S. 58; ☎954 04 31 11; www.pabellondelanavegacion.com; Camino de los Descubrimientos 2; Erw./Kind inkl. Pabellón de la Navegación 4,90/3,50 €; ⏲April–Juni, Sept. & Okt. Di–Sa 12–19.30, So bis 14 Uhr, Juli & Aug. Di–So 11–14 Uhr, Nov.–März Di–Sa 11–16.30, So bis 14 Uhr).

Isla Mágica FREIZEITPARK
(Karte S. 58; ☎902 16 17 16; www.islamagica.es; Camino de los Descubrimientos; ganzer Tag Erw./Kind 35/22 €; ⏲Mitte Juni–Aug. 11–23 Uhr, Sept.–Nov. kürzere Öffnungszeiten; 👪) Kinder und Fans von Abenteuerfahrten, Shows und Attraktionen können einen erlebnisreichen Tag in diesem Freizeitpark verbringen. Weitere feuchte Vergnügungen harren in der Abteilung Agua Mágica; dafür ist ein separates Ticket für 9 € vonnöten.

Die Öffnungszeiten auf der Website überprüfen, denn sie variieren je nach Saison. Buslinien C1 und C2 halten in der Nähe.

INSIDERWISSEN

EIN HAMMAM-REFUGIUM

Der in einem jahrhundertealten Mudejarstadthaus versteckte **Aire Baños Árabes** (Karte S. 62f.; ☎955 01 00 24; www.beaire.com; Calle Aire 15; Bad/Bad mit Massage ab 37/56 €; ⏲So–Di 10–22, Mi & Do bis 23, Fr & Sa bis 24 Uhr) ist eine Oase der Stille mitten im Viertel Santa Cruz. Der schicke Hammam im maurischen Stil wartet mit einer Einrichtung im Stil eines marokkanischen Riads auf und hat verschiedene Bäder und Massagepakete im Angebot. Am besten einen Tag im Voraus buchen! Näheres auf der Website.

Kurse

LaCasa Sevilla SPRACHE
(☎666 882981; www.lacasasevilla.com; 2 Std. ab 28 €) Bei dem unterhaltsamen Spanischunterricht geht's auch immer wieder raus in die Stadt. Von Cristina, die aus Cádiz stammt und sowohl in Großbritannien als auch den USA gelebt hat, erfährt man, wie man auf einem Markt Obst und Gemüse kauft, oder man erkundet einige der schönsten Monumente Sevillas und lernt dabei die Sprache.

Taller Andaluz de Cocina KOCHEN
(Karte S. 58; ☎955 31 25 74; www.tallerandaluzdecocina.com; Mercado de Triana, Plaza del Altozano; Kurse 44–60 €) Die Kochschule auf dem Markt von Triana organisiert eine Reihe von praktischen Kursen zu klassischer spanischer Küche und Tapas sowie Sherry-Verkostungen und Führungen über den Markt. Unterricht und Führungen sind allesamt auch auf Englisch möglich – Näheres siehe Website.

Taller Flamenco TANZ
(Karte S. 66; ☎954 56 42 34; www.tallerflamenco.com; Calle Peral 49) Bietet Flamenco-Tanzstunden, Gesangs- und Gitarrenunterricht sowie Sprachkurse und die Möglichkeit, in Gruppen oder einzeln unterrichtet zu werden. Ein einwöchiger Sprachkurs kostet etwa 102 €, ein Wochenend-Flamenco-Kurs 146 €.

Geführte Touren

Pancho Tours TOUREN
(☎664 642904; www.panchotours.com) GRATIS Hier gibt's großartige kostenlose Führungen, aber die hart arbeitenden Guides freuen sich natürlich über ein Trinkgeld, nachdem sie einem jede Menge Anekdoten, Geschichten, Mythen und Theorien über die faszinierende Vergangenheit Sevillas erzählt haben. Die 2½-stündigen Führungen finden täglich statt und beginnen normalerweise um 11 Uhr – Informationen gibt's auf der Website. Pancho bietet auch Fahrradtrips (25 €), Besuche von Kathedrale (21,25 €) und Alcázar (17,50 €) ohne Anstellen und Touren durch das Nachtleben (ab 17 €) an.

Mimo Sevilla ESSEN & TRINKEN
(Karte S. 62f.; ☎854 55 68 00; www.mimofood.com/en/location/sevilla; Calle San Fernando 2; Verkostungen/Touren/Unterricht ab 45/115/125 €) Der Shop in der Lobby des Hotel Alfonso XIII. bietet Weinverkostungen, Kochkurse, Tapas-Touren und Tagesausflüge,

SEVILLA FÜR KINDER

Mit seinen schattigen Parks, dem größtenteils autofreien Zentrum, tollem Essen und einem Freizeitpark im Disney-Stil ist Sevilla ein kinderfreundliches Pflaster.

Bei etlichen Sehenswürdigkeiten haben Kinder freien Zutritt, wobei die Altersgrenze variiert – die Kathedrale (S. 53) gewährt freien Eintritt bis 14 Jahre, der Real Alcázar (S. 56) bis 16. Beide sind mit Kinderwagen zugänglich. Kinder bis 3 Jahre fahren auch gratis in den Stadtbussen.

Kinderfreundliche Sehenswürdigkeiten und Aktivitäten:

➡ Parque de María Luisa (S. 67) Sevillas größter Park. An der Plaza de España können Ruderboote geliehen werden.

➡ Isla Mágica (S. 70) Weitläufiger Freizeitpark für Kinder über 10 Jahre.

➡ Museo Casa de La Ciencia (S. 68) Interaktives Wissenschaftsmuseum.

➡ Pabellon de la Navegación (S. 69) Mitmachausstellungen zu Sevillas Seefahrtsgeschichte.

u. a. einen in die Sherry-Stadt Jerez. Für eine dreistündige Tapas-Tour berappt man 115 €, 45 € für eine zweistündige Weinprobe.

Wanderbeak TOUREN

(✆ 932 20 61 01; www.wanderbeak.com; Touren 99 €) Neuling Wanderbeak bietet abendliche Essenstouren durch Santa Cruz und einige traditionelle und moderne Tapas-Bars. Die dreistündige Führung ist eine gute Einführung zur Stadt und ihrer Esskultur und man lernt das A und O des Tapas-Essens.

Feste & Events

Semana Santa RELIGIÖSES FEST

(www.semana-santa.org; ⌚ März/April) Von Palmsonntag bis Ostersonntag werden täglich kunstvolle lebensgroße *pasos* (tischförmige Konstruktionen mit Jesus- und Marienstatuen) von ihren Heimatkirchen in Prozessionen durch die Stadt zur Kathedrale getragen. Wer sich am frühen Abend einen Platz in der Nähe der Kathedrale sucht, hat den besten Blick.

Organisiert werden die Prozessionen von über 50 *hermandades* oder *cofradías* (religiösen Bruderschaften, die teilweise auch Frauen aufnehmen). Die Mitglieder der Bruderschaften, die *nazarenos* (Büßer), kleiden sich in weiße Roben und tragen spitze Kapuzen, was dem Ganzen ein finsteres Flair verleiht.

Höhepunkt der Prozessionen ist die Madrugá, der frühe Morgen des Karfreitags: Dann geben sich mehrere der wichtigsten sakralen Statuen der Stadt ein Stelldichein.

Programme für die Prozessionen sind während der Semana Santa überall in der Stadt erhältlich, außerdem kann man sich auf der Website informieren.

Feria de Abril FERIA

(https://feriadesevilla.andalunet.com; El Real de la Feria; ⌚ April) Sevillas Frühlingsfest findet zwei Wochen nach Ostern statt, und zwar auf dem Festgelände Real de la Feria im Viertel Los Remedios westlich des Guadalquivir. Sechs Tage und Nächte lang werfen sich die *sevillanos* in Schale und ziehen beim *paseo de caballos* in Pferdekutschen durch die Stadt; bis zum Morgengrauen wird gegessen und getrunken und man tanzt die *sevillana*, einen beliebten Festtanz.

Bienal de Flamenco FLAMENCO

(www.labienal.com; ⌚ Sept.) An diesem bedeutenden Festival, das immer im September in geraden Jahren ausgerichtet wird, nehmen die Größen aus der Flamenco-Welt teil. Geboten wird ein umfangreiches Programm mit Auftritten, Ausstellungen und Workshops an verschiedenen Orten in der ganzen Stadt.

Schlafen

Hochsaison ist von März bis Juni und im September und Oktober, wenn mit entsprechenden Preisen zu rechnen ist. Die Preise können auch während der Semana Santa und der Feria de Abril extrem ansteigen, wo weit im Voraus gebucht werden sollte.

Catedral & Barrio de Santa Cruz

Pensión San Pancracio PENSION €

(Karte S. 62f.; ✆ 954 41 31 04; Calle Cruces 9; 3BZ 90–100 €, 4BZ 120–130 €, ohne Bad EZ 25–28 €, DZ 38–42 €, 3BZ 60–75 €; ❄ 📶) Die altmodische, familiengeführte *pensión* in einer stillen Seitenstraße in Santa Cruz residiert in einem großzügigen Gemäuer. Sie bietet viele Zimmerkategorien und verfügt über eine hübsche blumengeschmückte Hoflobby. Zu viel darf man nicht erwarten – die Mitarbeiter sind freundlich, die Zimmer spartanisch. Nur die 3- und 4-Bett-Zimmer mit eigenem Bad sind mit Klimaanlage ausgestattet; die anderen haben Ventilatoren.

★ Legado Alcázar BOUTIQUE-HOTEL €€
(Karte S. 62f.; ☎ 954 09 18 18; www.legadoalcazarhotel.com; Calle Mariana de Pineda 18; DZ 124–150 €; ❄ 📶) Das stylishe, kunstbeflissene Hotel, einst Teil des Königspalastes, des Alcázar, bietet einen Ausblick auf die Palastgärten, dessen Pfauen einst ihr Quartier in einer der Suiten aufgeschlagen hatten. Die Zimmer reichen von eher klein mit archäologischen Überresten unterm Boden bis zu majestätisch mit Holzbalkendecken, modernen Möbeln, Gartenblick und Dusche draußen auf dem Balkon. Das Frühstück (15 €) wird in einem hübschen caféähnlichen Raum serviert.

★ Hotel Amadeus BOUTIQUE-HOTEL €€
(Karte S. 62f.; ☎ 954 50 14 43; www.hotelamadeussevilla.com; Calle Farnesio 6; DZ 92–195 €, 3BZ 121–335 €, 4BZ 180–365 €; P ❄ 📶) Das reizende Hotel, eine erholsame Oase der Stille im Herzen der alten *judería*, verzaubert mit einer gefliesten Lobby, antiker Möblierung und einer Sammlung von Musikinstrumenten, welche die Gäste spielen dürfen. Gleichermaßen stilvoll sind die nach Komponisten benannten Räume; eine kleine Dachterrasse beschert einen Ausblick auf die Giralda.

Un Patio en Santa Cruz HOTEL €€
(Karte S. 62f.; ☎ 954 53 94 13; www.patiosantacruz.com; Calle Doncellas 15; EZ 55–210 €, DZ 65–220 €; ❄ 📶) An den weißen Wänden des makellosen 2-Sterne-Hotels hängen bunte Kunstwerke und hinabwuchernde Pflanzen. Die sonnigen Zimmer mit Parkett, Kronleuchtern und violetten Farbakzenten machen einen attraktiven Eindruck, die Mitarbeiter sind zuvorkommend und es gibt eine coole Dachterrasse mit marokkanischen Mosaiktischen.

Casual Sevilla Don Juan Tenorio HOTEL €€
(Karte S. 62f.; ☎ 955 54 44 16; www.casualhoteles.com; Plaza de los Venerables 5; Zi. 45–155 €; ❄ 📶) Das lichte Hotel in stimmungsvoller Lage bei einem Platz in Santa Cruz bietet schicke moderne Zimmer, jeweils benannt nach einer Figur aus *Don Juan Tenorio*, mit originellen Leuchten, Schablonenbildern und Wänden im Steinlook. Außerdem gibt's eine klasse WLAN-Verbindung und Massageduschen. Mit einem Mobiltelefonpaket können Router, Ladegerät und Selfiestick geliehen werden (kostenlos, wenn man sich auf der Website registriert, sonst 2 €).

Hostal Plaza Santa Cruz HOTEL €€
(Karte S. 62f.; ☎ 954 22 88 08; https://santacruz.alojamientosconencantosevilla.com; Calle Santa Teresa 15; DZ 40–120 €; ❄ 📶) Mit einer hübschen Umgebung punktet diese freundliche Herberge im Barrio de Santa Cruz. Die Zimmer sind über drei Gebäude verteilt. Jene im Haupthaus nahe der Plaza Santa Cruz sind unauffällig, mit Laminat- oder Marmorböden und bunten Tapeten da und dort, während die Apartments etwas farbenfroher mit Kacheln, Kunstwerken und voll eingerichteten Küchen ausstaffiert sind.

★ Hotel Casa 1800 LUXUSHOTEL €€€
(Karte S. 62f.; ☎ 954 56 18 00; www.hotelcasa1800sevilla.com; Calle Rodrigo Caro 6; DZ 170–750 €, Suite 360–1050 €; ❄ 📶 🏊) Einen Steinwurf von Kathedrale und Alcázar entfernt liegt diese stattliche *casa* (Haus), ein im positiven Sinne majestätischer Anblick. Die geschmackvolle, traditionelle Ausstattung mit Holzdecken, Kerzenleuchtern, Parkettböden und jeder Menge Goldauflagen gibt den Ton an. Alles hat seinen Charme, vom hilfreichen Personal bis zum Dachpool mit Aussicht und dem Gratis-Nachmittagstee.

Hotel Palacio Alcázar BOUTIQUE-HOTEL €€€
(Karte S. 62f.; ☎ 954 50 21 90; www.hotelpalacioalcazar.com; Plaza de Alianza 12; EZ 85–220 €, DZ 120–280 €; ❄ 📶) An einem Kopfsteinpflasterplatz in Santa Cruz, dem ältesten Viertel von Sevilla, glänzt der Palacio Alcázar mit vier Sternen und wohltuendem weißem Minimalismus. Das Hotel bietet zwölf exquisite Zimmer in Weiß und Grau. Kleine Ölgemälde bringen etwas Farbe ins Spiel. Ganz oben können die Gäste in der wunderbar gelegenen Dachbar mit Blick auf die Giralda einen Drink genießen. Das Frühstück kostet 9,80 € extra.

El Centro & El Arenal

★ La Banda HOSTEL €
(Karte S. 62f.; ☎ 621 012891, 955 22 81 18; www.labandahostel.com; Calle Dos de Mayo 16; B 18–38 €; ❄ 📶) Das Hostel in Arenal wird von

einer jungen, geselligen Truppe betrieben und überzeugt auf ganzer Linie: Es liegt in Gehnähe zu den wichtigsten Sehenswürdigkeiten, die gemischten Schlafsäle sind sauber und adrett eingerichtet und es gibt eine herrliche Dachbar. Wer möchte, kann hier auch zu Abend essen (8 € bzw. 10 € samstags für Paella und Sangria), und das wöchentliche Veranstaltungsprogramm lässt keine Langeweile aufkommen.

Oasis Palace Hostel HOSTEL €
(Karte S. 62f.; ☎955 26 26 96; www.oasissevilla.com; Calle Almirante Ulloa 1; B 18–30 €, DZ 70–140 €; ❄📶🏊) Dieses muntere Hostel – eine echte Oase im belebten Stadtzentrum – befindet sich in einem palastartigen Herrenhaus aus dem 19. Jh. Mehrere Optionen stehen zur Auswahl, von gemischten Schlafsälen für 14 Personen bis zu Doppelzimmern mit eigenem Bad, sowie tolle Einrichtungen wie Café-Bar, voll ausgestattete Küche und kleiner Pool auf dem Dach. Frühstück ist meist nicht im Zimmerpreis enthalten und kommt auf 3,50 €.

★ **Hotel Casa de Colón** BOUTIQUE-HOTEL €€
(Karte S. 62f.; ☎955 11 78 28; www.hotelcasadecolon.com; Calle Hernando Colón 3; DZ 70–220 €; ❄📶) Eine erstklassige Lage, ein herzlicher Service und originelle dekorative Elemente wie weiße Gusseisensäulen, aus alten Türen gefertigte Betten und kobaltblaue Fensterscheiben im Neo-Mudejarstil vermählen sich in dem reizenden familiengeführten Hotel auf bestechende Weise. In manchen Zimmern ist das Mauerwerk freigelegt und man sieht seitlich auf die Kathedrale; die *aticos* ganz oben verfügen über eigene Terrassen. Ein kleines Frühstück gibt's für 9 €.

La Parada del Marqués BOUTIQUE-HOTEL €€
(Karte S. 58; ☎954 44 83 70; www.laparadadelmarques.com; Calle Marqués de Paradas 45; DZ 100–150 €; ❄📶) 🍃 Eine schnörkellose, moderne Einrichtung, hilfsbereites Personal und vernünftige Preise machen dieses kleine Hotel beim Busbahnhof Plaza de Armas zu einer ausgezeichneten Mittelklasseherberge. Nett sind auch die Energiesparschlüssel und die schallisolierten Fenster. Die weißen Zimmer mit hohen Decken warten mit antikem Mobiliar, nackten Backsteinwänden und Original-Fliesenböden auf.

Suites Sevilla Plaza APARTMENTS €€
(Karte S. 62f.; ☎955 03 85 33; www.suitessevillaplaza.com; Calle Zaragoza 52; 1-Schlafzi.-Apt. 80–240 €, 2-Schlafzi.-Apt. 140–450 €; ❄📶) Dank acht Apartments für Selbstversorger und einer sehr praktischen zentralen Lage sind die Suites Sevilla Plaza ideal für Familien, Gruppen und längere Aufenthalte. Die Apartments mit Platz für zwei bis sechs Personen sind geräumig und geschmackvoll in einem schnörkellosen modernen Stil gehalten. Weitere Pluspunkte sind Waschmaschinen, Fahrradverleih (10 €) und eine Dachterrasse mit Blick auf die Giralda.

Hotel Abanico HOTEL €€
(Karte S. 62f.; ☎954 21 32 07; www.hotelabanico.com; Calle Águilas 17; EZ 50–158 €, DZ 55–162 €; ❄📶) Von der romantischen Lobby mit ihren Säulen bis zu den charakteristischen Fliesenarbeiten, schmiedeeisernen Balkons und der religiösen Kunst ist dieses sympathische Hotel ganz und gar sevillanisch. Die Zimmer sind simpel und in kräftigen Farben gehalten, mit schlichten, traditionellen Möbeln. Das Frühstück kostet 7 € extra.

Hotel Adriano HOTEL €€
(Karte S. 62f.; ☎954 29 38 00; www.adrianohotel.com; Calle de Adriano 12; EZ 70–150 €, DZ 80–250 €; P❄📶) Das traditionelle Hotel im Arenal-Viertel nahe der Stierkampfarena besticht durch höfliches Personal, klassisch eingerichtete Zimmer mit Marmorböden und das hübsche Café Pompeia im Erdgeschoss. Garagenplätze kosten 21 € pro Tag.

🛏 La Macarena & Alameda de Hércules

Corner House HOTEL €€
(Karte S. 66; ☎954 91 32 62; www.thecornerhousesevilla.com; Alameda de Hércules 11; DZ 45–120 €; ❄📶) Das selbst ernannte „urbane" Hotel passt gut zu den Bars und Cafés auf der lebhaften Alameda de Hércules. Modern und dynamisch stellt sich das Hotel dar, mit hellen Zimmern mit minimalistischer Deko in Weiß, Hängelampen und dem gelegentlichen Farbakzent. Im Erdgeschoss gibt's ein Restaurant, El Disparate, und im 3. Stock wartet eine tolle Bar (S. 78).

Hotel Boutique Doña Lola BOUTIQUE-HOTEL €€
(Karte S. 66; ☎954 91 52 75; www.donalolasevilla.com; Calle Amor de Dios 19; EZ 40–110 €, DZ 45–110 €, Apt. 75–190 €; ❄📶) Das schwulen- und lesbenfreundliche Doña Lola ist nur einen Katzensprung entfernt von den Bars an der Alameda de Hércules und eignet sich gut als Ausgangspunkt für alle möglichen Unternehmungen. Von der Eingangshalle mit

dem bunten Boden im Schachbrettmuster führt eine Treppe zu den zwar kleinen, aber modern und minimalistisch eingerichteten Zimmern. Gegenüber stehen außerdem Mini-Apartments zur Verfügung; oben gibt's noch ein Solarium mit Freiluft-Whirlpool.

Hotel San Gil HOTEL €€
(Karte S. 66; ☎ 954 90 68 11; www.hotelsangil.es; Calle Parras 28; DZ 65–180 €; ❄ 📶 🏊) Das San Gil liegt etwas abseits an einer ruhigen Straße im Macarena-Viertel, aber dafür ist das Nachtleben der Alameda de Hércules nur einen Katzensprung entfernt. Hinter der senfgelben Fassade im Kolonialstil liegt eine prachtvoll geflieste Eingangshalle, von der man in einen eleganten Innenhof und komfortable, moderne Zimmer gelangt.

Hotel Sacristía de Santa Ana BOUTIQUE-HOTEL €€€
(Karte S. 66; ☎ 954 91 57 22; www.hotelsacristia.com; Alameda de Hércules 22; DZ 60–250 €; ❄ 📶) Das traditionelle Hotel in einem Stadthaus aus dem 18. Jh. an der Alameda de Hércules macht einen sehr guten ersten Eindruck. Nach Betreten sticht sogleich der glänzende, rot geflieste Hof mit kleinem Brunnen hervor, der von Holzbalustraden umgeben ist. Von da führen Gänge zu den Zimmern, die im altertümlichen Stil mit hohen Betten, Deckenbalken und antikem Mobiliar ausgestattet sind.

One Shot Palacio Conde de Torrejón 09 DESIGNHOTEL €€€
(Karte S. 66; ☎ 854 56 58 54; www.oneshothotels.com; Calle Conde de Torrejón 9; DZ 80–275 €; P ❄ 📶 🏊) Der umgebaute Palast aus dem 18. Jh. bei der Alameda de Hércules macht eine wirklich gute moderne Figur. Er beherbergt 56 elegant gestylte Zimmer und Suiten mit Regenduschen und 46-Zoll-Smart-TVs sowie ein Restaurant mit kreativer Küche und einen kleinen Dachpool. Drinnen wartet das Haus mit einer Decke in Form einer *celosia* (ornamental durchbrochenes maurisches Gitterfenster) sowie schicken modernen Möbeln, originellen Fotografien und Kunstausstellungen auf.

Triana

Hotel Monte Triana HOTEL €€
(Karte S. 58; ☎ 954 34 31 11; www.hotelesmonte.com; Clara de Jesús Montero 24; EZ 70–160 €, DZ 90–190 €; P ❄ 📶) In diesem schicken Hotel in Triana auf der von der Altstadt gesehen anderen Flussseite kann man den Touristenmassen entfliehen. Die glänzende Lobby in Schwarz und Weiß stimmt ein auf geräumige, preisgünstige Zimmer in abgetöntem Weiß und mit honigfarbenem Holz. Zu den Einrichtungen zählen ein Fitnessraum, eine Bar, ein Café und eine Garage (15 € pro Nacht).

Essen

Es gibt unzählige Bars, Cafés, Restaurants und Märkte. Das Barrio de Santa Cruz, die Straßen rund um die Plaza de la Alfalfa und die Alameda de Hércules sind bekannt für ihre Esslokale. Achtung: Einige Restaurants schließen im August.

Catedral & Barrio de Santa Cruz

Bodega Santa Cruz TAPAS €
(Karte S. 62f.; ☎ 954 21 86 18; Calle Rodrigo Caro 1; Tapas 2,50 €; ⏲ 8–24 Uhr) Uriger geht's nicht mehr! In der immerzu gut besuchten Bar – sowohl von Einheimischen als auch Besuchern – servieren mürrische Kellner traditionelle Tapas wie *montaditos de pringá* (mit langsam gegartem Schweinefleisch und Wurst gefüllte Brötchen), die man am besten draußen mit einem kühlen Bier genießt, während man die Armeen von vorbeitrottenden Touristen beobachtet.

★ **La Azotea** ANDALUSISCH €€
(Karte S. 62f.; ☎ 954 21 58 78; www.laazoteasevilla.com; Calle Mateos Gago 8; Tapas 3,50–6,50 €, Hauptgerichte 12–22 €; ⏲ 9–24 Uhr) Dies ist das beste der Restaurants in der Gegend rund um die Kathedrale und eine von mehreren Azotea-Ablegern in der Stadt. Der Zugang zum Speisen ist hier zeitgenössisch, mit schickem modernem Design, engagiertem Service und kreativer andalusischer Küche. Besonders zu empfehlen sind die Fisch- und Meeresfrüchtegerichte wie der gegrillte *calamar* (Tintenfisch) und das Seebarschcurry.

Vinería San Telmo TAPAS €€
(Karte S. 62f.; ☎ 954 41 06 00; www.vineriasantelmo.com; Paseo Catalina de Ribera 4; Tapas 3,50–6,50 €, medias raciones 6,90–15 €; ⏲ 13–16.30 & 20–24 Uhr) San Telmos Tapas-Eigenkreationen locken weiterhin die Hungrigen an und die Plätze draußen und in dem Restaurant mit nackten Backsteinwänden stehen hoch im Kurs. Wer lange genug wartet oder im Voraus reserviert, kommt in den

Genuss von z. B. pfannengebratenem Oktopus mit roten Zwiebeln oder auch gegrillter Gänseleber mit Apfelkompott.

Café Bar Las Teresas TAPAS €€
(Karte S. 62f.; ☎ 954 21 30 69; www.lasteresas.es; Calle Santa Teresa 2; Tapas 2,50–4,50 €, Hauptgerichte 8–24 €; ⏲ 10–1 Uhr) Die von der Decke hängenden Schinken wirken so alt wie der verwinkelte, fröhlich vollgestopfte Speiseraum. Die Einheimischen tummeln sich an der Theke, während die Touristen die wackligen Tische ansteuern. Serviert werden traditionelle Tapas wie *espinacas con garbanzos* (Spinat mit Kichererbsen) und herzhafte *salchichón ibérico* (Wurst).

El Centro & El Arenal

Sal Gorda ANDALUSISCH €
(Karte S. 62f.; ☎ 955 38 59 72; www.facebook.com/SalGordaSevilla; Calle Alcaicería de la Loza 23; Tapas 3,10–8,50 €; ⏲ Mi–Mo 13–16.30 & 20–23.30 Uhr) Das Gebäude passt so gar nicht zu diesem Lokal. Der winzige, legere Laden in dem alten Schuhgeschäft tischt fantasievolle andalusische Gerichte auf wie *ajo blanco* (weiße Gazpacho-Suppe) mit *mojama* (gepökeltem Thunfisch) und ein vortrefflich zubereitetes Thunfischtatar. Auch das Pilzrisotto mit Kaiserhummer ist hier ein Renner und die Weinkarte listet gute heimische Weißweine wie einen Mirlo Blanco aus Constantina. Reservierung empfohlen.

Palo Cortao SPANISCH €
(Karte S. 62f.; ☎ 649 446120; www.palo-cortao.com; Calle Mercedes de Velilla 4; Tapas 3,50–7 €, Hauptgerichte 6–12 €; ⏲ Di–So 13–16.30, Di–Sa 20.30–23.30 Uhr) Die ausgezeichnete Sherry-Bar in einer Seitenstraße beim Metropol Parasol bietet einen hervorragenden fachkundigen Service (Ana) und kreative Kochkunst (Angel). Mehr als 30 Sorten Sherry werden offen ausgeschenkt – eine nicht so bekannte Sorte ist *palo cortao*; dazu gibt's erstklassige *chacinas* (Aufschnitt) und Käse sowie Tapas wie Tintenfischbällchen an einer Garnelensoße.

Bar Casa Eme TAPAS €
(Karte S. 58; Calle Puerta del Osario 5; Tapas 2,70–4,90 €; ⏲ Do–Di 12.30–16 & 20.30–24 Uhr) Angesichts roter Plastiktische und eines neonbeleuchteten Raumes voller religiöser Bilder läuft man an dieser Bar wohl meist vorbei, ohne sie eines zweiten Blickes zu würdigen. Doch wer einkehrt, macht eine echte Entdeckung: eine authentische Bar, die köstliche Tapas serviert, zubereitet von dem knurrigen alten Typen, der die Bar führt. Tipp: der hervorragende *solomillo al whisky* (Schweinelende in Whiskysoße).

Confitería La Campana FEINGEBÄCK €
(Karte S. 62f.; ☎ 954 22 35 70; www.confiterialacampana.com; Calle Sierpes 1–3; Backwaren ab 2,50 €; ⏲ 8–22 Uhr) Die Café-Konditorei ist ein Art-déco-Wahrzeichen, in dem sich schon seit 1885 Süßmäuler drängeln. Wer Lust hat auf eine *yema* (weicher Mürbekeks, eingewickelt wie ein Toffee) oder einen Kaffee und eine *torta de aceite* (flacher, bröckeliger Keks, gebacken mit Olivenöl), mischt sich in dem stilvollen Café unters bunte Volk.

★ **La Brunilda** TAPAS €€
(Karte S. 62f.; ☎ 954 22 04 81; Calle Galera 5; Tapas 4–7,50 €, Hauptgerichte 6,50–15 €; ⏲ Di–Sa 13–16 & 20.30–23.30, So 13–16 Uhr) Der in einer anonymen Seitenstraße in Arenal versteck-

EISCREME

In einer Stadt, in der die Temperaturen im Sommer regelmäßig die 40 Grad überschreiten, ist ein erfrischendes Eis immer eine gute Idee.

Eine der besten *heladerias* (Eisdielen) der Stadt ist **Créeme** (Karte S. 62f.; ☎ 954 91 08 32; www.facebook.com/creemehelado; Plaza del Museo 2; Hörnchen & Becher 3–5 €; ⏲ 12.30–1 Uhr), eine moderne Eisdiele beim Museo de Bellas Artes. Hier gibt's exquisite Geschmacksrichtungen wie *caramelo de mantequilla salada* (Karamell mit gesalzener Butter).

Weitere tolle Eisdielen sind z. B. **Bolas** (Karte S. 62f.; ☎ 954 22 74 11; Cuesta del Rosario 1; Hörnchen 2,10–4 €, Becher 2,80–5 €; ⏲ Mo–Do 14–24, Fr & Sa bis 0.30, So bis 23.30 Uhr) mit exotischen Schöpfungen wie dem Medina-Sorbet mit Orange, Ingwer und Zimt und **Freskura** (Karte S. 66; Calle Vulcano 4; Hörnchen & Becher 3–4,80 €; ⏲ 12–1 Uhr), eine Eisdiele an der Alameda, die auf Eis im italienischen Stil spezialisiert ist.

te Tapas-Hotspot ist ein echtes Mekka für Feinschmecker. Das Flair ist modern und zwanglos: große blaue Türen, Ziegelgewölbe und Holztische. Die innovativen Tapas werden perfekt zubereitet. Früh da sein! Oder man muss sich auf längeres Warten einstellen.

★Mamarracha TAPAS €€
(Karte S. 62f.; 955 12 39 11; www.mamarracha.es; Calle Hernando Colón 1–3; Tapas 2,50–12 €, Hauptgerichte 5,50–14 €; 13–16.30 & 20.30–24 Uhr) Flotte Einrichtung, junges Personal in schwarzen T-Shirts, coole Sounds und eine internationale Karte – dies ist ein tolles Beispiel für die vielen wunderbaren modernen Tapas-Bars in Sevilla. Drinnen präsentiert sich die Bar mit abgewetztem Beton, freiliegenden Lüftungsrohren und einer vertikalen Gartenwand, während die Speisekarte einige raffinierte Kombinationen listet wie fabelhafte Focaccia mit mariniertem Fleisch vom Iberischen Schwein.

Fargo ANDALUSISCH €€
(Karte S. 62f.; 955 27 65 52; www.facebook.com/fargobio; Calle Pérez Galdós 20; Tapas 5–9 €, Hauptgerichte 10–16 €; 12.30–15 & 19.30–23 Uhr;) Das exzellente Restaurant im Alfalfa-Viertel serviert fast ausschließlich Bioessen aus regionalen Quellen – in einem angenehm andersartigen Flair mit legerer Einrichtung, eher schummriger Beleuchtung und sanfter Musik, was für ein ruhiges Ambiente sorgt. Für Vegetarier und Veganer ist bestens gesorgt, z. B. mit einem Quinoa-Taboulé mit Mandeln, Minze und andalusischen Früchten, aber es gibt auch Fleisch und Fisch. Dazu werden Naturweine kredenzt.

Lobo López MEDITERRAN €€
(Karte S. 62f.; 854 70 58 34; www.facebook.com/LoboLopezTapas; Calle Rosario 15; Tapas 3–8 €, Hauptgerichte 10–19 €; Mo–Sa 8–23.30, So ab 12.30 Uhr;) Mit seiner hippen und zugleich alten Ausstattung (Gussbetonkunst, vertikaler Garten, nackte Ziegelbogen) und den frechen Kellnern liegt dieser Ort voll und ganz im Trend. Auch das Essen überzeugt. Auf der kleinen, aber gut durchdachten Speisekarte stechen einige köstliche Variationen internationaler Gerichte wie etwa hawaiianisches Thunfisch-*poke* und vietnamesische Baguettes mit *pulled pork* hervor. Normalerweise hat der Laden den ganzen Tag geöffnet, ein Zwischenstopp für Kuchen und Smoothie am Nachmittag bietet sich also auch an.

Zoko ANDALUSISCH €€
(Karte S. 62f.; 954 96 31 49; www.restaurantezoko.com; Calle Marqués de Paradas 55; Tapas 4,50–7,50 €; 12.30–16 & 20–24 Uhr) In diesem angesagt legeren Restaurant beim Busbahnhof Plaza de Armas steht erstklassiger Blauflossenthunfisch *(atún de almadraba)* aus nachhaltigem Fang im Rampenlicht. Neben dem zartesten Thunfisch, der in Kroketten, Salaten und Tataki gereicht wird, werden auch einige herausragende Reisgerichte aufgetischt.

La Macarena & Alameda de Hércules

Cocome CAFÉ €
(Karte S. 62f.; 955 11 15 66; www.cocomefresco.com; Calle Tarifa 4; Frühstück 3,50–5,50 €; Mo–Sa 9–12 & 13–17 Uhr;) In diesem fröhlichen Café bei der Plaza del Duque lässt sich der Tag wunderbar mit einem Frühstück einläuten. Das Personal ist wirklich bezaubernd und es gibt eine eindrucksvolle Auswahl an Toasts, Obst-Bowls, Müsli, Joghurt, Frühstücksflocken und Smoothies. Mittags gibt's Suppe oder selbst zusammengebastelte Salate, Wraps und Sandwiches. Wer auf die Straße schauen möchte, sitzt auf Hockern am Fenster, ansonsten stehen hinten normale Tische.

Duo Tapas TAPAS €
(Karte S. 66; 955 23 85 72; Calle Calatrava 10; Tapas 3–5 €, medias raciones 8–12 €; 12.30–16.30 & 20.30–24 Uhr) In dieser „neuartigen" Tapas-Bar nicht weit von der Alameda de Hércules gehen spannende Tapas Hand in Hand mit einem lockeren, quirligen Flair. An einen Tisch gezwängt, kann man sich hier durch ein Angebot schlemmen, das von ausgezeichneten Schweinebäckchen in Wein bis zu Fusionskost mit asiatischem Touch wie Tempura-Gemüse und Shrimps-Frühlingsrollen reicht.

Mercado de Feria MARKT €
(Lonja de Feria; Karte S. 66; www.mercadodelaferia.es; Plaza Calderón de la Barca; Tapas & Getränk 6 €; Di & Mi 12.30–18, Fr & Sa 13–24, So 13–18 Uhr) Authentische Happen in stimmungsvollem Ambiente bietet der Macarena-Markt, der älteste in Sevilla, mit mehreren Tapas-Bars sowie dem Foodcourt in der Mitte, der Lonja de Feria: Hier erhält man für 6 € ein Bier und ein Tagesgericht, vielleicht eine Portion Paella, gebratenen Fisch oder Frikadellen.

★ **Bar-Restaurante Eslava** TAPAS €€
(Karte S. 66; ☎954 90 65 68; www.espacioeslava.com; Calle Eslava 3; Tapas 2,90–4,50 €, Restaurant-Hauptgerichte 13,50–26 €; ⏲Bar Di–Sa 12.30–24 Uhr, Restaurant Di–Sa 13.30–16 & 20.30–24 Uhr) Mit hoher Wahrscheinlichkeit muss man an der Theke auf einen Tisch warten, aber das lohnt sich auf jeden Fall – besonders wenn man sich schon mal mit der ausgezeichneten Weinkarte vertraut macht. Die Tapas sind erstklassig: modern, einfallsreich und perfekt zubereitet und mit einem unglaublichen Preis-Leistungs-Verhältnis. Besonders zu empfehlen sind die langsam gegarten Eier auf einem Pilzpüree und die mit Tintenfisch und Algen gefüllte Blätterteigzigarre.

★ **conTenedor** ANDALUSISCH €€
(Karte S. 66; ☎954 91 63 33; www.restaurantecontenedor.com; Calle San Luis 50; Hauptgerichte 9–22 €; ⏲Mo–Do 13.30–16.30 & 20–23.30, Fr & Sa 13.30–16.30 & 20.30–24, So 13.30–16.30 & 20.30–23.30 Uhr) Das Ambiente in dem Slow-Food-Lokal im hippen Macarena-Viertel ist kunstvoll leger: offene Küche, zusammengewürfelte Möbel und an den Wänden farbenfrohe Gemälde von Miteigentümer Ricardo. Genauso ansprechend ist das Essen: In den Speisen kommen die regionalen Biozutaten bestens zur Geltung. Die Spezialität des Hauses ist der Entenreis; oder man belässt es mit einem kreativen Salat beim Grünzeug.

Parque de María Luisa & Südlich des Zentrums

Ispal ANDALUSISCH €€
(Karte S. 62f.; ☎955 54 71 27; www.restauranteispal.com; Plaza de San Sebastián 1; Hauptgerichte 12–25 €, Probiermenü 49–75 €; ⏲Di–Sa 13–16 & 20–24, So 13–16 Uhr; ❄) Der Promischuppen scheint im Busbahnhof Prado de San Sebastián etwas fehl am Platz, hält hier aber mit fantasievollen und makellos dargebotenen Probiermenüs die andalusische Regionalküche hoch. Die Gäste werden entführt auf eine kulinarische Reise durch Sevilla und die gleichnamige Provinz – mit Oliven, *torrijas* (Arme Ritter auf Spanisch) mit Orangenblüten, Seebarsch aus Isla Mayor und Spanferkel. Auch die Weine stammen aus Andalusien.

Triana

★ **Manu Jara Dulcería** BACKWAREN €
(Karte S. 58; ☎675 873674; Calle Pureza 5; Backwaren 2–3,50 €; ⏲Mo–Do 9.30–14.30 & 16.30–21, Fr & Sa 9.30–21, So 10–20.30 Uhr) In Triana ist kein Tag komplett ohne einen Abstecher in diese exquisite Konditorei. Eine traditionelle Einrichtung mit Holz und Fliesen bildet den perfekten Rahmen für eine Vielzahl kunstvoller Kuchen- und Gebäcksorten, u. a. sensationelle *milohajas* (*mille-feuille*, Blätterteiggebäck mit Vanillefüllung). Weitere Filialen gibt's in Nervión beim Stadion des FC Sevilla und in der nahen Markthalle von Triana.

Alfarería 21 ANDALUSISCH €€
(Karte S. 58; ☎955 83 48 75; www.facebook.com/alfarera21Triana; Calle Alfarería 21; Tapas 2,80–4,50 €, Hauptgerichte 7–15 €; ⏲12.30–16 & 20–24 Uhr) Diese Bar residiert in einer alten Keramikfabrik in Triana: Die Originalfassade der Casa Montalván mit Backstein und verzierten Kacheln verströmt ein traditionelles Flair, während die kleine Karte mit neuen Variationen sevillanischer Klassiker eher in Richtung modern tendiert. Unten herrscht eine eher lockere Stimmung, mit Hockern und normalen und hohen Tischen, oben geht's formeller zu.

Casa Cuesta TAPAS €€
(Karte S. 58; ☎954 33 33 35; www.casacuesta.net; Calle de Castilla 1; Tapas 3 €, Hauptgerichte 7,50–15 €; ⏲Mo–Sa 8–0.30, So ab 12.30 Uhr) In der Casa Cuesta, einer echten Institution im Viertel, kehrten einst Stierkämpfer, Schriftsteller und Künstler ein und mit ihren großen Tafelglasfenstern, Keramikkacheln, Stierkampf- und Flamenco-Devotionalien und glänzenden Zapfhähnen sieht die Bar genau passend aus. Entsprechend

> INSIDERWISSEN
>
> **SEVILLAS ÄLTESTE BAR**
>
> **El Rinconcillo** (Karte S. 62f.; ☎954 22 31 83; www.elrinconcillo.es; Calle Gerona 40; Tapas 2,50–3,50 €, raciones 7,50–20 €; ⏲13–1.30 Uhr), die älteste Bar in Sevilla – oder, wie einige behaupten, in ganz Spanien –, dient schon seit Jahrhunderten als Vorbild: Sie geht auf das Jahr 1670 zurück. Im Laufe der Zeit ist sie recht touristisch geworden, doch konnte sie sich ihr authentisches rustikales Flair bewahren. Mit von der Decke baumelndem Schinken, Keramikkacheln und dunklen Holzdecken bildet sie eine eindrucksvolle Kulisse für klassische Tapas.

ist die Küche hier traditionell und bietet eine Auswahl an Tapas, Reisgerichten sowie Fleisch- und Fisch-*raciones* (Hauptgerichtportionen von Tapas-Speisen).

Ausgehen & Nachtleben

Zu den beliebten Fortgehmeilen zählen Calle Betis in Triana, Plaza de Salvador, Barrio de Santa Cruz, und die Alameda de Hércules, wo nicht nur die Schwulen und Lesben der Stadt zusammenkommen. Im Sommer machen an beiden Flussufern Dutzende *terrazas de verano* (Open-Air-Bars) auf.

★ Bier Kraft CRAFT-BIER

(Karte S. 66; ☎955 12 41 80; Calle Corredurìa 35; ⏲Di–Do 18–2, Fr & Sa 13–3, So 13–2 Uhr) Das Bier Kraft mit hohen Decken und einem retro-industriellen Look verschreibt sich seit 2017 dem Craft-Bier. Das Angebot an Gerstensäften aus dem In- und Ausland zählt zu den besten der Stadt und bietet genügend Stoff für viele fröhliche Probierstunden. Einen leichten Einstieg verspricht das hopfenbetonte helle Río Azul.

El Viajero Sedentario CAFÉ

(Karte S. 66; www.facebook.com/viajerosedentario; Alameda de Hércules 77; ⏲Di–Sa 9.30–1, So 10.30–23 Uhr) Farbenfrohe Wandmalereien, ein schattiger Hof und ein kleiner Innenraum mit Stapeln von Büchern machen dieses reizende Café an der Alameda aus. Am frühen Abend kann man hier gut vor dem Abendessen ein entspanntes Bier schlürfen und in schwülen Sommernächten werden so manche von den Jazztönen im Hintergrund zum Tanzen animiert.

Maquila CRAFT-BIER

(Karte S. 66; ☎955 18 23 20; www.facebook.com/maquilabar; Calle Delgado 4; ⏲13–16.30 & 20–24 Uhr) Seit 2015 ist diese coole, offene Bar der Platzhirsch der Sevillaner Craft-Bier-Szene. Sechs Biersorten gibt's vom Fass, ergänzt durch eine kleine Auswahl an Flaschenbieren. Eine sichere Bank ist stets die eigene Marke Son oder man genehmigt sich eins der regelmäßig wechselnden IPAs, Pale Ales, Stouts oder Pilsner. Als Grundlage dient ein breites Angebot an Tapas (3,10–5,90 €).

Gallo Rojo CRAFT-BIER

(Karte S. 66; www.facebook.com/gallorojofactoriadecreacion; Calle Madre Maria de Purisima 9; ⏲Di–Do 17–24, Fr & Sa bis 2, So bis 22 Uhr) Das szenige Rojo in einer ehemaligen Fabrik ist ein munterer, doch gleichzeitig legerer Laden, in dem regelmäßig Konzerte, Lesungen und Flamenco-Darbietungen stattfinden. Mit seinem bunt zusammengewürfelten Mobiliar, den großen Fenstern und dem ausgezeichneten Craft-Bier ist dies außerdem ein cooles Örtchen für einen Drink. Zu empfehlen ist etwa das Hausbier, das Zurda Golden Ale, oder man gönnt sich einen der anderen Gerstensäfte aus Sevilla und ganz Europa.

Casa Vizcaíno BAR

(Karte S. 66; ☎954 38 60 57; Calle Feria 27; ⏲Mo–Fr 10–23.30, Sa & So bis 16 Uhr) Sägespäne auf dem Boden, vergilbte Jesusbilder und eine blau gekachelte Theke, an der alte Haudegen bedienen, die das Verzehrte mit Kreide auf dem Tresen notieren – diese

INSIDERWISSEN

COCKTAILS AUF DEM DACH

Auf den Dächern von Sevilla verstecken sich einige wunderbare Bars, ideal für erfrischende Cocktails und fesselnde Ausblicke.

Corner House Terraza (Karte S. 66; ☎954 91 32 62; www.thecornerhousesevilla.com; Corner House, Alameda de Hércules 11; ⏲Nov.–Feb. Mi–So 17–23 Uhr, März–Okt. tgl. 16–24 Uhr) Mit ihren Holzplanken, von Hand gefertigten Tischen und einer klasse Aussicht auf die quirlige, von Bäumen gesäumte Plaza darunter ist die Dachterrasse des Corner House der perfekte Ort, um den Abend bei einem kühlen Cocktail ausklingen zu lassen. Besonders gut sind die geschmacksintensiven, kräftigen Mojitos (8 €).

La Terraza del Eme (Karte S. 62f.; www.emecatedralmercer.com; Calle de los Alemanes 27; ⏲14–2 Uhr) Mit Blick auf die Kathedrale schlürft man in der schicken Dachterrassenbar des 5-Sterne-Hotels EME Catedral klassische Cocktails. Mit etwa 16 € für einen Gin Tonic sind die Drinks hier eher teuer, doch DJs sorgen für ein munteres Loungeflair und die Ausblicke auf die Kathedrale sind wirklich etwas ganz Besonderes.

schnörkellose Kneipe ist so authentisch wie nur möglich. Bis raus auf den Bürgersteig drängen sich die Gäste, um bei einem Wermut oder einem fachkundig gezapften Bier zu klönen.

El Garlochi BAR

(Karte S. 62f.; Calle Boteros 26; ⌚ Mo–Sa 21–3, So bis 24 Uhr) Eine skurrilere Szenerie für einen Drink als dieser dunkle Kitschtempel lässt sich kaum finden. Mit ihrer religiösen Ausstaffierung verschreibt sich die Bar ganz und gar der Ikonografie und den Gerüchen und Klängen der Semana Santa. Dazu passt wunderbar der Haus-Cocktail namens *Sangre de Cristo* (Blut Christi), mit Grenadine, Schaumwein und Whisky.

☆ Unterhaltung

★ Casa de la Memoria FLAMENCO

(Karte S. 62f.; ☎ 954 56 06 70; www.casadelamemoria.es; Calle Cuna 6; Erw./Stud./Kind 18/15/10 €; ⌚ 11–18 Uhr, Shows 19.30 & 21 Uhr) In den alten Stallungen des Palacio de la Condesa de Lebrija aus dem 16. Jh. befindet sich heute ein Kulturzentrum. Abends finden hier authentische, besonders feurige Flamenco-Shows statt; außerdem ist eine kleine Sammlung von Flamenco-Devotionalien zu sehen. Die allabendlichen Darbietungen sind das ganze Jahr über gut besucht und die Plätze sind limitiert, daher sollte man mindestens einen Tag im Voraus anrufen oder hingehen und Tickets reservieren.

Tablao Los Gallos FLAMENCO

(Karte S. 62f.; ☎ 954 21 69 81; www.tablaolosgallos.com; Plaza de Santa Cruz 11; Erw./Kind 35/20 €; ⌚ Shows 20 & 22 Uhr) Der älteste *tablao* (Flamenco-Lokal) Sevillas, von 1966, bietet zweimal am Abend Shows mit einer breiteren Auswahl an erstklassigen Künstlern als die meisten anderen Läden, mit vier Tänzern, drei Sängern und drei Gitarristen – daher auch der etwas höhere Eintrittspreis. Ein *tablao* für Liebhaber!

Naima Café Jazz JAZZ

(Karte S. 66; ☎ 653 753976; Calle Trajano 47; ⌚ Mo–Mi 20–2, Do & So 16–2, Fr & Sa 16–3 Uhr) Der zwanglose Schuppen zählt zu den Spitzenreitern bei Jazz- und Bluesfans. Fast jede Nacht werden Auftritte zum Besten gegeben. Die Getränkepreise halten sich im Rahmen und die winzige Größe verspricht eine heimelige Atmosphäre, wo man wahrscheinlich direkt neben dem Drummer sitzt, mit der Hi-Hat vor der Nase. Erwirbt man ein Getränk, sind die Konzerte kostenlos, ansonsten ist eine „Spende" von 3 € fällig.

La Casa del Flamenco FLAMENCO

(Karte S. 62f.; ☎ 955 02 99 99; www.lacasadelflamencosevilla.com; Calle Ximénez de Enciso 28; Erw./Stud./Kind 20/15/10 €; ⌚ Shows Winter & Herbst 19 Uhr, Frühjahr 19 & 20.30 Uhr, Sommer 20.30 Uhr) Der zauberhafte *patio* in der alten jüdischen Villa in Santa Cruz fungiert als Bühne für berührende Flamenco-Shows, mit drei Sitzbereichen ringsum.

Casa Anselma FLAMENCO

(Karte S. 58; ☎ 606 162502; Calle Pagés del Corro 49; ⌚ Mo–Sa 23.45–2 Uhr) Ja, die Musik erinnert oft eher an Folklore als an Flamenco, aber dieser Kultladen in Triana ist mit seinem Gedränge und spontanem kunstvollem Tanz alles andere als ein touristischer Flamenco-*tablao*. Die Türen öffnen sich erst gegen Mitternacht, und wer eintreten darf, wird eher nach dem Zufallsprinzip entschieden – es kann also sein, dass man abgewiesen wird. Reservierung empfohlen.

Fun Club LIVEMUSIK

(Karte S. 66; ☎ 636 669023; www.facebook.com/SalaFUNCLUB; Alameda de Hércules 86; 6–12 €; ⌚ Do–Sa 21.30–7 Uhr) Der Fun Club hat Kultstatus und hält die Nachtschwärmer auf der Alameda de Hércules schon seit Ende der 1980er-Jahre bei Laune. Er wird immer noch gut besucht von einem jungen, enthusiastischen Völkchen und veranstaltet auch regelmäßige Indie-, Rock- und Hip-Hop-Gigs.

Shoppen

Sevillas Einkaufsmeile umspannt die Calle Sierpes, Calle Velázquez/Tetuán und Calle Cuna nördlich der Plaza Nueva. Geschäfte für ein eher alternatives Publikum findet man in der Gegend rund um die Calle Pérez Galdós und die Calle Regina, aber auch bei der Calle Amor de Dios und Calle Feria im Norden. Triana auf der anderen Seite des Flusses ist berühmt für seine Keramikwaren.

★ La Oleoteca LEBENSMITTEL

(Karte S. 62f.; ☎ 954 86 91 85; www.oleotecasevilla.com; Calle García de Vinuesa 39; ⌚ Mo–Sa 10.30–14 & 17–20, So 10.30–14 Uhr) Wer spanisches Olivenöl mit nach Hause nehmen möchte, ist beim superleidenschaftlichen Andrés García genau richtig. In dem gut gefüllten Laden geleitet er seine Kunden durch die Feinheiten seines Sortiments auf der Suche nach den Ölen für den individuellen Geschmack und die jeweilige Reisekasse. Eine halbe Flasche kostet etwa 5 €, eine ganze 7 bis 20 €.

La Importadora KLEIDUNG
(Karte S. 62f.; ☎ 954 56 18 29; www.laimportadora.es; Calle Pérez Galdós 2; ⏲ Mo–Fr 10.30–14 & 17–20.30, Sa 11–14.30 & 17.30–20.30 Uhr) Teils Boutique, teils Galerie: Das Importadora verkörpert mit nackten, weiß getünchten Backsteinwänden, moderner Originalkunst, Topfpflanzen und Vintage-Klamotten im Shabby-Chic-Stil das hippe Flair des Alfalfa-Viertels. Hier gibt's alles von saisonaler Mode, oft von heimischen Designern, bis zu Modeschmuck und coolen Tretern.

Un Gato en Bicicleta BÜCHER
(Karte S. 62f.; ☎ 955 29 56 51; Calle Pérez Galdós 22; ⏲ 9.30–14 & 16.30–21 Uhr, Mo vormittags geschl.) Der Shop ist zugleich Buchgeschäft, Galerie, Café und Keramikstudio und somit ein Treff für Sevillas Kreative. Blickfänger sind die frechen Darstellungen der *nazarenos* (der Kapuzen tragenden Büßer der Karwoche) vom Maler Agustín Israel. Daneben gibt's Werke über Filmkunst, Mode und Architektur. Regelmäßig finden hier Bücherpräsentationen statt; das Café serviert Kaffee und Kuchen. Der Laden ist auch auf Instagram: @ungatoenbicicleta.

Tarico ESSEN & TRINKEN
(Karte S. 66; ☎ 954 02 68 03; www.facebook.com/TiendaTarico; Calle Amor de Dios 14; ⏲ Mitte Juli–Mitte Okt. 10–14.30 & 17.30–22 Uhr, Mitte Okt.–Mitte Juli kürzere Öffnungszeiten) Von preisgekröntem Olivenöl aus Jaén bis zu Ziegenkäse aus Huelva: Der luftige Feinkostladen wartet mit hochwertigen Produkten kleiner regionaler Erzeuger auf. Die Artikel wurden vom Eigentümer persönlich ausgewählt, der seine Kundschaft gern mit seinem Angebot an Craft-Bier, Wein, Käse, Wurst, Pasteten, Honig und Schokolade vertraut macht.

Coco Sevilla KERAMIK
(Karte S. 62f.; ☎ 657 299470; https://facebook.com/cocosevilla; Plaza de Pilatos 3; ⏲ 11–20 Uhr) Der hübsche, vom freundlichen Franzosen Didier geführte Laden verkauft bunte *azulejos* (Keramikkacheln), die im 19. Jh. in Triana hergestellt wurden. Die typischen geometrischen *alicatado*-Muster sind auch auf Schmuck, Notizbüchern, Getränkeuntersetzern und anderen Andenken zu finden, alles schön ausgestellt. Weiterhin gibt's hier bedruckte Baumwollschals, Schultertücher und handbemalte Fächer.

Lama La Uva WEIN
(Karte S. 66; ☎ 601 494138; www.lamalauva.com; Calle Regina 1; ⏲ Di–Sa 11.30–14.30 & 19–23 Uhr) Anas Geschäft im Schatten des Metropol Parasol verfügt über eine auffallende türkisfarbene Fassade und bietet eine eindrucksvolle Auswahl an Weinen aus weniger bekannten Anbaugebieten Spaniens sowie aus allen acht andalusischen Provinzen an. Man kann einfach eine Flasche kaufen oder auch in der kleinen Bar etwas probieren. Ana hat mehr als 40 Sherrys auf Lager und kann die passende Begleitung zu Wein und *jamón serrano* empfehlen.

Cerámica Triana KERAMIK
(Karte S. 58; ☎ 954 33 21 79; www.ceramicatriana.com; Calle Callao 14; ⏲ Mo–Fr 10–21, Sa bis 20 Uhr) Sevilla ist auf die charakteristischen *azulejos* spezialisiert, die man am besten in Triana kauft, dem historischen Zentrum der sevillanischen Keramikindustrie. Cerámica Triana gibt's seit über 50 Jahren, und die gekachelte Fassade des Hauses ist so etwas wie ein Wahrzeichen des Viertels. Drinnen ist alles vollgestopft mit hübschen Geschirrwaren, Fliesen, Schildern, Kruzifixen und Figürchen.

ℹ Praktische Informationen

MEDIZINISCHE VERSORGUNG

Centro de Salud El Porvenir (☎ 954 71 23 23; Calle Porvenir; ⏲ Mo–Fr 8–20 Uhr) Öffentliches Krankenhaus mit Notdienst.

Hospital Virgen del Rocío (☎ 955 01 20 00; www.hospitaluvrocio.es; Avenida de Manuel Siurot) Sevillas größtes Spital, 1 km südlich vom Parque de María Luisa.

TOURISTENINFORMATION

Touristeninformation am Flughafen (☎ 954 78 20 35; www.andalucia.org; Flughafen Sevilla; ⏲ Mo–Fr 9–19.30, Sa & So 9.30–15 Uhr)

Zentrale Touristeninformation (Karte S. 62f.; ☎ 954 21 00 05; www.turismosevilla.org; Plaza del Triunfo 1; ⏲ Mo–Fr 9–19.30, Sa & So 9.30–19.30 Uhr; 📶)

Städtische Touristeninformation (Karte S. 62f.; ☎ 955 47 12 32; www.visitasevilla.es; Paseo Marqués de Contadero; ⏲ Mo–Fr 9–14.30 Uhr)

Touristeninformation am Bahnhof (☎ 954 78 20 02; www.andalucia.org; Estación Santa Justa; ⏲ Mo–Fr 9–19.30, Sa & So 9.30–15 Uhr)

Zudem gibt's ein privates Büro von **City Expert** (Karte S. 62f.; ☎ 900 920092; https://city

expert.travel; Avenida de la Constitución 23B; 9.30–21 Uhr), das im Stadtzentrum mit Informationen und Buchungen weiterhelfen kann.

An- & Weiterreise

BUS

Estación de Autobuses Plaza de Armas (Karte S. 58; 955 03 86 65; www.autobusesplazadearmas.es; Avenida del Cristo de la Expiración) Sevillas Hauptbusbahnhof. Von hier fahren Busse von **ALSA** (902 42 22 42; www.alsa.es) nach Málaga (19–24 €, 2¾–3 Std., 6- bis 7-mal tgl.), Granada (23–30 €, 3 Std., 11- bis 12-mal tgl.), Córdoba (12,65 €, 1¾–2 Std., 7-mal tgl.) und Almería (38–47 €, 5¼–8¾ Std., 4-mal tgl.). **Damas** (959 25 69 00; www.damas-sa.es) schickt Busse in die Provinz Huelva und **Flixbus** (Karte S. 58; 919 01 06 32; www.flixbus.es) fährt internationale Ziele wie Faro, Lissabon und Porto in Portugal an.

Von der **Estación de Autobuses Prado de San Sebastián** (Karte S. 62f.; Plaza San Sebastián) werden kleinere Städte im Westen Andalusiens angesteuert. **Damas** hat Busse nach Ronda und Marbella, **Comes** (Karte S. 62f.; 902 19 92 08; www.tgcomes.es) fährt nach Cádiz, Jerez de la Frontera und in einige der schwerer zu erreichenden *pueblos blancos* (weiße Dörfer) in der Provinz Cádiz.

FLUGZEUG

Am **Flughafen Sevilla** (Aeropuerto de Sevilla; 913 21 10 00; www.aena.es; A4, Km 532) 7 km nordöstlich der Stadt starten und landen Maschinen zu/von anderen Städten in Spanien und Destinationen in ganz Europa wie London, Paris, Amsterdam, Dublin, Frankfurt und Rom.

Internationale Fluglinien wie Ryanair, easyJet und Vueling sind hier vertreten.

ZUG

Die **Estación Santa Justa** (Avenida Kansas City), der Hauptbahnhof Sevillas, befindet sich 1,5 km nordöstlich des Stadtzentrums.

AVE-Hochgeschwindigkeitszüge halten hier auf dem Weg nach/von Madrid (50–88 €, 2½–3¼ Std., stündl.) und Córdoba (14–32 €, 45 Min. bis 1¼ Std., bis zu 35-mal tgl.). Langsamere Züge fahren nach Cádiz (17–24 €, 1¾ Std., 16-mal tgl.), Huelva (13 €, 1½ Std., 4-mal tgl.), Granada (31–61 €, 2½–4¼ Std., 9-mal tgl.) und Málaga (25–47 €, 2–3½ Std., 12-mal tgl.). Bei den billigsten Verbindungen nach Granada und Málaga wird ein Teil der Strecke mit dem Bus zurückgelegt.

Unterwegs vor Ort

AUTO & MOTORRAD

In Sevilla Auto zu fahren lohnt in der Regel nicht den Stress. Es gelten Verkehrseinschränkungen und die engen Gassen in Sevillas Altstadt sind nicht gerade autofreundlich. Freie Parkplätze sind rar.

Mietwagen bekommt man bei **Avis** (902 11 02 83; www.avis.com; Estación Santa Justa; 8–23 Uhr) oder **Enterprise** (954 41 26 40; www.enterprise.es; Mo–Fr 7.30–22, Sa & So bis 21 Uhr) am Bahnhof von Santa Justa sowie am Flughafen, wo alle gängigen Anbieter einen Schalter haben.

BUS

Das ausgedehnte Busnetz von Sevilla wird von **Tussam** (955 01 00 10; www.tussam.es) betrieben.

Die Busse sind von etwa 6 bis 24 Uhr unterwegs. Nachtbusse (A1 bis A8) fahren sonntags bis donnerstags zwischen Mitternacht und 2 Uhr und freitags und samstags bis 5 Uhr vom Prado de San Sebastián ab.

Wichtige Routen sind:

C1 und C2 Rund um Sevilla.

C3 und C4 Rund ums Stadtzentrum.

C5 Im Zentrum.

Tickets sind im Bus, an den Bahnhöfen und Kiosken bei den Haltestellen erhältlich. Ein Standardticket kostet 1,40 €, aber es gibt auch Zeitkarten wie 1-/3-Tagespässe für 5/10 €.

METRO

➡ Sevillas einzige Metrolinie wird von **Metro de Sevilla** (900 92 71 72; www.metro-sevilla.es) betrieben und durchquert die Stadt südlich des *casco antiguo* (Altstadt). Nützliche

RADFAHREN IN SEVILLA

Mit 2500 Rädern und 250 Stationen ist Sevillas Radleihsystem **Sevici** (900 900722; www.sevici.es) eines der größten in Europa.

Besucher der Stadt können die Räder in Anspruch nehmen, indem sie sich direkt an einer Radstation für 15 € (plus 150 € Kaution, die zurückerstattet wird) ein Abo für sieben Tage besorgen. Nutzt man ein Rad, sind die ersten 30 Minuten gratis. Anschließend zahlt man für die erste Stunde 1,03 € und für jede weitere Stunde 2,04 €.

Auch andere Firmen bieten Fahrradtouren und Leihräder an, z. B. **Surf the City** (Karte S. 62f.; 693 261910; www.surfthecity.es; Calle Almirante Lobo 2, Edificio Cristina Local 15; Tretrollertouren 20–50 €, Radtour 25 €; 10–20 Uhr;) .

1

2

1. Tablao Cardenal (S. 233), Córdoba 2. Peña La Platería (S. 298), Granada 3. Kastagnetten

Flamenco sehen

Intensität und Spontanität des Flamenco lassen sich nicht gut in Aufnahmen einfangen. Wer das überwältigende emotionale Erlebnis, das Liebhaber als *duende* bezeichnen, erfahren möchte, muss eine Darbietung besuchen, dabei im Rhythmus mit den Füßen aufstampfen und begeistert *¡óle!'* rufen.

Peñas

Peñas sind Privatclubs, betrieben von Flamenco-Fans, die seine traditionelle Form erhalten wollen. Ein paar wenige öffnen auch für Gäste. Um ein *peña* zu finden, fragt man am besten in Flamenco-Bars oder hält Ausschau nach Plakaten. Darbietungen in *peñas* gehören zu den leidenschaftlichsten und authentischsten, die man in Spanien zu sehen bekommt. Außerdem pflegen sie einen oft vernachlässigten Bestandteil des Flamenco, den *jaleo* (Publikumsbeteiligung).

Tablaos

Tablaos sind präzise einstudierte und professionell choreografierte Flamenco-Vorführungen. Statt in *peñas* finden *tablao*-Shows in speziellen Locations statt, wo Getränke und manchmal auch Essen im Ticketpreis enthalten sind. Kenner kritisieren *tablaos* für die Bewirtung und dafür, dass ihnen das Raue, Ungeschliffene fehle, das die Musik so einzigartig macht. Dennoch ist ihr künstlerischer Anspruch hoch und die Vorstellungen absolut beeindruckend.

Bars & Tabancos

DIE Gelegenheit, Flamenco günstig zu erleben, bieten Bars. Die Atmosphäre ist garantiert ungezwungen, auch wenn Musik und Tanz hier eher mit verrückten Jamsessions als mit authentischem *cante jondo* (intensiver Flamenco-Gesang) zu vergleichen sind. Alte Flamenco-Viertel wie Triana in Sevilla oder Santiago in Jerez sind dafür bekannt, dass sich dort Tänzer und Musiker treffen, um sich zu unterhalten, zu trinken und vielleicht sogar aufzutreten. In Jerez finden oft in den lebhaften, wiederbelebten *tabancos* (Bars, in denen Sherry aus dem Fass ausgeschenkt wird) Flamenco-Vorführungen und -Kurse statt, während das Festival de Jerez (S. 136) diese Kunst an verschiedenen Orten der Stadt hochkarätig zelebriert.

Stopps sind u. a. Prado de San Sebastián, Puerta de Jerez und Puerta de Cuba (für Triana).

➜ Ein Einzelticket kostet 1,35 bis 1,80 €, je nachdem, wie weit man fährt. Eine Tageskarte kommt auf 4,50 €.

STRASSENBAHN

Sevilla hat eine einzige Straßenbahnlinie: Die T1 verkehrt von der Plaza Nueva über die Avenida de la Constitución, die Puerta de Jerez und den Prado de San Sebastián nach San Bernado.

Für ein Standardticket berappt man 1,40 €, doch es gibt auch Zeitkarten für Vielfahrer.

Fahrkarten erhält man an den Automaten an den Haltestellen.

TAXI

➜ Taxis sind weiß mit einem gelben diagonalen Streifen.

➜ Man kann Taxis an der Straße anhalten, zu einem Taxistand gehen oder telefonisch eins bestellen.

➜ Tagsüber zahlt man für eine Fahrt im Stadtzentrum selten mehr als etwa 8 €.

VOM/ZUM FLUGHAFEN

The **EA Bus** (☎ 955 01 00 10; www.tussam.es; einfach/hin und zurück 4/6 €) verbindet den Flughafen und die Stadtmitte. Der Bus startet am Busbahnhof Plaza de Armas und hält unterwegs am Bahnhof Santa Justa und am Prado de San Sebastián.

Abfahrt vom Flughafen ist alle 15 bis 30 Minuten zwischen 5.20 und 1 Uhr, an der Plaza de Armas zwischen 4.30 und 0.10 Uhr. Frühmorgens bzw. spätabends fahren die Busse seltener.

Taxis berechnen Fixpreise: 23 € (montags bis freitags tagsüber), 25 € (wochenends und montag- bis freitagnachts, außerdem zu Ostern und während der Feria de Abril auch tagsüber) oder 32 € (nachts zu Ostern und zur Feria de Abril). Diese Preise gelten nur für die Fahrt vom und zum Flughafen – wer telefonisch ein Taxi bestellt, zahlt auch für die Anfahrt.

RUND UM SEVILLA

Santiponce

8440 EW.

Rund 9 km nordwestlich von Sevilla punktet das weiße Dorf Santiponce mit Andalusiens spannendster römischer Ausgrabungsstätte Itálica sowie einem mustergültigen Gotik-Mudejar-Kloster. Die Stadt liegt an einer Abzweigung der A66 und wird von Bussen von Sevilla aus angefahren. Das ideale Ziel für einen Tagesausflug.

★ Itálica — RÖMISCHE STÄTTE

(☎ 600 141767; www.museosdeandalucia.es; Avenida de Extremadura 2; EU-Bürger/Nicht-EU-Bürger frei/1,50 €; ⏲ April–Mitte Juni Di–Sa 9–21, So bis 15 Uhr, Juli–März kürzere Öffnungszeiten; Ⓟ) Die Ruinen des antiken Itálica, der ersten römischen Stadt auf der Iberischen Halbinsel, sind ziemlich weitläufig und teilweise wirklich spektakulär. Breite, gepflasterte Straßen führen zu den Überbleibseln der Häuser rund um entzückende, mit Mosaik ausgelegte *patios*. Das Glanzstück ist ein beachtliches 25 000 Plätze umfassendes **Amphitheater**, eines der größten, das je gebaut wurde. Das 206 v. Chr. gegründete Itálica war der Geburtsort der Kaiser Trajan und Hadrian. Ihre eigentliche Blüte erlebte die Stadt im 2. Jh. n. Chr.: Damals entstanden hier die meisten der wunderbaren Bauwerke.

Zu den Highlights hier zählen die **Casa de los Pájaros** (Haus der Vögel), der **Edificio de Neptuno** (Gebäude des Neptunmosaiks) und die **Casa del Planetario** (Haus des Planetariums) mit einem Mosaik, das die Götter darstellt, nach denen die sieben Wochentage benannt wurden.

Monasterio de San Isidoro del Campo — KLOSTER

(☎ 671 568517; Avenida de San Isidoro del Campo 18; ⏲ Jan.–Juni & Sept.–Dez. Di–Do 10–15, Fr & Sa bis 19, So bis 14.30 Uhr, Juli & Aug. Di–So 10–15 Uhr; Ⓟ) GRATIS Am Südzipfel von Santiponce ragt ein befestigtes gotisches Kloster empor, das 1301 von Guzmán El Bueno (Held der Schlacht von Tarifa 1294) erbaut wurde. Über die Jahrhunderte residierten hier mehrere religiöse Orden, darunter im 15. Jh. der der Eremiten des hl. Hieronymus, die den Patio de Evangelistas mit ein paar bemerkenswerten Mauerbildern und floralen und geometrischen Mustern im Mudejarstil verschönerten. Toll ist auch das Altarbild von Juan Martínez Montañés, einem sevillanischen Bildhauer aus dem 17. Jh., in der Kirche.

Das Kloster wird auch als jener Ort gefeiert, an dem die Bibel das erste Mal ins Kastilische übersetzt wurde (1569).

ℹ An- & Weiterreise

Von der Busstation Plaza de Armas in Sevilla startet der M170 (A oder B) nach Santiponce (1,60 €, 25 Min., mind. alle halbe Std.), mit Endstation am Eingang zur archäologischen Ausgrabungsstätte Itálica.

LA CAMPIÑA

Carmona

28 620 EW.

Carmona hebt sich märchenhaft über unendliche goldene, in der Sonne glimmende Weiten 35 km östlich von Sevilla empor. Die Altstadt am Hügel zeigt glänzende Paläste, pompöse Mudejarkirchen und zwei maurische Festungen; eine römische Nekropolis ganz in der Nähe erinnert an die antike Vergangenheit der Stadt.

Unter den Römern florierte die strategisch positionierte Siedlung. Die Straßenanordnung von damals hat bis heute Bestand: Die Via Augusta von Rom nach Cádiz durchquerte Carmona von der Puerta de Córdoba im Osten bis zur Puerta de Sevilla im Westen. Die Mauren errichteten dann eine schwere Wehrmauer, doch 1247 ging die Stadt an Ferdinand III. von Kastilien. Später hinterließen Mudejar- und christliche Künstler großartige Kirchen, Klöster und Herrenhäuser.

Sehenswertes & Aktivitäten

★ Necrópolis Romana RÖMISCHE STÄTTE

(Römischer Friedhof; ☎600 143632; www.museosdeandalucia.es; Avenida de Jorge Bonsor 9; EU-Bürger/Nicht-EU-Bürger frei/1,50 €; ⏲April–Mitte Juni Di–Sa 9–21, So bis 15 Uhr, Mitte Juni–Mitte Sept. Di–So 9–15 Uhr, Mitte Sept.–März Di–Sa 9–18, So bis 15 Uhr) Die antike römische Nekropole ist eine der wichtigsten in Andalusien. Leider ist die Stätte jedoch nur mangelhaft beschriftet. Hunderte von Grabmälern, einige davon recht aufwendig und mit zahlreichen Kammern versehen, hat man zwischen dem 1. und 2. Jh. n. Chr. in Stein gehauen. Die meisten Verstorbenen wurden eingeäschert: In den Grabstätten sind Nischen für die kistenförmigen Steinurnen. Besucher können die gewaltige **Tumba de Servilia** besteigen und in weitere hinunterklettern.

Vor Ort gibt's auch ein interessantes **Museum**, in dem Funde aus den Grabmälern ausgestellt sind. Auf der gegenüberliegenden Straßenseite befinden sich die Überreste eines **römischen Amphitheaters** (Avenida de Jorge Bonsor) aus dem 1. Jh. v. Chr.

Alcázar de la Puerta de Sevilla FESTUNG

(☎954 19 09 55; Plaza de Blas Infante; Erw./Kind 2/1 €, Mo frei; ⏲Sept.–Juni Mo–Sa 10–18, So bis 15 Uhr, Juli & Aug. Mo–Fr 9–15, Sa & So 10–15 Uhr) Carmonas charakteristische Festung ist ein imposantes Wahrzeichen. Sie liegt über der Puerta de Sevilla, dem mächtigen Haupttor zur alten Stadt, und sie stand bereits seit fünf Jahrhunderten da, als die Römer sie noch verstärkten und einen Tempel obendrauf setzten. Die maurischen Almohaden fügten eine *aljibe* (Zisterne) im oberen *patio* hinzu, von wo man wie ein Adler auf die markante andalusische Ebene mit ihren weißen Würfeln und hochragenden Türmen hinabblickt.

Tickets sind in der Touristeninformation erhältlich.

Prioral de Santa María de la Asunción KIRCHE

(☎954 19 14 82; www.santamariacarmona.org; Plaza Marqués de las Torres; Erw./Kind 3/1,80 €; ⏲Di–Fr 9.30–14 & 17–19, Sa 9.30–14 Uhr) Die prunkvolle Kirche wurde v. a. im 15. und 16. Jh. an der Stelle, wo einst Carmonas Moschee stand, errichtet. Im Patio de los Naranjos, durch den man das Gebäude betritt, ist ein westgotischer Kalender in einen der Pfeiler geschnitzt. Das Innere ist von hohen gotischen Kuppeln überdacht. In deren Mitte ragt ein Altaraufsatz empor, der in verblüffender Detailarbeit 20 Paneele mit biblischen Szenen zeigt, die von mit Blattgold bedeckten Säulen umrahmt sind.

Museo de la Ciudad MUSEUM

(☎954 14 01 28; www.museociudad.carmona.org; Calle San Ildefonso 1; Erw./Stud./Kind 2,50/1,10 €/frei, Di frei; ⏲Sept.–Mitte Juni Mo 11–14, Di–So bis 19 Uhr, Mitte Juni–Aug. 10–14 Uhr) Im Adelssitz Palacio del Marqués de las Torres schildert das Stadtmuseum die Geschichte Carmonas von den Ursprüngen als Siedlung der Kupfersteinzeit bis in heutige

> **ABSEITS DER ÜBLICHEN PFADE**
>
> **CUEVA DE LA BATIDA**
>
> Von der Puerta de Córdoba führt eine kurze, aber teilweise steile Wanderung über die raue, von der Sonne versengte Ebene zur Cueva de la Batida. Dieses faszinierende Örtchen mit einer Reihe von in den rostbraunen Fels gehauenen Höhlen ist alles, was von einem Steinbruch übrig ist, der von römischer Zeit bis ins 15. Jh. in Betrieb war. In der Touristeninformation ist eine Broschüre erhältlich, in der zwei Routen zur Cueva beschrieben sind.

Carmona

Carmona

Sehenswertes
1 Alcázar de Arriba D2
2 Alcázar de la Puerta de Sevilla A3
3 Convento de Santa Clara C2
4 Museo de la Ciudad C2
5 Prioral de Santa María de la Asunción C2
6 Puerta de Córdoba D1

Schlafen
7 El Rincón de las Descalzas B2
8 Hostal Comercio A3
9 Parador de Carmona D3
10 Posada San Fernando B3

Essen
11 Cervecería San Fernando B3
12 Mingalario B3
13 Molino de la Romera C3

Zeiten. Bemerkenswert sind die Trakte zu den Tartessern und ihren römischen Nachfolgern: Ersterer enthält eine einzigartige Sammlung großer Tongefäße mit orientalischen Motiven, Letzterer etliche meisterhafte Mosaiken.

Convento de Santa Clara KLOSTER

(☎954 14 21 02; www.clarisasdecarmona.wordpress.com; Calle Torno de Santa Clara; Erw./Kind 2/1 €; ⊙Do–Mo 11–14 & 16.30–18.30 Uhr) Mit dem gotischen Rippengewölbe, der im Mudejarstil geschnitzten Decke und einem fantastischen Altaraufsatz stellt das Santa-Clara-Kloster ein Paradebeispiel des sevillanischen Barocks dar und zieht sowohl Kunst- als auch Architekturinteressierte an. Interessant sind etwa der Glockenturm, der im 18. Jh. hinzugefügt wurde, und der schmucke, von Rundbogen umfasste Kreuzgang. Zum Schluss gönnt man sich vielleicht einige von den hiesigen Nonnen gebackene Kekse.

Alcázar de Arriba RUINEN

(Alcázar del Rey Don Pedro; Calle Extramuros de Santiago; Erw./Stud./Kind 2/1 €/frei; ⊙Mo, Di,

Do & Fr 11–15, Sa & So bis 15 Uhr) Die düstere zerstörte Festung am südöstlichen Ende von Carmona war eine Almohadenfestung, die Peter I. im 13. Jh. zu einem Landschloss umgestalten ließ. 1504 und 1755 raffte ein Erdbeben das Bauwerk hinweg und seine Ruinen bilden heute eine schöne Aussichtsplattform und Kulisse für das Luxushotel Parador de Carmona.

Puerta de Córdoba TOR
(Calle de Dolores Quintanilla; Erw./Kind 2/1 €; ⌚ Mo, Di, Do & Fr 11–15, Sa & So 10–15 Uhr) Das römische Tor mit zwei sechseckigen Türmen und dem klassizistischen Schmuck aus dem 18. Jh. schützte einst den Zugang zur Stadt aus Richtung Osten. Es ist in wunderbarem Zustand und dazu noch wirklich fotogen: Entweder steigt man ganz nach oben hoch und lichtet das umliegende Land ab oder man nutzt das Tor als Rahmen für die goldene Landschaft.

Schlafen

Hostal Comercio HOSTAL €
(☎ 954 14 00 18; hostalcomercio@hotmail.com; Calle Torre del Oro 56; EZ 35 €, DZ 45–50 €, 3BZ 70 €, 4BZ 94 €; ❄ 📶) In dem traditionellen, familiengeführten *hostal* darf man sich auf ein herzliches Willkommen freuen. Zwar handelt es sich um eine eher bescheidene Bleibe, doch die Lage gleich hinter der Puerta de Sevilla ist ideal. Die 14 einfach eingerichteten Zimmer mit Ziegelböden und schweren Holzmöbeln säumen einen mit Pflanzen gefüllten *patio* mit Bogen im Mudejarstil und warten mit einem guten Preis-Leistungs-Verhältnis auf.

★ El Rincón de las Descalzas BOUTIQUE-HOTEL €€
(☎ 954 19 11 72; www.elrincondelasdescalzas.com; Calle de las Descalzas 1; EZ 46–66 €, DZ 50–116 €, Suite 121–178 €; ❄ 📶) Das Hotel mit nobler Adresse liegt in einem renovierten Bürgerhaus aus dem 18. Jh. und umschließt 13 farbenfrohe Zimmer und einen idyllischen *patio*. Manche Räume sind besser als andere, doch allen gemein ist ein gepflegtes, antikes Design mit Holzelementen, freigelegten Ziegeln und Sandstein, und teilweise gibt's einen Kamin.

Posada San Fernando BOUTIQUE-HOTEL €€
(☎ 954 14 14 08; www.posadasanfernando.es; Plaza de San Fernando 6; EZ/DZ/3BZ 55/65/100 €; ❄ 📶) Diese Bleibe mit dem hervorragenden Preis-Leistungs-Verhältnis glänzt mit einer einmaligen Lage an Carmonas Hauptplatz. Die gemütlichen Zimmer mit ihrem edlen Design sind in einem Gebäude aus dem 16. Jh. untergebracht. Hier findet man schweres, dunkles Holz, antike Möbel, handbemalte Badezimmerfliesen und teilweise Fenster mit Blick auf die von Palmen gesäumte Plaza vor.

Parador de Carmona HISTORISCHES HOTEL €€€
(☎ 954 14 10 10; www.parador.es/en/paradores/parador-de-carmona; Alcázar del Rey Don Pedro, Calle Extramuros de Santiago; Zi. 105–200 €; P ❄ 📶 🏊) Carmonas *parador* (Luxushotel im Staatsbesitz) beeindruckt mit atemberaubenden Ausblicken auf das umliegende Tal. Untergebracht ist das Hotel im Alcázar del Rey Don Pedro aus dem 13. Jh. mit wunderschönem Säulenhof, herrlicher Terrassenbar und dezenten, mit Terrakottaböden ausgestatteten Zimmern. Im Speisesaal wird hochklassige andalusische Kost aufgetischt. Außerdem locken ein saisonal geöffneter Pool und kostenlose Parkplätze.

Essen

Molino de la Romera ANDALUSISCH €€
(☎ 954 14 20 00; www.molinodelaromera.es; Calle Sor Ángela de la Cruz 8; Tapas 3,50–6 €, Hauptgerichte 12–19 €; ⌚ Mo–Sa 13–16 & 20.30–23.30 Uhr) Das gefragte Restaurant ist in einer beschaulichen Ölmühle aus dem 15. Jh. untergebracht und bietet eine Terrasse mit Panoramablick, einen hübschen Innenhof und ein cool-rustikales Interieur. Auf den Tisch kommen herzhafte, leckere Mahlzeiten mit zeitgenössischem Touch. Besonders gut sind die Gerichte mit Fleisch vom Holzkohlegrill wie etwa saftiges galicisches Rindfleisch.

Cervecería San Fernando ANDALUSISCH €€
(☎ 661 654960; Plaza de San Fernando 18; Tapas 2,50 €, Hauptgerichte 9–17 €; ⌚ Di–So 12–17 & 20–24 Uhr) Die Cervecería San Fernando wartet mit Sitzplätzen um Carmonas belebten Hauptplatz, engagiertem Personal und schmackhaftem Essen auf und verspricht ein erinnerungswürdiges Esserlebnis. Den Einstieg besorgen vielleicht ein kühles Bier und ein Teller mit Artischocken und einigen Scheiben Schinken, gefolgt etwa von einem Steak oder Rührei mit Wurst.

Mingalario ANDALUSISCH €€
(☎ 954 14 38 93; Calle El Salvador 1; Tapas 2–4,50 €, raciones 7–18 €; ⌚ 12–16 & 20–24 Uhr,

Di & So abends geschl.) Mit von der Decke baumelnden Schinken, kitschigen religiösen Gemälden und umgedrehten Fässern spielt die traditionelle Tapas-Bar ihre Rolle perfekt. Passend zur Ausstattung sind die Speisen dezidiert altmodisch, mit regionalen Klassikern wie *carrillada de cerdo* (langsam gegarte Schweinebäckchen) und Spinat mit Kichererbsen, einer Spezialität von Carmona.

Praktische Informationen

Touristeninformation (☎ 954 19 09 55; www.turismo.carmona.org; Alcázar de la Puerta de Sevilla; ⌚ Sept.–Juni Mo–Sa 10–18, So bis 15 Uhr, Juli & Aug. Mo–Fr 9–15, Sa & So 10–15 Uhr)

Anreise & Unterwegs vor Ort

AUTO & MOTORRAD

Am Paseo del Estatuto ist ein unterirdisches Parkhaus rund um die Uhr geöffnet (13 € pro 24 Std.).

BUS

Casal (☎ 954 99 92 90; www.autocarescasal.com) schickt Busse von der Haltestelle Paseo del Estatuto nach Sevilla (2,85 €, 1 Std., mind. 7-mal tgl.).

ALSA (☎ 902 42 22 42; www.alsa.es) verkehrt mit drei Bussen täglich nach Córdoba (9,83 €, 1½ Std.), mit Zwischenstopp in Écija (4,85 €, 35 Min.); Abfahrt ist an einer Haltestelle auf der anderen Seite des Paseo del Estatuto.

FAHRRAD

Wer die umliegende ländliche Gegend erkunden will, mietet am besten ein Fahrrad bei **Carmona Bike Tours** (www.carmonabiketours.com; Calle Mimosa 15; Radverleih pro Tag 12 €; ⌚ Mo–Sa 9.30–14 & Mo–Fr 17.30–20.30 Uhr).

Osuna

17 620 EW.

Man würde es nicht vermuten, doch in dem kleinen Städtchen Osuna liegen Kunst- und Architekturschätze verborgen. Inmitten des eintönigen Flachlandes gibt diese Stadt ein reizendes weißes Zentrum und eine Reihe prunkvoller barocker Villen zum Besten. Über dem Ganzen thront eine mächtige kunstreiche Renaissancekirche. Die meisten bedeutsamen Gebäude wurden von den wohlhabenden Herzögen von Osuna in Auftrag gegeben und zwischen dem 16. und 18. Jh. errichtet.

Sehenswertes

★ Colegiata de Santa María de la Asunción — KIRCHE

(☎ 954 81 04 44; Plaza de la Encarnación; Führung 5 €; ⌚ Führungen Mitte Juni–Mitte Sept. Di–So 9.30 & 10.15–13.15 Uhr stündl., Do auch 19 & 20 Uhr, Mitte Sept.–Mitte Juni 10.15–13.15 Uhr stündl., Di–So auch 16 & 17 Uhr) Der stolze Renaissancebau aus zwei Kirchen über einer Krypta ragt von jenem Platz empor, auf dem einst die mittelalterliche Pfarrkirche stand, und blickt auf das Dorf hinab. Hinter den Mauern verbirgt sich eine reiche barocke Kunstsammlung, inkl. Gemälde von José de Ribera *(El Españoleto)* sowie einer Skulptur von Juan de Mesa.

Besuche sind im Rahmen von spanischsprachigen Führungen möglich, die auch das fein verzierte unterirdische Mausoleum *(panteón ducal)* einschließen, welches 1545 als Familiengrab der Herzöge von Osuna geschaffen wurde.

Monasterio de la Encarnación — MUSEUM

(Plaza de la Encarnación; 3,50 €; ⌚ Mitte Juni–Mitte Sept. Di–So 9.30–14.30 Uhr, Mitte Sept.–Mitte Juni Di–So 10–14.30 & 16–18 Uhr) Das ehemalige Kloster ist heute Osunas Museum für religiöse Kunst. In der Kirche wartet ein eindrucksvolles barockes Altarbild, während der *patio* wunderbare sevillanische Fliesenkunst aus dem 18. Jh. darbietet. Gezeigt werden biblische und klösterliche Szenen sowie Jagd-, Stierkampf- und Jahreszeitenbildnisse. Besichtigt werden kann das Ganze nur mit einer Führung (auf Spanisch) durch eine der Nonnen, die hier leben.

Museo de Osuna — MUSEUM

(☎ 954 81 57 32; Calle Sevilla 37; 2,50 €, Mi frei; ⌚ Mitte Juni–Mitte Sept. Di–So 9.30–14.30 & Do 19–21 Uhr, Mitte Sept.–Mitte Juni Di–So 10–14 & 17–20 Uhr) Im Palacio de los Hermanos Arjona y Cubas aus dem 18. Jh. ist dieses kleine Stadtmuseum – zusammen mit der Touristeninformation – untergebracht und zeigt neben einer bunten Mischung örtlicher Relikte auch eine Ausstellung zur TV-Serie *Game of Thrones,* deren fünfte Staffel teilweise in Osuna gedreht wurde.

Schlafen

Five Gates Hostal — HOSTAL €

(☎ 955 82 08 77, 626 620717; www.fivegates.es; Calle Carrera 79; EZ 30–35 €, DZ 45–55 €; ❄ 📶) Der blitzsaubere *hostal* in praktischer Lage

NICHT VERSÄUMEN

OSUNAS BAROCKE HERRENHÄUSER

Westlich der Calle Carrera, Osunas Hauptachse, stechen zwischen den weißen Häuschen noble Villen und überladene barocke Fassaden ins Auge. Der Großteil liegt an zwei Straßen: Calle Sevilla, die von der Plaza Mayor gen Westen verläuft, und Calle San Pedro, ein paar Häuserblocks weiter nördlich. Generell sind die Gebäude nicht für die Öffentlichkeit zugänglich, aber sie geben allein von außen ein eindrucksvolles Bild ab.

Eines der imposantesten Herrenhäuser aus dem späten 18. Jh. ist der **Palacio de los Cepeda** (Calle de la Huerta 10; ⌚ nicht zugänglich), der heute als Gerichtsgebäude fungiert. Er wartet in der Mitte mit einem Portal auf, das von verspielten Säulen im churrigueresken Stil flankiert ist; darüber stehen zwei Hellebardisten aus Stein, die das Familienwappen der Cepeda tragen.

Bemerkenswert sind auch der **Palacio de Govantes y Herdara** (Calle Sevilla 44; ⌚ nicht zugänglich) aus dem 18. Jh., der durch seine gewundenen Pfeiler mit eingemeißelten Trauben und Weinlaub auffällt, sowie die **Cilla del Cabildo Colegial** (Calle San Pedro 16; ⌚ nicht zugänglich) von 1773 mit einer Nachbildung von Sevillas berühmtem Glockenturm, der Giralda, an der extravaganten Fassade (zur Zeit der Recherche hinter einem Gerüst verborgen).

Einen kurzen Fußmarsch entfernt, befindet sich der perlweiße **Palacio del Marqués de la Gomera** (Calle San Pedro 20) mit seinen auffälligen Säulen und dem Familienwappen darüber. Heute ist ein Hotel darin untergebracht (S. 89).

an der Hauptstraße von Osunas Altstadt umfasst 14 bequeme, ordentliche Zimmer mit geschmackvoller Einrichtung, Farbakzenten an den Wänden und hellen Holzböden. Dazu gibt's eine Gästeküche und eine große Gemeinschaftslounge mit Spielen und DVDs.

★ **Hotel Palacio Marqués de la Gomera** HISTORISCHES HOTEL €€
(☎ 954 81 26 32; www.hotelpalaciodelmarques.es; Calle San Pedro 20; EZ 51–70 €, DZ 56–89 €; ❄📶) In dem palastartigen 4-Sterne-Hotel in einer der schönsten Barockvillen in Osuna wohnt man wie einst die Adeligen. Fliesenböden und Sandsteinkunst sind noch im Original erhalten und zieren den von prächtigen Bogen umspannten Innenhof sowie die geräumigen, individuell gestalteten Zimmer. Weitere Pluspunkte sind eine kunstvolle Privatkapelle und ein elegantes Restaurant mit ruhigem Hinterhof. Es wird auch Frühstück angeboten.

Essen

★ **Taberna Jicales** TAPAS €
(☎ 954 81 04 23; www.tabernajicales.es; Calle Esparteros 11; Tapas 2–3,50 €, raciones 7,50–16 €; ⌚ Do–Di 8–17.30 Uhr) Gegrillte Thunfischstücke auf einem Bett aus dicker, mit gerösteten roten Paprika gewürzter *salmorejo* (einer kalten Suppe auf Tomatenbasis), in süßem Pedro-Ximénez-Wein langsam geschmortes Schweinefilet – klassische Tapas können kaum besser sein als hier. Die Taberna Jicales ist in der Gegend sehr bekannt und es lohnt sich, es den Einheimischen gleichzutun, die sich hier mittags gerne mit erstklassiger Regionalküche verwöhnen lassen.

Casa Curro TAPAS €€
(☎ 955 82 07 58; www.facebook.com/restaurantecasacurro; Plaza Salitre 5; Tapas 2,50–3 €, Hauptgerichte 9–15 €; ⌚ Di–So 12–24 Uhr) Dies ist eine der bekanntesten Tapas-Bars in Osuna und war auch ein Lieblingslokal der *Game of Thrones*-Darsteller, als sie hier in der Stadt drehten. Aber nicht nur Auswärtige, sondern auch die Einheimischen zieht es hierher. Mit der langen glänzenden Theke, den vollen Wänden und den auf Schiefertafeln verzeichneten Speisen wirkt die Bar wirklich authentisch. Und das traditionelle Essen hier ist von zuverlässiger Qualität.

Praktische Informationen

Touristeninformation (☎ 954 81 57 32; www.osuna.es; Calle Sevilla 37; ⌚ Mitte Juni–Mitte Sept. Di–So 9.30–14.30 & Do 19–21 Uhr, Mitte Sept.–Mitte Juni Di–So 10–14 & 17–20 Uhr) Die hilfsbereite Touristeninformation im Museo de Osuna hat eine Straßenkarte und eine nützliche Broschüre zur Stadt auf Englisch auf Lager.

An- & Weiterreise

Osuna liegt 91 km südöstlich von Sevilla, an einer Abzweigung von der A92 Granada–Sevilla.

Der **Busbahnhof** (Avenida de la Constitución) befindet sich 1 km südöstlich der Plaza Mayor. **Monbus** (www.monbus.es) fährt 8-mal am Tag (sonntags 4-mal) nach Sevilla und zurück (8 €, 1½ Std.).

Die Züge von **Renfe** (☎ 912 32 03 20; www.renfe.com) schaffen Anbindung an Sevilla (11,50 €, 70 Min., 10-mal tgl.) und Málaga (14 €, 2¼ Std., 5-mal tgl.); Abfahrt vom **Bahnhof** (Avenida de la Estación), 1 km westlich der Plaza Mayor. Bei manchen Verbindungen müssen Teilstrecken mit dem Bus zurückgelegt werden.

Écija

39 880 EW.

Écija, das unbekannteste Städtchen der Campiña, ist ein verkanntes Juwel. Viele Reisende übersehen das Städtchen, vielleicht schreckt sein Ruf als *la sartén de Andalucía* (die Bratpfanne Andalusiens) ab – schließlich erreichen die Temperaturen im Juli und August die Hitzemarke von 45 °C. Doch wer nicht gerade im Hochsommer kommt, findet eine auf stille Art stolze Stadt mit beeindruckender Architektur und Geschichte vor.

Das überschaubare Zentrum beherbergt einige Paläste, Kirchen und mit Keramikfliesen verzierte Türme – daher der zweite Spitzname als *la ciudad de las torres* (die Stadt der Türme). Viele Gebäude stammen aus der Zeit des Baubooms während des Barocks im 18. Jh. Ein paar Ruinen aus der Antike sind ebenfalls erhalten: Sie erzählen von Écijas Geschichte als wohlhabende römische Stadt. Als Colonia Augusta Firma Astigi erreichte der Ort seine Blütezeit im 1. und 2. Jh. n. Chr. und versorgte Märkte im ganzen Römischen Reich mit Olivenöl.

Sehenswertes

★ **Museo Histórico Municipal** MUSEUM

(☎ 954 83 04 31; http://museo.ecija.es; Plaza de la Constitución 1; 3 €; ⏲ Mitte Sept.–Mai Di–Fr 10–13.30 & 16.30–18.30, Sa 10–14 & 17.30–20, So 10–15 Uhr, Juni–Mitte Sept. Di–Fr 10–14.30, Sa 10–14 & 20–22, So 10–15 Uhr) GRATIS Écijas Geschichtsmuseum hat im Palacio de Benamejí aus dem 18. Jh. sein Zuhause gefunden und ist ein wahres Kleinod. Die Trakte widmen sich der Ur- und Frühgeschichte der Region, doch das eigentliche Highlight ist die fabelhafte Sammlung römischer Ausgrabungen, die in der Gegend auftauchten, wie etwa die grazile Skulptur einer verwundeten Amazone (eine legendäre Kriegerin) und zahlreiche erstaunlich gut erhaltene Mosaiken, die zum Großteil in und um die Stadt ausgegraben wurden. Besonderes Augenmerkt verdient das Mosaik *Don del Vino*, das die „Geburt“ des Weins darstellt.

NICHT VERSÄUMEN

ÉCIJAS KIRCHEN & GLOCKENTÜRME

Écija trägt den Beinamen *la ciudad de las torres* (die Stadt der Türme) und ist bekannt für ihre Silhouette mit den vielen emporragenden Spitzen. Über den Dachterrassen erheben sich unzählige barocke Türme, größtenteils aus dem späten 18. Jh., als viele Kirchen nach einem verheerenden Erdbeben 1755 wiederaufgebaut wurden.

Einer der prächtigsten Türme der Stadt gehört zur **Iglesia de Santa María** (Plaza de Santa María; ⏲ Mo–Sa 9.30–13.30 & 17.30–20.30, So 10–13 Uhr), einer Kirche aus dem 18. Jh. nicht weit von der Plaza de España. Ein Stück weiter nordöstlich steht der märchenhafte Glockenturm der **Iglesia de San Juan** (Plaza de San Juan; Turm 2 €; ⏲ Di–So 10–13 Uhr), der einzige Turm der Stadt, auf den man hinaufklettern kann. Ganz in der Nähe liegt die **Iglesia de San Pablo y Santo Domingo** (Plaza de Santo Domingo; ⏲ Di–Fr 18.30–19.30, Sa 19–20, So 12–13.30 Uhr) im gotischen Mudejarstil mit einem Ziegelturm aus dem 18. Jh.

An einer pittoresken Plaza im Norden der Altstadt thront die **Parroquia Mayor de Santa Cruz** (Plazuela de Nuestra Señora del Valle; ⏲ Mo–Sa 9–13 & 17–20.30, So 10–13 & 18–21 Uhr). Sie war einst die Hauptmoschee von Écija und zeigt immer noch islamische Spuren und arabische Inschriften. Den nicht überdachten Vorhof schmücken mehrere stattliche gotische Bogen des originalen Kirchenbaus aus dem 13. Jh. Das geräumige Innere beeindruckt mit einem goldenen Barock-*retablo* und einem Altar, der aus einem frühchristlichen Sarkophag hergestellt wurde.

Palacio de Peñaflor PALAST
(Calle Emilio Castelar 26; 2 €; ⌚Mo–Fr 10–13.30 & 16.30–18.30, Sa 10–14 & 17.30–20, So 10–15 Uhr) Der gigantische „Palast der langen Balkons" aus dem 18. Jh. ist sozusagen das Wahrzeichen von Écija. Mit ihrem verzierten, von Säulen getragenen Portal, Balkons aus Schmiedeeisen sowie den Überresten bunter Fresken ist die gekrümmte Fassade ein blumiges Beispiel für barocken Überschwang. Die Innenräume sind größtenteils nicht zugänglich, doch man kann sich im Erdgeschoss die Stallungen mit ihren Gewölbedecken, eine imposante Flügeltreppe und das alte Büro des Marquis anschauen. Oben bieten sich von einer Aussichtsterrasse auf dem Dach schöne Ausblicke.

Schlafen & Essen

★ **Hotel Palacio de los Granados** HISTORISCHES HOTEL €€
(☎955 90 53 44; www.palaciogranados.com; Calle Emilio Castelar 42; DZ 60–70 €, Suite 125–200 €; ❄📶🏊) Das entzückende Hotel wurde innen liebevoll restauriert, einige Abschnitte gehen bis ins 15. Jh. zurück. Jedes der stattlichen Zimmer mit Holzdielen, Mudejargewölbe und Böden aus dem 18. Jh. ist ein bisschen anders, manche haben sogar einen Kamin. Das romantische Flair ist nicht zuletzt dem winzigen Innenhof geschuldet, wo ein Granatapfelbaum ein klitzekleines Tauchbecken überschattet.

Ágora TAPAS €
(☎955 31 70 77; Calle Barquete 38A; Tapas 2–2,50 €, menú del día 9 €; ⌚Mo 11–16, Mi & Do bis 23, Fr bis 24, Sa 12–16.30 & 19.30–24, So 12–16.30 & 19.30–23.30 Uhr) Der quirlige Laden etwas außerhalb des Zentrums zählt zu den beliebtesten Tapas-Bars in Écija. Unter einem knorrigen Olivenbaum stehen einige Tische im Freien, die schnell besetzt sind, v. a. an Wochenenden, wenn sich ganze Horden hier einfinden, um sich die von einem jungen, engagierten Team fachkundig und effizient zubereiteten und servierten traditionellen Tapas schmecken zu lassen.

Hispania SPANISCH €€
(☎954 83 26 05; www.hispaniacafe.com; Pasaje Virgen de Soterraño 3; Hauptgerichte 10–18 €; ⌚Di–So 12.30–15.30 & 20–22.30 Uhr) In dem stilvollen Lokal in einer Seitengasse herrscht dank seiner zeitgemäßen Herangehensweise an die spanische Küche immer reger Betrieb. Passend zur modernen Einrichtung werden kreative Gerichte serviert: von Thunfisch-Tataki bis zu Burritos mit Iberischem Schwein und Reisgerichten aus dem Wok. Donnerstags bis samstags im Voraus reservieren!

Praktische Informationen

Touristeninformation (☎955 90 29 33; www.turismoecija.com; Calle Elvira 1; ⌚Mo–Sa 10–14 & 16.30–18.30, So 10–14 Uhr)

An- & Weiterreise

Écija liegt 53 km östlich von Carmona an der A4 zwischen Córdoba und Sevilla.

Vom **Busbahnhof** (Avenida del Genil) fahren Busse von ALSA (S. 88) nach Carmona (4,85 €, 35 Min., 3-mal tgl.), Córdoba (5,15 €, 1 Std., 6-mal tgl.) und Sevilla (7,53 €, 1¼ Std., 3-mal tgl.).

PARQUE NATURAL SIERRA NORTE DE SEVILLA

Cazalla de la Sierra

4790 EW. / 584 M

Das bezaubernde kleine *pueblo blanco* liegt auf einer Bergkuppe, 85 km nordöstlich von Sevilla, mitten im Parque Natural Sierra Norte. Es bietet den idealen Ausgangspunkt, um die Region zu entdecken.

In den nahegelegenen Wäldern gibt's ein paar herrliche Wanderwege; Dreh- und Angelpunkt im Dorf ist die Plaza Mayor, der Hauptplatz, den die Iglesia de Nuestra Señora de la Consolación beherrscht.

Aktivitäten

Sendero de Las Laderas WANDERN
Die 8,5 km Wanderstrecke von Cazalla hinunter ins Huéznar-Tal führt durch die immergrünen Eichenwälder der Sierra Norte, Olivenhaine und kleine Anbauflächen sowie Kastanienwälder und Weinberge. Die Route gilt als mittelschwer, kann in steilen Passagen ziemlich anstrengend werden und dauert rund drei Stunden.

Vía Verde de la Sierra Norte RADFAHREN
(www.viasverdes.com) Die 18,7 km lange Radstrecke (auch als Fußweg benutzbar) gehört zu den begehrtesten der 30 *vías verdes* (wörtlich: grüne Wege) in Andalusien. Sie führt entlang der Trasse einer stillgelegten Zechenbahn Richtung Norden durch das

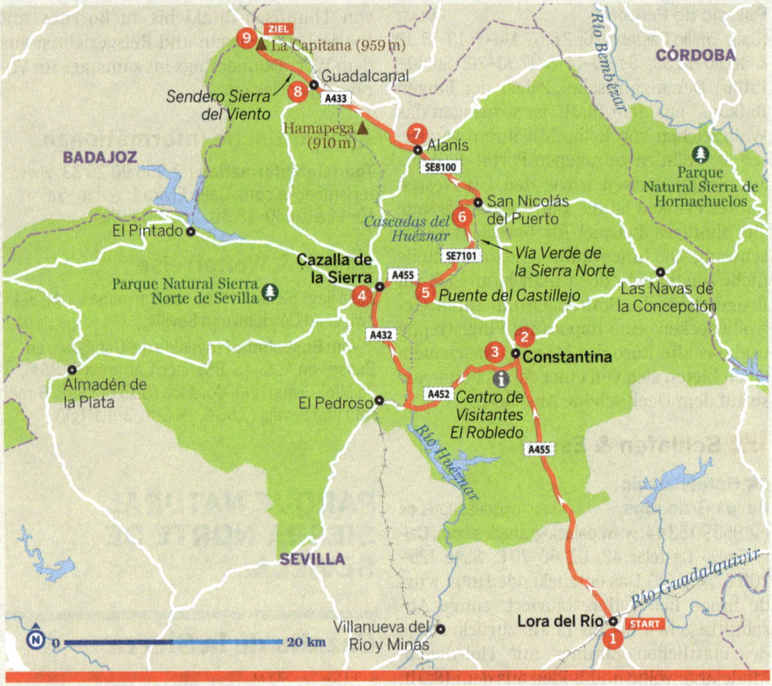

Roadtrip
Parque Natural Sierra Norte de Sevilla

START LORA DEL RÍO
ZIEL LA CAPITANA
LÄNGE/DAUER 105 KM; ZWEI TAGE

Der Parque Natural Sierra Norte de Sevilla hält wunderschöne Panoramen und Entschleunigung für seine Besucher bereit. Von Sevilla folgt man der A4 und der A457 nach 1 **Lora del Río**, dann geht's auf der A455 nach 2 **Constantina**, der größten Stadt im Park. Hier lohnt ein Halt, um die hübsche Altstadt und die Burg zu besichtigen, bevor es auf der A452 weiter Richtung Westen zum 3 **Centro de Visitantes El Robledo** geht. Hier gibt's Wanderkarten und einen botanischen Garten. Dann fährt man über die kurvige A452 durch die Berge. Kurz nach Überquerung des Río Huéznar, wo noch ein Teil eines alten Aquädukts zu sehen ist, biegt man rechts auf die A432 und fährt 12 km nordwärts nach 4 **Cazalla de la Sierra** (S. 91). Wie wär's mit moderner Küche zum Mittagessen im Agustina (S. 93)? Nachmittags lassen sich die malerischen Gassen der Stadt und die Wanderstrecken in der Nähe erkunden. Übernachtung im Las Navezuelas (S. 93), 3 km Richtung Süden.

Am nächsten Morgen geht's über die A455 zurück Richtung Constantina. Die Straße führt östlich des Bahnhofs Cazalla Constantina über den Río Huéznar. Holprige 1 km flussabwärts liegt der 5 **Puente del Castillejo** (Bahnbrücke). Danach geht's die SE7101 13 km entlang nach San Nicolás del Puerto. Bevor man das Dorf erreicht, lohnt sich ein kurzer Abstecher zu den 6 **Cascadas del Huéznar** (Wasserfällen). Von San Nicolás del Puerto fährt man die SE8100 Richtung Nordwesten weiter und bahnt sich den Weg bis nach 7 **Alanís**, wo sich eine mittelalterliche Burg erhebt. Weiter entlang der A433, am Rand des Naturparks, ins abgeschiedene windige 8 **Guadalcanal**. Nördlich der Stadt kann man den Wagen abstellen und sich auf den Wanderweg Sendero Sierra del Viento (5 km; 2 Std.) aufmachen, der über einen Bergrücken zur 9 **La Capitana** führt, dem höchsten Gipfel des Parks (959 m), der die perfekte Kulisse bildet, um die Tour ausklingen zu lassen.

Huéznar-Tal unter Cazalla bis zum Dorf **San Nicolás del Puerto** und dann weiter südwärts zu den alten **Cerro-del-Hierro-Minen**.

Bicicletas Verde Vía (☎955 49 01 04; www.bicicletasverdevia.com; Carretera A455, Km 8; 8–12 € pro Tag; ⌚9–20 Uhr) liegt am Ausgangspunkt der *vía*, 8 km östlich von Cazalla an der A455, und verleiht Fahrräder.

Schlafen

La Plazuela CASA RURAL €
(☎661 335897, 954 42 14 96; www.apartamentoselpua.es; Calle Caridad 4; EZ 45–60 €, DZ 60–75 €, FZ 85 €; ❄📶) Das einfache Gästehaus hat eine praktische Lage unweit der Fußgängerzone in Cazalla und bietet geräumige Zimmer. Die neun Räume sind individuell neorustikal gestaltet, mit hellen, bunten Wänden, Fliesenböden und funktionalen Holzmöbeln. Die Gastgeber bereiten ihren Gästen einen herzlichen Empfang, sprechen aber kein Englisch, was ein Telefonat bis zu einem gewissen Grad zu einem Glücksspiel macht.

Paraíso del Huéznar HÜTTEN €€
(☎609 512579, 955 49 01 04; www.paraisodelhueznar.com; Carretera A455, Km 8; Hütte mit Frühstück 30–40 € pro Pers.; P📶🏊) Etwa 8 km die kurvenreiche A455 östlich von Cazalla hinunter (Richtung Constantina) vermietet das Paraíso fünf komfortable *casitas* (Hütten) im Landhausstil. Die Cottages fassen zwei bis zwölf Personen und sind mit voll ausgestatteten Küchen und Kamin versehen. Außerdem stehen Parkplätze, ein Pool und Leihräder zur Verfügung.

★ **Las Navezuelas** CASA RURAL €€
(☎954 88 47 64; www.lasnavezuelas.com; Carretera A432, Km 43.5; EZ/DZ/Suite mit Frühstück 50/70/88 €, 4-Pers.-Apt. 140 €; ⌚Ende Feb.–Dez.; P📶🏊) 🍃 Wer einmal in dieser lauschigen abgeschiedenen Herberge angelangt ist, möchte vielleicht nie wieder weg! Um hierherzukommen, folgt man der Ausschilderung von der A432, 3 km südlich von Cazalla. In einem *cortijo* (Bauernhaus) aus dem 16. Jh. stehen Zimmer mit dicken Wänden sowie drei Apartments für Selbstversorger in ruhiger Umgebung zur Verfügung. Draußen entspannen die Gäste am Pool oder sie durchstreifen Olivenhaine und Korkeichenwälder auf dem 130 ha großen Anwesen.

Essen

★ **Agustina** ANDALUSISCH €€
(☎954 88 32 55; Plaza del Concejo; Hauptgerichte 8,50–15,50 €; ⌚Mi–Mo 13–17 & 20–24 Uhr) Mit einer Einrichtung im urbanen Stil und Sitzgelegenheiten auf der hübschen, mit Steinen ausgelegten Plaza unter freiem Himmel bringt das Augustina ein Stück Gegenwart nach Cazalla. Und kulinarisch präsentiert sich das Lokal ähnlich modern: Die traditionellen Gerichte werden zeitgemäß zubereitet und es werden auch wagemutigere Kompositionen aus Zutaten aus dem Ausland geboten. Der Service ist hervorragend, genauso wie der Kirschlikör, den der Eigentümer am Ende der Mahlzeit kredenzt.

Cortijo Vistalegre ANDALUSISCH €€
(☎954 88 35 13; www.cortijovistalegre.es; Carretera Real de la Jara, Km 0,5; Hauptgerichte 6–21 €; ⌚Mi–Fr 12.30–16.30 & 20.30–24.30, Sa & So 12.30–24.30 Uhr) In diesem elegant-rustikalen *cortijo* am Südwestrand der Stadt überzeugen italienische Pizzas ebenso wie klassische andalusische Schweinefleischgerichte. Die Wände sind bunt geschmückt, auf den Tischen stehen Kerzen und ein offenes Holzfeuer rundet das Szenario drinnen ab. Wer will, kann auch auf der begehrten Terrasse draußen dinieren. Fürs Wochenende sollte man am besten reservieren.

Praktische Informationen

Oficina de Turismo (☎954 88 35 62; www.cazalla.org; Plaza Doctor Nosea 1; ⌚tgl. 10–14 & Mo–Sa 16.30–18.30 Uhr) Hier werden Karten und Informationen zu den Routen in der Umgebung ausgegeben.

An- & Weiterreise

Monbus (S. 90) sendet von montags bis freitags 4-mal täglich Busse von Cazalla de la Sierra nach Sevilla (6,74 €, 1¾–2 Std.), samstags und sonntags 2-mal täglich.

Constantina

5950 EW. / 555 M

Constantina ist die größte Siedlung der Sierra Norte und die inoffizielle Hauptstadt der Region, ein reizendes Fleckchen inmitten von sanften, waldreichen Hügeln im Huéznar-Tal. Enge Mittelaltergassen bahnen den Weg durch das kompakte weiße Dorfzentrum, vorbei an pittoresken Herrenhäusern aus dem 18. Jh. und traditionellen Cafés.

Sehenswertes & Aktivitäten

Castillo Árabe BURG

(9–21 Uhr) GRATIS Am Westzipfel von Constantina lädt die Ruine der Burg von Constantina zu einer Kletterpartie ein. Der Anstieg wird allein mit dem Ausblick von oben belohnt, etwa auf den einzigartigen Mudejarglockenturm der **Iglesia de Santa María de la Encarnación**, der aus den zusammengedrängten weißen Häuschen im Stadtteil **Barrio de la Morería** herausragt.

Die Burg, die den Ort seit der islamischen Almoravidenära beherrscht, soll über einer früheren römischen Festungsanlage errichtet worden sein.

Sendero Los Castañares WANDERN

Der 5,5 km lange Pfad Sendero Los Castañares entführt durchs stille Dickicht der Kastanienwälder hinauf auf einen Aussichtspunkt, bevor es in Kehren wieder nach Constantina hinuntergeht (insgesamt ca. 2 Std.). Der Weg ist vom Paseo de la Alameda am Nordrand der Stadt ausgeschildert.

Essen

Asador Los Navarro ANDALUSISCH €€

(954 49 63 61; www.asadorlosnavarro.com; Paseo de la Alameda 39; Tapas 2,50 €, Hauptgerichte 6,50–25 €; 9–23.45 Uhr) Das fröhliche Restaurant mit kaffeebrauner Fassade und Bar am Ende des baumgesäumten Paseo de la Alameda wird von den Ansässigen wegen seines Grillfleischs, seiner deftigen Tapas und der Qualitätsweine aus der Region geschätzt.

Praktische Informationen

Centro de Visitantes El Robledo (648 140091; Carretera Constantina-El Pedroso, Km 1; April–Nov. Mi–So 10–14 Uhr, sonst wechselnde Öffnungszeiten) Das Hauptbesucherzentrum des Parks, 1 km westlich von Constantina, an der Abfahrt von der A452, bietet Informationen zu Wanderwegen und einen botanischen Garten.

Oficina Municipal de Turismo (955 88 12 97; Avenida de Andalucía; Di–So 9–14 & Fr & Sa 16–19 Uhr) An der Hauptzufahrt zum Dorf aus Richtung Süden.

An- & Weiterreise

Busse von **Monbus** (S. 90) brechen montags bis freitags 4-mal täglich von Sevilla nach Constantina (7,35 €, 1¾ Std.) auf, samstags 2-mal und sonntags 3-mal.

El Pedroso

El Pedroso ist ein verschlafenes Dorf mit breiten Kopfsteinpflasterstraßen und makellos weißen Häusern 16 km südlich von Cazalla an einer Abzweigung von der A432 von Sevilla. Der Ort selbst hat nicht viel zu bieten, doch das idyllische Umland hält feine Wandermöglichkeiten bereit.

Sendero del Arroyo de las Cañas WANDERN

Der Sendero del Arroyo de las Cañas ist ein 10 km (3½ Std.) langer Rundweg durch die recht flache Gegend westlich von El Pedroso. Als malerischster Pfad in dieser Gegend führt er durch felsiges Terrain und im Frühling schmücken Wildblumen den Pfad. Start ist gegenüber der Bar Triana im Westen des Dorfes.

An- & Weiterreise

Monbus (S. 90) schickt montags bis freitags bis zu 5-mal täglich Busse von Sevilla nach El Pedroso (5,53 €, 1¼ Std.), samstags 2-mal und sonntags 3-mal.

Die Provinz Huelva

Inhalt ➡

Schön übernachten

- Finca La Fronda (S. 115)
- Finca Buenvino (S. 112)
- Hotel La Malvasía (S. 108)
- Posada de San Marcos (S. 115)
- Casa Annette (S. 116)
- Parador de Mazagón (S. 104)

Gut essen

- Arrieros (S. 114)
- Experience by Fuster (S. 113)
- Acánthum (S. 99)
- Azabache (S. 98)
- Jesús Carrión (S. 113)
- Juan José (S. 98)

Auf nach Huelva!

Die Provinz Huelva, Andalusiens westlichstes Reiseziel, bietet eine Mischung aus faszinierender Geschichte, schöner Natur und lauschigen Sonnenplätzen. Für Urlauber, die hier verschlafene Bergdörfer, Relikte von Kolumbus' Reisen, endlose unberührte Küstenstreifen und Spaniens beliebtesten Nationalpark entdecken können, liegt sie jedoch immer noch abseits der ausgetretenen Touristenrouten.

Im Südosten Huelvas liegen der Parque Nacional de Doñana mit seinem weiten Marschland, den Dünen, Stränden und Waldgebieten sowie das entzückende, weiße Dorf El Rocío, wo jedes Frühjahr während der ausgelassenen Romería del Rocío Zehntausende von Pilgern auf Pferden zusammenkommen. Von dort reicht die Costa de la Luz gen Westen bis nach Portugal. Dieser attraktive, aber relativ unentdeckte Küstenstreifen ist nicht mit dem „Gewühle" aus Pauschaltouristen weiter östlich vergleichbar. Im Nordwesten, Richtung Extremadura, erhebt sich die Sierra de Aracena mit ihren kopfsteingepflasterten Dörfern, einigen der schönsten Wanderwege Andalusiens und den besten Schweinefleischprodukten der Iberischen Halbinsel.

Entfernungen

	Aracena	Ayamonte	El Rocío	Huelva
Ayamonte	142			
El Rocío	118	107		
Huelva	101	52	60	
Niebla	87	75	35	29

Highlights

1 **Parque Nacional de Doñana** (S. 103) Die unberührte Wildnis des größten europäischen Naturschutzgebietes erkunden.

2 **Sierra de Aracena** (S. 113) Von einem verzauberten Dorf zum nächsten wandern und dabei die kreative regionale Küche probieren.

3 **Lugares Colombinos** (S. 99) Auf den Spuren von Christoph Kolumbus in La Rábida, Palos de la Frontera und Moguer wandeln.

4 **El Rocío** (S. 106) Die euphorische Stimmung und den Prunk von Spaniens bedeutendster religiöser Wallfahrt erleben.

5 **Almonaster la Real** (S. 117) Islamische Architektur aus dem 9. Jh. in diesem abgelegenen Bergdorf bewundern.

6 **Huelva** (S. 97) Die Fußgängerzone rund um die Plaza de las Monjas nach Tapas durchpflügen und das Leben der Stadt aufsaugen.

HUELVA & UMGEBUNG

Huelva

143 660 EW.

Die Hauptstadt der Provinz Huelva ist ein moderner, schlichter Industriehafen zwischen den Meeresarmen Odiel und Tinto. Trotz der nicht sonderlich ansprechenden Außenbezirke verfügt Huelva über ein angenehm lebhaftes und fußgängerfreundliches Zentrum. Die Bewohner der Stadt – *choqueros* genannt, weil sie die hier reichlich vorhandenen *chocos* (Tintenfische) lieben – sind für ihre Warmherzigkeit bekannt.

Huelvas Geschichte reicht 3000 Jahre bis zum phönizischen Onuba zurück. Aufgrund seiner Lage an einer Flussmündung war Onuba ein günstiger Ausgangspunkt, um Mineralien aus dem Landesinneren in den Mittelmeerraum zu exportieren. 1755 wurde die Stadt beim Erdbeben von Lissabon zerstört, doch sie blühte wieder auf, nachdem das britische Unternehmen Río Tinto in den 1870er-Jahren die Minen im Inneren der Provinz erschlossen hatte. Heute verfügt Huelva über eine beachtliche Fischereiflotte und ist ein bedeutender Schwerpunkt der petrochemischen Industrie (die in den 1950er-Jahren unter Franco eingeführt wurde).

Sehenswertes

Huelva ist eher für seine Atmosphäre als für seine Sehenswürdigkeiten bekannt, bietet aber dennoch ein paar recht interessante Attraktionen.

Muelle-Embarcadero de Mineral de Río Tinto HISTORISCHE STÄTTE

Der beeindruckende Eisenpier ist ein Erbe der lokalen Bergbaugeschichte und ragt 500 m südlich des Hafens in die Mündung des Odiel. Er wurde in den 1870er-Jahren für die Río Tinto Group nach einem Entwurf des britischen Ingenieurs George Barclay Bruce erbaut. Seine oberen und unteren Ebenen sind mit Plankenwegen ausgestattet und bieten sich für einen Spaziergang oder eine Jogging-„Runde" mit schönem Blick auf den Hafen und die Schiffe an. Der Pier liegt rund 1 km südwestlich der Plaza de las Monjas.

Museo de Huelva MUSEUM

(☎ 959 65 04 24; www.museosdeandalucia.es/museodehuelva; Alameda Sundheim 13; EU/Nicht-EU-Bürger gratis/1,50 €; ⏲ Di–Sa 9–21, So bis 15 Uhr) Das weitläufige Museum ist bis an die Decke mit Kunstwerken und historischen Exponaten vollgestopft. Die Dauerausstellung im Erdgeschoss widmet sich dem beeindruckenden archäologischen Erbe Huelvas und zeigt interessante Stücke aus der römischen und der Bergbauzeit; im Obergeschoss ist eine Sammlung spanischer Malerei aus sieben Jahrhunderten zu sehen. Nicht die alte römische *noria* (Wasserrad) verpassen, eine der besterhaltenen ihrer Art weltweit.

Santuario de Nuestra Señora de la Cinta KAPELLE

(Avenida de la Cinta; ⏲ 9–13 & 16–19 Uhr; P) Dieses hübsche weiße Gotteshaus befindet sich in ruhiger Hügellage, 3 km nördlich des Zentrums. Es war ursprünglich im Gotik- und Mudejarstil errichtet worden, im 18. und 19. Jh. erfolgte jedoch ein Umbau. Der Blick reicht über die Odiel-Mündung. Angeblich gelobte Kolumbus 1493 bei einer stürmischen Überquerung des Atlantiks, hier nach seiner Rückkehr nach Spanien zu beten. Daniel Zuloaga hat diese Geschichte auf Zierkacheln festgehalten. Vor dem Busbahnhof den Stadtbus 6 nehmen.

Casa Colón HISTORISCHES GEBÄUDE

(Plaza del Punto) Huelvas lachsfarbene Casa Colón wurde in den 1880er-Jahren als das erste Luxushotel der Stadt erbaut, um Gäste des Unternehmens Río Tinto zu beherbergen. Heute werden hier die Archive der Stadt gelagert und Konferenzen veranstaltet.

NICHT VERSÄUMEN

DIE BESTEN OUTDOOR-ABENTEUER

- Parque Nacional de Doñana (S. 103) In diesem zum Weltnaturerbe gehörenden Park durch die Wildnis streifen.
- Sierra de Aracena (S. 113) Abseits ausgetretener Pfade zwischen malerischen Dörfern wandern.
- Ferrocarril Turístico-Minero (S. 110) Mit der Eisenbahn entlang des rostroten Río Tinto in Minas de Riotinto fahren.
- El Rocío (S. 106) Vogelbeobachtung in den Feuchtgebieten dieser unberührten Region.

Huelva

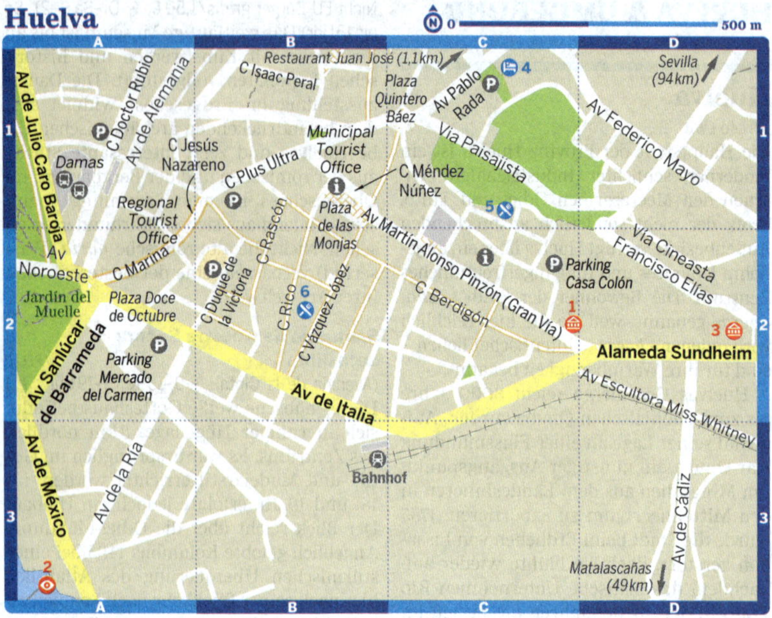

Huelva

Sehenswertes

1 Casa Colón C2
2 Muelle-Embarcadero de Mineral de Río Tinto A3
3 Museo de Huelva D2

Schlafen

4 Senator Huelva Hotel C1

Essen

5 Acánthum C1
6 Azabache B2

Feste & Events

Fiestas Colombinas KULTUR

(Ende Juli/Anf. Aug.) Huelva feiert jedes Jahr in der ersten Augustwoche Kolumbus' Aufbruch nach Amerika (3. August 1492) mit einem sechstägigen Fest voller Musik, Tanz, Kultur und Stierkämpfen.

Schlafen & Essen

In einer Küstenstadt wie Huelva sollte es nicht überraschen, dass Meeresfrüchte auf den meisten Speisekarten stehen. Zahlreiche gut besuchte Tapas-Bars säumen die Avenida Pablo Rada nördlich vom Zentrum und die Fußgängerzone der Calle Vázquez López im Süden.

Senator Huelva Hotel BUSINESSHOTEL €

(959 28 55 00; www.senatorhuelvahotel.com; Avenida Pablo Rada 10; Zi. ab 59 €;) Dieses tadellos gepflegte, auf Geschäftsleute ausgerichtete Hotel ist definitiv die beste Wahl in Huelva. Leuchtend rote, mit Pflanzen begrünte Geländer sorgen für ein lebendiges Flair in der Lobby, die Angestellten sind freundlich und effizient. Alle 162 Zimmer sind elegant ausgestattet: Die Schreibtische bestehen aus dunklem Holz und die Bettwäsche ist strahlend weiß. Huelvas zentraler Platz ist nur fünf Gehminuten entfernt.

★ **Restaurante Juan José** ANDALUSISCH €

(959 26 38 57; www.facebook.com/barrestaurantejuanjose; Calle Villa Mundaka 1; Tapas 2–2,70 €, raciones 7,50–12 €; Mo–Sa 12–17 & 20–24 Uhr) Einheimische strömen regelmäßig in dieses bescheidene, einladende Nachbarschaftsrestaurant,. 1,5 km nordöstlich der Plaza de las Monjas, denn die *tortilla de patatas* (Kartoffelomelett mit Zwiebeln) ist legendär. Der Thunfisch (frisch aus Isla Cristina) und *carne mechada* (Rindfleisch in Paprikasoße) sind ebenfalls köstlich. Vor 14 Uhr hier sein, um noch einen Mittagstisch zu ergattern!

★ **Azabache** TAPAS €€

(959 25 75 28; www.restauranteazabache.com; Calle Vázquez López 22; raciones 13–22 €; Mo–

Fr 8.30–24, Sa bis 16 Uhr) In dieser schmalen gekachelten Tapas-Bar im Herzen von Huelvas Fußgängerzone kann man sich unter die Einheimischen mischen, die wissen, was gut ist. Fleißige, flinke und hilfsbereite Kellner bringen Käse- und *jamón*-(Schinken-)Platten, Rührei mit *gurumelos* (einheimischen Wildpilzen), gebratene *chocos* und frische Fischgerichte. Hinter dem vorderen Barbereich befindet sich ein formelleres Restaurant.

★ **Acánthum** GASTRONOMIE €€€
(☎ 959 24 51 35; www.acanthum.com; Calle San Salvador 17; 11-/18-gängiges Verkostungsmenü 65/85 €; ⏲ Di–So 13.30–15.30, Do–Sa 21–23.30 Uhr) Mit seinen üppigen Mehr-Gänge-Menüs zelebriert Chefkoch Xanty Elias die Aromen seiner Heimat Huelva und hält seit 2015 einen Michelin-Stern. Die Tische in dem eleganten Speisesaal mit Steinwänden sind vorab zu reservieren. Hier kommt man in den Genuss eines Festmahls, das von der Küste und den Bergen Huelvas inspiriert ist und u. a. die berühmten, regionalen *gambas blancas* (weiße Garnelen), *chocos* und iberisches Schweinefleisch mit Herkunftsbezeichnung (Denominación de Origen Calificada, DOC) umfasst.

Praktische Informationen

Regionale Touristeninformation (☎ 959 25 74 67; www.turismohuelva.org; Calle Fernando el Católico 14; ⏲ Mo–Fr 9–14 Uhr) Hilfreich für die gesamte Provinz.

Städtische Touristeninformation (☎ 959 54 18 17; http://turismo.huelva.es; Plaza del Punto; ⏲ tgl. 10–14, zusätzlich Mo–Sa 17–20 Uhr)

Anreise & Unterwegs vor Ort

AUTO & MOTORRAD

In der ganzen Stadt gibt's gebührenpflichtige Straßenparkplätze (Mo–Sa), die durch blaue und orangefarbene Linien gekennzeichnet sind, sowie zwei praktische Parkplätze im Stadtzentrum bei **Casa Colón** (Calle Arquitecto Monis) und **Mercado del Carmen** (Avenida de Italia).

BUS

Die meisten Busse am **Busbahnhof** (Avenida Doctor Rubio) werden von **Damas** (☎ 959 25 69 00; www.damas-sa.es; Avenida Doctor Rubio) betrieben. Zu den Zielen gehören Almonte (nach El Rocío; 4 €, 1¼ Std.), Aracena (11,25 €, 2½–3 Std.), Isla Cristina (4 €, 1–1¼ Std.), Moguer (1,75 €, 45 Min.), Matalascañas (4 €, 1¼ Std.), Palos de la Frontera (1,75 €, 30 Min.) und Sevilla (8,95 €, 1¼–2 Std.). An Samstagen, Sonntagen und Feiertagen fahren sie seltener.

ZUG

Von Huelvas neuem Bahnhof (Avenida de Italia), der 2018 südlich des Zentrums eröffnet wurde, bietet Renfe drei tägliche Verbindungen nach Sevilla (12,70 €, 1½ Std.) sowie einen direkten Alvia-Hochgeschwindigkeitszug nach Córdoba (38,50 €, 1¾ Std.) und Madrid (58 €, 3¾ Std.).

Lugares Colombinos

Die „Kolumbusstätten" bestehen aus den Gemeinden La Rábida, Palos de la Frontera und Moguer am Ostufer des Tinto-Meeresarms. Alle drei spielten eine Schlüsselrolle bei der Vorbereitung von Kolumbus' Entdeckungsreise und können auf einer angenehmen Tagestour von Huelva, dem Nationalpark Doñana oder Huelvas Ostküste aus erkundet werden. Die vielen Treibhäuser lassen es erahnen: Dies ist Spaniens größtes Anbaugebiet für Erdbeeren (90 % der spanischen Erdbeeren kommen aus der Provinz Huelva).

La Rábida

500 EW.

Sehenswertes

Monasterio de la Rábida KLOSTER
(☎ 959 35 04 11; www.monasteriodelarabida.com; Paraje de la Rábida; Erw./Student 3,50/3 €; ⏲ Di–So 10–18 Uhr; P) In dem hübschen, ruhigen Dorf La Rábida sollte man unbedingt dieses palmengesäumte Franziskanerkloster in Hügellage besuchen, wo Kolumbus vor seiner berühmten Entdeckungsreise mehrmals zu Gast war. Zu den Highlights gehört eine Kapelle mit einer Alabastermadonna aus dem 13. Jh., vor der Kolumbus gebetet hat. Der mit Fresken verzierte Mudejarkreuzgang ist eines der wenigen Überbleibsel des Originalbauwerks, die das Erdbeben von 1755 überstanden haben.

Muelle de las Carabelas HISTORISCHE STÄTTE
(Kai der Karavellen; Erw./erm. 3,60/1,50 €; ⏲ Mitte Juni–Mitte Sept. Di–So 10–21 Uhr, Mitte Sept.–Mitte Juni Di–So 9.30–19.30 Uhr; P 👪) Am Ufer unterhalb des Monasterio de la Rábida befindet sich diese Kaianlage im Stil des 15. Jhs. Hier kann man an Bord der originalgroßen Nachbildungen der *Niña, Pinta* und *Santa María* gehen– aus diesen drei Schiffen bestand Kolumbus' Flotte bei seiner ersten Expedition über den Atlantik. Mit dem einfachen Ticket hat man Zugang zu allen drei Schiffen und dem dazugehöri-

DIE VIER SEEREISEN DES CHRISTOPH KOLUMBUS

Im April 1492 gewann Christoph Kolumbus (span. Cristóbal Colón) endlich die Unterstützung der Reyes Católicos (die Katholischen Könige Isabella und Ferdinand) für seine Entdeckungsreise Richtung Westen in den gewürzreichen Orient. Daraus sollten schlussendlich vier Reisen werden, die das sagenhafte Goldene Zeitalter Spaniens einläuteten. Allerdings vertreten mittlerweile manche Historiker die Meinung, dass Kolumbus' Kapitäne, die Brüder Pinzón, die eigentlichen Entdecker der Neuen Welt waren.

Am 3. August 1492 stach Kolumbus mit 100 Männern und drei Schiffen in Palos de la Frontera in See. Nachdem die Besatzung die Hoffnung auf Land aufgegeben hatte und beinahe meuterte, ging sie schließlich am 12. Oktober auf der bahamaischen Insel Guanahaní an Land und nannte sie San Salvador. Auf der Weiterfahrt entdeckten sie Kuba und Hispaniola, wo die *Santa María* sank. Die *Niña* und die *Pinta* kehrten am 15. März 1493 nach Palos zurück.

Kolumbus brachte Tiere, Pflanzen, Goldschmuck und sechs karibische Indigene mit nach Europa und wurde als Held empfangen, da alle überzeugt waren, er habe das legendäre Ostindien erreicht (tatsächlich lag er mit seinen Berechnungen um ganze 16 000 km daneben). Martín Alonso Pinzón starb bei seiner Ankunft in Spanien, nachdem es ihm nicht gelungen war, Kolumbus bei der Verkündung der großen Neuigkeit zuvorzukommen.

1493 und 1498 unternahm Kolumbus weitere Reisen, auf denen er Jamaika, Puerto Rico, Trinidad und die Mündung des Orinoco entdeckte. Jedoch erwies er sich als katastrophaler Kolonialverwalter, der die Ureinwohner versklavte und die spanischen Siedler gegen sich aufbrachte. Schließlich wurde er von einem Abgesandten der spanischen Krone verhaftet und in Ketten nach Hause verfrachtet. In einem Versuch, sich zu rehabilitieren, brach Kolumbus im Mai 1502 zu seiner vierten und letzten Reise auf. Diesmal erreichte er Honduras und Panama, saß dann jedoch ein Jahr lang auf Jamaika fest, nachdem Meereswürmer seine Schiffe unbrauchbar gemacht hatten.

Kolumbus starb 1506 im nordspanischen Valladolid, völlig verarmt und noch immer im Glauben, er habe Asien erreicht. Sein Leichnam wurde schließlich gemäß seinem Willen zurück in die Karibik überführt, aber dann nach Sevilla zurückgebracht. Oder doch nicht? Die posthumen Reisen des Kolumbus sind zu einer eigenen richtigen Saga geworden.

gen Museum mit seinen hervorragenden, zweisprachigen (Spanisch und Englisch) Exponaten, die die Geschichte von Kolumbus' Reisen erzählen. Zahlreiche Navigationsinstrumente sind zu sehen und die erste Begegnung der amerikanischen Ureinwohner mit den spanischen Seefahrern ist nachgestellt.

Parque Botánico José Celestino Mutis GÄRTEN
(Paraje de La Rábida; ⌚Di–So 10–19.30 Uhr) GRATIS La Rábidas wunderschön angelegter Botanische Garten liegt auf einem Hügel und beherbergt Pflanzen und Bäume aus der Neuen und der Alten Welt. Der weitläufige Park mit seinen palmengesäumten Kanälen, Teichen, einem Gewächshaus mit tropischen Pflanzen und einer schönen Aussichtsplattform mit Blick auf den Río Guadiana eignet sich für einen herrlichen Spaziergang.

ℹ An- & Weiterreise

Busse von **Damas** (www.damas-sa.es) verkehren häufig von Huelva nach La Rábida (1,75 €, 20 Min.). Von hier aus fahren Busse weiter nordöstlich nach Palos de la Frontera (1,40 €, 10 Min.) und Moguer (1,75 €, 25 Min.).

Palos de la Frontera

11 290 EW.

Es war der Hafen von Palos de la Frontera, von dem Kolumbus und seine Landsleute zu ihrer Reise ins Unbekannte aufbrachen. Die Stadt stellte dem Entdecker zwei Schiffe, zwei Kapitäne (die Brüder Martín Alonso Pinzón und Vicente Yañez Pinzón) und über die Hälfte seiner Crew zur Verfügung.

Iglesia de San Jorge KIRCHE
(Calle Fray Juan Pérez; ⌚Öffnungszeiten variieren) Nahe dem nördlichen Ende der Calle Colón erhebt sich die gotische Mudejarkir-

che aus dem 15. Jh., wo Kolumbus und seine Männer die heilige Kommunion empfingen, bevor sie zu ihrer großen Expedition aufbrachen. Das Trinkwasser für ihre Fahrt stammte aus dem nahe gelegenen Brunnen La Fontanilla.

An- & Weiterreise

Busse von **Damas** (www.damas-sa.es) fahren häufig von Palos de la Frontera nach La Rábida (1,40 €, 10 Min.), Moguer (1,40 €, 15 Min.) und Huelva (1,75 €, 30 Min.).

Moguer

22 090 EW.

Das verschlafene weiß getünchte Dorf Moguer, wo Kolumbus' Schiff *Niña* gebaut wurde, liegt 8 km nordöstlich von Palos de la Frontera an der A494. Die wichtigste Kolumbusstätte im Ort ist das Monasterio de Santa Clara aus dem 14. Jh.

Moguer ist auch als Geburtsort und Heimatstadt des Nobelpreisträgers und Dichters Juan Ramón Jiménez in die Geschichte eingegangen.

Monasterio de Santa Clara KLOSTER

(☎ 959 37 01 07; www.monasteriodesantaclara.com; Plaza de las Monjas; geführte Touren Erw./erm. 3,50/2,50 €, So gratis; ⌚ Touren Di–Sa 10.30, 11.30, 12.30, 17.30 & 18.30, So 10.30 & 11.30 Uhr) In diesem prachtvollen Kloster aus dem 14. Jh. wachte und betete Kolumbus nach der Rückkehr von seiner ersten Reise im März 1493 eine Nacht lang. Zu den Höhepunkten der 45-minütigen Führungen gehören ein schöner Mudejarkreuzgang, eine Küche aus dem 14. Jh., das weiß getünchte Claustro de las Madres, ausgeleuchtete Manuskripte und ein einzigartiger Nasrid-Chorstuhl aus dem 14. Jh. mit Darstellungen von Löwen, Säulen und arabischen Kapitellen, die an die Alhambra erinnern.

Praktische Informationen

Touristeninformation (☎ 959 37 18 98; Teatro Municipal Felipe Godínez, Calle Andalucía 17; ⌚ Di–Sa 10–14 & 17–19 Uhr) Hervorragende Touristeninformation im Teatro.

An- & Weiterreise

Damas (www.damas-sa.es) bietet mehrmals täglich Busverbindungen (13-mal an Wochentagen, 7-mal am Wochenende) von Moguer nach Palos de la Frontera (1,40 €, 15 Min.), La Rábida (1,75 €, 25 Min.) und Huelva (1,75 €, 45 Min.).

HUELVAS COSTA DE LA LUZ

Die nur wenig erschlossene Costa de la Luz der Provinz Huelva zeichnet sich durch ihre wunderschönen breiten weißen Sandstrände aus, hinter denen sich Dünen und Pinien erstrecken. Die bekanntesten Strände westlich von Huelva sind Punta Umbría, Flecha del Rompido, Isla Cristina und Ayamonte: hübsche, bescheidene Orte, die eher bei spanischen Urlaubern als bei ausländischen Touristen beliebt sind. Die Costa de la Luz setzt sich südöstlich von Huelva fort, fast an der gesamten Küstenlinie der benachbarten Provinz Cádiz entlang.

Flecha del Rompido STRAND

Der wohl spektakulärste Strand an Huelvas Costa de la Luz ist dieser 8 km lange Sandstreifen an der Mündung des Río Piedras, der nur mit der Fähre zu erreichen ist. Deshalb bleiben die Menschenmassen sogar im Hochsommer fern. Das Wasser auf der Festlandseite ist sehr ruhig; die Südseite des Strandes geht aufs offene Meer hinaus. Flecha el Rompido gehört zum Feuchtreservat Río Piedras und ist von großem Interesse für Ornithologen und Botaniker.

Von April bis Oktober setzen stündlich Boote von **Flechamar** (☎ 959 39 99 42; www.flechamar.com; hin und zurück 4 €; ⌚ Mitte April–Okt.) vom Hafen am westlichen Ende El Rompidos (23 km südwestlich von Huelva) zum Strand über. Täglich fahren mindestens zwei Busse von Huelva nach El Rompido (2,35 €, 50 Min.).

Isla Cristina

21 260 EW.

Isla Cristina wurde nach dem Erdbeben von 1775 gegründet und ist in erster Linie ein geschäftiger Fischereihafen mit einer 250 Boote starken Flotte. Die Stadt ist für Thunfisch und Sardinen bekannt, aber

NICHT VERSÄUMEN

DIE BESTEN STRÄNDE IN HUELVA

- Playa del Parador (S. 104)
- Flecha del Rompido (S. 101)
- Matalascañas (S. 108)
- Playa Central (S. 102)

NICHT VERSÄUMEN

MOGUER & JUAN RAMÓN JIMÉNEZ

Moguer hat sein ganz eigenes bezauberndes andalusisches Barockflair, dessen sonnige Schönheit der von hier stammende Dichter Juan Ramón Jiménez (1881–1958) auf vollendete Weise rühmte. Er erhielt 1956 den Nobelpreis für Literatur. Die **Casa Museo Zenobia y Juan Ramón Jiménez** (☎959 37 21 48; www.casamuseozjrj.com; Calle Juan Ramón Jiménez 10; Erw./erm. 3,50/2,50 €; ⊙Mitte Juni–Mitte Sept. Di–Fr 10–14 & 16–20, Sa & So 10–14.30 Uhr, sonst kürzere Öffnungszeiten), in der der Poet und seine Frau, Schriftstellerin Zenobia Camprubí, einst lebten, ist für Besichtigungen geöffnet.

Bei einem Spaziergang durch die Stadt kann man Ausschau halten nach den Skulpturen bekannter Jiménez-Charaktere und den auf Kacheln verewigten Zitaten, die wichtige Orte aus dem berühmtesten Werk des Dichters *Platero y yo* (Platero und ich) markieren. Als Inspiration diente Jiménez' innig geliebter Esel Platero.

auch für den lebhaften **Karneval**. Im Süden der Stadt liegen lange Sandstrände, die bei spanischen Urlaubern beliebt sind.

Sehenswertes

Playa Central STRAND

Am Rand der Playa Gaviota verläuft eine Promenade nach Osten zur Playa Central, der Haupttouristenzone mit ein paar Hotels und Restaurants. Bei warmem Wetter sieht man an dem langen, ununterbrochenen Strandabschnitt viele Sonnenanbeter und Schwimmer. Weiter östlich windet sich ein Naturpfad durch die bewaldeten Sümpfe; hier kann man wunderbar Vögel beobachten.

Playa de la Gaviota STRAND

Am südlichen Ende der Avenida Federico Silva Muñoz (der Fortsetzung der zentralen Gran Vía) führt eine Brücke über eine Lagune zur weitläufigen Playa de la Gaviota.

Schlafen & Essen

Hotel Sol y Mar HOTEL €€

(☎959 33 20 50; www.hotelsolymar.org; Paseo Marítimo, Playa Central; EZ/DZ ab 48/66 €; ⊙Ende März–Okt.; P ❄ 📶) Das Hotel mit dem wohl besten Preis-Leistungs-Verhältnis an diesem Küstenabschnitt wartet mit genialen Balkons auf, von denen die Gäste den Blick auf ein breites Stück Strand – und sonst nichts – genießen. Die Unterkunft ist zudem ganz schön stilvoll und steckt voller willkommener Extras wie Regenduschen etc. Das Personal ist freundlich und im hoteleigenen **Restaurant** (Hauptgerichte 12–15 €; ⊙Ende März–Okt. 12.30–23.30 Uhr) gibt's jede Menge Meeresfrüchte, serviert auf einer wunderbaren Terrasse mit Blick auf den Strand.

Hermanos Moreno FISCH & MEERESFRÜCHTE €

(☎959 34 35 71; Avenida Padre Mirabent 39; raciones 6–12 €; ⊙April–Sept. 12–16 & 20–24 Uhr, Okt.–März 12–16 Uhr) Eins von mehreren gut besuchten Fischrestaurants auf diesem Platz an der nordwestlichen Spitze der Halbinsel ist das Moreno; es ist besonders beliebt wegen seines freundlichen Personals und der günstigen Tagesspezialitäten. Gleich gegenüber ist die Fischauktionshalle, wo man Restauranteinkäufern aus ganz Spanien beim Feilschen um den Tagesfang zusehen kann. *Chocos* (Tintenfische), *castañuelas* (Mini-Tintenfische), *chipirones* (Baby-Kalamare) und gefüllter Thunfisch – frischer geht's nicht.

Praktische Informationen

Touristeninformation (☎959 33 26 94; http://wp.islacristina.org/turismo; Calle San Francisco 12; ⊙10–14 Uhr) Ein Block landeinwärts vom Fischereihafen. Daneben liegt ein kleines (kostenloses) Museum mit preisgekrönten Kostümen des Carnaval von Isla Cristina.

An- & Weiterreise

Täglich machen sich mindestens fünf Busse der Firma **Damas** (www.damas-sa.es) von Isla Cristinas **Busbahnhof** (Calle Manuel Siurot) aus auf den Weg nach Huelva (4 €, 1–1¼ Std.).

Ayamonte

20 950 EW.

Ayamonte bietet Blick über den Río Guadiana nach Portugal und verströmt eine fröhliche Grenzstadtatmosphäre. Am Flussabschnitt zwischen Touristenbüro und Hafen kann man einen schönen Spaziergang machen, ebenso im angrenzenden Stadtzentrum. Die örtlichen Strände, **Isla Canela** und **Punta del Moral**, sind zwar ziemlich attraktiv, liegen jedoch ein ganzes Stück südlich der Stadt und sind durch hässliche Hochhäuser verunstaltet.

Die Altstadt zwischen dem Paseo de la Ribera und dem Fährendock (400 m westlich) steckt voller hübscher Plätze, alter Kirchen, Cafés, Boutiquen und Restaurants.

Praktische Informationen

Touristeninformation (☎ 959 32 07 37; Plaza de España 1; ⏲ März–Okt. Mo–Fr 9–20 Uhr, Nov.–Feb. bis 15 Uhr, ganzjährig Sa 10–14 Uhr)

An- & Weiterreise

Wer hier die spanisch-portugiesische Grenze auf dem Landweg oder mit der Fähre überquert, muss weder Zoll- noch Einwanderungskontrollen durchlaufen.

BUS

Vom **Busbahnhof** (Avenida de Andalucía) fahren täglich fünf Busse nach Isla Cristina (1,75 €, 15–25 Min.), sechs nach Huelva (5,30 €, 1–1¼ Std.) und einer nach Faro in Portugal (15 €, 40 Min.).

SCHIFF/FÄHRE

Portugal-Fans können die schnelle, moderne A49 außer Acht lassen und stattdessen eine langsamere, 15-minütige Fährfahrt von **Transporte Fluvial del Guadiana** (☎ 652 525168; www.rioguadiana.net; Avenida del Muelle de Portugal 37; Erw./Kind/Fahrrad/Motorrad/Auto 1,90/1,20/1,20/3,50/5,50 €; ⏲ Abfahrt Juli–Mitte Sept. 9.30–21 Uhr halbstündl., Mitte Sept.–März 10–19 Uhr stündl., April–Juni bis 20 Uhr) über den Guadiana nach Vila Real de Santo António in Portugal genießen. Das Unternehmen schippert auch den Río Guadiana, einen der längsten Flüsse Spaniens, hinauf nach Sanlúcar de Guadiana (9 Std.). Die genauen Abfahrtszeiten und Fahrkarten gibt's im Kiosk gegenüber vom Fähranleger.

PARQUE NACIONAL DE DOÑANA & UMGEBUNG

Der zum Weltnaturerbe zählende Parque Nacional de Doñana ist ein Ort mit einer unglaublich schönen Natur und exotisch weiten Horizonten, wo Schwärme von Flamingos den Abendhimmel über einem der ausgedehntesten Feuchtgebiete Europas (dem Guadalquivir-Delta) rosa färben, riesige Herden von Rehen und Wildschweinen durch die *coto* (Wälder) huschen und der scheue Pardelluchs ums Überleben kämpft. Hier, in der größten straßenlosen Region Westeuropas und dem berühmtesten Nationalpark Spaniens, kann man die Natur in ihrer ursprünglichsten und kraftvollsten Form erleben.

Der 601 km² große Nationalpark erstreckt sich 30 km entlang oder nahe der Atlantikküste und bis zu 25 km landeinwärts. Über weite Strecken grenzt er an den gesonderten **Parque Natural de Doñana**, der weniger streng geschützt ist und eine

LEBENSZYKLEN IM PARQUE NACIONAL DE DOÑANA

Die zahlreichen ineinander verflochtenen Ökosysteme des Parque Nacional de Doñana bringen eine fantastische Artenvielfalt hervor. *Marismas* (Marschen) machen um die 380 km² des Parks aus. Sie sind von Juli bis Oktober nahezu trocken, füllen sich aber im Spätherbst mit Wasser, bis nur noch kleine Inseln mit trockenem Land herausragen. Hunderttausende Wasservögel aus dem Norden überwintern hier, darunter schätzungsweise 80 % der westeuropäischen Wildenten. Wenn das Wasser im Frühjahr zurückgeht, kommen Rosaflamingos, Reiher, Störche, Löffler, Säbelschnäbler, Wiedehopfe, Bienenfresser und Albatrosse in den Park, um hier den Sommer zu verbringen, viele davon auch zum Nisten. Jungvögel tummeln sich dann um die Tümpel, die *lucios*. Wenn diese im Juli austrocknen, machen sich Reiher, Störche und Milane über die gestrandeten Flussbarsche her.

Zwischen den Marschen und dem 28 km langen Strand des Parks erstreckt sich ein Streifen aus Sanddünen, die vom Wind jährlich 2 bis 5 m landeinwärts geweht werden. Wenn der Sand schließlich das Marschland erreicht, tragen Flüsse ihn zurück ins Meer, das ihn wieder an den Strand spült – der Zyklus beginnt von Neuem.

In anderen Teilen des Parks bildet fester Sand die Grundlage für 144 km² *coto*, wie hier Wald- und Buschland genannt werden. Er ist das bevorzugte Biotop vieler Nistvögel und Säugetiere – zu den 37 Arten zählen Rot- und Damwild, Wildschweine sowie Wild- und Ginsterkatzen.

682 km² große Pufferzone für den Nationalpark bildet.

Der Nationalpark und das umliegende Naturschutzgebiet beherbergen zusammen 360 Vogel- und 37 Säugetierarten, darunter gefährdete Tiere wie den Pardelluchs und den Spanischen Kaiseradler (etwa neun Brutpaare). Außerdem sind sie ein wichtiger Lebensraum für eine halbe Million Zugvögel.

Seit seiner Gründung im Jahr 1969 wird der Park bedroht durch Tourismus, Landwirtschaft, Jäger, Entwickler und Bauunternehmer, die gegen die Einschränkungen der Landnutzung kämpfen. Umweltschützer weisen ihrerseits darauf hin, dass Doñana zunehmend durch den Tourismus, landwirtschaftliche Projekte, Straßen und weitere Infrastrukturmaßnahmen eingeschnürt wird, was die Wasservorräte zu erschöpfen droht und den Park von anderen unerschlossenen Gebieten abschneidet.

Der Zugang zum Inneren des Nationalparks ist eingeschränkt, doch am 28 km langen Atlantikstrand zwischen Matalascañas und der Mündung des Río Guadalquivir (den man in der Provinz Cádiz mit dem Boot von Sanlúcar de Barrameda aus überqueren kann) sind Wandern und Radfahren erlaubt, solange man nicht ins Landesinnere vordringt.

Die Ortschaften El Rocío (S. 106) und Matalascañas (S. 108) bieten gute Unterkünfte und Restaurants und sind die Hauptausgangspunkte in Huelva für Expeditionen in den Parque Nacional und den Parque Natural de Doñana.

Sehenswertes & Aktivitäten

Wer sich den Park genauer ansehen möchte, muss eine der vierstündigen Touren in einem geländegängigen Fahrzeug für acht bis 30 Personen direkt bei einer der zugelassenen Agenturen buchen, darunter Doñana Nature (S. 106) und Doñana Reservas (S. 106) in El Rocío sowie Cooperativa Marismas del Rocío (S. 105) im Besucherzentrum des Parks El Acebuche nahe Matalascañas. Vor allem in den größeren Fahrzeugen fühlt man sich ein bisschen wie in einem Themenpark, aber die Guides haben viele spannende Infos parat.

Im Frühling, Sommer und in den Ferien so früh wie möglich buchen. Zu anderen Zeiten reicht eine Woche Vorlauf oder weniger. Fernglas einstecken, wer mag, außerdem Trinkwasser und Insektenschutz (im Winter nicht nötig). Einige Guides sprechen Englisch, Deutsch und/oder Französisch – vorher Bedarf anmelden!

Rotwild und Wildschweine bekommt man ziemlich sicher zu Gesicht, ebenso viele Vogelarten. Echte Vogelkundler sind aber möglicherweise enttäuscht angesichts des strikt limitierten Zugangs zum Parkinneren. Luchse lassen sich kaum blicken.

Playa del Parador — STRAND

Er gehört zu den schönsten Stränden der Provinz Huelva: der beeindruckende, von Klippen gesäumte 6 km lange Sandstrand am Westende des Parque Natural de Doñana. Zugang hat man vom Parador de Mazagón an der A494, ca. 25 km westlich von Matalascañas.

DER PARDELLUCHS IM PARQUE NACIONAL DE DOÑANA

Tierbeobachter sind im Parque Nacional Doñana vor allem auf der Suche nach dem Pardelluchs (Iberischer Luchs), doch er macht sich rar. Der Bestand im Doñana-Gebiet liegt bei 70 bis 100 Tieren (die offizielle Zahl 2018 lautete 94, was ein erheblicher Anstieg von den gezählten 41 Individuen 2002 ist). Aufgrund des Rückgangs der Hasenpopulation (der Hauptbeute des Luchses) wurden kürzlich 10 000 neue Hasen im Park angesiedelt. Es existiert auch ein zunehmend erfolgreiches Zuchtprogramm mit in Gefangenschaft lebenden Tieren: 27 Luchspaare haben den Bestand im Doñana 2019 um 35 neue Jungtiere wachsen lassen (aktuelle Statistiken finden sich unter www.lynxexsitu.es). Im Centro de Visitantes El Acebuche kann man über einen Livestream Luchse im nahen Aufzuchtzentrum beobachten und spannende Einblicke genießen, auch wenn sie nur gähnen, sich strecken oder putzen – besuchen kann man sie allerdings nicht. Einige der ansässigen Luchse wurden überfahren beim Versuch, die Straßen rund um den Doñana zu überqueren (hier im Park und an anderen Orten in Spanien wurden 2019 insgesamt 29 Luchse bei Verkehrsunfällen getötet; Besucher sollten sich daher unbedingt an die angegebene Geschwindigkeitsbegrenzung halten).

NICHT VERSÄUMEN

WANDERN IM PARQE NACIONAL DE DOÑANA

Die Wanderwege in der Nähe der Besucherzentren des Parks sind so einfach, dass sie für die meisten Besucher geeignet sind. Die Vogelzugzeiten von März bis Mai und September bis November sind für Vogelbeobachter am spannendsten. Am abgeschiedenen, an einem Teich gelegenen Centro de Visitantes José Antonio Valverde kann man die Vögel besonders gut beobachten.

Sendero Lagunas del Acebuche Vom Centro de Visitantes El Acebuche führen die zwei Senderos del Acebuche (Acebuche-Wege, 1,5 km und 3,5 km hin und zurück) zu Vogelbeobachtungssitzen mit Blick auf die nahegelegenen Lagunen, die allerdings manchmal stark ausgetrocknet sind.

Sendero Charco de la Boca Der Sendero Charco de la Boca beginnt am Centro de Visitantes La Rocina. Der 3,5 km lange Rundweg folgt zunächst einem Fluss, dann durchquert man mehrere Biotope und passiert unterwegs vier Hochsitze zur Vogelbeobachtung.

Raya Real Raya Real ist eine der bedeutendsten Routen, die von *romería*-Pilgern auf der Reise nach/von El Rocío genutzt wird. Der Weg ist vom nordöstlichen Rand dieses Dorfes aus zu erreichen. Unterwegs überquert man den Puente del Ajolí und folgt dem Pfad in Richtung Waldgebiet. Weiter geht's durch den Coto del Rey, ein großes Waldgebiet, wo man am frühen Morgen oder späten Abend Rehe oder Wildschweine sehen kann.

Cooperativa Marismas del Rocío TIERE
(☎959 43 04 32; www.donanavisitas.es; Centro de Visitantes El Acebuche; Touren 30 €) Vierstündige geführte Touren durch den Nationalpark in geländegängigen Fahrzeugen für 20 bis 30 Personen. Abfahrt ist täglich jeweils einmal morgens und einmal nachmittags am Centro de Visitantes El Acebuche. Die Ausflüge decken eine 75 km lange Route im südlichen Teil des Parks und alle wichtigen Ökosysteme ab: Küste, Dünen, Marschland und mediterranen Wald. Die Touren beginnen mit einer langen Fahrt am Strand entlang, bevor es ins Landesinnere geht.

Schlafen

★ **Parador de Mazagón** HOTEL €€€
(☎959 53 63 00; www.paradores.es; Carretera San Juan del Puerto-Matalascañas, Km 31; Zi. 150–334 €; ❄📶🏊) Mazagón liegt oberhalb des Meeres in einem Pinienwald am westlichen Rand von Doñana und sticht in Spaniens landesweitem Netz von *paradores* (luxuriöse staatliche Hotels) als wahres Paradies für Naturliebhaber hervor. Von der Eingangstür des Hotels sind es nur fünf Minuten zu Fuß bis zum scheinbar endlosen von Klippen gesäumten Sandstrand. Alternativ kann man oben bleiben, um die Gärten, den Pool, das Spa und das hauseigene Bar-Restaurant zu genießen.

ℹ Praktische Informationen

Im Park gibt's sieben Besucherzentren. Wer aus der Provinz Huelva in den Park fährt, für den sind diese vier die wichtigsten:

Centro de Visitantes El Acebrón (☎600 144625; ⏲Feb.–Okt. 9–15 & 16–19 Uhr, Nov.–Jan. bis 18 Uhr) Über eine asphaltierte Nebenstraße gelangt man 6 km westlich des Centro de Visitantes La Rocina zu diesem Besucherzentrum mit einem Infoschalter und einer ethnografischen Ausstellung zum Park in einem palastartigen Bauwerk aus den 1960er-Jahren. Wanderwege dürfen natürlich auch nicht fehlen.

Centro de Visitantes El Acebuche (☎959 43 96 29; ⏲Mai–Mitte-Sept. 8–15 & 16–21 Uhr, Mitte Sept.–März bis 19 Uhr, April bis 20 Uhr) 12 km südlich von El Rocío über die A483 und dann 1,6 km westlich liegt El Acebuche, das Hauptbesucherzentrum des Nationalparks. Es bietet Wege zu Vogelbeobachtungsstellen. Außerdem kann man die Pardelluchse aus der Zuchtstation live auf dem Bildschirm verfolgen.

Centro de Visitantes José Antonio Valverde (☎671 564145; ⏲April–Sept. 10–20 Uhr, März & Okt. bis 19 Uhr, Nov.–Feb. bis 18 Uhr) Das abgelegene Centro de Visitantes José Antonio Valverde am Ostrand des Parks eignet sich hervorragend zur Vogelbeobachtung, denn es überblickt einen ganzjährigen *lucio* (Teich). Am einfachsten erreicht man das Zentrum mit einer autorisierten Tour von El Rocío aus. Wer auf eigene Faust herkommen will, fährt von Villamanrique de la Condesa oder La Puebla del Río über holprige Straßen in Richtung Nordosten.

Centro de Visitantes La Rocina (☎ 959 43 95 69; A483; ⏲ Feb.–Okt. 9–15 & 16–19 Uhr, Nov.–Jan. bis 18 Uhr) Neben der A483, 1 km südlich von El Rocío. Es gibt einen Informationsschalter für den Nationalpark und die Wanderwege.

An- & Weiterreise

Der Park kann nicht mit dem eigenen Fahrzeug erkundet werden, zu den vier wichtigsten Besucherzentren kommt man allerdings mit dem Auto. Busse von **Damas** (www.damas-sa.es) fahren täglich acht- bis zehnmal zwischen El Rocío und Matalascañas (1,40 €, 25 Min.) und halten auf Wunsch an der Abzweigung nach El Acebuche an der A483. Bei rechtzeitiger Anmeldung holen verschiedene Tourveranstalter ihre Kunden auch in Matalascañas ab.

El Rocío

1370 EW.

El Rocío, die bedeutendste Stadt in der Umgebung des Parque Nacional de Doñana, versetzt jeden Besucher, der zum ersten Mal herkommt, in Staunen. Die sandbedeckten Straßen sind von farbenprächtigen einstöckigen Häusern mit breiten Veranden gesäumt. Die Hälfte der Zeit stehen sie leer, das heißt aber nicht, dass dies eine Geisterstadt wäre. Die gepflegten Bauten gehören 115 *hermandades* (Bruderschaften), deren Pilger jedes Jahr zu Pfingsten zur Romería del Rocío, Spaniens größtem religiösem Fest, in den Ort strömen.

Als wäre die einzigartig exotische Atmosphäre noch nicht genug, beeindruckt El Rocío seine Besucher mit einer hinreißenden Lage vor den strahlenden *marismas* (Feuchtgebieten) des Doñana, wo Hirschrudel im Morgengrauen ihren Durst stillen und sich zu bestimmten Jahreszeiten Flamingoschwärme in großer Zahl versammeln.

Sei es das Lichtspiel auf den Marschen, eine alte Frau, die in der Ermita zur Madonna betet, ein Reiter, der durch die Straßen reitet, oder eine Person in einem Flamenco-Kleid – in den staubigen, sanddurchwehten Straßen von El Rocío gibt's immer etwas Interessantes zu sehen.

Sehenswertes & Aktivitäten

Die Marschen vor El Rocío, die den Großteil des Jahres Wasser führen, bieten einige der besten Reviere für die Vogel- und Wildtierbeobachtung in der gesamten Doñana-Region. Rotwild und Pferde grasen in den Untiefen, und mit etwas Glück sieht man eine große rosafarbene Schar von Flamingos, die durch den Himmel zieht. Ein Spaziergang über die Uferpromenade lohnt sich unbedingt – Fernglas mitnehmen.

Ermita del Rocío KIRCHE

(Calle Ermita; ⏲ April–Sept. 8–21 Uhr, Okt.–März bis 19 Uhr) Mitten im Dorf steht die strahlend weiße Ermita del Rocío, die in ihrer heutigen Form 1964 gebaut wurde. Hier befindet sich die berühmte Nuestra Señora del Rocío (Unsere Liebe Frau von El Rocío), eine kleine Holzfigur der Madonna in einem langen, glitzernden Gewand, die normalerweise über dem Hauptaltar steht.

Jeden Tag kommen Besucher, um die Madonna zu sehen, besonders an Wochenenden, wenn sich die Bruderschaften von El Rocío häufig zu farbenprächtigen Feierlichkeiten treffen.

Francisco-Bernis-Vogelbeobachtungszentrum VOGELBEOBACHTUNG

(☎ 959 44 23 72; www.facebook.com/centroFranciscoBernis; Paseo Marismeño; ⏲ Di–So 9–14 & 16–18 Uhr) GRATIS Etwa 700 m östlich der Ermita liegt diese von der nationalen Vogelschutzgruppe SEO Birdlife (www.seo.org) betriebene Einrichtung zur Vogelbeobachtung, deren Rückseite an die Sümpfe grenzt. Flamingos, Braune Sichler, Löffler und andere Vögel kann man durch die hinteren Fenster oder von der Aussichtsplattform aus mit einem Hochleistungsfernglas (kostenlos) beobachten. Experten helfen bei der Bestimmung der Arten und informieren über Zugvögel und die besten Beobachtungsstellen.

Geführte Touren

Doñana Nature TIERE

(☎ 630 978216, 959 44 21 60; www.donana-nature.com; Calle Moguer 10; 30 € pro Pers.) Veranstaltet zweimal am Tag halbtägige Touren durch den Parque Natural de Doñana in kleinen Gruppen (acht bis 15 Personen). Los geht's einmal morgens und einmal nachmittags (Ferngläser werden gestellt). Spezialtouren für Vogelkundler und Fotografen sind verfügbar, auf Wunsch auch englischsprachige Guides.

Doñana Reservas TIERE

(☎ 959 44 24 74, 629 060545; www.donanareservas.com; Avenida de la Canaliega; geführte Touren 30 € pro Pers.) Dieser Veranstalter

NICHT VERSÄUMEN

SPANIENS GRÖSSTE WALLFAHRT: DIE ROMERÍA DEL ROCÍO

Jedes Jahr am Pfingstsonntag, sieben Wochen nach Ostern, verwandelt sich El Rocío von einem stillen Kaff in ein explosives Chaos aus Lärm, Farben und Ekstase. Es ist der Höhepunkt der **Romería del Rocío**, Spaniens größter Wallfahrt. Sie zieht Hunderttausende festlich gestimmter Pilger an.

Im Mittelpunkt der Feierlichkeiten steht die winzige Figur der Nuestra Señora del Rocío. Im 13. Jh. fand sie ein Jäger aus dem Dorf Almonte in einem Baum im Marschland und wollte sie mit nach Hause nehmen. Als er jedoch unterwegs eine Pause machte, kehrte die Madonna auf magische Weise zurück in den Baum. Bald darauf wurde eine Kapelle am Standort des Baums (El Rocío) gebaut, die sich zum Wallfahrtsort entwickelte.

„Nüchtern" ist das letzte Wort, das einem im Zusammenhang mit dem urandalusischen Fest in den Sinn käme. Die in feinste andalusische Gewänder gekleideten Teilnehmer tanzen, trinken, lachen und flirten auf ihrem Weg nach El Rocío nach Herzenslust. Die meisten von ihnen gehören einer von 115 *hermandades* (Bruderschaften) an und reisen zu Fuß, zu Pferd und in bunt geschmückten Planwagen aus ganz Südspanien an.

Ekstatischer Höhepunkt ist der sehr frühe Montagmorgen. Mitglieder der *hermandad* Almonte, die die Madonna für sich reklamiert, stürzen in die Kirche und tragen sie auf einem Podest heraus. Wenn andere um die Ehre kämpfen, La Paloma Blanca (die Weiße Taube) zu tragen, brechen gewalttätige Rangeleien aus. Gedränge und Chaos sind kolossal, aber irgendwie wird die Madonna zu jedem *hermandad*-Gebäude gebracht, bevor sie am Nachmittag wieder in die Kirche zurückgeleitet wird. Die nächsten Termine: 6. Juni 2022 und 29. Mai 2023.

In den letzten Jahren hat das Bewusstsein für Tierschutz in Spanien stark zugenommen. Maßgeblich verantwortlich dafür ist die tierschutzorientierte Partei PACMA (https://pacma.es), die Kampagnen mit Fokus auf misshandelte und vernachlässigte Tiere, vor allem Pferde und Maultiere, während der Feierlichkeiten zur Romería del Rocío startete. Trotz freiwilliger tierärztlicher Betreuung starben während der *romería* im Jahr 2019 sieben Pferde.

bietet vierstündige Führungen in geländegängigen Fahrzeugen für 20 bis 30 Personen. Der Fokus liegt auf den Feuchtgebieten und Waldstücken im Norden des Parks. Zudem gehört ein Halt am Centro de Visitantes José Antonio Valverde zum Programm (dort kann man normalerweise gut Vögel beobachten). Führungen starten täglich einmal morgens und einmal nachmittags.

Doñana Horse Adventure REITEN
(☎626 784628; www.donanahorseadventure.com) Die sympathische französische Besitzerin Sandrine bietet ein breites Spektrum an Reiterlebnissen an – von zweistündigen Privatstunden für Anfänger (45 €, auf Spanisch oder Englisch) bis zu dreitägigen Ausritten durch den Parque Nacional de Doñana (350 €).

Schlafen

Hotels werden für die Romería del Rocío bis zu einem Jahr im Voraus gebucht.

La Fonda del Rocío HOSTAL €
(☎959 44 23 76; www.lafondadelrocio.es; Calle Sacrificio 34; Zi. unter der Woche 30–40 €, Wochenende 50–70 €; WLAN) In einer charakteristischen Gasse von El Rocío, die von weiß getünchten Häusern gesäumt wird, liegt dieses einladende *hostal* mit 19 preiswerten und einfachen, aber gepflegten Zimmern, die um einen schmalen Innenhof mit Topfpflanzen herum liegen. Das Partnerhotel auf der anderen Straßenseite, das Hostal Abuelo Eloy, hat etwas kleinere und billigere Zimmer sowie hübsch geflieste Gemeinschaftsräume und einen Innenhof mit Zitronenbäumen.

Hotel Toruño HOTEL €€
(☎959 44 23 23; www.toruno.es; Plaza Acebuchal 22; EZ 35–59 €, DZ 50–80 €, Frühstück inkl.; P ❄ WLAN) Diese strahlend weiße Villa, 350 m östlich der Ermita, grenzt direkt an die *marismas*, wo man Flamingos bei ihrer morgendlichen Schönheitspflege beobachten kann. Im Inneren der Villa finden

sich Tiermotive auf Wandfliesen. Die nach innen liegenden Zimmer sind nicht besonders attraktiv, vor allem die im Erdgeschoss; am besten nach einem Zimmer mit Ausblick auf die Sümpfe fragen, falls eines verfügbar ist. Das hoteleigene Restaurante Toruño auf der anderen Seite des Platzes gehört zu den besten Restaurants in El Rocío.

★ Hotel La Malvasía HOTEL €€€
(☎ 959 44 27 13; www.hotellamalvasia.com; Calle Sanlúcar 38; EZ 100–110 €, DZ 120–170 €, Suite 185–205 €; ❄ 📶) Das idyllische Hotel erstreckt sich über eine prächtige *casa señorial* (Herrenhaus) mit Blick über die Marschen am östlichen Stadtrand. Die Zimmer haben rustikale Kachelböden, Vintage-Fotos von El Rocío und Eisenbettgestelle mit Blumenmustern. Auf der Sonnenterrasse in der oberen Etage kann man prima Vögel beobachten, ebenso von der Suite aus, die über die Lagune blickt.

Essen & Ausgehen

Restaurante Toruño ANDALUSISCH €€
(☎ 959 44 24 22; www.toruno.es; Plaza Acebuchal; Hauptgerichte 13–25 €; ⏲ 13–16 & 20–23 Uhr; 🖉) Mit seiner traditionellen andalusischen Atmosphäre, gutem Essen und großen Portionen ist das Toruño ein bewährter Klassiker in El Rocío. Zu den Highlights auf der Speisekarte gehört Mostrenca-Kalb aus Freilandhaltung, das es nur im Doñana gibt; für Vegetarier ist die *parrillada* (gegrillte Gemüseplatte) eine fantastische Option. Man kann vor dem Restaurant unter dem 1000 Jahre alten *acebuche* (Olivenbaum) oder auf der Rückseite mit Blick auf das Feuchtgebiet speisen.

Aires de Doñana ANDALUSISCH €€
(La Choza; ☎ 959 44 22 89; www.airesdedonana.com; Avenida de la Canaliega 1; Hauptgerichte 15–22 €; ⏲ Di–So 13.30–16, Di–Sa 20.30–20 Uhr) Das liebevoll La Choza (die Hütte) genannte strohgedeckte, weiß getünchte Lokal ist eine Institution im Dorf und hat vor allem eines zu bieten: einen unglaublichen Blick auf La Ermita inmitten von Pferdeweiden und vogelbestandenen Feuchtgebieten. Auf der Speisekarte findet man alles Mögliche – vom einheimischen Mostrenca-Rind bis zu Meeresfrüchten. So oder so kann man nichts falsch machen, wenn man bei Sonnenuntergang Drinks auf der Terrasse schlürft.

Albero 36 BAR
(☎ 618 146555; www.facebook.com/Albero36ElRocio; Paseo Marismeño 36; ⏲ Mi–Sa 12–16.30 & 20–24, So 12–19 Uhr) Ein kühles blau-weißes Dekor, hohe Decken, sandige Böden und ein geräumiger Innenhof schaffen eine entspannte, romantisch-andalusische Kulisse für Drinks und Tapas. Bei Sonnenuntergang kann der Gesang der Vögel, die in den angrenzenden Feuchtgebieten herumflattern, ohrenbetäubend sein.

Praktische Informationen

Touristeninformation (☎ 959 44 23 50; www.almonte.es; Avenida de la Canaliega; ⏲ 9.30–14 Uhr) Ist 2020 vom Rathaus an die Uferpromenade von El Rocío umgezogen.

An- & Weiterreise

Busse von **Damas** (www.damas-sa.es) fahren von der Plaza de Armas in Sevilla nach El Rocío (6,55 €, 1½ Std., 2- bis 3-mal tgl.) und weiter nach Matalascañas (1,40 €, 25 Min.). Von Huelva aus nimmt man einen Damas-Bus nach Almonte (4 €, 1¼ Std., 1- bis 4-mal tgl.), dann einen anderen nach El Rocío (1,40 €, 20 Min., 8- bis 10-mal tgl.).

Matalascañas

Angrenzend an den Parque Nacional und den Parque Natural de Doñana 50 km südöstlich von Huelva liegt der moderne, zweckorientierte Touristenort Matalascañas (erinnert sehr ans weiter westlich gelegene Mazagón). Dank der Nationalparkbestimmungen durfte nur eine Fläche von 4 mal 1 km bebaut werden, und der Strand ist wirklich wunderschön.

Playa de Matalascañas STRAND
Matalascañas' langer Sandstrand erstreckt sich über 4 km am Südrand der Stadt und geht an beiden Enden in die wilderen Strände des Parque Nacional de Doñana über. Zu seinem schönsten Abschnitt gelangt man auf der Hauptstraße Richtung Osten, wo ein Weg am Parkrand entlang zum Strand hinabführt. Von einem Kontrollposten am Strand unterhalb des Gran Hotel del Coto schlängelt sich eine 1,5 km lange Promenade durch die Dünen, die von Pinien und Kriechwacholder überwuchert sind.

Parque Dunar PARK
(A494, Km 52; ⏲ 8–21 Uhr) Am westlichen Ende von Matalascañas liegt das 1,3 km² gro-

ße Areal des Parque Dunar, geprägt von hohen, mit Pinien gekrönten Dünen und einem Netzwerk aus sandigen Pfaden und Holzstegen.

An- & Weiterreise

Zwei bis drei Busse von **Damas** (www.damas-sa.es) verkehren täglich von Matalascañas nach Sevilla (7, 95 €, 2 Std.). Von montags bis freitags fährt außerdem zweimal täglich ein Bus nach Huelva (4 €, 1¼ Std.).

DER NORDEN DER PROVINZ HUELVA

Nördlich von Huelva gehen die geraden Schnellstraßen in kurvige Landstraßen über und führen in eine gemäßigtere Zone, die bis auf 960 m über der Küste hinaufreicht. Die sanften Hügel des Huelva-Teils der Sierra Morena sind dicht mit Korkeichen und Pinien bewachsen, dazwischen stößt man auf viele gewundene Flusstäler, bezaubernde Dörfer aus Stein und Ziegel sowie Aracena, die umtriebige „Hauptstadt" der Region.

Langsam spricht sich herum, dass es hier eine noch wenig bekannte ländliche Welt zu entdecken gibt, durchzogen von herrlichen Wanderwegen. Ein Großteil des Gebietes befindet sich im 1870 km² großen **Parque Natural Sierra de Aracena y Picos de Aroche,** Andalusiens zweitgrößtem Schutzgebiet.

Minas de Riotinto

3850 EW. / 420 M

Versteckt am Südrand von Huelvas Sierra Morena liegt eines der ältesten Bergbaugebiete der Welt – so alt, dass angeblich König Salomon aus Jerusalem hier für seinen berühmten Tempel Gold schürfen ließ. Im 4. Jh. v. Chr. bauten die Römer Silber in den Stollen ab. Danach wurden die Bergwerke lange Zeit kaum genutzt. In den 1870er-Jahren schließlich verwandelte die britische Rio Tinto Company das Areal in eines der wichtigsten Kupferabbaugebiete der Welt (was zugleich zur eher zufälligen Gründung des ersten spanischen Fußballclubs führte). 1954 wurden die Minen an Spanien zurückverkauft. Der Bergbau wurde zwar 2001 aufgegeben, aber dank des hervorragenden Museums und der Möglichkeit, die alten Minen zu besichtigen und mit der Minenbahn zu fahren, macht die Erkundung der Gegend immer noch großen Spaß.

Einige Kilometer nordöstlich der Stadt fließt der Río Tinto. Sein Name („Roter Fluss") stammt von der rotbraunen Farbe durch das eisen- und kupfererzhaltige Wasser.

ABSEITS DER ÜBLICHEN PFADE

NIEBLA

30 km östlich von Huelva auf der A472 nach Sevilla (4 km nördlich der A49) gelangt man in das wunderbar erhaltene Mittelalterstädtchen Niebla. Es ist ein faszinierender Ort, umgeben von einer 2 km langen staubig-orangefarbenen Stadtmauer aus maurischer Zeit, durchbrochen von fünf Originaltoren und 46 Türmen. Die schmalen Gassen der Altstadt atmen Geschichte.

Nieblas Hauptsehenswürdigkeit ist das majestätische **Castillo de los Guzmanes** (☎ 959 36 22 70; Calle Campo del Castillo; 4,50 €; ⏲ 10–15 Uhr) aus dem 15. Jh. Es wurde wahrscheinlich von den Römern errichtet, doch die Mauren bauten es zu einem befestigten Palast aus. Er wurde um zwei offene Patios angelegt. Der Kerker birgt ein gruseliges Foltermuseum. Hier befindet sich auch die **Touristeninformation** (☎ 959 36 22 70; www.turismoniebla.com; Calle Arrabal 36; ⏲ 10–18 Uhr).

An der zentralen Plaza de Santa María befindet sich die schöne **Iglesia de Santa María de Granada** (⏲ Messe Mo–Sa 19, So 12 Uhr). Sie wurde ursprünglich als westgotische Kathedrale, im 9. Jh. als Moschee und schließlich im 15. Jh. als gotische Mudejarkirche genutzt.

Täglich fahren drei bis fünf Damas-Busse (www.damas-sa.es) von Sevilla nach Niebla (6 €, 1½ Std.). Drei bis sieben pro Tag starten in Huelva (3,10 €, 30 Min.). Von El Rocío gibt's keine direkten Busse nach Niebla, mit dem eigenen Fahrzeug erreicht man den Ort aber problemlos in 35 Minuten.

Sehenswertes & Aktivitäten

Museo Minero MUSEUM

(☎959 59 00 25; www.parquemineroderiotinto.es; Plaza Ernest Lluch; Erw./erm. 5/4 €; ⏲Mitte Juli–Mitte Sept. 10.30–15 & 16–20 Uhr, restl. Jahr bis 19 Uhr; Ⓟ) Riotintos Bergbaumuseum bietet einen umfassenden Überblick über die einzigartige Geschichte und Geologie der Region – von den Megalithgräbern aus dem 3. Jahrtausend v. Chr. bis zur britischen Kolonialzeit und von den beeindruckend farbenfrohen, regional abgebauten Edelsteinen bis zu den rostroten römischen Statuen, die vor Ort gefunden wurden. Zwei der eindrucksvollsten Ausstellungsstücke sind die aufwendige 200 m lange Nachbildung einer römischen Mine und der *Vagón del Maharajah,* ein luxuriöser Waggon, der 1892 für eine Indienreise der britischen Königin Victoria gebaut wurde.

Peña de Hierro MINE

(☎959 59 00 25; www.parquemineroderiotinto.es; Erw./erm. 8/7 €; ⏲Öffnungszeiten variieren) Die alten Kupfer- und Schwefelminen liegen 3 km nördlich von Nerva und 6 km östlich der Minas de Riotinto. Hier lassen sich die Quelle des Río Tinto sowie eine 65 m tiefe Tagebaumine besichtigen. Außerdem werden Besucher durch eine 200 m lange unterirdische Minengalerie geführt. Täglich finden mindestens drei Führungen statt. Die Öffnungszeiten variieren jedoch. Deshalb muss man sich vorher telefonisch oder online im Museo Minero anmelden.

Ferrocarril Turístico-Minero EISENBAHN

(☎959 59 00 25; www.parquemineroderiotinto.es; Erw./erm. 11/10 €; ⏲Mitte Juli–Mitte Sept. tgl. 13.30 & 17.30 Uhr, Mitte Feb.–Mitte Juli & Mitte Sept.–Mitte Nov. Mo–Fr 13, Sa & So 13.30 Uhr, Mitte Nov.–Mitte Feb. Sa & So 13.30 Uhr) Eine unterhaltsame Möglichkeit, die Gegend v. a. mit Kindern zu erkunden, ist eine Fahrt in den restaurierten Waggons dieser historischen Eisenbahn aus dem frühen 20. Jh. durch die surreale Landschaft von Riotinto. Die gesamte Route (22 km hin und zurück) verläuft parallel zum rostroten Fluss, sodass man seine ständig wechselnden Farbtöne bewundern kann. Vorab anmelden, entweder im Bergbaumuseum oder am Bahnhof 4 km östlich der Stadt.

An- & Weiterreise

Busse von **Damas** (www.damas-sa.es) verkehren täglich drei- bis fünfmal zwischen Minas de Riotinto und Huelva (7,10 €, 1¾ Std.).

Aracena

8110 EW. / 673 M

Die florierende alte Marktstadt Aracena, strahlend weiß in einem Bergkessel gelegen, ist ein sympathischer, lebhafter Ort, der sich wie ein Band um eine mittelalterliche Kirche und eine Burgruine schlingt. Mit reichlich guten Unterkünften und Restaurants ist Aracena ein beliebtes Ziel für Gastrotourismus und ein idealer Ausgangspunkt für die Erkundung der umliegenden Sierra de Aracena.

Sehenswertes

Die **Plaza Alta**, ein hübscher, gepflasterter Platz, bildete ursprünglich das Zentrum der Stadt. Hier befindet sich das elegante im 15. Jh. erbaute **Cabildo Viejo**. Das frühere Rathaus verfügt über ein schönes Renaissancetor (und ein Infozentrum zum Naturschutzgebiet). Von der Plaza Alta verläuft die Calle Francisco Rincón den Hügel hinunter in Richtung Stadt. Unterwegs passiert sie ein paar schmale Straßen, die von einfachen weißen Häuschen gesäumt sind, bevor sie schließlich auf die zentrale **Plaza del Marqués de Aracena** trifft, einen lebhaften Platz mit ein paar guten Café-Restaurants.

★ **Gruta de las Maravillas** HÖHLE

(Höhle der Wunder; ☎663 937876; www.aracena.es/es/municipio/gruta; Calle Pozo de la Nieve; Touren Erw./Kind 10/7 €; ⏲10–13.30 & 15–18 Uhr) Unter dem Burghügel durchzieht ein Netz aus Höhlen und Tunneln den Karst. Ein außergewöhnlicher 1,2 km und 50 Minuten langer Rundweg führt durch zwölf Kammern und an sechs unterirdischen Seen vorbei. Alle sind wunderschön beleuchtet und voller bizarrer Felsformationen, die dem Film *Die Reise zum Mittelpunkt der Erde* als Hintergrundkulisse dienten.

Die Führungen finden in spanischer Sprache statt. Optional sind Audioguides in Englisch für 1,50 € erhältlich. Die Häufigkeit des Busverkehrs richtet sich nach der Nachfrage. Nachmittags und an Wochenenden, wenn Busse voller Besucher ankommen, sind die Tickets manchmal schnell ausverkauft.

Museo del Jamón MUSEUM

(☎663 937870; www.aracena.es/es/municipio/museo; Gran Vía; Erw./Kind 3,50/2,50 €; ⏲11–14.30 & 16–19.30 Uhr) Das moderne

Museum widmet sich ganz dem *jamón*, für den die Sierra so berühmt ist. Hier erfährt man, warum das Iberische Schwein, das vor allem Eicheln frisst, so saftiges Fleisch gibt, und wie wichtig die einheimischen Weiden sind, auf denen es aufgezogen wird. Außerdem lernt man traditionelle und moderne Schlacht- und Räuchermethoden kennen. Die Erläuterungen sind durchweg auf Spanisch, für vier weitere Sprachen stehen aber Audioguides zur Verfügung. Im Anschluss sind Besucher im Laden des Museums dazu eingeladen, den regionalen *Bellota*-Schinken zu probieren (kostenlos).

Castillo BURG

(Cerro del Castillo; Führung Erw./Kind 2,50/1 €; ⌚Touren April–Okt. 11.30, 12.30, 13.30, 18, 19 & 20 Uhr, Nov.–März 11.45, 12.45, 13.45, 16, 17 & 17.45 Uhr) Auf einem Hügel über der Stadt thront dramatisch die bröckelnde Ruine des *castillo*, das im 12. Jh. von den Königreichen Portugal und Kastilien auf den Ruinen einer früheren islamischen Siedlung errichtet wurde. Direkt daneben befindet sich die im gotischen Mudejarstil erbaute **Iglesia Prioral de Nuestra Señora del Mayor Dolor** (Plazoleta Virgen del Mayor Dolor; ⌚Sept.–Juni 10–17 Uhr, Juli & Aug. bis 19.30 Uhr). Beide sind über eine steile Gasse von der Plaza Alta aus zu erreichen. Auf Führungen erhält man Zugang zum Inneren der Burg, die von außen jedoch beeindruckender ist.

Aktivitäten

Die Hügel und Berge um Aracena bilden eines der schönsten und unbekanntesten Wandergebiete in ganz Andalusien. Wandern lohnt sich hier das gesamte Jahr über, aber das Frühjahr (vor allem April und Mai), wenn die Wiesen voller Wildblumen stehen und von bunten Schmetterlingen nur so wimmeln, ist die bei Weitem beste Zeit.

Das Centro de Visitantes Cabildo Viejo (S. 113) kann unterschiedlich schwierige Wanderungen empfehlen und gibt einfache Karten heraus. Die Touristeninformation (S. 108) verkauft die *Mapa Guía para Recorrer la Sierra de Aracena* (4.50 €), eine gute Karte mit Dutzenden Wanderwegen. Vor Ort auch nach der kostenlosen Broschüre *10 Nordic Walking Routes: Parque Natural Sierra de Aracena* fragen, die grobe Beschreibungen von zehn Rundwanderwegen in diesem Gebiet enthält.

ERMÄSSIGUNGEN IN ARACENA

Wer mehrere Sehenswürdigkeiten in Aracena besuchen will, kann mit der **Tarjeta Aracena Turística** 20 % sparen – ein Kombiticket für die Gruta de las Maravillas, das Museo del Jamón und das Castillo (12,50 €).

Aracena-Linares de la Sierra Walk WANDERN

Die schöne, ziemlich leichte Wanderung (5 km) dauert zwei Stunden und führt in ein grünes Tal hinab in das verschlafene Linares de la Sierra (S. 114). Der markierte Weg (PRA48) ist einfach zu finden: Er geht von der HU8105 am südwestlichen Stadtrand von Aracena ab, 500 m hinterm städtischen Schwimmbad. Man kann die Wanderung bis Alájar (4 km, 1½ Std.) verlängern und mit dem Bus nach Aracena zurückfahren (außer sonntags).

Geführte Touren

★ **Jamones Eíriz Jabugo** ESSEN & TRINKEN

(☎ 676 035827; www.rutadeljamondejabugo.com; Calle Pablo Bejarano 43, Corteconcepción; 42,50 € pro Pers. mit Verkostung) Das preisgekrönte Familienunternehmen in vierter Generation mit seinen zwei- bis dreistündigen Führungen ist die Adresse schlechthin, wenn man wissen möchte, was hinter der Bezeichnung Denominación de Origen Calificada (DOC) bei iberischem Schinken steckt. Zuerst stattet man den Schweinen einen Besuch in ihrem natürlichen Umfeld unter Eichenbäumen ab, dann begibt man sich in die labyrinthischen Salz- und Räucherkammern, wo Hunderte von Schinken ihren preisgekrönten Geschmack entwickeln.

Am Ende gibt's eine Verkostung verschiedener Fleischprodukte (Schinken, *lomito*, *salchicha* und Chorizo). Alle Touren müssen im Voraus gebucht werden und sind auf Anfrage in Englisch oder anderen Sprachen verfügbar. Etwa 6 km nordöstlich von Aracena.

Schlafen

Finca Valbono HOTEL €

(☎ 959 12 77 11; www.fincavalbono.com; Carretera Aracena-Carboneras, Km 1; DZ 50–70 €, 2-Personen-Apt. 60–80 €, 4-Personen-Apt. 100–120 €; P ❄ 📶 🏊) Nur 1 km nordöstlich von Aracena ist dieses mit viel Liebe betriebene Bauernhaus von reichlich Grün umgeben

Aracena

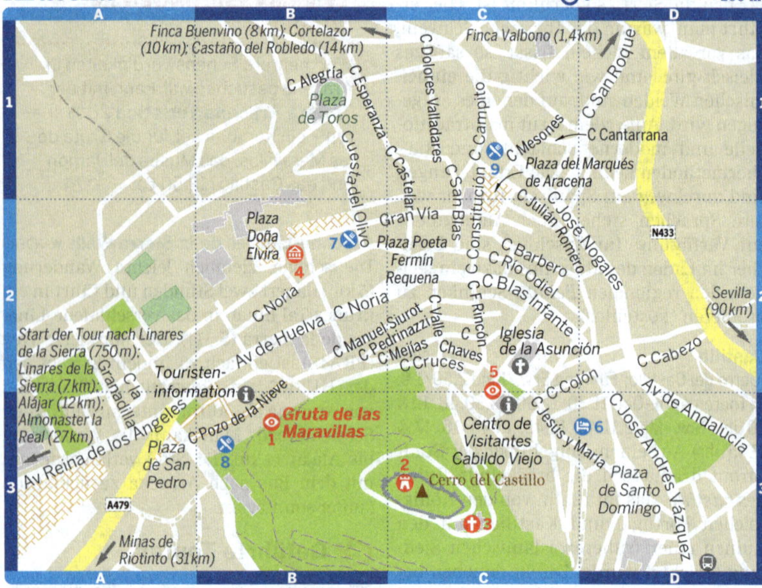

Aracena

Highlights
1 Gruta de las Maravillas B3

Sehenswertes
2 Castillo C3
3 Iglesia Prioral de Nuestra Señora del Mayor Dolor C3
4 Museo del Jamón B2
5 Plaza Alta C2

Schlafen
6 Hotel Convento Aracena D3

Essen
7 Experience by Fuster B2
8 Jesús Carrión B3
9 Rincón de Juan C1

und punktet mit einer Kombination aus ländlichem Charme und günstiger Lage. Die 20 *casitas* (Cottages) warten mit Holzkaminen, Küchenzeilen und zusätzlichen Schlafsofas auf (ideal für Gruppen oder Familien). Alternativ bezieht man eines der sechs rustikalen Zimmer. Weitere tolle Extras sind das freundliche Personal und der schöne Pool.

★ Finca Buenvino GASTHOF €€
(☎959 12 40 34; www.fincabuenvino.com; Los Marines; EZ/DZ mit Frühstück 90/140 €, 4-Personen-Cottage pro Woche 600–850 €;) Seit vier Jahrzehnten empfängt die Familie Chesterton ihre Gäste in einem spektakulär gelegenen lachsfarbenen Bauernhaus auf einer Hügelkuppe 10 Minuten westlich von Aracena. Die sechs Zimmer unterschiedlicher Kategorien (darunter einige familienfreundliche Suiten) verfügen alle über hohe Decken, eine charmante Einrichtung und einen herrlichen Blick auf die umliegende Landschaft. Es gibt ein elegantes Wohnzimmer und eine Sonnenveranda mit umlaufenden Fenstern.

Bei den optionalen Abendessen (35 € inkl. Wein) und gelegentlichen viertägigen Kochkursen (850 € inkl. Mahlzeiten und Unterkunft) werden Rezepte aus dem familieneigenen *Buenvino Cookbook* verwendet. Den Hügel hinunter befinden sich zwei zweistöckige Cottages für jeweils bis zu vier Personen inmitten von Bio-Gärten, wo man eigenes Gemüse ernten kann. Alles in allem ein traumhafter Ausgangspunkt für die Erkundung der Gegend um Aracena.

★ Hotel Convento Aracena HISTORISCHES HOTEL €€€
(☎959 12 68 99; www.hotelconventoaracena.es; Calle Jesús y María 19; DZ 95–163 €, Suite 195–243 €;) Funkelnde, moderne Zimmer stehen im Kontrast zur original an-

dalusischen Barockarchitektur in diesem sorgfältig umgebauten Kloster aus dem 17. Jh., der besten Unterkunft in Aracena. Zum Genießen laden das hauseigene Spa, die leckere Sierra-Küche und der ganzjährig geöffnete Salzwasserpool samt Sommerbar und tollem Blick auf das Dorf ein. Zimmer 9 hat eine Toplage in der Kuppel, ist jedoch abgesehen von der Dachluke in der Kuppel fensterlos.

Essen & Ausgehen

Rincón de Juan TAPAS €

(Avenida de Portugal 3; Tapas 2–3 €, raciones 10–14 €; ⏲ Mo–Sa 7.30–16, Mi–Sa 18.30–24 Uhr) In dieser Eckkneipe mit Holzbalken und Steinwänden gibt's nur Stehplätze, aber es handelt sich um das wahrscheinlich beliebteste Lokal in Aracena für traditionelle Tapas. Der iberische Schinken ist der große Favorit und bildet die Grundlage für zahlreiche *montaditos* (kleine belegte Brote) und *rebanadas* (geschnittene Brote für mehrere Personen). Der regionale Ziegenkäse ist immer eine gute Wahl.

★ **Experience by Fuster** FUSION-KÜCHE €€

(☎ 634 682988; www.facebook.com/experiencebyfuster; Gran Vía 21; Tapas 2,50–4 €, raciones 9–18 €; ⏲ Mo, Di, Do & Fr 9–24, Sa & So ab 10 Uhr) Aracenas einheimischer Starkoch Javier Fuster sorgte für eine sofortige Sensation, als er 2019 dieses ungezwungene Restaurant im Stadtzentrum eröffnete. Mit Zutaten, die größtenteils aus der Provinz Huelva stammen, verleiht Fuster traditionellen andalusischen Aromen einen internationalen Gourmet-Touch. Hier werden u. a. Tempura-Schweinefilet mit Steinpilzcreme oder Meeresfrüchte-Risotto mit Wakame-Algen serviert.

★ **Jesús Carrión** TAPAS €€

(☎ 959 46 31 88; www.jesuscarrionrestaurante.com; Calle Pozo de la Nieve 35; Tapas 6–13 €, Hauptgerichte 14–25 €; ⏲ Mi–So 13.30–16, Fr & Sa 20.30–23 Uhr; 📶 🖊) Der hingebungsvolle Koch Jesús segnet in diesem wunderbaren Familienbetrieb die kreativen Gerichte ab. Der Laden sorgt mit seinen liebevoll zubereiteten, modern interpretierten Versionen traditioneller Rezepte aus Aracena für einiges an Wirbel. Wir empfehlen das Carpaccio aus iberischem Schinken oder das Pilzrisotto (aus lokalen Pilzen). Das hausgemachte Brot kommt direkt aus dem Ofen und die Salate sind ebenfalls frisch – hier wird kein Gemüse aus der Konserve serviert!

ℹ Praktische Informationen

Centro de Visitantes Cabildo Viejo (☎ 959 12 95 53; Plaza Alta; ⏲ ganzjährig in der Regel 9.30–14 Uhr, zusätzlich März–Mai & Okt.–Dez. Fr & Sa 16–19 Uhr) Infos und Karten für Wanderer sowie eine Ausstellung zum Parque Natural Sierra de Aracena y Picos de Aroche. Die Öffnungszeiten sind von Monat zu Monat unterschiedlich.

Touristeninformation (☎ 663 937877; www.aracena.es; Calle Pozo de la Nieve; ⏲ 10–14 & 16–18 Uhr) Gegenüber der Gruta de las Maravillas; verkauft eine gute Wanderkarte.

ℹ An- & Weiterreise

Der **Busbahnhof** (Calle José Andrés Vázquez) befindet sich 700 m südöstlich der Plaza del Marqués de Aracena. Busse von **Damas** (www.damassa.es) fahren zwei- bis dreimal täglich von Sevilla (7,70 €, 1¼ Std.) über Alájar oder Jabugo weiter nach Cortegana. Von Huelva fährt von montags bis freitags zweimal am Nachmittag und einmal am Wochenende ein Bus ab (11,25 €, 2½–2¾ Std.). Es gibt auch eine regionale Verbindung zwischen Aracena und Cortegana über Linares de la Sierra, Alájar und Almonaster la Real.

Sierra de Aracena

Westlich von Aracena erstreckt sich eine der überraschenderweise malerischsten Landschaften Andalusiens, eine blumenübersäte Hügellandschaft mit alten Steindörfern. Waldgebiete wechseln sich mit ausgedehnten *dehesa* ab (Steineichenhainen, in denen die berühmten schwarzen Schweine der Region Eicheln futtern). Ein weitläufiges Netzwerk von gepflegten Wanderwegen mit immer wieder neuen Aussichten und überwiegend sanften Steigungen durchzieht die Landschaft – eine der reizvollsten Wandergegenden in Andalusien.

Besonders viele tolle Wanderrouten gibt's in dem Gebiet zwischen Aracena und Cortegana. Dort stößt man auch auf jede Menge hübsche Örtchen wie Alájar, Linares de la Sierra, Castaño del Robledo, Cortelazor und Almonaster la Real, die sich prima als Ausgangspunkte eignen.

Wanderkarten sind in den Touristeninformationen von Aracena erhältlich. Informationen in spanischer und englischer Sprache finden sich auch unter www.sierradearacena.com und www.ventanadelvisitante.es zum Download. Schwieriger zu finden, aber dennoch lohnenswert sind die Reiseführer *Sierra de Aracena Walk!* und

Sierra de Aracena

die dazugehörige *Sierra de Aracena Tour & Trail Map*, die beide von Discovery Walking Guides (www.dwgwalking.co.uk) herausgegeben wurden.

An- & Weiterreise

BUS

Damas (www.damas-sa.es) betreibt sämtliche Busse. Sie verkehren täglich morgens und nachmittags auf der HU8105 von Aracena nach Cortegana (3,40 €, 1 Std.). Montags bis samstags fährt außerdem ein Bus pro Tag von Aracena nach Linares de la Sierra (1,20 €, 10 Min.), Alájar (1,20 €, 30 Min.) und Almonaster la Real (2,30 €, 50 Min.).

ZUG

Täglich verkehrt mindestens ein Zug pro Strecke zwischen Huelva und den Bahnhöfen Almonaster-Cortegana (9,85 €, 1¾ Std.) und Jabugo-Galaroza (10,90 €, 2 Std.). Der Bahnhof Almonaster-Cortegana liegt 1 km abseits der Straße Almonaster–Cortegana, etwa auf halber Strecke zwischen beiden Dörfern.

Linares de la Sierra

260 EW. / 505 M

Nur 7 km westlich von Aracena befindet sich an der HU8105 eines der hübschesten Dörfer der Region: Linares de la Sierra. Es ist von einem üppig grünen Flusstal umgeben. Die kopfsteingepflasterten Straßen sind berühmt für ihre rund 300 *llanos* (Mosaiken in den Vorgärten) und werden von seltsam verwinkelten Häusern mit Ziegeldächern gesäumt. Im Ortszentrum liegt direkt hinter der Pfarrkirche Iglesia de San Juan Bautista aus dem 18. Jh. eine winzige kreisrunde Stierkampfarena mit einem blumengeschmückten Wappen in der Mitte. Vom Ortsrand führen ausgeschilderte Wanderwege in die Hügel Richtung Aracena und Alájar.

In dem kleinen **Besucherzentrum** (☎ 959 46 37 28; www.linaresdelasierra.com; Calle Blas Infante 1; ⏲ Di–So 9–18 Uhr) südlich der Stierkampfarena gibt's (begrenzt) Infos zu Wanderungen rund um Linares.

Rundweg Linares de la Sierra-Alájar WANDERN

Dieser mittelschwere, ausgeschilderte und 9,7 km lange Rundweg beginnt am südwestlichen Rand von Linares de la Sierra und verläuft durch hohe Weiden und Eichenwälder bis zum Weiler Los Madroñeros. Er führt dann über den Puerto de los Madroñeros (618 m) zum Dorf Alájar hinauf. Auf dem sanft ansteigenden Rückweg wandert man durch die Schlucht Barranco del Hoyo zum Puerto Linares (703 m), bevor es wieder steil hinunter nach Linares geht.

★ **Restaurante Arrieros** ANDALUSISCH €€€

(☎ 959 46 37 17; www.arrieros.net; Calle Arrieros 2; Hauptgerichte 15–21 €, Verkostungsmenüs ab 35 €; ⏲ Do–Di 13–16 Uhr, Mitte Juni–Mitte Juli geschl.) Mit der Kunst des Slow Food nimmt man es hier sehr genau: Eine Mahlzeit erstreckt sich in der Regel über mehrere Stunden. Die innovative Verarbeitung regionaler Schweinefleischprodukte und wilder Pilze ergibt Leckereien wie *solomillo* (Schweinelende) mit Pilz-Apfel-Füllung und *carrilleras* (Schweinebacken) in Rotwein. Das Arrieros gehört zu den besten Restaurants der Sierra.

Alájar

760 EW. / 570 M

Alájar, das wohl malerischste Dorf der Region, liegt 5 km westlich von Linares de la Sierra und hat sich seine schmalen Kopfsteinpflasterstraßen, würfelförmigen Steinhäuser und sogar die schöne Barockkirche bewahrt. Mehrere nette Wanderrouten starten hier bzw. führen hier vorbei.

Sehenswertes & Aktivitäten

Peña de Arias Montano HISTORISCHE STÄTTE
(HU8121; P) Oberhalb von Alájar bietet ein Felsvorsprung einen magischen Blick auf das Dorf. Die Felsnase ist nach Benito Arias Montano benannt, einem außergewöhnlichen Universalgelehrten und Humanisten aus dem 16. Jh., der den Hügel zur Erholung und Meditation nutzte. Die Kapelle aus dem 16. Jh. der *peña* ist eine wichtige Pilgerstätte der Region.

Ermita de Nuestra Señora Reina de los Ángeles KIRCHE
(HU8121; 11 Uhr–Sonnenuntergang) Auf der Peña de Arias Montano beherbergt die Ermita de Nuestra Señora Reina de los Ángeles aus dem 16. Jh. eine kleine Madonnenfigur, die als Schutzherrin der gesamten Sierra de Aracena gilt. Anfang September steht die Kapelle im Mittelpunkt des größten religiösen Festes der Region, der **Romería de la Reina de los Ángeles**. Besucher aus der gesamten Sierra kommen dann zusammen und ehren ihre Jungfrau.

Vor der Kapelle befinden sich Buden, an denen lokal produzierter Käse und Honig verkauft werden, und ein **Infoschalter** (625 512442; Fr–So, Öffnungszeiten variieren) mit Schautafeln zur Gegend.

Alájar-Castaño del Robledo Walk WANDERN
Neben der Bushaltestelle am Westrand von Alájar führt auf der anderen Seite der HU8105 ein mittelschwerer Weg 5 km bergauf, vorbei an dem einst verlassenen Dorf El Calabacino, das sich inzwischen in eine internationale Hippie-Künstler-Kolonie verwandelt hat. Danach geht's durch einen Wald voller Korkeichen und Kastanien zu dem bildschönen, kleinen Dorf Castaño del Robledo. Dafür zwei Stunden einplanen.

Schlafen & Essen

★ **Finca La Fronda** HOTEL €€
(959 50 12 47, 659 963510; www.fincalafronda.com; Carretera Cortegana-Aracena, Km 22; Zi. mit Frühstück 89–140 €; P) La Fronda ist mit seiner versteckten Lage in einem Kork- und Kastanienwald der perfekte Rückzugsort in den Bergen. Die helle Lounge, der im Mudejarstil gestaltete Innenhof und die riesigen, blumengeschmückten Zimmer mit britischen Akzenten versprühen einen modernen, rustikalen Charme. Vom rosenumrankten Pool hat man einen spektakulären Blick auf Alájar und die Peña de Arias Montano. Die Samstagabendkonzerte im Speisesaal der *finca* sollte man nicht verpassen.

Die Mitglieder der Familie Wordsworth (ja, sie sind Nachkommen des Dichters) kümmern sich liebevoll um das Anwesen und geben ihr Wissen über die Gegend gerne weiter. Sie organisieren auch *jamón*-Verkostungen, Ausritte und Wanderungen. Das Hotel ist auf dem Berggipfel zwischen Alájar und Linares de la Sierra abseits der HU8105 ausgeschildert.

★ **Posada de San Marcos** GASTHOF €€
(667 906132, 959 12 57 12; www.sanmarcosalajar.com; Calle Colón 12; EZ/DZ mit Frühstück 67,50/95 €; P) Dieses wunderbar restaurierte, 200 Jahre alte Haus an einem Bach im Herzen von Alájar ist Andalusiens erstes Hotel mit europäischem Umweltzeichen. Es wird mit geothermischer Energie und Regenwasser betrieben und mit Naturkork gedämmt. Die sechs komfortabel-rustikalen, großzügigen Zimmer warten mit großen Terrassen auf, die Zutaten fürs Frühstück sind hausgemacht und die freundlichen spanisch-englischen Gastgeber, Ángel und Lucy, sind absolute Experten, was Wanderungen in der Umgebung angeht. Der Pool gewährt zudem eine Aussicht quer übers Dorf bis zur *peña*.

Die Besitzer bringen ihren Gästen die Kultur von Aracena gerne näher und bieten Kostproben von regionalem Olivenöl, Ziegenkäse und iberischem DOC-Schinken (40 € pro Pers.). Wanderpakete sind ebenfalls verfügbar. Auf Wunsch bereitet Lucy ausgezeichnete Drei-Gänge-Menüs zu (25 € pro Pers., zzgl. 12 € pro Flasche Wein).

Molino Río Alájar COTTAGE €€€
(638 081415, 959 50 17 74; www.molinorioalajar.com; Finca Cabeza del Molino; Haus pro Tag 125–183 €, pro Woche 850–1275 €) Die weit gereisten niederländischen Besitzer Peter Jan und Monica vermieten diese sechs Ferienhäuser am westlichen Stadtrand von Alájar – ideal für Familien oder alle, die ein unabhängiges Haus im Herzen der Na-

tur suchen. Jede Unterkunft ist aus altem Holz, Ziegeln, Stein und Fliesen gebaut, mit einer kompletten Küche ausgestattet und kreativ mit Retro-Möbeln, Familienerbstücken und Fundstücken vom Flohmarkt eingerichtet.

Mesón El Molino ANDALUSISCH €€
(☎959 12 56 37; www.facebook.com/MesonElMolinodeAlajar; Calle Alta; Hauptgerichte 10–20 €; ⏲Fr–So 13–24 Uhr) Das El Molino ist in einer stimmungsvollen historischen Olivenmühle mit Steinböden und einem riesigen Wasserrad untergebracht und hat sich auf herzhafte Küche nach Aracena-Art spezialisiert. Im Mittelpunkt steht iberisches Schweinefleisch. Daneben gibt's andere Köstlichkeiten wie mit Melassesirup glasierte Lammkoteletts mit gereiftem Manchego-Käse. Es ist nur am Wochenende geöffnet, also im Voraus planen.

Cortelazor

300 EW. / 624 M

Etwa 10 km nordwestlich von Aracena liegt Cortelazor, ein kleines, weiß getünchtes Dorf mit alten römischen Wurzeln, das über die N433 und HU8122 erreichbar ist. Das Leben hier spielt sich auf der Plaza Andalucía ab, wo sich die Pfarrkirche Nuestra Señora de los Remedios und zwei Bars befinden. Südlich des Platzes steht der Olmo Milenario, eine uralte Ulme mit weit ausladenden Ästen, in deren Schatten über Jahrhunderte hinweg die Sitzungen des Stadtrats stattgefunden haben sollen. Vom Stadtrand aus führen einige schöne Wanderwege in die umliegenden Hügel.

DIE KÜCHE DER SIERRA DE ARACENA

In den Hügeln um Aracena ist eine hervorragende und zunehmend innovative Küche entstanden. Zu den Köstlichkeiten der Region zählen Wildpilze – in jedem Herbst schießen Dutzende verschiedener Pilzarten aus dem Boden. Und dann erst der Schinken! Der *jamón ibérico* aus dem nahe gelegenen Jabugo gilt als der beste des ganzen Landes. Die Tiere, von denen diese Köstlichkeit stammt, sind nicht zu übersehen: zufrieden aussehende schwarze Schweine, die in den Wäldern nach Eicheln suchen.

Aktivitäten

Rundweg Cortelazor-Alto de la Barquera WANDERN
Dieser 12 km lange Rundweg führt durch eine Mischung aus Weiden, Eichenwäldern und Bachtälern und bietet schöne Ausblicke auf die Sierra de Aracena. Von der zentralen Plaza Andalucía in Cortelazor geht's auf der rechten Seite der Kirche hinunter, vorbei an einem Spielplatz und dann nach links auf einen mit hellblau gestreiften Pfosten markierten Weg. Nach der Überquerung eines Baches (Arroyo de la Guijarra) wandert man hinauf auf einen hohen Felsvorsprung, den Alto de la Barquera, bevor es in einer Nord-West-Schleife zurück nach Cortelazor geht.

Schlafen

★ **Casa Annette** B&B €
(☎959 12 40 65; www.casaannette.com; Calle España 8; EZ/DZ ohne Bad mit Frühstück 35/45 €; 📶) Das schottisch-dänische Paar Stuart und Annette betreibt seit Langem mit viel Liebe dieses entzückende Gasthaus mit vier gemütlich und farbenfroh eingerichteten (wenn auch meist fensterlosen) Zimmern mit Gemeinschaftsbad im Obergeschoss. Die Besitzer geben gerne Tipps zur Gegend und servieren in der mit Holzbalken versehenen Bibliothek ein üppiges Frühstück mit frisch gebackenem Brot, hausgemachter Marmelade, Konfitüre, Käse und Wurst aus der Region sowie Kaffee, der nach italienischer Art in Mokka-Espressokannen gebrüht wird.

Castaño del Robledo

220 EW. / 740 M

Das kleine Dorf Castaño del Robledo, nördlich von Alájar an der Nebenstraße HU8114 zwischen Fuenteheridos und Jabugo, ist ein idyllisches Örtchen, das von dunstigen grünen Oliven- und Korkeichenwäldern umgeben ist. Das Mosaik aus roten Ziegeldächern wird von zwei großen Kirchen überragt (eine davon ist noch unvollendet), von denen jede allein die gesamte Dorfbevölkerung fassen könnte.

Aktivitäten

Rundweg Castaño del Robledo-Galaroza WANDERN
Der PRA38 bietet sich für eine lohnenswerte 10 km (3 Std.) lange Wanderung von Castaño del Robledo ins Dorf Galaroza an.

Zurück kann man über den SLA129 am Fluss entlanglaufen. Der Weg führt durch Waldbestände, aber es gibt dort auch schöne Fernsichten und im Frühjahr zahlreiche Wildblumen. Unterwegs lassen sich häufig *pata-negra*-Schweine (Iberische Schweine) bei der Eichelsuche beobachten.

Schlafen

Posada del Castaño CASA RURAL €
(☎ 959 46 55 02; www.posadadelcastano.com; Calle José Sánchez Calvo 33; EZ/DZ mit Frühstück 40/50 €; 📶) Dieses gemütliche umgebaute Dorfhaus mit gebogenen Dachbalken, einer großen Büchersammlung und bunten Überwürfen ist v.a. auf Wanderer ausgerichtet. Die britischen Besitzer Craig und Sasha (erfahrene Reisende und Wanderer) sind sehr auskunftsfreudig und bieten selbstgeführte Wandertouren sowie Reiturlaube an. Bei schönem Wetter wird das hausgemachte Frühstück auf der hinteren Terrasse mit Blick auf den üppigen Garten serviert.

Almonaster la Real

1820 EW. / 613 M

Inmitten einer von Korkeichen bewachsenen Hügellandschaft liegt Almonaster la Real, eines der malerischsten und reizvollsten der ursprünglichen Dörfer in der Sierra de Aracena. Ältere Menschen schlendern durch den ruhigen Ortskern und der oberhalb liegende Hügel wartet mit einem wunderschönen Juwel islamischer Architektur auf.

Sehenswertes & Aktivitäten

★ **Mezquita** HISTORISCHES GEBÄUDE
(Moschee; Calle Castillo 10; ⏲ 9 Uhr–Abenddämmerung) GRATIS Dieses seltene Juwel einer *mezquita* aus dem 9. und 10. Jh. liegt fünf Minuten Fußweg oberhalb des Hauptplatzes von Almonaster. Das nahezu perfekt erhaltene Bauwerk ist wie eine Miniaturversion der großen Moschee von Córdoba. Obwohl die Moschee im 13. Jh. christianisiert wurde, hat sie fast alle ursprünglichen islamischen Merkmale bewahrt: die Hufeisenbogen, die halbrunde *mihrab* (Gebetsnische, die die Richtung nach Mekka anzeigt; angeblich die älteste auf der Iberischen Halbinsel), einen Waschbrunnen und verschiedene arabische Inschriften. Noch älter sind die römischen und westgotischen Säulen in der Nähe der *mihrab*.

Ein ursprüngliches quadratisches Minarett befindet sich neben dem Gebäude. Weiter unten liegt die Stierkampfarena von Almonaster aus dem 19. Jh.

Iglesia de San Martín KIRCHE
(Placeta de San Cristóbal; ⏲ Öffnungszeiten variieren) Die Mudejarkirche Iglesia de San Martín verfügt über ein Portal aus dem 16. Jh. im portugiesischen Manueline-Stil, der in der Region einzigartig ist.

Cerro-de-San-Cristóbal-Wanderung WANDERN
Vom östlichen Ende der Stadt aus führt dieser Rundweg (5,5 km, ca. 2½ Std.) auf den Cerro de San Cristóbal (912 m). Dort eröffnet sich ein fantastischer Blick über die Sierra.

Schlafen & Essen

Hotel Luz BOUTIQUE-HOTEL €€
(☎ 638 870129; Calle Iglesia 3; Standard/Deluxe Zi. 100/130 €; ❄📶🏊) Diese 2019 eröffnete, schick renovierte *casa señorial* genießt eine einzigartige Lage am Kirchplatz von Almonaster. In den neun geräumigen Zimmern finden sich etliche Boutique-Merkmale wie Himmelbetten, frei stehende Badewannen und hübsche Holzarbeiten. Die Lounge im Erdgeschoss verfügt über gemütliche Sessel und einen Kamin für kühle Abende in den Bergen, wohingegen der Pool im Hinterhof an heißen Sommertagen für Abkühlung sorgt.

El Rincón de Curro ANDALUSISCH €€
(☎ 959 14 31 49, 676 780606; www.rincon.de.curro.la-colmena.org; Carretera Almonaster-Cortegana, Km 1; Hauptgerichte 13–27 €; ⏲ 13.30–17 Uhr) Ein weiß getünchtes Gebäude an der Hauptstraße westlich der Stadt beherbergt dieses wunderbare regionaltypische Restaurant. Seit 2000 erfreut Señor Curro seine anspruchsvollen Gäste mit gehobener Bergküche. Top-Bewertungen erhalten die Schweinefleischprodukte aus der Gegend, doch es gibt auch viele Gerichte mit Fisch, Meeresfrüchten und Gemüse. Ganz zu schweigen von den köstlich knusprigen, mit Kümmel gewürzten *patatas bravas* (Kartoffelecken mit pikanter Tomatensoße), die als kostenlose Vorspeise angeboten werden.

Die Provinz Cádiz & Gibraltar

Inhalt ➜

Schön übernachten

➜ La Casa del Califa (S. 153)
➜ Riad (S. 162)
➜ Plaza 18 (S. 154)
➜ Hostal África (S. 161)
➜ Casa Shelly (S. 154)
➜ Tambor del Llano (S. 147)

Gut essen

➜ El Jardín del Califa (S. 155)
➜ Aponiente (S. 139)
➜ Corredera 55 (S. 155)
➜ Casa Balbino (S. 142)
➜ Café Azul (S. 163)
➜ Casa Manteca (S. 127)

Auf in die Provinz Cádiz & nach Gibraltar!

Müsste man sich für eine Provinz entscheiden, um Andalusien in seiner Komplexität zu erklären, so fiele die Wahl auf Cádiz. Die südlichste Ecke des spanischen Festlandes wartet auf mit Olivenhainen, zerklüfteten Bergen, weißen Dörfern dicht an Felsenabgründen (Arcos, Vejer, Zahara, Grazalema), schön kräftigem Sherry, Flamenco, der Wiege andalusischer Pferdekultur und einer Küste mit verträumten, goldenen Stränden, der unkommerziellen, mit coolen Kitesurferorten gesprenkelten Costa de la Luz.

Inmitten dieser reichen Kultur erstrecken sich die Naturparks Sierra de Grazalema und Los Alcornocales über eine Fläche von Olvera im Norden bis nach Algeciras im Süden. Dieselbe Linie markierte einst die sich ständig verschiebende Grenze zwischen dem christlichen Spanien und dem maurischen Granada, an der noch heute von Burgen gekrönte weiße Städte liegen. Viele tragen den Beinamen „de la Frontera", ein Zeugnis ihrer Geschichte.

Entfernungen

	Cádiz	Jerez de la Frontera	Tarifa	Gibraltar
Jerez de la Frontera	32			
Tarifa	103	113		
Gibraltar	144	113	43	
Arcos de la Frontera	63	32	113	115

CÁDIZ

116 030 EW.

Auch mehrere dicke Wälzer könnten Cádiz nicht gerecht werden. Die Stadt wurde etwa 1100 v. Chr. als Gadir von den Phöniziern gegründet und gilt als älteste dauerhaft bewohnte Siedlung Europas. Das Stadtzentrum – heute ein romantischer, windgepeitschter Wirrwarr aus verschlungenen Straßen (ursprünglich eine eigene Insel) – ist bereits über 4000 Jahre alt und fast vollständig von Wasser umgeben. Die Wellen des Atlantiks klatschen hier gegen erodierte Hafenmauern, in fröhlichen Tavernen brutzelt frischer Fisch und an salzigen Stränden wimmelt es von Sonnenanbetern.

1812 wurde in Cádiz Spaniens erste freiheitliche Verfassung (La Pepa) unterzeichnet. Außerdem diente das Stadtbild als Modell für befestigte spanische Kolonialsiedlungen in Lateinamerika.

Die immer wieder zurückkehrenden Besucher erzählen begeistert von den Meeresfrüchten, den Stränden, dem pulsierenden Studentenleben und den interessanten Denkmälern und Museen. Vor allem aber schwärmen sie von den *gaditanos*, einem offenherzigen, geselligen Völkchen, dessen verrückter Carnaval ein Paradebeispiel ironischen Humors ist und dessen fröhliche *alegrías* (regionales Flamenco-Lied) das Herz erwärmen.

Sehenswertes & Aktivitäten

Wer Cádiz verstehen möchte, muss sich zunächst mit seinen *barrios* (Vierteln) befassen. Die Altstadt ist in traditionelle Bezirke unterteilt: das Barrio del Pópulo, der älteste Teil der Stadt, mit der Kathedrale, dem Herzen der einst florierenden mittelalterlichen Siedlung; das Barrio de Santa María, das alte Roma- und Flamenco-Viertel; das neuere Barrio de la Viña, ein ehemaliger Weinberg und heute das Fischerviertel der Stadt sowie Epizentrum des Karnevals; und das Barrio del Mentidero (Lügnerviertel). Der Name des Letzteren soll auf die unzähligen Gerüchte zurückgehen, die in den Straßen um die Plaza de San Antonio im Nordwesten verbreitet wurden.

Sie stehen inzwischen oft im Schatten der historischen Schätze der Stadt, doch die Strände von Cádiz erinnern in Größe, Atmosphäre und Schönheit an die Copacabana.

Die **Touristeninformation** (www.turismo.cadiz.es; Playa de la Caleta; ⏲ Juni & Sept. 12–19 Uhr, Juli & Aug. 11–21 Uhr) bietet eine Übersicht von Veranstaltern von Stadtführungen. **Cadizfornia Tours** (☎ 692 205412; www.cadizforniatours.com) arrangiert für freiwillige Spenden zweimal täglich nette Touren auf Englisch oder Spanisch durch die Altstadt, sowie Wein- und Tapastouren und Fahrradausflüge (je 25 €). **Las Bicis Naranjas** (☎ 956 90 76 71; www.lasbicisnaranjas.com; Calle Sagasta 9; Radverleih pro Std./Tag 4/15 €, 3-Std.-Tour 29 €; ⏲ 10–21 Uhr) vermietet Fahrräder und veranstaltet Radtouren durch die Altstadt.

★ Catedral de Cádiz KATHEDRALE

(☎ 956 28 61 54; www.catedraldecadiz.com; Plaza de la Catedral; inkl. Museo Catedralicio & Torre del Reloj, Erw./Kind 6 €/frei; ⏲ Juli & Aug. Mo–Sa 10–21, So 13.30–21 Uhr, April–Juni, Sept. & Okt. Mo–Sa 10–14, So 13.30–20 Uhr, Nov.–März Mo–Sa 10–19, So 13.30–19 Uhr) Die schöne, von einer gelben Kuppel gekrönte Kathedrale ist ein neoklassizistischer Bau mit beeindruckenden Ausmaßen. Den besten Blick auf das Gebäude genießt man in der Abendsonne vom am Meer gelegenen Campo del Sur. Der Bau wurde zwar 1716 in Auftrag gegeben, beendet wurde er aber erst 1838, und zu diesem Zeitpunkt hatten sich neoklassizistische Elemente (Kuppel, Türme und Hauptfassade) gegen Vicente Aceros ursprünglich geplanten Barockstil durchgesetzt. Besonderheiten im Inneren sind der aufwendige, mit Holzschnitzereien verzierte Chor – einer der schönsten Andalusiens – und die Krypta mit dem steinernen Grabmal des berühmten *gaditano*-Komponisten Manuel de Falla (1876–1946).

Mit dem Ticket (inkl. Audioguide) kann man auch die sakralen Schätze im **Museo Catedralicio** (Plaza de Fray Félix; ⏲ Juli & Aug. Mo–Sa 10–16 Uhr, April–Juni, Sept. & Okt., Nov.–März bis 15 Uhr) gleich östlich der Kathedrale bewundern und auf die **Torre del Reloj** (Torre de Levante; ⏲ Juli & Aug. 10–21 Uhr, April–Juni, Sept. & Okt. bis 20 Uhr, Nov.–März bis 19 Uhr) mit ihrem grandiosen Rundumblick auf die Stadt steigen.

★ Museo de Cádiz MUSEUM

(☎ 856 105023; www.museosdeandalucia.es; Plaza de Mina; EU-/Nicht-EU-Bürger frei/1,50 €; ⏲ Di–Sa 9–21, So bis 15 Uhr) Das führende Museum der Region ist in einem blassrosa neoklassizistischen Bau aus dem 19. Jh. untergebracht. Highlights der archäologischen Sammlung im Erdgeschoss sind zwei menschengleich geschnitzte phönizische Marmorsarkophage, die im Abstand von einem

Highlights

1 **Tarifa** (S. 159) Sich in die coole Kitesurfer-, Windsurfer- und Strandszene mischen.

2 **Jerez de la Frontera** (S. 130) Die Welt des Flamencos, der Pferde, des Sherrys und der Bodegas entdecken.

3 **Cádiz** (S. 119) Beim Spaziergang durch die vom Meer umschlossene Altstadt 3000 Jahre Geschichte atmen.

4 **Vejer de la Frontera** (S. 152) Sich in dem magischen weißen Dorf verirren, andalusische Fusion-Küche genießen und in Boutique-Hotels schlummern.

5 **Parque Natural Sierra de Grazalema** (S. 149) Den Garganta-Verde-Pfad erwandern, zwischen weißen Dörfern Kajak fahren oder durch Schluchten wandern.

6 **Arcos de la Frontera** (S. 143) Durch das ultimative, hoch oben auf der Klippe liegende *pueblo blanco*) spazieren.

7 **Sanlúcar de Barrameda** (S. 140) Fangfrischen Fisch genießen, durch *manzanilla*-Bodegas schlendern und den Parque Nacional de Doñana erkunden.

8 **Baelo Claudia** (S. 158) In Bolonias römischen Ruinen am Meer in die Vergangenheit reisen.

9 **Los Caños de Meca & El Palmar** (S. 156) Im herrlichen weißen Sand in Glückseligkeit versinken.

SEVILLA
Almargen
Coripe
Vía Verde de la Sierra
Olvera
A384
Puerto Serrano
Vía Verde de la Sierra
Torre Alháquime
Río Guadiaro
A384
Algodonales
Espera
Villamartín
Embalse de Zahara
Setenil de las Bodegas
CA9122
Bornos
A373
Embalse de Bornos
Zahara de la Sierra
Parque Natural Sierra de Grazalema
5
Ronda la Vieja
El Torreón (1648 m)
Puerto de las Palomas (1357 m)
6
Arcos de la Frontera
El Bosque
Benamahoma
Grazalema
A374
A372
Río Majaceite
Puerto del Boyar (1103 m)
Ronda
A373
Cueva de la Pileta
Montejaque
Embalse de Guadalcacín
Benaocaz
Benaoján
A2302
Villaluenga del Rosario
Ubrique
A373
A397
Cortes de la Frontera
A369
A389
A375
Serranía de Ronda
CÁDIZ
El Picacho (882 m)
MÁLAGA
La Sauceda
Marbella (14 km); Málaga (70 km)
Alcalá de los Gazules
El Aljibe (1091 m)
Gaucín
A405
Centro de Visitantes El Aljibe
A381
Jimena de la Frontera
Estepona
Parque Natural Los Alcornocales
Benalup de Sidonia
Embalse de Barbate
Río Guadiaro
A7
AP7
MITTELMEER
Río Barbate
Guadiaro
Sotogrande
Castellar de la Frontera
A381
A405
N340
Los Barrios
San Roque
La Línea de la Concepción
Zahara de los Atunes
Facinas
CA221
Bahía de Algeciras
Atlanterra
Parque Natural del Estrecho
Algeciras
Gibraltar
8
Bolonia
Pelayo
Baelo Claudia
Centro de Visitantes Huerta Grande
Punta Paloma
N340
Parque Natural del Estrecho
Costa de la Luz
1
Tarifa
Ensenada de Valdevaqueros
Straße von Gibraltar

Jahrhundert, nämlich 1887 und 1980, entdeckt wurden, jede Menge kopflose römische Statuen sowie eine gigantische Marmorstatue aus dem 2. Jh. des Kaisers Trajan (mit Kopf) von Baelo Claudia (Bolonia). Die Kunstsammlung im Obergeschoss (während der Recherche wegen Renovierung geschlossen) umfasst spanische Kunst aus dem 18. bis zum Beginn des 20. Jhs., darunter 18 großartige Gemälde von Zurbarán.

Iglesia de Santa Cruz KIRCHE
(Catedral Antigua; Plaza de Fray Félix; ⌚Mo 17.30–19.30, Di–Sa 9.45–14.45 & 17.30–19, So 10.30–12.30 & 17.30–18.30 Uhr) Cádiz' älteste Kirche und ursprüngliche Kathedrale der Diözese war eine gotische Mudejarkreation. Sie wurde im Auftrag von Alfons X. dem Weisen 1263 an der Stelle einer ehemaligen Moschee errichtet. Bei der englisch-niederländischen Eroberung der Stadt 1596 wurde die Kirche schwer beschädigt und im 18. Jh. wiederaufgebaut. Hinter der schlichten Fassade verbirgt sich ein vergoldeter barocker Hauptaltar aus dem 17. Jh., über dem sich prächtige Deckengewölbe und Bögen auftun.

Campo del Sur STRASSE
Cádiz' geschwungener *malecón* (Strandpromenade) erinnert mit seinen pastellfarbenen Häusern an den von Havanna, dem er als Vorbild gedient haben soll.

Teatro Romano ARCHÄOLOGISCHE STÄTTE
(☎677 982945; Calle Mesón 11–13; EU-/Nicht-EU-Bürger frei/1,50 €; ⌚April–Sept. Mo–Sa 11–17, So 10–14 Uhr, Okt.–März Mo–Sa 10–16.30, So bis 14 Uhr, 1. Montag im Monat geschl.) Am seewärts gelegenen Rand des Barrio del Pópulo liegt das Teatro Romano aus dem späten 1. Jh. v. Chr., in dem ursprünglich 10 000 Besucher Platz fanden. Später errichtete man hier eine maurische Burg, die Alfons X. der Weise umbauen ließ. Der Zutritt zum ausgegrabenen Theater führt über ein modernes Informationszentrum mit spannenden Darstellungen zur Geschichte des Theaters auf Englisch und Spanisch.

Plaza de Topete PLATZ
Der dreieckige, wohl intimste Platz der Stadt liegt etwa 250 m nordwestlich der Kathedrale. Dass man oft von der Plaza de las Flores (Blumenplatz) spricht, liegt an den zahlreichen leuchtend bunten Blumenständen. Daneben befindet sich der 1838 sanierte **Mercado Central de Abastos** (Plaza de la Libertad; ⌚9–15 Uhr). Heute ist der älteste überdachte Markt Spaniens (man beachte die original erhaltenen Säulen) außerdem ein pulsierender Gastromarkt (S. 127).

Oratorio de la Santa Cueva KIRCHE
(☎956 22 22 62; Calle Rosario 10; Erw./Kind 5/2 €, So frei; ⌚Juni–Sept. Di–Fr 10.30–14 & 17.30–20.30 Uhr, Okt–Mai Di–Fr 10.30–14 & 16.30–20 Uhr, ganzjährig Sa 10.30–14, So 10–13 Uhr) Hinter ihrer unscheinbaren Tür verbirgt die Santa Cueva zwei neoklassizistische Kapellen aus dem 18. Jh., finanziert durch den Handel mit Amerika. Eine von ihnen ist die unterirdisch liegende, schnörkellose, von Säulen getragene und weißgewaschene **Capilla de la Pasión.** Darüber befindet sich die reichlich verzierte ovale **Capilla del Santísimo Sacramento**. Ihren Altar zieren sechs korinthische Säulen und fünf religiöse Gemälde (drei sind berühmte Werke von Goya).

Museo de las Cortes de Cádiz MUSEUM
(☎956 22 17 88; Calle Santa Inés 9; ⌚Di–Fr 9–18, Sa & So bis 14 Uhr) GRATIS Die recht nüchterne Sammlung von Bildern und Plänen befasst sich mit den revolutionären Parlamentsversammlungen von Cádiz von 1812. Gleich nebenan im barocken **Oratorio de San Felipe Neri** (☎662 642233; Plaza de San Felipe Neri; Erw./Kind 4/2 €; ⌚Di–Fr 10.30–14 & 16.30–20, Sa 10.30–14, So 10–13 Uhr) tagte das Parlament. Zudem beleuchtet das Museum die napoleonische Belagerung der Stadt. Glanzstück ist ein Modell von Cádiz im 18. Jh. Es wurde in den 1770er-Jahren von Alfonso Ximénez aus Mahagoni, Silber und Elfenbein gefertigt.

Playa de la Caleta STRAND
Der kleine beliebte Stadtstrand ist ein goldgelber Tupfen an der Westseite des Barrio de la Viña, inklusive pseudo-maurischen, orientalisch inspiriertem *balneario* (Badehaus). Er wird von zwei Festungen flankiert, dem **Castillo de San Sebastián** (Paseo Fernando Quiñones) GRATIS, das jahrhundertelang als Militäreinrichtung diente und zur Zeit unserer Recherche geschlossen war, und dem sternenförmigen, nach der englisch-niederländischen Eroberung der Stadt im Jahr 1596 erbauten **Castillo de Santa Catalina** (☎956 22 63 33; Calle Antonio Burgos; ⌚März–Okt. 11–20.30 Uhr, Nov.–Feb. bis 19.30 Uhr) GRATIS mit seiner Kapelle von 1683.

Torre Tavira TURM
(www.torretavira.com; Calle Marqués del Real Tesoro 10; Erw./Kind 6 €/frei; ⌚Mai–Sept. 10–

KARNEVAL IN CÁDIZ

Carnaval (⌚ Feb.) Keine andere spanische Stadt feiert den Karneval mit so viel Begeisterung, Leidenschaft und Humor wie Cádiz. Zwischen zwei Wochenenden im Februar, an denen reichlich Alkohol fließt, wird in den Straßen zehn Tage lang eine riesige Kostümparty mit Tanz, Gesang und Trinkgelagen gefeiert. Rund 300 offiziell anerkannte *murgas* (kostümierte Performer-Gruppen) werden von einem Gremium im **Gran Teatro Falla** (☎ 956 22 08 34; www.facebook.com/TeatroFalla; Plaza de Falla) bewertet. Es ist nahezu unmöglich, an Tickets zu gelangen, aber man kann es zumindest versuchen.

Die kostümierten *murgas* ziehen zu Fuß oder auf Festwagen und Traktoren durch die Stadt. Sie tanzen, trinken, singen satirische Liedchen oder führen Sketche auf. Highlight der Veranstaltung sind die *chirigotas*, Gruppen von zwölf Personen, mit bösem Humor, Ironie und doppeldeutigen Anspielungen, die sich oft gegen Politiker richten. Wer nicht fließend Spanisch spricht, dem wird ein Großteil des berühmten Sprachwitzes leider entgehen.

Darunter mischen sich noch jede Menge *ilegales* – jede Gruppe, die singt und Lust dazu hat, auf der Straße mitzumischen.

Das Herz des Karnevals – dort, wo es am lebendigsten zugeht – schlägt im Arbeiterviertel Barrio de la Viña, zwischen dem Mercado Central de Abastos und der Playa de la Caleta sowie entlang der Calle Ancha und rund um die Plaza de Topete, wo die *ilegales* sich gerne versammeln.

20 Uhr, Okt.–April bis 18 Uhr) Nordwestlich der Plaza de Topete eröffnet die Torre Tavira aus dem 18. Jh. (der höchste Punkt der Stadt) spektakuläre Blicke über Cádiz. Sie ist einer der 160 Wachtürme der Stadt aus dem 18. Jh., von denen heute noch 129 erhalten sind. Eine Camera obscura projiziert bewegte Bilder der Stadt live auf eine Leinwand.

Puerta de Tierra TOR

(Plaza de la Constitución; ⌚ Di–Fr 9.30–13.30 & 15.30–18.30, Sa 10–13 Uhr) GRATIS Das imposante „Landtor" aus dem 18. Jh. bewacht den südöstlichen Zugang (den einzigen Landzugang) zur Altstadt von Cádiz. Auf den oberen Festungsmauern und dem Verteidigungsturm kann man herumspazieren; von dort sichtbare Sehenswürdigkeiten werden auf Tafeln erklärt (Spanisch und Englisch).

Playa de la Victoria STRAND

Ein netter Spaziergang entlang der Promenade des Barrio de Santa María führt zu diesem tollen, breiten und im Sommer mit Strandbars bestückten Sandstreifen. Er beginnt 1 km südlich der Puerta de Tierra und zieht sich über 4 km an der Halbinsel entlang.

Kurse

K2 Internacional SPRACHE

(☎ 956 21 26 46; www.k2internacional.com; Plaza Mentidero 19) Die Sprachschule befindet sich in einem sanierten Gebäude aus dem 19. Jh. im Barrio del Mentidero. Sie bietet sowohl normale als auch spezielle Kurse für Langzeitstudenten und über Fünfzigjährige an. Ein einwöchiger Intensivkurs kostet 175 €. Die Schule organisiert außerdem Touren, Unterkünfte, Flamenco-, Koch- und sogar Surfkurse.

Schlafen

★ **Casa Caracol** HOSTEL €

(☎ 956 26 11 66; www.casacaracolcadiz.com; Calle Suárez de Salazar 4; B/DZ ab 17/48 €, DZ ohne Bad 37 €, alle inkl. Frühstück; 📶) 🍃 Das entspannte, solarbetriebene Casa Caracol ist das Urgestein unter den Backpacker-Hostels der Altstadt und so freundlich, wie nur Cádiz es sein kann. Es verfügt über farbenfrohe, moderne Schlafsäle für vier, sechs und sieben Personen (inkl. einem nur für Frauen) mit handgearbeiteten Kojen und eigenem Licht, Steckdose und Schließfach, sowie über drei Doppelzimmer mit Bad (eines im Maisonette-Stil). Weitere Extras sind eine Gemeinschaftsküche, eine Dachterrasse/Bar mit Hängematten, Yoga sowie Fahrrad- und Surfboardverleih.

Das engagierte Team leitet auch das nahegelegene **Casa Piratas** (Callejón de los Piratas; B/Studio ab 44/55 €; ❄📶). Es umfasst fünf elegante Zimmer mit maßgefertigtem Mobiliar und Kunstwerken sowie einem Gemeinschaftsbad und ein Mansardenstudio.

Cádiz

A
B
C
D
1
2
3
4
5
6
7
Baluarte de la Candelaria
Alameda
Alameda Marqués de Comillas
Paseo de Carlos III
C Adolf de Castro
C Vea Murguía
C Gravina
Küstenpfad
Parque del Genovés
Plaza Mentidero
C Enrique de las Marinas
C Cervantes
17
29
C Hércules
C Navas
Av Doctor Gómez Ulla
C Santa Rosalía
C Presidente Rivadavia
Plaza de San Antonio
24
C Caballos
BARRIO DEL MENTIDERO
Plaza Fragela
C Cervantes
C Zaragoza
C Torre
C San José
C Pérez Galdós
40
Plaza de Falla
C Benjumeda
Plaza de San Felipe Neri
C Santa Inés
C Antonio Burgos
C Dr Marañón
C Diego Arias
C Sacramento
4
37
Touristen-information
10
8
C Solano
C Encarnación
C Torre
C Jesús Nazareño
C Hospital de Mujeres
Av Duque de Nájera
C San José
C Rosa
C Sagasta
C José Celestino Mutis
Plaza Cañamaque
C Hermano Ignacio
Playa de la Caleta
C María Arteaga
30
Plaza de la Reina
11
C Corralón de los Carros
C Cardoso
27
C Virgen de la Palma
C Cruz
33
C Paraguay
C San Félix
C Sagasta
C Pericón de Cádiz
28
BARRIO DE LA VIÑA
Paseo Fernando Quiñones
C Venezuela
Castillo de San Sebastián (400 m)
Campo del Sur
ATLANTISCHER OZEAN

0
200 m
E
F
G
H
1
2
3
4
5
6
7
Bahía de Cádiz
Punta San Felipe
Alameda Apodaca
Plaza de Argüelles
C Calderón de la Barca
C Zorrilla (C del Puerto)
C General Menacho
C Santiago Terry
C F Salvochea
C Buenos Aires
C Isabel La Católica
C Manuel Rancés
C Fernando El Católico
Plaza de España
Plaza de la Hispanidad
Av del Descubrimiento
Plaza de Mina
Museo de Cádiz
2
20
25
32
41
C Antonio López
Monumento a las Cortes Liberales
Bushaltestelle Plaza de España
C Tinte
Plaza San Francisco
C Manuel Rancés
C Dr Zurita
C San Pedro
C Cánovas del Castillo
C Beato Diego
C General Luque
C Argantonio
C Ancha
C Sagasta
18
9
22
C Rosario
C Valverde
C Columela
C San Francisco
C Ramón Cajal
Av Ramón de Carranza
Dársena del Puerto
C Marqués del Real Tesoro
C José del Toro
C San Miguel
C Cardenal Zapata
Plaza del Palillero
C Feduchy
36
16
31
34
C Montañés
C Rosario
38
C Santo Cristo
Av del Puerto
Terminal Marítima Metropolitana
C José de Dios
C Sacramento
Plaza Candelaria
C Manzanares
Paseo de Canalejas
Plaza de la Libertad
Plaza de Topete
12
6
26
23
C Cristóbal Colón
C Nueva
C Lázaro Dou
C Marqués de Cádiz
C Flamenco
C Libertad
C Arboli
35
C Obispo Urquinaona
C Santiago
C Cobos
C Ruiz Bustamante
Plaza de San Juan de Dios
Av de Astilleros
BARRIO DE SAN JUAN
C Compañía
C Magistral Cabrera
Plaza de la Catedral
C Pelota
C Obispo
Ayuntamiento
C Plocia
19
(100 m)
C Desamparados
C San Juan
Catedral de Cádiz
1
15
J M Rances
C San Antonio Abad
C San Juan de Dios
C Sopranis
C Suárez de Salazar
Cuesta de las Calesas
21
Campo del Sur
Plaza de Fray Félix
14
5
7
C Merced
Plaza de la Merced
3
C Silencio
39
C Santa María
C Teniente Andújar
C de la Higuera
BARRIO DE SANTA MARÍA
BARRIO DEL PÓPULO
C Público
C Botica
C Santo Domingo
C Concepción Arenal
C Mirador
C Carlos Ollero
42
Plaza de la Constitución
13
Paseo del Vendaval
Playa de la Victoria (1,5 km); El Puerto de Santa María (22 km); Jerez de la Frontera (35 km)

Cádiz

Highlights
1 Catedral de Cádiz ... F5
2 Museo de Cádiz ... E3

Sehenswertes
3 Campo del Sur ... F6
4 Castillo de Santa Catalina ... A4
5 Iglesia de Santa Cruz ... F6
6 Mercado Central de Abastos ... E5
7 Museo Catedralicio ... F6
8 Museo de las Cortes de Cádiz ... D4
9 Oratorio de la Santa Cueva ... F3
10 Oratorio de San Felipe Neri ... D4
11 Playa de la Caleta ... B5
12 Plaza de Topete ... E5
13 Puerta de Tierra ... H7
14 Teatro Romano ... F6
15 Torre del Reloj ... F5
16 Torre Tavira ... E4

Aktivitäten, Kurse & Touren
17 K2 Internacional ... C2
18 Las Bicis Naranjas ... E3

Schlafen
19 Casa Caracol ... G5
20 Casa de las Cuatro Torres ... F2
21 Casa Piratas ... F6
22 Hotel Argantonio ... F3
23 Hotel Patagonia Sur ... F5
24 Parador de Cádiz ... B3

Essen
25 Almanaque ... F2
26 Café Royalty ... F5
27 Casa Manteca ... C5
28 El Faro de Cádiz ... B6
29 El Veedor ... D2
30 Freidor Casa Manteca ... C5
31 La Candela ... F4
La Cepa Gallega ... (siehe 19)
32 La Marmita Centro ... E2
33 La Tabernita ... B5
34 La Tapería de Columela ... E4
Rincón Gastronómico ... (siehe 6)
35 Taberna La Sorpresa ... E5

Ausgehen & Nachtleben
36 La Clandestina ... F4
37 Quilla ... A4
38 Taberna La Manzanilla ... F4

Unterhaltung
39 El Pay Pay ... G6
40 Gran Teatro Falla ... C3
41 La Cava ... F2
42 Peña Flamenca La Perla ... G7

Hotel Argantonio HOTEL €€
(☎ 956 21 16 40; www.hotelargantonio.com; Calle Argantonio 3; EZ/DZ inkl. Frühstück 80–150/100–180 €; ❄ 📶) Das stilvoll-charmante Hotel in einem 1800er-Jahre-Haus in der Altstadt besticht mit handgemalten Türen samt Holzschnitzereien, farbenfrohen Fliesenböden in den Bädern und Fluren sowie einem kunstvollen maurischen Bogen und Brunnen in der Lobby. Der erste Stock steht im Zeichen des Mudejarstils, der zweite hat das Motto „Romantik der Kolonialzeit" und der dritte ist eine Mischung aus beidem. Auf dem Dach versteckt sich eine als Lounge eingerichtete Terrasse; außerdem gibt's ein Café und leckeres Frühstück.

Hotel Patagonia Sur HOTEL €€
(☎ 856 17 46 47; www.hotelpatagoniasur.es; Calle Cobos 11; EZ/DZ 86–135/95–135 €; ❄ 📶) Dieses funkelnde Juwel wird von Argentiniern geführt. Nur Schritte von der Kathedrale entfernt, punktet es mit modernem Stil, klaren Linien und einem sehr effizienten, aber trotzdem freundlichen Management. Die 16 eleganten, frischen, hellen und gemütlichen Zimmer sind mit Tee- und Kaffeeutensilien ausgestattet. Außerdem gibt's ein Café mit großen Fenstern und sonnige Dachgeschoss-Zimmer in der 5. Etage mit Blick auf die Kathedrale sowie private Terrassen samt Liegestühlen.

Casa de las Cuatro Torres BOUTIQUE-HOTEL €€€
(☎ 956 90 31 33; www.casadelascuatrotorres.com; Plaza de Argüelles 3; DZ/Apt. 135–185/195–265 €; ❄ 📶) Das Cuatro Torres verbirgt sich in einem denkmalgeschützten neoklassizistischen *palacete* (Herrenhaus) aus dem frühen 18. Jh. im Nordosten der Altstadt. Original himmelhohe Decken, Holztüren, Pfeiler, Rundbögen, Dachluken und freigelegte Steinwände ergeben ein neues, formvollendetes Ensemble. Vom marmornen Säulenhof mit Bibliothek geht's hinauf zur Dachterrasse, Bar und zum Turm.

Parador de Cádiz LUXUSHOTEL €€€
(☎ 956 22 69 05; www.parador.es; Avenida Duque de Nájera 9; DZ/Suite inkl. Frühstück 156–310/254–330 €; ❄ 📶 🏊) Auffällig, schön und direkt neben der Playa de la Caleta gelegen, bildet der sogenannte Parador Atlántico einen kräftigen Kontrast zu den anderen *paradores* (luxuriöse staatliche Hotels), denn er ist hypermodern und ein kompletter Neubau. Sinnliche Rot-, ozeanblaue und helle Türkistöne prägen den Charakter der

eleganten, modernen Zimmer mit Balkon und raumhohen Fenstern. Es gibt vier Pools mit Meerblick und ein Spa.

Essen

Wer frischen Fisch und Meeresfrüchte essen will, begibt sich am besten in die Calle Virgen de la Palma im Barrio de la Viña. Restaurants der gehobeneren Kategorie findet man in der Calle Plocia und in der Calle Sopranis, die von der Plaza de San Juan de Dios abgehen. Im Barrio del Mentidero in der Nähe der Plaza de Mina gibt's ebenfalls gute Restaurants.

★ Casa Manteca TAPAS €

(☎956 21 36 06; www.facebook.com/tabernamanteca; Calle Corralón de los Carros 66; Tapas/medias raciones 2,50/4–10 €; ⏲12–16 & 20.30–0.30 Uhr, Nov.–März So abends & Mo abends evtl. geschl.) In der immer gut besuchten Casa Manteca, dem Zentrum des Trubels im Barrio de la Viña, sind alle Wände mit Flamenco-, Stierkampf- und Karnevals-Erinnerungsstücken gepflastert. Es locken jede Menge beliebte Tapas. Man sollte den Kellner nach Muscheln, *chicharrones* (Schweinekruste mit etwas Zitrone) oder nach *payoyo*-Käse mit einem Klecks Spargelsoße fragen, serviert auf Wachspapier.

Gleich gegenüber liegt das fabelhafte **Freidor Casa Manteca** (Bratfischlokal) (☎956 21 36 03; www.facebook.com/freidorcasamanteca; Calle Corralón 59; raciones 7–10 €; ⏲12.30–16 & 20.30–23 Uhr).

La Tapería de Columela TAPAS €

(☎956 07 42 97; www.facebook.com/lataperiadecolumela; Calle Columela 4; Tapas 3–8 €; ⏲ Mo–Sa 13–16 & 20–23 Uhr; 🖉 👪) Vor dem wunderbaren Columela wartet immer eine Traube Menschen. Einheimische wie internationale Gäste schlagen sich hier den Bauch voll mit geschmackvoll angerichteten traditionellen bis innovativen Tapas vom heimischen Thunfisch, etwa als Tartar mit Senfdressing. Also nichts wie rein ins Gedränge und ran an die Marmortheke! Der angesehene lokale Koch Agustín Campos verzaubert z. B. mit frittierten Auberginen mit Zuckerrohrmelasse und *payoyo*-Käse.

Taberna La Sorpresa TAPAS €

(☎956 22 12 32; www.tabernalasorpresa.com; Calle Arbolí 4; Tapas 2,50–5,50 €; ⏲ Di–Sa 11.30–16.30 & 20.30–23.30, So 11.30–16.30 Uhr) Hinter der Bar der bodenständigen 1956 eröffneten Taverne türmen sich Holzfässer von Pedro Ximénez, *manzanilla* (strohgelber Sherry) und *oloroso* (süßer, dunkler Sherry). Das geschmackvoll renovierte Haus bleibt Cádiz' Oldschool-Szene treu. Bei den Tapas wird hauptsächlich auf *almadraba*-Thunfisch gesetzt, aber es gibt auch zahlreiche andere Leckerbissen, darunter Muscheln, *chicharrones* und iberischer *bellota*-Schinken. Dazu werden Weine aus der Provinz Cádiz und Wermut vom Fass serviert.

Rincón Gastronómico TAPAS €

(Mercado Central de Abastos, Plaza de la Libertad; Tapas 2–8 €; ⏲ Mo 9–16, Di–Fr 9–15.30 & 19–24, Sa 9–16 & 20–1 Uhr; 🖉) Cádiz' neoklassizistischer Mercado Central de Abastos aus 1838 bietet die passende Kulisse für diesen unglaublich geschäftigen, weltbekannten Gastromarkt. Es gibt grandiose bodenständige, lokale Spezialitäten wie *patatas aliñadas*, *payoyo*-Käse und *ibérico*-Schinken. Man kann sich auch einfach einen Fisch aussuchen und dabei zuschauen, wie er gegrillt wird. Oder wie wäre es mit einer veganen Tortilla (überzeugend lecker!) oder einem Abstecher zum Sherrystand?

La Cepa Gallega TAPAS €

(☎956 28 60 29; Calle Plocia 9; Tapas 2–5 €; ⏲ Mo–Sa 10.30–16 & 20 Uhr–open end, So 10.30–16 Uhr) Der ehrwürdige *ultramarinos* (Krämerladen) aus dem Jahr 1920 serviert unter eifriger neuer Eigentümerschaft leckere Tapas von lokalen Käsesorten, gebutterten Anchovis, *ibérico*-Schinken und Meeresfrüchten aus der Konserve, und das alles auf Wachspapier, zusammen mit einer großen Auswahl spanischer Weine und Sherrys. Urige Weinfässer dienen als Tische und an den Wänden sammeln sich Flaschen.

La Tabernita TAPAS €

(www.facebook.com/RafaTabernita; Calle Virgen de la Palma 32; Tapas 2,50 €; ⏲ Do & Fr 20.30–23.30, Sa & So 13.30–16 & 20.30–23.30 Uhr; 🖉) In der belebtesten Straße im Barrio de la Viña ist das La Tabernita nicht nur wegen der kurzen Öffnungszeiten, sondern vor allem wegen der köstlichen hausgemachten Tapas für die ganze Familie schnell voll: *cazón al coñac* (Hundshai in Brandy), Tintenfisch-„Frikadellen" in eigener Tinte und *tortillitas de camarones* (Krabbenpuffer).

El Veedor TAPAS €

(☎956 21 26 94; Calle Vea Murguía 10; Tapas/medias raciones 2,50/6-10 €; ⏲8.30–16 & 19.30–24 Uhr) Ein langer Marmortresen und eine verlockende Feinkosttheke geben in dem charakteristischen *ultramarinos* den rustikalen Ton an. Offeriert werden hausgemachte Tortilla, *jamón de bellota*, *payoyo*-Käse, *chicharrones* nach gaditanischer Art und dazu Sherry aus dem Fass.

Almanaque ANDALUSISCH €€
(☎956 80 86 63; Plaza de España 5; raciones 12–18 €; ⏱Mo & So 13–16, Mi–Sa 13–16 & 20.30–23 Uhr) Mit ihren unverputzten Steinmauern, ihrem Fliesenboden und strahlend weißen Wänden versprüht die moderne *casa de comidas* rustikalen Chic. Hier wird nach traditionellen, oft vergessenen *gaditano*-Familienrezepten gekocht, wie man es wohl kaum noch anderswo sieht. Am besten mischt man sich unter die Einheimischen, die sich saisonale Mittagsmenüs wie *carabinero*-Garnelen mit Spiegelei, *tagarninas* (Disteln) mit Thunfischbauchfleisch oder Schweinefleisch mit Kichererbsen und Steckrübenreis schmecken lassen.

La Candela TAPAS €€
(☎956 22 18 22; www.facebook.com/LaCandelaTapasBar; Calle Feduchy 3; Tapas/Hauptgerichte 4–8/8–12 €; ⏱13.30–16 & 20.30–23.30 Uhr;) Die Candela erinnert mit ihren blumengeschmückten Fenstern, der rustikal-industriellen Inneneinrichtung und den grandiosen original andalusisch-asiatischen Tapas und Hauptgerichten an ein Kunst-Café, das auf eine bunte Tapas-Bar trifft. Aus der kleinen offenen Küche im hinteren Bereich kommen mutige, lokal inspirierte Kreationen: Garnelen- und Meerbrassen-Ceviche, Salat mit Honig und Ziegenkäse, Erdbeer-*salmorejo* (dicker Gazpacho nach Córdoba-Art) mit Thunfischtatar und frittierten *boquerones* (Anchovis) mit Wasabi-Mayonnaise.

La Marmita Centro TAPAS €€
(☎956 21 52 27; www.grupolamarmita.com; Calle Buenos Aires 5-7; Tapas 2–7 €; ⏱13–16 & 20–24 Uhr;) Das elegante, minimalistische Restaurant in der Altstadt gehört zu Cádiz' beliebter Kette La Marmita und begeistert seine Gäste mit kreativen, exzellent angerichteten andalusisch-internationalen Tapas. Der Fokus der grenzüberschreitenden Gerichte liegt auf saisonalen, lokalen Produkten, z. B. *salmorejo* mit *payoyo*-Käse oder Pad Thai mit Knoblauchgarnelen.

★ **El Faro de Cádiz** TAPAS €€€
(☎956 21 10 68; www.elfarodecadiz.com; Calle San Félix 15; Tapas 2,50–4 €; ⏱13–16 & 20.30–23.30 Uhr;) Fragt man einen *gaditano* nach seiner Lieblings-Tapas-Bar in Cádiz, wird er wahrscheinlich das El Faro nennen. Die Leute kommen vor allem wegen der Meeresfrüchte hierher, insbesondere wegen der *tortillitas de camarones* und der köstlichen *boquerones*, wobei auch der *rabo de toro* (Ochsenschwanz) und die vegetarierfreundlichen *patatas aliñadas* treue Anhänger haben. Das anspruchsvolle Restaurant (Hauptgerichte 17–24 €) bekommt unterschiedliche Bewertungen.

Café Royalty CAFÉ €€€
(☎956 07 80 65; www.caferoyalty.com; Plaza Candelaria; Tapas/Hauptgerichte 4,50–10/23–30 €; ⏱Café 9.30–23 Uhr, Restaurant 12.30–16 & 20–24 Uhr;) Das sanierte Royalty, 1912 zum 100. Jahrestag der Verfassung von 1812 eröffnet, war einst ein Diskussionsforum für die zeitgenössischen Intellektuellen, darunter der beliebte *gaditano*-Komponist Manuel de Falla. Die Inneneinrichtung mit Wandbildern, Spiegeln und kunstvollen Schnitzereien ist ohne Übertreibung atemberaubend. Wunderbar für ein Frühstück, Tapas, Cocktails, Kuchen und geschmackvoll „modernisierte" andalusische Gerichte: Sashimi vom Roten Thunfisch aus *almadraba*-Fang, Sanlúcar-Riesengarnelen, *chuletón* für zwei.

Ausgehen & Nachtleben

Zentrum der nächtlichen Barszene in der Altstadt ist das Dreieck Plaza de Mina – Plaza San Francisco – Plaza de España, besonders die Calle Beato Diego. Weitere Bars liegen verstreut im Barrio del Pópulo, östlich der Kathedrale. In Punta San Felipe (La Punta) an der Nordseite des Hafens gibt's eine Reihe von Bars zum Trinken und Tanzen bis in die frühen Morgenstunden. Cádiz' anderer nächtlicher Treffpunkt, besonders im Sommer, erstreckt sich an der Playa de la Victoria und am Paseo Marítimo sowie rund um die Calle Muñoz Arenillas.

Quilla CAFÉ
(www.quilla.es; Playa de la Caleta; ⏱So–Do 11–24, Fr & Sa bis 2 Uhr;) Die kultivierte Kombination aus Café und Bar mit Blick auf die Playa de la Caleta wird von einer Art rostigem Schiffsrumpf eingeschlossen. Sie bietet Kaffee, Gebäck, Tapas, Wein, Kunstausstellungen, tolle Sonnenuntergänge und leichte, zeitgenössisch angepasste andalusische Gerichte (Burger, Salate, *tostas*, gegrillter Fisch; 8–13 €).

La Clandestina CAFÉ
(www.la-clandestina.com; Calle José del Toro 23; ⏱Mo–Fr 9.30–14 & 17.30–21, Sa 10–14 Uhr;)

Eine gemütliche Buchhandlung mit Café im Boho-Look sowie Kulturzentrum, wo man Tageszeitungen durchblättern und dazu Kaffee, ein Stück hausgemachten Kuchen, frischen Orangensaft und Frühstücks-*tostadas* (2–3 €) mit selbstgemachter Marmelade und Olivenöl, alles auf hübschen Keramiktellerchen serviert, genießen kann.

Taberna La Manzanilla WEINBAR
(www.lamanzanilladecadiz.com; Calle Feduchy 19; ⏲ Mo–Fr 11–15.30 & 19–22.30, Sa & So 11–15.30 Uhr; 📶) Die Sherry-Taverne ist seit den 1930er-Jahren in Familienhand und versetzt einen direkt wieder in diese Zeit zurück. Stierkampfposter zieren die Wände der ehemaligen Apotheke und die Spezialität des Hauses ist natürlich *manzanilla* aus einem riesigen Eichenfass. Augen offenhalten für Verköstigungen und andere Veranstaltungen.

☆ Unterhaltung

★ **Peña Flamenca La Perla** FLAMENCO
(☎ 956 25 91 01; www.laperladecadiz.es; Calle Carlos Ollero; 7 €) In diesem Laden im Barrio de Santa María mit seinem abblätternden Anstrich und seiner romantischen Lage neben dem tosenden Atlantik finden an den meisten Freitagabenden um 21.30 Uhr – im Frühling und Sommer häufiger – Flamenco-Aufführungen statt. Im Publikum sind viele *aficionados*. Ein unvergessliches Erlebnis!

La Cava FLAMENCO
(☎ 956 21 18 66; www.flamencolacava.com; Calle Antonio López 16; 22 €) Cádiz' wichtigster *tablao* (choreografierte Flamenco-Show) findet dienstags, donnerstags und samstags um 21.30 Uhr in einer rustikalen Taverne statt. Von November bis Februar seltenere Vorführungen.

El Pay Pay LIVESHOW
(www.cafeteatropaypay.com; Calle Silencio 1; ⏲ Mi–Sa 20–3 Uhr; 📶) Das namhafte, unkonventionelle „Café-Theater" im Barrio del Pópulo stellt ein unglaublich vielfältiges kulturelles Programm auf die Beine, darunter Theater, Zauberei, Geschichtenerzählen, Drag-Queen-Shows, Stand-up-Comedy, Jazz, Blues und Flamenco.

ℹ Praktische Informationen

Centro de Recepción de Turistas (☎ 956 24 10 01; www.turismo.cadiz.es; Paseo de Canalejas; ⏲ Juni–Sept. Mo–Fr 9–19, Sa & So bis 17 Uhr, Okt.–Mai Mo–Fr 8.30–18.30, Sa & So 9–17 Uhr)

Oficina de Turismo Regional (☎ 956 20 31 91; www.andalucia.org; Avenida Ramón de Carranza; ⏲ Mo–Fr 9–19.15, Sa & So 10–14.45 Uhr)

ℹ Anreise & Unterwegs vor Ort

AUTO & MOTORRAD

Es gibt viele teure Tiefgaragen, z. B. am Paseo de Canalejas in der Nähe des Hafens (25 € für 24 Std.). Ein günstiger bewachter Parkplatz ist an der Avenida del Descubrimiento an der nordwestlichen Seite des Hafens zu finden (8 € für 24 Std.).

BUS

Alle Busse, die stadtauswärts fahren, starten von Cádiz' **Busbahnhof** (Avenida de Astilleros) an der Ostseite des Bahnhofs (am südöstlichen Ende der Altstadt). **Comes** (☎ 956 80 70 59; www.tgcomes.es), **Damas** (☎ 959 25 69 00; www.damas-sa.es), ALSA (S. 300) und CMTBC (mit Transport zum/vom Flughafen Jerez, S. 130) betreiben die meisten Busse.

Cádiz verfügt über ein gutes Linienbusnetz, die Busse starten an der Plaza de España. Die Buslinien 1 und 7 fahren zur Playa de la Victoria; die Buslinie 7 auch zur Playa de la Caleta. Fahrkarten kosten 1,10 €.

BUSSE AB CÁDIZ

REISEZIEL	PREIS (€)	FAHRTDAUER	HÄUFIGKEIT (TLG.)
Arcos de la Frontera	6–7,50	1–1½ Std.	3–8-mal
El Puerto de Santa María	2,80	45 Min.	alle 30–60 Min.
Jerez de la Frontera	3,90	50 Min.	2–7-mal
La Barca de Vejer	6	1–1½ Std.	5–6-mal
Málaga	29	4½ Std.	4-mal
Ronda	16	3¼ Std.	1–2-mal
Sanlúcar de Barrameda	5,10	1 Std.	5–13-mal
Sevilla	13	1¾ Std.	9–10-mal
Tarifa	10	1¼–1¾ Std.	6-mal

SCHIFF/FÄHRE

Von Cádiz' **Terminal Marítima Metropolitana** (Muelle Reina Victoria) verkehren montags bis freitags täglich mind. 16 Katamarane von **Consorcio de Transportes Bahía de Cádiz** (CMTBC; ☎ 955 03 86 65; www.cmtbc.es) nach/von El Puerto de Santa María (2,80 €, 30 Min.), und mind. 8 Katamarane an Wochenenden.

ZUG

Vom Bahnhof am südöstlichen Rand der Altstadt neben dem Busbahnhof fahren regelmäßig Züge nach El Puerto de Santa María (3,40–5,25 €, 35 Min.) und Jerez de la Frontera (3,90–6,25 €, 45 Min.) sowie nach Sevilla (17–24 €, 1¾ Std., 11–15-mal tgl.). Täglich starten zudem drei Alvia-Hochgeschwindigkeitszüge nach Madrid (47–65 €, 4¼ Std.).

DAS SHERRY-DREIECK

Jerez de la Frontera, Sanlúcar de Barrameda und El Puerto de Santa María nördlich von Cádiz bilden die drei Ecken von Spaniens berühmtem „Sherry-Dreieck“. Doch auch für jene, die keinen Geschmack an Andalusiens einzigartigem sanftem Wein finden (und das sogar noch nach seinem kürzlichen Revival?), hat die Region einiges zu bieten: Geschichte, Strände, stattliche Pferde, fabelhaftes Essen, temperamentvollen Flamenco und das beeindruckende Naturjuwel Parque Nacional de Doñana (S. 103).

Jerez de la Frontera

191 790 EW.

Diese Stadt bedarf nicht vieler Worte, denn wie gute Spanienkenner wissen: Jerez *ist* Andalusien, stellt dies jedoch nicht so zur Schau wie Sevilla und Granada. Jerez ist Hauptstadt der andalusischen Pferdekultur, erster Stopp auf dem berühmten Sherry-Dreieck und – trotz der Proteste aus Cádiz und Sevilla – Wiege des spanischen Flamencos. Die *bulería,* Jerez' witzig-ironische Antwort auf Sevillas tragische *soleá,* hat in den legendären Roma-*barrios* Santiago und San Miguel ihren Ursprung. Doch Jerez ist auch eine lebhafte, moderne andalusische Stadt, wo Modelabels in alten Palästen beheimatet sind und stilvoll gekleidete Geschäftsleute in Restaurants mit ausgesprochen moderner, oft mit Michelin-Sternen ausgezeichneter Küche speisen und danach ein Gläschen *fino* in quirligen *tabancos* – einfachen Tavernen, die Sherry ausschenken – trinken.

Wer die Geheimnisse Andalusiens wirklich lüften möchte, sollte in Jerez damit beginnen.

Sehenswertes & Aktivitäten

In Jerez (das Wort *bedeutet* sogar „Sherry“) gibt's etwa 20 Sherry-Bodegas. Bei den meisten muss man sich vor einem Besuch anmelden, einige bieten aber auch Führungen für Spontanbesucher an. Einzelheiten erfährt man in der Touristeninformation (S. 136).

★ Bodegas Tradición WEINGUT
(☎ 956 16 86 18; www.bodegastradicion.com; Plaza Cordobeses 3; Führungen 35 €) Diese quirlige Bodega ist nicht nur wegen ihrer besonders lange gereiften Sherrys (mindestens 20, meist 30 Jahre alt) faszinierend, sondern auch, weil sich hier die **Colección Joaquín Rivero** befindet, eine kleine private spanische Kunstsammlung aus dem 14. bis 19. Jh. mit wichtigen Werken von Goya, Velázquez, El Greco und Zurbarán. Für die sehr empfehlenswerten Führungen (1½ Std.; auf Deutsch, Englisch und Spanisch), inklusive Weinverkostung, muss man sich vorher anmelden.

Alcázar FESTUNG
(☎ 956 14 99 55; Alameda Vieja; Alcázar 5 €, mit Camera obscura 7 €; ⏲ Juli–Mitte Sept. Mo–Fr 9.30–17.30, Sa & So 9.30–14.30 Uhr, Mitte Sept.–Juni tgl. 9.30–14.30 Uhr) Jerez' massive, aber elegante Festung aus dem 11. oder 12. Jh. gehört zu den besterhaltenen Relikten aus der Zeit der Almohaden in Andalusien. Besonders bemerkenswert ist der achteckige Turm, typisch für die Verteidigungsfestungen der Almohaden, zu dem man durch **Gärten** im islamischen Stil gelangt, vorbei an einer **Kirche (einst Moschee)** aus dem 12. Jh., dem weitläufigen **Patio de Armas** und am barocken **Palacio Villavicencio** aus dem 17. und 18. Jh., wo eine Camera obscura Panoramablicke auf die Stadt gewährt.

Catedral de San Salvador KATHEDRALE
(☎ 956 16 90 59; www.catedraldejerez.es; Plaza de la Encarnación; inkl. Iglesia de San Miguel Erw./Kind 6 €/frei; ⏲ Apr.–Sept. Di–Sa 10–20, Mo bis 18.30, So 13–19 Uhr, Okt.–März Mo–Sa 10–18.30, So 13–18.30 Uhr) Ein Hauch von Sevilla weht über der wunderbaren Kathedrale von Jerez, einem überraschend har-

monischen Mix aus barocken, neoklassizistischen und gotischen Elementen. Ins Auge fallen vor allem die breiten Strebebogen und die Steindecken mit Schnitzereien. Hinter dem Hauptaltar beherbergen mehrere Räume und Kapellen die Sammlung der Kathedrale aus Silberwaren, religiösen Gewändern und Kunst, darunter Zurbaráns *Virgen niña meditando* (Jungfrau Maria als Kind, schlafend). Am anderen Ende des Platzes befindet sich der Glockenturm, sein unterer Teil im gotischen Mudejarstil stammt aus dem 15 Jh., sein oberer Teil aus dem 17. Jh.

Bodegas González-Byass WEINGUT

(Bodegas Tío Pepe; ☎ 956 35 70 16; www.bodegastiopepe.com; Calle Manuel María González 12; Führungen ab 16 €) Die 1835 gegründete González-Byass-Kellerei, zu der die berühmte Marke Tio Pepe gehört, ist einer der größten Sherry-Produzenten und befindet sich gleich westlich des Alcázar. Täglich finden mehrere Führungen auf Spanisch, Englisch und Deutsch statt. Zeiten sind online ersichtlich und man kann auch gleich reservieren (nicht zwingend nötig). Standardführungen umfassen die von Gustav Eiffel entworfene Kellerei La Concha und die Verkostung von zwei Weinsorten in der glanzvollen Degustationshalle, bei anderen gibt's auch Tapas und zusätzliche Sherrys. Während der Recherche wurde gerade an einem hauseigenen Luxushotel gearbeitet.

Bodegas Lustau WEINGUT

(☎ 956 34 15 97; www.lustau.es; Calle Arcos 53; ⏲ Führungen Mo & Sa 11.30 & 13.30, Di–Fr 10, 11.30, 13 & 15 Uhr) Es werden Führungen auf Englisch oder Spanisch durch die reizenden Räumlichkeiten auf dem von Weinranken beschatteten Gut aus dem Jahr 1896 geboten. Die Touren sind ihr Geld wert und sollten im Voraus gebucht werden. Bei Standardführungen (18 €) gibt's fünf Weinsorten und einen Wermut zum Probieren, die große Verkostungstour (28 €) inkludiert sieben Wein- und zwei Wermutsorten.

Centro Andaluz de Flamenco KULTURZENTRUM

(☎ 956 90 21 34; www.centroandaluzdeflamenco.es; Plaza de San Juan 1; ⏲ Mo–Fr 9–14 Uhr) GRATIS Das einzigartige Kulturzentrum ist schon rein architektonisch interessant: Man beachte etwa die originale Mudejar-*artesonado*-Decke (eine Decke aus verschlungenen Holzelementen mit dekorativen Intarsienarbeiten) aus dem 15. Jh. im Eingang und den kunstvollen Innenhof im Barockstil aus dem 18. Jh. Darüber hinaus ist es auch eine fantastische Infoquelle zum Flamenco. Im Archiv befinden sich Tausende Werke in gedruckter Form oder auf Tonträgern. Flamenco-Videos werden von 9.30 bis 13.30 Uhr gezeigt. Zudem hat das Personal Listen mit *tabancos* und *peñas* (kleine private Clubs), in denen Flamenco aufgeführt wird, sowie Informationen zu kommenden Aufführungen und Flamenco-Tanz- und Gesangskursen.

Museo Arqueológico MUSEUM

(☎ 956 14 95 60; Plaza del Mercado; Erw./Kind 5 €/frei; ⏲ Mitte Juni–Mitte Sept. Di–So 9–14.30 Uhr, Mitte Sept.–Mitte Juni Mo–Fri 10–14 & 16–19, Sa & So 9–14.30 Uhr) Jerez' modernes archäologisches Museum im Viertel Santiago zeigt faszinierende lokale Relikte, die von der Altsteinzeit bis zum 20. Jh. reichen. Audioguides erläutern Details dazu. Besonders sehenswert sind der griechische Bronzehelm aus dem 7. Jh., der im Río Guadalete gefunden wurde, die zwei zylindrischen Marmorgötterbilder aus der Kupferzeit aus dem 2. oder 3. Jh. v. Chr. und das Fragment eines seltenen Wandgemäldes im gotischen Mudejarstil aus dem 15. Jh.

Iglesia de San Miguel KIRCHE

(☎ 956 34 33 47; www.catedraldejerez.es; Plaza de San Miguel; inkl. Catedral de San Salvador Erw./Kind 6 €/frei; ⏲ April–Sept. Mo–Sa 10–19 Uhr, Okt.–März bis 18 Uhr) Die Architektur der zwischen dem 15. und 18. Jh. erbauten, reich geschmückten Kirche stellt eine Mischung aus Gotik, Renaissance und Barock dar, nach dem Modell der Kathedrale von Sevilla, die wahrscheinlich denselben Architekten hatte. Das Dach des dreistufigen kunstvoll gearbeiteten barocken Glockenturms ist mit Kacheln bedeckt, das Hauptschiff zieren raffiniert gemeißelte spätgotische Säulen nach portugiesischem Vorbild. Es gibt Audioguides.

Hammam Andalusí HAMMAM

(☎ 956 34 90 66; www.hammamandalusi.com; Calle Salvador 6; Bäder 29 €, mit 15-/30-minütiger Massage 39/60 €; ⏲ 10–22 Uhr) Der magische Hammam Andalusí versetzt in Jerez' maurische Vergangenheit. Schon am Eingang wird man vom Duft nach Weihrauch, ätherischen Ölen und frischem Pfefferminztee sowie vom besänftigenden Geräusch plätschernden Wassers begrüßt. Dahinter liegen drei türkisblaue Wasserbecken (lauwarm, heiß und kalt). Wer will, gönnt sich eine Massage. Reservierung empfohlen.

Jerez de la Frontera

Jerez de la Frontera

Feste & Events

Feria del Caballo MESSE
(Ende April–Anfang Mai) Jerez' einwöchige „Pferdemesse" ist eines der prächtigsten Feste Andalusiens. Zum Programm gehören neben Musik und Tanz auch verschiedene Reitwettbewerbe und Paraden sowie Stierkämpfe – doch der Widerstand von Tierschützern nimmt zu.

Fiestas de la Vendimia WEIN
(Sept.) Mit dem größten *vendimia*-Festival Andalusiens feiert Jerez im Herbst zwei Wochen lang die Weinernte, und zwar mit Flamenco, Pferdeshows und dem traditionellen Stampfen der ersten Trauben vor der Kathedrale.

Schlafen

Life Astuto Boutique HOSTEL €
(956 08 56 54; www.lifeapartments.es; Calle Chancillería 21; B/DZ 12–14/40–70 €;) Dieses tolle, kleine Hostel in einem geschickt neu gestalteten historischen Gebäude stellt moderne Schlafsäle mit Gemeinschaftsbad (gemischt oder nur für Frauen) für vier bis sechs Personen zur Verfügung. Dazu gehören ein eigenes Schließfach, eine Lampe, Steckdose und ein Regal. Es gibt auch Doppelzimmer mit eigenem Bad in schlichtem Boutique-Design. Im Innenhof und Garten befindet sich ein Tauchbecken und die Dachterrasse gewährt einen Ausblick auf die Stadt.

Nuevo Hotel HOTEL €
(956 33 16 00; www.nuevohotel.com; Calle Caballeros 23; EZ/DZ 25–32/36–43 €;) Das spektakulärste Zimmer dieses netten Hotels in einem alten Haus aus dem 19. Jh. ist Zimmer 208: Es wartet mit Stuck im maurischen Stil und blau-weißen Kacheln an den Wänden auf – und beim Aufwachen kann man sich leicht in der Alhambra wähnen. Die komfortablen, einfachen Zimmer sind mit antiken Möbeln ausgestattet und es ist ein kaltes Frühstück (5 €) erhältlich.

La Fonda Barranco BOUTIQUE-HOTEL €€
(956 33 21 41; www.lafondabarranco.com; Calle Barranco 12; DZ 62–86 €;) Ein familiengeführtes Hotel in einem ehemaligen Kaufmannshaus, das auf das Jahr 1865 zurückgeht und historischen, maurischen Charakter mit zeitgenössischem Flair verbindet. Am Eingang warten ein kühler Patio und ein Glas Sherry auf Gäste. Von dort führen Treppen auf die Dachterrasse und zu zehn bezaubernden, makellosen Zimmern mit unverputzten Steinwänden, Holzbalken, geschnitzten Holztüren, Ziegelbögen, Pastellfarben sowie dekorativen Keramikschüsseln.

YIT Casa Grande HOTEL €€
(956 34 50 70; www.hotelcasagrandejerez.com; Plaza de las Angustias 3; DZ 66–115 €;) Dieses eindrucksvoll restaurierte Herrenhaus aus den 1920er-Jahren beherbergt 15 zeitlos elegante Zimmer (Marmorboden, Vintagemöbel) auf drei Etagen um einen Innenhof mit hellem Boden und Palmge-

wächsen, sowie eine noble Bibliotheks-lounge. Frühstück aus lokalen Erzeugnissen wird im Hof oder ganz oben neben der fantastischen Dachterrasse mit Blick über die Stadt aufgetischt.

Casa Palacio María Luisa LUXUSHOTEL €€€
(☎956 92 62 63; www.casapalaciomarialuisa.com; Calle Tornería 22; Zi./Suite 250–310/320–600 €;) Frischen Wind in Jerez' Unterkunftsszene bringt das Fünf-Sterne-Hotel in einem schillernden Herrenhaus aus dem 19. Jh. 21 luxuriöse Zimmer reihen sich um einen nach Blumen duftenden Patio mit Marmorboden im Karomuster. Die Innenhöfe zieren bepflanzte Wände, und es gibt ein feines Restaurant mit lauschiger Bar unter freiem Himmel. Individuell gestaltete Zimmer präsentieren kühne Tapeten, Samt und originale Kunstwerke.

Essen & Ausgehen

Die Küche von Jerez vereint das maurische Erbe und die maritimen Einflüsse der Region mit internationalen Anleihen. Natürlich kommt Sherry zum Einsatz, wenn es ums Verfeinern traditioneller Gerichte geht, etwa bei *riñones al jerez* (in Sherry geschmorte Nieren) und *rabo de toro*. Darüber hinaus ist in den vielen erstklassigen Restaurants der Stadt ein Wandel hin zur kreativ-modernen Küche spürbar. In den verschiedenen *tabancos* (S. 135) speist man häufig am authentischsten und preisgünstigsten.

Bar Juanito ANDALUSISCH €
(☎956 33 48 38; www.bar-juanito.com; Calle Pescadería Vieja 8-10; medias raciones 5–10 €; ⌚Mo–Sa 12.30–16 & 20–23, So 12.30–16 Uhr) Mit ihren Tischen im Freien, den rustikalen roten Stühlen und karierten Tischdecken wirkt die Bar Juanito wie ein kleines andalusisches Dorf mitten im Herzen der Stadt. Schon seit den 1940er-Jahren bekommt man hier fabelhafte Tapas. Die *alcachofas* (Artischocken) haben einst den nationalen Tapas-Wettbewerb gewonnen, es gibt aber noch viel mehr und dazu Weine aus Cádiz. Samstagnachmittags stehen Live-Flamencoaufführungen auf dem Programm.

★ **La Carboná** ANDALUSISCH €€
(☎956 34 74 75; www.lacarbona.com; Calle San Francisco de Paula 2; Hauptgerichte 15–21 €; ⌚Mi–Mo 13.30–16 & 20–23 Uhr, Juli geschl.;) Das großzügige Restaurant mit seiner kreativen Speisekarte befindet sich in einer schönen alten Bodega mit hängendem Kamin. Zu den kunstvoll präsentierten marktbasierten Spezialitäten zählen Fleisch vom Grill, frischer Fisch, Steinpilzreis mit Scheidenmuscheln oder Thunfisch-Tartar aus *almadraba*-Fang mit Eigelb und *amontillado*-(trockener Sherry)Emulsion. Außerdem gibt's hervorragende lokale Weine. Wer sich nicht entscheiden kann, der sollte die mit Sherry gepaarten Menüs probieren (45 €).

Albalá ANDALUSISCH, FUSION-KÜCHE €€
(☎956 34 64 88; www.restaurantealbala.com; Ecke Calle Divina Pastora & Avenida Duque de Abrantes; Tapas/Hauptgerichte 2–4/9–20 €; ⌚12–16 & 20.30–24 Uhr;) In Nischen aus hellem Holz, umgeben von minimalistischem Dekor genießen Gäste die wunderbar kreativen und zeitgemäßen Gerichte des *jerezano-Kochs* Ramos, die mit typisch andalusischen Zutaten zubereitet sind. Zu den Spezialitäten des Hauses zählen *rabo-de-toro*-Kroketten, Spiegelei mit Trüffeln, Roter Thunfisch aus *almadraba*-Fang mit Guacamole sowie das köstlich knusprige Spargel-Tempura. Das Restaurant befindet sich 1 km nördlich von der Plaza del Arenal.

Ramos steckt auch hinter dem experimentierfreudigen Sterne-Lokal **Mantúa** (☎856 65 27 39; www.restaurantemantua.com; Plaza Aladro 7; Degustationsmenüs 75–90 €, mit Weinbegleitung 110–140 €; ⌚ Di–Sa 13.30–15.15 & 20.30–22.30, So 13.30–15.15 Uhr) .

Albores ANDALUSISCH €€
(☎956 32 02 66; www.restaurantealbores.com; Calle Consistorio 12; Tapas/Hauptgerichte 2–5/8–19 €; ⌚8–24 Uhr) Mitten in der Altstadt verleiht das Albores traditionellen Rezepten einen neuen Touch. Dank seiner originellen saisonalen Tapas und Hauptgerichte stiehlt Koch Julián Olivares den anderen die Show, besonders mit seinen Meeresfrüchtekreationen wie Venusmuscheln in Sherry-Essig-Soße und *almadraba*-Thunfischspezialitäten. Weitere Gaumenkitzel sind Ziegenkäse-*tosta* oder *papas aliñás*. Außerdem ist das Albores eins der besten Frühstückslokale in Jerez.

Mulai FUSION-KÜCHE €€
(☎695 251017; www.mulaijerez.com; Calle Pescadería Vieja 2; Hauptgerichte 12–18 €; ⌚Mo–Sa 13.30–16.30 & 20.30–23.30, So 13.30–16.30 Uhr;) In diesem ultraschicken 2019 eröffneten Lokal treffen frisch zubereitete Klassiker wie Sanlúcar-Riesengarnelen, *rabo de toro oder camarones* auf internationale Impulse. Das Mulai bringt exotisches Bali-Flair nach Jerez: Wandteppiche aus Ma-

NICHT VERSÄUMEN

DAS WUNDERBARE REVIVAL DER TABANCOS

Einfache Tavernen, die Sherry vom Fass ausschenken – das sind die berühmten alten *tabancos* von Jerez. Sie verteilen sich über das ganze Stadtzentrum und die meisten von ihnen entstanden Anfang des 20. Jhs. Das Wort *tabanco* ist zwar eine Verbindung aus *tabaco* (Tabak) und *estanco* (Tabakgeschäft), doch im Mittelpunkt steht ohne Frage der lokale Sherry. Nachdem die *tabancos* der Stadt schon vor einigen Jahren Gefahr liefen auszusterben, haben sie mit fleißigen neuen Besitzern in jüngerer Zeit ein Comeback als angesagte Treffs erlebt. Stilbewusste junge *jerezanos* und neugierige Besucher gehören ebenso zu ihren Gästen wie Mitglieder der älteren Generation. Einige *tabancos* veranstalten regelmäßig Flamenco-Aufführungen (es kann aber genauso gut passieren, dass man einen spontanen Auftritt erlebt) und Sherry-Verkostungen. Alle *tabancos* sind fantastische, günstige, bodenständige Lokale, in denen man mit einem Glas *fino* (trockener, strohgelber Sherry) in der Hand die Atmosphäre des echten Jerez erleben kann.

Die Touristeninformation bietet Informationen zur offiziellen **Ruta de los Tabancos de Jerez** (www.facebook.com/rutadelostabancosdejerez), aber es gibt noch viele mehr.

Gäste stehen bis auf die Straße, um im quirligen *despacho de vinos*, dem **Tabanco Plateros** (☎ 956 10 44 58; www.facebook.com/tabanco.plateros; Calle Algarve 35; ⏲ Mo–Sa 12–16 & 20–24, So 20–24 Uhr), einen *fino*, *oloroso* oder *amontillado* und genial einfache Tapas (2–3 €) wie *jamón* und *payoyo*-Käse und am Wochenende Tortilla zu genießen. Plateros brachte das Comeback der *tabancos* ins Rollen. Manchmal gibt's auch Sherry-Verkostungen.

Der 1925 eröffnete **Tabanco El Pasaje** (☎ 956 33 33 59; www.tabancoelpasaje.com; Calle Santa María 8; ⏲ So–Fr 11–15.30 & 19–24, Sa 11–16 & 20–24 Uhr; 📶) ist der älteste *tabanco* der Stadt und serviert seinen ausgezeichneten Sherry und seine angenehm unkomplizierten Tapas (2,50 €) mit den dazu passenden rauen Flamenco-Shows (14 und 21 oder 22 Uhr). Hier soll schon Flamenco-Legende Lola Flores aufgetreten sein.

In dem von seinen Sherry-liebenden Besitzern (die oft Verkostungen anbieten) neu belebten **Tabanco El Guitarrón de San Pedro** (☎ 649 656918; www.facebook.com/guitarrondesanpedro; Calle Bizcocheros 16; ⏲ Mo–Sa 12–16 & 20–24 Uhr) finden regelmäßig Flamenco-Tanz und -Gesang sowie Kunstaustellungen statt. Dazu genießt man zünftige Tapas (2–4 €) oder ein Gläschen Sherry (es werden jede Menge Sorten angeboten).

Als einer von wenigen Veranstaltungsorten bietet der **Tabanco A la Feria** (☎ 663 476542; www.facebook.com/Antoniocontrerascarava; Calle Armas 5; ⏲ 12–16 & 20–24 Uhr) tägliche Shows an, und zwar feurigen Flamenco allabendlich meist gegen 20 und um 22.30 Uhr (im Winter finden weniger Veranstaltungen statt, am besten online informieren). Dazu gibt's guten Sherry, Tapas (2 €) und *raciones* (6 €).

kramee, Bambuslampenschirme und Fotos indonesischer Fischer lugen zwischen Holzbalken hervor und schmücken weißgetünchte Wände – die richtige Kulisse für exquisite Weltenbummlerkost wie Rotes Thunfisch-Tartar mit Trüffeln.

LÚ, Cocina y Alma GEHOBENE KÜCHE €€€
(☎ 695 408481; www.universolu.com; Calle Zaragoza 2; Degustationsmenüs 90–150 €, mit Weinbegleitung 140–220 €; ⏲ Di–Sa 13–15 & 20.30–22, So 13–15 Uhr) 🍃 Tausendsassa Juan Luis Fernández lernte in El Puertos berühmtem Aponiente und wurde 2018 für seine beeindruckenden originellen Kochkünste mit Jerez' erstem Michelin-Stern ausgezeichnet. Leichthändig schafft er aus lokalen Produkten mit eleganten französischen Techniken neue Kreationen. Ein paar Tische im Lokal gewähren Einblick in die offene Küche, ganz im *Chef's-Table*-Stil. Geboten werden drei innovative, saisonale Degustationsmenüs mit Wein aus Spanien und Frankreich.

☆ Unterhaltung

In Jerez gibt's eine der lebendigsten und authentischsten Flamenco-Szenen (S. 136) Andalusiens mit erstklassigen Aufführungen sowie außergewöhnlichen Gitarren-, Tanz- und Gesangskursen.

DIE KREATIVE FLAMENCO-SZENE VON JEREZ

Jerez' Status als „Wiege des Flamenco" wird regelmäßig von Kennern aus Cádiz, Sevilla und Granada in Frage gestellt, ist jedoch durchaus gerechtfertigt. In der vergleichsweise untouristischen Stadt gibt's zwei Romaviertel: Santiago und San Miguel. Sie haben jede Menge berühmte Künstler hervorgebracht, darunter die Sänger Manuel Torre und Antonio Chacón. Jerez wartet – wie seine Konkurrenten im Norden und Westen – mit einem eigenen Flamenco-*palo* (Musikstil) auf, der außerordentlich beliebten *bulería*. Der schnelle rhythmische Stil folgt demselben *compás* (betonter Rhythmus) wie die *soleá* aus Sevilla.

Im Centro Andaluz de Flamenco (S. 131) liegt Informationsmaterial zu *peñas* (kleine, private Clubs), *tabancos* (Tavernen, die Sherry aus Fässern ausschenken), Vorstellungen sowie Gesangs-, Tanz- und Gitarrekursen auf. Ein Spaziergang die Calle Francos hinunter führt zu einigen legendären Flamenco-Bars, in denen sich auch heute noch Sänger und Tänzer versammeln. Im Viertel Santiago liegen Dutzende *peñas*. Sie sind bekannt für ihre günstigen Preise und die intime Atmosphäre. Besonders erlebenswert ist die *peña*-Szene während des **Festival de Jerez** (www.facebook.com/FestivalDeJerez; ⏲ Ende Feb.–Anf. März). Die *tabancos* von Jerez (S. 135) sind tolle Flamenco-Treffpunkte, in einigen, darunter im El Pasaje (S. 135) und A la Feria (S. 135), finden regelmäßig Flamenco-Shows statt, in anderen gibt's eher spontane Flamenco-Auftritte.

Eine der besten *peñas* der Stadt (und damit ganz Andalusiens) bietet das **Centro Cultural Flamenco Don Antonio Chacón** (☎ 956 34 74 72; www.facebook.com/DAChaconFlamencoJerez; Calle Salas 2). Es wurde nach dem berühmten in Jerez geborenen Flamenco-Sänger benannt. Auftritte erstklassiger Flamenco-Künstler sind hier keine Seltenheit. Über anstehende Veranstaltungen kann man sich auf der Facebook-Seite, in der Touristeninformation oder beim Centro Andaluz de Flamenco informieren.

Puro Arte (☎ 647 743832; www.puroarteflamencojerez.com; Calle Madre de Dios 10; 30 €, inkl. Tapas/Abendessen 45/49 €), Jerez' beste *tablao* (choreografierte Flamenco-Show) bringt zwei- oder dreimal pro Tag beliebte lokale Künstler auf die Bühne. Man hat die Wahl zwischen Getränken, Tapas und/oder Abendessen. Unbedingt vorher reservieren! Auch Flamenco-Tanzstunden sind im Angebot.

Damajuana (www.facebook.com/damajuanajerez; Calle Francos 18; ⏲ Di–So 20–3.30, Fr–So 16–3.30 Uhr) ist eine von zwei historischen Bars, untergebracht in einem Herrenhaus aus dem 16. Jh. in der Calle Francos, wo sich seit Langem Flamenco-Sänger und -Tänzer treffen und zusammen trinken, mit abwechslungsreicher Livemusik, Tapas (2–5,50 €) und einer fröhlichen *movida flamenca* (Flamenco-Szene).

Real Escuela Andaluza del Arte Ecuestre PFERDESHOW
(☎ 956 31 80 08; www.realescuela.org; Avenida Duque de Abrantes; Trainingsstunden Erw./Kind 11/6,50 €, Shows Erw./Kind 21–27/13–17 €; ⏲ Trainingsstunden Mo–Mi & Fr 10–14 Uhr, Shows Di & Do 12 Uhr) Jerez' berühmte Königliche Andalusische Reitschule trainiert Pferde und Reiter. Besucher können sich bei „Themenführungen" das Training und das **Museo del Arte Ecuestre** sowie das nahegelegene **Museo del Enganche** (www.realescuela.org; Calle Pizarro; Erw./Kind 4,50/2,50 €; ⏲ Mo–Fr 10–14 Uhr) anschauen. Absolutes Highlight ist jedoch die offizielle *exhibición* (Show), bei der wunderschöne Pferde ihr Können zu klassischer Musik zeigen. Tickets kann man online buchen. Vorstellungszeiten variieren.

Einige Tierschützer sehen die Trainingstechniken im Dressurreiten und derlei Pferdeshows als grausam an.

ℹ Praktische Informationen

Oficina de Turismo (☎ 956 33 88 74; www.turismojerez.com; Plaza del Arenal; ⏲ Mo–Fr 8.30–14 & 16.30–18, Sa & So 8.30–14.30 Uhr)

ℹ An- & Weiterreise

AUTO & MOTORRAD

Unterhalb der Alameda Vieja (neben dem Alcázar) befindet sich ein 24-Stunden-Parkhaus (12 €).

BUS

Der **Busbahnhof** (☎ 956 14 99 90; Plaza de la Estación) liegt 1,3 km südöstlich vom Zentrum und wird von CMTBC (S. 130), Comes (S. 129), Damas (S. 129) und **Monbus** (☎ 982 29 29 00; www.monbus.es) bedient.

Reiseziel	Preis (€)	Fahrtdauer	Häufigkeit (tgl.)
Arcos de la Frontera	3,10	40 Min.	10–20-mal
Cádiz	3,90	45 Min.	2–8-mal
El Puerto de Santa María	1,70	15–20 Min.	2–7-mal
Ronda	13	2¾ Std.	1–2-mal
Sanlúcar de Barrameda	2	40 Min.	7–13-mal
Sevilla	9	1¼ Std.	3–4-mal

FLUGZEUG

Der **Aeropuerto de Jerez** (☎ 956 15 00 00; www.aena.es; Carretera A4) ist der einzige Flughafen in der Provinz Cádiz und liegt 10 km nordöstlich der Stadt an der A4. Er bietet u.a. direkte Anbindungen an Barcelona, Madrid, Bilbao, Mallorca und Berlin. Hier verkehren die Fluglinien easyJet, Iberia, Ryanair und Vueling.

ZUG

Der Bahnhof befindet sich neben dem Busbahnhof.

Reiseziel	Preis (€)	Fahrtdauer	Häufigkeit (tgl.)
Cádiz	3–15	35–40 Min.	mind. 20-mal
Córdoba	25–35	2–3 Std.	7–14-mal
El Puerto de Santa María	2,80–12	8 Min.	mind. 20-mal
Sevilla	12–20	1¼ Std.	11–15-mal

Unterwegs vor Ort

ZUM/VOM FLUGHAFEN

Lokale Flughafenbusse fahren an Werktagen dreimal und am Wochenende einmal täglich nach Jerez (1,10 €, 30 Min.) sowie an Werktagen einmal nach El Puerto de Santa María (1,70 €, 50 Min.) und einmal täglich nach Cádiz (3,90 €, 1½ Std.).

Taxis zum/vom Flughafen kosten 15 €.

Täglich verkehren acht bis zehn Züge zwischen dem Flughafen und Jerez (1,10–2,55 €, 7–11 Min.), El Puerto de Santa María (1,70–3,80 €, 15 Min.) und Cádiz (3,90–6,25 €, 45 Min.).

El Puerto de Santa María

43 100 EW.

Wer von solch kulturellen Schwergewichten wie Cádiz, Jerez de la Frontera und Sevilla umgeben ist, wird leicht vergessen. Das gilt auch für El Puerto de Santa María, und das trotz seiner bekannten Attraktionen direkt vor der Bucht von Cádiz. Mit seinen vielen goldenen Sandstränden, einem halben Dutzend Sherry-Bodegas (einschließlich der berühmten Osborne-Kellerei), Fischrestaurants und einigen architektonischen Perlen wirkt El Puerto wie Südandalusien im Kleinformat. Von Cádiz oder Jerez aus kann man problemlos einen Tagesausflug in die Stadt unternehmen.

Von der Katamaran-Anlegestelle in Cádiz sind es 300 m nördlich bis zur Burg und zur Touristeninformation, umgeben von der mit Restaurants übersäten Altstadt. Auch einige Bodegas sind vom Kai fußläufig erreichbar.

EIN SEHR BRITISCHES GETRÄNK

Die Namen sprechen für sich: Harvey, Sandeman, Terry, Humbert, Osborne. Andalusiens Sherry-Industrie mag spanisch sein, ihre Ursprünge sind jedoch angloirisch. Als Francis Drake im Jahr 1587 plündernd durch Cádiz zog, sich dabei über 3000 Fässer des lokalen *vino* unter den Nagel riss und sie am britischen Hof ablieferte, begründete er damit eine komplett neue Industrie.

Thomas Osborne Mann aus Exeter nahm 1772 Kontakt zu lokalen Winzern aus El Puerto de Santa María auf und gründete Osborne, heute eines der ältesten Familienunternehmen Spaniens und bekannt für sein Logo mit dem schwarzen Stier. George Sandeman, ein Schotte aus Perth, gründete sein junges Imperium 1790 in Tom's Coffee House in der City von London. John Harvey aus Bristol begann 1796 mit dem Import von Sherry aus Spanien und kreierte in den 1860er-Jahren den ersten Cream Sherry der Welt, Harvey's Bristol Cream. Sogar Spaniens bekannteste Sherry-Dynastie González-Byass (S. 131), Hersteller der Marke Tío Pepe, ist eine anglospanische Kooperation. 1835 nahm sie mit dem Andalusier Manuel Maria González und seinem englischen Agenten Robert Byass ihren Anfang.

EL PUERTOS STRÄNDE

El Puertos weiße Sandstrände, an denen sich vorwiegend spanische Urlauber drängen, zählen zu den beliebtesten südspanischen Ferienorten. Die von Kiefern gesäumte **Playa de la Puntilla** liegt 1,5 km südwestlich vom Zentrum. Zwei Kilometer weiter Richtung Südwesten befindet sich die elegante Marina **Puerto Sherry**, dahinter folgen die kleine **Playa de la Muralla** und die 3 km lange **Playa de Santa Catalina** mit mehreren Strandbars (erreichbar mit Bus 3, der an der Haltestelle der Stierkampfarena abfährt). Bus 6 verkehrt von der Stierkampfarena zur **Playa Fuentebravía** (Playa Fuenterrabía) 6 km nordwestlich der Stadt. An der Ostseite des Río Guadalete erstreckt sich die beliebte **Playa de Valdelagrana** vor einer Silhouette aus Wolkenkratzerhotels.

Sehenswertes

★ Bodegas Osborne WEINGUT

(956 86 91 00; www.osborne.es; Calle los Moros 7; Führungen ab 15 €, Verkostungen 10–55 €) Osborne, das Unternehmen mit dem legendären Logo des schwarzen Stiers, das man noch immer in ganz Spanien auf lebensgroßen Reklamebildern sieht (heute ohne den Markennamen), ist die bekannteste Sherry-Kellerei von El Puerto. Gegründet wurde sie 1772 von dem Engländer Thomas Osborne Mann und gehört bis heute zu den ältesten Betrieben Spaniens, die kontinuierlich von einer Familie geführt werden.

Die Kellerei bietet Führungen mit Verkostungen um 10 Uhr auf Englisch, um 11 Uhr auf Deutsch und um 12 Uhr sowie um 19.30 Uhr im Sommer auf Spanisch an. Vorab reservieren. Einige Touren beinhalten eine Kostprobe von Huelvas hoch gepriesenem Cinco Jotas *jamón*.

Bodegas Gutiérrez Colosía WEINGUT

(607 450066, 956 85 28 52; www.gutierrezcolosia.com; Avenida de la Bajamar 40; Führungen 10 €) Diese kleine, familiengeführte, 1838 gegründete Sherry-Bodega liegt direkt neben der Katamaran-Anlegestelle. Führungen (1½ Std.) enden mit einer Verkostung von sechs Weinen, auf Wunsch einschließlich Tapas und Flamenco. Montags bis freitags finden sie um 11.15 Uhr auf Englisch und um 12.30 Uhr auf Spanisch statt. Samstags um 13 Uhr gibt's Führungen in beiden Sprachen. Zusätzliche Rundgänge am Abend sind von Juli bis September möglich.

Ganz in der Nähe betreibt die Familie Gutiérrez Colosía auch die urig-schmucke Sherry- und Tapasbar **Bespoke** (956 10 64 12; www.bespokepuerto.com; Avenida de la Bajamar 40; raciones 4–12 €; 12.30–16 & 20.30–open end;) .

Castillo de San Marcos BURG

(627 569335; www.caballero.es; Plaza Alfonso X El Sabio; Erw./Kind 10/5 €; Führungen tgl. 10, 11.30 & 13, Mo–Sa zusätzl. 18–19.30 Uhr, Okt.–März verkürzte Öffnungszeiten) Nach der Einnahme der Stadt im Jahr 1260 ließ Alfons X. der Weise diese stattliche Burg über einer islamischen Moschee errichten. Im 20. Jh. wurde sie umfassend restauriert und ist heute im Besitz der Bodegas Caballero. Das Highlight ist die ursprüngliche Moschee im Inneren, die zu einer Kirche umgebaut wurde. Führungen gibt's auf Englisch und Spanisch. Sie dauern 1½ Std. und schließen mit einer Verkostung von fünf Sherrys ab. Reservierung erforderlich.

Fundación Rafael Alberti MUSEUM

(956 85 07 11; www.rafaelalberti.es; Calle Santo Domingo 25; Erw./Kind 4/2 €; Di–So 10.30–14 Uhr) Ein paar Straßen landeinwärts von der Plaza Alfonso X El Sabio gelegen, zeigt diese Stiftung ausgewählte interessante Ausstellungsstücke zu Rafael Alberti (1902–1999), der hier aufwuchs und als einer der großen Dichter der „Generación del 27“ gilt. Es gibt kostenlose Audioguides in Englisch, Französisch und Spanisch.

Schlafen

El Baobab Hostel HOSTEL €

(956 85 89 64; www.baobabhostel.com; Calle Pagador 37; pro Pers. 15–40 €; April–Okt.;) Das kleine sonnendurchflutete Hostel mit seinen zehn Zimmern befindet sich in einem umgebauten Gebäude aus dem 18. Jh. neben der Stierkampfarena. Die Atmosphäre in der Budgetunterkunft der Stadt ist gemütlich und freundlich, die Gemeinschaftsküche sowie der Innenhof sind schlicht gestaltet. Die Zimmer sind mit eigenem Bad und Spinden ausgestattet und beherbergen zwei bis acht Personen.

Palacio San Bartolomé BOUTIQUE-HOTEL €€€
(☎956 85 09 46; www.palaciosanbartolome.com; Calle San Bartolomé 21; Zi./Suite 68–170/198–250 €; ❄📶) Wie wär's mit einem Zimmer samt Tauchbecken, Sauna, Whirlpool und Liegestühlen? In der Spa-Suite des einladenden San Bartolomé, das sich in einem behutsam umgebauten Palast aus dem 18. Jh. befindet und mit vollendetem Design besticht, ist all das zu haben. Die anderen zehn Zimmer rund um einen lichtdurchfluteten Patio sind gleichermaßen reizvoll und bieten Himmelbetten, überdimensionale Duschen, geflieste Böden, fröhliches Design sowie moderne Eleganz.

Essen & Ausgehen

El Puerto ist berühmt für phänomenale Meeresfrüchte und Tapas-Bars. Man findet sie im Zentrum in der Calle Luna und der Calle Misericordia, im Norden in der Calle Ribera del Marisco, im Süden in der Avenida de la Bajamar und der Avenida Aramburu de Mora und in der Calle La Placilla unweit der Plaza de España.

Toro Tapas TAPAS €€
(☎956 90 50 20; www.torotapaselpuerto.com; Calle los Moros 7, Bodegas Osborne; Tapas/raciones & Hauptgerichte 4–9/7–18 €; ⏲8.30–16.30 & 20.30–23.30 Uhr) Das Restaurant der bekannten Bodegas Osborne bietet unter seinen Ziegelbögen eine feierliche Kulisse für raffinierte Tapas und *raciones* (gemischte Platten) aus frischen, lokalen Produkten, darunter hochklassiger Cinco-Jotas-*jamón* aus Huelva, heimische Käsesorten mit Grazalema-Honig, *arroz meloso* (cremiger Reis) mit Garnelen aus dem Atlantik.

★ **Aponiente** FISCH & MEERESFRÜCHTE €€€
(☎956 85 18 70; www.aponiente.com; Molino de Mareas El Caño, Calle Francisco Cossi Ochoa; 21-Gänge-Menü 215 €, mit Wein 315 €; ⏲Mitte März–Juni & Sept.–Anfang Dez. Di–Sa 13–16.30 & 20–23.30 Uhr, Juli & Aug. Mo–Sa 13–16.30 & 20–23.30 Uhr) Das Wort „tollkühn" beschreibt die Experimentierfreudigkeit des spanischen Küchenchefs Angel León wohl am besten. Seine von Meeresfrüchten geprägte *nueva cocina* wurde vielfach ausgezeichnet und er hat dem Aponiente als erstem Restaurant in Andalusien drei Michelin-Sterne verschafft. Die Bewohner des traditionellen El Puerto sind, was das Restaurant in einer restaurierten Mühle aus dem 18. Jh. angeht, geteilter Ansicht. Manche kritisieren die Preise und den Hype, der darum gemacht wird, anderen läuft allein schon beim Gedanken an das äußerst einfallsreiche 21-Gänge-Probiermenü das Wasser im Mund zusammen.

DAS SHERRY-GEHEIMNIS

Sherry-Trauben werden nach der Ernte gepresst und der dabei gewonnene Most wird in Holzfässern oder – heutzutage üblicher – in Edelstahltanks vergoren. Sobald sich gegen Ende der Gärung an der Oberfläche eine schaumige Hefeablagerung (*flor*) bildet, wird der Wein mit einem Traubenbrand versetzt, zu 15 % bei feineren und 17 bis 18 % bei einfacheren Weinen.

Dann beginnt die *solera*-Phase (von *suelo*, Boden). Die besten Weinsorten aus Palomino-Trauben reifen auf natürliche Weise unter einer Hefeablagerung (*flor*) und werden zu *finos* und *manzanillas*, wohingegen einfachere Palomino-Weine durch Oxidation reifen (und *olorosos* werden); der *amontillado* oder *palo cortado* reift durch eine Kombination beider Methoden. Wein aus süßeren Trauben, Pedro Ximénez und Muskateller, reift durch Oxidation.

Beim solera-System werden Fässer aus amerikanischer Eiche (etwa zu fünf Sechstel gefüllt) in hohen Reihen à mindestens drei Fässern gestapelt. In den untersten, den *solera*, lagert der älteste Wein. Ihnen werden etwa dreimal pro Jahr (bei *manzanilla* häufiger) 10 bis 15 % ihres Inhalts entzogen und durch die gleiche Menge aus den direkt darüberliegenden Fässern ersetzt. Diese werden wiederum aus der darüberliegenden Reihe aufgefüllt. Dadurch weiß man nie, wie alt der Sherry wirklich ist. Die Weine reifen mindestens drei bis sieben Jahre und werden vor der Abfüllung manchmal erneut versetzt.

In jüngster Zeit erlebte der Sherry ein Comeback: Weltbekannte spanische Köche wie Ferran Adrià setzen ihn in ihren Kreationen ein, neue Investitionen und internationale Sherry-Bars und -Cocktails entstanden, zudem arbeiten Cádiz' Sherry-Hersteller an der Modernisierung traditioneller Methoden.

Das Aponiente liegt 1,5 km vom Zentrum entfernt. Leóns kulinarische Zauberkünste kann man auch im kreativen Schwesterrestaurant im Zentrum, der **La Taberna del Chef del Mar** (☎ 956 11 20 93; www.latabernadelchefdelmar.com; Calle Puerto Escondido 6; Tapas & raciones 6-22 €; ⏱ April–Okt. Mo–Sa 13–16 & 20.30–23.30, So 13–16 Uhr) erleben, die sich auf Tapas spezialisiert hat.

El Faro del Puerto ANDALUSISCH €€€
(☎ 956 87 09 52; www.elfarodelpuerto.com; Avenida de Fuentebravía, Km 0,5; Tapas/Hauptgerichte 4–15/18–27 €; ⏱ Mo–Sa 13.30–16.30 & 20.30–23, So 13.30–16.30 Uhr;) Traditionelle, innovativ zubereitete Meeresfrüchte, eine hervorragende spanische Weinkarte und schöne Räume in einer alten *casa señorial* (Herrenhaus) sorgen dafür, dass das gehobene El Faro stets gut besucht ist. Die Speisekarte variiert je nach Saison. Ein wahres Highlight ist das *almadraba*-Thunfisch-Tatar. Das Bar-/Tapas-Angebot wartet mit einigen aufregenden vegetarischen und glutenfreien Optionen auf. Das El Faro befindet sich am nordwestlichen Ende der Calle Valdés.

Bodega Obregón BAR
(☎ 956 85 63 29; Calle Zarza 51; ⏱ Mo–Fr 9–14 & 18–22, Sa 9 Uhr–open end, So 10–14 Uhr) In dieser familiengeführten blitzeblanken Bar wird süßer Sherry aus Holzfässern serviert. Die hausgemachten *guisos* (Eintöpfe) zum Mittagessen am Samstag erfreuen sich auch bei Einheimischen großer Beliebtheit.

Praktische Informationen

Oficina de Turismo (☎ 956 48 37 15; www.turismoelpuerto.com; Plaza de Alfonso X El Sabio 9; ⏱ Juli & Aug 10–20 Uhr, Mai, Juni, Sept. & Okt. Mo–Sa 10–14 & 17–19, So 10–16 Uhr, Nov.–März verkürzte Öffnungszeiten) Im Palacio de Aranibar aus dem 16. Jh.

Anreise & Unterwegs vor Ort

AUTO & MOTORRAD

Bewachte Parkplätze gibt's an der Katamaran-Anlegestelle (24 Std. 10 €).

BUS

In El Puerto befinden sich zwei Bushaltestellen. CMTBC-Busse (S. 130) nach Cádiz (2,80 €, 45 Min., alle 30–60 Min.), Jerez de la Frontera (1,70 €, 20 Min., 2–8-mal tgl.) und Sanlúcar de Barrameda (2,05 €, 30 Min., 6–14-mal tgl.) starten an der **Bushaltestelle** (Plaza Elías Ahuja) vor der Stierkampfarena. Comes-Busse (S. 129) nach Sevilla (11 €, 1½ Std., 1- oder 2-mal tgl.) fahren vor dem Bahnhof ab.

SCHIFF/FÄHRE

Katamarane (www.cmtbc.es; ⏱ Mo–Fr 7.10–19.50, Sa 9.30–21.15, So 9.30–18.30 Uhr) nach/von Cádiz (2,80 €, 30 Min.) verkehren an Wochentagen mindestens 16-mal täglich und am Wochenende mindestens 8-mal täglich.

ZUG

Vom Bahnhof im Nordosten der Stadt fahren häufig Züge von und nach Jerez de la Frontera (1,80 €, 10 Min.), Cádiz (3,40–5,25 €, 35 Min.) und Sevilla (14 €, 1¼ Std.).

Sanlúcar de Barrameda

46 880 EW.

Sanlúcar gehört zu den weniger bekannten Städten Andalusiens, die ihre Besucher nichtsdestoweniger verzaubern. Zunächst wäre da einmal die Gastronomie: Hier kommen mit die besten Fischgerichte der Region auf den Tisch, und zwar am viel gepriesenen Uferstreifen Bajo de Guía. Zum Zweiten wäre die einzigartige Lage Sanlúcars an der Nordspitze des berühmten Sherry-Dreiecks am Atlantik zu nennen. Sie sorgt dafür, dass die bodenständigen Bodegas in der verschlafenen, mit Sehenswürdigkeiten gespickten Altstadt den hochgelobten, einzigartigen *manzanilla* produzieren können. Und schließlich ist die Stadt an der Mündung des Río Guadalquivir ein nicht so touristischer Startpunkt für Ausflüge in den großartigen Parque Nacional de Doñana wie die überfüllteren Ausgangsorte in der Provinz Huelva im Westen.

Sehenswertes

Viele *manzanilla*-Bodegas in Sanlúcar bieten Führungen an (meist auf Spanisch oder Englisch). Die Touristeninformation (S. 143) hält eine Liste bereit. Das Barrio Alto oben auf der Cuesta de Belén ist der malerischste Stadtteil.

★ **Bodegas Hidalgo–La Gitana** WEINGUT
(☎ 669 663008; www.lagitana.es; Calle Banda de la Playa; Führungen 14 €; ⏱ Führungen Mo–Sa 13, auf Englisch Mo–Sa 11 Uhr) 1792 öffnete der Familienbetrieb seine Pforten und wird inzwischen von der achten Generation betrieben. Nach wie vor entsteht hier der berühmte namensgebende *manzanilla* La Gitana, genauso wie Sherrys mit Zertifikat V.O.R.S., darunter auch einige *amontillados*. Es gibt tolle zweistündige Einführungstouren, spezialisierte Führungen mit Verkostungen im Weingarten bei Sonnen-

untergang (40 €) und Abendtouren im Sommer (35 €).

Bodegas Barbadillo WEINGUT
(☎ 956 38 55 21; www.barbadillo.com; Calle Sevilla 6; Führungen 10 €; ⏲ Führungen Di–So 12 & 13 Uhr, auf Englisch Di–So 11 Uhr) Die Barbadillos gründeten ihre Bodega 1821 im Barrio Alto und füllten als erste Familie Sanlúcars berühmten *manzanilla* ab. Außerdem produzieren sie einen der beliebtesten spanischen Weine. Einstündige Führungen durch die Bodega enden mit einer Verkostung von vier Weinen. Das stimmungsvolle Bauwerk aus dem 19. Jh. beherbergt auch das informative **Museo de la Manzanilla** (⏲ 10–15 Uhr) GRATIS.

Palacio de los Guzmán PALAST
(☎ 956 36 01 61; www.fcmedinasidonia.com; Plaza Condes de Niebla 1; Führungen 5 €; ⏲ Führungen Do 12, So 11.30 & 12 Uhr) Das weitläufige Gebäude gleich abseits der Calle Caballeros in Sanlúcars Altstadt war einst der Palast der Duques de Medina Sidonia, jener Aristokratenfamilie, der größere Teile Spaniens gehörten als irgendwem sonst. Das Haus stammt überwiegend aus dem 17. Jh., wurde allerdings schon im 12. Jh. erbaut und ist mit Antiquitäten sowie Bildern von Goya, Zurbarán und anderen berühmten spanischen Künstlern gefüllt. Im **Café** (⏲ 9–21 Uhr) im Kolonialzeitstil kann man eine Pause mit Kaffee und Kuchen an den Tischen zwischen Palmen und Hibiskusblättern einlegen.

Iglesia de Nuestra Señora de la O KIRCHE
(Plaza de la Paz; 4 €; ⏲ 10.30–14 & 16.30–18.30 Uhr) Am Anfang der Calle Caballeros sticht diese mittelalterliche Kirche unter den Kirchen Sanlúcars hervor. Besonders bemerkenswert ist – neben ihrem wunderschönen Hauptportal im gotischen Mudejarstil aus den 1360er-Jahren und ihren prächtigen Verzierungen – der Mudejar-*artesonado* (Kassettendecke), einer der besterhaltenen der Region. Beim Bau des Glockenturms wurde ein Turm des maurischen *alcázar* (Festung) wiederverwendet, der hier einst stand.

Castillo de Santiago BURG
(☎ 956 92 35 00; www.castillodesantiago.com; Plaza del Castillo 1; Erw./Kind 7/5 €; ⏲ ca. Mai–Okt. Mo & Di 10.15–15 & 18.15–21, Mi 10.15–19.30, Do–So 10.15–21 Uhr, Nov.–April verkürzte Öffnungszeiten) Sanlúcars restaurierte Burg aus dem 15. Jh. ist umgeben von Barbadillo-Bodegas, bietet von der sechseckigen Torre del Homenaje (Turm) tolle Ausblicke über das Guadalquivir-Delta und stellt Militäruniformen und Waffen sowie Exponate zur ereignisreichen Seefahrergeschichte der Stadt aus.

Geführte Touren

Sanlúcar ist eine gute Ausgangsbasis für einen Besuch des Parque Nacional de Doñana (S. 103), der sich direkt auf der anderen Seite des Río Guadalquivir befindet.

Visitas Doñana (☎ 956 36 38 13; www.visitasdonana.com; Centro de Visitantes Fábrica de Hielo, Bajo de Guía; ⏲ April–Sept. 9–20 Uhr, Feb.–März & Okt.–Mitte Dez. bis 19 Uhr, Mitte Dez.–Jan. bis 18 Uhr), ein lizenziertes Unternehmen, veranstaltet Touren mit dem Boot *Real Fernando*, das zur Tierbeobachtung flussaufwärts fährt. Die erste Option ist eine Boot-Jeep-Ausfahrt (2,5 Std., 35 €), die mit Geländewagen für 21 Personen 30 km durch Dünen, Feuchtgebiete und Kiefernwälder des Nationalparks führt. Die Tour wird in Kooperation mit der Cooperativa Marismas del Rocío (S. 105) aus El Rocío in der Provinz Huelva durchgeführt. Üblicherweise finden vier Touren täglich statt. Buchen kann man diese online oder im Centro de Visitantes Fábrica de Hielo (S. 143). Sie starten am Bajo de Guía.

Die Agentur **Viajes Doñana** (☎ 956 36 25 40; www.viajesdonana.es; Calle San Juan 20; ⏲ Mo–Fr 9–14 & 17–20.30, Sa 10.30–14 Uhr) nimmt Buchungen für eine dreieinhalbstündige Tour (40 € pro Pers.) in einem Geländewagen für 21 oder 29 Personen in Zusammenarbeit mit der Cooperativa Marismas del Rocío entgegen. Auf Nachfrage werden auch private Ausflüge mit dem Jeep für bis zu sechs Personen organisiert (270 € pro Jeep).

Sanlúcar Smile STADTFÜHRUNGEN
(☎ 669 663008; www.sanlucarsmile.com) Ein sachkundiges, engagiertes Zweiergespann aus Sanlúcar bietet bemerkenswerte dreistündige Stadtführungen zu Fuß (Erw./Kind 25/5 €) an, meist inklusive *manzanilla*-Stop. Zudem stehen Besuche von Sherry-Kellereien, Tapas- und Weinführungen, Kajakausflüge am Guadalquivir oder auch Abenteuertouren in den Parque Nacional Doñana auf dem Programm.

Feste & Events

Romería del Rocío RELIGIÖSES FEST
(⏲ 7. Wochenende nach Ostern) Zahlreiche Pilger und überdachte Wagen machen sich bei

Spaniens größter Pilgerreise, der Romería del Rocío (S. 107), von Sanlúcar aus auf den Weg nach El Rocío in der Provinz Huelva.

Feria de la Manzanilla WEIN
(Ende Mai/Anfang Juni) Ein großes vom *manzanilla* angeheiztes Sommerfest.

Schlafen

★La Alcoba del Agua BOUTIQUE-HOTEL €€
(956 38 31 09; www.laalcobadelagua.com; Calle Alcoba 26; EZ/DZ 50–130/59–159 €; P ❄ ☎ ≋) Man könnte meinen, das lässige, wirklich originelle und geschickt strukturierte Alcoba mit seinen 14 Zimmern stamme von dem Architekten Frank Lloyd Wright. Die Zimmer sind mit Vintagemöbeln und Regenduschen ausgestattet, hohe Wände umringen den Hof samt Sonnenliegen, Hängematten und Langschwimmbecken. Das Haus ist gleichzeitig gemütlich und funktional und liegt sehr zentral (gleich abseits der Calle Ancha). Ein gutes Frühstücksbüfett gibt's für 7 €.

★La Casa BOUTIQUE-HOTEL €€
(617 575913; www.lacasasanlucar.com; Calle Ancha 84; DZ/4BZ 50–85/100–120 €; ❄ ☎) Ein freundliches Team führt dieses hübsche, extrem preiswerte Boutique-Gästehaus. Die acht nach Maß gefertigten Zimmer in Blau-, Pink- und Türkistönen sind vom Nationalpark Doñana inspiriert und mischen traditionellen Charme (Fensterläden aus dem 19. Jh., Marmorböden) mit modernen Elementen (Glasduschen, geometrische Lampen, rechteckige Waschbecken). Darüber hinaus dürfen sich Gäste über durchdachte Annehmlichkeiten wie Kaffeezubehör freuen. Zum Frühstück (6 €) gibt's Marmeladen aus Huelva, frisch gepressten Saft und andere regionale Köstlichkeiten.

Essen

Sanlúcar ist ein kulinarischer Hotspot in Andalusien. Entlang des **Bajo de Guía**, 1 km nordöstlich vom Zentrum, erstreckt sich eine der berühmtesten Restaurantmeilen Südspaniens. Das einstige Fischerdorf ist heute ein Mekka für Liebhaber hochwertiger Fisch- und Meeresfrüchtegerichte, die in ihrer Schlichtheit begeistern. Auch an der Plaza del Cabildo sind viele gute Restaurants zu finden.

★Casa Balbino TAPAS €
(956 36 05 13; www.casabalbino.es; Plaza del Cabildo 14; Tapas 2–3 €; 12–17 & 20–24 Uhr) Egal zu welcher Zeit man kommt, die Casa Balbino platzt vor lauter Gästen fast aus allen Nähten. Und das liegt an den unvergleichlichen Tapas. Es braucht Ellbogen, wenn man zum Tresen vordringen und einem Kellner die Bestellung zuschreien will. Die Auswahl ist schier endlos, wir empfehlen aber vor allem die *tortillitas de camarones*, die von einem Spiegelei gekrönten *tagarninas* und die *langostinos a la plancha* (gegrillte Riesengarnelen).

★Casa Bigote FISCH & MEERESFRÜCHTE €€
(956 36 26 96; www.restaurantecasabigote.com; Bajo de Guía 10; Hauptgerichte 12–20 €; Mo–Sa 13.30–16 & 20–24 Uhr, Nov. geschl.) Die alteingesessene Casa Bigote ist einen Tick vornehmer als die benachbarten Restaurants und das renommierteste Meeresfrüchterestaurant an der Bajo de Guía. Zu den Spezialitäten des Hauses gehören *almadraba*-Thunfischtataki mit *salmorejo*-Soße, Kabeljau in saurer Zitrussoße und gegrillter Kalamar mit Waldpilzen und Reis. Eine gute Wahl ist auch der Fang des Tages gebraten, gegrillt oder einfach nur gesalzen. Die Kellner eilen über die Straße zur ständig überfüllten **Barra Bigote** (Tapas 5–18 €) und wieder zurück.

El Espejo FUSION-KÜCHE €€
(651 141650; www.elespejo-sanlucar.es; Calle Caballeros 11; Hauptgerichte/Degustationsmenüs 12–18/35–42 €; April–Juli & Sept.–Dez. Mi–So 12.30–15.45 & 20.30–23.30 Uhr, Juli & Aug. Do–So 12.30–15.45 & 20.30–23.30, Mo–Mi 20.30–23.30 Uhr, Jan.–März verkürzte Öffnungszeiten) In diesem romantischen Terrassenrestaurant in der Altstadt treffen Aromen aus Cádiz auf internationales Flair mit kreativer Note. Die Tische zwischen Palmen und Geranientöpfen schaffen eine wunderbare Kulisse für elegant angerichtete Köstlichkeiten aus deliziösen, noch wenig bekannten und vor Ort angebauten Gemüsesorten oder wie Rotes Thunfisch-Tartar aus *almadraba*-Fang sowie Reis mit Steinpilzen, Trüffeln und *payoyo*-Käse. Menüs mit Weinbegleitung und eine gut besuchte Bar gibt's ebenfalls.

Der Koch José Luis Tallafigo betreibt auch das schicke **EntreBotas** (644 094252; www.facebook.com/restauranteentrebotas; Calle Banda de la Playa, Bodegas Hidalgo-La Gitana; raciones 7–25 €; 12.30–16.30 & 20.30–24 Uhr), inmitten des Weinguts Bodegas Hidalgo–La Gitana, mit Sitzplätzen im Innenhof.

Praktische Informationen

Centro de Visitantes Fábrica de Hielo (☎956 38 65 77; www.juntadeandalucia.es; Bajo de Guía; ⌚April–Sept. 9–20 Uhr, Feb., März & Okt.–Mitte Dez. bis 19 Uhr, Mitte Dez.–Jan. bis 18 Uhr)

Oficina de Información Turística (☎956 36 61 10; www.sanlucarturismo.com; Avenida Calzada Duquesa Isabel; ⌚Mo–Sa 10–14 & 17–19, So 10–14 Uhr)

An- & Weiterreise

Von Sanlúcars **Busbahnhof** (Avenida de la Estación) fahren Busse von Damas (S. 129) von/nach El Puerto de Santa María (2,15 €, 30–45 Min., 6–14-mal tgl.), Cádiz (5,10 €, 1 Std., 5–13-mal tgl.) und Sevilla (8,77 €, 1¼–2 Std., 10–12-mal tgl.). Monbus (S. 129) bietet 7–13 Anbindungen pro Tag nach Jerez (2 €, 40 Min.).

DIE WEISSEN DÖRFER VON CÁDIZ

Arcos de la Frontera

21980 EW.

Arcos de la Frontera (33 km östlich von Jerez) vereint auf magische Weise alles, was man mit einem typischen weißen Dorf (*pueblo blanco*) verbindet: eine spektakuläre Klippen-Lage, eine wechselvolle Geschichte als Grenzstadt, eine bodenständige Flamencoszene und eine verschlafene, geheimnisvolle Altstadt mit weiß getünchten Bögen über engen, verwinkelten Straßen, prächtigen alten Herrenhäusern und Säulen aus der Römerzeit.

Im 11. Jh. war Arcos für kurze Zeit ein unabhängiges von den Berbern geführtes *taifa* (kleines Königreich). 1255 wurde es vom christlichen König Alfons X. dem Weisen an Sevilla angeschlossen. Der Ort verblieb bis zum Fall Granadas 1492 *de la frontera* (an der Grenze).

Sehenswertes & Aktivitäten

Das multilinguale **Infotur Arcos** (☎654 921792; www.visitasguiadasarcos.es; Touren pro Pers. 5 €) hat gute Bewertungen und organisiert geführte Touren.

Plaza del Cabildo PLATZ

Die Plaza del Cabildo, gesäumt von schönen alten Gebäuden, bildet das Zentrum von Arcos' Altstadt. Von ihrem hoch aufragenden **Mirador** hat man einen herrlichen Ausblick auf den Río Guadalete. Das von den Mauren errichtete **Castillo de los Duques**, das im 14. und 15. Jh. wiederaufgebaut wurde, ist nicht für Besucher zugänglich, von den Außenmauern bietet sich jedoch eine gute Sicht auf die Stadt. An der Ostseite des Platzes steht der Parador Casa del Corregidor, ein restauriertes herrschaftliches Magistratenhaus aus dem 16. Jh.; hier unbedingt auf einen Drink vorbeischauen!

Basílica Menor de Santa María de la Asunción BASILIKA

(Plaza del Cabildo; 2 €; ⌚März–Mitte Dez. Mo–Fr 10–12.45 & 16–18.30, Sa 10–13.30 Uhr) Das Bauwerk mit seinem Stilmix aus Gotik und Barock zählt zu den schönsten und faszinierendsten kleinen Kirchen Andalusiens. Es wurde im Lauf mehrerer Jahrhunderte an der Stelle einer früheren Moschee errichtet. Besonders toll sind das kunstvoll mit Blattgold verzierte Altarbild (eine Miniaturausgabe des Exemplars aus der Kathedrale von Sevilla), das zwischen 1580 und 1608 entstand, das eindrucksvolle Gemälde von Christophorus, die restaurierte Wandmalerei (Gotik und Mudejar) aus dem 14. Jh., die reich verzierte, aus Holz geschnitzte Chorempore aus dem 18. Jh. und die isabellinischen Deckenornamente. Der ursprüngliche Glockenturm stürzte 1755 beim Erdbeben von Lissabon ein; der neoklassizistische Neubau ist noch immer unvollendet.

Iglesia de San Pedro KIRCHE

(Calle San Pedro 4; 2 €; ⌚Mo–Fr 10–12.45 & 16–18.45, Sa 10–13.30 Uhr) Mit einem Hauptaltar aus dem 16. Jh., angeblich dem ältesten in der Provinz Cádiz, und dem unheimlich prachtvollen Innenleben dieses gotisch-barocken Bauwerks hinter einer Fassade aus dem 18. Jh. muss eine andere kleine Kirche in Andalusien erst einmal mithalten. Es wird vermutet, dass sie auf einer Festung aus der Almohadenzeit erbaut wurde.

Feste & Events

Semana Santa RELIGIÖSES FEST

(⌚März/April) Bei den dramatischen Osterprozessionen ziehen verhüllte Büßer durch die engen Straßen der Stadt.

Schlafen

★**La Casa Grande** HERITAGE-HOTEL €€

(☎956 70 39 30; www.lacasagrande.net; Calle Maldonado 10; Zi./Suite 74–105/110–125 €; ⌚6.–31. Jan. geschl.; ❄📶) Das prächtige weitläufige Herrenhaus auf den Klippen geht bis

Arcos de la Frontera

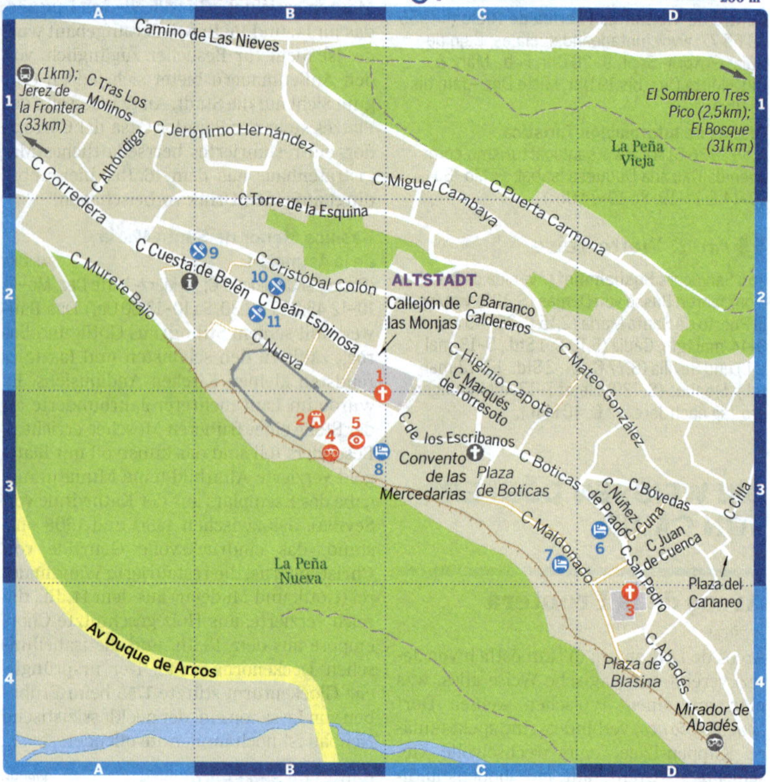

Arcos de la Frontera

Sehenswertes

1 Basílica Menor de Santa María de la Asunción ... B3
2 Castillo de los Duques ... B3
3 Iglesia de San Pedro ... D4
4 Mirador ... B3
5 Plaza del Cabildo ... B3

Schlafen

6 Casa Campana ... D3
7 La Casa Grande ... C3
8 Parador de Arcos de la Frontera ... B3

Essen

9 Aljibe ... B2
10 Bar La Cárcel ... B2
El Corregidor ... (siehe 8)
11 Taberna Jóvenes Flamencos ... B2

auf das Jahr 1729 zurück und gehörte einst dem großen Flamenco-Tänzer Antonio Ruiz Soler. Mit seinen im Original erhaltenen Kacheln und Rundbögen wirkt es immer noch mehr wie das Heim eines Künstlers als wie ein Hotel. Die sieben Zimmer sind alle unterschiedlich, modern-rustikal eingerichtet und die meisten bieten einen berauschenden Blick ins Tal. Gekrönt wird der wunderbare Aufenthalt von einem tollen Frühstück (10 €), einer gut ausgestatteten Bibliothek, einer Dachterrasse sowie Massagen auf Nachfrage und Yoga.

★ **Cortijo Bablou** AGROTOURISMUS €€
(☎691 016576, 620 759698; www.cortijobablou.com; Carretera Arcos-Algar, Km 4; Zi./Jurte/Wohnwagen mit Frühstück 115/85/135 €; ⌚April–Mitte Okt.; P ❄ 📶 🏊 🐾) 🍃 Das von Franzosen geführte Bablou 6 km südöstlich von Arcos empfängt ausschließlich erwachsene Gäste mit seinen Blumen und Lavendelduft. Es handelt sich um ein clever adaptiertes Bauernhaus aus dem 19. Jh. mit vier Zimmern im Boho-Chic mit Dekoobjekten aus Marrokko sowie um drei luxuriöse Jurten (mit

Bad) und einen rumänischen Wohnwagen. Wer hier unterkommt, kann sich über ein hausgemachtes Frühstück, Hängematten zwischen den Bäumen, einen Pool mit Blick über die felsige Landschaft freuen. Auf Wunsch werden Massagen unter freiem Himmel angeboten.

Casa Campana GÄSTEHAUS €€
(600 284928; www.casacampana.com; Calle Núñez de Prado 4; DZ/Apt. 70–95/95–130 €;) In der Altstadt sind mehrere charmante Pensionen zu finden, darunter die Casa Campana. Sie verfügt über zwei gemütliche Doppelzimmer, ein Vierbettzimmer und ein Apartment für fünf Personen. Das Haus ist mindestens 600 Jahre alt und hat einfach Charakter. Der Patio lockt mit Liegen und Blumen und die Dachterrasse bietet schöne Ausblicke. Die Eigentümer stehen mit Rat und Tat und Infomaterial zu Wandertouren zur Seite.

Parador de Arcos de la Frontera HERITAGE-HOTEL €€
(956 70 05 00; www.parador.es; Plaza del Cabildo; Zi. 120–150 €;) Das wieder aufgebaute Magistratenhaus aus dem 16. Jh. verbindet den klassischen Luxus eines *parador* mit einer atemberaubenden Lage und der besten Aussicht der Stadt. Acht der 24 traditionell eingerichteten Zimmer haben Balkone mit Panoramaaussicht auf die Klippen; die meisten anderen blicken auf die Plaza del Cabildo. Das elegante **Café-Restaurant** (Hauptgerichte 12–21 €; 8–11, 13–16 & 20–22.30 Uhr;) mit seiner sonnigen Terrasse bietet auf seiner Karte Spezialitäten mit lokalem Charakter.

Essen

★ Taberna Jóvenes Flamencos ANDALUSISCH, TAPAS €
(657 133552; www.facebook.com/pg/taberna.jovenesflamencos; Calle Deán Espinosa 11; Tapas 2–4 €; Do–Di 12 Uhr–open end;) Neben handbemalten leuchtend roten Tischen, gefliesten Böden und einer ach so andalusischen Flamenco- und Stierkampfdekoration bietet das beliebte, quirlige Jóvenes Flamencos eine verlockende Karte mit Fleisch-, Merresfrüchte- und vegetarischen Tapas sowie *raciones* wie Tortilla, gegrillter Ziegenkäse mit regionalem Honig und wärmende Zwiebelsuppe mit *payoyo*-Käse. Alle Ingredienzen und Weine stammen aus der Provinz Cádiz. Ein tadelloser Service und regelmäßige Musik- und Tanzeinlagen vervollständigen den Genuss.

Das Team führt auch das **Aljibe** (622 836527; Calle Cuesta de Belén; Hauptgerichte 10–19 €; Mi–Mo 12.30–16 & 19.30–23.30 Uhr;), das ganz in der Nähe in einem geschmackvoll umgebauten *aljibe* (Zisterne) aus dem 18. Jh. andalusische Produkte mit Verlockungen aus der maurischen Küche kombiniert.

El Sombrero de Tres Picos SPANISCH €€
(956 70 03 18; www.facebook.com/RestauranteElSombrerodeTresPicos; Avenida El Sombrero de Tres Picos 3; Tapas/Hauptgerichte 2,50–4/8–14 €; Di–So 12 Uhr–open end;) Das bekannte Restaurant am See 3,5 km nordöstlich von Arcos wurde von umtriebigen neuen Eigentümern revitalisiert. Es bietet Fleischgerichte, Eintöpfe und Tapas in einer interessanten Mischung aus traditionellen und internationalen Einflüssen sowie klassische valenzianische Paella. Ob auf der Terrasse zum Seeufer oder in dem mit Holz ausstaffierten Speisesaal – das mit Knoblauch gewürzte Waldpilz-Tempura, der gegrillte Oktopus oder das *retinto*-Entrêcote schmecken immer lecker.

Bar La Cárcel TAPAS, ANDALUSISCH €€
(956 70 04 10; Calle Deán Espinosa 18; Tapas/raciones 2–5/8–14 €; Di–So 12–1 Uhr) In dieser einladenden zwanglosen Bar, die nur dem Namen nach ein *cárcel* (Gefängnis) ist, werden unprätentiöse Tapas wie Aubergine in Honig mit Ziegenkäse, in Speck eingewickelte Garnelen, *tortillitas de camarones* und Thunfisch mit Pilzen in *oloroso*-Soße serviert. Dazu passen das eiskalte Bier und der *tinto de verano* (Rotwein mit Limonade und Eis).

Praktische Informationen

Oficina de Turismo (956 70 22 64; www.turismoarcos.com; Calle Cuesta de Belén 5; Mo–Sa 9.30–14 & 15–19.30, So 10–14 Uhr)

Anreise & Unterwegs vor Ort

AUTO & MOTORRAD

Eine Tiefgarage befindet sich westlich der Altstadt unter dem Paseo de Andalucía (24 Std. 15 €). Von der Plaza de España fährt montags bis freitags von 8 bis 21 und samstags von 8 bis 14 Uhr alle 30 Minuten ein „Mikrobus" (0,90 €).

BUS

Vom **Busbahnhof** (Calle Los Alcaldes), westlich der Altstadt in der Neustadt, unweit der Avenida Miguel Mancheño, fahren Busse von Comes (S. 129), Damas (S. 129) und/oder Consorcio de

Roadtrip
Weiße Dörfer

START ARCOS DE LA FRONTERA
ZIEL RONDA
LÄNGE/DAUER 147 KM; ZWEI TAGE

Von **1 Arcos de la Frontera** (S. 143), einer erst römischen, dann maurischen und schließlich christlichen Zitadelle, geht's auf der A372 32 km gen Osten nach **2 El Bosque**, dem westlichen Tor zum Parque Natural Sierra de Grazalema und Sitz des Hauptinfozentrums des Parks. Nach weiteren 13 km auf der A373 Richtung Süden erreicht man das für Lederwaren berühmte **3 Ubrique**. Im 7 km entfernten winzigen **4 Benaocaz** starten/enden mehrere Wanderwege durch die Berge des Grazalema-Parks. Das ebenso winzige **5 Villaluenga del Rosario** mit seinem Käse-Museum folgt nach weiteren 7 km. Über den Osthang der Sierra führt die A372 gen Westen nach **6 Grazalema** (S. 147), guter Ausgangspunkt für viele Aktivitäten im Park, perfekter Übernachtungsort und bekannt für die Herstellung von Decken und Honig.

Auf der CA9104 heißt es Serpentinen zählen bis zum Puerto de las Palomas mit Panoramablick. 11 km gen Norden stößt man auf das weiße Dorf **7 Zahara de la Sierra** (S. 148), das sich am Rand eines Steilhangs mit einer Burg und über einem Stausee am Fuß der Grazalema-Berge drängt. Ganz in der Nähe liegt der bekannte Wanderweg Garganta Verde. Die A2300 windet sich 10 km nordwärts in das weiße Dorf **8 Algodonales**, das für seine Gitarrenwerkstätten und die Leidenschaft fürs Drachen- und Gleitschirmfliegen berühmt ist. Der A384 19 km von hier Richtung Nordosten folgend, vorbei am Peñón de Zaframagón erreicht man **9 Olvera** (S. 150). Dank der maurischen Burg ist das Städtchen (bekannt für Olivenöl und den Rad- und Wanderweg *vía verde*) schon von Weitem sichtbar. Auf der CA9106 geht's Richtung Südosten am weißen Dorf Torre Alháquime vorbei. Von dort aus führt die CA9120 11 km nach **10 Setenil de las Bodegas** (S. 152), zu erkennen an seinen Höhlenhäusern. Von Setenil aus 17 km gen Süden thront auf dem Gipfel einer Schlucht **11 Ronda** (S. 195) in der Provinz Málaga.

BUSSE AB ARCOS DE LA FRONTERA

REISEZIEL	PREIS (€)	FAHRTDAUER	HÄUFIGKEIT (TGL.)
Cádiz	5,73–7,30	1 Std.	bis zu 11-mal
Jerez de la Frontera	2,05–3,10	30–40 Min.	mind. 20-mal
Ronda	9,93	2 Std.	Mo–Fr 2-mal, Sa & So 1-mal
Sevilla	8,90	2 Std.	2-mal

Transportes Bahía de Cádiz (S. 130). An den Wochenenden verkehren die Busse seltener. Nach Sevilla kommt man am besten über Jerez.

Grazalema

1550 EW. / 825 M

Nur wenige weiße Dörfer sind so perfekt wie Grazalema mit seinen makellosen weiß getünchten Häusern samt rostroten Dächern und schmiedeeisernen Fenstergittern, die weit verstreut auf den steilen, felsigen Hängen der gleichnamigen Gebirgskette liegen. Von hier aus führen zahlreiche Wanderwege in alle Richtungen, weshalb Grazalema der beliebteste Ausgangsort für Ausflüge in den Parque Natural Sierra de Grazalema ist. Hier werden schon seit Jahrhunderten Decken, Honig und Käse hergestellt und die typischen Eintöpfe mit viel Fleisch gelten als Spezialität. Die Stadt hat ihren ganz eigenen Gebirgs-Charme.

Sehenswertes & Aktivitäten

Plaza de España PLATZ

Im Ortszentrum von Grazalema befindet sich die Plaza de España aus dem 18. Jh., überragt von der **Iglesia de la Aurora**, deren Bauarbeiten 1760 begannen und 40 Jahre später beendet wurden, und erfrischt von einem westgotischen Brunnen mit vier Wasserspeiern.

Horizon ABENTEUERSPORT

(☎956 13 23 63, 655 934565; www.horizonaventura.com; Calle Las Piedras 1; ⏲10–14 & 17–20 Uhr, Okt.–April verkürzte Öffnungszeiten) Nur ein paar Meter von der Plaza de España entfernt bietet das kompetente Horizon sämtliche spannenden Aktivitäten an, die im Parque Natural Sierra de Grazalema möglich sind. Dazu gehören Wandern, Kajakfahren, Klettern, Canyoning, Höhlenklettern, Mountainbiken, Gleitschirmfliegen und Klettersteigtouren. Die Führer sprechen Deutsch, Spanisch, Englisch oder Französisch. Eine Halbtagestour kostet 13 € pro Person.

Schlafen & Essen

La Mejorana GÄSTEHAUS €

(☎956 13 25 27; www.lamejorana.net; Calle Santa Clara 6; Zi. inkl. Frühstück 62 €;) Das ausgesprochen freundliche Haus am oberen Ende von Grazalema hat seine neun farbenfrohen rustikalen Zimmer ordentlich aufgemöbelt. Einige verfügen über eigene Wohnbereiche und blaue Bögen im marokkanischen Stil. Andere sind mit Balkonen, Terrassen, riesigen Spiegeln oder schmiedeeisernen Betten ausgestattet. Es gibt eine Lounge, eine Bibliothek und eine Frühstücksterrasse mit herrlichem Blick aufs Dorf und außerdem einen dicht bewachsenen Garten mit Hängematten und Pool.

Casa de las Piedras HOTEL €

(☎956 13 20 14; www.casadelaspiedras.es; Calle Las Piedras 32; EZ/DZ 35/48 €, ohne Bad 35/40 €;) Frische Bergluft und eine anheimelnde Atmosphäre schaffen die ideale Szenerie für dieses rustikale Hotel mit seiner gemütlichen Lounge. Das Gebäude geht auf das 18. Jh. zurück, als das Wollhandwerk seinen Höhepunkt feierte. Die einfachen, behaglichen Zimmer in unterschiedlichen Größen verbergen sich hinter drei charmanten Innenhöfen und sind mit in Grazalema hergestellten Decken ausgestattet.

★ **Tambor del Llano** HOTEL €€

(☎674 484885; www.tambordelllano.es; Cañada Grande–Los Alamillos; Zi. mit Frühstück 87–111 €; P) Dieses herrlich ländliche Refugium ist nach einem Gedicht von Lorca benannt und umfasst zehn bequeme, moderne Zimmer. Sie befinden sich in einem umgebauten Stall auf einem 32 Hektar großen Stück Land inmitten eines Eichenwaldgebiets 6 km südöstlich von Grazalema, wo sich Fuchs und Hase gute Nacht sagen. Selbst angebaute Bioprodukte und Olivenöl geben Kraft für das nächste Abenteuer wie Reitausflüge (inklusive mehrerer Übernachtungen) oder Retreats (Yoga, Spanisch etc.). Während unserer Recherche wurde gerade an einem Pool gearbeitet.

La Maroma TAPAS €€
(☎956 13 22 79; www.facebook.com/gastrobarlamaroma; Calle Santa Clara; Tapas/Hauptgerichte 2–6/6–16 €; ⏱Di–So 12–17 & 19.30–23 Uhr;) Die Kochkünste sind frischer und einfallsreicher, als die rustikalen karierten Tischdecken, die Deckenbalken und die vom Stierkampf inspirierte Deko vermuten lassen. Das gemütliche Bar-Restaurant wird von einem freundlichen Team geführt und bietet kreative, lokal-inspirierte Tapas und *raciones* mit Zutaten aus den Bergen, darunter Köstlichkeiten wie Pilze in Honig- und Thymiansoße, hauchdünne Pommes, *huevos rotos* (Spiegeleier mit Kartoffeln) oder *payoyo*-Käsesalat mit Grazalema-Honig-Dressing. Es gibt auch eine eigene kleine Karte für Vegetarier/Veganer.

Restaurante El Torreón ANDALUSISCH €€
(☎956 13 23 13; Calle del Agua 44; Hauptgerichte 7–18 €; ⏱Do–Di 13–16 & 19–22.30 Uhr;) Das behagliche, freundliche Restaurant mit offenem Kamin hat sich auf die traditionelle Bergküche spezialisiert. Die Palette reicht von heimischem Chorizo und Käseplatten bis hin zu *tagarnina* aus der Pfanne (eine Delikatesse aus Cádiz) und Rinderlende in einer Soße mit grünem Pfeffer. Vegetarier aufgepasst: Auf der Karte stehen außerdem fleischlose Gerichte im andalusischen Stil (z. B. Pilz-Risotto, *tagarnina*-Kroketten, Spinat-Rührei). Bei schönem Wetter werden auch auf dem Bürgersteig Tische aufgestellt.

Shoppen

Quesería La Abuela Agustina LEBENSMITTEL
(☎686 250468; http://quesoslaabuelaagustina.com; Plaza Pequeña 7; ⏱10–20 Uhr) Eine wahre Fundgrube an heimischen Erzeugnissen ist dieser preisgekrönte Käsespezialist. In den Verkaufsregalen findet man Berghonig, Marmelade und Olivenöl von Kleinbauern aus Olvera und Zahara, sowie Ziegen- und Schafmilchkäse, die in Eigenproduktion mit traditionellen Verfahren hergestellt werden.

Praktische Informationen

Oficina de Turismo Sehr gute Informationen zu Wanderungen im Parque Natural Sierra de Grazalema sowie Wandergenehmigungen (persönliches Erscheinen notwendig, maximal einen Tag im Voraus).

An- & Weiterreise

Täglich fahren zwei Busse von Damas (S. 129) von/nach Ronda (3 €, 1½ Std.); zwei bis drei von/nach Ubrique (2,32 €, 40–60 Min.), zwei davon über Benaocaz (1,61 €, 10–30 Min.). Montags bis freitags verkehrt täglich ein Bus von/nach El Bosque (1,44 €, 40 Min.), wo man nach Arcos de la Frontera umsteigen kann.

Zahara de la Sierra

1200 EW. / 550 M

Zahara, an einem schwindelerregend hohen Fels am Fuße der Sierra de Grazalema mit Blick auf den glitzernden, türkisblauen Embalse de Zahara (Zahara-Reservoir) gelegen, steckt voller maurischer Geheimnisse. Im 14. und 15. Jh. behauptete sich der Ort über 150 Jahre lang an der alten mittelalterlichen Grenze – das christliche Olvera in direkter Sichtweite. Heute vereint Zahara die schönsten Eigenschaften eines klassischen weißen Dorfes in sich mit Straßen, die von hohen Palmen und rosa leuchtenden Bougainvilleen eingerahmt werden. Weil es zugleich eine tolle Ausgangsbasis für Wanderungen in der Garganta Verde ist, erfreut es sich großer Beliebtheit. Während der Siesta am Nachmittag kann man allerdings eine Stecknadel fallen hören.

Sehenswertes & Aktivitäten

Zahara Catur (☎656 986009, 657 926394; www.zaharacatur.com) verleiht 2-Personen-Kanus (18 € pro Std.) und organisiert Canyoning-Touren (ab 34 €), geführte Wanderungen im Naturpark Grazalema (Preise variieren) und dreistündige Klettersteig-Expeditionen (30 € pro Person). 3 km nördlich der Stadt arrangiert **El Mogote** (☎610 049650; www.elmogote.com; Carretera A2300) geführte zweistündige Kajakausflüge (15 € pro Person) und verleiht Kajaks sowie SUP-Boards (12 €). Im Voraus buchen!

Castillo BURG
(⏱24 Std.) GRATIS Ein Weg gegenüber dem Hotel Arco de la Villa führt zu Zaharas Bergfried aus dem 12. Jh. (ein stetiger 10–15-minütiger Aufstieg). Die Rückeroberung der Burg von den Christen durch Emir Abu al-Hasan von Granada in einem nächtlichen Angriff 1481 war der Zündfunke für die letzte Phase der Reconquista Andalusiens durch die Reyes Católicos (Katholische Könige). Sie endete mit dem Fall Granadas 1492.

Oleum Viride LANDWIRTSCHAFTSZENTRUM
(www.oleumviride.com; Finca Haza Las Lajas; Führung 12 €) In dieser mit Begeisterung geführten *almazara* (Ölpresserei) erfah-

ren Besucher alles über Cádiz' traditionelle Olivenölproduktion. Sie liegt 1 km nordwestlich vom Zentrum Zaharas, wo die hügeligen Olivenhaine immer noch von Hand gepflegt werden. Die 1½-stündige Führung schließt eine Verkostung von vier Ölsorten mit ein. Wer möchte, gönnt sich auch ein paar regionale Tapas mit Rotwein aus eigenem Bio-Anbau (25 €, für mind. zwei Personen).

Schlafen & Essen

El Pantalán ANDALUSISCH €

(☎ 602 298232; www.elmogote.com; Carretera A2300; Hauptgerichte 7–15 €; ⏲ Mai–Sept. tgl. 10–23 Uhr, Okt.–April Di & Mi geschl.;) Fabelhafte Panoramablicke über Zahara ziehen an milden Tagen besonders viele Gäste in das relaxte Restaurant mit Barlounge am glasklaren Stausee 3 km nördlich der Stadt. Gegrillte Fleischgerichte, Meeresfrüchte-Delikatessen wie gebratene *chocos* oder *tortillitas de camarones* und regionale Käse-Tapas oder *tagarnina*-Eintopf zählen zu den Klassikern des Lokals, das zum Wassersportspezialisten El Mogote gehört.

★ Al Lago ANDALUSISCH €€

(☎ 956 12 30 32; www.al-lago.es; Calle Félix Rodríguez de la Fuente; Hauptgerichte 8–20 €; ⏲ März–Okt. Do–Di 12.30–16.30 & 20–22.30 Uhr;) Am Fuße des Dorfes mit Blick auf Zaharas Reservoir werden im britisch-amerikanisch geführten Al Lago andalusische Gerichte mit kreativer, moderner Note serviert. Unter Verwendung lokaler Zutaten (meist Bio-Qualität) entstehen Köstlichkeiten wie wunderbare hausgemachte Pizzen, Platten mit Bergkäse und heimische Forellengerichte. Eine gute Wahl ist auch das 6-Gänge-Probiermenü von Chefkoch Stefan (42 €), begleitet von dazu passenden hervorragenden Weinen aus Cádiz und Málaga. Ausgezeichnete vegetarische und glutenfreie Gerichte kann man sich ebenfalls schmecken lassen.

Zudem gibt's sechs hübsche Zimmer mit Ausblick auf den See und zwei mit Küchen ausgestattete **Apartments** (DZ/FZ/Apt. 85–117/98–110/82–92 €, alle inkl. Frühstück; ⏲ März–Okt.;).

Praktische Informationen

Punto de Información Zahara de la Sierra (☎ 956 12 31 14; Plaza del Rey 3; ⏲ Di–So 10–14 Uhr) Die private Agentur bietet Infos über Zahara und den Naturpark Sierra de Grazalema.

An- & Weiterreise

Unter der Woche fahren täglich zwei Busse von Comes (S. 129) nach Ronda und zurück (4,60 €, 45–75 Min.).

Parque Natural Sierra de Grazalema

Ganz unvermittelt erheben sich die zerklüfteten säulenartigen Gipfel des Parque Natural Sierra de Grazalema über den Ebenen nordöstlich von Cádiz. Vor einer herrlichen Kulisse begeistert der Park mit steilen Schluchten, seltenen Tannen, wilden Orchideen und den höchsten Bergen der Provinz mit Höhen von 260 bis 2200 m. Neben Galicien und Kantabrien gehört die Gegend zu den regenreichsten Gebieten Spaniens; in Grazalema fallen im Schnitt jährlich 2200 mm Niederschlag. Wer das wunderbare Wandergebiet erkunden will, macht das am besten im Mai, Juni, September und Oktober. Auf Wagemutige warten jede Menge abenteuerliche Aktivitäten. Der 534 km² große Park wurde 1977 von der UNESCO zum ersten Biosphärenreservat Spaniens ernannt und erstreckt sich bis in den Nordwesten der Provinz Málaga, wo er die Cueva de la Pileta (S. 201) bei Benaoján einschließt.

Aktivitäten

Wandern, Höhlentouren, Kajakfahren, Klettern, Radfahren, Vogelbeobachtung, Reiten, Gleitschirmfliegen, Klettersteigtouren – all das ist in diesem großartigen Schutzgebiet möglich. Benötigt man technische Ausrüstung, ist ein Guide von Vorteil; Zahara Catur in Zahara und das in Grazalema ansässige Horizon (S. 147) sind renommierte Veranstalter und Ausrüster. Tambor del Llano (S. 147), 6 km südöstlich von Grazalema, arrangiert Ausritte (pro Std./Tag 30/120 €).

Durch die Sierra de Grazalema zieht sich ein offiziell gekennzeichnetes Netz mit 20 Routen. Vier der besten – die Wege Garganta Verde, El Pinsapar, Llanos del Rabel (6,2 km) und El Torreón – führen in Gebiete mit beschränktem Zugang; die dafür nötige kostenlose Genehmigung erhält man im **Centro de Visitantes El Bosque** (☎ 956 70 97 33; www.juntadeandalucia.es; Calle Federico García Lorca 1, El Bosque; ⏲ 10–14 Uhr, Juni–Sept. Mo geschl.). Idealerweise sollte man sich die Genehmigung ein oder zwei Monate im Voraus besorgen. Das Centro benötigt mindestens 14 Tage Vorlauf dafür. Die Korrespondenz kann auf Englisch oder Französisch geführt werden, die Genehmigungen werden aber nur auf Spanisch ausgestellt. Zusätzliche (bzw. restliche) Genehmigungen sind manchmal noch für den gleichen Tag erhältlich. Man kann telefonisch oder per E-Mail nachfragen, muss die Genehmigung aber am entsprechenden Tag persönlich im Centro oder in Grazalemas **Touristeninformation** (☎ 956 13 20 52; www.grazalema.es; Plaza de los Asomaderos; ⌚ Juni–Sept. Di–So 9–15 Uhr, Okt.–Mai Di–So 10–14 & 15–17.30 Uhr) abholen. Genehmigungen für Garganta Verde bekommt man ausschließlich im Centro in El Bosque. Vom 1. Juni bis zum 15. Oktober sind einige Wege wegen der hohen Waldbrandgefahr teilweise oder ganz gesperrt. Letzteres gilt für El Torreón, während Garganta Verde und El Pinsapar im Rahmen von geführten Wanderungen mit autorisierten Guides teilweise zugänglich sind.

Im Centro de Visitantes El Bosque, in der Touristeninformation von Grazalema und im inoffiziellen Punto de Información Zahara de la Sierra (S. 149) erhält man brauchbare Karten mit den wichtigsten Wanderwegen. Unter www.juntadeandalucia.es stehen Wanderinformationen auf Spanisch und Englisch zum Download bereit.

★ Garganta Verde WANDERN

Der 2,5 km lange Pfad, der sich hinabwindet in die steile, üppig bewachsene Schlucht Garganta Verde (Grüner Schlund), ist Bestandteil einer der spektakulärsten Wanderungen in der Sierra de Grazalema. Noch dramatischer wird der einstündige Abstieg durch die riesigen Gänsegeier. Hier lebt eine der größten Kolonien Europas und die Federn der Vögel plustern sich im Wind auf, während sie an einem vorbeiziehen. Der beste Aussichtspunkt kommt nach 30 Minuten.

Am Grund der Schlucht folgt man dem Flussbett zu einer gespenstischen Höhle namens **Cueva de la Ermita**. Danach geht's an den 1½-stündigen Aufstieg. Der Weg beginnt 3,5 km südlich von Zahara de la Sierra bei Km 10 der CA9104 nach Grazalema. Vor der Wanderung muss man sich im Centro de Visitantes El Bosque (S. 149) eine Genehmigung besorgen. Vom 1. Juni bis zum 15. Oktober ist die Strecke teilweise gesperrt.

El-Pinsapar-Wanderung WANDERN

An einem Parkplatz 2 km (Richtung Nordwesten) oberhalb von Grazamela und 1 km in Richtung Zahara de la Sierra an der CA9104 startet die 12 km lange El-Pinsapar-Route nach Benamahoma. Unterwegs sollte man unbedingt auf den *pinsapo* achten, eine seltene dunkelgrüne Tanne. Dieses Überbleibsel der riesigen mediterranen Tannenwälder der Tertiärzeit hat nur im Südwesten Andalusiens und im Norden Marokkos überlebt. Eine Strecke dauert etwa 4½ Stunden.

El-Torreón-Wanderung WANDERN

(⌚ 16. Okt.–Mai) El Torreón (1648 m) ist der höchste Berg der Provinz Cádiz. Von seinem Gipfel aus sieht man an klaren Tagen Gibraltar, Granadas Sierra Nevada und das Rif-Gebirge in Marokko. Die fordernde 3 km lange Wanderung beginnt 100 m östlich der Km-40-Markierung an der A377 zwischen Grazalema und Benamahoma, etwa 8 km westlich von Grazalema. Bis zum Gipfel benötigt man etwa 2½ Stunden.

Zero Gravity ABENTEUERSPORT

(☎ 615 372554; www.paraglidingspain.eu; Avenida de la Constitución 44, Algodonales; 1-wöchige Kurse 885 €) Das wenig bekannte Algodonales, 6 km nördlich von Zahara de la Sierra, überrascht als bedeutendes andalusisches Zentrum für Gleitschirm- und Drachenflieger. Der bewährte Veranstalter Zero Gravity bietet eine breite Palette an Anfänger- und Auffrischungskursen im Gleitschirmfliegen sowie 30-minütige Tandemflüge mit Lehrern (90 €).

Olvera

7930 EW. / 643 M

Spektakulär überragt von einer maurischen Burg, ist Olvera (27 km nordöstlich von Zahara de la Sierra) schon von Weitem über das von Olivenbäumen bedeckte Land hin sichtbar. Seit der Rückeroberung 1327 durch Alfons XI. war die relativ untouristische Stadt bis zur Mitte des 19. Jhs. ein Rückzugsort für Banditen. Heute kommen (vor allem spanische) Besucher hierher, um auf der Vía Verde de la Sierra zu wandern oder Rad zu fahren. Darüber hinaus ist Olvera ein weißes Dorf wie aus dem Bilderbuch, bekannt für Olivenöl (manche Hersteller bieten Besichtigungen), zwei markante Kirchen und eine bewegte Geschichte, die vermutlich mit den Römern begann.

Sehenswertes

Castillo Árabe BURG

(Plaza de la Iglesia; inkl. La Cilla 2 €; ⌚ Juni–Mitte Sept. Di–So 10.30–14 & 16–20 Uhr, Mitte Sept.–Mai Di–So 10.30–14 & 16–18 Uhr) Auf einem Felsen 623 m hoch über der Stadt thront die Burg aus dem späten 12. Jh., die später Teil des

NICHT VERSÄUMEN

VÍA VERDE DE LA SIERRA

Die 36 km lange **Vía Verde de la Sierra** (www.viasverdes.com) zwischen Olvera und Puerto Serrano (Richtung Westen) gilt als eine der schönsten *vías verdes* (stillgelegte, in verkehrsbefreite Rad-, Wander- und Reitwege verwandelte Bahnstrecken) Spaniens. Sie ist eine von 23 Routen solcher Art in Andalusien, die es zusammen auf 500 km Länge bringen. Neben der wilden, zerklüfteten Landschaft zeichnet sich der Weg durch vier spektakuläre Viadukte, 30 Tunnel (einige mit sensoraktivierter Beleuchtung) und drei alte zu Hotels und Restaurants umfunktionierte Bahnhöfe aus. Teilweise ist er für Rollstuhlfahrer zugänglich (www.viasverdesaccesibles.es).

Als offizieller östlicher Startpunkt der Route dient das **Hotel Vía Verde de la Sierra** (☎956 12 19 10; www.hotelviaverdedelasierra.es; Calle Pasadera 4; DZ/3BZ 60/70 €, 2-/6-Pers.-Apt. 90/130 €; P ❄ 📶 🏊) 1 km nördlich von Olvera. **Sesca** (☎657 987432, 687 676462; www.sesca.es; Fahrrad-/E-Bike-Verleih 10/20 € pro Tag; ⌚Okt.–Mai 9–14 & 16–18 Uhr, Juni–Sept. verkürzte Öffnungszeiten; 👪) verleiht verschiedene Fahrräder, darunter Tandems, Kinderräder, E-Bikes und Anhänger. Außerdem lohnt ein Besuch des **Centro de Interpretación Vía Verde de la Sierra** (www.fundacionviaverdedelasierra.es; Erw./Kind 2/1 €; ⌚Mo & Fr 10–14, Do 9–14, Sa & So 9–17 Uhr). Fahrräder gibt's auch an den Bahnhöfen Coripe (☎679 613069) und Puerto Serrano (☎678 107526); am besten ein oder zwei Tage im Voraus anrufen. Die Restaurants (aber nicht die Fahrradverleiher) haben in Olvera montags und in Coripe mittwochs geschlossen.

Ein Highlight der *vía verde* ist der **Peñón de Zaframagón**, ein markanter Felsen, der Gänsegeiern als Brutstätte dient. Das **Centro de Interpretación y Observatorio Ornitológico** (☎956 13 63 72; www.fundacionviaverdedelasierra.es; Antigua Estación de Zaframagón; Erw./Kind 2/1 €; ⌚Mo–Mi 9–15, Do & Fr 10–14, Sa & So 10–14 & 15–17 Uhr) befindet sich im ehemaligen Bahnhofsgebäude von Zaframagón, 16 km westlich von Olvera. Es bietet Besuchern Einblicke aus nächster Nähe mittels einer am Felsen angebrachten High-Definition-Kamera.

Verteidigungssystems der Nasriden aus Granada war. Vom Turm aus hat man eine noch bessere Aussicht auf den Ort und die Umgebung. Die verwinkelten Gässchen ringsum, das Barrio de la Villa, war einst maurische Medina (labyrinthartiger, alter Ortsteil).

La Cilla MUSEUM
(Plaza de la Iglesia; inkl. Castillo Árabe 2 €; ⌚Juni–Mitte Sept. Di–So 10.30–14 & 16–20 Uhr, Mitte Sept.–Mai Di–So 10.30–14 & 16–18 Uhr) Im alten Getreidelager der Duques de Osuna neben der Burg befinden sich heute die Touristeninformation, das faszinierende **Museo de la Frontera y los Castillos** (Olveras turbulenter Geschichte und der Reconquista gewidmet), eine kleine Kollektion archäologischer Fundstücke und eine Ausstellung zum nahegelegenen Rad- und Wanderweg Vía Verde de la Sierra.

Iglesia Parroquial Nuestra Señora de la Encarnación KIRCHE
(Plaza de la Iglesia; 2 €; ⌚Di–So 11–13 & 16–18 Uhr) Olveras neoklassizistische Kirche wurde von den Duques de Osuna in Auftrag gegeben und 1841 fertiggestellt. Einst stand an dieser Stelle eine Kirche im gotischen Mudejarstil.

Schlafen & Essen

No 31 B&B €€
(☎856 09 21 83; www.no31olvera.com; Calle Maestro Amado 31; Zi. mit Frühstück 70–75 €; ❄ 📶) In einem reizenden Stadthaus aus dem 19. Jh. stehen drei Zimmer im Boutique-Stil allein Erwachsenen zur Verfügung. Sie sind ausstaffiert mit ursprünglichen Kacheln, Holzbalken und weißgetünchten Wänden. Das Gebäude liegt gleich unterhalb der Burg, die man von der Dachterrasse aus sehen kann, und bietet ein geniales Frühstück.

Praktische Informationen

Oficina de Turismo (☎665 940087, 956 12 08 16; www.olvera.es; Plaza de la Iglesia; ⌚Juni–Mitte Sept. Di–So 10.30–14 & 16–20 Uhr, Mitte Sept.–Mai Di–So 10.30–14 & 16–18 Uhr)

An- & Weiterreise

Damas (S. 129) bietet täglich eine Busverbindung von/nach Jerez de la Frontera (9,12 €,

ABSTECHER

SETENIL DE LAS BODEGAS

Während die meisten weißen Dörfer Schutz auf hohen Felsen fanden, gruben die Bewohner von Setenil de las Bodegas (14 km südöstlich von Olvera) ihr Dorf in die dunklen Höhlen unter den steilen Klippen des Río Trejo. Und die Strategie ging auf: Die christlichen Armeen mussten die Mauren 15 Tage lang belagern, bevor sie sie im Jahr 1484 aus ihrer gut geschützten Zuflucht locken konnten. Setenil (2149 Einwohner), einst bekannt für seine Oliven, Honig und geräucherte Fleischwaren, putzte sich in den letzten Jahren neu heraus, nachdem es jahrzehntelang vom Radar verschwunden war. Eine rasch wachsende Tourismusbranche brachte frischen Wind (und Einkommen) in die verstaubten Gassen. Viele der ursprünglichen Höhlenhäuser (früher zur Weinlagerung genutzt) sind noch immer erhalten und einige wurden zu Hotels und Restaurants umfunktioniert

Die **Touristeninformation** (☎ 659 546626; www.setenil.com; Calle Villa 2; ⊙ ⊙ Di–So 10.30–14 Uhr) befindet sich am oberen Ende der Stadt in der **Casa Consistorial** aus dem 16. Jh. (mit einer seltenen Holzdecke im Mudejarstil) und hat Stadtführungen im Angebot. Darüber thront die **Burg aus dem 12. Jh.** (Calle Villa; 1 €; ⊙ 11–18 Uhr), die erst acht Jahre vor der Eroberung Granadas von den Christen eingenommen wurde. Hier kann man auf den Turm aus dem 13. Jh. klettern.

Setenil beheimatet einige tolle Tapas-Bars. Ein guter Ausgangspunkt sind die in den Felsen gebauten Bar-Restaurants entlang der Calles Cuevas del Sol und Cuevas de la Sombra. Dann geht's weiter zur Plaza de Andalucía und zu dem etablierten **Restaurante Casa Palmero** (☎ 956 13 43 60; www.facebook.com/RestauranteCasaPalmero; Plaza de Andalucía 4; Hauptgerichte 8–19 €; ⊙ Fr–Mi 13 Uhr–open end; 📶). Die Gäste des Lokals wissen die traditionellen Rezepturen auf Grundlage lokaler Erzeugnisse zu schätzen. Und wer die Nacht über bleiben möchte, findet in einem der zahlreichen, stilvoll eingerichteten Höhlenhäuser sicherlich ein Plätzchen.

Autocares Sierra de las Nieves (☎ 952 87 54 35; http://grupopacopepe.com) bietet an Wochentagen sechsmal täglich und samstags dreimal täglich Busverbindungen nach/von Ronda (2 €, 45 Min.) sowie eine Busverbindung pro Werktag nach/von Málaga (11 €, 3¼ Std.).

2½ Std.) und Ronda (5,55 €, 1¼ Std.), sowie unter der Woche täglich eine Verbindung von/nach Málaga (12 €, 2¼ Std.). Montags bis freitags verkehrt täglich ein Bus zwischen Comes (S. 129) und Cádiz (15 €, 3¼ Std.).

DER SÜDOSTEN DER PROVINZ CÁDIZ & COSTA DE LA LUZ

Eine Reise von der Costa del Sol an die Costa de la Luz fühlt sich an, als würde man ein Fenster aufreißen und die wunderbar frische Luft ganz tief einatmen. Völlig ohne geschmacklose Resorts und planlose Urbanisierung ist dies ein Land der Bauern mit Baskenmützen, kreiselnder Windräder, gluckernden, trockenen Sherrys zu Mittags-Tapas. Goldene, windumtoste Sandstrände und eine Kette spektakulär gelegener weißer Dörfer tun das Ihrige dazu – das ist Andalusien. Eine rege Surf- und Kiteszene und einige der eindrucksvollsten Hotels Südspaniens machen dieses Fleckchen so besonders. Doch dies ist auch den Spaniern bewusst, die im Juli und August scharenweise nach Tarifa, Zahara de los Atunes und Los Caños de Meca kommen. Ein Geheimtipp ist die leuchtende Costa de la Luz wirklich nicht mehr, und dennoch hat sie sich ihren alten, entspannten Strandtreff-Charakter erhalten, wenn sich zugegebenermaßen auch allmählich ein Hauch von Exklusivität rund um Vejer de la Frontera bemerkbar macht.

Im Westen erstreckt sich die Costa de la Luz in die benachbarte Provinz Huelva (S. 95) bis an die portugiesische Grenze.

Vejer de la Frontera

9090 EW.

Hier klappt einem die Kinnlade herunter, die Augen glänzen und die passenden Adjektive gehen aus. Das ruhige, kompakte weiße Dorf auf einem felsigen Hügel über der vielbefahrenen N340, 50 km südlich von Cádiz, ist etwas Besonderes. Dafür sind nicht nur das Labyrinth verschlungener alter Gassen umzingelt von imposantem Mauerwerk aus dem 15. Jh., ein paar tolle Aussichtspunkte, eine Burgruine, eine florierende kulinarische Szene, zahlreiche traumhafte Hotels und der spürbare maurische Einfluss verantwortlich. Noch etwas anderes macht Vejer aus: eine geheimnisvolle, magische Atmosphäre – ein gewisser, kaum fassbarer Hauch von *duende* (Beseeltheit).

Sehenswertes & Aktivitäten

Plaza de España PLATZ

Die von Palmen gesäumte und mit Cafés gesprenkelte Plaza de España ist mit ihrem kunstvollen Brunnen aus dem 20. Jh., verziert mit Fliesen aus Sevilla, und dem schneeweißen Rathaus der beliebteste Treffpunkt Vejers. Oberhalb seiner Westseite befindet sich ein kleiner Aussichtspunkt (via Calle de Sancho IV el Bravo).

Castillo BURG

(Calle del Castillo; ⌚ ca. Mai–Sep. 10–14 & 17–21 Uhr, ca. Okt.–April 10–14 & 16–20 Uhr) GRATIS Vejers mehrfach umgebaute Burg, in der einst die Duques de Medina Sidonia lebten, stammt aus dem 10. oder 11. Jh. Wer durch den maurischen Eingangsbogen geht, vorbei am original Regenwasser-*aljibe* und die mit Hibiskus umrankten Schutzwälle hinaufsteigt, wird mit einem fantastischen Ausblick über die Stadt und bis an die Küste mit ihren weißen Sandstränden belohnt.

Estatua de la Cobijada STATUE

(Calle Trafalgar) Direkt unterhalb der Burg befindet sich ein Aussichtspunkt, der von dieser Frauenstatue bewacht wird. Der schwarze traditionelle Umhang, die *cobijada*, bedeckt – bis auf ein Auge – den gesamten Körper und wurde einst von den Frauen aus Vejer getragen. Zwar ähnelt er einem muslimischen Gewand, man geht aber davon aus, dass die *cobijada* christlichen Ursprungs ist und aus dem 16. oder 17. Jh. stammt. In den 1930er-Jahren wurde sie verboten und war nach dem Bürgerkrieg nur noch an wenigen Frauen zu sehen. Heute entdeckt man sie ausschließlich bei Festen in der Gegend.

Iglesia del Divino Salvador KIRCHE

(Plaza Padre Ángel; ⌚ Messe Mo–Mi & Fr 20.30, Sa & So 21 Uhr) Diese ungewöhnliche Kirche mit einem Altarbereich im Mudejarstil aus dem 14. Jh. und einem gegenüberliegenden gotisch gestalteten Teil aus dem 16. Jh. wurde direkt über einer früheren Moschee erbaut. Am späten Nachmittag schafft die durch die Buntglasfenster scheinende Sonne eine surreale Atmosphäre, indem sie kunterbunte Lichter an die Wand über dem Altar wirft.

Museo de Vejer MUSEUM

(☎ 956 55 33 99; Calle Marqués de Tamarón 10; Erw./Kind 2,50 €/frei; ⌚ Mai–Sept. Mo–Sa 10–14 & 18–22 Uhr, Okt.–April 10–14 & 16–18 Uhr) Vejers Museum zeigt in einer Villa aus dem 17. bis 18. Jh. eine kleine eindrucksvolle historische und archäologische Sammlung. Diese spannt einen Bogen von den frühen Einwohnern während der Altsteinzeit über die römische und maurische Periode bis hin zum Bürgerkrieg. Glanzlichter sind ein westgotischer Sarkophag aus dem 6. oder 7. Jh. n. Chr. und eine handbemalte iberische Urne aus dem 4. bis 2. Jh. v. Chr.

★ **Annie B's Spanish Kitchen** KOCHEN

(☎ 620 560649; www.anniebspain.com; Calle Viñas 11; eintägige Kurse 155 €) Hier erlernt man die hohe Kunst der guten andalusischen Küche mit der zertifizierten Sherrykennerin und Expertin in regionaler Küche: Annie Mansion. Annies beliebte Tageskurse (mit den Schwerpunkten andalusische Küche, marokkanische Küche, Fisch- und Meeresfrüchte) enden mit einem Mittagessen am Pool oder auf der Dachterrasse ihres wunderschönen Altstadthauses. Darüber hinaus bietet sie mehrtägige Kochkurse an, Tagesausflüge nach Marokko sowie Tapas-, kulinarische und Sherry-Touren in Vejer, Cádiz und Jerez.

Schlafen

Einige der hinreißendsten Hotels Andalusiens verbergen sich in Vejers Altstadt und im ländlichen Raum ringsum.

★ **La Casa del Califa** BOUTIQUE-HOTEL €€

(☎ 956 44 77 30; www.califavejer.com; Plaza de España 16; EZ/Suite inkl. Frühstück 100–165/170–250 €; P ❄ 📶) Das schmucke Hotel befindet sich in einem Haus aus dem 16. Jh., mit Grundfesten, die bis ins 10. Jh. zurückgehen, und erstreckt sich über mehrere verwinkelte Etagen. Die 20 Zimmer verströmen Ruhe und nordafrikanisches Flair. Sie sind mit antiken Möbeln, ursprünglich erhaltenen Rundbögen und Terrakottafliesen ausgestattet. Zum speziellen „Emir"-Service (46 €) gehören Blumen,

Gebäck und *cava* (Sekt). Ein festliches regionales Frühstück kommt im fantastischen marokkanisch-nahöstlichen Restaurant (S. 155) auf den Tisch.

★ **Casa Shelly** BOUTIQUE-HOTEL €€
(☎ 639 118831; www.casashelly.com; Calle Eduardo Shelly 6; Zi. 85–140 €; ⊙ März–Okt.; ❄ 📶) Als wäre das Adults-Only-Hotel einer Einrichtungszeitschrift entsprungen und im Gewühl von Vejers Altstadt gelandet, überzeugt die Casa Shelly mit schlichter Atmosphäre in einer Mischung aus Skandi-andalusischem Stil. Über einer ruhigen Lounge und einem Innenhof mit Springbrunnen bietet das reizende Stadthaus aus dem 18. Jh. sieben Zimmer mit original Holztüren, antik angehauchten Kacheln, Balkendecken, schwedischen Vintagemöbeln und Queensize-Betten, in blassen Rosa-, Blau und Grautönen. Kaffee, Tee und Snacks inklusive.

★ **La Fonda Antigua** BOUTIQUE-HOTEL €€
(☎ 625 372616; www.chicsleepinvejer.com; Calle San Filmo 14; Zi. inkl. Frühstück 85–150 €; ❄ 📶)

NICHT VERSÄUMEN

GENUSSORT SANTA LUCÍA

Eine 5 km lange Fahrt von Vejer Richtung Norden führt in das friedvolle grüne, von einer Süßwasserquelle gespeiste Dorf Santa Lucía mit mehreren Wassermühlen aus dem 15. Jh. Hier haben zwei Top-Restaurants der Region ein Zuhause gefunden. Mit einer herrlich schattigen Terrasse und einer Ausstattung aus Schilfgeflecht begeistert die familiengeführte **Venta El Toro** (☎ 956 45 14 07; www.facebook.com/ventaeltoro; Tapas/Hauptgerichte 2–3/6–10 €; ⊙ Mi–Mo 9.30–21 Uhr) 🍃 seit 1945. Beliebt sind die Spiegeleier frisch vom Bauernhof mit von Hand geschnittenen Pommes sowie andere typische Köstlichkeiten aus Vejer, einschließlich eines leckeren Frühstücks mit Brot aus Conil. Auf der gegenüberliegenden Straßenseite verwöhnen Juan und Ana Valdés im **Restaurante Castillería** (☎ 956 45 14 97; www.restaurantecastilleria.com; ⊙ März–Nov. 1.30–16 Uhr) 🍃 mit saftigen, gekonnt im Holzofen gebratenen Fleischgerichten. Die verwendeten Produkte stammen von kleinen Bauernhöfen aus ganz Spanien.

Ein Pärchen aus Jerez mit einem Händchen für Innendesign führt diesen Schlupfwinkel (nur für Erwachsene) am Rande der Altstadt. In den elf individuell eingerichteten Zimmern dienen antike Türen als Kopfteile von Betten, nicht zusammenpassende alte Fliesen sprenkeln den polierten Betonboden und freche Details wie verglaste Duschen und freistehende Badewannen komplettieren das Bild. Auf der Dachterrasse mit Blick auf die Altstadt wird regionales Frühstück serviert.

★ **Plaza 18** BOUTIQUE-HOTEL €€€
(☎ 956 44 77 30; www.califavejer.com; Plaza de España 18; Zi. mit Frühstück 187–300 €; 🅿 ❄ 📶) 🍃 Das prächtige Hotel öffnete 2019 seine Pforten in einem ehemaligen Kaufmannshaus von 1896, dessen Grundstock bis ins 13. Jh. zurückreicht. Über einen malerischen Patio mit Fliesen im Schachbrettmuster und Lichtschacht gelangt man in sechs originell eingerichtete Zimmer. Holzbalken an den Decken, farbenfrohe Wände, Luxusausstattung, Regenduschen, internationale Kunstwerke und Hygieneartikel versprechen eine individuelle Note. Frühstück gibt's nebenan im La Casa del Califa (S. 153).

Das Hotel setzt auf Solarenergie, nachhaltige Baustoffe und aerothermische Heizsysteme.

V... BOUTIQUE-HOTEL €€€
(☎ 956 45 17 57; www.hotelv-vejer.com; Calle Rosario 11–13; Zi. 153–329 €; ❄ 📶) V... (für Vejer) ist ein exquisites, wunderschön restauriertes Herrenhaus aus dem 17. Jh. Es verfügt über einen mit Pflanzen befüllten Innenhof und eine Dachterrasse mit Sonnenliegen, Whirlpool und Panoramablick. Die Ausstattung der zwölf Zimmer ist in neutralen Tönen gehalten und vereint fantasievolles, modernes Design (offene Bäder, exklusive Badewannen, überdimensionale Spiegel) mit antiken Objekten. Das Frühstück (10 €) wird auf riesigen Tabletts serviert. Der antike *aljibe* dient heute als Massageraum.

✕ Essen

Vejer hat sich ganz heimlich, still und leise zu einem gastronomischen Highlight in Andalusien entwickelt. Hier schlagen Gourmetherzen sofort höher – bei traditionellen, nach uralten Rezepten zubereiteten Gerichten genauso wie bei marokkanischer Fusion-Küche.

Mercado de Abastos ANDALUSISCH €
(Calle San Francisco; Gerichte 2–8 €; ⌚12–16 & 20–24 Uhr) Aufgemotzt im Gastrobar-Stil, hat sich Vejers Mercado de San Francisco aus dem frühen 20. Jh. in einen Gourmet-Hotspot voll internationaler Stände verwandelt. Am besten besorgt man sich erst einmal einen *vino* und trifft dann seine Auswahl an andalusischen Klassikern und modernen Kreationen, darunter Ibérico-Schinken-*raciones*, *tortilla de patatas*, gebratener Fisch in Pappbechern und sehr beliebtes Sushi.

★ **El Jardín del Califa** MAROKKANISCH €€
(☎956 45 17 06; www.califavejer.com; Plaza de España 16; Hauptgerichte 12–18 €; ⌚13–16 & 20–23.30 Uhr; ✍) Das hübsche Restaurant vereint eine knisternde Atmosphäre mit tollem Essen und versteckt sich in einem wunderbar verwinkelten Haus maurischen Ursprungs aus dem 16. Jh. Hier wird sogar der Gang zur Toilette zum Abenteuer. Das Gebäude umfasst auch ein fabelhaftes Hotel (S. 153) und eine *tetería* (Teehaus). Die Speisekarte steht im Zeichen von Saisonalität und Regionalität und beinhaltet vor allem marokkanische und nahöstliche Gerichte wie Tajines, Couscous, Hummus und Falafel samt jeder Menge Maghreb-Aromen (Safran, Feigen und Mandeln). Es ist ratsam, im Voraus zu buchen, sei es für einen Platz im palmenreichen Garten oder im stimmungsvollen Innenbereich.

★ **Corredera 55** ANDALUSISCH €€
(☎956 45 18 48; www.califavejer.com; Calle de la Corredera 55; Hauptgerichte 11–22 €; ⌚12–23.30 Uhr; ✍) Das Corredera 55 besticht mit einer edlen Mischung aus Boho-Chic und Vejer-Flair und präsentiert auserlesene, kreative saisonale Cuisine mit lokalen Biozutaten und einem Mix aus regionalen und internationalen Aromen. Der andalusische Wein harmoniert perfekt mit Gerichten wie Pilz-Knoblauch-Risotto, frittiertem Blumenkohl mit Honig-Joghurt-Dressing oder dem Fisch des Tages, gefüllt mit gebackenen *cava*-Krabben. Gespeist wird entweder an den Straßentischen (im Winter mit Decken!) oder im gemütlichen Speisesaal inmitten der Bilder von Vejer.

La Judería ANDALUSISCH €€
(☎956 90 74 71; www.facebook.com/laJuderiadeVejer; Calle Judería 3A; raciones/Hauptgerichte 7–11/10–25 €; ⌚Di–So 12–23.30 Uhr; ✍) Andalusische Weinsorten und frische, regionale Erzeugnisse bietet dieses belebte Tapas-Bar-Restaurant mit rustikalem Chic. Im Obergeschoss befindet sich eine sonnige Terrasse mit Tischen unter den Bögen einer der charmantesten Gassen Vejers. Auf den Teller kommen lokale Leckerbissen wie *payoyo*-Käse oder *papas aliñás* und international inspirierte Gaumenfreuden wie Falafel mit Zaziki oder flambiertes Thunfischbauchfleisch mit fermentiertem Knoblauch.

☆ Unterhaltung

Peña Flamenca 'Aguilar de Vejer' FLAMENCO
(☎956 45 07 89, 606 171732; Calle Rosario 29) Vejers kleinstädtische Flamenco-Szene lässt sich seit 1989 am besten in dieser stimmungsvollen Bar und Veranstaltungs-Location beobachten. Die kostenlosen Vorstellungen finden meist samstags um 21.30 Uhr statt. Wer hier zu Abend essen möchte, sollte vorher reservieren (Hauptgerichte 12–23 €), oder man schaut einfach auf ein Getränk mit Tapas vorbei (6 €). Die Touristeninformation kann über die Veranstaltungen Auskunft geben.

ℹ Praktische Informationen

Oficina Municipal de Turismo
(☎956 45 17 36; www.turismovejer.es; Avenida Los Remedios 2; ⌚Mo–Sa 10–14.30 & 16.30–21, So 10–14 Uhr, Okt.–April verkürzte Öffnungszeiten)

Reiseziel	Preis (€)	Fahrtdauer	Häufigkeit (tgl.)
Cádiz	5,96	1¼ Std.	5-mal
Jerez de la Frontera	8,01	1½ Std.	Mo–Fr 1-mal
La Línea (nach Gibraltar)	9,11	1¾ Std.	bis zu 6-mal
Sevilla	18	2¼ Std.	4-mal
Sevilla (von der Avenida Los Remedios)	17	3 Std.	1-mal
Tarifa	4,55	40 Min.	8-mal
Zahara de los Atunes	2,57	25 Min.	mind. 1-mal

ℹ An- & Weiterreise

Von der Avenida Los Remedios fahren Busse von Comes (S. 129) nach Cádiz, Zahara de los Atunes, Jerez und Sevilla. Alle anderen Busse halten bei La Barca de Vejer, am Fuß des Hügels an der N340. Von hier aus geht es 20 Minuten steil bergauf in die Stadt; eine Taxifahrt kostet 6 €.

Los Caños de Meca & El Palmar

150 EW. (LOS CAÑOS DE MECA), 670 EW. (EL PALMAR)

16 km südwestlich von Vejer erstreckt sich das kleine, entspannte Los Caños de Meca entlang mehrerer weißer Sandstrände. Das einstige Hippieparadies Caños ist noch immer ein Magnet für Strandgäste aller Art und aus aller Welt, vor allem im Sommer. Dafür sorgen die alternative, spaßorientierte Szene, die FKK-Strände und die Möglichkeiten zum Kitesurfen, Windsurfen und Surfen. Im angrenzenden Nordwesten liegt das Strandresort von **Zahora** und noch weiter nordwestlich befindet sich der schimmernde Surferstrand **El Palmar**. Im Sommer ist hier jede Menge los mit Surfschulen, Strandbars, Reiten, Yoga und vielem mehr.

Sehenswertes & Aktivitäten

Caños' **Hauptstrand** liegt direkt vor der Kreuzung der Avenida de Trafalgar mit der A2233. Freunde der Freikörperkultur zieht es ans östliche Ende zu den etwas einsameren Buchten, z. B. an die **Playa de las Cortinas** und die **Playa del Faro** neben dem Cabo de Trafalgar. Die breite, goldene **Playa de Zahora** erstreckt sich nordwestlich von Los Caños. Rund 7 km weiter nordwestlich finden Surfer von Oktober bis Mai am reizenden **El Palmar** die besten Wellen Andalusiens. Ein Fußmarsch führt zum Nudistenstrand **Playa de la Mangueta** ganz im Süden.

ABSTECHER

MEDINA SIDONIA

Ein majestätischer Wind weht durch die windigen weißgetünchten Straßen von Medina Sidonia (10 170 Einwohner). Der Ort liegt strategisch günstig auf einer Bergspitze, 30 km nördlich von Vejer de la Frontera, und war einst der Sitz der Duques de Medina Sidonia, einer der mächtigsten Familien Spaniens. Er zieht mehr und mehr spanische Besucher an, gehört im Großen und Ganzen jedoch noch nicht zu den touristischen Hotspots in Andalusien. Mit seinen faszinierenden historischen Bauwerken, einem reichen kulinarischen Erbe und den Führungen (Erw./Kind 6/3 €) des ambitionierten Teams der **Touristeninformation** (☎ 956 41 24 04; www.turismomedinasidonia.es; Calle San Juan; ⏱ Juni–Sept. 10.30–14 & 17.30–19.30 Uhr, Okt.–Mai 10.30–14 & 16.30–18.30 Uhr) lohnt er allemal einen Besuch.

Durch den maurischen **Arco de Belén** (Calle Cilla), eines der drei noch erhaltenen Tore aus dieser Ära, gelangt man in das historische Zentrum ganz oben auf einem Hügel. Dort befindet sich die **Iglesia Santa María Mayor** (Plaza de la Iglesia Mayor; 2,50 €; ⏱ Juni–Sept. Mo–Fr 11–14 & 17.30–20, Sa 11–14 & 16–20 Uhr, Okt.–Mai Mo–Sa 11–14 & 16–19 Uhr) im gotischen Renaissancestil aus dem 16. Jh. Die Renaissancetür führt zu einem versteckten Kloster im gotischen Mudejarstil mit einem plateresken Hauptaltar, der mit 22 Bildern verziert ist und 1584 fertiggestellt wurde, und dem Cristo del Perdón (Christus der Vergebung), gefertigt von Pedro Roldán, einem aus Sevilla stammenden barocken Bildhauer. Das Highlight von Medina Sidonia ist eine römische militärische Festung, die im 11. Jh. zu einem *alcázar* der Almoraviden und im 15. Jh. zu einer mittelalterlichen **Burg** (Calle Ducado de Medina Sidonia; Erw./Kind 2 €/frei; ⏱ Juni–Sept. 10–14 & 19 Uhr–Sonnenuntergang, Okt.–Mai Fr–Mi 10–14 & 16–18 Uhr) umgebaut wurde. Im Ortszentrum wartet das **Museo Arqueológico** (Calle Ortega 11; Erw./Kind 3,50 €/frei; ⏱ Juni–Sept. 10–14 & 18–21 Uhr, Okt.–Mai Do–Di 10–14 & 16–18 Uhr) mit vier gut erhaltenen Kryptoportiken und dem ausgegrabenen *Cardo Maximus* aus dem 1. Jh., der Hauptachse der Stadt zu Römerzeiten, auf.

Übernachten kann man im **La Vista de Medina** (☎ 956 41 00 69; www.lavistademedina.com; Plaza de la Iglesia Mayor 2; DZ/4BZ 60–110/80–110 €; ❄ 📶 🏊) mit seinen sechs rustikal-schicken, apartmentartigen Zimmern und zwei entspannenden Pools in einem Garten voller Hibiskus und Brunnen. Zudem gibt's ein gutes andalusisch-internationales Restaurant (Hauptgerichte 9–20 €, Schwerpunkt lokale Produkte) mit tollem Ausblick.

In Medina Sidonia fahren Busse von CMTBC (S. 130) nach/von Cádiz (5,25 €, 1¼ Std., zwei- bis dreimal täglich) und Jerez de la Frontera (2,80 €, 45 Min., dreimal täglich an Wochentagen).

★ **Parque Natural de la Breña y Marismas del Barbate** NATURSCHUTZGEBIET
(www.juntadeandalucia.es) Der 50 km² große Park schützt bedeutende Sümpfe, Klippen und Kiefernwälder an der Küste vor touristischer Erschließung im Stil der Costa del Sol. Am besten erreicht man ihn auf einer zweistündigen Wanderung auf dem 7,2 km langen **Sendero del Acantilado** zwischen Los Caños de Meca und Barbate. Die Tour führt über Klippen, deren Schönheit es leicht mit dem Cabo de Gata aufnehmen kann.

Cabo de Trafalgar LEUCHTTURM
Am westlichen Ende von Los Caños de Meca führt eine Seitenstraße (oft zur Hälfte von Sand bedeckt) zu einem 1860 erbauten **Leuchtturm** auf einer niedrigen Landzunge. Das ist der berühmte Cabo de Trafalgar, vor dem die spanische Seemacht 1805 von der britischen Flotte unter Admiral Nelson in kurzer Zeit vernichtet wurde.

Escuela de Surf 9 Pies SURFEN, YOGA
(620 104241; www.escueladesurf9pies.com; Paseo Marítimo; Surfboard- & Neoprenanzug-Verleih 2/4 Std. 12/18 €, 2-stündiger Gruppenunterricht 28 €) Die professionelle Surfschule am nördlichen Ende des Strandes El Palmar verleiht Surfboards und bietet Unterricht für alle Niveaus. Außerdem gibt's Yoga-Stunden (10 €) und einen SUP-Verleih (15 €/2 Std).

Schlafen & Essen

Hotel Madreselva HOTEL €€
(956 43 72 55; www.califavejer.com; Avenida de Trafalgar 102; Zi. 75–168 €; April–Mitte Okt.; P) Dieses pfirsichfarbene Refugium im Hacienda-Stil verfügt über einen grünen Innenhof und 18 attraktive Zimmer mit Vintagemöbeln und eigenen Terrassen. In den Sommermonaten bietet das hauseigene Restaurant spanische Küche. Und das alles gibt's gerade mal eine Gehminute vom Strand entfernt.

Las Dunas CAFÉ €
(956 43 72 03; www.barlasdunas.es; Carretera del Cabo de Trafalgar; Gerichte 4–12 €; Sept.–Juni 9–24 Uhr, Juli & Aug. bis 3 Uhr) Entspannung pur verspricht dieses Café gleich neben dem Cabo de Trafalgar, in dem viele Kitesurfer eine Pause vom Strand einlegen, und zwar mit Musik von Bob Marley, tollen *bocadillos* (belegte Brötchen), frisch gepressten Säften, *platos combinados* und der relaxten Atmosphäre einer Strandhütte. Hin und wieder finden auch Konzerte statt.

DIE TRADITION DER ALMADRABA

Zu den Gaumenfreuden der Cuisine von Cádiz gehört der frische Blauflossen-Thunfisch, der mithilfe der traditionellen *almadraba*-Methode aus dem Atlantik gefischt wird. Die Phönizier führten damit eine der nachhaltigsten Fischereimethoden der Welt ein. Dabei macht man Netze am Meeresboden fest, die nur einmal am Tag zur Zeit der Wanderung der Thunfische (Mai/Juni) hochgezogen werden. Das Fischlokal **El Campero** (650 420792; www.restauranteelcampero.es; Avenida de la Constitución 5C; raciones & Hauptgerichte 11–25 €; Di–So 12.30–17 & 20–24 Uhr) in Barbate, 9 km südöstlich von Vejer, gilt dank seiner großartigen *almadraba*-Gerichte mit zeitgenössischem Touch wie Thunfisch-Ceviche und *jamón marino* (gesalzenes Thunfischbauchfleisch) als „Thunfischtempel". *Almadraba*-Thunfisch findet man auf Speisekarten in ganz Cádiz, vor allem an der Costa de la Luz. Zahlreiche Städte feiern die Ruta del Atún-Feste im Mai oder Juni, wo die Restaurants um die beste Thunfisch-Tapa wetteifern. Besonders beliebt ist das Fest in Zahara de los Atunes (S. 158). Für alle, die mehr darüber erfahren wollen, bietet Annie B's Spanish Kitchen (S. 153) mit Sitz in Vejer eine spezielle *almadraba*-Tour.

Casa Juan ANDALUSISCH €€
(956 23 20 99; www.barrestaurantecasajuan.com; Paseo Marítimo; raciones/Hauptgerichte 8–12/12–16 €; 12–24 Uhr) Die etablierte Casa Juan beherbergt ein mondänes Lokal mit Blick über den südlichen Teil des Strandes El Palmar. Spezialität des Hauses sind köstliche Variationen vom Roten Thunfisch aus *almadraba*-Fang, die von *atún encebollado* (mit Zwiebeln eingekocht) bis hin zu gegrilltem Thunfischbauchfleisch reichen. Aber auch die *tortillitas de camarones, payoyo*-Käse, gegrillte Garnelen und frischer Fisch kommen bei den Gästen gut an.

An- & Weiterreise

An Wochentagen fahren täglich mindestens zwei Busse von Comes (S. 129) von Los Caños de Meca nach Cádiz (6 €, 1½ Std.) via El Palmar (2 €, 15 Min.).

Zahara de los Atunes

1060 EW.

Etwa 20 km südöstlich von Los Caños de Meca, gen Westen ausgerichtet, erstreckt sich ein fantastischer 12 km langer weiß-goldener Sandstrand. Jahrelang war Zahara de los Atunes ein traditionelles Fischerdorf – berühmt für seinen Blauflossen-Thunfisch aus *almadraba*-Fang. Heute ist Zahara im Sommer ein beliebter, lässiger Ferienort und entwickelt ganz allmählich auch eine gastronomische Szene mit etlichen kulinarischen Festivals im Jahr. Im Zentrum des winzigen alten, von verwinkelten Gassen und lebendigen Bars geprägten Stadtkerns steht die Ruine des **Castillo de las Almadrabas** (Avenida Hermanos Doctores Sánchez Rodríguez) aus dem 15. Jh. In früheren Zeiten wurde der Thunfisch hier weiterverarbeitet. Zur Sommerzeit beleben ein paar *chiringuitos* (Strandbars) den Strand, das restliche Jahr über geht's ruhig zu.

Südöstlich von Zahara liegt der ausgebaute Ferienort **Atlanterra**. Von dessen Südspitze kann man über den Camarinal-Leuchtturm zum einsamen El-Cañuelo-Strand (S. 158) schlendern.

Schlafen & Essen

Taberna de El Campero FISCH & MEERESFRÜCHTE €€

(☎956 43 90 36; www.latabernadelcampero.com; Calle María Luisa 6; Tapas/raciones 5–9/14–25 €; ⌚April–Sept.) Die fröhliche, moderne Taverne unter der Federführung des Teams von Barbates Sensationslokal El Campero (S. 157) konzentriert sich auf den beliebten Blauflossen-Thunfisch aus regionalem *almadraba*-Fang. Serviert wird er in pfiffigen Tapas-Kreationen, die vom gegrillten Thunfischbauchfleisch über Thunfisch-Ceviche bis hin zu ansprechenden Sushi-Platten reichen. Auch die restliche Karte führt lokale, saisonale Zutaten auf: *payoyo*-Käse, gebratener Tintenfisch, gegrillte Garnelen.

Restaurante Antonio FISCH & MEERESFRÜCHTE €€€

(☎956 43 95 42; www.restauranteantoniozahara.com; Bahía de la Plata, Km 1, Atlanterra; Hauptgerichte 15–30 €; ⌚Feb.–Mitte Dez. 13.30–16 & 20–23 Uhr) Das preisgekrönte Antonio, 1 km südlich von Zahara gelegen, ist wegen seiner hochwertigen Meeresfrüchtegerichte sehr zu empfehlen. Serviert werden sie von aufmerksamen Angestellten vor einer strahlenden Meerblickkulisse. Highlight der Küche ist natürlich der Blauflossen-*almadraba*-Thunfisch, der in unzähligen Varianten zubereitet wird. Von *atún encebollado* bis Sashimi ist alles zu haben. Eine Spezialität ist das Thunfisch-Tartar.

Das Antonio ist auch ein Hotel (eigentlich zwei) mit Pool neben dem Strand und hellen Zimmern ohne Schnickschnack (mit Frühstück 100–212 €), viele mit Blick auf den Atlantik.

An- & Weiterreise

Täglich fahren drei Busse von Comes (S. 129) nach Vejer de la Frontera (2,57 €, 25 Min.), drei bis vier Busse nach Cádiz (8,40 €, 2 Std.) und an Wochentagen normalerweise ein Bus nach/von Los Caños de Meca (2 €, 30 Min.). Im Sommer können zusätzliche Busse verkehren.

Bolonia

90 EW.

Das winzige Dorf Bolonia, an der N340 ist 15 km nordwestlich von Tarifa ausgeschildert und liegt zwischen einem herrlich weißen, von einer großen Düne geschützten Strand sowie sanften mit Pinien oder Feldern übersäten Hügeln. Hier befinden sich die eindrucksvollen Überreste des römischen Baelo Claudia. Von einem kleinen Parkplatz 3 km westlich von Baelo Claudia entlang der CA8202 führt ein 1,5 km langer Schotterweg hinab zum Leuchtturm Faro Camarinal. Von da gelangt man zum versteckten FKK-Strand **Playa El Cañuelo**.

Im Juli und August pendeln an Wochentagen drei Busse von Horizonte Sur (S. 162) zwischen Bolonia und Tarifa (2,50 €, 30–40 Min.).

★ **Baelo Claudia** ARCHÄOLOGISCHE STÄTTE

(☎956 10 67 97; www.museosdeandalucia.es; EU-/Nicht-EU-Bürger frei/1,50 €; ⌚April–Mitte Juni Di–Sa 9–21 Uhr, Mitte Juni–Juli Di–Sa 9–15 & 18–21 Uhr, Aug.–Mitte Sept. Di–Sa 9–15 Uhr, Sept.–März Di–Sa 9–18 Uhr, ganzjährig So 9–15 Uhr) Die Ruinen von Baelo Claudia zählen zu den bedeutendsten römischen Stätten Andalusiens. Am Strand – mit schönem Blick hinüber nach Marokko – liegen das relativ gut erhaltene Theater, ein gepflastertes Forum, Thermalbäder, ein Markt, eine Marmorstatue und die Säulen einer Basilika. Außerdem sind hier die Ruinen jener Werkstätten zu finden, die mit ihren Produkten für Baleo Claudias Berühmtheit in der römischen Welt sorgten: eingesalzener Fisch und *garum* (eine Würzsoße auf Fischbasis). Zur Stätte gehört ein gutes Museum.

Las Rejas FISCH & MEERESFRÜCHTE €€
(☎685 010274, 956 68 85 46; www.lasrejasrestaurante.com; El Lentiscal; raciones 8–20 €; ⏲Mai–Mitte Okt. Mi–So 12.30–17.30 & 20.30–23.30 Uhr, Mitte Okt.–April Sa & So 12.30–17.30 & 20.30–23.30 Uhr) Das gepflegte Restaurant gleich hinter dem Strand von Bolonia richtet seine Augenmerk auf superfrischen Fisch, würzige Paella und herrliche regionale Meeresfrüchte wie gegrillte Garnelen oder *tortillitas de camarones*.

Tarifa

13 640 EW.

Aufgrund seiner Lage am südlichen Zipfel Spaniens, wo sich Mittelmeer und Atlantik treffen, setzt sich Tarifa in Sachen Klima und Charakter vom Rest Andalusiens ab. Atlantikwinde ziehen Surfer, Windsurfer und Kitesurfer an – und diese verleihen dem alten, erstaunlich kleinen Ort ein entspanntes, internationales Flair. Tarifa ist der letzte Stopp in Spanien vor Marokko, was man auch deutlich spürt. Der befestigten Altstadt mit ihren verwinkelten weiß getünchten Straßenzügen und dem unaufhörlichen Wind ist eine Ähnlichkeit mit Chefchaouen oder Essaouira nicht abzusprechen. Ein Geheimtipp ist die Stadt nun wirklich nicht. Vor allem im August strömen Touristen hierher – das ist Teil des Vergnügens.

Tarifa ist vielleicht so alt wie das phönizische Cádiz und war auf jeden Fall eine römische Siedlung. Benannt wurde die Stadt aber nach Tarif ibn Malik, der 710 – ein Jahr vor der großen islamischen Eroberung der Halbinsel – einen muslimischen Raubzug führte.

Sehenswertes

Tarifas enge Altstadtstraßen sind überwiegend maurischen Ursprungs und erinnern stark an Marokko. Am besten geht man zuerst durch die befestigte (nach der Reconquista veredelte), ursprünglich maurische **Puerta de Jerez**, macht dann einen Abstecher zum betriebsamen **Mercado de Abastos** (Calle Colón; ⏲Di–Sa 8.30–14 Uhr) im Neo-Mudejarstil und sucht sich schließlich seinen Weg vorbei an der weißgetünchten barocken und neoklassizistischen **Iglesia de San Francisco de Asís** (Calle Santísima Trinidad; ⏲Mo–Fr 19–20 Uhr) aus dem 18. Jh. zur überwiegend aus dem 16. Jh. stammenden **Iglesia de San Mateo** (Calle Sancho IV El Bravo; ⏲Mai–Sept. 8.45–13 & 18–20.30 Uhr, Okt.–April 8.45–13 & 17.30–20 Uhr). Danach geht's südlich die Calle Coronel Moscardó entlang und die Calle Aljaranda hinauf. Auf den Burgmauern hat man vom **Miramar** (☎607 984871; Calle Amargura; ⏲10–16 Uhr) eine spektakuläre Aussicht hinüber nach Afrika und zum 851 m hohen Jebel Musa, einer der „Säulen des Herakles" (Gibraltar ist die andere).

Castillo de Guzmán el Bueno BURG
(Calle Guzmán el Bueno; Erw./Kind 4 €/frei; ⏲10–16 Uhr) Errichtet wurde die restaurierte Burg 960 zwar im Auftrag des Kalifen von Córdoba, Abd ar-Rahman III., benannt wurde sie jedoch nach dem Reconquista-Helden Guzmán el Bueno. 1294 entführten angreifende Meriniden aus Marokko El Buenos Sohn und drohten mit dessen Exekution, sollte El Buono die Festung nicht aufgeben. Daraufhin warf dieser den Angreifern sein eigenes Messer vor die Füße, um damit seinen Sohn zu töten. Seine Nachfahren sind die Duques de Medina Sidonia, eine der mächtigsten Familien Spaniens. Über dem inneren Eingang befindet sich die Inschrift der Burggründung aus dem 10. Jh.

Aktivitäten

Kitesurfen & Windsurfen

Tarifas legendäre Winde haben den Ort zu einem der besten Surf- und Kitesurfspots gemacht. Ausgesprochen beliebt ist der Küstenstreifen zwischen Tarifa und Punta Paloma, 10 km Richtung Nordwesten. Dutzende Veranstalter bieten hier Ausrüstung und Kurse von Anfänger- bis zu Fortgeschrittenenniveau an. Beste Bedingungen herrschen im Mai, Juni und September. Aber aufgepasst: Die raue See ist nicht immer für Anfänger geeignet! Einige Surfschulen haben auch SUP-Kurse im Programm.

ION Club Valdevaqueros WASSERSPORT
(☎619 340913; www.ion-club.net; Carretera N340, Km 76, Playa de Valdevaqueros; 6-stündige Gruppenkurse für Anfänger im Kitesurfen oder Windsurfen 250 €; ⏲Juli & Aug. 10.30–20.30 Uhr, Juni & Sept. bis 19 Uhr, März–Mai & Okt.–Dez. bis 18.30 Uhr) Empfehlenswerte tägliche Gruppen-/Privatkurse im Wind- und Kitesurfen mit mehrsprachigen Lehrern für Anfänger, fortgeschrittene Anfänger und Fortge-

Tarifa

Tarifa

Sehenswertes
1 Castillo de Guzmán el Bueno B4
2 Iglesia de San Francisco de Asís B3
3 Iglesia de San Mateo D2
4 Miramar D3
5 Puerta de Jerez B1

Aktivitäten, Kurse & Touren
6 FIRMM C2
7 OmShala A2

Schlafen
8 Aristoy Tarifa C2
9 Hostal África B2
10 La Casa de la Favorita B2
11 La Cocotera C2
12 Posada La Sacristía C3
13 Riad C2

Essen
14 Café 10 .... C2
15 Café Azul B1
16 Chilimosa B2
17 El Francés C3
18 El Lola C3
19 La Oca da Sergio D2

Ausgehen & Nachtleben
20 La Ruina B3

Unterhaltung
21 Almedina C3

Shoppen
22 Mercado de Abastos B2

schrittene 10 km nordwestlich der Stadt. Außerdem Ausrüstungsverleih (90 € pro Tag) und Stehpaddelkurse (2 Std. 40 €).

Zum Windsurfen trifft man sich meist am Zentrum des ION Clubs am Hurrican Hotel 7 km nordwestlich von Tarifa.

Spin Out WASSERSPORT
(956 23 63 52; www.tarifaspinout.com; Carretera N340, Km 75,5, Playa de Valdevaqueros; 90-minütige Windsurfkurse 59 € pro Pers., Surfbrett- & Segelverleih 30 € pro Std.; April–Okt. 10.30–19 Uhr) Ein enthusiastisches mehrsprachiges Team bietet 11 km nordwestlich der Stadt tägliche Windsurfkurse und fünftägige Kurse (349 €) für Anfänger, Kinder und Fortgeschrittene an. Es gibt auch eine Kitesurfschule und einen SUP-Ausrüstungsverleih.

Walbeobachtung

Die Gewässer vor Tarifa gehören zu den besten Wal- und Delfinbeobachtungsorten Europas. Von April bis Oktober kreuzen die Meeressäuger zwischen Atlantik und Mittelmeer, Sichtungen sind während dieser Zeit nahezu garantiert. Neben Streifendelfinen, Tümmlern, Grindwalen, Großen Schwertwalen und Pottwalen lassen sich vielleicht auch die gefährdeten Finnwale und Gemeine Delfine blicken. Pottwale bevölkern die Straße von Gibraltar von April bis August, Orcas sieht man am wahrscheinlichsten im Juli und August. Mehr über die Meerestiere erfährt man im **Centro de Interpretación de Cetáceos** (956 68 29 65; www.facebook.com/CICAMTARIFA; Avenida Fuerzas Armadas 17; April–Okt. Di–So 10–18 Uhr) GRATIS.

FIRMM WALBEOBACHTUNG
(956 62 70 08; www.firmm.org; Calle Pedro Cortés 4; zweistündige Tour Erw./Kind 30/20 €; April–Okt.) Unter den Dutzenden Walbeobachtungsanbietern ist die gemeinnützige Stiftung FIRMM eine gute Wahl. Ihr vorrangiger Zweck ist die Erforschung der Wale und die Datenerfassung, was zu umweltfreundlichen zwei- oder dreistündigen Touren und einwöchigen Walbeobachtungskursen führt. Am besten zwei bis drei Tage im Voraus buchen.

Reiten

Einstündige Strandausritte entlang der Playa de los Lances kosten 30 €, zweistündige Strand- und Bergausritte 80 €. Der beispielhafte Anbieter **Aventura Ecuestre** (626 480019, 956 23 66 32; www.aventuraecuestre.com; Carretera N340, Km 79,5, Hotel Dos Mares), 5 km nordwestlich von Tarifa, beschäftigt mehrsprachige Guides und bietet auch Ponyreiten für Kinder (30 Min., 20 €) sowie vierstündige Ausritte (140 €) in den Parque Natural Los Alcornocales oder quer über die Dünen von Punta Paloma an.

Molino El Mastral (679 193503; www.mastral.com; Carretera Santuario Virgen de la Luz; 30 € pro Std.), 5 km nördlich von Tarifa, ist ebenfalls eine gute Wahl in Sachen Reitsport und verfügt zudem über urig-mondäne Apartments für Selbstversorger (90–160 €) und einen Pool.

Yoga

Tarifa hat eine aktive Yogaszene. **OmShala** (722 147636; www.omshalatarifa.com; Avenida de Andalucía 13; Einzelstunden 15 €) ist sehr gefragt, genauso wie **Mandalablue Yoga** (644 772377; www.mandalablueyoga.es; Einzelstunde 15 €), wo man sich auf Open-Air-Stunden an den herrlichen Stränden vor Ort spezialisiert hat. Beide Studios bieten offene Stunden sowie intensivere Workshops und Retreats an.

Schlafen

★ **Hostal África** HOSTAL €
(956 68 02 20; www.hostalafrica.com; Calle María Antonia Toledo 12; EZ/DZ/3BZ 40–75/60–95/90–120 €; März–Nov.;) Eines der besten *hostales* (Budgethotels) in der Provinz Cádiz mit sehr gastfreundlichen und kompetenten Besitzern. Das ruhige umgebaute Haus aus dem 19. Jh. befindet sich in Tarifas Altstadt und ist mit Topfpflanzen und himmelblau-weißen Bögen geschmückt, seine 13 einfachen Zimmer (darunter ein Dreibettzimmer) sind völlig unterschiedlich und äußerst farbenfroh gestaltet. Zudem gibt's eine hübsche Dachterrasse mit einer gemütlichen *cabaña* und Aussicht auf Afrika.

La Cocotera HOSTEL €
(956 68 22 19; www.lacocotera.com; Calle San Rosendo 12; B/DZ/4BZ 18–36/36–100/51–140 €;) Das populäre Hostel und gleichzeitig Co-Working-Space voller digitaler Nomaden bietet tadellose, in weiß gehaltene und nach verschiedenen Obstsorten benannten Schlafsäle. Die Räume haben je vier Spinde, eigene Steckdosen und Lampen. Es gibt eine gut ausgestattete Küche, zwei Laptop-Arbeitsplätze und eine Dachterrasse mit Blick auf Marokko. Wer es lieber privater hat, nimmt eins der Doppelzimmer.

Aristoy Tarifa BOUTIQUE-HOTEL €€
(956 68 31 72; www.aristoytarifa.com; Calle Calderón de la Barca 3; Zi. 90–225 €;) Hinter dem Aristoy steckt ein Team, das bereits mehrere erstklassige Lokale in Tarifa betreibt. Das Hotel in der Altstadt hat in

einem fantasievoll umgestalteten Gebäude aus dem 18. Jh. sein Zuhause gefunden und wartet mit einer Dachterrasse sowie einem Tauchbecken auf. Das Design ist eine Kombi aus original erhaltenen Holzbalken und Patio mit poliertem Betonfußboden, Bambusobjekten und frischen Stilelementen in Weiß auf Weiß. Einige Zimmer haben Terrassen und/oder Dachschrägen. Das hauseigene andalusische Restaurant geht hinaus auf eine mit Zitrusduft erfüllte Plaza.

Posada La Sacristía BOUTIQUE-HOTEL €€
(☎ 956 68 17 59; www.lasacristia.net; Calle San Donato 8; Zi. mit Frühstück 131–181 €; ❄ 📶 🐾) Ein wunderschön renoviertes Stadthaus aus dem 17. Jh. (einst eine maurische Stallung) im Herzen der Stadt beherbergt dieses elegante historische Boutique-Hotel. Die zehn hübsch modernisierten Zimmer mit romantischen Betten, Holzdecken und antiken Möbeln liegen auf zwei Etagen rund um einen Hof und sind mit viel Liebe zum Detail eingerichtet. Wer will, gönnt sich eine Massage oder einen Drink und ein paar Tapas in der edlen Lounge im Erdgeschoss.

La Casa de la Favorita BOUTIQUE-HOTEL €€
(☎ 690 180253; www.lacasadelafavorita.com; Plaza San Hiscio 4; Zi. 85–125 €; ❄ 📶) Cremefarbenes modernes Design dominiert in den makellosen Zimmern des Boutique-Hotels, die mit Miniküchen und Kaffeezubereitern ausgestattet sind. Die besten Zimmer haben einen Balkon oder eine Dachterrasse und die Suite verfügt über eine offene Galerie. Zudem gibt's eine kleine Bibliothek, eine Dachterrasse und dynamische, farbenfrohe Kunstwerke.

Arte Vida HOTEL €€
(☎ 956 68 52 46; www.hotelartevidatarifa.com; Carretera N340, Km 79,3; Zi. mit Frühstück 95–170 €; P ❄ 📶) An einem traumhaften Fleckchen am Strand, 6 km nordwestlich von Tarifa, versprüht das Arte Vida ein wunderbar entspanntes Flair. Es besitzt eine Handvoll unprätentiöser, moderner Zimmer mit kunstvollen Details und tiefblauen Wänden und bietet zudem Kitesurf- und Surfkurse, ein gutes Restaurant mit mediterraner Kost, einen *chiringuito* (zur Saison geöffnet), eine Lounge sowie DJ-Sessions im Sommer an.

★ **Riad** BOUTIQUE-HOTEL €€€
(☎ 856 92 98 80; www.theriadtarifa.com; Calle Comendador 10; Zi. 99–210 €) Das Riad befindet sich in einem ausnehmend schön renovierten Stadthaus aus dem 17. Jh. Hinein geht's durch eine Lobby samt glänzendem Betonboden und einem verzierten Brunnen/Pool, mit frischen Lilien und flackernden Kerzen. Die ursprüngliche Architektur wurde beibehalten: freigelegtes Mauerwerk, antike Türen, rote Backsteinbögen, eine mit Fresken verzierte Fassade. Um den Innenhof verteilen sich ein Hammam, eine Dachterrasse

TARIFA: STRANDVERGNÜGEN

Sie gehören zu den schönsten Andalusiens (und Spaniens): die herrlichen hellen Sandstrände, die sich von Tarifa entlang der N340 Richtung Norden ziehen. Bunte Drachen und Kitesurfsegel über türkisblauem Wasser und Marokko im Hintergrund vervollständigen die Szenerie. Im Sommer füllen sie sich mit sonnengebräunten Badelustigen und legeren Bars. Der beständige Wind kann allerdings nerven. Wer genug am Strand gechillt hat, kann kitesurfen, windsurfen und reiten.

Busse von **Horizonte Sur** (☎ 699 427644; http://horizontesur.es) fahren im Juli und August montags bis samstags 11- bis 14-mal täglich vom Busbahnhof über Tarifas Strände nach Punta Paloma.

Punta Paloma Ihre riesige Sanddüne hat Punta Paloma (10 km nordwestlich von Tarifa), einen der schönsten Strände Andalusiens, berühmt gemacht. Am westlichsten Ende kann man ein natürliches Schlammbad nehmen.

Playa de Valdevaqueros Die 3 km lange Playa de Valdevaqueros nordwestlich von Tarifa (zwischen Km 7 und Km 10) ist einer der beliebtesten Kitesurfspots Tarifas mit wunderschönem alabasterfarbenem Sand, tiefblauem Wasser und mehreren Strandbars im Sommer. Sie grenzt an die große weiße Düne an der Playa Punta Paloma.

Playa de los Lances Ein breiter schneeweißer Sandstrand, der sich von Tarifa aus 7 km nach Nordwesten an der Küste entlangzieht. Die flachen Dünen in seinem Rücken sind *paraje natural* (Naturschutzgebiet).

und neun gemütliche Zimmer mit *tadelakt*-Wänden (wasserbeständiger Kalkputz), marokkanischen Fliesen und warmer andalusisch-marokkanischer Atmosphäre.

Hotel Dos Mares HOTEL €€€

(956 68 40 35; www.dosmareshotel.com; Carretera N340, Km 79,5; Zi. inkl. Frühstück 95–250 €; P) Direkt an einem goldenen Sandstrand, 5 km nordwestlich der Stadt, liegt das marokkanisch angehauchte Dos Mares. Seine hellen Zimmer und Bungalows sind mit Fliesenböden ausgestattet und in Gelb-, Blau- sowie dunklen Orangetönen eingerichtet. Einige von ihnen verfügen über einen Balkon mit Meerblick. Weitere Extras: ein Café, ein Fitnessraum, ein Pool, eine Kitesurfschule, ein *chiringuito* und eine Reitschule (S. 161).

Essen

Leckeres Essen gibt's zuhauf in Tarifa – oft mit internationalem, vor allem italienischem, marokkanischem und orientalischem Einschlag. Weitere Gaumenfreuden sind Smoothies, die Fusion-Küche, Biozutaten und wunderbare vegetarische/vegane Gerichte.

★ **Café Azul** CAFÉ €

(www.cafeazul-tarifa.com; Calle Batalla del Salado 8; Gerichte 2–9 €; 9–15 Uhr;) Ein leckeres Frühstück bietet dieses etablierte italienisch geführte Café mit seinem blau-weißen marokkanisch inspirierten Dekor – ein wahrer Hingucker. Ach könnte man doch einfach alles essen! Der Obstsalat mit Müsli, Joghurt und Kokosnuss und die mit Früchten und Joghurt gefüllten Crêpes sind kleine Kunstwerke. Es gibt auch italienischen Kaffee, Tee mit Honig, frische Smoothies und Säfte, *bocadillos* und warmes Frühstück mit glutenfreien und veganen Leckereien.

★ **Surla** CAFÉ €

(956 68 51 75; www.facebook.com/surlatarifa; Calle Pintor Pérez Villalta 64; Gerichte 4–8 €; Mo–Fr 9–17, Sa & So bis 19 Uhr;) Dekorative Surfbretter, balinesische Schirme und tropische Grünpflanzen zieren das relaxte Café mit Fokus auf biologischer, regionaler und saisonaler Kost: *jamón* aus den Bergen Huelvas, Olivenöl aus Granada, Eier von Freilandhühnern aus Cádiz, woher auch das Salz und der *payoyo*-Käse kommen.

El Francés TAPAS €

(Calle Sancho IV el Bravo 21; raciones 7–13 €; März–Dez. Fr–Di 14.30–24 Uhr;) Entweder man quetscht sich in die Bar, in der es nur Stehplätze gibt, oder man kämpft um einen der Tische auf der Terrasse im El Francés, wo andalusische Klassiker mit einer kreativen Note auf der Speisekarte stehen. Tarifas beliebteste und pulsierende Tapas-Bar serviert *patatas bravas* und *tortillitas de camarones* mit Hühnchen-Gemüse-Couscous oder mit Käse gefüllte Pilze. Reservieren kann man nicht, also einfach vorbeischauen und einen Tisch ergattern (Abendessen erst ab 18.30 Uhr).

Café 10 CAFÉ €

(956 62 76 86; www.facebook.com/cafe10tarifa; Calle Nuestra Señora de la Luz 10; Gerichte 2–6 €; 9–2 Uhr, Jan. geschl.;) Frühstück und Snacks kann man sich in diesem beliebten Altstadtcafé schmecken lassen: in einer gemütlichen neorustikalen Lounge, in der Kunstwerke die Wände schmücken, auf mit rosa Kissen bestückten Stühlen, die bis auf die abschüssige Straße hinaus verteilt sind. Es locken selbst gebackener Kuchen, toller Kaffee, frische Säfte, süße und salzige Crêpes sowie *revueltos* (Rührei) und *molletes* (kleine getoastete Röllchen). Zu späterer Stunde sind dann eher Gin Tonic und Mojitos gefragt.

Chilimosa VEGETARISCH €

(956 68 50 92; www.facebook.com/chilimosa; Calle Peso 6; Hauptgerichte 5–10 €; Mo–So 19–24, Fr–So 13–16.30 & 19–24 Uhr, Jan.–Anf. März geschl.;) Das gemütliche vegetarische Restaurant am oberen Ende der Altstadt hat nur eine Handvoll Tische und ist zwanglos im besten Sinne. Es gibt unprätentiöse hausgemachte orientalische Speisen mit Zutaten aus dem Garten des Eigentümers selbst, z. B. fleischlose Köstlichkeiten wie scharf gewürzte Gemüse-Samosas, Falafel-Hummus-Wraps, Meze-Teller, Tofu-Burger. Man kann das Essen auch mitnehmen.

El Lola TAPAS €€

(956 62 73 07; www.facebook.com/ElLola Tarifa; Calle Guzmán El Bueno 5; Tapas/raciones 2–5/5–15 €; April–Okt. 13–16 & 19–24 Uhr;) Weißgetünchte Wände und leuchtende Geranien schmücken das El Lola, das sich mit seinen leckeren, verspielten Tapas und *raciones* vom Blauflossen-Thunfisch aus *almadraba-Fang* einen Namen gemacht hat, die von feinem Tataki bis hin zu vollständigen Degustationsmenüs reichen. Außerdem gibt's noch andere regionale Leckerbissen wie frisch zubereitete Tortilla, gegrillte Riesengarnelen und Kroketten gefüllt mit *ibérico*-Schinken oder Spinat.

La Oca da Sergio ITALIENISCH €€
(☎ 615 686571; Calle General Copons 6; Hauptgerichte 8–19 €; ⏲ Juni–Okt. & Dez. tgl. 13–16 & 20–24 Uhr, Jan.–Mai verkürzte Öffnungszeiten) In diesem beliebten Café hinter der Iglesia de San Mateo wuselt der freundliche Sergio mit Tellern und witzigen Anekdoten bewaffnet um die Tische herum und wacht über die ehrliche, bodenständige Küche. Hier kann man sich auf den Salat *caprese*, hausgemachte Pasta (unbedingt die Trüffel-Pappardelle probieren), Holzofenpizza mit dünner Kruste und einen Limoncello nach dem Essen freuen.

ALGECIRAS: ABSTECHER NACH MAROKKO

Der größte Hafen, der Spanien mit Afrika verbindet, liegt vor einer hässlichen, von Industrie und Fischerei geprägten Stadt. Sie hat aber immerhin den besten Flamenco-Gitarristen der Moderne hervorgebracht: Paco de Lucía, der hier 1947 geboren wurde und 2014 in Playa del Carmen in Mexiko starb. Neuankömmlinge kehren Algeciras in der Regel schnell wieder den Rücken und fahren entweder mit der Fähre nach Marokko oder mit dem Bus nach Tarifa oder Málaga.

Der **Busbahnhof** (Calle San Bernardo) befindet sich gegenüber dem Bahnhof. Der Hafen liegt 600 m Richtung Osten die Calle San Bernardo entlang.

BUSSE AB ALGECIRAS

Reiseziel	Preis (€)	Fahrtdauer	Häufigkeit (tgl.)
Cádiz	12	2 Std.	10–12-mal
Granada	27	3¾–5½ Std.	4-mal
Jerez de la Frontera	11	1–1½ Std.	6-mal
La Línea (nach Gibraltar)	2,45	45 Min.	alle 30–45 Min.
Málaga	15–19	1¾–3 Std.	19-mal
Flughafen Málaga	18	2 Std.	3-mal
Sevilla	22	3½–4½ Std.	4-mal
Tarifa	2,45	30–60 Min.	13–18-mal

FÄHREN AB ALGECIRAS

Fähren von Algeciras nach Tanger legen in Tanger-Med an, 40 km östlich der Stadt Tanger, und werden von **FRS** (☎ 956 68 18 30; www.frs.es) und **Trasmediterránea** (☎ 902 454645; www.trasmediterranea.es) angeboten. Pass mitnehmen! Für die spanische Enklave Ceuta in Marokko benötigt man dagegen zwar keinen Pass, aber beim Besteigen der Fähre muss man ein Ausweispapier vorzeigen (Pass oder Personalausweis).

Reiseziel	Fährunternehmen	Preis (einfach) Erw./Kind/ Auto (€)	Fahrtdauer (Std.)	Häufigkeit (tgl.)
Ceuta	FRS	32/18/65	1	6-mal
Ceuta	Trasmediterránea	34/20/114	1¼	5-mal
Tanger-Med	FRS	32/15/94	1½	8-mal
Tanger-Med	Trasmediterránea	20/15/109	1½	5-mal

Züge ab Algeciras

Reiseziel	Preis (€)	Fahrtdauer (Std.)	Häufigkeit (tgl.)
Granada	32	4¼	3-mal
Madrid	40–60	6	3-mal
Ronda	12–20	1½	5-mal

Ausgehen & Unterhaltung

Tarifas lebhafte Barszene konzentriert sich größtenteils in den schmalen Altstadtstraßen Calle Cervantes, Calle San Francisco und Calle Santísima Trinidad. An der Playa de los Lances und an den Stränden nordwestlich der Stadt sorgen im Sommer einige *chiringuitos* für Musik, besonders zu Sonnenuntergang.

Tumbao LOUNGE
(www.facebook.com/tumbaotarifa; Carretera N340, Km 76, Playa de Valdevaqueros; ⌚ Ostern–Sept. 10–24 Uhr) Der unübertrefflich coolste Strandtreffpunkt in Tarifa. Im Tumbao gibt's Cocktails, *tinto de verano* und entspannte Beats bei Sonnenuntergang auf einer Grünfläche voller Sitzsäcke mit Blick auf die Kitesurfer an der Playa de Valdevaqueros, 10 km nordwestlich der Stadt. Auf der Speisekarte stehen Burger, Salate, Nachos und andere Köstlichkeiten.

Waikiki LOUNGE
(☎ 956 79 90 15; https://waikikitarifa.com; Playa de los Lances; ⌚ 12 Uhr–open end) Livemusik, wechselnde DJs und farbenfrohe Cocktails locken Gäste in die coole Boho-Lounge am Strand im Westen der Altstadt. Es gibt leckere Mojitos, erfrischende Daiquiris und andere neuinterpretierte Klassiker neben hervorragenden regional-inspirierten Speisen (7–20 €) wie Roter-Thunfisch-Tartar und Ziegenkäsesalat.

Tangana BAR
(☎ 606 415028; www.tanganatarifa.com; Carretera N340, Km 75,5, Playa de Valdevaqueros; ⌚ April–Okt. 10–21 Uhr; 📶) Die entspannte Strandbar 11 km nordwestlich von Tarifa erstreckt sich um eine Boho-Chic-Boutique und zwei Chill-Out-Lounges. An den türkisfarbenen Tischen mit Sitzbänken kann man sich einen Mojito oder Caipirinha und *bocadillos*, Burger, Nudelgerichte, Paella oder einen selbst zusammengestellten Salat schmecken lassen (Gerichte 6–12 €).

La Ruina CLUB
(www.facebook.com/LaRuinaTarifa; Calle Santísima Trinidad 2; ⌚ So–Do 0–3, Fr & Sa bis 4 Uhr) Einst Altstadtruine, jetzt einer von Tarifas beliebtesten Clubs. Elektro und House bis in die frühen Morgenstunden.

Almedina FLAMENCO
(☎ 956 68 04 74; www.facebook.com/almedinacafebar; Calle Almedina 3; ⌚ 20.30–24 Uhr; 📶) In der verwinkelten in die Stadtmauer integrierten Bar Almedina mit ihren Steingewölben treten donnerstags um 22.30 Uhr Flamenco-Ensembles auf.

Praktische Informationen

Oficina de Turismo (☎ 956 68 09 93; www.turismodetarifa.com; Paseo de la Alameda; ⌚ Mo–Fr 10–13.30 & 16–18, Sa & So 10–13.30 Uhr)

An- & Weiterreise

BUS

Busse von Comes (S. 129) starten am **Busbahnhof** (☎ 956 68 40 38; Calle Batalla del Salado) neben der Tankstelle am nordwestlichen Ende der Stadt.

Reiseziel	Preis (€)	Fahrtdauer	Häufigkeit (tgl.)
Algeciras	2,45	30–60 Min.	11–18-mal
Cádiz	11	1½ Std.	6-mal
Jerez de la Frontera	13	2½ Std.	2-mal
La Línea (nach Gibraltar)	4,51	1 Std.	6-mal
Málaga	17–18	2½–3 Std.	3–4-mal
Sevilla	21	3–4 Std.	4-mal

SCHIFF/FÄHRE

Fähren von **FRS** (☎ 956 68 18 30; www.frs.es; Avenida de Andalucía 16; einfach Erw./Kind/Auto/Motorrad 45/15/125/33 €) fahren sechsmal täglich (1 Std.) von Tarifa nach Tanger (Marokko) und wieder zurück. Alle Fahrgäste benötigen einen Reisepass.

Parque Natural Los Alcornocales

Der 1736 km² große Parque Natural Los Alcornocales hat in Sachen Archäologie, Geschichte und Natur eine Menge zu bieten, liegt aber immer noch abseits der Touristenpfade Andalusiens. Er zieht sich fast von der Straße von Gibraltar über 75 km nach Norden bis zur Grenze des Parque Natural Sierra de Grazalema (S. 149) und hinein in die Provinz Málaga. Spaniens ausgedehnteste *alcornocales* (Korkeichenwälder) mit schmucken weißen Dörfern an deren Rändern bedecken viele seiner schönen – teils sanften, teils schroffen – Hügel mittlerer Höhe. Möglichkeiten zum Wandern (inklusive der Tarifa-Andorra-Fernstrecke GR7,

Teil des 10 000 km langen Fernwanderwegs E4) und auch andere Outdoor-Aktivitäten gibt's viele. Wer den Park erkunden will, benötigt allerdings ein Auto.

Jimena de la Frontera, Cortes de la Frontera und Castellar de la Frontera, allesamt an der östlichen Flanke gelegen, sind gute Ausgangspunkte (obwohl man den Park auch problemlos auf einem Tagesausflug von Orten wie Tarifa aus besuchen kann). Jimenas romantische Nasridenburg-Ruine (April–Sept. 9–22 Uhr, Okt.–März bis 20 Uhr) GRATIS aus dem 13. Jh. wurde auf römischen Ruinen erbaut. Sie war einst Bestandteil einer Verteidigungslinie, die sich von Olvera über Setenil de las Bodegas, Zahara de la Sierra, Castellar und Algeciras bis nach Tarifa erstreckte.

Aktivitäten

Für fünf der insgesamt 22 offiziellen Wanderrouten des Parks sind Genehmigungen (gratis) erforderlich, z. B. für den 6,8 km (3½ Std.) langen Pfad auf den höchten Gipfel im Los Alcornocales, den Aljibe (1091 m), und für den 3,3 km langen (zweistündigen) Weg auf den zweithöchsten Gipfel des Parks (El Picacho; 882 m). Die Route Travesía del Aljibe, für die ebenfalls eine Genehmigung notwendig ist, verbindet beide Gipfel mittels des 4,8 km langen (dreistündigen) Trails La Sauceda. Alle drei Wege starten 12 km nordöstlich von Alcalá de los Gazules bei Km 30 auf der A375.

Genehmigungen sollten mindestens eine Woche im Voraus per E-Mail beim **Oficina del Parque Natural Los Alcornocales** (856 58 75 08; www.juntadeandalucia.es; Carretera Alcalá-Benalup, Km 1, Alcalá de los Gazules; Mo–Fr 8.30–15.30 Uhr) angefordert werden. Genehmigungen für den gleichen Tag gibt's an Wochenenden von 10 bis 14 Uhr beim Centro de Visitantes El Aljibe (S. 166); an Wochentagen eventuell auch in der Oficina. Unter www.juntadeandalucia.es stehen zahlreiche Wanderinfos auf Spanisch und Englisch zum Download bereit.

Praktische Informationen

Centro de Visitantes El Aljibe (685 122686; www.juntadeandalucia.es; Carretera Alcalá-Benalup, Km 1, Alcalá de los Gazules; Di–So 10–14 Uhr)

Centro de Visitantes Huerta Grande (956 02 46 00; www.ventanadelvisitante.es; Carretera N340, Km 96; März–Okt. & Dez. Mi–So 10–14, Jan, Feb. & Nov. Do–So 10–14 Uhr)

GIBRALTAR

32 700 EW.

Rote Briefkästen, Fish-and-Chips-Läden und knarrende Strandhotels aus den 1970er-Jahren: Gibraltar wirkt – so drückte es einst der britische Autor Laurie Lee aus –, als sei ein Stück Portsmouth abgetrennt und 500 Meilen nach Süden versetzt worden. „The Rock" übertreibt es allerdings ein wenig mit seiner Britishness. Das mag Liebhaber von Pubessen und Nachmittagstee freuen. Auf die Briten von heute jedoch, für die Lord-Nelson-Erinnerungsstücke der Vergangenheit angehören, wirkt das Ganze etwas befremdlich. Strategisch spannend zwischen Europa und Afrika gelegen, bietet Gibraltar mit seiner palladianischen Architektur, den Kamera-klauenden Berberaffen, abenteuerlichen Geschichte und atemberaubenden Natur auf jeden Fall ein interessantes Kontrastprogramm zur angrenzenden Provinz Cádiz.

Das aufragende 5 km lange Kalksteinmassiv erreicht an seiner höchsten Erhebung 426 m und wird an der Nord- und Ostseite von Klippen begrenzt. Die Einwohner sprechen Englisch, Spanisch und Llanito, eine merkwürdig betonte Singsangmischung aus beiden Sprachen, in der die Gibraltarer von einer zur nächsten wechseln, manchmal mitten im Satz. Schilderbeschriftungen sind auf Englisch.

Weitere Informationen zu Reisen nach Gibraltar finden sich im Kapitel Allgemeine Informationen (S. 386).

Geschichte

Sowohl die Phönizier als auch die alten Griechen haben ihre Spuren auf Gibraltar hinterlassen. Doch erst 711 betrat der Felsen wirklich die geschichtliche Bühne, als Tariq ibn Ziyad, muslimischer Statthalter von Tanger, ihn zum Brückenkopf für die islamische Invasion durch eine 10 000 Mann umfassende Armee der Iberischen Halbinsel erkor. Der Name Gibraltar leitet sich von Jebel Tariq (Tariqs Berg) ab.

Während des Spanischen Erbfolgekriegs, im Jahr 1704, nahm eine englisch-niederländische Flotte Gibraltar ein. 1713 trat Spanien Gibraltar im Vertrag von Utrecht an Großbritannien ab, versuchte bis zum Scheitern der Großen Belagerung (1779–1783) aber immer wieder, die Halbinsel mit allen, vor allem militärischen Mitteln zurückzuerobern. Seitdem möchte Spanien Gibraltar wieder zurück.

1969 ließ Francisco Franco die Grenze zwischen Spanien und Gibraltar schließen – eine wütende Reaktion auf einen Volksentscheid, bei dem sich die Bewohner des Felsens mit 12 138 zu 44 Stimmen für den Verbleib unter britischer Herrschaft entschieden hatten. Im selben Jahr verpflichtete eine neue Verfassung Großbritannien dazu, den Wunsch der Gibraltarer nach Souveränität anzuerkennen. Gibraltar erhielt eine eigene Verwaltung und ein eigenes Parlament, das House of Assembly (heute das Parlament von Gibraltar). 1985, kurz vor dem Beitritt Spaniens zu den Europäischen Gemeinschaften (heute EU), wurde die Grenze nach 16 Jahren wieder geöffnet.

Die Einwohner glauben fest an ihr Recht zur Selbstbestimmung und 2002 lehnte eine überwältigende Mehrheit den Vorschlag einer geteilten britisch-spanischen Hoheit ab. Heute kommt die heikle Frage nach der langfristigen Zukunft Gibraltars immer mal wieder hoch, angeheizt durch den Konflikt über die Kontrolle der umliegenden Gewässer und zuletzt durch die nach wie vor ungeklärten Auswirkungen des EU-Austritts der Briten.

Beim Referendum zum Austritt Großbritanniens aus der EU im Jahre 2016 stimmten 96 % der hiesigen Einwohner gegen den Brexit (der höchste Prozentsatz für einen Verbleib in der EU in ganz Großbritannien). Doch Gibraltar ist im Januar 2020 gemeinsam mit dem Rest Großbritanniens offiziell ausgetreten. Während sich zum Zeitpunkt der Recherche zwar einige Änderungen abzeichneten, herrscht Sorge darüber, dass u. a. mögliche Verzögerungen beim Grenzübertritt zwischen Spanien und Gibraltar große Komplikationen für die 15 000 in Spanien lebenden Menschen bedeuten, die jeden Tag zum Arbeiten nach Gibraltar kommen.

Sehenswertes

Gibraltar-Stadt

Die meisten Besucher starten mit ihrer Erkundungstour am Grand Casemates Square, der durch den Landport Tunnel (früher der einzige Landzugang durch die Mauern Gibraltars) erreichbar ist. Von dort geht's auf der Main Street weiter, einem Stückchen Großbritannien unter mediterraner Sonne.

★Gibraltar Museum MUSEUM
(Karte S. 170; ☎20074289; www.gibmuseum.gi; 18–20 Bomb House Lane; Erw./Kind 5/2,50 £; ⊙Mo–Fr 10–18, Sa bis 14 Uhr) Gibraltars abenteuerliche Geschichte wird in diesem schönen Museum lebendig. Seine labyrinthartigen Räume und Ausstellungen widmen sich Themen von der Steinzeit über das phönizische Gibraltar bis zur berühmten Belagerung (1777–1793). Besonders sehenswert sind das gut erhaltene muslimische Badehaus und eine ägyptische Mumie aus dem 7. Jh., die im 19. Jh. in der Bucht angespült wurde.

Nelson's Anchorage DENKMAL
(100-Tonne Gun; Karte S. 168; Rosia Rd.; inkl. Upper Rock Nature Reserve Erw./Kind 13/8 £; ⊙April–Sept. 9.30–18.15 Uhr, Okt.–März 9–17.45 Uhr) Am südwestlichen Ende der Stadt erinnert Nelson's Anchorage an jene Stelle, an der Nelsons Leichnam von der HMS *Victory* nach der Schlacht von Trafalgar an Land gebracht wurde – in einem Rumfass „konserviert", wie die Legende behauptet. Eine 100 t schwere, in Großbritannien gegossene viktorianische Kanone markiert den Platz.

Upper Rock & Umgebung

★Upper Rock Nature Reserve NATURSCHUTZGEBIET
(Karte S. 168; Erw./Kind inkl. Attraktionen 13/8 £, Fußgänger ohne Attraktionen 5 £, Kombiticket mit Seilbahn Erw./Kind 22/14 £; ⊙April–Sept. 9.30–18.45 Uhr, Okt.–März 9–17.45 Uhr) „The Rock" gilt als eine der dramatischsten Landschaftsformen Südeuropas. Der größte Teil des oberen Felsabschnitts gehört zum Upper Rock Nature Reserve. Mit der Eintrittskarte hat man Zutritt zur **O'Hara's Battery** (9.2 Gun; Karte S. 168; ⊙9.30–19.15 Uhr) oben am Gipfel, zur **St. Michael's Cave** (Karte S. 168; St. Michael's Rd.) voller Stalagmiten und Stalaktiten, zum **Apes' Den** (Affenfelsen, S. 168), zu den **Great Siege Tunnels** (Karte S. 168), die während der Belagerung 1779 bis 1783 aus dem Felsen geschlagen wurden, zur **maurischen Burg** (Tower of Homage; Karte S. 170; Willis' Rd.) von 1333, zum **Military Heritage Centre** (Karte S.158; Ecke Willis' & Queen's Rds.), zum **Nelson's Anchorage** (S. 167) und zur verwegenen **Windsor Suspension Bridge** (Karte S. 168) plus 340 m hohen **Skywalk** (Karte S. 168; St. Michael's Rd.) mit Glasboden.

Die **WWII Tunnels** (Karte S. 168; ☎20 071649; Willis' Rd., Hay's Level; Führungen Erw./Kind 8/4 £; ⊙9–18.15 Uhr), in denen die Alliierten die Invasion Nordafrikas vorbereiteten, können ebenfalls besichtigt werden,

Gibraltar

allerdings sind sie nicht im Ticket für das Naturschutzgebiet inbegriffen (das man jedoch für den Zugang benötigt), und man muss im Voraus reservieren. Selbst beide Tunnelsysteme zusammen bilden nur einen winzigen Teil des über 50 km langen Tunnelnetzes im Felsen. Ein Großteil davon ist nicht zugänglich.

Apes' Den (Affenfelsen) NATURSCHUTZGEBIET
(Karte S. 170) Die berühmtesten Felsbewohner sind die 160 schwanzlosen Berberaffen. Viele treiben sich am Ape's Den nahe der Mittelstation herum, andere unweit der oberen Seilbahnstation und an den Great

Gibraltar

Highlights
1 Upper Rock Nature Reserve B3

Sehenswertes
2 Gorham's Cave Complex B5
3 Great Siege Tunnels B2
4 Military Heritage Centre B2
5 Nelson's Anchorage A4
6 O'Hara's Battery B4
7 Skywalk B3
8 St. Michael's Cave B4
9 Windsor Suspension Bridge A3
10 WWII Tunnels A2

Aktivitäten, Kurse & Touren
11 Dolphin Adventure A1
Dolphin Safari .... (siehe 11)
12 Mediterranean Steps B4

Siege Tunnels. Der Legende nach werden die Briten Gibraltar verlassen, wenn die Berberaffen (die vermutlich im 18. Jh. aus Nordafrika herkamen) aus Gibraltar verschwunden sind. Im Sommer stehen die Chancen gut, neugeborene Affen zu Gesicht zu bekommen. Dann ist allerdings Abstand angebracht, um Auseinandersetzungen mit fürsorglichen Affeneltern zu vermeiden. Zudem sollte man die Affen niemals füttern oder berühren.

Gorham's Cave Complex HÖHLE
(Karte S. 168; www.gibmuseum.gi; Aussichtsplattform Erw./Kind 5/2,50 £; Aussichtsplattform Mo–Fr 10–14 Uhr) Die vier archäologisch interessanten Höhlen an der südöstlichen Küste Gibraltars zählen seit 2016 zum UNESCO-Weltkulturerbe. Vor etwa 127 000 bis 32 000 Jahren wurden sie von Neandertalern bewohnt. Obwohl die Höhlen selbst nicht zugänglich sind, kann man sie von der nahegelegenen Aussichtsplattform sehen.

Aktivitäten

Wandern

★ **Mediterranean Steps** WANDERN
(Karte S. 168) Der alte schmale Pfad mit seinen steilen, oft direkt in den Kalkstein gehauenen Stufen ist vielleicht nicht die bekannteste Attraktion Gibraltars, aber sicherlich die spektakulärste. Er beginnt am Eingang zum Naturschutzgebiet am Jew's Gate und führt zunächst über das südliche Ende Gibraltars, bevor er steil auf die Klippe an der östlichen Felswand hinaufsteigt und auf dem Kamm in der Nähe der O'Hara's Battery endet.

Die Aussicht ist grandios, obwohl der 1,5 km lange Weg nicht ganz einfach ist. Man sollte mit 45 bis 60 Minuten dafür rechnen.

Delfinbeobachtung

In der Bahía de Algeciras lebt das ganze Jahr über eine beachtlich große Delfinpopulation (Streifendelfine, Große Tümmler und Gemeine Delfine). Eines der Highlights für Besucher Gibraltars ist sicherlich eine Beobachtungstour. Verantwortungsbewusste Agenturen wie **Dolphin Adventure** (Karte S. 168; ☎20050650; www.dolphin.gi; 9 The Square, Marina Bay; Erw./Kind 25/13 £) unter der Leitung von Meeresbiologen und **Dolphin Safari** (Blue Boat; Karte S. 168; ☎20071914; www.dolphinsafari.gi; 6 The Square, Marina Bay; Erw./Kind 25/15 £) veranstalten solche Trips, die eine bis anderthalb Stunden dauern. In der Regel finden zwei bis drei Exkursionen pro Tag statt. Dolphin Adventure bietet im Sommer auch Whalewatching-Touren in der Straße von Gibraltar an (Erw./Kind 40/30 £). Unbedingt im Voraus buchen!

September bis November sind ideale Monate für die Delfinbeobachtung, während man März und April die schlechtesten Karten hat.

Vogelbeobachtung

Die Straße von Gibraltar spielt für den Flug der Zugvögel zwischen Afrika und Europa eine entscheidende Rolle. Bisher wurden rund 315 Arten rings um den Felsen verzeichnet. Hoch fliegende, gleitende Vögel wie Raubvögel, Störche und Geier sind für ihre Reise auf die Thermal- und Aufwinde angewiesen; außerdem gibt's lediglich zwei Stellen, an denen Störche mit dieser Methode nur eine kurze Strecke über das Meer überwinden müssen: Dabei handelt es sich um den Bosporus und um die Straße von Gibraltar. Die Wanderzüge nach Norden finden im Allgemeinen zwischen Mitte Februar und Anfang Juni statt, nach Süden zwischen Ende Juli und Anfang November. Sehr nützliche Informationen bietet die **Gibraltar Ornithological & Natural History Society** (www.gonhs.org).

Schlafen

Rock Hotel HOTEL €€€

(Karte S. 170; ☎20073000; www.rockhotelgibraltar.com; 3 Europa Rd.; Zi./Suite inkl. Frühstück 105–170/195–340 £; P ❄ 📶 🏊) Gibraltars Grand Old Dame ist so berühmt wie die Affen und bietet Ausblick auf den Botanischen Garten. Das Hotel hat 86 elegante, gemütliche Zimmer mit Holzböden, frischen Blumen, Tee- und Kaffeebereitern, Meerblick und teils auch mit eigenem Balkon. Ebenfalls im Angebot des Hotels: ein Fitnessraum, ein Pool, ein Begrüßungsgetränk, Schreibtische, Bademäntel, ein glitzerndes Terrassencafé mit Bar (auch für Nicht-Hotelgäste), im Winter britischer Sonntagsbraten und im Sommer Barbecues.

Eliott HOTEL €€€

(Karte S. 170; ☎20070500; www.eliotthotel.com; 2 Governor's Pde.; Zi./Suite 124–215/250–315 £; ❄ 📶 🏊) Das sehr zentral gelegene Vier-Sterne-Hotel beherbergt modern herausgeputzte Zimmer in Blau-, Gelb- und Grautönen, manche von ihnen mit Kapsel-Kaffeebereitern und/oder Balkon. Auf der Dachterrasse gibt's einen Pool, eine aussichtsreiche Bar und ein internationales Restaurant.

Essen & Ausgehen

Nun heißt es *adiós* Tapas und *hello* Fish 'n' Chips! In Gibraltar kommt durch und durch britisches – und im Vergleich zu Andalusien ziemlich teures – Essen auf den Tisch, also Pubkost und Bier, Sandwiches, Pommes frites und schwer verdauliche Desserts. Am Queensway Qay, an der Marina Bay und im Ocean Village finden sich ein paar internationale Restaurants (in Letzterem viele globale Ketten). In der Fish Market Lane direkt am Grand Casemates

> **SEILBAHN**
>
> Am besten erkundet man „The Rock", indem man mit der **Seilbahn** (Lower Cable-Car Station; Red Sands Rd; Erw, einfach/hin & zurück 16/14 £, Kind einfach/hin & zurück 7/7 £; ⏲ April–Okt. 9.30–19.45 Uhr, Nov.–März bis 17.15 Uhr) zur **obersten Station** hochfährt, zu Fuß hinuntergeht und unterwegs an allen Attraktionen des Upper Rock Nature Reserve haltmacht. Tickets sind an der unteren Seilbahnstation bis etwa zwei Stunden vor Schließung des Naturschutzgebiets erhältlich. Wer zum Ape's Den will, steigt an der **Mittelstation** (⏲ April–Okt. geschl.) aus. Kombikarten für Delfinbeobachtung und Seilbahn (Erw./Kind 41/19 £) gibt's auch bei den Anbietern für Whalewatching.

Gibraltar-Stadt

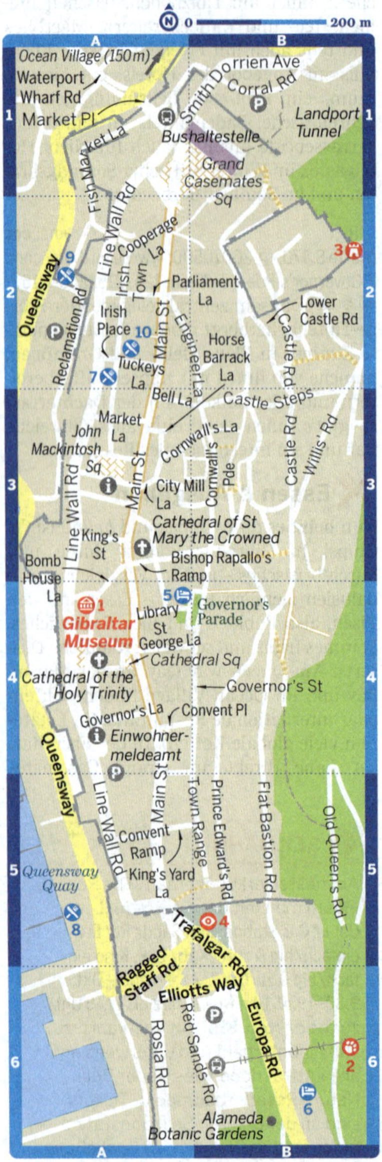

Square versammeln sich auch einige gute Tapas-Bars und Restaurants.

My Wines TAPAS €

(Karte S. 170; ☎ 20069463; www.mywinesgibraltar.com; 11–12 The Strip, Chatham Counterguard; Tapas 3–11 £; ⌚ Mo–Do 7.30–23, Fr bis 2, Sa 10–

Gibraltar-Stadt

Highlights

1 Gibraltar Museum A4

Sehenswertes

2 Apes' Den B6
3 Moorish Castle B2
4 Trafalgar Cemetery B5

Schlafen

5 Eliott A4
6 Rock Hotel B6

Essen

7 Clipper A2
8 Lounge A5
9 My Wines A2
10 Sacarello's A2

15.30 & 18–2 Uhr; ✎) Der beliebte Weinladen hält edle Tropfen aus 23 Ländern bereit. Diese werden zu saisonalen Tapas mit innovativem, spanisch-inspiriertem Touch ausgeschenkt, darunter Pilzkroketten, würzige *patatas bravas, huevos rotos* mit Schinken oder *pil pil* und frittierter Ziegenkäse. Es gibt Livemusik, gelegentlich Menüs mit Weinbegleitung und eine rege After-Work-Szene.

Clipper PUBESSEN €

(Karte S. 170; ☎ 20079791; www.theclipper.gi; 78B Irish Town; Hauptgerichte 7–9 £; ⌚ Mo–Fr 9–23, Sa 9–16, So 10–23 Uhr; 📶) Ob man fünf, zehn oder gar 20 Menschen in Gibraltar nach ihrem Lieblingspub fragt – die Wahrscheinlichkeit ist hoch, dass sie alle das stets volle Clipper nennen. Heute strahlt es in modernem Design. Die Portionen im Clipper sind traditionell groß; zu den typisch britischen Gerichten zählen Backkartoffeln, Chicken Tikka Masala, Pommes mit Käse, der Sonntagsbraten und das unerlässliche ganztägig servierte Frühstück.

Sacarello's INTERNATIONAL €€

(Karte S. 170; ☎ 20070625; www.sacarellosgibraltar.com; 57 Irish Town; Hauptgerichte 8–15 £; ⌚ Mo–Fr 9–19.30, Sa bis 16 Uhr; 📶✎) In einem geschichtsträchtigen mehrstöckigen Kaffeelager offeriert das Sacarello seit den 1980er-Jahren eine breite Palette spanischer bis internationaler vegetarischer Optionen (Pasta, Quiches, Suppen) und Pubgerichte. Es gibt einen guten hauseigenen Kaffee, hausgemachte Kuchen, eine Salatbar und Tagesgerichte. Von 15.30 bis 19.30 Uhr kann man sich einen gemütlichen cremigen Nachmittagstee (6,20 £) genehmigen.

Lounge INTERNATIONAL €€€
(Karte S. 170; ☎ 20061118; www.facebook.com/TheLoungeGastro; 17A & B Ragged Staff Wharf, Queensway Quay; Hauptgerichte 10–20 £; ⏲ Fr–Mo & Mi 10–16 & 18–22, Di & Do 10–23 Uhr; 📶) In der beliebten, schicken Gastrobar und Lounge, südlich des Stadtzentrums am Wasser gelegen, gibt's internationale Küche mit frischen lokalen Produkten. Auf der Speisekarte stehen Salate, Nudelgerichte, Risottos, Fisch und Meeresfrüchte, Sandwiches und Steaks, ebenso wie kreative, saisonale Tagesgerichte. Als Vorspeise kann man sich z. B. Riesengarnelen *pil pil* und Ziegenkäsesalat schmecken lassen und danach Kabeljau im Bierteig oder Rib-Eye-Steak mit *chimichurri*-Soße schlemmen – und all das mit Blick auf die Mega-Jachten am Queensway Quay.

ℹ Praktische Informationen

Touristeninformation (Karte S. 170; ☎ 20 045000; www.visitgibraltar.gi; Heritage Bldg., 13 John Mackintosh Sq.; ⏲ Mo–Fr 9–16.30, Sa 9.30–15.30, So 10–13 Uhr)

ℹ An- & Weiterreise

AUTO & MOTORRAD

Angesichts der langen Fahrzeugschlangen an der Grenze und der verstopften Straßen in Gibraltar ist es ratsam (und schneller), in La Línea zu parken und Richtung Süden zu Fuß über die Grenze zu gehen (1,5 km bis zum Casemates Square). Wer mit dem Auto nach Gibraltar (kostenlos) fahren will, benötigt einen Versicherungsnachweis, einen Fahrzeugschein, einen Führerschein und ein nationales Kfz-Kennzeichen. In Gibraltar herrscht Rechtsverkehr.

Parkhäuser findet man in der Line Wall Road, der Reclamation Road und der Devil's Tower Road (1,30 £ pro Std.). In La Línea gibt's Straßenparkplätze, einfacher und sicherer ist es aber, die Tiefgaragen (ab 11 € für 24 Std.) gleich nördlich der Avenida Príncipe de Asturias anzusteuern.

BUS

Direkt nach Gibraltar fahren keine Busse, der **Busbahnhof** (Karte S. 168; Avenida de Europa) in La Línea de la Concepción (Spanien) befindet sich aber nur 400 m nördlich der Grenze. Von hier verkehren Busse von/nach Algeciras, Cádiz, Málaga, Sevilla, Tarifa und darüber hinaus.

FLUGZEUG

Gibraltars gut angebundener **Flughafen** (Karte S. 168; ☎ 20012345; www.gibraltarairport.gi) liegt am nördlichen Ende des Felsens neben der spanischen Grenze.

British Airways (www.britishairways.com) London (Heathrow).

EasyJet (www.easyjet.com) London (Gatwick/Luton), Bristol, Edinburgh, Manchester.

Royal Air Maroc (www.royalairmaroc.com) Casablanca, Tanger.

ℹ Unterwegs vor Ort

Bus 5 fährt alle zehn bis 20 Minuten zwischen der Stadt und der Grenze. Bus 2 bedient Europa Point, Bus 3 die südliche Stadt und Bus 4 und 8 steuern Catalan Bay an. Alle Busse halten am Market Place (Karte S. 170; www.gibraltarbuscompany.gi; Market Pl), direkt nordwestlich vom Grand Casemates Square. Einzelfahrscheine kosten 1,80 £, Tageskarten 2,50 £.

Die Provinz Málaga

Inhalt ➡

Schön übernachten

- Palacio Solecio (S. 182)
- Aire de Ronda (S. 199)
- La Fructuosa (S. 213)
- El Molino del Santo (S. 202)
- Finca El Cerrillo (S. 211)
- Hotel Soho Boutique Palacio San Gabriel (S. 200)

Gut essen

- El Mesón de Cervantes (S. 184)
- La Escollera (S. 195)
- Bar-Restaurante El Acebuchal (S. 210)
- El Gato Lounge (S. 189)
- Arte de Cozina (S. 207)
- The Farm (S. 193)

Auf nach Málaga!

Nachdem es jahrzehntelang ignoriert wurde, insbesondere von den Touristen an der Küste, ist das trendige, neu belebte Málaga nun die andalusische Stadt, deren Name in aller Munde ist. Um die 30 Museen und eine progressive urbane Kunstszene werden durch moderne, schicke Restaurants, etliche neue Boutique-Hotels und eine Einkaufsstraße, die als eine der elegantesten Spaniens gilt, komplementiert. Besonders lebendig geht's in Málaga bei der jährlichen *feria* zu. Die Partystimmung wird mit Flamenco, *fino* (trockener, strohfarbener Sherry) und jeder Menge Fiesta-Flair befeuert.

In der übrigen Provinz herrscht eine ähnliche Vielfalt, angefangen bei den sagenumwobenen Bergen von La Axarquía bis zum Touristentrubel an der Costa del Sol. Landeinwärts locken *pueblos blancos* (weiße Dörfer) und die häufig unterschätzte schicke Altstadt von Antequera mit ihrer nahegelegenen archäologischen Stätte und köstlicher *porra antequera* (dicke regionale Suppe).

Entfernungen

	Málaga	Antequera	Ronda	Mijas
Antequera	40			
Ronda	64	87		
Mijas	25	70	70	
Nerja	53	89	117	88

MÁLAGA

574 654 EW.

Wer denkt, dass die Costa del Sol keine Seele hat, der war noch nicht in Málaga. Die geschichtsträchtige Stadt, die stolz auf ihre vielschichtige Vergangenheit ist, strotzt vor jugendlicher Energie. Málaga hat der Welt nicht nur Picasso geschenkt, sondern sich selbst spektakulär transformiert und glänzt mit neuen Kunstgalerien, einem radikal umgestalteten Hafengebiet und einem aufblühenden Künstlerviertel namens Soho. An Energie hat es Málaga allerdings noch nie gefehlt: Die durch und durch spanisch geprägte Barszene dürfte jedem schlaflosen *madrileño* dunkle Augenringe bescheren, und die gastronomische Kultur umfasst sowohl Sternerestaurants als auch geschmackvoll-schäbige Fischbuden.

Hier können Besucher Tapas und dazu den süßen regionalen Wein genießen, in kreativen Boutique-Hotels übernachten, die zwischen einem römischen Theater, einer maurischen Festung und dem vielfarbigen Centre Pompidou liegen, und staunen, wie clever sich Málaga im 21. Jh. neu erfunden hat. Sei auf der Hut, Sevilla!

Geschichte

Das Wort Málaga kommt von *malaka,* was so viel bedeutet wie „salzen". Dieser Namen, den die Phönizier der Stadt im 8. Jh. v. Chr. gaben, geht auf den Brauch zurück, Fisch einzusalzen. Die Stadt wuchs und war in römischen Zeiten ein wichtiger Hafen. Hier wurden Olivenöl und *garum* (Fischsoße), aber auch Kupfer, Blei und Eisen aus den Bergwerken rund um Ronda verschifft. Málaga florierte ab dem 8. Jh. auch unter maurischer Herrschaft, insbesondere in seiner Rolle als Haupthafen des Emirats von Granada. Die Stadt leistete den christlichen Heeren bis 1487 Widerstand und stellte während des Spanischen Bürgerkriegs die gleiche Zähigkeit beim Kampf gegen die Franco-Faschisten unter Beweis. In jüngster Zeit konnte sie sich glücklicherweise gegen die Massenbebauung wehren, die für die benachbarte Costa del Sol typisch ist.

Sehenswertes

Historisches Zentrum

★ Museo Picasso Málaga MUSEUM

(☎ 952 12 76 00; www.museopicassomalaga.org; Calle San Agustín 8; 9 €, mit Sonderausstellung 12 €, So letzte 2 Std. vor Schließung gratis; ⌚ Juli & Aug. 10–20 Uhr, März–Juni, Sept. & Okt. bis 19 Uhr, Nov.–Feb. bis 18 Uhr) Dieses Museum in der Geburtsstadt Picassos ist für jeden Besucher ein Muss. Es gibt einen guten Überblick über das Leben und die Arbeit des großen Meisters. Erstaunlicherweise wurde es erst 2003, nach über 50 Jahren Planung, eröffnet. Die mehr als 200 Werke der Sammlung sind Spenden und Leihgaben von Christine Ruiz-Picasso (Frau von Paul, Picassos ältestem Sohn) und Bernard Ruiz-Picasso (Enkel des Malers) und illustrieren die schillernde Karriere des Künstlers, abgesehen von einigen auffälligen Lücken (Arbeiten der Blauen Periode und der Rosa Periode sind fast gar nicht vertreten).

Nichtdestotrotz zieren zahlreiche Meisterwerke die lilienweißen Wände des Museums. Zu den Highlights zählen ein Gemälde von Picassos Schwester Lola, das er im zarten Alter von 13 Jahren malte, Skulpturen aus Ton, Gips und Blech, zahlreiche Skizzen, eine kurze Reise durch den Kubismus sowie interessante Spätwerke aus der Zeit, als sich Picasso leidenschaftlich für Musketiere interessierte. Das Museum befindet sich im Buenavista-Palast aus dem 16. Jh., hat ein hervorragendes Café und veranstaltet wechselnde Sonderausstellungen.

★ Alcazaba BURG

(☎ 952 22 72 30; http://alcazabaygibralfaro.malaga.eu; Calle Alcazabilla 2; 3,50 €, mit Castillo de Gibralfaro 5,50 €; ⌚ April–Okt. 9–20 Uhr, Nov.–März bis 18 Uhr) Keine Zeit, die Alhambra in Granada zu besuchen? Dann gewährt Málagas Alcazaba zumindest einen Vorgeschmack. Der Eingang liegt neben dem römischen Theater (S. 177), von wo sich ein Pfad durch üppige Vegetation mit purpurroten Bougainvilleen, hohen Palmen, duftenden Jasminbüschen und Reihen von Orangenbäumen hinaufwindet. Die umfassend restaurierte, palastartige Festung aus dem 11. Jh. stammt aus der maurischen Zeit. Ihre Hufeisenbögen, Höfe und sprudelnden Brunnen beschwören diese einflussreiche Periode in der Geschichte der Stadt herauf. Besonders der verträumte **Patio de la Alberca** erinnert stark an die Alhambra.

★ Catedral de Málaga KATHEDRALE

(☎ 952 21 59 17; www.malagacatedral.com; Calle Molina Lario; Kathedrale & Ars Málaga 6 €, mit Dach 10 €; ⌚ ganzjährig Sa 10–18, So 14–18 Uhr, April–Juni & Okt. Mo–Fr 10–20 Uhr, Juni–Sept. bis 21 Uhr, Nov.–März bis 18.30 Uhr) Im 16. Jh. be-

Highlights

1 Málaga (S. 173) In Spaniens sich ständig wandelnder außergewöhnlicher Kunststadt einen Streifzug von Picasso bis zum Centre Pompidou machen.

2 Caminito del Rey (S. 204) Einem schmalen, 100 m hohen Pfad durch die Felsen der El-Chorro-Schlucht folgen.

3 Cueva de Nerja (S. 213) Unweit des touristischen Trubels Nerjas in eine surreale, unterirdische Welt aus Stalaktiten und Stalagmiten hinabsteigen.

4 Ronda (S. 195) Bei einem Spaziergang von der Stierkampfarena zu den

arabischen Bädern dieser erstaunlich malerischen Stadt einen Blick in die Schlucht des Río Guadalevín werfen.

5 Antequera (S. 205)
In diesem unterschätzten Verkehrsknotenpunkt barocke Kirchen, eine maurische Festung und beliebte, traditionelle Gerichte entdecken.

6 La Axarquía (S. 209)
In einer ländlichen *finca* übernachten und von dort Wanderungen oder Ausritte in die steilen Berge nördlich von Nerja unternehmen.

7 Torremolinos (S. 187)
Am Strand La Carihuela frische Sardinen vom Holzkohlegrill essen.

gann man am Standort der ehemaligen Moschee mit der Errichtung dieser kunstvollen Kathedrale. Von der Moschee ist nur noch der **Patio de los Naranjos** erhalten, ein kleiner Hof mit duftenden Orangenbäumen. Im Inneren reicht die großartige Kuppeldecke 40 m in die Höhe, und das riesige säulenbestandene Schiff umfasst einen enormen Altarraum aus Zedernholz. In den Seitenschiffen reihen sich 15 Kapellen mit herrlichen Altaraufsätzen und religiösen Kunstwerken des 18. Jhs. aneinander. Eine geführte Tour hinauf auf die *cubiertas* (Dach) lohnt wegen des Panoramablicks auf die Stadt.

Der Bau der Kathedrale war ein monumentales Projekt, das 200 Jahre dauerte. 1782 erreichten die Baukosten ein solches Ausmaß, dass die Arbeiten eingestellt werden mussten. Einer der beiden Glockentürme blieb unvollendet, daher der abgedroschene Spitzname der Kathedrale: *La Manquita* (die einarmige Dame).

Museo Carmen Thyssen — MUSEUM

(www.carmenthyssenmalaga.org; Calle Compañía 10; 10 €, 14.30–16 Uhr 6 €; ⌚ Di–So 10–20 Uhr) Ein ästhetisch schön restaurierter Palast aus dem 16. Jh. im Herzen des früheren maurischen Viertels beherbergt eine umfangreiche Sammlung, die sich auf spanische und andalusische Werke von Künstlern wie Joaquín Sorolla y Bastida und Ignacio Zuloaga konzentriert. Besonders interessant sind die comicartigen *costumbrismo*-Gemälde, die den sentimentalen Mythos vom Spanien des 19. Jhs. als Land der Banditen, des Flamenco, der Fiestas, der Kneipenschlägereien und des Stierkampfes (und wenig sonst) verewigen. Das Museum zeigt auch regelmäßig Sonderausstellungen und verfügt über ein hübsches Café im Innenhof.

Castillo de Gibralfaro — BURG

(☎ 952 22 72 30; http://alcazabaygibralfaro.malaga.eu; Camino de Gibralfaro; 3,50 €, mit Alcazaba 5,50 €; ⌚ April–Sept. 9–20 Uhr, Okt.–März bis 18 Uhr) Eines der Überbleibsel aus Málagas maurischer Vergangenheit sind die markanten Mauern des Castillo de Gibralfaro, das spektakulär auf einem Hügel über der Stadt thront. Die Burg wurde vom Emir von Córdoba, Abd ar-Rahman I., im 8. Jh. errichtet und im 14. Jh. umgebaut, als Málaga der Haupthafen des Emirats von Granada war. Ursprünglich diente sie als Leuchtturm und als Militärkaserne. Im Inneren ist nicht viel von der Originaleinrichtung erhalten, aber der Gang hoch oben auf den Verteidigungsmauern bietet die malerischste Aussicht auf Málaga.

Es gibt auch ein Militärmuseum mit einem Miniaturmodell des gesamten Burgkomplexes und der unteren Residenz, der Alcazaba (S. 173).

MÁLAGAS WIEDERGEBURT ALS KUNSTSTADT

Wie es sich für die Geburtsstadt Picassos gehört, verfügt Málaga über eine Kunstsammlung, die es mit der von Sevilla und Granada aufnehmen kann. Das gilt vor allem im Bereich der modernen Kunst, wo Galerien und Ateliers immer wieder neue Maßstäbe setzen. Das war nicht immer so.

Vor nur etwas mehr als 15 Jahren war Málagas Kunstszene unbeständig und wurde wenig beachtet. Der erste große Coup kam 2003, als es der Stadt nach 50 Jahre währenden, immer wieder aufflammenden Diskussionen endlich gelang, mit der Eröffnung des Museo Picasso Málaga (S. 173) ihren bedeutendsten Sohn zu ehren. Weitere Galerien folgten, darunter einige, deren Fokus auf bemerkenswerten *malagueños* wie Jorge Rando und Félix Revello de Toro liegt, während andere, wie das Museo Carmen Thyssen, das sich dem *costumbrismo* (spanische Volkskunst) widmet, einen breiteren Ausschnitt der spanischen Malerei zeigen. Als 2015 Ableger des prestigeträchtigen Russischen Staatsmuseums und des Pariser Centre Pompidou eröffnet wurden, erwarb sich Málaga endgültig den Ruf einer echten internationalen Kunststadt. 2016 erhielt das ambitionierte Projekt mit der Eröffnung des Museo de Málaga im wunderschön restaurierten ehemaligen Zollhaus unten am Hafen den letzten Schliff. Zuvor war dessen Kunstsammlung mit etwa 2000 Artefakten über 20 Jahre eingelagert gewesen.

Málagas pulsierendes künstlerisches Flair zeigt sich besonders im Soho-Viertel, wo Straßenkünstler **MAUS** (Málaga Arte Urbano en el Soho; www.mausmalaga.com) ins Leben gerufen haben. Dieses ausgefallene Stadterneuerungsprojekt bietet Straßen- und Graffitikünstlern einen kostenfreien kreativen Raum.

NICHT VERSÄUMEN

LA MALAGUETA & DIE STRÄNDE

Am Ende des Paseo del Parque erstreckt sich das exklusive Wohnviertel La Malagueta, das auf einer schmalen ins Meer ragenden Landzunge liegt. Die Wohnungen hier bieten freien Blick aufs Meer, zudem findet man nahe der **Playa de la Malagueta** (dem stadtnächsten Strand) einige der besten Restaurants Málagas. 2 km östlich lockt in wunderbarer Lage das Fischrestaurant El Balneario de los Baños de Carmen (S. 184) Gäste an.

Östlich der Playa de la Malagueta reihen sich nahezu überall Sandstreifen über mehrere Kilometer aneinander, darunter die **Playa de Pedregalejo** und die **Playa el Palo**. Letztere war ursprünglich das einfache Fischerviertel der Stadt. Der Strand ist nicht nur toll für Kinder, sondern man kann dort auch gut einen gediegenen Nachmittag mit kaltem Bier und einem Teller brutzelnder Meeresfrüchte verbringen. Die Buslinie 11 fährt vom Paseo del Parque zu diesen Stränden.

Der schönste Weg zur Festung führt über den reizvollen Paseo Don Juan de Temboury bis südlich der Alcazaba. Von dort schlängelt sich ein hübscher (und steiler) Pfad über üppig bepflanzte Terrassen mit Aussichtspunkten über der Stadt. Alternativ fährt man mit dem Auto über den Camino de Gibralfaro hinauf oder nimmt den Bus 35 in der Avenida de Cervantes.

Casa Natal de Picasso MUSEUM
(www.fundacionpicasso.malaga.eu; Plaza de la Merced 15; 3 €, mit Sala de Exposiciones 4 €; ⏲ 9.30–20 Uhr, Nov.–März Di geschl.) Wer einen intimen Einblick in die Kindheit des Malers erhalten möchte, sollte die Casa Natal de Picasso besuchen, das Haus, in dem Picasso 1881 geboren wurde. Heute ist es im Besitz einer Stiftung und präsentiert eindrucksvolle Fotos sowie andere Erinnerungsstücke des jungen Picasso und seiner Familie und eine Nachbildung des Ateliers seines Vaters aus dem 19. Jh. Der Stiftung gehört außerdem die kleine **Sala de Exposiciones** (Plaza de la Merced 13; 3 €, mit Casa Natal 4 €; ⏲ 9.30–20 Uhr, Nov.–März Di geschl.) auf der anderen Seite des Platzes, die hervorragende Wechselausstellungen zeigt, oft mit Werken, die von Picasso stammen oder von ihm stark beeinflusst wurden.

Teatro Romano WAHRZEICHEN
Römisches Theater; ☎ 951 50 11 15; Calle Alcazabilla 8; ⏲ Di–Sa 10–18, So bis 16 Uhr) GRATIS Die Geschichte der Ausgrabung von Málagas römischem Amphitheater ist fast so interessant wie das Theater selbst. Es wurde zur Zeit von Kaiser Augustus erbaut (1. Jh.) und 1951 von Arbeitern wiederentdeckt, die das Fundament für eine neue Casa de Cultura errichteten. Heute ist es vollständig freigelegt und erstreckt sich unter den Mauern der Alcazaba (S. 173). Ein kleines Besucherzentrum nebenan erzählt seine Geschichte und zeigt einige Exponate, die aus den alten Fundamenten geborgen wurden.

Museo de Arte Flamenco MUSEUM
(☎ 952 22 13 80; Calle Franquelo 4; 2 €; ⏲ Mo–Sa 10–14 Uhr) In der zweistöckigen Zentrale der ältesten und prestigeträchtigsten *peña* (Flamenco-Club) der Stadt befindet sich diese Sammlung von Fotos, Postern, Kostümen, Fächern, Gitarren und anderen Utensilien, die ein Zeugnis der berühmten Flamenco-Szene der Stadt ablegen.

Museo Jorge Rando GALERIE
(☎ 952 21 09 91; www.museojorgerando.org; Calle Cruz del Molnillo 12; ⏲ Mo–Sa 10–20 Uhr) GRATIS In einem der jüngsten Museen Málagas werden die Werke eines seiner aktuellsten Künstler gezeigt. Rando ist heute über siebzig Jahre alt. Seine abstrakten Gemälde und Skulpturen legen u. a. einen Schwerpunkt auf Armut und Umwelt. Sehr eindringlich.

Hafengebiet & Umgebung

Museo de Málaga MUSEUM
(☎ 951 91 19 04; www.museosdeandalucia.es/museodemalaga; Plaza de la Aduana; EU-/Nicht-EU Bürger gratis/1,50 €; ⏲ Di–Sa 9–21, So bis 15 Uhr) Dieses große, kürzlich renovierte Museum, das sich über zwei Etagen im neoklassizistischen Palacio de Aduana in Málaga erstreckt, beherbergt Kunst- und archäologische Sammlungen. Im 1. Stock besteht diese hauptsächlich aus andalusischen Landschafts- und Genregemälden aus dem 19. Jh., zudem sind zusätzliche Räume modernen Werken gewidmet. Die

Málaga

A
B
C
D
1
2
3
4
5
6
7
16
C Frailes
Plazuela Santisimo Cristo de la Sangre
C Fátima
C Ollerías
C Dos Aceras
C Madre de Dios
C Peña
C Hinestrosa
52
Av de la Rosaleda
35
39
Plaza
Jerónimo Cuervo
37
36
C Tejón y Rodríguez
40
48
44
41
C Beatas
C Marqués de Guadairo
C Franquelo
C Carretería
C Nosquera
C Casapalma
14
C Trinidad
Río Guadalmedina
C Andrés Pérez
C Mosquera
C Comedias
C Juan de Padilla
Plaza de Uncibay
C Niño de Guevara
25
21
Plaza Martíres
Plaza Mitjana
ALTSTADT
Granada
C Mármoles
38
C Granada
34
C Echegaray
C Puerta Nueva
C Compañía
13
Plaza de la Constitución
49
C Sánchez Pastor
C Molina Lario
C San Agustín
53
51
C Cisneros
31
C Císter
C Moreno Monroy
Plaza del Obispo
C Salinas
C Nueva
23
2
C Cañón
Plaza de las Flores
C Marqués de Larios
C Strachan
Catedral de Málaga
C Cerrorojo
43
C Bolsa
28
C Cortina del Muelle
C Santo Domingo
C Sancha de Lara
33
Busse nach El Palo, El Pedregalejo & Castillo de Gibralfaro
10
46
C Atarazanas
C Torregordo
27
SOHO
Plaza de la Marina
24
4
(700 m)
Alameda Principal
C Trinidad Grund
C Tomás de Heredia
C Córdoba
C Vendeja
9
Málaga-Centro
32
C Barroso
Alameda de Colón
C Medellín
C Duquesa de Parcent
Av Manuel Agustín Heredia
C Cuarteles
C Alemania
42
8
(500 m); Museo Ruso (2 km); Museo Automovilístico (2 km)

0
200 m
E
F
G
H
1
2
3
4
5
6
7
C de Coberizo de Conde
C Frailes
C Ramos Marín
C Victoria
C Gómez Pallete
5
19
22
Plaza de la Merced
C Álamos
C Tomás de Cózar
50
29
26
C Pozo del Rey
47
3
Museo Picasso Málaga
Alcazaba
1
6
30
C Alcazabilla
20
Jardines de Puerta Oscura
P Don Juan de Temboury
45
C Císter
C Guillén Sotelo
Jardines Alcalde Pedro Ruiz Alonso
Plaza General Torrijos
Paseo de Reding
LA MALAGUETA
Plaza de Toros
Plaza de la Aduana
15
Buslinie A zum Flughafen & Bus 16 zum Museo Ruso de Málaga
Av de Cervantes
Paseo del Parque
17
Paseo de España
Paseo de los Curas
Pasaje Doctor Carrillo Casaux
Muelle Uno
Av Cánovas del Castillo
C Cervantes
12
7
C Velez-Málaga
Muelle Uno
C Reding
11
18
Paseo de la Farola
Puerto
Paseo Marítimo Ciudad de Melilla
MITTELMEER
Playa de la Malagueta

Málaga

Highlights
1 Alcazaba ... F3
2 Catedral de Málaga ... D4
3 Museo Picasso Málaga ... E3

Sehenswertes
4 Alameda Principal ... C5
5 Casa Natal de Picasso ... E2
6 Castillo de Gibralfaro ... G3
7 Centre Pompidou Málaga ... F5
8 Centro de Arte Contemporáneo ... B7
9 MAUS ... C6
10 Mercado Atarazanas ... B5
11 Muelle Uno ... G6
12 Museo Aula del Mar ... F5
13 Museo Carmen Thyssen ... C3
14 Museo de Arte Flamenco ... D3
15 Museo de Málaga ... E4
16 Museo Jorge Rando ... B1
17 Paseo de España ... F5
18 Playa de la Malagueta ... H6
19 Sala de Exposiciones ... E2
20 Teatro Romano ... E4

Aktivitäten, Kurse & Touren
21 Hammam Al-Andalus ... C3
22 Instituto Picasso ... E2
23 Málaga Adventures ... D4
24 Málaga Bike Tours ... C5

Schlafen
25 Dulces Dreams ... C3
26 Hotel Boutique Teatro Romano ... E3
27 The Lights Hostel ... B5
28 Molina Lario ... D5
29 Palacio Solecio ... E3
30 Parador Málaga Gibralfaro ... H3
31 Room Mate Larios ... C4

Essen
32 Al Yamal ... C6
33 Casa Aranda ... C5
34 Casa Lola ... D3
35 Colmado 93 ... C2
Dulces Dreams Cafeteria ... (siehe 25)
36 El Camerino ... D2
37 El Mesón de Cervantes ... D2
38 La Cosmopolita ... D3
39 La Peregrina Centro ... D2
40 La Tranca ... D2
41 Noviembre ... D2
42 Óleo ... B7
43 Recyclo Bike Café ... B4
44 Tapeo de Cervantes ... D2
45 Uvedoble Taberna ... E4

Ausgehen & Nachtleben
46 Antigua Casa de Guardia ... C5
47 Bodegas El Pimpi ... E3
48 La Madriguera Craft Beer ... C2
49 La Tetería ... D3
50 Los Patios de Beatas ... E3
Mia Coffee Shop ... (siehe 21)

Unterhaltung
51 Kelipe ... B4
Peña Juan Breva ... (siehe 14)
52 Teatro Cervantes ... D2

Shoppen
53 Alfajar ... D4

umfangreiche archäologische Sammlung, die die Adelsfamilie Loring-Heredia der Stadt vermachte, reicht von jungsteinzeitlichen Scherben, die in der nahen Cueva de Nerja (S. 213) gefunden wurden, bis zur kopflosen Statue einer römischen Adligen.

Centre Pompidou Málaga — MUSEUM

(☎ 951 92 62 00; www.centrepompidou.es; Pasaje Doctor Carrillo Casaux, Muelle Uno; 7 €, mit Sonderausstellung 9 €; ⌚ Mi–Mo 9.30–20 Uhr) Dieser Ableger des Pariser Centre Pompidou befindet sich am Hafen von Málaga in einem niedrigen, modernen Gebäude, das von einem verspielten, vielfarbigen Kubus des Künstlers Daniel Buren gekrönt wird. Die zum Nachdenken anregenden, gut kuratierten Hauptausstellungen wechseln jährlich oder halbjährlich und stammen aus der umfangreichen Museumssammlung zeitgenössischer Kunst. Es gibt auch audiovisuelle Installationen, sprechende „Köpfe“ sowie Wechselausstellungen.

Centro de Arte Contemporáneo — MUSEUM

(Museum für zeitgenössische Kunst; ☎ 952 20 85 00; www.cacmalaga.org; Calle Alemania; ⌚ Di–So 9–21.30 Uhr) GRATIS Das Museum für zeitgenössische Kunst befindet sich in einer pfiffig umgebauten Großmarkthalle aus den 1930er-Jahren im Mündungsgebiet des Flusses. Der extravagante dreieckige Grundriss des Gebäudes blieb erhalten; seine kubistischen Linien und Formen präsentieren die moderne Kunst auf geradezu geniale Weise. Das komplett (einschließlich der Fenster) weiß gestrichene Bauwerk stellt Werke bekannter zeitgenössischer Künstler aus, wobei spanische Künstler deutlich überwiegen. In der Regel sind hier viele spektakuläre und bizarre Ausstellungsstücke zu sehen.

Muelle Uno — HAFEN

(P) Lange Zeit hat man den Hafen der Stadt vernachlässigt, doch 2013 erfolgte ein radikaler Umbau, u. a. wegen der steigenden Zahl an Kreuzfahrtpassagieren. Jetzt verschönern breite, von Palmen, Geschäften, Restaurants und Bars gesäumte Gehwege Muelle 1 und Muelle 2. Außerdem befindet sich hier ein kleines, vor allem auf Kinder ausgerichtetes Aquarium, das **Museo Aula del Mar** (☎ 951 60 01 08; www.auladelmar.info; Palmeral de las Sopresas, Muelle 2; Erw./Kind/Familie 7/5/20 €; ⊙ Juli–Anf. Sept. 11–14 & 17–20 Uhr, Anf. Sept.–Juni 10.30–14 & 16.30–18.30 Uhr).

Paseo de España PARK

(Paseo del Parque; P) Diese palmenbestandene Verlängerung der **Alameda**, die vom Hügel Gibralfaro aus wie ein kleiner Dschungel wirkt, entstand in den 1890er-Jahren auf einem Gebiet, das vom Meer zurückgewonnen wurde. Im Garten an der Südseite des Parks wachsen exotische Tropenpflanzen und -bäume; sie bieten eine wohltuende Zuflucht von der Großstadthektik. Hier schlendern zahlreiche junge und alte *malagueños* umher und suchen Erholung im Schatten der hohen Palmen. Sonntags unterhalten Musiker und Straßenkünstler die Menge.

Mercado Atarazanas MARKT

(Calle Atarazanas; ⊙ Markt Mo–Sa 8–15 Uhr; P) Nördlich der Hauptverkehrsader, der Alameda Principal, steht ein auffälliges mit Eisen verziertes Gebäude aus dem 19. Jh. Das ursprüngliche maurische Tor, das einst die Stadt mit dem Hafen verband, ist darin integriert. Das herrliche Buntglasfenster zeigt historische Höhepunkte der Stadt. Der tägliche Markt ist wunderbar lebhaft und laut.

Noch mehr Sehenswertes

Museo Ruso de Málaga MUSEUM

(☎ 951 92 61 50; www.coleccionmuseoruso.es; Avenida de Sor Teresa Prat 15; 6 €, mit Sonderausstellungen 8 €, So 16–20 Uhr gratis; ⊙ Di–So 9.30–20 Uhr; P) Dies ist ein Ableger des russischen Staatsmuseums in St. Petersburg. Das Museum in einer ehemaligen Tabakfabrik widmet sich der russischen Kunst vom 16. bis zum 20. Jh. und zeigt u. a. Werke von Ilja Repin, Wassily Kandinsky und Wladimir Tatlin. Der Schwerpunkt liegt allerdings eher auf der russischen Geschichte als auf den Kunstwerken selbst. Vom Paseo del Parque in Málaga nimmt man den Bus 16 und steigt an der Avenida de Sor Teresa Prat aus, oder man fährt mit der Metro bis zur Station Princesa-Huelin und läuft dann noch 400 m.

Museo Automovilístico Málaga MUSEUM

(☎ 951 13 70 01; www.museoautomovilmalaga.com; Avenida de Sor Teresa Prat 15; 9,50 €; ⊙ 10–19 Uhr) Mode und Oldtimer scheinen irgendwie nicht zusammenzupassen, doch in diesem etwas ungewöhnlichen Museum in Málagas ehemaliger Tabakfabrik bilden sie eine geniale Kombination. Das Museum stellt Autos der 1900er- bis 1960er-Jahre und Haute Couture aus derselben Zeit aus. So steht etwa ein Mercedes von 1936 neben einem Mannequin in einer Chanel-Jacke.

Vom Paseo del Parque in Málaga nimmt man den Bus 16 und steigt an der Avenida de Sor Teresa Prat aus (1,35 €, 10 Min.). Alternativ fährt man mit der Metro bis zur Station Princesa-Huelin und läuft dann noch 400 m.

Jardín Botánico Histórico La Concepción GARTEN

(☎ 951 92 61 80; www.laconcepcion.malaga.eu; Camino del Jardín Botánico 3; 5,20 €; ⊙ April–Sept. Di–So 9.30–19.30 Uhr, Okt.–März Di–So bis 16.30 Uhr) Mitte des 19. Jhs. wurde dieser exotische Garten von der Adelsfamilie Loring-Heredia angelegt, einer Familie von Eisenbahnbauern und Bankiers, die der Stadt ihre gewichtige archäologische Sammlung vermachte. Heute ist sie im Museo de Málaga (S. 177) zu sehen. Der Park entstand 1855 auf einem Hügel und wurde 1911 von anderen Besitzern modernisiert. 1990 übernahm der Staat die Verwaltung des Gartens 5 km nördlich von Málaga und öffnete ihn 1994 für Besucher.

Mit dem Bus 2 gelangt man in die Nähe, außerdem startet fünfmal täglich ein City-Tour-Bus (1,30 €) am Bahnhof, der Fahrgäste am Eingang absetzt.

Aktivitäten

★ **Málaga Bike Tours** RADFAHREN

(☎ 606 978513; www.malagabiketours.eu; Calle Trinidad Grund 5a; Touren 25 €; ⊙ April–Sept. 10–20 Uhr, Okt.–März bis 19 Uhr; 👪) Málaga Bike Tours, einer der besten Anbieter von geführten Touren in der Stadt und ganz sicher der beste von Fahrradtouren, war bei seiner Gründung vor einem Jahrzehnt ein Vorreiter des Radfahrens in Málaga. Seine Exkursionen durch die Stadt, darunter die klassische **City Bike Tour**, die in mindestens fünf Sprachen angeboten wird, erfreuen sich anhaltender Beliebtheit. Es sind Kindersitze erhältlich, falls man mit der Familie unterwegs ist.

Hammam Al-Andalus HAMMAM
(☎952 21 50 18; www.hammamalandalus.com; Plaza de los Mártires 5; Bäder 34 €; ⌚10–24 Uhr) In diesen luxuriösen, marmorverkleideten Bädern im maurischen Stil können es sich *malagueños* ähnlich gut gehen lassen wie in vergleichbaren Badehäusern in Granada und Córdoba. Massagen sind ebenfalls verfügbar.

Málaga Adventures STADTSPAZIERGÄNGE
(☎699 756864; www.malagaadventures.com; ⌚10, 12 & 18 Uhr) GRATIS Kostenlose geführte Stadtspaziergänge starten täglich auf der Plaza del Obispo gegenüber der Kathedrale (S. 173). Die Tourguides erkennt man an den roten T-Shirts und Regenschirmen. Ein Trinkgeld ist gern gesehen.

Kurse

Instituto Picasso SPRACHE
(☎952 21 39 32; www.instituto-picasso.com; Plaza de la Merced 20; 1-/2-/3-/4-wöchiger Kurs 160/320/460/590 €) Die private Sprachschule bietet sowohl Gruppen- als auch Einzelunterricht an. Gruppenkurse umfassen vier 50-minütige Unterrichtsstunden täglich. Im Preis sind auch kulturelle Aktivitäten wie Flamenco- und Kochkurse enthalten. Unterkünfte können ebenfalls arrangiert werden.

Feste & Events

Das ganze Jahr über finden in der Provinz Málaga Feste statt. Weitere Informationen gibt's unter www.malagaturismo.com/en/events.

Semana Santa KARWOCHE
Jeden Abend von Palmsonntag bis Karfreitag tragen sechs oder sieben *cofradías* (Bruderschaften) stundenlang ihre Heiligenfiguren vor Zuschauermassen durch die Stadt.

Feria de Málaga FERIA
(www.feria.malaga.eu; ⌚Mitte Aug.) Málagas neuntägiges Volksfest ist das ausgelassenste Sommerfest Andalusiens. Eingeläutet wird es mit einem riesigen Feuerwerk. Zu diesem Anlass gibt's jede Menge Flamenco und reichlich *fino* (Sherry) – das Ganze erinnert an eine überschwängliche Straßenparty in Rio. Am meisten ist im Stadtzentrum los.

Schlafen

★ **Dulces Dreams** PENSION €
(☎951 35 78 69; www.dulcesdreamshostel.com; Plaza de los Mártires 6; Zi. mit Gemeinschafts-/Privatbad ab 60/74 €; ❄📶) Das von einem enthusiastischen jungen Team geführte Dulces Dreams (Süße Träume) ist eine preisgünstige Alternative und befindet sich in toller Lage an einer verkehrsberuhigten Plaza mit Blick auf eine rote Backsteinkirche. Passenderweise sind die hellen und skurril dekorierten Zimmer mit hohen Decken nach Süßspeisen benannt: Das Cupcake zählt zu den besten Optionen. Achtung, es gibt keinen Aufzug. Wer einen leichten Schlaf hat, könnte außerdem mit dem Straßenlärm Probleme haben.

Zum Frühstück geht's in das **Café** (www.dulcesdreamshostel.com/cafeteria; Frühstück 6–9 €; ⌚9–20 Uhr) im Erdgeschoss mit gesundem, kosmopolitischem Essen: Avocados, Käse, Obst und Müsli sowie Bio-Kaffee, der laut Gästevotum der „beste der Stadt" ist.

The Lights Hostel HOSTEL €
(☎951 25 35 25; www.thelights.es; Calle Torregorda 3; B 19–38 €; ❄📶) Von der eher trostlosen Fassade des Hostels sollte man sich nicht abschrecken lassen. Wenn man mit dem Aufzug zur Rezeption fährt, macht es schon einen viel besseren Eindruck. Es gibt eine tolle Dachterrasse, eine hübsche Gästeküche und klimatisierte Schlafsäle mit vier bis zehn Betten, dicken Matratzen und reichlich Annehmlichkeiten am Bett (Steckdosen, Leselampen, Vorhänge). Die freundlichen Mitarbeiter organisieren regelmäßig Aktivitäten von Abendessen über Barbesuche bis hin zu Strand- und Kulturausflügen.

Hotel Boutique Teatro Romano BOUTIQUE-HOTEL €€
(☎951 20 44 38; www.facebook.com/hotelteatroromano; Calle Zegrí 2; Zi. 122–177 €; ❄📶) Dieses Zwei-Sterne-Hotel im Boutique-Stil mit Blick auf das Römische Theater (S. 177) bietet acht familienfreundliche Apartments und 13 strahlend weiße Zimmer, die so sauber wirken, als wären sie nie benutzt worden. Das ganze Haus ist modern, gut geführt und mit interessanten Designelementen versehen. Das gesunde Frühstück im hauseigenen Café ist ein weiterer Pluspunkt.

★ **Palacio Solecio** BOUTIQUE-HOTEL €€€
(☎952 22 20 00; www.palaciosolecio.com; Calle Granada 61; DZ 165–305 €, Suite 320–415 €; ❄📶). Málagas schickstes neues Boutique-Hotel wurde Ende 2019 im Herzen der Fußgängerzone in einem prächtig renovierten Gebäude aus dem 18. Jh. eröffnet, nur wenige Schritte vom Museo Picasso entfernt. Original-architektonische Details werden durch moderne Designerstücke in

den luxuriösen Zimmern und Suiten ergänzt. Es gibt eine Bar mit Säulen im Innenhof und ein hauseigenes Restaurant, das von Sternekoch José Carlos García geleitet wird.

★ Molina Lario HOTEL €€€
(☎ 952 06 20 02; www.hotelmolinalario.com; Calle Molina Lario 20; Zi. 198–325 €; ❄ 📶 🏊) Nur wenige Schritte von der Kathedrale entfernt bietet das Vier-Sterne-Hotel einen zuvorkommenden Service sowie ein anspruchsvolles, modernes Ambiente. Die geräumigen, kürzlich umgestalteten Zimmer sind in gedämpften Beige- und Weißtönen gehalten und mit Naturholz, frischer weißer Bettwäsche sowie weichen Kissen ausgestattet. Das Ganze wird gekrönt von einer fabelhaften Dachterrasse und einem Pool mit Blick auf das Meer und die Kathedrale.

Room Mate Larios DESIGN-HOTEL €€€
(☎ 952 22 22 00; www.room-matehotels.com; Calle Marqués de Larios 2; Zi. ab 162 €; ❄ 📶) Zentral gelegenes Hotel, das zu einer kleinen spanischen Designhotelkette gehört und sich in einem wunderschön restaurierten Gebäude aus dem 19. Jh. befindet. Die luxuriösen Zimmer sind durchweg mit Kingsize-Betten und Teppichen eingerichtet, und einige haben Balkone mit Blick auf die eleganten Geschäfte und Boutiquen in der Calle Marqués de Larios. Die schwarz-weiße Bar auf dem Dach verfügt über eine hübsche Terrasse.

Parador Málaga Gibralfaro HISTORISCHES HOTEL €€€
(☎ 952 22 19 02; www.parador.es; Castillo de Gibralfaro; Zi. mit Frühstück 180–225 €; P ❄ 📶 🏊) Málagas steinerner *parador* (Luxushotel in staatlichem Besitz) steht neben der maurischen Burg (S. 176) auf dem mit Kiefern bewachsenen Hügel Gibralfaro und verströmt die Atmosphäre eines Sultanspalasts. Wie die meisten spanischen *paradores* sind es in erster Linie die Lage und die Einrichtungen, die den besonderen Reiz ausmachen, nicht die modernen geschäftsmäßigen Zimmer. Die meisten haben allerdings eine Terrasse mit spektakulärer Aussicht. Im hervorragenden Restaurant, zu dem ebenfalls eine Terrasse gehört, sind auch Nichtgäste willkommen.

✖ Essen

In Málaga gibt's eine schier unendliche Zahl von Tapas-Bars und Restaurants (bei

MÁLAGAS TAPAS-ROUTE

Aktivitäten in Málaga sind in der Regel unkompliziert, leicht zu organisieren und preiswert. Dazu gehört z. B. eine gemächliche Tour durch die unzähligen Tapas-Bars und alten Bodegas (Weinkeller) der Stadt.

La Tranca (www.latranca.es; Calle Carretería 92; Tapas 1,60–3,90 €; ⌚ Mo–Sa 12.30–2, So bis 16 Uhr) In dieser immer gut besuchten Bar gleicht das Trinken einer Kontaktsportart. Die kleinen Tapas-Teller werden über die Köpfe der Gäste hinweggereicht.

Colmado 93 (www.facebook.com/colmado93; Calle Carretería 93; Tapas 1–3,50 €; ⌚ Mo–Sa 12–24 Uhr) Die raumhohen Regale in dem ehemaligen Lebensmittelgeschäft bilden eine stimmungsvolle Kulisse für kleine Gerichte wie *mojama* (in Salz eingelegter Thunfisch), Schafs- und Ziegenkäse sowie *malagueña*-Wurst.

Casa Lola (www.tabernacasalola.com; Calle Granada 46; Tapas 2,10–3,50 €; ⌚ 11–16 & 19–24 Uhr) Dieses mit traditionellen blau-weißen Kacheln geschmückte Lokal zieht stets jede Menge Gäste an und bietet eine köstliche Auswahl an *pinchos* (baskische Tapas). Dazu gibt's Wermut vom Fass.

Tapeo de Cervantes (☎ 952 60 94 58; www.eltapeodecervantes.com; Calle Cárcer 8; medias raciones 4,50–8 €, raciones 8,50–14 €; ⌚ Di–So 13–15.30 & 19.30–23.30 Uhr) Etwas ausgelassener und kleiner als das Mesón (S. 184) um die Ecke, doch das Tapas-Angebot des ursprünglichen Cervantes-Bar-Restaurant (inzwischen gibt's vier) ist praktisch identisch. Soll heißen: Es gehört zu den besten der Stadt.

Uvedoble Taberna (www.uvedobletaberna.com; Calle Císter 15; Tapas 2,40–3,90 €; ⌚ Mo–Sa 12.30–16 & 20–24 Uhr; 📶) Wem der Sinn nach etwas Modernerem steht, für den ist dieses beliebte Lokal mit seinen innovativen Interpretationen traditioneller Tapas eine gute Wahl.

der letzten Zählung waren es über 400), besonders rund um die Altstadt.

★ La Peregrina Centro FISCH & MEERESFRÜCHTE €
(☎ 952 60 66 76; Calle Madre de Dios 17; Tapas 2,50 €, raciones 5–12 €; ⌚ Di–Sa 13–16.30 & 20.15–23.45, So 13–16 Uhr) Diese winzige weiß gekachelte Tapas-Bar ist der Traum eines jeden Meeresfrüchte-Liebhabers. Wer schon immer mal die ganze Speisekarte eines Restaurants durchprobieren wollte, ist hier richtig. Es gibt Tapas-Portionen aller erdenklichen Meeresfrüchte – von Tintenfisch über Garnelen bis zu Sardinen. Besonders schön ist es am Sonntagnachmittag, wenn die einheimischen Familien in Scharen einfallen.

★ Casa Aranda CAFÉ €
(www.casa-aranda.net; Calle Herrería del Rey 3; Churro 0,50 €, Schokolade 1,95 €; ⌚ 8–12.30 & 17–21 Uhr) In einer engen Gasse neben dem Markt ist die Casa Aranda seit 1932 *der* Ort in der Stadt für Schokolade und *churros* (ringförmiges Spritzgebäck). Mittlerweile gibt's in der Straße mehrere Filialen, alle beherrscht von einer Armee überwiegend älterer Kellner in weißen Hemden, die jeden Gast wie einen alten Freund begrüßen (was die meisten auch sind).

El Camerino MEDITERRAN €
(☎ 604 258810; http://elcamerinomalaga.es; Calle de la Madre de Dios 22; Hauptgerichte 10 €; ⌚ Fr–So 12–16, Mi–Mo 20–24 Uhr) Ein unaufdringlicher Sinn für Stil zeichnet dieses ungezwungene Restaurant mit Hockern und Sofas und einem Baldachin aus Weingläsern über der Bar aus. Der französische Chefkoch verleiht kleinen Gerichten wie Tintenfisch-*cazuela*, rosa Reis mit Lachs und der Quiche des Tages seine ganz eigene Note. Das selbstgebackene Brot ist ein Genuss, das hausgemachte Eis noch viel mehr.

Noviembre CAFÉ €
(☎ 952 22 26 54; www.noviembrehealthyfood.com; Calle Álamos 18; Frühstück ab 4 €, Sandwiches & Salate 7–12 €; ⌚ 9–2 Uhr; 📶 ✎) Mit seinem betont alten Holz, den bunt zusammengewürfelten Möbeln und hohen Decken bietet das angesagte Noviembre köstliche Frühstücksspeisen mit Bio-Eiern. Der Big-Apple-Burger ist ein sättigendes Mittagessen. Salate, Säfte und andere gesunde Snacks runden das Angebot ab.

Recyclo Bike Café CAFÉ €
(www.recyclobike.com; Plaza Enrique García Herrera 16; Frühstück/Mittagessen ab 3/6 €; ⌚ Mo–Do 9–24, Fr & Sa bis 2, So 10–24 Uhr; 📶) 🌿 Trendiges Café mit angeschlossenem Fahrradladen, in dem es einen „Wiggins"-Salat und ausgesprochen günstigen Kuchen, Kaffee und Frühstücksvarianten gibt. Wände und Decke sind mit alten Rädern dekoriert.

★ El Mesón de Cervantes TAPAS, ARGENTINISCH €€
(☎ 952 21 62 74; www.elmesondecervantes.com; Calle Álamos 11; medias raciones 4–10 €, raciones 8–18 €; ⌚ Mi–Mo 19–24 Uhr) Ursprünglich war das Cervantes eine schlichte Bar, die der eingewanderte Argentinier Gabriel Spatz führte. Inzwischen sind daraus vier Bar-Restaurants geworden (mit jeweils leicht unterschiedlichem Charakter), die alle nicht weiter als einen Block voneinander entfernt liegen. Dies ist das Hauptquartier. So ziemlich alles auf der Karte ist ein Hit, z. B. der Lammeintopf mit Couscous, Kürbis und Pilzrisotto, oder – mmh! – der gegrillte Oktopus!

★ Óleo FUSION-KÜCHE €€
(☎ 952 21 90 62; www.oleorestaurante.es; Edificio CAC, Calle Alemania; Hauptgerichte 14–22 €; ⌚ Di–Sa 13.30–16 & 20.30–24 Uhr; 📶) Das minimalistisch und ganz in Weiß gestaltete Óleo liegt am Centro de Arte Contemporáneo (S. 180). Hier stehen Gäste vor der ungewöhnlichen Wahl zwischen mediterraner und asiatischer Küche mit subtilen Kombinationen wie Entenbrust mit Seetang und Hoisin-Soße, aber es gibt auch rein asiatische Speisen und Gourmetgerichte wie kandiertes gebratenes Ferkel.

Al Yamal MAROKKANISCH €€
(☎ 952 21 20 46; www.facebook.com/restaurante.alyamal; Calle Blasco de Garay 7; Hauptgerichte 14–20 €; ⌚ Mo–Sa 12–16.30 & 19–23.30 Uhr) Marokkanische Restaurants sind in Málaga weniger verbreitet als in Granada, doch das Al Yamal, das seit vier Jahrzehnten im Herzen des Soho-Viertels in Familienbesitz ist, serviert authentische Gerichte, darunter Tajines, Couscous und *kefta* (Fleischbällchen). Von außen macht es nicht viel her, aber im kleinen Speisesaal gibt's sechs gemütliche Sitznischen mit farbenfrohen marokkanischen Stoffen und einen sprudelnden Brunnen.

El Balneario de los Baños del Carmen FISCH & MEERESFRÜCHTE €€
(☎ 951 90 55 78; www.elbalneariomalaga.com; Calle Bolivia 40, La Malagueta; Hauptgerichte 12–22 €; ⌚ So–Do 8.30–1, Fr & Sa bis 2.30 Uhr; 🅿 📶) Das Balneario bietet einen direkten Blick

auf den Strand in La Malagueta und ist ein wunderbarer Ort, um an einem warmen Abend einen Teller Garnelen oder gegrillte Sardinen im Freien zu teilen und dazu ein paar kühle Getränke zu genießen. Es wurde 1918 für Málagas Bourgeoisie errichtet und ist heute wieder einer der beliebtesten Orte der Stadt zum Kontakteknüpfen.

La Cosmopolita SPANISCH €€€
(☎ 952 21 58 27; www.facebook.com/restaurantelacosmopolita; Calle José Denis Belgrano 3; Hauptgerichte 14–25 €) Mit seiner raffinierten Mischung aus bewährten Klassikern (geräucherter Käse und iberischer Schinken, Gillardeau-Austern, mit Zwiebeln und Safran gegrillter Tintenfisch, Sardellen in nativem Olivenöl extra) und mediterranen Spezialitäten (Perlhuhn in Portweinsoße, Thunfisch-Confit mit Aubergineneintopf) zieht das Cosmopolita immer ein großes Publikum an. Neben einem gemütlichen Interieur bietet es im Außenbereich Tische mit karierten Tischdecken, verteilt auf einem kleinen Platz in der Altstadt.

Ausgehen & Nachtleben

Málaga ist zwar nicht so groß wie Madrid, aber abends kann man sich hier genauso gut vergnügen. Das Zentrum des Nachtlebens bildet die Fußgängerzone in der Altstadt, vor allem rund um die Plaza de la Constitución und die Plaza de la Merced.

★ **La Tetería** TEESTUBE
(www.la-teteria.com; Calle San Agustín 9; exklusive Tees 2,70 €; ⌚ Di & Mi 9–22, Do & So bis 23, Fr bis 1, Sa 15–1.30, Mo 15-22 Uhr) In Málaga gibt's zahlreiche *teterías*, aber nur eine *La* Tetería. Die Teestube hat vielleicht nicht das maurische Flair von einigen der stimmungsvolleren Konkurrenten, doch sie bietet eine große Auswahl an fruchtigen Tees und verschiedene köstliche Kuchen. Außerdem liegt sie neben dem Museo Picasso Málaga (S. 173) – kein Wunder, dass der Laden fast immer voll ist.

★ **Bodegas El Pimpi** BAR
(www.elpimpi.com; Calle Granada 62; ⌚ 12–2 Uhr; 📶) Die weitläufige Bar ist eine echte Institution in der Stadt. Sie besteht aus einem Gewirr von Räumen, einem Innenhof und einer offenen Terrasse mit Blick auf das Teatro Romano (S. 177). Die Wände sind mit historischen *feria*-Postern und Fotos von Gästen dekoriert, und auf den riesigen Fässern haben Berühmtheiten wie Tony Blair

TINTO DE VERANO

Wer im Sommer Málaga besucht, sollte in einer der Bars mal einen *tinto de verano* bestellen. Dieser kalte Longdrink besteht aus Rotwein, regionaler Limonade (nicht zu süß), viel Eis und einer Scheibe Zitrone. Er ist sehr erfrischend und macht an einem heißen Tag nicht gleich beschwipst.

und Antonio Banderas unterschrieben. Wer hungrig ist, kann Tapas und verschiedene Hauptspeisen bestellen.

Antigua Casa de Guardia BAR
(www.antiguacasadeguardia.com; Alameda Principal 18; ⌚ Mo–Do 10–22, Fr & Sa bis 22.45 , So 11–15 Uhr) Diese stimmungsvolle Taverne stammt aus dem Jahr 1840 und ist die älteste Bar in Málaga. Der abblätternde cremefarbene Anstrich und die Schwarz-Weiß-Fotografien des jungen Picasso wirken passend antik. Probieren sollte man den dunkelbraunen, Sherry-ähnlichen *seco* (trocken), den romantisch benannten *lágrima trasañejo* (sehr alte Träne) oder einen der Dutzend anderen Weine aus Málaga. Sie werden aus riesigen Fässern gezapft, die entlang der Bar aufgereiht sind.

La Madriguera Craft Beer CRAFT-BIER
(☎ 663 523577; www.facebook.com/lamadrigueracraftbeer; Calle Carretería 73; ⌚ Mi & Do 17–1, Fr 17–3, Sa 12–3, So 12–17 Uhr) Im „Schlupfwinkel", so die wörtliche Übersetzung, weiß man, wie man seine Kunden glücklich macht: mit einer täglich wechselnden Auswahl Dutzender Craft-Biere und etwa der gleichen Anzahl kleiner dauerhaft angebotener Snacks.

Mia Coffee Shop KAFFEE
(www.facebook.com/Miacoffeeshop; Plaza de los Mártires 4; ⌚ Mo–Fr 9.30–19.30, Sa 10–18 Uhr) *¿Has sonreido hoy?* (Hast du heute schon gelächelt?) steht auf dem Schild über dem Tresen dieses versteckten kleinen Cafés – und die Antwort ist ein eindeutiges „Ja!", wenn man durch die Tür tritt und eine Tasse des himmlischen Kaffees trinkt. Hier gibt's einen der besten Kaffees Málagas in unzähligen Variationen.

Los Patios de Beatas WEINBAR
(☎ 952 21 03 50; www.lospatiosdebeatas.com; Calle Beatas 43; ⌚ Mo–Sa 13–16 & 20–24, So 13–17 Uhr; 📶) Zwei Herrenhäuser aus dem

18. Jh. beherbergen dieses prächtige Lokal, dessen erlesene Weinauswahl als die umfangreichste der Stadt gilt. Das kunstverliebte Flair wird durch die Buntglasfenster und wunderschönen Kunstharztische mit eingelassenen Mosaiken und Muscheln unterstrichen. Die Kellner tragen fantasievolle Tapas und *raciones* (ganze Portionen) auf.

☆ Unterhaltung

Die Stadt hat eine große Flamenco-Tradition und ihren eigenen *palo* (Stil) namens *malagueñas*. Es gibt mehrere traditionelle und ein paar neue Lokale für Flamenco-Aufführungen, allerdings nicht so viele wie in Sevilla oder Jerez.

★ **Peña Juan Breva** FLAMENCO
(Calle Juan Franquelo 4; Shows 15 €) In dieser privaten *peña* fühlt man sich vielleicht ein bisschen wie ein Eindringling, doch der Flamenco ist *muy puro*. Die Gitarristen spielen, als hätten sie 24 Finger, und die Sänger klingen, als wäre ihr Herz erst letzte Nacht gebrochen worden. Ein festes Veranstaltungsprogramm gibt's nicht. Nach Terminen fragt man am besten im vor Ort gelegenen Museo de Arte Flamenco (S. 177).

Kelipe FLAMENCO
(☎ 665 097359; www.kelipe.net; Muro de Puerta Nueva 10; Shows 25 €; ⊙ Shows Do–So 21 Uhr) Überall in Andalusien öffnen neue Flamenco-Clubs ihre Türen, doch in wenigen sind die Shows so herzergreifend wie im Kelipe. Nicht nur sind Musik und Tanz von höchstem Niveau, die talentierten Künstler schaffen auch eine intime Atmosphäre und eine echte Verbindung zum Publikum.

Teatro Cervantes THEATER
(☎ 952 22 41 09; www.teatrocervantes.com; Calle Ramos Marín; ⊙ Sept.–Mitte Juli) Das schöne Cervantes im Art-déco-Stil bietet eine tolle Programmmischung aus Musik, Theater und Tanz, darunter einige bekannte Namen aus der Konzertwelt. Im November findet hier auch ein Jazzfestival statt.

Shoppen

Die schicke Calle Marqués de Larios zieht immer mehr Designerläden und Boutiquen an, aber in den hübsch restaurierten alten Gebäuden der umliegenden Straßen findet man noch immer viele kleine, familiengeführte Läden, die alles Mögliche verkaufen – von Flamenco-Kleidern bis zu lieblichen Weinen aus Málaga. Nicht verpassen: den fabelhaften, täglichen Mercado Atarazanas (S. 181).

Alfajar KUNST & KUNSTHANDWERK
(www.alfajar.es; Calle Císter 1; ⊙ 10–21 Uhr) Andalusische Keramikwaren von Kunsthandwerkern aus der Region mit traditionellen Mustern und Glasuren bis hin zu modernen, künstlerisch-individuellen Stücken.

Praktische Informationen

Hospital Carlos Haya (☎ 951 29 00 00; www.hospitalregionaldemalaga.es; Avenida de Carlos Haya)

Regionale Touristeninformation (☎ 951 30 89 11; Plaza de la Constitución 7; ⊙ Mo–Fr 9–19.30, Sa & So 9.30–15 Uhr) In einer ehemaligen Jesuitenschule aus dem 18. Jh. zeigt dieses kleine Touristenbüro ganzjährig Kunstausstellungen und hält Informationen zur gesamten Provinz Málaga bereit, darunter Karten der Städte in der Region.

Städtische Touristeninformation (☎ 951 92 60 20; www.malagaturismo.com; Plaza de la Marina; ⊙ April–Okt. 9–20 Uhr, Nov.–März bis 18 Uhr) Bietet Stadtkarten und Broschüren, betreibt auch Infostände am Eingang zur Alcazaba (Calle Alcazabilla), am Hauptbahnhof (Explanada de la Estación), an der Plaza de la Merced und an den östlichen Stränden (El Palo und La Malagueta).

An- & Weiterreise

BUS

Vom **Busbahnhof**, 1 km südwestlich des Stadtzentrums, bestehen Verbindungen in alle großen Städte Spaniens. Das wichtigste Busunternehmen ist **Alsa** (☎ 952 52 15 04; www.alsa.es). **Interbus** (www.interbus.es) fährt zum Flughafen Madrid.

Busse zur Costa del Sol (Ost und West) halten für gewöhnlich auch an der zentraler gelegenen Haltestelle Muelle Heredia.

Zu den Fahrzielen gehören (bei den aufgelisteten Preisen handelt es sich um die jeweils günstigsten):

ZIEL	PREIS (€)	DAUER (Std.)	HÄUFIGKEIT (tgl.)
Almería	20	2½–5	8
Córdoba	13	2¼–4	4
Granada	12	1½–2	23
Jaén	21	2¾–4¾	5
Madrid (Flughafen)	17	6½	1
Sevilla	19	2¾	8

FLUGZEUG

Málagas **Flughafen** (AGP; ☎ 952 04 84 84; www.aena.es), 9 km südwestlich des Stadtzentrums, ist das internationale Tor nach Andalusien und ein wichtiger Verkehrsknotenpunkt in Südspanien, der sowohl von führenden internationalen Airlines als auch von Billigfliegern angesteuert wird.

ZUG

Málaga ist der südliche Endbahnhof der Hochgeschwindigkeitsstrecke Madrid–Málaga.

Der **Bahnhof Málaga María Zambrano** (☎ 902 43 23 43; www.renfe.com; Explanada de la Estación) liegt in der Nähe des Busbahnhofs, 15 Gehminuten vom Stadtzentrum entfernt. Von hier geht's u. a. nach Córdoba (30–42 €, 45–60 Min., 19-mal tgl.), Sevilla (25–47 €, 2 bis 3½ Std., 11-mal tgl.) und Madrid (82 €, 2¾ Std., 14-mal tgl.).

ℹ Unterwegs vor Ort

AUTO & MOTORRAD

In der Stadt gibt's mehrere gut ausgeschilderte Tiefgaragen. Die günstigsten befinden sich an der Avenida de Andalucía, der Plaza de la Marina und der Plaza de la Merced – jeweils westlich, südlich und nordöstlich des Zentrums.

BUS

EMT (Empresa Malagueña de Transportes) betreibt mehrere nützliche Busse in der Stadt (1,30 € für alle Fahrten im Zentrum), darunter die Linien 3 und 7 zum Museo Ruso de Málaga, die Linie 34 nach El Pedregalejo und El Palo sowie die Linie 35 zum Castillo de Gibralfaro. Sie alle fahren an den Haltestellen entlang des Paseo del Parque und der Alameda Principal nahe der Plaza Marina ab.

VOM/ZUM FLUGHAFEN

Auto & Motorrad

Zahlreiche lokale und internationale Autovermietungen haben Schalter am Flughafen.

Bus

Die **Buslinie A** ins Stadtzentrum (3 €, 20 Min.) fährt zwischen 7 und 24 Uhr im 20- bis 25-Minuten-Takt vor der Ankunftshalle ab. Der Bus zum Flughafen verkehrt am östlichen Ende des Paseo del Parque und hält vor dem Busbahnhof und dem Bahnhof. Er startet täglich um 6.25 Uhr und fährt dann in regelmäßigen Abständen.

Taxi

Taxis vom Flughafen ins Zentrum kosten zwischen 22 und 25 €.

Zug

Der Vorortzug C1 (2,30 €) fährt zwischen 6.44 und 24.54 Uhr alle 20 Minuten vom Flughafenterminal T3 zum Bahnhof María Zambrano (8 Min.) und zum Bahnhof Málaga-Centro am Río Guadalmedina (11 Min.). Züge aus der Stadt zum Flughafen starten zwischen 5.20 und 23.30 Uhr alle 20 Minuten.

METRO

Die saubere und effiziente **Metro Málaga** (https://metromalaga.es) verkehrt westlich des Bahnhofs María Zambrano. Ihre zwei Linien sind nur bedingt für Touristen geeignet. Sie kann aber praktisch sein, um das Museo Ruso und das Museo Automovilístico zu erreichen.

TAXI

Taxis kosten etwa 6 bis 8 € für kurze Strecken im Stadtzentrum (2 bis 3 km), z. B. zum Bahnhof und Busbahnhof sowie zum Castillo de Gibralfaro.

ZUG

Die *cercanías*-Züge von Renfe (www.renfe.com) fahren zwischen 5.20 und 23.30 Uhr alle 20 Minuten vom Zentrum Málagas nach Fuengirola (3,60 €) und halten am Bahnhof (1,80 €), am Flughafen (1,80 €) sowie in Torremolinos (2,05 €).

COSTA DEL SOL

Spaniens regelmäßig verspottete, aber ungebrochen beliebte und berühmte „Sonnenküste" ist eine wechselhafte Ansammlung von mit Hotelanlagen zugebauten Städten, die früher (kaum zu glauben) Fischerdörfer waren. In den letzten 60 Jahren wurde die Gegend einschneidend und nicht immer sensibel erschlossen. Torremolinos ist ein bei Schwulen beliebter Ferienort, Benalmádena bietet Freizeitparks und Aquarien, nach Fuengirola zieht es Familien und Wassersportler, Mijas ist eines der authentischen alten weißen Dörfer Andalusiens, Marbella stellt seinen Reichtum unverhohlen zur Schau und Estepona erinnert noch heute an die spanische Stadt, die es einmal war.

Torremolinos & Benalmádena

136 789 EW.

Einst war dies ein kleines Küstendorf mit *torres* (Türme) und *molinos* (Wassermühlen). Als sich die Stadt aber in den 1970er-Jahren für den Massentourismus öffnete und zu einem Magneten für trinkfreudige Briten entwickelte, deren Spanischkenntnisse sich im Wesentlichen auf „*dos cervezas, por favor*" beschränkten,

TORREMOLINOS FÜR LGBT-REISENDE

Torremolinos ist die schwulenfreundlichste Stadt Andalusiens. Überall sieht man Regenbogenfahnen, schon wenn man den unterirdischen Bahnhof verlässt und die verkehrsberuhigte, rechteckige Plaza de la Nogelera betritt, deren Südseite Schwulenbars und -clubs säumen. In vielen Bars geht's frühestens um 23 Uhr los, die Clubs füllen sich ab 3 Uhr und sind bis 7 Uhr geöffnet. Seit jeher beliebt ist das **Parthenon** (www.facebook.com/parthenondisco; La Nogalera 716, Torremolinos; ⌚ So–Do 12–6, Fr & Sa bis 7 Uhr).

Wer tagsüber etwas erleben möchte, steuert am besten das bekannteste schwulenfreundliche Bar-Restaurant von Torrie an, die El Gato Lounge an der Playa Beirola (manchmal auch „El Gato Beach" oder „Gay Beach" genannt) gleich östlich der felsigen Landzunge Punta de Torremolinos.

Mehr Infos zur Schwulenszene in Torrie findet man auf www.gaytorremolinos4u.com. In vielen Geschäften der Stadt liegt auch der Stadtplan Torremolinos Gay Map aus.

wurde „Terrible Torre" („Schreckliches Torre") zu einem Synonym für billige Pauschalreisen. Doch die Zeiten haben sich geändert. Torre ist erwachsen geworden und hat seine Zielgruppe erweitert. Heute ist das Publikum viel bunter gemischt und es kommen auch trendbewusste Clubber, Familien, die es an den Strand zieht, Schwule und sogar ein paar spanische Touristen. Auf sie alle warten ein pulsierendes Nachtleben bis in den Morgen, 7 km makellose Strände und eine riesige Auswahl an Hotels, deren Architekturstil man allerdings wohl als „desaströs" bezeichnen kann.

Benalmádena, Torres Schwesternstadt im Westen, ist kaum anders, abgesehen von einigen Neuheiten: dem großen Jachthafen, der als eine Art Hommage an Gaudí entworfen wurde, und einem gigantischen buddhistischen Stupa.

Sehenswertes & Aktivitäten

Torremolinos' Zentrum erstreckt sich um die verkehrsberuhigte Einkaufsstraße San Miguel, von der mehrere Treppen zum Strand Playamar hinabführen. Alternativ nimmt man den **Aufzug** (0,50 €; ⌚ Juni–Sept. 9–24 Uhr, Okt.–Mai bis 21 Uhr).

Benalmádena Pueblo hat sich ein wenig von seinem traditionellen Charme bewahrt. Kopfsteinpflasterstraßen, Orangenbäume und einfache blumengeschmückte Häuser prägen das Dorf. Die winzige Kirche ganz oben im Ort bietet eine prächtige Aussicht auf die Küste.

Casa de los Navajas HISTORISCHES GEBÄUDE

(Calle del Bajondillo, Torremolinos; ⌚ 11–14 & 18–20 Uhr) GRATIS Dieses Juwel im Neo-Mudejarstil kann man im Betondschungel von Torremolinos gar nicht übersehen. Der kleine Palast, der früher dem örtlichen Zuckerbaron António Navajas gehörte, wurde ursprünglich 1925 in einem an die Plaza de España in Sevilla erinnernden Stil erbaut. 2014 wurde das Haus restauriert und danach für Besucher geöffnet. Es gibt zwar kein Museum, doch die terrassierten Gärten, die detailverliebte Architektur und der weite Blick von den Balkonen im Obergeschoss sind sehr beeindruckend.

La Carihuela STRAND

(Torremolinos) La Carihuela, Torremolinos' westlichster Strand, erstreckt sich von einem kleinen felsigen Kap (La Punta) bis nach Benalmádena. Das frühere Fischerviertel ist einer der wenigen Teile der Stadt, die nicht übertrieben zugebaut wurden. An der Strandpromenade reihen sich niedrige Geschäfte, Bars und Restaurants aneinander. An den Wochenenden wimmelt es hier von *malagueños*, die Lust auf frischen Meeresfrüchte haben.

Playamar STRAND

(Torremolinos) An dem langen Strand in Torremolinos verteilen sich mehrere gute *chiringuitos* (Strandbars). Außerdem ist Playamar extrem familienfreundlich: Neben Spielplätzen gibt's Tretboote, Sonnenliegen und -schirme zum Ausleihen. Auf der breiten Promenade tummeln sich Spaziergänger und Jogger und im Hochsommer werden oft Filme gezeigt.

Mariposario de Benalmádena SCHMETTERLINGSPARK

(☎ 951 21 11 96; www.mariposariodebenalmadena.com; Calle Muérdago, Benalmádena Pueblo; Erw./Kind 10/8,50 €; ⌚ 10–18.30 Uhr; P) Der mehr oder weniger thailändische Tempel neben dem buddhistischen Stupa (S. 189) in Benalmádena (am Bahnhof Torremuelle aussteigen) beherbergt einen tollen Schmetterlingspark mit 1500 flatternden Geschöpfen, darunter exotische subtropische Arten, Motten und Raupenpuppen in Aktion. Außerdem sind einige beeindruckende Pflanzen und Wasserspiele sowie zwei Leguane, ein Wallaby und eine Riesenschildkröte zu sehen.

Buddhistischer Stupa MUSEUM, DENKMAL
(www.stupabenalmadena.org; Benalmádena Pueblo; ⌚ Di–So 10–14 & 16–18.30 Uhr; P) GRATIS In Benalmádena Pueblo steht der größte buddhistische Stupa Europas. Er erhebt sich ganz und gar unpassend, aber sehr majestätisch am Rand des Dorfes, umringt von neuen Häusern. Von hier aus reicht der Blick bis zur Küste. Der hohe Innenraum ist mit wunderschön gearbeiteten religiösen Bildern geschmückt.

Schlafen & Essen

An Cafés, die englisches Frühstück servieren, und an fettigen Fish-'n'-Chips-Läden herrscht gewiss kein Mangel, doch Spanienliebhaber können unbesorgt sein: Torremolinos hat wohl die schönste Ansammlung von *chiringuitos* (Strandbars) des ganzen Landes.

★ **Hostal Guadalupe** HOSTAL €€
(☎ 952 38 19 37; www.hostalguadalupe.com; Calle del Peligro 15, Torremolinos; EZ 46–90 €, DZ 48–139 €, DZ-/3BZ-/4BZ-Apt. ab 71/86/105 €; ❄ 📶) Am Fuß der Treppe, die hinunter zum Hauptstrand von Torre führt, steht dieses Relikt des alten Spaniens wie ein wunderbarer Anachronismus mitten im Betondschungel. Man betritt das Haus durch eine wunderschön gekachelte Taverne und steigt dann hoch zu relativ einfachen, aber bequemen Zimmern, von denen einige eine Terrasse mit Meerblick haben. Es gibt auch ein paar Apartments mit Kücheneinrichtung für längere Aufenthalte.

La Alternativa TAPAS €
(Avenida de la Constitución, Arroyo de la Miel; Tapas ab 2,50 €; ⌚ Mo–Sa 13–24 Uhr) Dieses Restaurant mit mehreren Räumen liegt in einem altmodischen Einkaufszentrum, einen kurzen Spaziergang vom Bahnhof Benalmádena-Arroyo de la Miel entfernt. Mit den Flamenco-Postern und den Matador-Bildern an den Wänden sowie der einen oder anderen Jungfrau Maria strahlt es das ganze Jahr über eine *feria*-Atmosphäre aus. Oft ist es brechend voll. Die Tapas sind großartig, es gibt aber auch größere *raciones* wie Ochsenschwanz und Oktopus nach galizischer Art.

★ **El Gato Lounge** FUSION-KÜCHE €€
(☎ 676 452504; www.elgatolounge.com; Paseo Marítimo 1K, Torremolinos; Hauptgerichte 5–10 €, Tapas-Box-Menüs 16–22 €; ⌚ Ende Feb.–Okt. 12 Uhr–spät) Die obligatorischen Sardinen braucht man in diesem trendigen Fusion-Restaurant am westlichen Ende des Strandes Playamar nicht zu erwarten. Hier gibt's jede Menge asiatische Gerichte wie Sri-Lanka-Curry, Hähnchen-Satay, Thunfisch-Tataki und thailändische Krabbenküchlein, aber der eigentliche Clou ist das „Tapas-Erlebnis": eine extravagante Auswahl von zwölf mediterran-asiatischen Tapas mit Apfelkuchen und Zimteis zum Abschluss.

Das entspannende Interieur mit Blick auf den Strand bietet ein luxuriöses Ambiente. Dank der Cocktails und der sehr aufmerksamen Bedienung verweilen die meisten Gäste länger. Das Restaurant und der Strand weiter vorne sind auch seit Langem ein beliebter Treffpunkt für die schwule Community von Torre.

Casa Juan FISCH & MEERESFRÜCHTE €€
(☎ 952 37 35 12; www.losmellizos.net; Calle San Ginés 20, La Carihuela; Hauptgerichte 14–22 €; ⌚ Di–Sa 13–16.30 & 20–24 Uhr, So 13–16.30 Uhr) Das Casa Juan wurde schon in den 1950er-Jahren eröffnet. Im berühmtesten Meeresfrüchterestaurant am La Carihuela gibt's jeden Tag frischen Fisch. Sonntags kommen scharenweise *malagueños* zum Essen her. Das Lokal besteht inzwischen aus vier Speisebereichen. Eigentlich kann man also nichts falsch machen, wenn man bei der Bestellung ein wenig aufpasst: Bei einigen Fischsorten wird der Preis nach Gewicht berechnet, und das kann schnell teuer werden.

Ausgehen & Unterhaltung

Boomerang BAR
(☎ 665 455318; www.facebook.com/boomerang.torremolinos.bar; Plaza Tientos, Torremolinos; ⌚ 19–2 Uhr) Dank der internationalen, schwulen Anhängerschaft ist in dieser superfreundlichen Bar im Pueblo-Blanco-Viertel von Torremolinos immer was los. Tolle Mixgetränke und der hübsche Innenhof mit Springbrunnen laden dazu ein, sich unter die Leute zu mischen und bis spät in die Nacht zu bleiben.

Clarence Jazz Club JAZZ
(☎ 951 91 80 87; www.clarencejazzclub.com; Calle Danza Invisible 8, Torremolinos; ⌚ Mi & Do 17–2, Fr & Sa bis 4, So bis 24 Uhr) In dem beliebten Club, der kürzlich in geräumigen, brandneuen

Räumlichkeiten in Torremolinos wiedereröffnet wurde, wird an fünf Abenden in der Woche Livemusik gespielt. Es stehen regelmäßig Jamsessions, Piano-Jazz-Abende und Konzerte von internationalen Künstlern auf dem Programm.

Praktische Informationen

Die zentrale **Touristeninformation** (☎ 951 95 43 79; www.turismotorremolinos.es; Plaza de Andalucía, Torremolinos; ⌚ 9.30–18 Uhr) befindet sich im Stadtzentrum. Außerdem gibt's an der **Playa Bajondillo** (⌚ 10–14 Uhr) und am **La Carihuela** (Playa Carihuela ⌚ 10–14 Uhr) Infostände.

An- & Weiterreise

BUS

Avanzabus/Portillo (☎ 955 03 86 65; http://malaga.avanzagrupo.com) steuert Málaga (1,50 €, 20 Min., 21-mal tgl.), Marbella (3,40 €, 30 Min., 13-mal tgl.) und Ronda (11,15 €, 2½ Std., 6-mal tgl.) an.

ZUG

Renfe-*cercanías*-Züge fahren von 5.20 bis 23.30 Uhr alle 20 Minuten von Málaga (2,55 €, 18 Min.) nach **Torremolinos** (Avenida Palma de Mallorca 53) und **Arroyo de la Miel-Benalmádena** (Avenida de la Estación 3) und weiter bis zur Endstation Fuengirola (2,55 €, 22 Minuten).

Fuengirola

80 309 EW.

Fuengirola ist eine überfüllte Strandstadt voller zweckmäßiger Apartmentgebäude, doch auch nach einem halben Jahrhundert der ungezügelten Bebauung hat es sich einige erfreuliche Eigenschaften bewahrt. Da wäre der 7 km lange Strand, den eine maurische Burg aus dem 10. Jh. ziert. Außerdem leben in der Stadt viele Ausländer, von denen sich hier viele in den 1960er-Jahren niederließen – und die geblieben sind (ja, man sieht vor Ort nicht wenige graue Pferdeschwänze).

Feste & Events

Feria del Rosario KULTUR

(⌚ 6.–12. Okt.) Zu Fuengirolas *feria*, der wohl größten und besten an der Costa del Sol, gehört auch eine *romería* (religiöse Pilgerwanderung), bei der die Einheimischen aufs *campo* (Land) ziehen, wo es dann Flamenco, Paella und *cerveza* (Bier) gibt. In der Hauptkirche wird am 6. Oktober eine Flamenco-Messe gehalten, gefolgt von Trinkgelagen und Tanz in den Straßen, wobei die meisten Frauen in traditionellen Flamenco-Trachten kommen.

Essen

★ Arte y Cocina MEDITERRAN €€

(☎ 952 47 54 41; Calle Cervantes 15; Hauptgerichte 12–22 €; ⌚ Di–Do & So 18.30–22.30, Fr & Sa 19–23 Uhr; ✎) Das italienisch inspirierte Essen in diesem Lokal auf der Restaurantmeile von Fuengirola ist so erfrischend wie die Einrichtung. Es gibt kunstvoll dargebotene Vorspeisen von handgemachten Ricotta-Spinat-Tortelli bis hin zu cremigem Steinpilz- oder Meeresfrüchte-Risotto, gefolgt von Lammkoteletts in Honig-Rosmarin-Marinade oder Tagliata vom Rind.

La Cepa Playa FISCH & MEERESFRÜCHTE €€

(☎ 692 623296; www.lacepaplaya.com; Paseo Marítimo; raciones 9–15 €; ⌚ 10.30–19 Uhr) La Cepa, ein *chiringuito* in der Nähe des Hafens, ist schon seit 1959 im Geschäft, als Fuengirola sowohl politisch als auch wirtschaftlich noch eine andere Welt war. Die Auswahl an Fisch und Meeresfrüchten ist überwältigend: Garnelen, Sardellen, Tinten- und Schwertfisch, Mies- und Venusmuscheln, Kalmar, Sardinen und Seehecht – und das ist noch nicht alles! Auch die Paella schmeckt richtig lecker.

Praktische Informationen

Touristeninformation (☎ 952 46 74 57; http://turismo.fuengirola.es; Paseo Jesús Santos Rein 6; ⌚ Mo–Fr 9.30–18, Sa & So 10–14 Uhr; 📶) Liegt einen Block nordöstlich vom Bahnhof.

An- & Weiterreise

AUTO & MOTORRAD

Eine mautpflichtige Straße (AP7) verbindet Fuengirola mit Estepona (12,90 €) und ist eine gute Alternative zur Küstenstraße N340, auf der man langsamer vorwärtskommt.

BUS

Avanzabus/Portillo bietet Verbindungen nach Málaga (2,35–3,35 €, 30–60 Min., stdl.), Estepona (5,95 €, 1 Std., 9-mal tgl.) und Marbella (2,25–3,40 €, 30 Min., 13-mal tgl.). Der **Busbahnhof** Fuengirola (Calle Alfonso XIII) liegt einen halben Block vom Bahnhof entfernt.

ZUG

Die **Züge** (Avenida Jesús Santos Rein) von Renfe *cercanías* fahren von 6.20 bis 12.40 Uhr alle 20 Minuten nach Málaga (4,10 €, 45 Min.) und halten u. a. am Flughafen und in Torremolinos (2,55 €, 25 Min.).

Mijas

82 742 EW. / 428 M

Mijas' Geschichte bringt die der Costa del Sol auf den Punkt. Das ursprünglich bescheidene Dorf ist heute der reichste Ort der Provinz. Seit es anspruchsvolle, freigeistige Künstler und Schriftsteller in den 1950er- und 1960er-Jahren für sich entdeckten, hat es sich über die umliegenden Hügel und bis zur Küste ausgedehnt, behielt aber den traditionellen Charme des ursprünglichen *pueblo* (Dorfes).

Die Einwohner sind zu mindestens 40% Ausländer. Zur Gemeinde gehören auch Mijas Costa und La Cala de Mijas an der Küste südwestlich von Fuengirola

Sehenswertes & Aktivitäten

In Mijas beginnen zahlreiche Wanderwege. Karten gibt's in der Touristeninformation (S. 192). Wer fit ist, kann auf einer gut markierten Route den **Pico Mijas** (1151 m) besteigen. Die Tour dauert hin und zurück 5 Stunden und ist ziemlich anstrengend.

Virgen de la Peña HISTORISCHER ORT
(Avenida Virgen de la Peña; ⌚9.30–18 Uhr) Am *ayuntamiento* (Rathaus) vorbei geht's zu einer Grotte. Hier soll die Jungfrau Maria 1586 zwei Kindern erschienen sein, die von einer Taube hergeführt wurden. In der Höhle oben auf den Felsen stehen ein mit Blumen geschmückter Altar vor einem Bild der Jungfrau sowie religiöse Gewänder und Silberarbeiten in Vitrinen. Ein ergreifender Ort – trotz der vielen Besucher.

Centro de Arte Contemporáneo de Mijas MUSEUM
(CAC; www.cacmijas.info; Calle Málaga 28; Erw./Kind 3 €/gratis; ⌚Mo–Sa 10–18 Uhr) Das Museum ist zwar winzig, beherbergt jedoch die zweitgrößte Picasso-Keramiksammlung der Welt. Darüber hinaus gibt's Bronzefiguren, Glaswaren, Flachreliefs, Stiche und Lithografien von Salvador Dalí sowie einen Saal für Wechselausstellungen.

Küstenwanderweg WANDERN
(Playa La Luna, La Cala de Mijas, Mijas Costa; 🐾) Eine 6 km lange Holzpromenade von La Cala de Mijas nach Calahonda lädt zu einem angenehmen Spaziergang an der Küste ein. Der gewundene Wanderweg führt an verschiedenen *chiringuitos* (Strandbars), ruhigen Buchten und felsigen Landzungen vorbei. Er befindet sich in Mijas Costa, 20 km südwestlich der Bergstadt Mijas.

Schlafen

Casa Tejón APARTMENTS €
(☎661 669469; www.casatejon.com; Calle Málaga 15; 2-Personen-Apt. pro Tag/Woche 50/325 €; 📶) Die kleinen Apartments wirken mit ihrem bunten Mischmasch aus Möbeln und Stoffen sehr heimelig. Sie liegen um einen kleinen Innenhof herum, der mit roten Topfgeranien geschmückt ist. Das Casa Tejón befindet sich mitten im Zentrum des Dorfes, praktischerweise betreiben die Besitzer gleich nebenan eine Bar mit Restaurant.

TRH Mijas HOTEL €€€
(☎952 48 58 00; www.trhhoteles.com; Calle Tamisa 2; Zi. 170–195 €; P ❄ 📶 🏊) Hoch oben auf einem Hügel außerhalb des Dorfes Mijas thront das TRH Mijas. Zu den Highlights des Hotels zählen der außergewöhnliche Blick auf die Costa del Sol von der langen Barterrasse aus, der große Außenpool und das neu renovierte Guinda-Spa mit Massagen und vielen weiteren Anwendungen. Die Nachteile? Die weitläufige Anlage kann etwas institutionell wirken, wenn die Reisebusse anrollen.

Essen & Ausgehen

Alboka Gastrobar INTERNATIONAL €€
(☎952 48 68 24; www.facebook.com/albokagastrobar; Avenida Virgen de la Peña 6; Tapas 3–4,50 €, Hauptgerichte 9–17 €; ⌚Fr–Mi 12–24 Uhr) Nur einen Katzensprung vom zentralen Platz von Mijas entfernt, bietet das Alboka eine von der Fusion-Küche inspirierte Speisekarte mit kreativ zubereiteten spanischen Klassikern (galizischer Oktopus mit Mango und Himbeer-Coulis) und internationalen Speisen (Gemüselasagne, marokkanisch gewürzte Hühnerspieße). Das alles gibt's in einem eleganten Raum mit gepolsterten Bänken, zusammengewürfelten Vintage-Stühlen und einem bunt gemischten Soundtrack, der von Tango, Jazz und Sitar bis zu Piaf, Dylan und Johnny Cash reicht.

Aroma Café & Secret Garden INTERNATIONAL €€
(☎952 59 03 93; www.aromacafeandsecretgarden.com; Calle San Sebastián 8; Hauptgerichte 12–25 €; ⌚12–13 Uhr) Das Haus stammt von 1872, noch interessanter ist aber der „gehei-

me Garten“ an der Rückseite: ein himmlisches Fleckchen für ein Abendessen im Schatten alter Orangen-, Feigen- und Olivenbäume. Der Brunnen wurde zu Zeiten der Mauren ausgehoben. Jeden Abend wird (bei gutem Wetter) argentinisches Barbecue angeboten, es gibt aber auch traditionelle Tapas, Salate, Pasta und Meeresfrüchte.

Museo del Vino WEINBAR
(www.museovinomijas.com; Calle San Sebastián 14; ⏲12–16 & 19–23 Uhr) In der schönsten Straße des Dorfes befindet sich das Museo del Vino, das eher eine Weinbar als ein Museum ist, auch wenn es Literatur und Fotos zum regionalen Weinbau bietet. Auffallender ist die unglaubliche Anzahl von Flaschen an den Wänden. Dank der günstigen Degustationsmenüs kann man zahlreiche Weine probieren, zusammen mit Schinken, Käse und anderen Häppchen.

Praktische Informationen

Touristeninformation Mijas (☎952 58 90 34; http://turismo.mijas.es; Plaza Virgen de la Peña; ⏲Mo–Fr 9–18, Sa & So 10–14 Uhr) Hilfsbereite Touristeninformation mit kostenlosem Kartenautomat im Freien.

An- & Weiterreise

Bus M112 verkehrt viermal täglich von/nach Málaga (2,35 €, 1–1¼ Std.) und der M122 fährt halbstündlich nach Fuengirola (1,55 €, 25 Min.). Wer mit dem Auto anreist, kann im zentral gelegenen zehnstöckigen Parkhaus von Mijas (1 €/Tag) ein Schnäppchen schlagen.

Marbella

143 386 EW.

Wie die meisten Städte an diesem Küstenstreifen hat die Hochburg des Bling-Bling an der Costa del Sol zwei Seiten. Im Zentrum der touristischen Aufmerksamkeit steht die „Goldene Meile“, eine extravagante Aneinanderreihung schillernder Clubs, schicker Restaurants und teurer Hotels, die sich bis nach Puerto Banús erstreckt, dem schrillsten Jachthafen an der Küste, wo schwarz getönte Mercedes an vor Anker liegenden Luxusjachten entlangfahren.

Doch Marbella hat auch andere weniger offensichtliche Attraktionen zu bieten. Die umliegende Natur, die von den schönen Bergen der Sierra Blanca geschützt wird, ist einfach herrlich, und auch der überraschend hübsche *casco antiguo* (Altstadt) mit seinen zahlreichen Gässchen und gepflegten Blumenkästen kann sich sehen lassen.

Lange bevor Marbella Golfspieler, Superreiche und lateinamerikanische Diktatoren im Ruhestand anlockte, war es die Heimat von Phöniziern, Westgoten, Römern und Mauren. Es ist ein großes Vergnügen, sich während des Aufenthalts in dieser modernen Stadt auf die Spuren ihrer Vergangenheit zu begeben.

Sehenswertes & Aktivitäten

Wie aus dem Bilderbuch wirkt die dicht bebaute Altstadt mit ihren blendend weißen Häusern, engen, oft verkehrsfreien Gassen und Balkonen voller Geranien. Ein Vormittag oder Abend vergeht wie im Flug bei der Erkundung der Cafés, Restaurants, Bars, Designer-, Antiquitäten- und Kunsthandwerksgeschäfte.

Plaza de los Naranjos PLATZ
Das Zentrum von Marbellas *casco antiguo* bildet die 1485 angelegte, außerordentlich hübsche Plaza de los Naranjos mit tropischen Pflanzen, Palmen, Orangenbäumen und den – wie immer – überteuerten Bars.

Museo Ralli MUSEUM
(www.museoralli.es; Urbanización Coral Beach; ⏲Di–Sa 10–15 Uhr) GRATIS Dieses großartige private Kunstmuseum stellt in hellen, gut beleuchteten Galerien Werke von hauptsächlich lateinamerikanischen und europäischen Künstlern aus. Es gehört zu einer gemeinnützigen Stiftung, die vier weitere Museen betreibt (in Chile, Uruguay und Israel). Die vielfältigen, regelmäßig wechselnden Ausstellungen umfassen u.a. Skulpturen von Salvador Dalí, lebhafte zeitgenössische Gemälde der argentinischen Surrealistin Alicia Carletti und des peruanischen Künstlers Herman Braun-Vega sowie Werke von Schwergewichten wie Joan Miró, Henry Moore und Giorgio de Chirico. Das Museum liegt 6 km westlich vom Zentrum von Marbella in der Nähe von Puerto Banús.

Aventura Amazonia ABENTEUERSPORT
(☎952 83 55 05; www.aventura-amazonia.com; Avenida Valeriano Rodriguez 1; Erw./Kind 24/22 €; ⏲Di–Fr 10–18, Sa & So bis 19 Uhr; 👪) Insgesamt 24 Seilrutschen bilden sechs verschiedene „Abenteuerrouten“; die längste davon ist 240 m lang. Auch für die Kleinsten ist mit einem Abenteuerspielplatz gesorgt. Und Eltern, die schnell eine Runde zwischen den Baumwipfeln hindurchsausen wollen, kön-

nen den Nachwuchs in die Kinderbetreuung geben.

Schlafen

Hostal El Gallo HOSTAL €

(952 82 79 98; www.hostalelgallo.com; Calle Lobatas 46; EZ/DZ ab 40/55 €;) Die traditionelle spanische Bar mit ein paar Zimmern darüber ist im teuren Marbella so etwas wie ein ungeschliffener Diamant. Sie befindet sich in einer schmalen Straße mit weiß getünchten Häusern, Blumenkästen und traditionellem Charme, wird von einer gastfreundlichen Familie geführt und bietet alles, was man für einen komfortablen, aber preisgünstigen Aufenthalt benötigt.

★ **Claude** BOUTIQUE-HOTEL €€€

(952 90 08 40; www.hotelclaudemarbella.com; Calle San Francisco 5; Zi. 257–410 €;) Das frühere Sommerhaus der Frau von Napoleon III. befindet sich im ruhigeren oberen Teil der Stadt und hat seine opulente Einrichtung modernisiert, um ein Hotel zu schaffen, das den Ansprüchen einer Kaiserin des 21. Jhs. genügen würde. Die Originalarchitektur des Prachthauses wie die mit Bögen und schönen Säulen geschmückten Innenhöfe wurden geschickt mit zeitgenössischen Elementen kombiniert. Die Badewannen mit Löwenfüßen und die Kristallleuchter unterstreichen das klassisch-historische Flair.

Essen

Marbella hat eine schier unendliche Zahl an Restaurants und es würde Jahre dauern, sie alle zu besuchen. Die (überhöhten) Preise der Altstadtrestaurants sind auf Touristen ausgerichtet. Eine Ausnahme bildet die schmale Calle San Lázaro nahe der Plaza de los Naranjos: Hier findet man viele hervorragende Tapas-Bars mit einheimischen Stammgästen.

El Estrecho TAPAS €

(www.barelestrecho.es; Calle San Lázaro 12; Tapas 2,50–5 €, raciones 8–12 €; Mo–Sa 12–24 Uhr) *Estrecho* (eng) beschreibt perfekt die winzige Seitengasse, in der sich diese großartige, 1954 gegründete kleine Tapas-Bar verbirgt. Die traditionellen Tapas sind die größte Attraktion. Sie reichen von *albóndigas* (Fleischbällchen) über gebratenen Fisch bis zu *carne mechada* (langsam geschmortes Schweinefleisch), *salmorejo* (dicker Gazpacho nach Córdoba-Art) und Meeresfrüchtesalat.

Mia Café TAPAS €

(952 76 66 75; Calle Remedios 7; Tapas 2 €; 12–24 Uhr;) In versteckter Lage an einem schönen Altstadtplatz liegt dieser einladende, neue Laden, dessen preisgünstige, hausgemachte Tapas (6 für 10 €) sehr beliebt sind, darunter vegane, vegetarische und glutenfreie Speisen. An einem der kleinen Mosaiktische kann man Salate, Mini-Burger, Tortilla española mit Spinat und ein Glas Wein genießen, während man die Leute im Herzen der Fußgängerzone von Marbella beobachtet.

Garum INTERNATIONAL €€

(952 85 88 58; www.garummarbella.com; Paseo Marítimo; Hauptgerichte 12–23 €; 12–23.30 Uhr;) Das Garum ist in finnischem Besitz und hat eine traumhafte Lage direkt an der „Goldenen Meile" gegenüber vom Strand. Die Speisekarte wird vor allem diejenigen glücklich machen, die Lust auf abwechslungsreiche Gourmetgerichte haben. Es gibt Suppe mit Räucherkäse, marokkanische Hühnchen-Samosas und Falafel aus roten Linsen.

★ **The Farm** SPANISCH €€€

(952 82 25 57; www.thefarm-marbella.com; Plaza Altamirano 2; Hauptgerichte 14–23 €; 12–23 Uhr;) Zunächst einmal ist dies keine Farm, sondern ein außergewöhnlich hübsches Restaurant in der Altstadt Marbellas, das mit einem Innenhof, einer Terrasse und einem Speiseraum samt moderner „Chill-out"-Atmosphäre aufwartet. Das Essen ist allerdings tatsächlich frisch vom Bauernhof und umfasst eine großartige Auswahl an festen Menüs mit Bio-Zutaten, darunter vegetarische Gerichte und Kinderteller. Über gelegentliche Flamenco-Shows informiert der Kalender auf der Website.

Ausgehen & Nachtleben

Die lebendigsten Bars und das wildeste Nachtleben findet man zuverlässig rund 7 km westlich von Marbella in Puerto Banús, vor allem rund um den kleinen Puerto Deportivo. Im Sommer öffnen dort auch Strandclubs.

Astral Coctelería COCKTAIL-BAR

(www.astralmarbella.es; Muelle de Levante, Puerto Banús; So–Do 10–24, Fr & Sa bis 1 Uhr) Wer an der Costa del Sol am liebsten farbenfrohe Cocktails an einem palmengesäumten Strand schlürfen möchte, ist hier richtig. In der Bar in Puerto Banús herrscht eine ausgelassene, lebhafte Atmosphäre. Der Barbereich ist so gestaltet, dass er wie das Deck eines großen Dreimasters aussieht.

Nikki Beach CLUB
(http://marbella.nikkibeach.com; Don Carlos Hotel, Carretera de Cádiz, Km 192; April–Okt. 12 Uhr–spät;) Auf den weißen Sofas dieses Clubs mit Blick auf die Brandung kann man erstklassige Tapas und Live-Musik oder einen mitreißenden DJ-Mix genießen. Das Nikki Beach gilt als feste Größe in der glamourösen Clubszene der Stadt: Also rein ins beste Party-Outfits, Schuhe putzen und Nase hoch – das ist genau die richtige Einstellung für diese Location.

Shoppen

Déjà Vu VINTAGE
(952 82 55 21; www.vintagemarbella.com; Calle Pedraza 8; Mo–Fr 11–15 & 17.30–21, Sa 12–15 Uhr) Die Adresse schlechthin für Designer- und Luxus-Vintage-Mode – von Chanel-Anzügen aus den 1960ern bis zu klassischen Dreiteilern von Yves Saint Laurent. Außerdem: Accessoires, Schmuck und wahrhaft erstaunliche Hüte.

Praktische Informationen

Touristeninformation (952 76 87 07; www.turismo.marbella.es; Plaza de los Naranjos; Mo–Fr 8–20.30, Sa & So 10–17 Uhr, Juli & Aug. bis 21 Uhr) Jede Menge Faltblätter und ein guter Stadtplan. Weitere Touristeninformationen befinden sich am Paseo Marítimo und in Puerto Banús.

An- & Weiterreise

AUTO & MOTORRAD

Marbellas Straßen sind vom Verkehr verstopft und Parkplätze am Straßenrand extrem rar. Die zentralste Tiefgarage liegt an der Avenida del Mar (pro Std./Tag 2,10/16,80 €). Kostenlose freie Parkplätze gibt's in der Calle Juan Alameda und der Avenida Dr. Maíz Viñals entlang des Parque de la Represa.

BUS

Der **Busbahnhof** (952 82 34 09; Avenida del Trapiche) befindet sich 1,5 km nördlich der Altstadt direkt an der *autovía* A7 (mautfreie Schnellstraße).

Avanzabus/Portillo (S. 190) bietet Busverbindungen nach Fuengirola (3,40 €, 30 Min., 4-mal tgl.), Estepona (3,35–4,50 €, 30–40 Min., stdl.), Málaga (6,50–8,85 €, 45 Min.–1½ Std., halbstdl.) und Ronda (6,85 €, 1½ Std., 9-mal tgl.).

Estepona

68 286 EW.

Vor fast 50 Jahren war dies einer der ersten Urlaubsorte für ausländische Touristen und Einwanderer. Trotz der Bebauung ringsum herrscht in der Altstadt noch immer eine gemütliche, altmodische Atmosphäre. Das ist auch kein Wunder, schließlich liegen Esteponas Wurzeln im 4. Jh. Während der maurischen Ära, also Jahrhunderte später, war die Stadt aufgrund ihrer strategischen Nähe zur Straße von Gibraltar ein wichtiges, wohlhabendes Handelszentrum.

Esteponas Promenade wird immer länger und reckt sich gen Marbella. Das Herzstück ist der schöne Strand Playa de la Rada. Der Puerto Deportivo bildet den Mittelpunkt des Nachtlebens, vor allem am Wochenende, und eignet sich auch hervorragend für Wassersport.

Sehenswertes

Orchidarium GÄRTEN
(951 51 70 74; www.orchidariumestepona.com; Calle Terraza 86; Erw./Kind 3/1 €; Di–Fr 9–14 & 15–18, Sa 10–14 & 15–18, So 10–14 Uhr) In einem eleganten Gebäude mit Glaskuppel, inmitten einer üppigen Landschaft beherbergt das Orchidarium von Estepona 1500 Orchideenarten – die größte Sammlung in Europa – sowie 5000 subtropische Pflanzen, Blumen und Bäume und einen beeindruckenden künstlichen Wasserfall. Diese reizvolle Oase mitten in der Stadt eignet sich ideal für einen Nachmittagsspaziergang.

Schlafen & Essen

In Estepona gibt's einige gute Restaurants, besonders in der Altstadt und am Hafen. Die traditionellen Lokale sind in der Regel die beste Wahl – einfach dem Duft von frisch gefangenem Fisch und dem Klang von schnell gesprochenem Spanisch folgen.

Hotel Boutique Casa Veracruz BOUTIQUE-HOTEL €€
(951 46 64 70; www.hotelboutiquecasaveracruz.com; Calle Veracruz 22; DZ 79–115 €;) Die Bezeichnung „Boutique" wird diesem Hotel nicht wirklich gerecht. Mit seinem kleinen Innenhof, dem plätschernden Brunnen, den prächtigen Gemälden und den stilvollen antiken Möbeln ist es wie ein kleines Stück historisches Sevilla, das an die Costa del Sol versetzt wurde – und das alles zu einem sehr günstigen Preis. Zu

den Extras gehören Nespresso-Maschinen, reichhaltige kontinentale Frühstücksvarianten sowie kostenloser Tee, Kaffee und Süßigkeiten, die den ganzen Tag über erhältlich sind.

★ La Escollera FISCH & MEERESFRÜCHTE €
(☎ 952 80 63 54; Puerto Pesquero; Hauptgerichte 8–14 €; ⏲ Di–Sa 13–16.30 & 20–23.30, So 13–16.30 Uhr) Eingeweihte Einheimische – von biertrinkenden Hafenarbeitern bis hin zu Familien, die Erstkommunion feiern – strömen in dieses Restaurant am Hafen, wo es die wohl frischesten und besten Meeresfrüchte der Stadt gibt. Die Atmosphäre ist angenehm geschäftig und schnörkellos mit Plastiktischdecken und Papiertüchern. Aber wen interessiert's, wenn der Fisch so gut schmeckt und das Bier so kalt ist?

La Cocina SPANISCH €€
(☎ 952 79 63 20; www.facebook.com/Restauranteytapaslacocina; Calle Blas Ortega 19; Tapas 2,50–4 €, raciones 10–18 €; ⏲ Di–Do 13–16 & 19.30–23.30, Fr–So bis 24 Uhr) Das Cocina, halb Restaurant, halb Tapas-Bar, serviert köstliche Variationen spanischer Klassiker wie *pulpo a la gallega* (Tintenfisch nach galicischer Art) und *gambas pil pil* (würzige Garnelen mit Knoblauch). Besonders charmant sind die *botica* mit ungezwungenem Ambiente und gekacheltem Innenraum und die hohen Tische auf einem verkehrsberuhigten Platz gegenüber der Kirche Nuestra Señora de los Remedios.

Venta García EUROPÄISCH €€
(☎ 952 89 41 91; Carretera de Casares, Km 7; Hauptgerichte 12–20 €; ⏲ Di–Sa 12.30–16 & 19.30–22.30, So 12.30–16.30 Uhr; P) Neben köstlichen Gerichten aus regionalen Produkten bietet das Venta Garcia sußerdem eine herrliche Aussicht auf die Landschaft. Der Schwerpunkt liegt auf Fleisch vom Wild (mit einer Soße aus roten Früchten) und vom Schwein: Montes de Málaga ist eine regionale Variante von Schweinefleisch mit Paprika, Spiegelei und Pommes frites. Das Restaurant liegt an der Straße nach Casares, 7 km von Estepona entfernt. Am Wochenende sollte man reservieren.

Ausgehen & Nachtleben

Die beste Gegend für einen Barbesuch am späten Abend ist der Puerto Deportivo. Im Sommer öffnen auch Strandclubs ihre Pforten. Auf Flyer achten, um rauszufinden, was wo los ist.

★ Siopa CAFÉ
(www.facebook.com/siopaestepona; 80 Calle Real; ⏲ 19 Uhr–spät) Die winzige Bar-Café-Kombination in einer Fußgängerzone nahe dem historischen Zentrum hat sich auf Craft-Bier in Flaschen spezialisiert. Sie ist in irischem Besitz, doch die typischen Motive irischer Pubs sieht man hier nicht. Stattdessen sind auf einer Tafel über 40 Craft-Biere und fast genauso viele Ginsorten aufgelistet. Zudem gibt's hier den besten Kaffee der Stadt.

Praktische Informationen

Touristeninformation (☎ 952 80 80 81; www.estepona.es; Plaza de las Flores; ⏲ Mo–Fr 9–15, Sa 10–14 Uhr) An einem historischen Platz bietet die Touristeninformation Faltblätter und einen guten Stadtplan.

Anreise & Unterwegs vor Ort

Entlang der Avenida España gibt's mehrere gut ausgeschilderte Parkmöglichkeiten, darunter das zentral gelegene Parkhaus Paseo Marítimo (pro Stunde/Tag 2,10/17 €).

Der **Busbahnhof** (Avenida Litoral) liegt 2 km östlich des Stadtzentrums neben dem Palacio de Exposiciones y Congresos. Busse von Avanza/Portillo (S. 190) fahren über ein Dutzend Mal am Tag nach Marbella (ab 3,35 €, 30–45 Min.) und Málaga (ab 9,25 €, 1¼–2 Std.).

DAS LANDESINNERE

Ronda

33 877 EW. / 744 M

Ronda ist eine wuchtige Stadt, erbaut zu beiden Seiten einer riesigen Schlucht, die vom Río Guadalevín in die Berge geschnitten wurde. In seiner dramatischen Geschichte wimmelt es von Gesetzlosen, Banditen, Guerillakriegern und Rebellen. Die spektakuläre Lage oberhalb der Schlucht El Tajo und der Status als größtes weißes Dorf Andalusiens haben Ronda bei Touristen unglaublich beliebt gemacht, was angesichts seiner bescheidenen Größe besonders bemerkenswert ist. Der moderne Stierkampf wurde hier im späten 18. Jh. praktisch erfunden. Noch bekannter wurde die Stadt durch ihre enge Verbindung zu zwei europabegeisterten Amerikanern, dem Schriftsteller Ernest Hemingway (einem Stierkampfenthusiasten) und Orson Welles, dessen Asche in der Stadt beigesetzt wurde.

Ronda

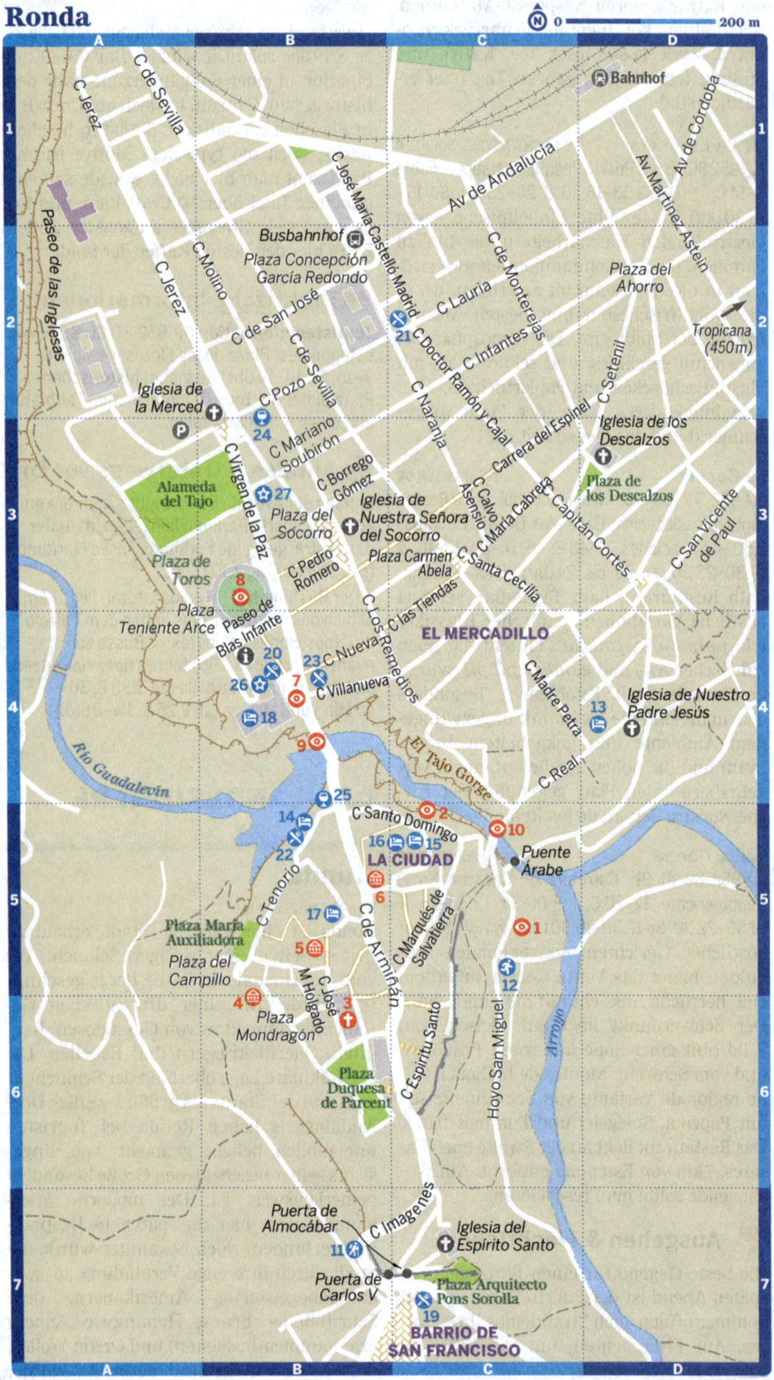
0
200 m
A
B
C
D
1
2
3
4
5
6
7
Bahnhof
C de Sevilla
C Jerez
Av de Córdoba
Av de Andalucía
Av Martínez Astein
C José María Castelló Madrid
Paseo de las Inglesas
Busbahnhof
Plaza Concepción García Redondo
C Molino
C Jerez
C de San José
C de Montereja
C Lauria
Plaza del Ahorro
Tropicana (450m)
21
C Infantes
C de Sevilla
C Doctor Ramón y Cajal
Iglesia de la Merced
C Pozo
24
C Mariano Soubirón
C Naranja
Carrera del Espinel
C Setenil
Iglesia de los Descalzos
C Borrego Gómez
Alameda del Tajo
27
C Virgen de la Paz
Iglesia de Nuestra Señora del Socorro
Plaza del Socorro
C Calvo Asensio
C María Cabrera
C Capitán Cortés
Plaza de los Descalzos
C San Vicente de Paul
Plaza de Toros
8
C Pedro Romero
Plaza Carmen Abela
C Santa Cecilia
Plaza Teniente Arce
Paseo de Blas Infante
C las Tiendas
EL MERCADILLO
20
23
C Nueva
C Los Remedios
26
7
C Villanueva
C Madre Petra
13
Iglesia de Nuestro Padre Jesús
18
9
Río Guadalevín
El Tajo Gorge
C Real
25
14
C Santo Domingo
2
10
16
15
22
LA CIUDAD
Puente Árabe
C Tenorio
6
17
C de Armiñán
C Marqués de Salvatierra
1
Plaza María Auxiliadora
5
12
Plaza del Campillo
C José M Holgado
4
3
Plaza Mondragón
C Espíritu Santo
Hoyo San Miguel
Arroyo
Plaza Duquesa de Parcent
C Imágenes
Puerta de Almocábar
Iglesia del Espíritu Santo
11
Puerta de Carlos V
Plaza Arquitecto Pons Sorolla
19
BARRIO DE SAN FRANCISCO

Ronda

Sehenswertes		16 Hotel Ronda Nuevo	C5
1 Baños Árabes	C5	17 Hotel Soho Boutique Palacio San Gabriel	B5
2 Casa del Rey Moro	C5	18 Parador de Ronda	B4
3 Iglesia de Santa María La Mayor	B6	**Essen**	
4 Museo de Ronda	B6	19 Almocábar	C7
5 Museo Joaquín Peinado	B5	20 Bardal	B4
6 Museo Lara	B5	21 Bodega San Francisco	C2
7 Plaza de España	B4	22 Restaurante Albacara	B5
8 Plaza de Toros	B3	23 Tragatá	B4
9 Puente Nuevo	B4	**Ausgehen & Nachtleben**	
10 Puente Viejo	C5	24 Entre Vinos	B2
Aktivitäten, Kurse & Touren		25 Tabanco Los Arcos	B4
11 Sendero Los Molinos	B7	**Unterhaltung**	
12 Spa-Hammam Aguas de Ronda	C5	26 El Quinqué	B4
Schlafen		27 Ronda Guitar House	B3
13 Aire de Ronda	D4		
14 Hotel Montelirio	B5		
15 Hotel Ronda	C5		

Rondas Altstadt liegt südlich der Schlucht. Sie stammt überwiegend aus maurischen Zeiten, als Ronda ein bedeutendes Kulturzentrum voller Moscheen und Paläste war. Die gitterförmig angelegte „Neustadt" im Norden steht auf steilen Felsen; von ihren Parks und Promenaden bieten sich prächtige Ausblicke auf die Berge der Umgebung.

Sehenswertes

La Ciudad, die historische Altstadt auf der Südseite der El-Tajo-Schlucht, ist mit ihrer noch immer spürbaren Geschichte, ihren Renaissance-Herrenhäusern und den vielen Museen eine stimmungsvolle Gegend für Spaziergänge. In der neueren Stadt, wo Busse und Bahnen ankommen, findet man die berühmte Stierkampfarena und den grünen Park Alameda del Tajo. Drei Brücken führen über die Schlucht und verbinden Alt- und Neustadt.

Plaza de Toros SEHENSWERTES GEBÄUDE

(Calle Virgen de la Paz; 8 €, mit Audioguide 9,50 €; April–Sept. 10–20 Uhr, März & Okt. bis 19 Uhr, Nov.–Feb. bis 18 Uhr) Die Plaza de Toros, eine der ältesten Stierkampfarenen Spaniens, hat schon über 200 Jahre auf dem Buckel und war Schauplatz einiger der bedeutendsten Ereignisse in der Geschichte des Stierkampfs. Bei einem Besuch kann man mehr über diese tief verwurzelte spanische Tradition erfahren, ohne selbst einem Stierkampf beizuwohnen. Das dazugehörige Museo Taurino ist vollgestopft mit Erinnerungsstücken, darunter blutbespritzte Matadorenkostüme von dem Star der 1990er-Jahre, Jesulín de Ubrique. Es gibt auch Kunst von Picasso und Fotos berühmter Fans wie Orson Welles und Ernest Hemingway.

Das von Martín Aldehuela errichtete Bauwerk wird vor allem für seine sanften Sandsteinfarben und die Bogengalerien bewundert. Mit seinen 66 m Durchmesser ist es die größte und deswegen auch gefährlichste Arena Spaniens. Dennoch hat sie nur Platz für 5000 Zuschauer – verschwindend wenig im Vergleich zu den 50 000 Plätzen der riesigen Stierkampfarena in Mexiko-Stadt. Hinter der Plaza de Toros eröffnet sich vom Paseo de Blas Infante und dem benachbarten Park Alameda del Tajo ein spektakulärer Blick von den Klippen.

Puente Nuevo BRÜCKE

(Neue Brücke; Informationszentrum Erw./erm. 2,50/2 €; Informationszentrum Mo–Fr 10–18, Sa & So bis 15 Uhr) Rondas markanteste Attraktion, der hohe Puente Nuevo, führt über die dramatische Schlucht des Río Guadalevín (Tiefer Fluss). Seinen Namen erhielt er nicht, weil er besonders neu ist (mit dem Bau wurde 1759 begonnen), sondern weil er jünger ist als der **Puente Viejo** (Alte Brücke). Weiter unten befindet sich ein eher unscheinbares Informationszentrum, das die Geschichte der Brücke dokumentiert. Einen besseren Blick genießt man von weiter oben oder vom Sendero Los Molinos (S. 199), der am Grund der Schlucht entlangführt. Die Brücke trennt Alt- und Neustadt.

ABSTECHER

PARQUE NATURAL SIERRA DE LAS NIEVES

Südöstlich von Ronda erstreckt sich der praktisch unbewohnte Parque Natural Sierra de las Nieves, bekannt für die seltene Spanische Tanne (*pinsapo*), seine großen Höhlen und seine abwechslungsreiche Tierwelt, darunter 1000 Alpensteinböcke und verschiedene Adlerarten. Der Schnee (*nieve*), nach dem die Berge benannt sind, fällt meist zwischen Januar und März. **El Burgo**, ein abgelegenes, aber reizvolles Dorf 10 km nördlich von Yunquera an der A366, dient als guter Startpunkt für Erkundungstouren in den Osten und Nordosten des Parks. Der Kurort **Tolox**, 35 km südöstlich von El Burgo, ist ebenfalls eine gute Option.

Durch den Park führen verschiedene Wanderwege. Die spannendste Wanderung ist der Aufstieg zum **Torrecilla** (1918 m), dem höchsten Gipfel Westandalusiens. Los geht's am Área Recreativa Los Quejigales, das sich 10 km östlich von der A376 Ronda-San Pedro de Alcántara befindet und über einen Schotterweg erreichbar ist. Die 12 km von Ronda entfernte Abzweigung ist ausgeschildert. Von Los Quejigales marschiert man 470 m recht steil bergauf durch die **Cañada-de-los-Cuernos-Schlucht** mit ihren stillen Tannenwäldern bis zum Höhenpass **Puerto de los Pilones**. Nach einer relativ ebenen Strecke sind es nochmals 230 m steil hinauf zum Gipfel, der eine herrliche Aussicht bietet. Die Wanderung dauert fünf bis sechs Stunden hin und zurück und ist einfach bis mittelschwer.

In **Yunquera** gibt's eine **Touristeninformation** (☎ 663 346620; www.sierranieves.com; Calle del Pozo 17, Yunquera; ⌚ Sa 10.30–14 & 18–20, So 10.30–14 Uhr), weitere Touristeninformationen findet man in Tolox und El Burgo. Auch in der Touristeninformation in Ronda (S. 202) dürfte es etwas Material über den Park geben.

Autobuses Paco Pepe (☎ 952 23 12 00; www.grupopacopepe.com) bietet bis zu drei tägliche Verbindungen vom Busbahnhof Ronda (S. 202) zu den Dörfern El Burgo (3,50 €, 45 Min.) und Yunquera (3,50 €, 1 Std.).

Casa del Rey Moro GÄRTEN
(Haus des Maurischen Königs; ☎ 617 610808; www.casadelreymoro.org; Calle Cuesta de Santo Domingo 9; Erw./erm. 6/3 €; ⌚ Mai–Sept. 10–21.30 Uhr, Okt.–April bis 20 Uhr) Die Terrassengärten führen zu La Mina, einer maurischen Treppe mit fast 200 Stufen. Diese wurde bis zum Fluss am Grund der Schlucht in den Felsen gehauen und diente der Wasserversorgung bei einem Angriff der Stadt. Über sie drangen 1485 auch die christlichen Truppen ein. Vorsicht: Der Treppengang ist dunkel und an manchen Stellen steil und glitschig.

Baños Árabes HISTORISCHE STÄTTE
(Arabische Bäder; Calle San Miguel; 3,50 €, Di gratis; ⌚ ganzjährig Sa & So 10–15 Uhr, April–Sept. Mo–Fr bis 19 Uhr, Okt.–März Mo–Fr bis 18 Uhr) Diese arabischen Bäder aus dem 13. Jh. liegen direkt am Fluss Ronda und gehören zu den am besten erhaltenen in ganz Andalusien. Sie verfügen über Hufeisenbögen, Säulen sowie klar getrennte heiße und kalte Thermalbereiche. Dank eines hervorragenden zehnminütigen Videos (auf Spanisch und Englisch) erhält man eine gute Vorstellung davon, wie die Bäder in ihrer Blütezeit aussahen. Einen angenehmen Spaziergang vom Stadtzentrum entfernt.

Plaza de España PLATZ
Den Hauptplatz der Stadt machte Hemingway mit seinem Roman *Wem die Stunde schlägt* berühmt. In Kapitel 10 erzählt er, wie zu Beginn des Spanischen Bürgerkrieges die „Faschisten" einer Kleinstadt im *ayuntamiento* zusammengetrieben und verprügelt wurden und zwischen zwei Reihen von Stadtbewohnern einen Spießrutenlauf über sich ergehen lassen mussten, ehe sie von einer Klippe geworfen wurden. Diese Episode beruht auf Ereignissen, die sich hier auf der Plaza de España zutrugen. Das damalige *ayuntamiento* ist heute Rondas *parador* (S. 200).

Museo Lara MUSEUM
(☎ 952 87 12 63; www.museolara.org; Calle de Armiñán 29; Erw./Kind 4/2 €; ⌚ Juni–Okt. 11–20 Uhr, Nov.–Mai bis 19 Uhr) In diesem verrückten, überladenen Museum wird die Privatsammlung von Juan Antonio Lara Jurado gezeigt, der sich bereits seit seinem zehnten Lebensjahr als Sammler betätigt. Heute, im

Alter von über 80, lebt er noch immer über dem Museum. Hier findet man alles, was das Herz begehrt: unbezahlbare historische Uhren, Waffen, Radios, Grammofone, Nähmaschinen, Telefone, Schreibmaschinen, Tabakspfeifen, Operngläser, spanische Fächer, Waagen, Kameras, Kutschen und vieles, vieles mehr.

Iglesia de Santa María La Mayor KIRCHE
(Calle José M Holgado; Erw./Kind 4,50/2 €; ⌚ April–Sept. 10–20 Uhr, März & Okt. bis 19 Uhr, Nov.–Feb. bis 18 Uhr, So 12.30–14 Uhr geschl.) Rondas ursprüngliche Moschee wurde in diese elegante Kirche verwandelt. Im Eingangsbereich befindet sich ein Bogen voll arabischer Inschriften, ehemals ein Teil des *mihrab* (Gebetsnische in Richtung Mekka). Der Innenraum des Gotteshauses, das zu einem nationalen Denkmal erklärt wurde, ist ein Sammelsurium von dekorativen Stilen und Ornamenten. Ein gewaltiges zentrales Chorgestühl aus Zedernholz teilt den Sakralbau in zwei Abschnitte: Der Adel saß vorne, alle anderen hinten.

Museo de Ronda MUSEUM
(Palacio Mondragón, Plaza Mondragón; 3,50 €; ⌚ April–Sept. Mo–Fr 10–19, Sa & So bis 15 Uhr, Okt.–März kürzere Öffnungszeiten) Das etwas in die Jahre gekommene Stadtmuseum präsentiert Artefakte und Informationen aus mehreren Jahrtausenden andalusischer Geschichte. Noch interessanter könnte manchem die palastartige Umgebung erscheinen. Das Gebäude wurde 1314 für Abomelic, den Herrscher von Ronda, errichtet und besitzt noch immer einen mit Säulen versehenen Innenhof im Mudejarstil. Von dort führt ein Hufeisenbogen zu einem Klippengarten mit Springbrunnen und herrlicher Aussicht.

Museo Joaquín Peinado MUSEUM
(☎ 952 87 15 85; www.museojoaquinpeinado.com; Plaza del Gigante; Erw./erm. 4/2 €; ⌚ Mo–Fr 10–17, Sa bis 15 Uhr) Der in Ronda geborene Künstler Joaquín Peinado war ein Freund und Zeitgenosse von Picasso. Dies spiegelt sich auch in seinen Werken wider, für die starke abstrakte Linien, Anklänge an den Kubismus und eine scheinbare Besessenheit von weiblichen Akten charakteristisch sind. Fast 200 von Peinados Werken sind im Palacio Marqueses de Moctezuma aus dem 18. Jh. ausgestellt, einem typisch andalusischen Gebäude mit elegant-minimalistischem Interieur.

Aktivitäten

Spa-Hammam Aguas de Ronda HAMMAM
(☎ 627 596847; www.hammamaguasderonda.com; Calle Molino de Alarcón; Bäder 18 €, mit Massage 23 €; ⌚ Mo 12–20, Di–Do 10–21, Fr & Sa 10–22 Uhr) Wie zahlreiche andere andalusische Städte hat auch Ronda einen eigenen Hammam im maurischen Stil eröffnet. Den zweistündigen Aufenthalt sollte man im Voraus buchen; auch Massagen sind möglich.

Wandern

Am Rand der Stadt beginnen mehrere gut markierte Wanderwege, die zwischen 2,45 und 9,1 km lang sind. Wer nur Zeit für eine Wanderung hat, entscheidet sich am besten für den **Sendero Los Molinos**, der hinunter zur Mündung der Schlucht führt und einen herrlichen Blick zurück auf den Puente Nuevo bietet.

In der Touristeninformation (S. 202) sind die Wanderkarte Serranía de Ronda 1:45.000 (5 €), herausgegeben von Colecciones Topográficas de Andalucía, sowie ähnliche Karten für die nahegelegenen Sierra de Grazalema und Sierra de las Nieves erhältlich.

Klettern

Serranía de Ronda hat mehr als ein halbes Dutzend *vie ferrate* (gesicherte Klettersteige) geschaffen. Die beiden beliebtesten befinden sich am oberen Ende der Stadt. Der **Tajo de Ronda I**, der 56 m die Schlucht hinaufführt, ist als schwierig eingestuft. Der parallel dazu verlaufende **Tajo de Ronda II** gilt als einfach und eignet sich ideal für Anfänger. Mehrere Anbieter, darunter **Andalucía Aventura** (☎ 627 100469; www.alandalusactiva.com), bieten geführte Klettersteigtouren ab etwa 30 € an.

Schlafen

Ronda verfügt über ein paar der schönsten, historisch interessantesten und preiswertesten Unterkünfte der gesamten Provinz Málaga, ja sogar ganz Spaniens. In der ersten Maihälfte und von Juli bis September vorab reservieren.

★ **Aire de Ronda** BOUTIQUE-HOTEL €€
(☎ 952 87 59 82; www.airederonda.com; Calle Real 25; Zi. 125–170 €; P 📶) Dieses Hotel liegt in einem besonders ruhigen Teil der Stadt und gehört zu jenen, die außen alt, innen aber supermodern sind – das ist etwas, das Spanien richtig gut kann. Die eleganten, mini-

malistischen Zimmer sind komplett in Schwarz und Weiß gehalten, die großartigen Bäder mit ebenerdigen Duschen sind mit glänzenden Mosaiken aus silbernen oder goldenen Kacheln geschmückt. In einem romantischen Pärchenzimmer trennt eine Glasscheibe die Dusche vom Schlafbereich.

★ Hotel Soho Boutique Palacio San Gabriel
HOTEL €€

(☎952 19 03 92; www.sohohoteles.com; Calle Marqués de Moctezuma 19; Zi. mit Frühstück ab 129 €; ❄ 📶) Trotz des neuen Managements durch eine Hotelkette hat dieses gewichtige historische Gebäude seinen alten Charme bewahrt. Es bietet viele Antiquitäten und verblichene Fotos, die einen Einblick in Rondas Geschichte liefern – Stierkampf, Berühmtheiten, alles ist dabei. Farne hängen an der ausladenden Mahagonitreppe und es gibt ein Billardzimmer sowie einen gemütlichen Aufenthaltsraum voller Bücher. Im DVD-Zimmer stehen zehn mit Samt bezogene Sitze, die aus dem Theater von Ronda gerettet wurden.

Hotel Ronda
BOUTIQUE-HOTEL €€

(☎952 87 22 32; www.hotelronda.net; Ruedo Doña Elvira 12; EZ/DZ 53/70 €; ❄ 📶) Blumenkästen mit Geranien und eine weiß getünchte Fassade im *pueblo*-Stil schmücken das Hotel, das – für Ronda – recht schlichte moderne Zimmer hat. Lebendige Farben und abstrakte Bilder setzen Akzente. Mehrere Zimmer schauen auf den hübschen Mina-Garten gegenüber. Zu diesem Preis ist es ein Schnäppchen. Weiter die Straße hoch liegt das brandneue Partnerhotel **Ronda Nuevo** (☎952 87 22 32; Ruedo Doña Elvira 6; Zi. 100–160 €; ❄ 📶) mit drei geräumigen, modernen Zimmern.

Parador de Ronda
HOTEL €€€

(☎952 87 75 00; www.parador.es; Plaza de España; Zi. 143–326 €; P ❄ 📶 🏊) Große schimmernde Marmorflächen und tiefe Polstermöbel verleihen diesem modernen *parador* ein gewisses Etwas, in erster Linie dreht sich hier jedoch alles um die Aussicht. Von der Terrasse lässt sich der Blick auf die tiefe Schlucht bei einem Kaffee oder einem Glas Wein besonders gut genießen – am besten abends.

Hotel Montelirio
HOTEL €€€

(☎952 87 38 55; www.hotelmontelirio.com; Calle Tenorio 8; Zi. 132–190 €; ❄ 📶 🏊) Die Aussicht vom Montelirio, das direkt am Rand der El-Tajo-Schlucht liegt, ist einfach magisch. Der umgebaute *palacio* wurde behutsam renoviert. Die Zimmer sind luxuriös, und in der Lounge, die auf eine Terrasse mit Tauchbecken führt, wurde die herrliche Mudejardecke erhalten. Auch das hoteleigene **Restaurante Albacara** (☎952 16 11 84; www.hotelmontelirio.com/restaurant; Calle Tenorio 8; Hauptgerichte 19–25 €; ⏲12.30–16 & 19.30–23 Uhr) lohnt sich.

Essen

Typisch für Ronda ist die deftige Bergküche mit einem Schwerpunkt auf Eintöpfen (*cocido, estofado* oder *cazuela*), *trucha* (Forelle), *rabo de toro* (Ochsenschwanz) und Wild wie *conejo* (Kaninchen), *perdiz* (Rebhuhn) und *codorniz* (Wachtel).

Bodega San Francisco
TAPAS €

(www.bodegasanfrancisco.com; Calle Comandante Salvador Carrasco; Tapas 1–2 €, raciones 6–10 €; ⏲Fr–Mi 12–17 & 19–24 Uhr) Eine der günstigsten und spanischsten Tapas-Bars in Ronda wartet mit einer bemerkenswerten Auswahl an preiswerten Tapas sowie zahlreichen gegrillten Fleischgerichten und iberischem Schinken auf. Nördlich des Zentrums.

Tragatá
TAPAS €€

(☎952 87 72 09; www.tragata.com; Calle Nueva 4; Hauptgerichte 12–25 €; ⏲13.15–15.45 & 20–23 Uhr; 📶) Ein kleiner Außenposten von Rondas neuem Gourmet-Guru Benito Gómez, dem Inhaber des nahegelegenen Bardal (S. 201). Im Tragatá kommen die Gäste in den Genuss seiner *cocina alta* (Haute Cuisine) – und das zu einem Bruchteil des Preises. Zu den Gerichten, die für wahre Geschmacksexplosionen sorgen, gehören u. a. Tomatensalat mit Minze und Basilikum, japanische Tatakis oder Schweinefüßchen und -schnauze.

Tropicana
ANDALUSISCH €€

(☎952 87 89 85; www.facebook.com/tropicanaronda; Ecke Avenida Málaga & Calle Acinipo; Hauptgerichte 12–20 €; ⏲Mi–So 12.30–15.30 & 19.30–22 Uhr) Obwohl etwas abseits in der Neustadt gelegen, genießt das Tropicana dank seiner zertifizierten Bio-Zutaten einen sehr guten Ruf. Das kleine, aber schön eingerichtete Restaurant hat das Flair eines modernen Bistros.

★ Almocábar
ANDALUSISCH €€

(☎952 87 59 77; Calle Ruedo Alameda 5; Tapas 2 €, Hauptgerichte 15–25 €; ⏲Mi–Mo 12.30–

16.30 & 20–23 Uhr) Als Tapas werden u. a. *montaditos* (belegte Brotscheiben) mit verschiedenen Köstlichkeiten wie Entenbrust und Chorizo gereicht. Hauptgerichte gibt's in dem eleganten Speisesaal, wobei der Schwerpunkt auf Fleisch liegt – Kaninchen, Truthahn, Lamm und Rind werden auf einem heißen Stein am Tisch zubereitet. Im Obergeschoss befindet sich eine Bodega; für Gruppen ab acht Personen können Weinproben mit Abendessen arrangiert werden (ca. 50 € pro Pers.).

Bardal GEHOBENE KÜCHE €€€

(☎ 951 48 98 28; www.restaurantebardal.com; Calle José Aparicio 1; 15-/19-Gänge-Verkostungsmenü 115/140 €; ⏲ Di–Sa 12–16.30 & 20–23.30 Uhr) Wer im Bardal, dem Vorzeigerestaurant von Starkoch Benito Gómez, speisen möchte, muss vorab reservieren. Das verblüffende 15- bis 19-Gänge-Menü ist eine kulinarische Reise mit Austerneintopf, gelber Tomaten-Gazpacho, geeistem Apfelwasser, Seeteufel-Foie-gras und anderen ungewöhnlichen Gerichten. Auf ein paar Überraschungen einstellen!

Ausgehen & Unterhaltung

Rondas Flamenco-Szene ist traditionell eher ruhig, erlebte jedoch in den vergangenen Jahren durch die Eröffnung mehrerer ganz unterschiedlicher Veranstaltungsorte einen Aufschwung.

★ **Entre Vinos** WEINBAR

(Calle Pozo 2; ⏲ Di–Sa 12.30–16.30 & 20–24.30 Uhr; 📶) Die kleine, stilvolle Weinbar mit Sichtmauerwerk und Holzvertäfelung wird vor allem von Einheimischen besucht. Hier kann man wunderbar Weine der Umgebung probieren, begleitet von ausgezeichneten preiswerten und kreativen Tapas.

Tabanco Los Arcos WEINBAR

(Calle Armiñán 6; ⏲ Di–So 12.30–23.30 Uhr) Unter Bögen und neben der berühmten Brücke von Ronda gelegen, bietet sich die Weinbar für eine entspannte Pause am Nachmittag an. Von den Tischen im hinteren Bereich genießt man eine tolle Aussicht und die Erzeugnisse Dutzender regionaler Weinkellereien zusammen mit einem leckeren Tapas-Mix.

Ronda Guitar House KONZERTSAAL

(☎ 951 91 68 43; www.rondaguitarhouse.com; Calle Mariano Soubirón 4; Tickets 15 €; ⏲ Konzerte 19 Uhr) Dieser kleine Veranstaltungssaal unterscheidet sich ein wenig von den üblichen Flamenco-Lokalen. Anstelle großer Shows finden Gitarrenkonzerte statt. Der Virtuose Paco Seco bedient viele akustische Genres: Klassik, Flamenco, Jazz oder eine Mischung aus allen drei. Am gleichen Ort findet im Sommer auch das jährliche **Ronda Guitar Festival** (www.rondaguitarfestival.com; ⏲ Juni) statt.

ABSEITS DER ÜBLICHEN PFADE

CUEVA DE LA PILETA

20 km südwestlich von Ronda la Vieja befinden sich einige der ältesten und faszinierendsten Höhlen Andalusiens. Bei den Führungen mit Fackeln in den dunklen Bauch des Höhlensystems sieht man steinzeitliche Malereien von Pferden, Ziegen und Fischen von vor 20 000 bis 25 000 Jahren. Wunderschöne Stalaktiten und Stalagmiten tragen das Ihrige dazu bei. Die geführten Touren werden von englischsprachigen Mitgliedern der Familie Bullón geleitet, deren Ururgroßvater die Malereien 1905 entdeckte.

Die Tatsache, dass die Höhlen nicht kommerziell genutzt werden, ist ein echter Pluspunkt. Obwohl die Familie mit der Instandhaltung zu kämpfen hat, will sie dem Druck der örtlichen Behörden, die Höhlen der Verwaltung zu überlassen, nicht nachgeben.

Wer mit öffentlichen Verkehrsmitteln anreist, fährt am besten ins Dorf Benaoján nahe der **Cueva de la Pileta** (☎ 666 741775; www.cuevadelapileta.org; Benaoján; Erw./Kind 10/6 €; ⏲ Touren Mai–Sept. 10–13 & 16–18 Uhr, Okt.–April bis 17 Uhr). Die Höhlen liegen 4 km südlich des Dorfes, etwa 250 m von der Straße Benaoján–Cortes de la Frontera entfernt. Vom Dorf aus benötigt man ein eigenes Fahrzeug oder geht zu Fuß. Die Abzweigung ist ausgeschildert. Benaoján wird von zwei Los-Amarillos-Bussen (Mo–Fr) und von bis zu vier Zügen täglich von/nach Ronda angefahren. Die Wanderwege verbinden Benaoján mit Ronda und den Dörfern im Guadiaro-Tal.

El Quinqué LIVESHOW
(☎633 778181; Paseo de Blas Infante; Tickets 12–21 €; ⏱Shows Di–So 14 & 20.30 Uhr) Eine gute Wahl für eine traditionelle Flamenco-Show mit den drei Elementen Gesang, Gitarre und Tanz. Die Eintrittspreise für die 45-minütigen Mittagsshows sind sehr günstig. Abendvorstellungen sind doppelt so lang. Speisen und Getränke gibt's im Bar-Restaurant.

Praktische Informationen

Touristeninformation (☎952 18 71 19; www.turismoderonda.es; Paseo de Blas Infante; ⏱Mo–Fr 9.30–18, Sa bis 17, So bis 14.30 Uhr) Gegenüber der Plaza de Toros bekommt man Infos über die Stadt und die Region.

Anreise & Unterwegs vor Ort

AUTO & MOTORRAD

Es gibt mehrere Tiefgaragen, die 2,40 € pro Stunde oder 18 € pro Tag kosten. Einige Hotels bieten Parkmöglichkeiten für ihre Gäste an, außerdem findet man am Stadtrand kostenlose Straßenparkplätze.

BUS

Vom **Busbahnhof** (Plaza Concepción García Redondo 2) fährt **Comes** (☎956 80 70 59; www.tgcomes.es) nach Cádiz (18 €, 3½ Std.). **Damas** (☎959 25 69 00; www.damas-sa.es) verkehrt über Algodonales (3,60 €, 40 Min.) und Grazalema (3 €, 50 Min.) nach Sevilla (12,75 €, 1¾–2¾ Std.). **Avanzabus/Portillo** (☎912 72 28 32; www.avanzabus.com) bietet täglich vier Verbindungen nach Málaga (12,70 €, 2¾–3 Std.) und acht nach Marbella (6,85 €, 1¼ Std.).

FAHRRAD

Fahrräder können bei **Cycle Ronda** (☎654 869946; www.cycleronda.com; 3-Tage-Verleih Hybrid/Rennrad/E-Bike 60/75/95 €) oder **CenterBikes** (☎951 46 95 03; www.centerbikes.com; Calle Sevilla 50; Fahrradverleih pro Tag 20 €; ⏱Mo–Fr 10–14 & 17–20.30, Sa 10–14 Uhr) gemietet werden.

ZUG

Rondas **Bahnhof** (☎952 87 16 73; www.renfe.com; Avenida de Andalucía) liegt an der Strecke zwischen Bobadilla und Algeciras. Von hier verkehren Züge über Gaucín und Jimena de la Frontera nach Algeciras (11,50–20,10 €, 1½–2 Std., 5-mal tgl.). Die Strecke ist eine der schönsten in Spanien, allein wegen der Aussicht lohnt die Fahrt. Außerdem gibt's Verbindungen nach Málaga (12 €, 2–2¾ Std., 1-mal tgl.), Madrid (55,70 €, 4 Std., 3-mal tgl.) und Granada (16,65 €, 2½–3 Std., 3-mal tgl.). Wer nach Sevilla will, muss in Bobadilla oder Antequera-Santa Ana umsteigen. Vom Bahnhof ist es bis zu den meisten Unterkünften nicht mal 1 km. Ein Taxi kostet um die 7 €.

Serranía de Ronda

Die Serranía de Ronda, die sich im Süden und Südosten Rondas erstreckt, mag zwar nicht die höchste oder dramatischste Berglandschaft Andalusiens sein, gehört aber definitiv zu den hübschesten. Jede der Straßen durch die Bergkette zwischen Ronda und der südlichen Provinz Cádiz, Gibraltar oder der Costa del Sol ist malerisch. Zu den schönsten Zwischenstopps zählen Cortés de la Frontera mit Blick auf das Guadiaro-Tal, und Gaucín, von wo die Aussicht über das Genal-Tal bis zur Sierra Crestellina reicht.

Im Westen und Südwesten von Ronda liegen die wildere Sierra de Grazalema und der Naturpark Los Alcornocales. Hier locken jede Menge Wander- und Radfahrmöglichkeiten. In der Region wurden mehr als zehn Klettersteige erschaffen, weshalb die Gegend zu einem der besten Gebiete Spaniens für Klettersteigtouren gehört. Die Touristeninformation (S. 202) in Ronda hat genauere Informationen zu Outdoor-Aktivitäten und Karten.

Acinipo ARCHÄOLOGISCHE STÄTTE
(www.facebook.com/acinipoenclavearqueologico) GRATIS Etwa 20 km nordwestlich von Ronda befindet sich abseits der A374 in ruhiger Lage die römische Stätte Acinipo bei Ronda la Vieja. Bis auf das teilweise rekonstruierte Theater ist diese zwar völlig verfallen, aber dennoch ein wunderbar verwilderter Ort mit einem fantastischen Ausblick auf die Landschaft. Besucher können eine Stunde zwischen den verfallenen Steinen vertrödeln und darüber rätseln, wo die verschiedenen Bäder und Foren einst standen. Die Öffnungszeiten variieren von Monat zu Monat; mehr Infos gibt's auf der Facebook-Seite.

★ **El Molino del Santo** HOTEL €€€
(☎952 16 71 51; www.molinodelsanto.com; Estación de Benaoján, Benaoján; mit Frühstück DZ 139–199 €, Suite 219 €; ⏱März–Nov.; P ❄ 📶 🏊) Neben dem gut ausgeschilderten Bahnhof Benaoján thront dieses Hotel, das in britischem Besitz ist und sich in fantastischer Lage an einem rauschenden Fluss befindet. Einst diente das Hauptgebäude als Olivenmühle. Die Zimmer liegen in einem hübschen Garten und haben eigene Terrassen

ABSTECHER

GAUCÍN

Gaucín ist ein malerisches weißes Dorf am Rande des Gebirgszugs Serranía de Ronda mit einem Blick bis nach Gibraltar und Marokko. Bis Ende der 1970er-Jahre war der Ort verarmt, wurde dann jedoch nach und nach von Freigeistern und Künstler entdeckt, vornehmlich aus dem kühleren Norden Europas. Seither hat er sich zu einer Künstlerkolonie gemausert.

Darüber hinaus eignet sich Gaucín hervorragend für die Vogelbeobachtung. Überall in den engen, gewundenen Gassen gibt's praktische Infotafeln zu Vögeln und wer in den Himmel schaut, sieht dort Geier und Zwergadler kreisen.

Das Dorf liegt an der Buslinie Ronda–Algeciras, die von Comes einmal täglich in beide Richtungen bedient wird. Es gibt zudem auch einen winzigen Bahnhof, der dreimal täglich von Ronda aus angefahren wird (6,25 €, 45 Min.). Allerdings sind es von dort in den Ort selbst noch einmal 25 Minuten bergauf mit dem Taxi.

In einem Fotoalbum ist die liebevolle Restaurierung des kleinen Hotels **La Fructuosa** (☎ 617 692784; www.lafructuosa.com; Calle Luís de Armiñán 67; Zi. mit Straßen-/Talblick ab 70/90 €; ❄ 📶) durch die belgischen Besitzer dokumentiert; bei Interesse einfach danach fragen. Die ursprünglichen Merkmale wurden so weit wie möglich beibehalten. Freiliegende Steine, Originalbalken, Terrakottafliesen und Antiquitäten aus dunklem Holz vervollständigen das edle, rustikale Ambiente. Im Erdgeschoss neben dem Frühstücksraum befindet sich eine herrliche Terrasse mit malerischem Talblick.

Das hoteleigene **Restaurant** (Hauptgerichte 12–20 €; ⏲ Mo, Di, Fr & Sa 8–22, Mi ab 19.30, So 13–15 Uhr), das in einer ehemaligen Bodega mit historischer Weinpresse untergebracht ist, serviert eine kreative Auswahl an Speisen von Fenchelvelouté mit gerösteten Pistazien über Spargel- und Zitronenrisotto bis zu geschmortem Lamm mit marokkanischen Gewürzen. Am besten kommt man mittwochabends her, wenn Tapas und Livemusik ein einheimisches Publikum anlocken, sowie gelegentlich sonntagabends, wenn Gastköche für spezielle internationale Abendessen eingeladen werden.

oder Balkons. Einheimische lieben das Restaurant, in dem moderne internationale Gerichte zubereitet werden.

El Chorro

50 km nordwestlich von Málaga bahnt sich der Río Guadalhorce seinen Weg durch die großartige **Garganta del Chorro** (Chorro-Schlucht). Die auch Desfiladero de los Gaitanes genannte Schlucht ist etwa 4 km lang, bis zu 400 m tief und an manchen Stellen nur 10 m breit. Ihre steilen Wände und andere Felsen in der Nähe sind ein Magnet für Kletterer. Auf die Kalksteinklippen führen Hunderte mit Haken versehene Steige. Größter Ort der Gegend ist Ardales (2700 Ew.), doch die meisten Besucher steigen im Dorf El Chorro ab, wo es einen Bahnhof, Wanderwege und ein gutes Hotel als Ausgangspunkt gibt. 6 km westlich liegt der friedliche **Embalse del Conde del Guadalhorce**, ein riesiger, die Landschaft dominierender Stausee und guter Angelgrund für Karpfen. Hier beginnt auch der legendäre und vor Kurzem erneuerte Wanderweg Caminito del Rey (S. 204). Die gesamte Gegend ist ein Naturschutzgebiet.

Sehenswertes & Aktivitäten

Bobastro RUINEN

(3 €; ⏲ April–Okt. Mo–Fr 10–15, Sa & So bis 18 Uhr, Nov.–März Di–Fr 10–15, Sa & So bis 17 Uhr) Bobastro war im 9. Jh. die Bergfestung des Rebellen Omar ibn Hafsun, der eine anhaltende Revolte gegen die Herrschaft Córdobas anführte. Zu einem bestimmten Zeitpunkt kontrollierte er ein Gebiet, das sich von Cartagena bis zur Straße von Gibraltar erstreckte. Man vermutet, dass er vor seinem Tod im Jahr 917 vom Islam zum Christentum konvertierte (damit wurde er ein sogenannter Mozaraber) und hier beerdigt wurde. Als Córdoba Bobastro 927 eroberte, wurden die sterblichen Überreste des armen Kerls zu einer grausigen posthumen Kreuzigung vor die Mezquita von Córdoba gebracht.

Vom El-Chorro-Dorf aus fährt man die andere (westliche) Seite des Tals hinauf und nimmt nach 3 km die ausgeschilderte Abzweigung nach Bobastro auf der linken Seite. Der Ticketschalter befindet sich weitere

NICHT VERSÄUMEN

EL CAMINITO DEL REY

El Caminito del Rey (Der Königspfad; www.caminitodelrey.info; selbstgeführter/geführter Besuch 10/18 €; ⏲ April–Okt. Di–So 9.30–17 Uhr, Nov.–März bis 15 Uhr) erhielt seinen Namen, nachdem ihn 1921 Alfons XIII. zur Eröffnung des Staudamms Guadalhorce beschritten hatte. Es handelt sich um einen 2,9 km langen Plankenweg, der 100 m oberhalb des Río Guadalhorce an der Felswand verläuft und sich um Felsvorsprünge windet, wobei sich an so ziemlich jeder Biegung ein traumhafter Ausblick eröffnet. Er ist nur von zwei Zugangspunkten im Norden und im Süden aus begehbar, sodass die Gesamtstrecke 7,7 km beträgt.

Der *caminito* war in den späten 1990er-Jahren schon sehr verfallen und galt damals als der gefährlichste Wanderweg der Welt. Im Jahr 2000 wurde er schließlich offiziell geschlossen (auch wenn sich einige Tollkühne noch immer darauf wagten). Nach einer umfangreichen, 5,5 Millionen Euro teuren Restaurierung wurde er im März 2015 wiedereröffnet. Heute ist er sicher und für alle Besucher geeignet, die einigermaßen schwindelfrei sind, und zählt zu den Top-Attraktionen Andalusien.

Der Plankenweg besteht aus Holzbohlen und an einigen Abschnitten kann man darunter noch den alten baufälligen Weg erkennen. Folgen kann man ihm nur in eine Richtung (von Nord nach Süd) und es ist sehr ratsam, vorher online ein Zeitfenster zu buchen. Die Tickets sind oft schon Tage oder sogar Wochen im Voraus ausverkauft.

Vom Bahnhof El Chorro fahren halbstündlich Busse zum Ausgangspunkt des Weges, wo es ein paar Restaurants gibt. Von dort läuft man 2,7 km zum nördlichen Zugang des *caminito*, wo man sein Ticket vorzeigt und einen obligatorischen Schutzhelm bekommt. Am Ende des *caminito* muss man noch 2,1 km vom südlichen Zugangspunkt zurück nach El Chorro laufen. Für die Wanderung und die anschließende Busfahrt sind insgesamt drei bis vier Stunden einzuplanen, denn die Ausblicke sind zum Genießen gedacht.

Wer auf öffentliche Verkehrsmittel angewiesen ist, nimmt am besten den Zug ab Málaga, der zweimal täglich den Bahnhof von El Chorro ansteuert. Autofahrer können an beiden Enden der Schlucht parken und dann den Bus nehmen.

3 km weiter den Hügel hinauf; von hier aus folgt man einem 500 m langen Pfad zu den Überresten einer bemerkenswerten kleinen mozarabischen Kirche, die aus dem Felsen gehauen wurde. Ihre Form ist mit der Zeit so undeutlich geworden, dass es so aussieht, als wäre sie allein vom Wind geformt worden.

Alternativ kann man vom Dorf aus die 4 km nach Bobastro wandern. Dafür nimmt man vom Bahnhof aus die Straße bergab, überquert den Staudamm und biegt nach 400 m am Wegweiser des GR7 links ab. Die ersten 2 km führen steil bergauf, danach wird der Weg flach. Die Aussicht auf die El-Chorro-Schlucht ist einzigartig.

Auf dem Gipfel des Hügels, der sich vom Ticketschalter aus 2,5 km weiter die Straße hoch befindet, locken eine unglaubliche Aussicht und verwitterte Überreste des rechteckigen *alcázar* (maurische Festung) von Omar ibn Hafsun.

Klettern

Andalucia Aventura (www.andalucia-aventura.com; Kletterkurs/Klettersteig pro Pers. ab 55/75 €) organisiert Kletter- und Abseiltouren in verschiedenen Schwierigkeitsstufen – von eintägigen Schnuppertrips (55 €) bis zu einem viertägigen Kurs (ab 250 €, Unterkunft nicht inbegriffen). Auf der Website gibt's einen Kalender mit den geplanten Angeboten, die man online buchen kann.

Der gesicherte Klettersteig **Via Ferrata de los Albercones** liegt nahe dem südlichen Ausgang des Caminito del Rey (S. 204). Er wird als „mittelschwer" eingestuft und umfasst mehrere Brücken, wie man sie im Himalaja findet, sowie eine kurze Seilrutsche. In der Finca La Campana (S. 205) kann man Ausrüstung ausleihen und sich nach geführten Touren erkundigen.

Wandern

Der aufregendste Wanderweg in dieser Gegend (und wahrscheinlich in ganz Spanien) ist der schwindelerregende Caminito del Rey (S. 204).

Am Stausee Conde del Guadalhorce beginnen neben dem **Bar-Restaurante El Kiosko** (☎ 952 11 23 82; www.restauranteelkiosko.com; Parque de Ardales; Hauptgerichte 7,50–13 €; ⏲ 8.30–24 Uhr) mehrere einfache Rundwege, darunter der 4,2 km lange **Sendero del Guaitenejo**, von dem ein Pfad zu einem guten Aussichtspunkt mit Blick auf die Chorro-Schlucht abzweigt.

Ein 4 km langer Wanderweg (einfache Strecke) zu den maurischen Ruinen von Bobastro (S. 203) startet gleich außerhalb des Dorfes El Chorro und folgt dem Fernwanderweg GR7, der ins Dorf Ardales führt.

Der Wanderweg GR248, der nach Süden in die Stadt Álora (17,5 km) führt, verläuft durch El Chorro und ist ab dem Bahnhof deutlich ausgeschildert.

Schlafen & Essen

Finca La Campana HOSTEL, HOTEL €

(☎ 626 963942; www.fincalacampana.com; Camping pro Pers. 9 €, Bett/DZ 14/38 €, 2-/4-/6-Personen-Cottages 56/78/88 €; P) Vom Bahnhof geht's zwar 2 km bergauf, doch die Mühe lohnt sich. Das Campana ist bei Naturfreunden und besonders bei Kletterern sehr beliebt. Es gibt ganz unterschiedliche Übernachtungsmöglichkeiten, darunter Schlafsäle, Doppelzimmer, Zeltstellplätze und Cottages, sowie einen Pool, eine Küche und sogar eine kleine Kletterwand.

Complejo Turístico Rural La Garganta HOTEL €€

(☎ 952 49 50 00; www.lagarganta.com; Barriada El Chorro; Zi. ohne/mit Schluchtblick ab 81/90 €; P) Es ist schon erstaunlich, was man aus einer alten Getreidemühle herausholen kann! Die ehemalige Mühle des La Garganta steht direkt neben dem Bahnhof von El Chorro und beherbergt heute ein nettes Landhotel mit Pool, Restaurant und komfortablen Zimmern, darunter mehrere familienfreundliche Maisonette-Unterkünfte. Der Aufpreis für ein Zimmer mit Schluchtblick lohnt sich.

An- & Weiterreise

Zweimal täglich fahren Züge von Málaga nach El Chorro (6,25 €, 40 Min.) und von dort weiter gen Norden bis nach Sevilla (20,80 €, 2¾ Std.).

Ein Shuttlebus (1,55 €, 20 Min.) verkehrt halbstündlich zwischen dem Bahnhof und dem Ausgangspunkt des Caminito del Rey.

Antequera

41 239 EW. / 577 M

Viele Touristen kommen durch Antequera, den Knotenpunkt Andalusiens, aber nur wenige bleiben länger. Doch wer keine Pause einlegt, verpasst etwas. Die Stadt ruht auf festen Fundamenten: Ihren nördlichen Zugang bewachen zwei Grabkammern aus der Bronzezeit und um ihre prächtige Alcazaba ranken sich maurische Legenden. Das Highlight ist jedoch zweifellos der opulente spanische Barockstil, dem Antequera seinen ganz eigenen Charakter verdankt. Die kommunalen Behörden haben viel dafür getan, den Ort zu restaurieren und zu erhalten. Außerdem gibt's erstaunlich viele Kirchen, nämlich über 30, die innen oft prächtig ausgestattet sind.

Sehenswertes

Die beträchtlichen Überreste der Alcazaba, einer von den Mauren errichteten Burg auf einem Hügel, dominieren das historische Viertel von Antequera und sind vom Stadtzentrum aus leicht zu erreichen (wenn auch bergauf).

★ **Dolmenstätte von Antequera** ARCHÄOLOGISCHE STÄTTE

(Juli–Mitte Sept. Di–Sa 9–15 & 20–22, So 9–15 Uhr, restl. Jahr unterschiedliche Öffnungszeiten) GRATIS Antequeras zwei mit Erde bedeckte Grabkammern, der **Dolmen de Menga** und der **Dolmen de Viera**, wurden in der Bronzezeit um 2500 v. Chr. aus megalithischen Steinen erbaut. Bei ihrer Wiederentdeckung im Jahr 1903 fand man in ihnen die Knochen von mehreren Hundert Menschen. Sie gelten als eines der bedeutendsten neolithischen Bauwerke Europa und gehören seit 2016 zum UNESCO-Welterbe.

Während der Bronzezeit schleppte man für diese Grabkammern Dutzende riesiger Felsplatten von den Hügeln der Umgebung hinab. Einst war das Steingerüst mit Erde bedeckt. Für die damalige Zeit waren die bautechnischen Kenntnisse erstaunlich. Menga, der größere Dolmen, ist 25 m lang sowie 4 m hoch und besteht aus 32 Platten; die schwerste davon wiegt 180 Tonnen. Im Hochsommer geht die Sonne hinter dem Hügel Peña de los Enamorados im Nordosten auf und scheint direkt in die Grabkammer.

Die Dolmen befinden sich 1 km vom Stadtzentrum in einem kleinen bewaldeten Park neben der Straße, die nordostwärts zur A45 führt. Von der zentralen Plaza de San Sebastián geht man die Calle Encarnación hinunter und folgt der Beschilderung. Eine dritte Kammer, der **Dolmen del Romeral** (Cerro Romeral; Mitte Juni–Mitte Sept. Di–So 9–15.30 Uhr, restl. Jahr unterschiedliche Öffnungszeiten) GRATIS, befindet sich 4 km weiter außerhalb der Stadt.

Alcazaba FESTUNG
(Erw./Kind 4/2 €, mit Colegiata de Santa María la Mayor 6/3 €; ⌚10–18 Uhr) Antequeras maurische Festung thront auf einem Hügel und war zu islamischen Zeiten ein Lieblingssitz der Emire von Granada. Sie hat eine faszinierende Geschichte und nimmt eine gewaltige Fläche von 62 000 m^2 ein. Wer sie besuchen möchte, geht von der Plaza de San Sebastián die Treppenstufen der Cuesta de San Judas hoch und tritt dann durch einen eindrucksvollen Torbogen, den **Arco de los Gigantes**. Dieser wurde 1585 gebaut und trug einst riesige Skulpturen von Herkules. Heute sind nur noch die römischen Inschriften auf den Steinen zu sehen.

Im Eintrittspreis ist ein mehrsprachiger Audioguide inbegriffen, der Besucher mit historischen Informationen versorgt und auf gepflegten, von Hecken gesäumten Wegen sowie durch die Überreste einer gotischen Kirche und römischer Behausungen aus dem 6. Jh. führt.

Zudem kann man die 50 Stufen der **Torre del Homenaje** hinaufsteigen, um die tolle Aussicht zu bewundern, vor allem in Richtung Nordosten und zur **Peña de los Enamorados** (Fels der Verliebten) – ein Fels, der im Profil wie ein menschliches Gesicht aussieht und um den sich seit Langem örtliche Legenden ranken.

Colegiata de Santa María la Mayor KIRCHE
(Plaza Santa María; Erw./Kind 3/1,50 €, mit Alcazaba 6/3 €; ⌚10–18 Uhr) Gleich unterhalb der Alcazaba steht die große Colegiata de Santa María la Mayor aus dem 16. Jh. Die Kirche mit dazugehörigem Kolleg spielte in der humanistischen Bewegung Andalusiens im 16. Jh. eine wichtige Rolle. Bemerkenswert sind ihre wunderschöne Renaissancefassade, die reizenden, kannelierten Steinsäulen innen und ein Mudejar-*artesonado* (Decke aus verschlungenem Gebälk mit dekorativen Einfügungen). Vor Ort finden einige hervorragende Konzerte und Ausstellungen statt. Direkt vor dem Eingang liegen die sehenswerten Überreste der römischen Thermen aus dem 3. Jh.

Museo de la Ciudad de Antequera MUSEUM
(Museo Municipal; Plaza del Coso Viejo; ⌚Di–Fr 10–14 & 16.30–18.30, Sa ab 9.30, So 9.30–14 Uhr) GRATIS Das Stadtmuseum im Zentrum von Antequera zeigt eine beeindruckende Sammlung römischer Artefakte aus der Umgebung, darunter Glaswaren, Schmuck, Steinmetzarbeiten und Mosaikfragmente. Größtes Highlight ist die elegante, athletische 1,4 m hohe Bronzestatue des Jungen *Efebo*. Sie wurde in den 1950er-Jahren auf einem Bauernhof in der Umgebung entdeckt und ist möglicherweise das beste in Spanien gefundene Beispiel für römische Bildhauerei.

Iglesia del Carmen KIRCHE
(Plaza del Carmen; 2 €; ⌚Juli–Mitte Sept. Di–Sa 11–13.30 Uhr, restl. Jahr unterschiedliche Öffnungszeiten) Nur vollkommen abgestumpfte Traveller werden nicht von der Iglesia del Carmen und ihrem prachtvollen churrigueresken *retablo* (Altaraufsatz) aus dem 18. Jh. beeindruckt sein. Antonio Primo, ein Sohn der Stadt, schuf die prächtigen Schnitzereien aus Rotkiefer. Geschmückt wird der Altar von Diego Márquez y Vegas Engelfiguren und den Statuen Heiliger, Päpste und Bischöfe aus der Hand José de Medinas. Der Hauptaltar selbst ist nicht bemalt, doch der Rest des Innenraums ist ein wahres Feuerwerk an Farben und Designs, die an traditionelle Kacheln erinnern.

Museo Conventual de las Descalzas MUSEUM
(Plaza de las Descalzas; 3,30 €; ⌚Di–Fr 10–13.30 & 17–19, Sa 9–12 & 17–18.30, So 9–12 Uhr) 150 m östlich des Museo de la Ciudad de Antequera (S. 206) werden im Klostergebäude der Carmelitas Descalzas (Barfüßige Karmeliterinnen) aus dem 17. Jh. die Highlights aus Antequeras reichem Schatz an Sakralkunst präsentiert. Zu den herausragenden Werken gehören Lucas Giordanos Gemälde der hl. Teresa von Ávila (sie hatte im 16. Jh. die Carmelitas Descalzas gegründet), Pedro de Menas Büste der Dolorosa und eine Skulptur der *Virgen de Belén* von La Roldana.

Feste & Events

Die religiösen Prozessionen während der **Semana Santa** (Karwoche; ⌚März/April) gehören zu den traditionellsten in Andalusien. Während der **Real Feria de Agosto** (⌚Mitte Aug.) feiert Antequera die Ernte mit Stierkämpfen, Tänzen und Straßenparaden.

Schlafen & Essen

Zu den Spezialitäten in Antequera zählen *porra antequerana* (eine dicke, köstliche Suppe mit viel Knoblauch, ähnlich wie Gazpacho), das Biskuitdessert *bienmesabe* (wörtlich übersetzt „schmeckt mir gut") und *angelorum* (Süßspeise aus Baiser, Biskuit und Eigelb).

Hotel Coso Viejo HOTEL €
(☎ 952 70 50 45; www.hotelcosoviejo.es; Calle Encarnación 9; Zi. mit Frühstück 42–65 €; P ❄ ☎) Der umgebaute klassizistische Palast aus dem 17. Jh. erhebt sich im Herzen der Stadt gegenüber der Plaza Coso Viejo und dem städtischen Museum (S. 206). Die einfach eingerichteten Zimmer sind um einen ansprechenden Hof mit Springbrunnen angeordnet. Gleich nebenan liegt die Tapasbar mit Restaurant Mesón Las Hazuelas.

Parador de Antequera HISTORISCHES HOTEL €€
(☎ 952 84 02 61; www.parador.es; Paseo García del Olmo 2; DZ 95–160 €; P ❄ ☎ ≋) Der *parador* ist in einem ruhigen Park nördlich der Stierkampfarena nahe dem Busbahnhof zu finden. Das Hotel ist komfortabel eingerichtet und der nette Garten bietet einen traumhaften Ausblick, insbesondere bei Sonnenuntergang.

★ **Arte de Cozina** ANDALUSISCH €€
(☎ 952 84 00 14; www.artedecozina.com; Calle Calzada 27; Tapas 2,80–3,50 €, Hauptgerichte 15–24 €; ⏲ 13–23 Uhr) Bei der Fahrt nach Antequera sind die landwirtschaftlichen Nutzflächen in der Umgebung kaum zu übersehen. In diesem faszinierenden kleinen Hotelrestaurant kommt man in den Genuss der dort angebauten Produkte. Hier hält man sich eisern an die traditionelle Küche und kocht weniger bekannte Spezialitäten Antequeras wie Gazpacho mit grünem Spargel oder *porra* mit Orangen sowie Fleischgerichte wie *lomo de orza* (eingemachte Schweinelende).

Recuerdos Tapas Bodega TAPAS €€
(☎ 951 35 63 65; Calle Laguna 5; Tapas 1,85–3,90 €, raciones 8–16 €; ⏲ 12.30–17 & 20–24 Uhr) Das stilvolle Recuerdos wartet mit einem ungezwungenen Ambiente auf und bietet innovative Hausmannskost, die von einer abwechslungsreichen Auswahl an Weinen und Cocktails begleitet wird. 36 schmackhafte Kreationen wie iberische Schweinelende mit Ananas, hausgemachte Rebhuhnpastete mit Rosmarinöl und Sevilla-Orangenmarmelade sowie Garnelenkrapfen mit Avocado-Aioli werden als Tapas, *medias raciones* und *raciones* angeboten. 10 Gehminuten nördlich der Touristeninformation.

ℹ Praktische Informationen

Städtische Touristeninformation (☎ 952 70 25 05; http://turismo.antequera.es; Calle Encarnación 4; ⏲ Mo–Sa 9.30–19, So 10–14 Uhr) Hilfsbereite Angestellte informieren über die Stadt und das Umland.

ℹ Anreise & Unterwegs vor Ort

AUTO & MOTORRAD

Eine Tiefgarage befindet sich in der Calle Diego Ponce nördlich der Plaza de San Sebastián (pro Std. 1,50 €, 12–24 Std. 18 €).

BUS

Der **Busbahnhof** (Paseo Garcí de Olmo) liegt 1 km nördlich des Zentrums. Alsa (S. 186) bietet Verbindungen nach Sevilla (14 €, 2½ Std., 5-mal tgl.), Granada (9 €, 1½ Std., 5-mal tgl.), Córdoba (11 €, 2 Std. 40 Min., 1-mal tgl.), Almería (23 €, 6 Std., 1-mal tgl.) und Málaga (6 €, 1 Std., 5-mal tgl.)

FAHRRAD

Mit dem Rad lässt sich die Stadt gut erkunden. Wer fit ist, kann in die Berge von El Torcal fahren. **Ciclos 2000** (☎ 695 180706; Calle San José 6; Mountain-/Rennrad pro Tag 10/20 €; ⏲ Mo–Fr 10–14 & 17–21, Sa 10–14 Uhr) verleiht Räder.

TAXI

In der Calle Calzada und der Calle Infante Don Fernando gibt's günstig gelegene Taxistände. Alternativ ruft man bei **Taxi Radio Antequera** (☎ 952 84 55 30) an. Die meisten Fahrten innerhalb der Stadt (z. B. vom Bahnhof zur Alcazaba) kosten nicht mehr als 6 oder 7 €.

ZUG

In Antequera gibt's zwei Bahnhöfe. Der zentralste ist der Bahnhof **Antequera-Ciudad** (Avenida de la Estación), 1,5 km nördlich des Stadtzentrums. Zum Zeitpunkt der Recherche wurde noch an einer neuen Hochgeschwindigkeitsstrecke gearbeitet, die Antequera-Ciudad irgendwann mit Granada verbinden soll. In der Zwischenzeit müssen Zugreisende am Bahnhof **Antequera-Santa Ana**, 18 km nordwestlich der Stadt, aussteigen und mit einem kostenlosen Renfe-Bus weiterfahren.

Von Antequera-Santa Ana verkehren AVE-Hochgeschwindigkeitszüge nach Málaga (27 €, 25 Min., 8-mal tgl.), Córdoba (34 €, 35 Min., 13-mal tgl.) und Madrid (76 €, 2½ Std., 10-mal tgl.).

Während unseres Besuchs war der Zugverkehr von Antequera-Santa Ana nach Granada und Almería aufgrund von Gleisarbeiten an der neuen Hochgeschwindigkeitsstrecke unterbrochen. Renfe bot einen alternativen Busverkehr.

Paraje Natural Torcal de Antequera

Südlich von Antequera erstrecken sich die wunderbar bizarren Felsformationen des Paraje Natural Torcal de Antequera. Das 12 km² große Gebiet aus knorrigem, gezacktem und säulenförmigem Kalkstein entstand vor 150 Mio. Jahren auf dem Boden eines Meeres und ragt nun bis zu 1336 m (El Torcal) hoch. Es überrascht nicht, dass diese übernatürliche Landschaft, in der immer ein frisches Lüftchen weht, zusammen mit den Dolmen von Antequera (S. 205) 2016 zum UNESCO-Welterbe erklärt wurde.

Das tolle Besucherzentrum des Parks ist der Ausgangspunkt mehrerer Wanderwege.

Aktivitäten

Wandern

Es gibt drei markierte Wanderwege, die man ohne Tourguide begehen kann. Die 1,5 km lange **Ruta Verde** (Grüne Route) und die 3 km lange **Ruta Amarilla** (Gelbe Route) beginnen und enden jeweils am **Centro de Visitantes** (952 24 33 24; www.torcaldeantequera.com; April–Okt. 10–19 Uhr, Nov.–März bis 17 Uhr) und führen mitten durch die surrealistische Felsenlandschaft. Aber Achtung, oft muss man von Stein zu Stein springen. Die 3,6 km lange **Ruta Naranja** (Orangene Route) verläuft zwischen dem oberen und unteren Parkplatz, unterhalb der Straße entlang. Leichtere Wege führen zu den *miradores* (Aussichtspunkten) in der Nähe des Centro de Visitantes, etwa 500 m die Straße hinunter.

Auf den anderen Wegen, für die Einschränkungen gelten, werden verschiedene geführte Wanderungen angeboten. Sie dauern etwa drei bis fünf Stunden und sind zwischen 3 und 8 km lang; die Kosten betragen 10 bis 16 € pro Person. Auf der Website des Besucherzentrums werden regelmäßig aktualisierte Routen veröffentlicht. Man sollte im Voraus buchen und unbedingt gute Wanderschuhe anziehen, denn die Wege sind felsig.

Klettern

Im Park befindet sich mit der **Camoro-Route** die älteste *via ferrata* (Klettersteig) Andalusiens. Sie wurde 1999 angelegt und besteht eigentlich aus vier verschiedenen Klettersteigen: Escalenuela, Alto Antigua, Crestera und Techo. Mehrere Anbieter, darunter Andalucia Aventura (S. 204), veranstalten geführte Touren, die im Voraus gebucht werden müssen.

An- & Weiterreise

Nach El Torcal verkehren keine öffentlichen Verkehrsmittel. Wer mit dem Auto unterwegs ist, folgt vom Zentrum Antequeras zunächst der Calle Picadero, die bald in die Straße nach Zalea übergeht. Etwa 1 km weiter weisen Schilder links nach Villanueva de la Concepción. Nach 12 km auf dieser Straße (kurz vor Villanueva) fährt man rechts und 3,75 km bergauf zum Infozentrum. Für Radler ist die Strecke nach oben ziemlich anstrengend, sie werden aber bei der Fahrt hinunter mit fantastischen Ausblicken belohnt. Ciclos 2000 in Antequera verleiht Räder.

Laguna de Fuente de Piedra

25 km nordwestlich von Antequera nahe der *autovía* A92 liegt die Laguna de Fuente de Piedra. Wenn sie bei Dürre nicht ausgetrocknet ist, bildet sie den größten natürlichen See Andalusiens und damit einen der zwei europäischen Hauptbrutplätze von Rosaflamingos (der andere befindet sich in den Feuchtgebieten der Camargue in Südfrankreich). Nach einem regenreichen Winter nisten hier bis zu 20 000 Flamingopaare.

Die Vögel treffen im Januar oder Februar ein und die Küken schlüpfen im April und Mai. Die Flamingos bleiben bis ungefähr August, wenn der See, der selten tiefer als 1 m wird, nicht mehr genug Wasser führt. Sie teilen sich die Gegend mit Tausenden von anderen Vögeln, etwa 170 Arten.

Im Dorf Fuente de Piedra an der Nordostseite des Sees gibt's ein **Besucherzentrum** (952 71 25 54; www.visitasfuentepiedra.es; Mitte Dez.–Feb. & Mitte Juni–Mitte Sept. 10–15 Uhr, Mitte Sept–Mitte Dez. bis 16 Uhr, März–Mitte Juni bis 17 Uhr), das Ferngläser verleiht.

Am Besucherzentrum beginnen mehrere kurze Wege zu verschiedenen Aussichtswarten und Observatorien. Der längste Weg ist der 2,5 km lange **Sendero de las Albinas**.

An- & Weiterreise

Busse von **Alsa** (S. 186) halten im Dorf Fuente de Piedra, von dort führt ein einfacher 1,5 km langer Fußweg zum Besucherzentrum. Täglich fahren drei Busse nach Sevilla (12,30 €, 2½ Std.) und zwei über Antequera (2,50 €, 30 Min.) nach Málaga (8,10 €, 1¾ Std.).

ÖSTLICH VON MÁLAGA

Die Küste östlich von Málaga (die Costa del Sol Oriental) ist weniger stark erschlossen als ihr Pendant im Westen. Málagas Vororte gehen in eine Reihe langweiliger Küstenstädte über, bis schließlich am Ende das attraktivere Nerja auftaucht.

Die einzige schöne Landschaft hier ist die zerklüftete Bergregion von La Axarquía, die es fast mit Granadas Las Alpujarras aufnehmen kann, aber nicht so bekannt ist. 407 km^2 dieser Berge sind als Parque Natural Sierras de Tejeda, Almijara y Alhama geschützt.

La Axarquía

Die Axarquía-Region ist von tiefen Tälern mit Terrassen und Bewässerungsgräben aus maurischer Zeit durchzogen. Auch fast alle Dörfer inmitten der von Oliven- und Mandelhainen und Weinstöcken bepflanzten Hänge wurden von den Mauren gegründet. Einst war die wilde, unzugängliche Gegend, besonders um die Sierra de Tejeda, ein Nest von *bandoleros* (Banditen), die hier unbehelligt durch die Berge schweifen konnten. Heute sind die fantastische Landschaft, hübsche weiße Dörfer, starker süßer Wein aus sonnengereiften Trauben sowie gute Wandermöglichkeiten im Frühjahr und Herbst die Hauptattraktionen.

Wichtigster Ort der Axarquía ist **Vélez Málaga**, 4 km nördlich von Torre del Mar. Es handelt sich um ein geschäftiges, aber unspektakuläres Städtchen. Die restaurierte Burg auf einem Hügel lohnt allerdings einen Blick.

Eine der dramatischsten Landschaften der Axarquía liegt rund um die beiden höchsten Dörfer **Alfarnate** (925 m) und **Alfarnatejo** (858 m). Südlich davon erheben sich hohe, schroffe Felsen wie der Tajo de Gomer und der Tajo de Doña Ana.

Infos zur Axarquía bieten die Touristeninformationen in Málaga (S. 186), Nerja (S. 213), Torre del Mar und Cómpeta (S. 210). Wanderer sollten sich nach dem Faltblatt für Routen im Parque Natural Sierras de Tejeda, Almijara y Alhama erkundigen. Zu den besten Karten gehören die *Mapa topográfico de Sierra Tejeda* und die *Mapa topográfico de Sierra Almijara* von Miguel Ángel Torres Delgado, beide im Maßstab 1:25 000. Unter www.axarquia.es gibt's außerdem interessante Links zu Wanderwegen in der Region.

Comares

1315 EW.

Comares erscheint wie eine Schneewehe auf einer majestätischen Bergspitze. Das eigentliche Abenteuer ist die Anfahrt, denn man sieht den Ort schon Kilometer entfernt, bevor man um die letzte Kurve der endlos gewundenen Straße biegt und unterhalb des hängenden Klippengartens ankommt. Von einem kleinen Parkplatz führen steile, verwinkelte Treppen in das Dorf. Fußabdrücke aus Keramik leiten durch ein Gewirr aus engen, verwinkelten Gassen an der **Iglesia de la Encarnación** vorbei zur **Burgruine** von Comares und zu einem eindrucksvollen **Friedhof** auf der Bergkuppe.

Einst galt der Ort als Rebellenhochburg, da sich hier Omar ibn Hafsun verschanzte. Heute genießen die Einheimischen ebenso wie die vielen Zugezogenen die behagliche Abgeschiedenheit. Unter den Besuchern sind viele Abenteuerlustige. Das Dorf hat sich als Zentrum für Kletter- und Wanderexkursionen etabliert, und die Seilrutsche soll die längste Spaniens sein.

Aktivitäten

In Comares gibt's drei Klettersteige, die sich dicht beieinander und in der Nähe der **Seilrutsche** (1/2 Fahrten 15/20 €) im nördlichen Teil des Dorfes befinden. Der einfachste ist der **Fuente Gorda**, für den man 45 Minuten braucht und der 50 m tief ist. Etwas schwieriger sind die Klettersteige **Cueva de la Ventana** mit einer 30 m langen Seilrutsche und **Puerta del Agua**, bei dem es über mehrere Drahtseilbrücken mit Seilen zum Festhalten geht. Geführte Touren mit der passenden Ausrüstung bietet **Vive Aventura** (☎ 697 218289; www.viveaventura.es).

An den Felsen nördlich von Comares gibt's über 24 markierte Kletterrouten der Stufen 6a bis 8a.

Schlafen & Essen

Hotel Atalaya HOTEL €
(☎ 952 50 92 08; www.facebook.com/Atalaya Comares; Calle las Encinillas 7; EZ/DZ 30/50 €; P 📶) Einladendes, wenn auch einfaches Landhotel an der südlichen Zufahrt nach Comares. Es bietet ein eigenes Restaurant, einen weiten Blick und ein tolles Preis-Leistungs-Verhältnis.

An- & Weiterreise

Alsa (S. 186) bietet täglich um 18.15 Uhr eine Busverbindung von Málaga nach Comares (3,30 €, 1¾ Std.) und kehrt am nächsten Morgen um 7 Uhr zurück. Sonntags fährt kein Bus.

Cómpeta

3922 EW.

Mit seiner herrlichen Panoramaaussicht, den steilen, gewundenen Straßen und der zentralen, von Bars gesäumten Plaza samt einer Kirche aus dem 16. Jh. bezaubert das weiß getünchte Dorf schon auf den ersten Blick. Es zieht seit Langem Ausländer aus den verschiedensten Ländern an, was die Kulturszene belebt hat. Darüber hinaus gibt's ein paar Restaurants, die für ein *pueblo* überdurchschnittlich sind und moderne Gerichte servieren, sowie einige Läden von Wohltätigkeitsorganisationen (in Spanien eine Seltenheit). Unter organisierten Wandergruppen hat Cómpeta eine große Fangemeinde. Da überrascht es nicht, dass das Dorf ein guter Ausgangspunkt für Wanderungen und adrenalingeladene Aktivitäten ist.

Aktivitäten

Die Region Cómpeta ist ein Wanderparadies und erfreute sich in den vergangenen Jahren wachsender Beliebtheit bei naturhungrigen Urlaubern (besonders bei Briten), die hier an organisierten Wanderreisen teilnehmen. Im September gibt's sogar ein **Wanderfestival** (www.walkspain.co.uk/walking-festival; ⏲ Sept.).

Kostenlose geführte Stadtspaziergänge finden jeden Samstag um 10.30 Uhr statt. Sie starten an der Touristeninformation (S. 212).

ABSEITS DER ÜBLICHEN PFADE

ACEBUCHAL: EIN WIEDERBELEBTES GEISTERDORF

Das winzige Acebuchal sieht aus wie ein weißer Farbklecks am oberen Ende eines steilen Tals. Dieses ehemalige „Geisterdorf" auf halber Strecke zwischen Cómpeta und Frigiliana hat eine zweite Chance bekommen.

Gegründet wurde es als Rastplatz am alten Maultierweg, der im 17. Jh. von Granada an die Küste führte. Während des Bürgerkriegs geriet der Ort in Schwierigkeiten, als die Einwohner verdächtigt wurden, republikanischen Widerstandskämpfern Zuflucht zu bieten. Als Franco 1939 die Macht ergriff, tauchte die Widerstandsbewegung unter und bildete eine Guerillagruppe namens Maquis, die in Gebirgsgegenden wie La Axarquía operierte. Dort fand sie sichere Deckung und konnte auf die Unterstützung von Einheimischen zählen. Acebuchal wurde der Kollaboration verdächtigt und geriet ins Visier einer von der Regierung geführten Säuberungskampagne. Dabei kam man zu dem Schluss, die beste Methode sich der Maquis-Opposition zu entledigen, sei die Evakuierung des gesamten Ortes und die Verlegung seiner etwa 200 Einwohner nach Cómpeta, Frigiliana sowie in andere Gemeinden.

Schnell verfiel das 1948 geräumte Dorf und schien dem Untergang geweiht zu sein. Doch als in den 1980er-Jahren die Demokratie in Spanien Einzug hielt, begannen einige alteingesessene Familien, die Heimweh nach ihrem Paradies in den Bergen hatten, ihre Rückkehr zu planen. 1998 wurde ihr Traum Wirklichkeit, als ein ehemaliger Einwohner namens Antonio „El Zumbo" mit seiner Familie zurückkehrte und eines der verfallenen Häuser Acebuchals praktisch mit bloßen Händen wieder aufbaute. Sein Beispiel inspirierte andere Familien, die folgten. 2003 wurde Acebuchal ans Strom- und Wassernetz angeschlossen, und 2005 feierte das Dorf in der neu eingerichteten Kapelle die erste Messe seit 60 Jahren. 2010 kamen die ersten neugierigen Touristen in das frühere Geisterdorf, meistens zu Fuß, denn nach Acebuchal führt keine Asphaltstraße.

Heute ist Acebuchal ein pulsierendes Zentrum auf dem Land. Die gut 30 Häuser (einige davon Ferienwohnungen) sind alle saniert. Antonios Bar, die heute von seinem Sohn geführt wird, floriert wieder und gilt als eine der besten Bars in den Bergen Andalusiens.

Das wunderbare **Bar-Restaurante El Acebuchal** (☎ 661 214834; www.elacebuchal.net; Hauptgerichte 11–17 €; ⏲ 12.30–16 Uhr) ist der Mittelpunkt des Dorfes. Es ist ein beliebtes Ausflugsziel für Wanderer und alle, die ländliche Ruhe mögen, und bietet einige der besten Gerichte der Provinz Málaga. Eine Wanderung dorthin lohnt sich allein schon wegen des hausgemachten Brotes – ganz zu schweigen von den Torten.

Mehr Informationen zu geführten und selbstgeführten Wanderungen findet man unter www.walkspain.co.uk.

El Lucero WANDERN

Eine großartige lange Wanderung ab Cómpeta führt hinauf zum El Lucero (1779 m), von dessen dramatischem Gipfel man an klaren Tagen bis nach Granada und Marokko sehen kann. Ab Cómpeta ist dies eine anspruchsvolle Ganztageswanderung. Sie lässt sich aber verkürzen, indem man mit dem Auto über eine teils etwas schwierige Bergpiste, die in Canillas de Albaida beginnt, zum Pass Puerto Blanquillo (1200 m) hinauffährt.

Vom Puerto Blanquillo geht's auf einem Pfad 200 Höhenmeter hinauf bis zu einem anderen Pass, dem Puerto de Cómpeta. Danach läuft man an einem Steinbruch vorbei 1 km bergab, bis man auf den mit einer Tafel markierten Gipfelweg (1½ Std.) stößt, der nach rechts über ein Bachbett abzweigt. Für die Wanderung vom Puerto Blanquillo zum Gipfel und zurück sollten viereinhalb bis fünf Stunden eingeplant werden. Der Berg wird manchmal auch Raspón de los Moriscos genannt.

Salamandra OUTDOORAKTIVITÄTEN

(☎ 952 55 34 93; www.malaga-aventura.es; Avenida de Sayalonga 13; Höhlenwandern/Kajakfahren/Canyoning pro Pers. ab 25/20/45 € ⊙ Mo–Fr 9–20, Sa 10–14 Uhr) Der Veranstalter organisiert eine breite Palette an Aktivitäten, darunter geführte Wanderungen, Höhlentouren, Canyoning, Kajakfahrten sowie Thementouren zu Orchideen im Frühling, Pilzen und historischen Routen. Zu den Wanderrouten gehört der 20 km lange frühere Handelsweg zwischen Cómpeta und Játar.

Los Caballos del Mosquín REITEN

(☎ 608 658108; www.horseriding-andalucia.com; Canillas de Albaida; Halbtagestouren 90–100 €) Spezialisiert auf geführte Reitausflüge von einer Stunde bis zu drei Tagen (inkl. Vollpension und Unterkunft) in den Bergen von La Axarquía. Liegt an einer steilen Straße zwischen Cómpeta und Canillas de Albaida.

Feste

Noche del Vino WEIN

(Nacht des Weins; ⊙ 15 Aug.) In Cómpeta wird der beste Wein der Gegend produziert. Kostproben gibt's z. B. während der beliebten Noche del Vino mit Flamenco-Musik und -Tanz sowie *sevillanas* (ein von Flamenco inspirierter Volkstanz) auf der hübschen zentralen Plaza Almijara – dort bekommt man unbegrenzt kostenlosen Wein.

Schlafen

★ **Finca El Cerrillo** HOTEL €€

(☎ 952 03 04 44; www.hotelfinca.com; Canillas de Albaida; EZ/DZ mit Frühstück 90/100 €; ⊙ Mitte Jan.–Feb. geschl.; P ❄ 📶 🏊) Die Finca El Cerrillo ist ein wohltuender Rückzugsort auf dem Land. Bei einem Aufenthalt bekommt man nicht wenig Lust auszuwandern und in Andalusien zu leben. Seit Langem stecken die britischen Besitzer Sue und Gordon Kind ihre ganze Liebe in das Hotel, das in einer alten Olivenölmühle im Norden von Canillas de Albaida untergebracht ist (4 km von Cómpeta entfernt) und neben Kunst- und Wandergruppen Individualreisende anzieht.

Die Zimmer sind komfortabel, ohne an Authentizität einzubüßen, und auf dem weitläufigen Gelände gibt's reichlich Platz, um Yoga zu machen, zu malen, die Aussicht zu genießen oder einfach nur in der Sonne zu relaxen. Zu den einladenden Gemeinschaftsbereichen gehören eine eindrucksvolle Lounge, eine magisch beleuchtete Baumhausbar und eine blumengeschmückte Terrasse mit einem herrlichen Pool – hier wird man vermutlich erst einmal gut 10 Minuten lang die Aussicht bewundern, bevor man schließlich hineinspringt. An den meisten Tagen gibt's Abendessen (und täglich Frühstück).

Almijara Residence B&B €€

(☎ 642 950269; www.almijararesidence.com; Plaza Almijara 3; DZ mit Frühstück 60–75 €, mit Balkon 75–90 €; ❄ 📶) Paul und Maurice, die beiden Besitzer, tun alles, damit sich die Gäste in diesem gemütlichen B&B mit dramatischem Blick auf den zentralen Platz von Cómpeta wohl fühlen. Zu den Annehmlichkeiten zählen kostenloser Wein aus der Region, Mandeln, Kekse, Kaffee und Tee, Apple TV, Netflix und Hochgeschwindigkeits-Glasfaser-Internet. Das Frühstück ist ein Gourmeterlebnis, das auf die Ernährungsbedürfnisse der Gäste zugeschnitten ist und auf einer schönen Sonnenterrasse serviert wird.

Essen

Taberna-Tetería Hierbabuena MAROKKANISCH €

(☎ 630 916553; www.facebook.com/restaurantetabernahierbabuena; Avenida de la Constitución

35; Hauptgerichte 6–13 €; ⌚ Di–So 9–24 Uhr) Die typischen niedrigen Tische, hübschen Lampen und silbernen Teekannen finden sich zwar auch hier, dennoch ist das Hierbabuena keine durchschnittliche *tetería* (Teestube): Neben Tees gibt's auch englische Frühstücksvarianten, „Curry-Abende", Erbsenmus und Tajine. Diese Kombination scheint die überwiegend aus dem Ausland stammende Kundschaft voll zufriedenzustellen.

★El Pilón INTERNATIONAL €€
(☎ 952 55 35 12; www.restaurantelpilon.com; Calle Laberinto 3; Hauptgerichte 11–20 €; ⌚ 19–23 Uhr; ✎) In der früheren Tischlerei befindet sich das zu Recht beliebteste Dorfrestaurant. Die Zutaten zu den Gerichten stammen nach Möglichkeit aus der Region. Zum vielfältigen kulinarischen Angebot gehören Tandoori-Hähnchen, Schwertfisch mit Oliven-Tapenade und einige wirklich kreative vegetarische Gerichte. Von der Cocktaillounge mit regelmäßigen Veranstaltungen genießt man eine tolle Aussicht. Heimwehkranke Briten können sich mit Sticky Toffee Pudding trösten.

Taberna-Restaurante Casa Paco ANDALUSISCH €€
(☎ 952 51 60 77; www.facebook.com/casapacocompeta; Plaza Almijara 6; Hauptgerichte 10–26 €; ⌚ Di–Sa 9–24, So ab 10 Uhr) Das Paco ist eines von drei Restaurants, die auf dem Hauptplatz Sitzgelegenheiten unter Sonnenschirmen bieten. Es liegt am nächsten an der Kirche und überzeugt mit starkem Kaffee, traditionellen Tapas, flinken Kellnern sowie einer guten Auswahl an Crêpes.

ℹ Praktische Informationen

Touristeninformation (☎ 952 55 36 85; Avenida de la Constitución; ⌚ Mo–Sa 10–14.30, So bis 14 Uhr) Neben der Bushaltestelle am Fuß des Dorfes.

ℹ An- & Weiterreise

Die Busse von **Loymer** (☎ 952 54 11 13) fahren täglich von Málaga nach Cómpeta (5 €, 1¾ Std.) und halten unterwegs in Torre del Mar. Die Bushaltestelle befindet sich in der Avenida de la Constitución neben der Touristeninformation.

Frigiliana

3009 EW.

Beim Wettbewerb um das schönste Dorf Spaniens hat Frigiliana, das 7 km nördlich von Nerja liegt, schon viele Preise gewonnen – und das ist kein Wunder. Mit seiner multikulturellen Geschichte, den eindrucksvollen Gemeindehäusern und den hübschen weiß getünchten Gebäuden, die von den stolzen Bewohnern tadellos in Schuss gehalten werden, ist es alles andere als ein hässliches Entlein.

Doch wie immer hat Schönheit ihren Preis: Für sich allein wird man den Ort nicht haben. Täglich fahren Reisebusse vor und entlassen ihre Passagiere in die kurvigen, mit dunkelroten Topfgeranien geschmückten Straßen.

Wie die meisten andalusischen Kleinstädte ist auch Frigiliana in zwei Hälften geteilt: den alten Teil und den neuen Teil. Die steil abfallende Altstadt ist übersät mit Bildschildern, die Besuchern den Weg von der Burg zur Kirche und zum Brunnen weisen. Doch die eigentliche Attraktion ist der Ort selbst, in dem man am besten einfach ziellos herumschlendert, sich verläuft und wiederfindet.

Die **Touristeninformation** (☎ 952 53 42 61; www.turismofrigiliana.es; Calle Cuesta del Apero; ⌚ Juli–Mitte Sept. Mo–Sa 10–14.30 & 17.30–21, So 10–14.30 Uhr, restl. Jahr unterschiedliche Öffnungszeiten) liegt neben der Bushaltestelle.

◉ Sehenswertes & Aktivitäten

Im massiven Renaissancepalast **El Ingenio** aus dem 16. Jh. in der Altstadt wird heute Zuckerrohr zu Melasse verarbeitet.

El Fuerte, der Hügel hinter dem Dorf, war der Schauplatz der endgültigen blutigen Niederlage der *moriscos* (zu Christen konvertierte Muslime) von La Axarquía nach deren Rebellion 1569. Angeblich stürzten sie sich dort lieber in den Tod als von den Spaniern getötet oder gefangen genommen zu werden. Ein Weg führt über die Straße bergauf ins Dorf und dann über einen staubigen Pfad hierher.

Frigiliana liegt am Fernwanderweg GR249. Nach Süden kann man hinunter zur Cueva de Nerja (S. 213; 14,6 km) wandern, nach Norden ins Almijara-Gebirge und nach Cómpeta. Ein kürzerer Wanderweg führt über das vor Kurzem wiederbesiedelte Dorf Acebuchal (S. 210; 7 km) nach Cómpeta.

ℹ An- & Weiterreise

Von Frigiliana verkehren Linienbusse nach Nerja (1,15 €, 15 Min., 12-mal tgl.). Sie fahren am Taxistand neben der Touristeninformation ab.

Nerja

21 091 EW.

Mit der Sierra Almijara im Rücken hat es die dramatisch gelegene Küstenstadt Nerja tatsächlich geschafft, sich gegen den Bauwahn zu verteidigen: Das Zentrum versprüht mit seinen niedrigen Häusern auch heute noch einen dörflichen Charme – trotz der vielen Souvenirgeschäfte und zahlreichen Besucher. Herz des Ortes ist der sehenswerte Balcón de Europa, ein palmengesäumter Platz und Aussichtspunkt, der auf den Ruinen einer alten Festung gebaut wurde und einen einmaligen Blick auf das kobaltblaue, von honigfarbenen Felsbuchten gesäumte Meer bietet.

Weil sich Nerja, das 56 km östlich von Málaga liegt, zunehmender Beliebtheit bei Pauschal- und „Dauertouristen" erfreut, dehnen sich seine Grenzen immer weiter aus. Vor allem nach Osten hin wird massiv gebaut. Der Besucherandrang und die Meeresverschmutzung können von Juli bis September überwältigend sein, aber während des restlichen Jahres geht's weitaus ruhiger zu.

Spanier eines gewissen Alters erinnern sich an Nerja als Schauplatz der beliebten Fernsehserie *Verano azul*, die hier in den frühen 1980er-Jahren gedreht wurde.

Sehenswertes & Aktivitäten

Das Stadtzentrum erstreckt sich um den wundervollen **Balcón de Europa**, der über das tiefblaue Mittelmeer hinausragt und an lauen Sommerabenden *der* Ort für den *paseo* (Spaziergang) der Einwohner ist.

★ Cueva de Nerja — HÖHLE

(www.cuevadenerja.es; Erw./Kind 14/12 €; ⌚ Sept.–Juni 10–16.30 Uhr, Juli & Aug. bis 19 Uhr) Es ist schwierig, sich die surreale Welt 4 km östlich von Nerja unter den Gebirgsausläufern vorzustellen. Erstaunlicherweise wurde die riesige Höhle erst 1959 von fünf einheimischen *chicos* (junge Männer) entdeckt, die auf der Suche nach Fledermäusen auf eine Öffnung stießen. Das spektakuläre Naturwunder mit außergewöhnlichen Felsformationen, subtilen Farbspielen, Stalaktiten und Stalagmiten wurde vor etwa fünf Millionen Jahren vom Wasser ausgehöhlt und einst von steinzeitlichen Jägern bewohnt. Es erinnert an eine unter Wasser liegende Kathedrale.

Täglich außer Sonntag verkehren etwa 14 Busse von Málaga und Nerja zur Höhle. Vom Museum in Nerja (S. 213) fährt außerdem ein kleiner Touristenzug her. Man kann auch zu Fuß gehen (es gibt durchgängig einen Bürgersteig).

Die gut organisierte Anlage verfügt über Restaurants, einen Parkplatz und einen kurzen Wanderweg oberhalb der Höhle. Eine vollständige Besichtigung dauert etwa 45 Minuten. Für Führungen wird kein Aufpreis erhoben.

Playa Burriana — STRAND

(P) Nerjas längster und bester Strand bietet viel Platz für Handtücher im Sand. Vom Balcón de Europa aus geht man in Richtung Osten die weiße Calle Carabeo hinunter und dann sind es noch etwa 15 Minuten bis zum Strand. Hinter Burriana reihen sich mehrere *merenderos* (Restaurants mit offener Terrasse) aneinander. Hier kann man Kajaks oder Paddelbretter für 6 € pro Stunde ausleihen.

Playa Calahonda — STRAND

Die hübsche kleine Bucht erstreckt sich östlich des Balcón de Europa. Besucher können Sonnenliegen und -schirme mieten, im Hochsommer kann es aber schon mal richtig voll werden – insbesondere, wenn die Gäste des nahegelegenen Hotel Balcón de Europa (S. 215) vorbeischauen.

Playa del Cañuelo — STRAND

Östlich von Nerja wird die Küste schroffer. Mit einem eigenen Wagen erreicht man aber einige tolle Strände über die Abzweigung von der A7. Am schönsten ist die Playa del Cañuelo unmittelbar vor der Grenze zur Provinz Granada. Sie verfügt über ein paar Sommerrestaurants.

Museo de Nerja — MUSEUM

(☎ 952 52 72 24; www.cuevadenerja.es/museum; Plaza de España 4; Erw./Kind 3/2 €; ⌚ Sept.–Juni 10–16.30 Uhr, Juli & Aug. bis 19 Uhr) Das Museum zeichnet die Geschichte der Stadt von den Höhlenbewohnern der Altsteinzeit bis zum Touristenboom der 1960er-Jahre nach. Ein Besuch lohnt sich, besonders vor der Besichtigung der Cueva de Nerja (S. 213). Highlights des Museums sind Artefakte, die in der Höhle gefunden wurden – vom nachdenklich stimmenden Skelett eines erwachsenen Höhlenbewohners bis zu einem faszinierend weltlichen prähistorischen Käsegericht.

Nerja

Sehenswertes

1 Museo de Nerja B2
2 Playa Burriana D1
3 Playa Calahonda C3

Schlafen

4 Hotel Balcón de Europa B3
5 Hotel Carabeo C2

Essen

6 Bakus C2
7 La Piqueta B2
8 Lan Sang A3
9 Pápalo B2
Restaurante 34 .... (siehe 5)

Ausgehen & Nachtleben

10 Cochran's Irish Bar B3

Unterhaltung

11 Centro Cultural Villa de Nerja B2

Buceo Costa Nerja TAUCHEN
(☎ 952 52 86 10; www.nerjadiving.com; Playa Burriana; Schnorcheln 37,50 €, Tauchgänge mit Ausrüstung ab 55 €; ⏲ 9–19 Uhr) Die Tauchgänge können unvergesslich sein, denn der Atlantikstrom sorgt für eine sehr artenreiche Unterwasserwelt. Dieser renommierte Anbieter organisiert Kurse für die meisten Niveaus vom Discover-Scuba-Schnupperkurs (70 €) für Anfänger bis zum kompletten Open-Water-Kurs (450 €).

Feste & Events

Noche de San Juan KULTUR
(⏲ 23. Juni) Jedes Jahr am 23. Juni feiern die Nerjaner die Johannisnacht. Sie packen ihre Grillroste und -zangen ein und machen sich auf zum Strand. Dort grillen sie Meeresfrüchte, trinken Wein und Bier und machen die Nacht zum Tag, um zu schwimmen, zu tanzen, zu feiern und schließlich im Sand einzuschlafen.

Schlafen

Nerja bietet Schlafgelegenheiten en masse, im Sommer sind die besseren Hotels allerdings oft schon mindestens zwei Monate im Voraus ausgebucht.

★ **Hotel Carabeo** HOTEL €€
(☎ 952 52 54 44; www.hotelcarabeo.com; Calle Carabeo 34; DZ/Suite mit Frühstück ab 100/210 €; ⏲ Mitte März–Mitte Nov.; ❄ 📶 ≋) Dieses kleine, familiengeführte Hotel direkt am Meer verfügt über stilvolle Antiquitäten und wunderbare Gemälde und liegt inmitten gepflegter Terrassengärten. Es gibt einen Pool auf einer Terrasse mit Blick aufs Meer und ein ausgezeichnetes hauseigenes **Res-**

taurante 34 (Hauptgerichte 17–27,50 €; ⊙ März–Nov. Di–So 13–15 & 19–23 Uhr; 📶) 🍃. Das alte Schulgebäude befindet sich in einer der schönsten, mit rosa Bougainvilleen geschmückten Fußgängerzonen der Stadt.

Hotel Balcón de Europa HOTEL €€
(☎952 52 08 00; www.hotelbalconeuropa.com; Paseo Balcón de Europa 1; DZ mit Frühstück/Halbpension ab 144/180 €; ❄) Das terrassenförmig angelegte Hotel auf einer kleinen Landzunge sieht aus wie ein Schiff, das gerade nach Afrika ablegt. Draußen herrscht der übliche Trubel (immerhin ist dies Nerjas beliebte Touristengegend), doch drinnen ist die Atmosphäre überraschend ruhig. Die Zimmer haben Balkone mit Blick auf einen friedlichen Strandabschnitt und das leuchtend blaue Mittelmeer. Auch vom Pool, der Sauna, der Pianobar und dem Restaurant bieten sich schöne Aussichten.

Essen

Viele der zahlreichen Restaurants und Bars in Nerja zielen auf ahnungslose Besucher ab. Läden, die mit ganztägigem englischem Frühstück werben oder sonnengebleichte Poster ihrer Gerichte ausstellen, sollte man eher meiden. Die Playa Burriana, der beste Strand in Nerja, wird von lebhaften Bars und Restaurants gesäumt.

★**Chiringuito de Ayo** FISCH & MEERESFRÜCHTE €
(www.ayonerja.com; Playa Burriana; All-you-can-eat-Paella 8 €; ⊙ 8–19 Uhr; 🅿) Die Speisekarte ist in neun Sprachen verfasst, doch das einzige Wort, das man in dem Strandrestaurant verstehen muss, ist „Paella“. Das Reisgericht wird jeden Tag in einer riesigen Pfanne über einem offenen Holzfeuer zubereitet. Ein Teller ist für 8 € zu haben. Großer Pluspunkt: Man kann sich beliebig oft einen Nachschlag holen.

La Piqueta TAPAS €
(www.facebook.com/LaPiquetaTaperia; Calle Pintada 8; Tapas 2,50 €, raciones 5–12,50 €; ⊙ Mo–Sa 10–24 Uhr) Es gibt zwei gute Gründe dafür, dass dies die populärste Tapas-Bar der Stadt ist. Zum einen schmeckt der Hauswein, zum anderen gibt's zu jedem Drink eine *tapa* gratis dazu, eine Tradition, die eher aus Granada als der Provinz Málaga stammt. Die Speisekarte ist gespickt mit deftigen Klassikern wie Innereien und *huevos estrellados* (wörtlich übersetzt „zerschlagene Eier“), die mit Schinken, Knoblauch, Kartoffeln und Paprika zubereitet werden.

Lan Sang THAILÄNDISCH, LAOTISCH €€
(☎952 52 80 53; www.lansang.com; Calle Málaga 12; Hauptgerichte 13–18 €; ⊙ Mo–Sa 13–15 & 19.30–23 Uhr) Der Besitzer und der Koch stammen aus Laos, deswegen kombinieren sie thailändische und laotische Küche. Neben Currys, Pfannengerichten und Suppen werden vor allem regionaler Fisch und Meeresfrüchte serviert, verfeinert mit Gewürzen wie Tamarinde, Ingwer, Kaffernlimettenblättern und Chili. Die Suppen und Salate basieren ebenfalls auf feinen, duftenden Aromen.

Pápalo FUSION-KÜCHE €€€
(☎951 50 52 39; Calle Almirante Ferrándiz 53; Hauptgerichte 17–24 €; ⊙ 13–15.30 & 19–22.30 Uhr) An einer belebten Ecke im Herzen der Fußgängerzone liegt das neueste Projekt eines langjährigen Sternekochs von Nerja. Im Pápalo gibt's garantiert kunstvoll dargereichte Speisen und internationale Aromen. Die Gerichte auf der Karte reichen von Tagliatelle mit Garnelen, Tintenfisch, Weißwein und Schnittlauch bis zu Entenbrust mit Süßkartoffeln in einer Melassen-, Kaffernlimetten- und Zitronengrassoße.

Bakus BISTRO €€€
(☎952 52 71 79; Calle Carabeo 2; Hauptgerichte 20–26 €; ⊙ Di–So 12.30–15.30 & 19–22 Uhr) An einem sonnigen Tag – also an fast jedem Tag in Nerja – bietet sich diese weitläufige Terrasse mit Blick auf die unberührte Playa Carabello an. Auf der Speisekarte stehen jede Menge verblüffende Geschmackskombinationen – Garnelen-Mango-Salat mit Orangenvinaigrette, *malagueño*-Zicklein mit Pinienkernen, Lammkarree mit Salbei, Balsamico und rosa Pfeffer oder Schweinebauch mit gerösteten Frühkartoffeln in Aprikosensoße.

Ausgehen & Unterhaltung

Cochran's Irish Bar IRISH PUB
(www.cochransirishpub.com; Calle Salón 12; ⊙ So–Do 11–24, Fr & Sa bis 3 Uhr) Guinness, Murphy's und Jameson's vom Fass, großartige Livemusik, die am Wochenende gegen 23 Uhr beginnt, und – als kleines Extra – ein unglaublicher Blick auf das Mittelmeer von der Terrasse, die tagsüber geöffnet ist.

Centro Cultural Villa de Nerja LIVESHOW
(☎952 52 38 63; http://cultura.nerja.es; Calle Granada 45) Das gut geführte Kulturzen-

trum stellt ein anspruchsvolles Jahresprogramm mit klassischer Musik, Theater, Jazz und Flamenco auf die Beine, bei dem spanische und internationale Musiker und Künstler auftreten.

Praktische Informationen

Touristeninformation (☎ 952 52 15 31; http://turismo.nerja.es; Calle Carmen 1; ⏲ Mo–Fr 10–14 & 16.30–20, Sa & So 10–13.30 Uhr)

An- & Weiterreise

Alsa (S. 186) bietet eine regelmäßige Busverbindung von/nach Málaga (4,65 €, 1¼–1½ Std., 23 tgl.), Antequera (9,30 €, 2½ Std., 3-mal tgl.), Almería (14,65 €, 2½–4 Std., 5-mal tgl.) und Granada (11,10 €, 2¼ Std., 6-mal tgl.).

Es gibt keinen Busbahnhof, nur ein Fahrkartenbüro und eine Haltestelle am Hauptkreisverkehr an der Carretera N340.

Die Provinz Córdoba

Inhalt ➜

Schön übernachten

- Casa Olea (S. 240)
- Balcón de Córdoba (S. 231)
- Patio del Posadero (S. 230)
- Hotel Zuhayra (S. 238)
- Viento 10 (S. 230)

Gut essen

- Casa Pepe de la Judería (S. 231)
- Restaurante Zuhayra (S. 238)
- Zyrah (S. 240)
- Garum 2.1 (S. 232)
- Vaquena (S. 240)

Auf nach Córdoba!

Das historische Córdoba liegt am Río Guadalquivir und ist die größte Attraktion der nördlichsten Provinz Andalusiens. Die geschichtsträchtige Stadt, die einst als Sitz des Kalifats von Córdoba das islamische Al-Andalus beherrschte, punktet mit einer charmanten Altstadt und einer Fülle von Museen und Denkmälern, gekrönt von der mächtigen Mezquita (Moschee). Hier dreht sich aber nicht alles nur um Hochkultur, es gibt auch viele Bars, Restaurants und Cafés, in denen man die Seele baumeln lassen kann.

Im Norden und Westen erhebt sich die Sierra Morena, eine Hochebene voller entlegener Dörfer, Burgruinen und geschützter Wälder, die die Hänge bedecken. Richtung Süden überzieht ein Teppich von Olivenbäumen und Weinbergen das hügelige Land, deren Früchte zu samtigem Olivenöl und den einzigartigen Montilla- und Moriles-Weinen verarbeitet werden. Weiter Richtung Süden sind das von Felsen umgebene Dorf Zuheros und das nahegelegene Priego de Córdoba ideale Ausgangspunkte, um die Höhlen und Schluchten der wunderschönen Sierras Subbéticas zu erkunden.

Entfernungen

	Córdoba	Priego de Córdoba	Almodóvar del Río	Baena
Priego de Córdoba	103			
Almodóvar del Río	30	133		
Baena	60	34	90	
Montilla	46	58	76	37

Highlights

1 Mezquita (S. 220) Die faszinierende Moschee von Córdoba bewundern, eine der wichtigsten Sehenswürdigkeiten Andalusiens.

2 Palacio de Viana (S. 229) Durch die eleganten Innenhöfe dieses herrschaftlichen Renaissanceschlosses schlendern.

3 Zuheros (S. 237) Das charmante weiße Dorf mit seiner felsigen Kulisse und seinem Wahrzeichen, der Burg, genießen sowie Wanderungen in den Sierras Subbéticas unternehmen.

4 Priego de Córdoba (S. 239) Fantasievolle Barockarchitektur und einige der weltbesten Olivenöle erkunden.

5 Montilla-Weine (S. 236) Das berühmteste Getränk der Provinz verkosten, das überall zu finden, aber am besten in einer der historischen Weinkellereien von Montilla zu genießen ist.

6 Medina Azahara (S. 225) Die Ruinen der einstigen Vorzeigehauptstadt des Kalifen auf den Hügeln durchstreifen.

Puertollano
N502
Santa Eufemia
CIUDAD REAL
Río Jándula
El Viso
Fuencaliente
Pozoblanco
A424
Villanueva de Córdoba
N420
Parque Natural Sierra de Andújar
Cardeña
Sierra Morena
Parque Natural Sierra de Cardeña y Montoro
Río Jándula
CÓRDOBA
A420
Bailén
Adamuz
Montoro
Andújar
N432
A4
Villa del Río
JAÉN
Medina Azahara
6
El Carpio
1
2
Córdoba
Bujalance
A431
A306
Porcuna
N432
Río Guadajoz
N331
Jaén
Castro del Río
Martos
La Carlota
A45
Montemayor
Espejo
La Rambla
Vía Verde del Aceite
Vía Verde del Aceite
A316
Baena
5
Montilla
Alcaudete
Santaella
Aguilar de la Frontera
Doña Mencía
Luque
3
Zuheros
A318
Lobatejo (1380 m)
A333
Ermita de la Virgen de la Sierra
CO7204
El Cañuelo
Zagrilla
Alcalá la Real
Monturque
Cabra
Parque Natural Sierras Subbéticas
Priego de Córdoba
4
Moriles
Puente Genil
Lucena
Bermejo (1476 m)
La Tiñosa (1570 m)
N331
A45
Rute
Montefrío
Jauja
Encinas Reales
Benamejí
Iznájar
Granada (10 km)
Embalse de Iznájar
Río Genil
A333
GRANADA
MÁLAGA

CÓRDOBA

325 710 EW. / 110 M

Ein Bauwerk reicht aus, um Córdoba ins Visier zu nehmen. Die faszinierende, mit unzähligen Säulenbogen geschmückte Mezquita ist eines der größten islamischen Gebäude der Welt und ein beständiges Symbol für Córdobas goldenes Zeitalter als Hauptstadt des islamischen Spaniens sowie für Westeuropas größte, kultivierteste Stadt. Natürlich hat die Stadt noch mehr zu bieten als nur ihre Hauptattraktion und verdient auch weit mehr als nur eine kurze Stippvisite. Das mittelalterliche Zentrum ist ein charmanter Ort mit verwinkelten Gassen, weißen Gebäuden und blumengeschmückten Innenhöfen, während in der Nähe Bars und Restaurants das lebhafte Flussufer säumen. Nur einen kurzen Spaziergang nach Norden vermittelt die pulsierende, moderne Stadt ein eher lokales Flair und noch mehr ausgezeichnete Ess- und Trinkmöglichkeiten. Die beste Zeit für einen Besuch ist zwischen Mitte April und Mitte Juni, wenn hier die meisten der großen Feste stattfinden. September und Oktober eignen sich ebenfalls sehr gut.

Geschichte

Córdobas Anfänge liegen in der späten Bronzezeit, als im 8. oder 9. Jh. v. Chr. eine Siedlung am Río Guadalquivir errichtet wurde. Die Stadt selbst wurde im 2. Jh. v. Chr. als strategischer Versorgungsposten für die römischen Truppen gegründet. Um 25 v. Chr. ernannte Kaiser Augustus sie zur Hauptstadt von Baetica, einer der drei römischen Provinzen auf der Iberischen Halbinsel, und leitete damit eine Ära des Wohlstands und der kulturellen Blüte ein, die Córdoba die berühmten Dichter Seneca und Lucan vermachte. Im 3. Jh. jedoch, als das Christentum hierherkam, war das römische Córdoba schon im Untergang begriffen. 711 fiel es an die islamischen Eroberer.

In den nächsten Jahrhunderten wuchs Córdoba zur größten Stadt des islamischen Spaniens heran. 756 n. Chr. ernannte sich Abd ar-Rahman I. zum Emir von Al-Andalus, dem von Muslimen beherrschten Teil der Iberischen Halbinsel, begründete die Dynastie der Omaijaden, die Al-Andalus für zweieinhalb Jahrhunderte mehr oder weniger vereinte, und baute die Große Mezquita. Doch erst unter Abd ar-Rahman III., der von 912 bis 961 herrschte, brach die Blütezeit von Córdoba und Al-Andalus an. Im Jahr 929 erklärte Abd ar-Rahman sich selbst zum „Kalif" (Titel der muslimischen Nachfolger des Propheten) und leitete damit die Ära des Kalifats von Córdoba ein.

Mit etwa 250 000 Einwohnern und einer florierenden Wirtschaft war Córdoba inzwischen die größte Stadt Westeuropas. Die Stadt verfügte über Hunderte von prachtvollen Moscheen und öffentlichen Bädern, während Universität, Bücherei und Sternwarten Córdoba zu einem Zentrum der Wissenschaften machten, dessen Einfluss noch viele Jahrhunderte später zu spüren war. Muslime, Juden und Christen lebten friedlich zusammen.

Gegen Ende des 10. Jhs. übernahm Al-Mansur (Almanzor) die Herrschaft im Kalifat. Als sein Sohn 1008 starb, stürzte das Kalifat in Anarchie. Berbertruppen überzogen die Stadt mit Gewalt und 1031 war die Herrschaft der Omaijaden vorbei. 1069 wurde Córdoba zu einem unbedeutenden Teil des Kleinkönigreichs *(taifa)* Sevilla und steht seit dieser Zeit im Schatten seines Nachbarn.

Das 12. Jh. brachte die beiden berühmtesten andalusischen Gelehrten Córdobas hervor: den muslimischen Averroës (1126–1198) und seinen jüdischen Kollegen Maimonides (1135–1204), dessen Opus Magnum, die *Mischne Tora*, eine Zusammenfassung der jüdischen Lehren und systematische Sammlung des gesamten jüdischen Rechts darstellt.

Als Córdoba 1236 von Ferdinand III. von Kastilien eingenommen wurde, schwand die wirtschaftliche und kulturelle Macht der Stadt, und sie verfiel. Das Wirken von Luis de Góngora (1561–1627), einem der größten spanischen Dichter, führte zu einem kurzen kulturellen Aufschwung im 17. Jh., aber erst Ende des 19. Jhs. beendete die aufkommende Industrialisierung den Abstieg.

Sehenswertes

Mezquita & Umgebung

★ Mezquita MOSCHEE

(Moschee; ☎ 957 47 05 12; www.mezquita-catedraldecordoba.es; Calle Cardenal Herrero 1; Erw./Kind 10/5 €, Mo–Sa 8.30–9.30 Uhr Eintritt frei; ⏲ März–Okt. Mo–Sa 10–19, So 8.30–11.30 & 15–19 Uhr, Nov.–Feb. Mo–Sa 10–18, So 8.30–11.30 & 15–18 Uhr) Die Mezquita von Córdoba, eine mittelalterliche Moschee mit einer christlichen Kathedrale darin, ist eines der weltweit größten Werke der islamischen Architektur. Ursprünglich wurde sie im 8. Jh. erbaut, doch Erweiterungen in den folgenden Jahrhunderten machten sie zu einer der größten und architektonisch anspruchsvollsten Moscheen ihrer Zeit. Auch nach fünf Jahrhunderten ist sie mit ihrem ruhigen, säulenbestückten Innenraum, den glänzenden Verzierungen und der außergewöhnlichen Mihrab (Gebetsnische) immer noch ein erstaunlicher Anblick.

Die Geschichte der Gottesverehrung an diesem Ort ist älter als die Mezquita, sie reicht bis in die Mitte des 6. Jhs. zurück, als hier eine kleine westgotische Kirche stand, die Basilika von San Vincente. Arabische Chroniken berichten, dass Abd ar-Rahman I. eine Hälfte der Kirche für die Freitagsgebete der islamischen Gläubigen erwarb. 784 kaufte er auch noch die andere Hälfte, um eine neue Moschee zu errichten. Der ursprüngliche Bau entstand zwischen 786 und 788 und wurde danach dreimal erweitert, wodurch er in seiner heutigen Form fünfmal größer ist als zu Baubeginn – mit einer Veränderung: Genau in der Mitte der Moschee aus dem 16. Jh. wurde eine christliche Kathedrale (daher die häufig gebrauchte Bezeichnung „Moschee-Kathedrale") hinzugefügt.

➡ Patio de los Naranjos

In diesem zauberhaften Innenhof mit seinen Orangenbäumen, Palmen, Zypressen und Brunnen fanden die rituellen Waschungen vor den Gebeten in der Moschee statt. Es gibt mehrere Eingänge (man kann sich kostenlos umsehen), der eindrucksvollste ist die **Puerta del Perdón**, ein Portal im Mudejarstil aus dem 14. Jh., neben dem Glockenturm. Hier befinden sich auch die Ticketbüros für die Moschee.

➡ Glockenturm (Torre Campanario)

Wer will, erklimmt den 54 m hohen Glockenturm und genießt von oben einen tollen Panoramablick und interessante Ansichten des Hauptgebäudes der Mezquita aus nächster Nähe. Der Glockenturm wurde 951 bis 952 als Minarett der Mezquita errichtet. Im 16. und 17. Jh. fügten die Christen eine neue, höhere Ummantelung hinzu. Im Inneren sind immer noch einige Gewölbe und Bogen aus der Kalifatszeit zu bewundern. Der ursprüngliche Turm, der der Giralda in Sevilla sehr ähnlich sah, hat alle anderen Minarette beeinflusst, die danach in der westlichen islamischen Welt gebaut wurden.

Maximal 20 Personen werden gleichzeitig jede halbe Stunde in den Turm gelassen, März bis Oktober von 9.30 bis 18.30 Uhr (November bis Februar bis 17.30 Uhr; Juli und August bis 14.30 Uhr). Sonntags um 11.30 und 13.00 Uhr ist kein Einlass. Tickets (2 €) werden in den Ticketbüros beim Turm verkauft. Sie sind oft schon lange vor den Öffnungszeiten ausverkauft, darum lohnt es sich, möglichst früh zu kommen.

➡ Der Innenraum

Auch wenn die Mezquita von außen atemberaubend ist, wird ihre Schönheit erst beim Betreten des überwältigenden Inneren richtig deutlich. Um die Orientierung zu erleichtern, gibt es kostenlose Broschüren, die direkt am Besuchereingang erhältlich sind.

Was die Mezquita architektonisch so bedeutend macht, ist der Umstand, dass sie als Bauwerk für ihre Zeit revolutionär war. Frühere islamische Bauten wie der Felsendom in Jerusalem und die Große Moschee von Damaskus waren vor allem vertikal ausgerichtet. Die Mezquita dagegen sollte einen schlichten Raum schaffen, der keine Hierarchien kennt und in die Horizontale geht, einen Raum, in dem der Geist ungehindert umherschweifen und mit Gott in Kontakt treten kann – eine prachtvolle Metapher für den ursprünglichen islamischen Gebetsbereich (bei Behausungen in der Wüste meist ein offener Hof).

Hier beteten die Männer nebeneinander auf der *argamasa,* einem Boden aus festem, rötlichem Löschkalk und Sand. Das flache Dach, verziert mit goldenen und bunten Motiven, wurde von gestreiften Rundbogen gestützt, die einen Wald aus Dattelpalmen suggerieren sollten. Ehemals ruhten die Bogen auf 1293 Säulen, von denen heute nur noch 856 übrig sind.

Den ursprünglichen Gebetsraum von Abd ar-Rahman I. – der Bereich direkt hinter dem Eingang – unterteilten Reihen von gestreiften Bogen aus rotem Ziegel und weißem Stein in elf „Schiffe". Die Säulen in der Mezquita waren ein buntes Durcheinander: Teils stammten sie aus der Kathedrale, die zuvor an derselben Stelle gestanden hatte, teils aus den römischen Bauten von Córdoba, und teils kamen sie von noch weiter her – bis aus Konstantinopel. Um die Decke zu erhöhen und so den Eindruck von Offenheit zu erzeugen, ersannen einfallsreiche Baumeister eine Zwei-Stufen-Konstruktion: Die großen Säulen wurden als Basis verwendet und die kürzeren daraufgestellt.

Mezquita

ZEITACHSE

6. Jh. n. Chr. Gründung einer christlichen Kirche, der Basilika von San Vicente, auf dem Gelände der heutigen Mezquita.

786–787 Kalif Abd ar-Rahman I. ersetzt die Kirche durch eine Mezquita (Moschee), wobei er die Ruinen verwertet.

833–848 Unter Abd ar-Rahman II. wird die Moschee erweitert.

951–952 Ein neues Minarett wird unter Abd ar-Rahman III. gebaut.

962–971 Al-Hakam II. vergrößert die Moschee und fügt einen ① **Mihrab** hinzu.

991–994 Die Moschee wird von Al-Mansur, der auch den Innenhof (nun ② **Patio de los Naranjos**) ausbauen ließ, zum letzten Mal erweitert, womit der gesamte Komplex seine heutige Größe erreicht.

1236 Nach der Eroberung Córdobas durch Ferdinand III. von Kastilien wird die Moschee in eine christliche Kirche umgewandelt.

1271 Anstatt die Moschee zu zerstören, bauen die Christen sie um: Die ③ **Capilla de Villaviciosa** und die ④ **Capilla Real** entstehen.

1523 Die Arbeit an einer Kathedrale im Gotik- und Renaissancestil beginnt mit Erlaubnis von Karl I. von Spanien im Inneren der Mezquita. Der Legende nach klagt der König nach dem Umbau darüber, dass etwas Einzigartiges zerstört worden sei.

1593–1664 Das Minarett aus dem 10. Jh. wird in einen ⑤ **Glockenturm** im Renaissance- und Barockstil umgebaut.

2004 Die Bitte der spanischen Muslime, wieder in der Mezquita beten zu dürfen, wird vom Papst abgelehnt.

TIPPS

- Der Patio de los Naranjos kann jederzeit kostenlos besucht werden.
- Von 8.30 bis 9.30 Uhr (außer sonntags) ist der Eintritt zur Mezquita frei.
- Vor 10 Uhr sind Gruppenbesuche verboten. Zu dieser Zeit herrscht eine ruhige, stimmungsvolle Atmosphäre.

INU/SHUTTERSTOCK ©

Der Mihrab
Alles führt zum größten Schatz der Moschee – der wunderschönen Gebetsnische, die im 10. Jh. in die Wand eingefügt wurde und in Richtung Mekka zeigt. Die goldenen Mosaikwürfel sind Arbeiten byzantinischer Bildhauer.

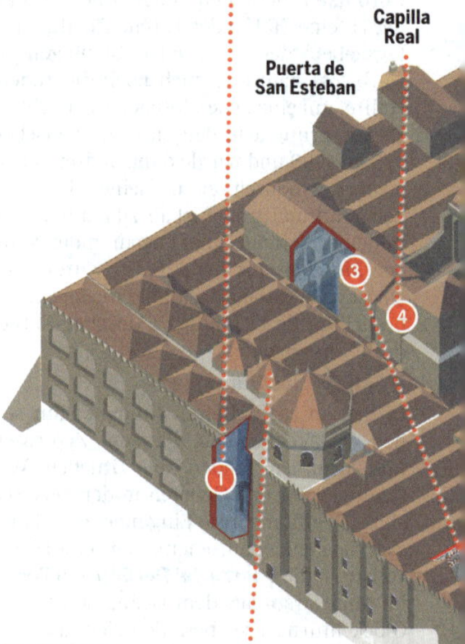

Die Maksura
In diesem separaten Bereich beteten einst die Kalifen und ihr Gefolge. Die edlen Gewölbebogen wurden so gebaut, dass sie den Blick in Richtung des Mihrab und Mekka lenken.

RENATA SEDMAKOVA/SHUTTERSTOCK ©

Capilla Mayor

Ein christliches Baudenkmal innerhalb eines islamischen Gebäudes: Die gotische Kathedrale wurde im 16. Jh. von Karl I. von Spanien in Auftrag gegeben und genau in die Mitte der drittgrößten Moschee der Welt gesetzt.

Glockenturm

Nach 24 Jahren Restaurierung wurde der 54 m hohe Glockenturm mit der besten Aussicht der Stadt 2014 wieder für Besucher geöffnet. Im 17. Jh. ersetzte er das Minarett aus dem 10. Jh.

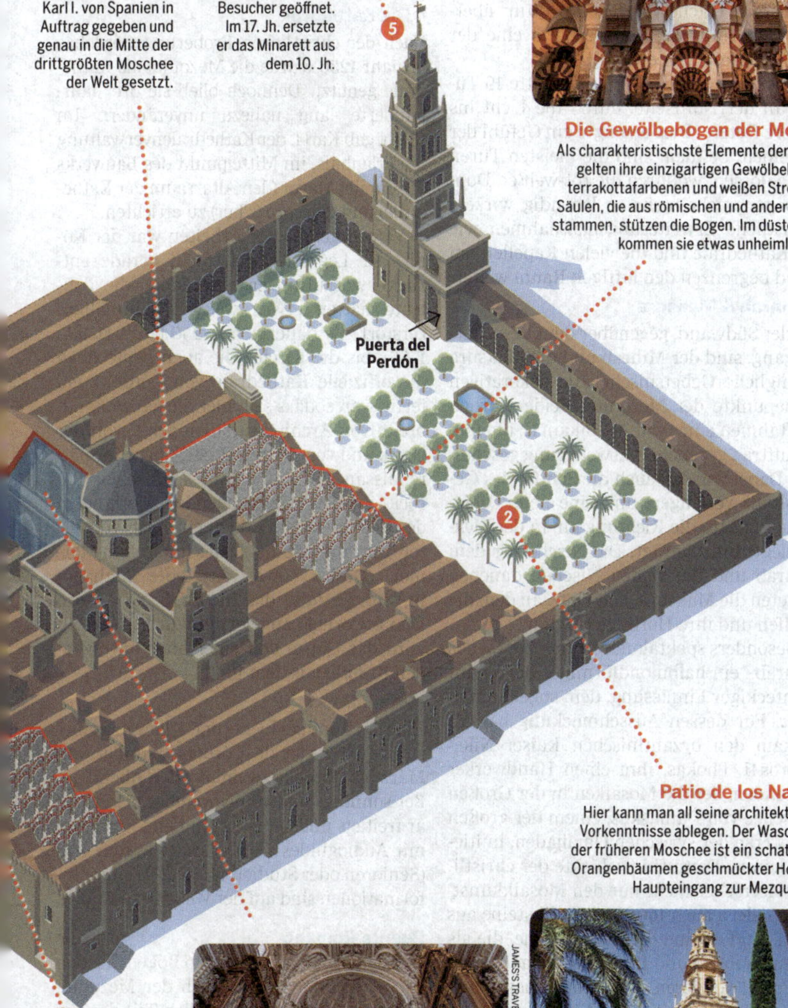

BILL PERRY/SHUTTERSTOCK ©

Die Gewölbebogen der Mezquita

Als charakteristischste Elemente der Mezquita gelten ihre einzigartigen Gewölbebogen mit terrakottafarbenen und weißen Streifen. 856 Säulen, die aus römischen und anderen Ruinen stammen, stützen die Bogen. Im düsteren Licht kommen sie etwas unheimlich daher.

Patio de los Naranjos

Hier kann man all seine architektonischen Vorkenntnisse ablegen. Der Waschbereich der früheren Moschee ist ein schattiger, mit Orangenbäumen geschmückter Hof, der als Haupteingang zur Mezquita dient.

Capilla de Villaviciosa

Die Kapelle, ein früher christlicher Umbau, kombiniert maurische Elemente mit gotischen Gewölbebogen und Säulen. Bis 1607 diente sie als Capilla Mayor.

JAMES'S TRAVELAND PHOTOS/SHUTTERSTOCK ©

Altarraum der Kathedrale

Der beeindruckende *coro* (Chorraum) entstand im 16. und 17. Jh. Er wartet mit einer herrlichen Decke im plateresken Stil und kunstvoll geschnitzten Chorstühlen aus Mahagoni auf, die einzelne Szenen aus der Bibel darstellen.

MATT TROMMER/SHUTTERSTOCK ©

Spätere Erweiterungen – Richtung Süden durch Abd ar-Rahman II. im 9. Jh. und Al-Hakam II. in den 960er-Jahren sowie Richtung Osten durch Al-Mansur um 970 – führten diese Bogenlinien fort, bis die Moschee eine Fläche von fast 23 000 m² überspannte: Nun war die Mezquita eine der größten Moscheen der Welt.

Das fertiggestellte Bauwerk hatte 19 Türen an der Nordseite, durch die Licht ins Innere flutete. Dies erzeugte ein Gefühl der Offenheit. Seitdem sind die meisten Türen verschlossen, wodurch die rot-weißen Doppelbogen nicht mehr so lebendig wirken. Christliche Erweiterungsmaßnahmen wie die Kathedrale und die vielen Kapellen am Rand begrenzen den luftigen Raum weiter.

➡ Mihrab & Maksura

An der Südwand, gegenüber dem Besuchereingang, sind der Mihrab und die Maksura (königliche Gebetsnische) die dekorativen Höhepunkte der Mezquita. Beide wurden im Rahmen einer von Al-Hakam II. um 960 in Auftrag gegebenen Erweiterung geschaffen. Dabei wurden auch die Schiffe des Gebetssaals verlängert und eine neue Qibla-Mauer (zeigte die Richtung an, in der Mekka liegt) hinzugefügt. Die Nische vor dem Mihrab und die beiden Nischen daneben bildeten die Maksura, den Platz, an dem die Kalifen und ihre Höflinge beteten.

Besonders spektakulär ist das **Portal** des Mihrab– ein halbmondförmiger Bogen mit rechteckiger Einfassung, dem sogenannten *alfiz*. Für dessen Ausschmückung bat Al-Hakam den byzantinischen Kaiser Nikephoros II. Phokas, ihm einen Handwerker zu senden, der die Mosaiken in der Großen Moschee von Damaskus, einem der großen Bauwerke der syrischen Omaijaden, imitieren könne. Daraufhin schickte der christliche Herrscher nicht nur den Mosaikkünstler, sondern auch 1600 kg Mosaiksteine aus Gold. Und es sind diese Goldsteine, die als Blumenmotive und Koranzitate das gesamte Portal verzieren, was ihm seinen magischen Glanz verleiht. Im Mihrab wurde ein massiver weißer Marmorblock zu einer Muschel geformt, die den Koran symbolisiert. Diese Kuppel verstärkte einst die Stimme des Imam in die ganze Moschee hinein.

Die Bogen in der Maksura sind die komplexesten und raffiniertesten der ganzen Moschee. Sie bilden einen Wald aus Hufeisenformen, die genial ineinander verschlungen sind. Über ihnen bieten die vom Tageslicht beschienenen Kuppeln der Maksura mit dem Sternenmuster im Steingewölbe einen faszinierenden Anblick. Jede **Kuppel** wird von vier Paaren ineinander verschränkter Rippen gestützt – im Europa des 10. Jhs. eine sehr fortschrittliche Technik.

➡ Die Kathedrale

Nach der christlichen Eroberung Córdobas im Jahr 1236 wurde die Mezquita als Kathedrale genutzt. Dennoch blieb sie drei Jahrhunderte lang nahezu unverändert. Im 16. Jh. gab Karl I. der Kathedralenverwaltung die Erlaubnis, im Mittelpunkt des Bauwerks die Capilla Mayor (den Altarraum der Kathedrale) und den *coro* (Chor) zu errichten.

Vom Ergebnis der Arbeiten war der König der Legende nach nicht gerade entzückt, woraufhin er verkündete, die Bauleute hätten etwas weltweit Einmaliges zerstört. Es dauerte fast 250 Jahre (1523–1766), bis die Kirche, die auch heute noch die offizielle Kathedrale von Córdoba ist, fertig war, sodass sich hier die ganze Bandbreite von Architekturstilen zeigt, von der Gotik und vom Plateresk-Stil über die Spätrenaissance bis hin zum spanischen Barock. Zu den herausragenden Merkmalen der Capilla Mayor zählen ein reich verzierter **Altaraufsatz** aus Jaspis und rotem Marmor (17. Jh.) sowie das edle Mahagoni-**Chorgestühl**, das im 18. Jh. von Pedro Duque Cornejo angefertigt wurde. Gekrönt wird das Ganze von einer hoch aufragenden **Kuppel** aus dem 16. Jh.

➡ Abendbesuche

Eine einstündige Licht- und Klanginszenierung („El Alma de Córdoba") findet von März bis Oktober zweimal jeden Abend außer sonntags und von November bis Februar freitags und samstags in neun Sprachen mit Audioguides statt. Tickets kosten 18 € (Senioren oder Studierende 9 €). Weitere Informationen sind auf der Website zu finden.

Puente Romano

BRÜCKE

Diese hübsche Brücke mit 16 Bögen, die den Río Guadalquivir unterhalb der Mezquita überspannt, war ursprünglich Teil der Via Augusta, der alten Römerstraße, die Girona in Katalonien mit Cádiz verband. Sie wurde seit dem 1. Jh. n. Chr. mehrmals umgebaut und eignet sich heute hervorragend für einen verkehrsfreien Spaziergang.

Ein klassischer Blick auf Córdoba bietet sich, wenn man die Brücke überquert und von der anderen Seite des Flusses auf die Mezquita zurückblickt, die die Skyline dominiert.

ABSTECHER

MEDINA AZAHARA

Etwa 8 km westlich von Córdoba befinden sich die Überreste von **Medina Azahara** (Madinat al-Zahra; ☎ 957 10 49 33; www.museosdeandalucia.es; Carretera Palma del Río Km 5.5; EU-Bürger/Nicht-EU-Bürger frei/1,50 €, Shuttlebus Erw./Kind 2,50/1,50 €; ⌚ April–Mitte Juni Di–Sa 9–21 Uhr, Mitte Juni–Mitte Sept. bis 15 Uhr, Mitte Sept.–März bis 18 Uhr, ganzjährig So 9–15 Uhr; Ⓟ), eine prunkvolle Palaststadt, die Kalif Abd ar-Rahman III. im 10. Jh. errichten ließ. Nur etwa ein Zehntel der ursprünglichen Stadt wurde ausgegraben, und die Besichtigungen, die in einem modernen Museum etwa 2 km unterhalb der Ruinen am Hang beginnen, beschränken sich auf den zentralen Teil des Alcázar, das Viertel, das den Palast des Kalifen und die dazugehörigen Büros und Wohnhäuser umfasste.

Der Legende nach ließ Abd ar-Rahman III Medina Azahara für seine Lieblingsfrau Az-Zahra erbauen. Wahrscheinlich brachte ihn aber wohl eher das Ausrufen seines Kalifats von Córdoba 929 dazu, eine neue Hauptstadt zu errichten. Im Jahr 940 begannen die Bauarbeiten und die Chronisten wussten einige atemberaubende Zahlen zu verzeichnen: 10 000 Arbeiter legten jeden Tag 6000 Steinblöcke, die Außenmauern erstreckten sich in Ost-West-Richtung über 1518 m und von Nord nach Süd über 745 m.

Die Bauarbeiten dauerten 35 Jahre, doch nur wenige Jahre nach ihrer Fertigstellung verfiel die Stadt rapide. Bereits 981 n. Chr. verlegte der Usurpator Al-Mansur den Regierungssitz in seinen eigenen neuen Palast und zwischen 1010 und 1013 plünderten Berbersoldaten die Stadt während des gewaltsamen Machtkampfes, der dem Untergang des Kalifats vorausging. In den folgenden Jahrhunderten wurden die Ruinen wiederholt für Baumaterial geplündert.

Eintrittskarten sind im modernen Museum am Parkhaus erhältlich. Hier kann man sich auch einen interessanten Einführungsfilm ansehen (auf Spanisch mit englischen Untertiteln) und Displays studieren, die über die Planung und den Bau von Medina, ihre Bewohner und ihren späteren Untergang informieren.

Vom Parkplatz aus bringt ein Shuttlebus Besucher hinauf zu den Ruinen, die sie durch das ursprüngliche Nordtor der Stadt betreten. Zu den Highlights gehören der große Bogen des **Edificio Basilical Superior**, der die staatlichen Verwaltungsämter beherbergte, eine Reihe **rot gestreifter Bögen** des Grand Portico und die **Casa de Yafar**, in der der Ministerpräsident des Kalifen residiert haben soll.

Der Höhepunkt der Stätte, die königliche Empfangshalle, auch bekannt als **Salón de Abd ar-Rahman III** (oder Salón Rico), ist seit 2009 wegen Restaurierungsarbeiten geschlossen (zu Redaktionsschluss war noch kein Fertigstellungsdatum bekannt).

Um von Córdoba aus mit dem Auto nach Medina Azahara zu gelangen, fährt man auf der A431 in Richtung Westen und verlässt sie nach etwa 6 km. Alternativ fährt ein Bus von der Glorieta Cruz Roja aus, dienstags bis sonntags um 10.15, 11 und 11.45 Uhr, samstags außerdem um 14.40 Uhr – aufgrund von saisonal bedingten Änderungen sollte man die Zeiten prüfen. Tickets (Erw./Kind hin & zurück 9/5 € inklusive Shuttlebus zu/von den Ruinen) können im Bus gekauft werden oder vorab in der Touristeninformation in Córdoba. Für Wochenenden und Feiertage ist es ratsam, die Fahrkarten im Voraus zu besorgen. Der Bus nimmt 3¼ Stunden nach Abfahrt in Córdoba die Rückfahrt von Medina Azahara auf.

★ Alcázar de los Reyes Cristianos FESTUNG
(Burg der Christlichen Könige; ☎ 957 42 01 51; https://cultura.cordoba.es; Calle Caballerizas Reales; Erw./Stud./Kind 5/2,50 €/frei; ⌚ Mitte Juni–Mitte Sept. Di–So 8.30–14.30 Uhr, Mitte Sept.–Mitte Juni Di–Fr 8.15–20, Sa 9.30–18, So 8.15–14.45 Uhr) Diese beeindruckende Festung wurde im 14. Jh. von König Alfons XI. in Auftrag gegeben und über einem früheren maurischen Palast errichtet. Es war die wichtigste königliche Residenz Córdobas, hier trafen Ferdinand und Isabella 1486 Christoph Kolumbus. Besonders sehenswert im Inneren sind die römischen Mosaiken, die in den 1950er-Jahren unter der

Córdoba

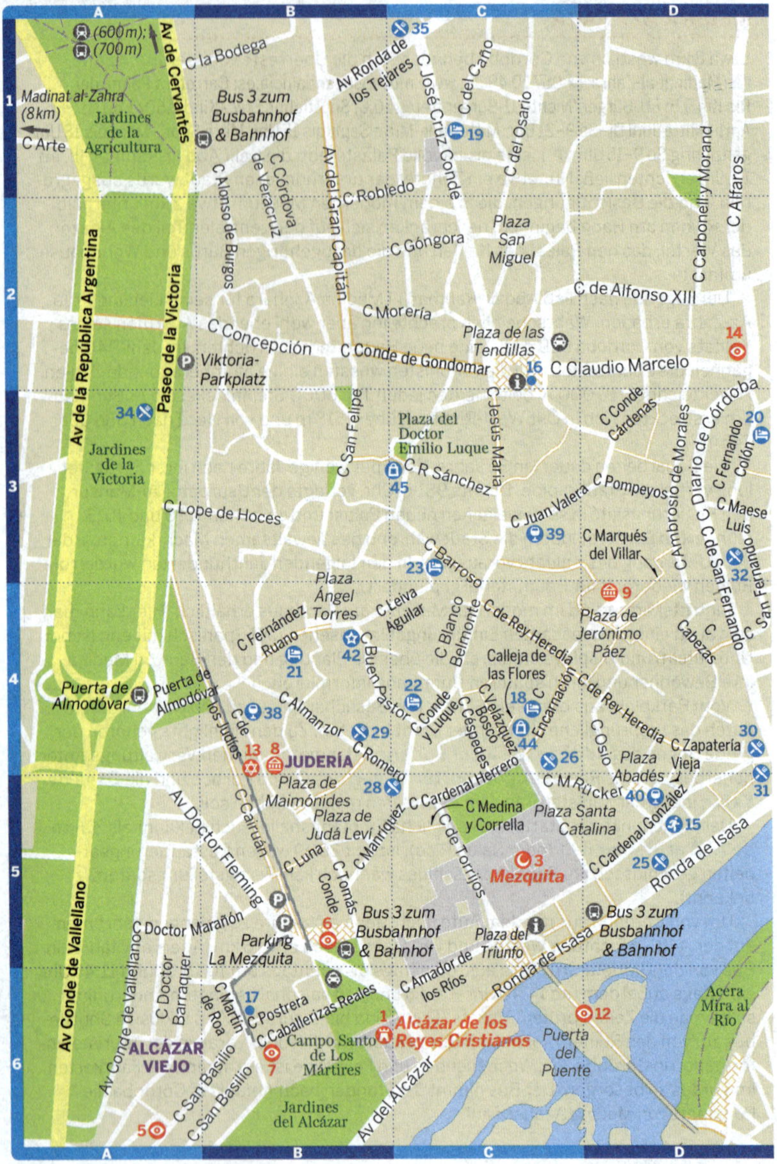

Plaza de la Corredera entdeckt wurden, während draußen die exquisiten Gärten im maurischen Stil zum Entdecken einladen.

Nicht weit entfernt lohnt sich ein Besuch der **Baños del Alcázar Califal** (☎608 158893; www.banosdelalcazarcalifal.cordoba.es; Campo Santo de los Mártires; Erw./Stud./Kind 3/1,50 €/frei, Do ab 18 Uhr frei; ⏲ Mitte Juni–Mitte Sept. Di–So 8.30–14.30 Uhr, Mitte Sept.–Mitte Juni Di–Fr 8.15–20, Sa 9.30–18, So 8.15–14.45 Uhr). Das eindrucksvolle Badehaus des maurischen Alcázar wurde im 10. Jh. erbaut.

An den meisten Abenden findet hier eine beliebte Multimedia-Inszenierung statt, die

Noches Mágicas en el Alcázar (Magische Nächte im Alcázar; Erw./Kind 6,50 €/frei), die den Alcázar in einem anderen Licht erstrahlen lassen. Zum Zeitpunkt der Recherche war diese Veranstaltung allerdings vorübergehend ausgesetzt. Am besten erkundigt man sich vorab bei der Touristeninformation nach dem aktuellen Stand.

Caballerizas Reales STALLUNGEN
(Königliche Stallungen; ☎ 671 949 514; www.cordobaecuestre.com; Calle Caballerizas Reales 1; Erw./Kind Training 5/1 €, Show 16,50/11,50 €; ⏲ Tgl. 10–13.30 & Di 16–19, Mi–Sa 17–18.30 Uhr, Show Mitte April–Mitte Sept. Mi–Sa 21 Uhr, Mitte Sept.–Mitte April 19.30 Uhr) Die vornehmen Stallungen wurden im Auftrag von König Philipp II. 1570 als Zentrum für die Entwicklung des großen spanischen Vollblut-Kriegsrosses *(caballo andaluz)* erbaut. Diese edlen Pferde werden hier immer noch gezüchtet, zudem werden Reitkurse angeboten. Ab 11 Uhr morgens kann man beim Training zusehen oder eine 70-minütige Show besuchen, bei dem Pferdemanöver zu Flamenco-Musik und -Tanz aufgeführt werden.

Judería

Die Judería, Córdobas altes Judenviertel, bildet das Herzstück des historischen Zentrums der Stadt. Schmale Kopfsteinpflasterstraßen schlängeln sich durch das Viertel, das sich westlich und nordwestlich der Mezquita erstreckt, und führen an weiß gekalkten Häusern und schmiedeeisernen Gittertoren vorbei, die einen Blick in die grünen Patios erlauben. Einige Straßen sind voller kitschiger Touristenläden und Restaurants, andere herrlich friedvoll und ursprünglich.

Sinagoga SYNAGOGE
(☎ 957 74 90 15; Calle de los Judíos 20; EU-Bürger/Nicht-EU-Bürger frei/0,30 €; ⏲ Di–Sa 9–21, So 9–15 Uhr) Wahrscheinlich war das kleine 1315 errichtete Gebäude früher eine private oder Familiensynagoge. Es ist eines der wenigen Zeugnisse der jüdischen Präsenz in Andalusien, auch wenn es seit der Vertreibung der Juden aus Spanien 1492 nicht mehr genutzt wurde. Die lichtdurchflutete Haupthalle, zu der man über einen kleinen Innenhof gelangt, ist mit ausladendem Stuck – hebräische Inschriften und verschlungene Stern- und Pflanzenmuster im Mudejarstil – verziert. Die Galería de Mujeres im Obergeschoss ist ausschließlich für Frauen reserviert.

Casa de Sefarad MUSEUM
(☎ 957 42 14 04; www.casadesefarad.es; Ecke Calles de los Judíos & Averroes; Erw./Kind 4/3 €; ⏲ Mo–Sa 11–18, So 11–14 Uhr) Das kleine Museum im Herzen der Judería, das einst ein

Córdoba

Highlights	
1 Alcázar de los Reyes Cristianos	B6
2 Centro Flamenco Fosforito	E4
3 Mezquita	C5
4 Palacio de Viana	E1
Sehenswertes	
5 Asociación de Amigos de los Patios Cordobeses	A6
6 Baños del Alcázar Califal	B5
7 Caballerizas Reales	B6
8 Casa de Sefarad	B4
9 Museo Arqueológico	D4
10 Museo Julio Romero de Torres	E4
11 Plaza de la Corredera	E3
Plaza del Potro	(siehe 10)
12 Puente Romano	D6
13 Sinagoga	B4
14 Templo Romano	D2
Aktivitäten, Kurse & Touren	
15 Hammam Baños Árabes	D5
16 Oway Tours	C2
17 Patios de San Basilio	B6
Schlafen	
18 Balcón de Córdoba	C4
19 Bed & Be	C1
20 Casa de los Azulejos	D3
21 Hospedería Alma Andalusí	B4
22 Hospedería del Atalia	C4
23 Option Be Hostel	C3
24 Patio del Posadero	F4
Essen	
25 Amaltea	D5
26 Bar Santos	C4
27 Bodegas Campos	E4
28 Casa Pepe de la Judería	C5
29 El Churrasco	B4
30 Garum 2.1	D4
31 La Bicicleta	D4
32 La Boca	D3
33 La Tinaja	E4
34 Mercado Victoria	A3
35 Nanita	C1
36 Taberna Salinas	E3
Ausgehen & Nachtleben	
37 Amapola	E4
38 Bodega Guzmán	B4
39 Califa	C3
40 El Barón	D5
41 Jugo	E2
Unterhaltung	
42 Tablao Cardenal	B4
Shoppen	
43 Mercado de la Corredera	E3
44 Meryan	C4
45 Ostin Macho	C3

unterirdischer Tunnel mit der Synagoge verband, widmet sich den sephardisch-jüdischen Traditionen in Spanien. Die Exponate sind thematisch geordnet und zeigen das häusliche Leben, die Musik, die Traditionen und das jüdische Viertel der Stadt. Darüber hinaus gibt's einen Bereich für die intellektuellen Frauen (Dichterinnen, Sängerinnen und Denkerinnen) von Al-Andalus.

Östlich & nördlich der Mezquita

Museo Arqueológico MUSEUM

(☎957 35 55 17; www.museosdeandalucia.es; Plaza de Jerónimo Páez 7; EU-Bürger/Nicht-EU-Bürger frei/1,50 €; ⏲Sept.–Juni Di–Sa 9–21, So 9–15 Uhr, Juli & Aug. Di–So 9–15 Uhr) Córdobas ausgezeichnetes archäologisches Museum erläutert die zahlreichen Veränderungen der Stadt in puncto Größe, Erscheinungsbild und Lebensstil von der vorrömischen bis zur frühen Reconquista-Zeit. Die Sammlung, eine der größten Spaniens, zeigt schöne Skulpturen, eine eindrucksvolle Münzsammlung und eine Reihe von Funden über das Stadtleben und lokale religiöse Riten. Erläuterungen gibt's auf Englisch und Spanisch. Im Kellergeschoss befinden sich die wieder ausgegrabenen Ruinen des römischen Stadttheaters.

Plaza del Potro PLAZA

Seinen Namen hat dieser historische Platz, auf dem sich früher ein Viehmarkt befand, von dem Fohlen (*potro*), das sich auf dem Steinbrunnen aus dem 16. Jh. aufbäumt. An der Westseite befindet sich die **Posada del Potro**, ein legendärer Gasthof, den Cervantes in *Don Quijote* als „Höhle der Diebe" bezeichnete. Das wunderschön gepflegte Gebäude, das um einen engen Innenhof herum angelegt ist, beherbergt heute das Centro Flamenco Fosforito. In dem ehemaligen franziskanischen Wohltätigkeitskrankenhaus gegenüber ist das Museo Julio Romero de Torres untergebracht.

★ Centro Flamenco Fosforito MUSEUM

(Posada del Potro; ☎957 47 68 29; www.centroflamencofosforito.cordoba.es; Plaza del Potro; ⏲Mitte Juni–Mitte Sept. Di–So 8.45–15.15 Uhr, Mitte Sept.–Mitte Juni Di–Fr 8.15–20, Sa 9.30–18,

So 8.15–14.45 Uhr) GRATIS Das liebevoll kuratierte Museum in einem historischen Gasthaus ist ein Muss für jeden, der sich auch nur ein bisschen für Flamenco interessiert. Fotos, Film- und Tonaufnahmen sowie Instrumente werden mit Infotafeln auf Englisch und Spanisch kombiniert, um die Geschichte der Kunstform und ihrer großen Vertreter darzustellen.

Vor Ort finden auch regelmäßig kostenlose Konzerte und Flamenco-Shows statt (Details dazu auf der Website).

Museo Julio Romero de Torres MUSEUM
(☎957 49 19 09; Plaza del Potro 1; Erw./Kind 4 €/ frei; ⏲Mitte Juni–Mitte Sept. Di–So 8.45–15.15 Uhr, Mitte Sept.–Mitte Juni Di–Fr 8.15–20, Sa 9.30–18, So 8.15–14.45 Uhr) Dieses wunderbare kleine Museum, das sich das ehemalige Hospital de la Caridad mit dem Museo de Bellas Artes teilt, ist dem beliebten lokalen Maler Julio Romero de Torres (1874-1930) gewidmet. Die sechs scharlachroten Räume sind mit Gemälden geschmückt, die die lebenslange Leidenschaft des Künstlers für den Flamenco und die Schönheit andalusischer Frauen anschaulich illustrieren.

Plaza de la Corredera PLAZA
Einst Schauplatz großer öffentlicher Spektakel – Stierkämpfe, Hinrichtungen, Autodafés der Inquisition – beeindruckt dieser große Platz im kastilischen Stil mit seinen gewölbten Säulengängen und Gebäuden aus dem 17. Jh. Die verschiedenen Bars und Cafés sind ein beliebter Treffpunkt, der **Mercado de la Corredera** (Plaza de la Corredera; ⏲Mo–Do 8–15, Fr & Sa 8–15.30 Uhr) an der Südseite ist ein geschäftiger Lebensmittelmarkt.

Templo Romano TEMPEL
(Calle Claudio Marcelo) Der römische Tempel aus dem 1. Jh. n. Chr. ist nicht für Besucher zugänglich, kann aber auch gut von der Straße aus besichtigt werden. Elf hohe weiße Säulen verleihen dem Gebäude ein eindrucksvolles Erscheinungsbild, besonders wenn sie nach Sonnenuntergang mit Flutlicht angestrahlt werden. Der Tempel, der dem Kaiserkult gewidmet war, sollte Richtung Osten auf ein gigantisches römisches Amphitheater (für Pferderennen und andere Spektakel) hin ausgerichtet werden.

★Palacio de Viana MUSEUM
(☎957 49 67 41; www.palaciodeviana.com; Plaza de Don Gome 2; gesamtes Gebäude/Patios 8/5 €, Mi 14–17 Uhr frei; ⏲Sept.–Juni Di–Sa 10–19, So 10–15 Uhr, Juli & Aug. Di–So 9–15 Uhr) Besonders im Frühling ist der Palacio de Viana, ein nobler Renaissancepalast, ein Genuss, wenn seine zwölf bepflanzten Innenhöfe in voller Pracht erstrahlen. Das stark umgebaute Herrenhaus aus dem 14. Jh. war bis 1980 Sitz der aristokratischen Marqueses de Viana, und seine prächtigen Räume sind vollgestopft mit Kunst und Antiquitäten. Der Palast kann nur mit einer Führung besichtigt werden, die hübschen Innenhöfe darf man auf eigene Faust erkunden.

Aktivitäten

Hammam Baños Árabes HAMMAM
(☎957 48 47 46; http://cordoba.hammamalandalus.com; Calle del Corregidor Luis de la Cerda 51; Becken & Dampfbad 32 €, inkl. Massage 45–99 €; ⏲10–24 Uhr) Schon im Mittelalter ließen sich die Bewohner Córdobas so richtig verwöhnen. Heute kann man es ihnen in den schön renovierten arabischen Bädern gleichtun. Die Gäste spannen hier in Becken mit warmem, heißem und kaltem Wasser oder bei verschiedenen Massagen aus.

Geführte Touren

Eine breite Palette an Führungen findet sich unter www.reservasturismodecordoba.org.

Foodie & Experiences GEFÜHRTE TOUREN
(☎662 525431; www.foodieandexperiences.com) Mit einem ortskundigen Führer kann man sich quer durch Córdoba futtern. Foodie & Experiences bietet eine Reihe von Paketen an, darunter Kochkurse, Ausflüge zu Olivenölmühlen und eine dreistündige Tapas-Tour (82,50 € für eine Einzelperson, 55 €/Pers. für 2–4 Pers.). Auf Anfrage sind auch maßgeschneiderte Privatführungen möglich.

Oway Tours GEFÜHRTE TOUREN
(☎688 376581; www.owaytours.com) GRATIS Oway arrangiert einen unterhaltsamen, kostenlosen 2½-Stunden-Stadtspaziergang. Unterwegs verraten die motivierten Guides interessante Details zur Geschichte. Sie warten jeden Tag um 10.30 Uhr mit blauen Schirmen an der Plaza de las Tendillas: Die Teilnehmer werden in englisch-, spanisch- und französischsprachige Gruppen unterteilt.

Feste & Events

Semana Santa RELIGIÖSES FEST
(Karwoche; www.hermandadesdecordoba.es; ⏲März/April) Von Palmsonntag bis Karfreitag ziehen jeden Abend in Gewänder gehüllte Büßer durch die Straßen, um die ge-

schmückten *pasos* (Wagen mit heiligen Statuen) von und zur Kathedrale in der Mezquita zu begleiten. Die düsteren Prozessionen ziehen große Menschenmengen an, vor allem rund um die Mezquita, wo die meisten *pasos* zwischen 19 und 23 Uhr eintrudeln.

Cruces de Mayo FEST
(Mai-Kreuze; ⌚ Anfang Mai) Zu diesem Anlass werden auf den extra geschmückten Plazas und Straßen mit Blumen und Manila-Schals dekorierte Kreuze aufgestellt. Es gibt Stände mit Getränken und Tapas, und das Fest entwickelt sich zu einer tollen Party mit Musik und Tanz. Es findet von Mittwoch bis Sonntag in der ersten Maiwoche statt und erreicht seinen Höhepunkt am Freitagabend und Samstag.

Fiesta de los Patios de Córdoba FEST
(http://patios.cordoba.es; ⌚ Mai) Beim Wettbewerb um den schönsten Patio sind 50 oder mehr der privaten Innenhöfe Córdobas ab Anfang Mai für zwei Wochen für Besucher frei zugänglich. Einige der schönsten befinden sich in und um die Calle San Basilio und im Bereich des Alcázar Viejo, 400 m südwestlich der Mezquita. In den Patios und auf den Plätzen der Stadt finden Flamenco- und andere Konzerte statt.

Feria de Mayo FEST
(Maifest; ⌚ Ende Mai) Eine einwöchige Riesenparty im Viertel El Arenal, östlich vom Zentrum, mit Konzerten und *sevillana*-Tänzen, Umzügen mit Pferdekutschen, Kostümen, Feuerwerk und jeder Menge Spaß.

★ **Noche Blanca del Flamenco** MUSIK
(http://nocheblancadelflamenco.cordoba.es; ⌚ Mitte Juni) Das beispiellose Flamenco-Event dauert die ganze Nacht und bietet kostenlose Auftritte führender Künstler an malerischen Schauplätzen, wie der Plaza del Potro und dem Patio de los Naranjos in der Mezquita.

Festival de la Guitarra de Córdoba MUSIK
(https://guitarracordoba.es; ⌚ Anfang Juli) Zehn Tage lang wird in den Theatern der Stadt mit Konzerten die Gitarre gefeiert. Auf dem Programm stehen Klassik, Flamenco, Rock, Blues sowie berühmte spanische und internationale Musiker.

Schlafen

Am stimmungsvollsten nächtigt man in der Judería und im historischen Zentrum, aber es gibt auch gute Möglichkeiten im Bereich östlich der Mezquita und im modernen Teil der Stadt um die Plaza de las Tendillas.

Für April, September und Oktober ist es ratsam, im Voraus zu buchen, zur Semana Santa, den Maifesten und anderen Feiertagen geht ohne Reservierung gar nichts.

Hospedería Alma Andalusí HOTEL €
(☎ 957 20 04 25; www.almaandalusi.com; Calle Fernández Ruano 5; EZ 38–65 €, DZ 76–128 €; ❄ 📶) Das schnuckelige Hotel in einem ruhigen Bereich der Judería eignet sich hervorragend als Ausgangspunkt. Die Zimmer sind klein, aber fein, mit ausgewählten Möbeln, großen Abbildungen von Córdobas Sehenswürdigkeiten und polierten Holz- oder traditionellen Fliesenböden. Die hier angegebenen Zimmerpreise geben die Range für kostenfrei stornierbare Reservierungen wider, es gibt aber auch günstigere Buchungsoptionen, die eine Anzahlung vorab verlangen und diese bei Stornierung nicht erstatten.

★ **Patio del Posadero** BOUTIQUE-HOTEL €€
(☎ 957 94 17 33; www.patiodelposadero.com; Calle Mucho Trigo 21; Zi. inkl. Frühstück 95–155 €; ❄ 📶 🏊) Nicht ganz einfach zu finden – in einer Seitengasse 1 km östlich der Mezquita, – aber die Suche wert. Dieses hübsche Refugium ist in einem umgebauten Haus aus dem 15. Jh. untergebracht und verbindet zeitgenössisches Design mit alten maurischen Stilelementen. Vom Innenhof mit Kopfsteinpflaster und Ziegelbogen führen Stufen hinauf zu einem Salon und einer Terrasse mit einem kleinen Tauchbecken und sechs schönen individuell eingerichteten Zimmern.

Viento10 BOUTIQUE-HOTEL €€
(☎ 957 76 49 60; www.hotelviento10.es; Calle Ronquillo Briceño 10; EZ 81–150 €, DZ 100–172 €; ❄ 📶) Eine kreative Neugestaltung des Spitalgebäudes aus dem 15. Jh. brachte acht Zimmer hervor, deren moderne, klare Linien und zurückhaltendes Dekor perfekt mit den antiken Säulen im zentralen Innenhof harmonieren. Das Bauwerk ist lichtdurchflutet, nicht zuletzt auf der Dachterrasse mit Sonnenliegen und Ausblick auf die Mezquita. Ein winziges Spa und ein geniales Frühstück (8,80 €) sind weitere Pluspunkte.

Casa de los Azulejos HOTEL €€
(☎ 957 47 00 00; www.casadelosazulejos.com; Calle Fernando Colón 5; inkl. Frühstück EZ 59–90 €, DZ 67–151 €; ❄ 📶 🏊) Das stylische Hotel in andalusisch-mexikanischem Stil, mit einem sonnigen bepflanzten Innenhof und

Mikrobrauerei im Keller bietet neun attraktive Zimmer, die nach mexikanischen Pflanzen benannt und in Lila, Gelb und Himmelblau gehalten sind. Die knalligen Badezimmerfliesen ergänzen die traditionellen spanischen Böden aus *azulejos* (Fliesen), die der Unterkunft ihren Namen geben.

Hospedería del Atalia BOUTIQUE-HOTEL €€
(☎ 957 49 66 59; www.hospederiadelatalia.com; Calle Buen Pastor 19; Zi. 50–200 €; ❄ 📶) Das schlichte Atalia ist über einen hübschen weißen Innenhof im Herzen der Judería zu erreichen und bietet 20 geschmackvoll eingerichtete Zimmer in Burgunder-, Rost- und Olivtönen. Das gute Frühstück kostet 6 €. Auf der sonnigen, mit Stühlen bestückten Dachterrasse genießt man einen tollen Blick auf den Turm der Mezquita.

★ **Balcón de Córdoba** BOUTIQUE-HOTEL €€€
(☎ 957 49 84 78; www.balcondecordoba.com; Calle Encarnación 8; DZ inkl. Frühstück 142–427 €; ❄ 📶) Ein exzellentes Boutique-Hotel der Luxusklasse einen Steinwurf von der Mezquita entfernt, das bald kein Geheimtipp mehr sein wird. Sein mühelos cooles Dekor verbindet einen dezenten zeitgenössischen Ansatz mit historischen Elementen wie schweren hölzernen Fensterläden, Innenhöfen mit Ziegelbögen und alten Steinrelikten. Der Service ist absolut aufmerksam. Von der Dachterrasse bietet sich ein toller Ausblick bis zur Mezquita.

Essen

Charakteristisch für Córdoba ist vor allem *salmorejo*, eine dicke, kalte Suppe mit hart gekochtem Ei und Schinkenstreifen. Zusammen mit *rabo de toro* (Ochsenschwanzsuppe) taucht diese Spezialität auf jeder Speisekarte auf. Eine andere Delikatesse der Stadt ist *flamenquín*, eine panierte Rolle aus Schweinefleisch und Schinken. Nicht entgehen lassen sollte man sich auch den lokalen süßen Montilla-Moriles-Wein.

★ **La Bicicleta** CAFÉ €
(☎ 666 544690; Calle Cardenal González 1; Gerichte 4,95–15,95 €; ⏲ Mo & Fr 12–1, Di–Do & So 10–1, Sa 9–1 Uhr; 📶 ✍) Sowohl Einheimische als auch Besucher wissen das Bicicleta mit seinem Shabby-Chic zu schätzen. In dem einladenden, entspannten Café kann man Fruchtsäfte und Cocktails schlürfen, leckere Kuchen essen oder sich zu Avocado-Schinken-Toasties oder leichten Gerichten wie Hummus mit Salat niederlassen.

Mercado Victoria LEBENSMITTELMARKT €
(www.mercadovictoria.com; Paseo de la Victoria; Produkte 2–19 €; ⏲ Mitte Juni–Mitte Sept. So–Do 11–1, Fr & Sa 11–2 Uhr, Mitte Sept.–Mitte Juni So–Do 10–24, Fr & Sa 10–2 Uhr) Für Leute, die Lust auf einen leckeren Imbiss ohne die Formalitäten eines Restaurantbesuchs haben, ist diese belebte Markthalle ideal. In einem Pavillon aus dem 19. Jh. in den Victoria-Gärten westlich der Altstadt wird an den Ständen alles angeboten, von argentinischen Empanadas und mexikanischen Burritos bis hin zu Sushi, Pizza und den traditionellen spanischen Meeresfrüchten.

Taberna Salinas ANDALUSISCH €
(☎ 957 48 29 50; www.tabernasalinas.com; Calle Tundidores 3; Hauptgerichte 7,75–11 €; ⏲ Mo–Sa 12.30–15.30 & 20–23 Uhr, Aug. geschl.) Das 1879 eröffnete Bar-Restaurant besitzt einen hübschen Innenhof und mehrere Räume. Es ist im klassischen Córdoba-Stil mit Fliesen, Weinfässern, Kunstwerken und Fotos des Stierkämpfers Manolete geschmückt. Bei Touristen erfreut es sich großer Beliebtheit, hat sich aber seine traditionelle Atmosphäre erhalten. Die klassische regionale Küche ist zuverlässig gut (und wird in großen Portionen serviert).

Bar Santos TAPAS €
(Calle Magistral González Francés 3; Tapas 2,30–5 €; ⏲ Mo–Fr 10–24, Sa & So 11–24 Uhr) Für eine für Córdoba typische kulinarische Erfahrung reiht man sich in die Schlange vor dieser legendären Bar ein und bestellt eine *tortilla de patatas* (Kartoffelomelett). Von riesigen Rädern werden dicke Stücke geschnitten und auf Papptellern mit Plastikgabeln serviert. Auf der anderen Straßenseite speist man unter den Mauern der Moschee.

★ **Casa Pepe de la Judería** ANDALUSISCH €€
(☎ 957 20 07 44; www.restaurantecasapepedelajuderia.com; Calle Romero 1; Tapas 3,60–14 €, Hauptgerichte 12–39 €; ⏲ 13–16 & 19.30–23 Uhr; 📶) Meisterhaft zubereitete andalusische Kost, die sonnige Dachterrasse und die mit Kunst aus Córdoba ausstaffierten Räumlichkeiten halten das Pepe nach wie vor hoch im Kurs. Ob Tapas oder die teureren Gerichte von der Karte, die Qualität ist hoch und gipfelt in einigen fabelhaften Fleischgerichten, wie das sensationelle *presa ibérica* (Steak vom iberischen Schwein). Der Service ist auch bei vollem Haus zuvorkommend.

CÓRDOBAS PATIOS

Ein auffälliges Merkmal des historischen Zentrums von Córdoba sind die Patios, die in vielen Häusern und *palacios* zu finden sind. Geranientöpfe, von den Wänden rankende Bougainvilleen und in der Mitte ein Springbrunnen – die berühmten Patios von Córdoba spendeten in der Hitze des Sommers jahrhundertelang kühlenden Schatten.

Die beste Zeit, um sie zu bestaunen, ist der Frühling, wenn Dutzende von ihnen während der beliebten Fiesta de los Patios de Córdoba (S. 230) zur kostenlosen Besichtigung geöffnet werden.

Palacio de Viana (S. 229) Dieser aristokratische Palast verfügt über zwölf wunderschöne Innenhöfe, von denen jeder seinen eigenen Charakter und seine eigene Atmosphäre hat.

Asociación de Amigos de los Patios Cordobeses (Calle San Basilio 44; ⌚10.30–13.30 & 17–20 Uhr) GRATIS Dieser klassische Innenhof mit weißen Mauern kann das ganze Jahr über kostenlos besucht werden. Seine Farbenpracht hängt von der Jahreszeit ab, aber die Kunsthandwerkstätten stehen jederzeit offen.

Patios de San Basilio (☎654 530377; www.patiosdesanbasilio.com; Calle Martín de Roa 2; Führung 10 €; ⌚ Führungen März–Juni & Sept.–Okt. 10, 12 & 17.30 Uhr, Nov.–Feb. 10, 12 & 16.30 Uhr, Mi, So Nachmittag & Juli geschl., Aug. tgl. 10 & 12 Uhr) Führungen in fünf gepflegte Innenhöfe im charmanten Viertel San Basilio (auch bekannt als Alcázar Viejo) in der Nähe des Alcázar de los Reyes Cristianos.

Garum 2.1 TAPAS €€

(☎957 48 76 73; Calle de San Fernando 122; Tapas 3,90–7,90 €, Hauptgerichte 9,90–16,90 €; ⌚13–16 & 20–23 Uhr) Das Garum 2.1 bewirbt sich selbst als bistronomische Tapas-Bar, die den Bistro-Stil mit Gourmet-Tapas verbindet. Das klingt zwar ein wenig lächerlich, aber die Tapas werden erfinderisch präsentiert und sind oft durchaus einfallsreich. Ein Beispiel dafür sind die Churros, hier mit Ochsenschwanz und Schokolade gefüllt, und der preisgekrönte Oktopus mit geräucherten Schweineohren. Auch der Wein ist ausgezeichnet.

Bodegas Campos ANDALUSISCH €€

(☎957 49 75 00; www.bodegascampos.com; Calle de Lineros 32; Hauptgerichte 12–26 €; ⌚13–16 & 20.30–23 Uhr) Diese stimmungsvollen Räumlichkeiten und Patios sind eine lokale Institution und erfreuen sich sowohl bei *cordobeses* wie auch Besuchern großer Beliebtheit – darunter der britische Ex-Premierminister Tony Blair. Im Restaurant und in der lässigeren *taberna* (Taverne) gibt's kreativ modernisierte regionale Gerichte wie Avocadopüree und Rinderfilet mit Gänseleber. Das Campos produziert seinen eigenen Montilla.

Nanita SPANISCH €€

(☎957 97 74 21; www.nanita.es; Avenida Ronda de los Tejares 16; Tapas 2,60–8,50 €, Hauptgerichte 11–24 €; ⌚Mo–Sa 13.30–16.30, Mi–Sa 20.30–22.30 Uhr) Das Nanita ist das neueste Projekt von Paco Morales, dem Chefkoch des mit zwei Michelin-Sternen ausgezeichneten Restaurants Noor in Córdoba, und wurde im Oktober 2019 mit großem Tamtam eröffnet. Das Restaurant ist als hipper, legerer Ableger des Fine-Dining-Restaurants konzipiert und verfügt über ein Interieur aus hellem Holz und eine Speisekarte mit aufgepeppten spanischen Klassikern und abenteuerlichen neuen Kreationen.

La Boca FUSION-KÜCHE €€

(☎957 47 61 40; www.facebook.com/restaurante.laboca; Calle de San Fernando 39; Hauptgerichte 12,50–18,50 €; ⌚Mi–Mo 12–24, Di 12–17 Uhr; 📶) In diesem innovativen Restaurant werden lokale Zutaten international interpretiert, z. B. in Gerichten wie iberische Schweinebacke in rotem Curry oder Thunfisch-Tataki mit Soja-Mayo. Passend zur Fusion-Küche sind die Taberna-Räume und der formellere Restaurantbereich in einem künstlerisch lässigen Stil gehalten. Am Wochenende sollte man reservieren.

Amaltea FUSION-KÜCHE €€

(☎957 49 19 68; Ronda de Isasa 10; Hauptgerichte 12–16 €; ⌚Mo–Sa 13–16 & 20–23, So 13–16 Uhr; 📶✍) Das Amaltea gehört zu einer Reihe von Restaurants am Flussufer und besticht durch seinen schönen Speisesaal und seine fantasievolle, international inspirierte Speisekarte. Vegetarier kommen auf ihre Kosten, Liebhaber von Meeresfrüchten können Butterfisch-Tartar mit Wakame und Wasabi-Eis probieren, und Fleischfresser laben sich an Tandoori-Lamm mit Reis.

La Tinaja ANDALUSISCH €€

(☎ 957 04 79 98; www.latinajadecordoba.com; Paseo de la Ribera 12; raciones 8–18 €; ⏲ 13.30–16 & 20–23 Uhr, im Sommer länger) Mit seinem coolen, rustikalen Interieur und der Terrasse mit Kerzenlicht (man ignoriere die Mülltonnen in der Nähe) ist das La Tinaja eines der besten Restaurants am Flussufer. Kulinarisch liegt der Schwerpunkt auf der regionalen Küche, sowohl traditionell als auch modern, mit immer wiederkehrenden Publikumslieblingen wie dem *flamenquín*, einer panierten Schweinelende, die mit *jamón ibérico* (iberischer Schinken) umwickelt ist. Die Portionen sind nicht für einen Bärenhunger gedacht.

El Churrasco GRILLRESTAURANT €€€

(☎ 957 29 08 19; www.elchurrasco.com; Calle Romero 16; Tapas 2–6,15 €, Hauptgerichte 12–34 €; ⏲ So–Do 13–16 & 20–23.30, Fr & Sa bis 24 Uhr) In der touristischen Gegend um die Mezquita ist dieses belebte Bar-Restaurant für sein gegrilltes Fleisch bekannt, darunter das charakteristische *churrasco cordobés* (über Eichenholzkohle gegrillte Schweinelende mit arabischen Soßen). Der Service an der Bar kann etwas ruppig sein, aber die Grillexperten verstehen ihr Handwerk und das Essen ist durchweg gut – hauptsächlich Steaks und traditionelle Fleischgerichte, aber auch einige Fischoptionen.

Ausgehen & Unterhaltung

Die Bars und Cafés am und um die Plaza de las Tendillas sind ein beliebter Treffpunkt für viele *cordobeses*. Eine weitere geschätzte Gegend ist die Uferpromenade Pasero de la Ribera, wo es eine Reihe von Bars gibt. Eine alternativere Szene findet man in den Straßen Calles Alfonso XIII und Alfaros nordöstlich der Plaza de las Tendillas.

★ **Jugo** WEINBAR

(www.facebook.com/quierojugovivo; Plaza San Andres 5; ⏲ Mo–Do 12–13.45 & 18–22, Fr 12–13.45 & 18–23, Sa 12–15.30 & 19–23, So 12–15 Uhr) Etwas abseits der großen Touristenströme gelegen, ist das Jugo ein echtes Fundstück – ein uriger Weinladen, der gleichzeitig als Bar dient. Das von den englischsprachigen Javi und Gaby geführte Lokal ist ein großartiger Ort, um den Horden zu entkommen und ein oder zwei ruhige Gläser zu genießen, entweder im rustikalen Innenraum mit viel Holz oder auf dem hübschen Platz draußen.

El Barón BAR

(Plaza de Abades 4; ⏲ 12.30–24 Uhr) Die Tische im Außenbereich dieser bescheidenen Bar an einem charmanten Platz in der Altstadt sind ein schöner Ort für einen entspannten Drink. Es gibt Montilla-Weine und *cava* (Sekt), Craft-Biere und eine Auswahl an süßen und herzhaften Snacks (2,50–9 €), darunter eine reichhaltige Hauspastete und ein üppiger Schokoladenkuchen.

Amapola BAR

(www.facebook.com/amapolabarcordoba; Paseo de la Ribera 9; ⏲ 16–2.30 Uhr, Fr–So ab 12 Uhr) Mit Elvis Costello im Hintergrund, dem Bier, das in Pints serviert wird, und dem Retro-Charme des spärlich eingerichteten Interieurs ist für alles gesorgt, um diese Bar am Flussufer zum bevorzugten Treffpunkt für einen Drink zu machen. Das alles auf einer Terrasse mit Blick auf den Fluss und bei cooler Musik, die entweder von DJs aufgelegt oder an den meisten Freitag- und/oder Samstagabenden live gespielt wird.

Califa CRAFT-BIER

(www.cervezascalifa.com; Calle Juan Valera 3; ⏲ Mo–Do 12–16 & 18.30–24.30, Fr & Sa 12–2, So 12–16.30 Uhr; 📶) Eine der ältesten Craft-Bier-Bars in Andalusien, die ihre Biere unter eigenem Namen direkt vor Ort braut. Geboten wird eine große Auswahl an Pale Ales, IPAs und Stouts, darunter acht vom Fass, und eine kleine Speisekarte mit leichten Gerichten, um all das aufzusaugen.

Bodega Guzmán WEINBAR

(Calle de los Judíos 7; ⏲ Fr–Mi 12–16 & 20.30–23.30 Uhr) Die höhlenartige Weinbar in der Judería, die sowohl von Einheimischen als auch von Touristen besucht wird, wirkt mit ihren Keramikfliesen, zahlreichen Stierkampf-Devotionalien und riesigen Weinfässern wie aus einem Guss. Zur Einstimmung schlürft man einen knochentrockenen Montilla-*fino*, vielleicht begleitet von einer Tapa mit Schafskäse in Olivenöl.

Tablao Cardenal FLAMENCO

(☎ 691 217922; www.tablaocardenal.es; Calle Buen Pastor 2; Shows inkl. 1 Getränk 23 €; ⏲ Shows Mo–Do 20.15, Fr & Sa 21 Uhr) Ein aristokratisches Haus aus dem 17. Jh. in der Judería bietet den stimmungsvollen Rahmen für professionelle, leidenschaftliche Flamenco-Shows mit Gesang, Musik und Tanz.

Shoppen

Zu Córdobas Handwerksspezialitäten gehören Silberschmuck, Keramik und buntes geprägtes Leder *(cuero repujado)*, bekannt als *guadamecí* (wenn Schafsleder verwendet wurde) oder *cordobán* (Ziegenleder)

Ostin Macho CONCEPT STORE
(☎957 94 20 55; Plaza del Doctor Emilio Luque 2; ⏲Mo–Fr 10.30–13.30 & 17.30–20.30, Sa 11–14 Uhr) Im Vergleich zu den typischen Touristenläden ist dieser ansprechende Concept Store eine bessere Wahl für ein originelles Erinnerungsstück. Inhaber Ruben führt eine bunte Sammlung von bemalten Tassen und Schalen, Kalendern, Lampen, Graphic Books, Kunstwerken und Drucken, von denen einige von Schülern einer örtlichen Kunstschule entworfen wurden.

Meryan MODE & ACCESSOIRES
(☎957 47 59 02; www.meryancor.com; Calleja de las Flores 2; ⏲Mo–Fr 9–20, Sa 9–14 Uhr) Dieses alteingesessene Geschäft in der Nähe der Mezquita hat eine gute Auswahl an Produkten aus geprägtem Leder: Jacken, Geldbörsen, Taschen, Kisten, Notizbücher und mit Leder überzogene Holztruhen, in verschiedenen Farben und zu unterschiedlichen Preisen.

Praktische Informationen

Informationen über Córdoba und seine Provinz gibt es unter www.cordobaturismo.es.

Centro de Visitantes (Besucherzentrum; ☎902 20 17 74; www.turismodecordoba.org; Plaza del Triunfo; ⏲Mo–Fr 9–19, Sa & So 9.30–14.30 Uhr) Die Haupttouristeninformation in der Nähe der Mezquita bietet Karten und Broschüren auf Englisch und Spanisch.

Municipal Tourist Information Kiosk (www.turismodecordoba.org; Plaza de las Tendillas; ⏲9–13.30 & 17–19.15 Uhr) Auf der Plaza de las Tendillas im modernen Teil der Stadt.

An- & Weiterreise

BUS

Der **Busbahnhof** (☎957 40 40 40; www.estacionautobusescordoba.es; Avenida de la Libertad) befindet sich hinter dem Zugbahnhof, 1,3 km nordwestlich der Plaza de las Tendillas.

Alsa (☎902 422242; www.alsa.es)

Autocares Carrera (☎957 50 16 32; www.autocarescarrera.es)

Autocares San Sebastián (☎957 42 90 30; www.autocaressansebastian.es)

Cambus (☎679 730134; www.cambusautocares.com)

Socibus (☎902 22 92 92; www.socibus.es)

ZUG

Córdobas moderner **Bahnhof** (☎902 320 320; Plaza de las Tres Culturas), liegt 1,2 km nordwestlich der Plaza de las Tendillas und wird von schnellen AVE-Zügen sowie Regionalzügen angefahren.

Ziel	Preis (€)	Dauer	Häufigkeit (tgl.)
Andújar	9,85	50 Min.	4-mal
Antequera (Santa Ana)	17–34	30–40 Min.	17–18-mal
Granada	25–49	1½–2¼ Std.	6-mal
Jaén	15	1¾ Std.	4-mal
Madrid	39–63	1¾–2¼ Std.	33–34-mal
Málaga	21–42	1 Std.	16–17-mal
Sevilla	14–32	45 Min.–1¼ Std.	29–35-mal

Unterwegs vor Ort

AUTO & MOTORRAD

Autofahren in Córdoba ist kein Zuckerschlecken – Córdobas Einbahnstraßensystem ist ein Albtraum und Autos sind fast überall im historischen Zentrum verboten, außer zum Ausladen oder Parken am Hotel.

Südlich des Flusses, auf der anderen Seite der Puente de Miraflores, kann man seinen Wagen kostenlos und ohne Zeitbegrenzung abstellen. Am Paseo de la Victoria gibt's ebenfalls Parkmöglichkeiten, die aber teilweise kostenpflichtig sind. In einer gebührenpflichtigen Zone (mit blauen Linien gekennzeichnet) zahlt man etwa 0,85 € pro Stunde, wobei man zwischen 14 und 17 Uhr, über Nacht von 21 bis 9 Uhr und von Samstag 14 Uhr bis Montag 9 Uhr in der Regel kostenlos parken kann. Günstige Parkplätze sind **Parking Victoria** (Paseo de la Victoria; 12,65 €/24 Std.; ⏲24 Std.) und **Parking La Mezquita** (Avenida Doctor Fleming; 15 €/24 Std.; ⏲24 Std.).

BUS

Bus 3 (☎957 76 46 76; www.aucorsa.es) fährt alle 14–20 Min. (1,30 €) von der Avenida Vía Augusta (der Straße zwischen Bahnhof und Busbahnhof) die Calle de San Fernando zur Uferpromenade Paseo de la Ribera östlich der Mezquita hinunter. Auf dem Rückweg kann man an der Ronda de Isasa in der Nähe der Haupttouristeninformation, am Campo Santo de los Mártires, an der Glorieta Cruz Roja oder an der Avenida de Cervantes einsteigen.

BUSSE AB CÓRDOBA

ZIEL	UNTERNEHMEN	PREIS (€)	DAUER	HÄUFIGKEIT (TGL.)
Almodóvar del Río	Autocares San Sebastián	2,05	30 Min.	bis zu 10-mal
Baena	Autocares Carrera	5,60	1 Std.	3–8-mal
Baeza	Alsa	11,80	2¼ Std.	2-mal
Granada	Alsa	15,25	2¾–4 Std.	9–11-mal
Hornachuelos	Autocares San Sebastián	4,50	1–1¼ Std.	2–5-mal
Jaén	Cambus	11	2 Std.	4–7-mal
Madrid	Socibus	18–25	4¼–5 Std.	7–8-mal
Málaga	Alsa	12,35	2½–3 Std.	3–4-mal
Montilla	Autocares Carrera	3,90	45 Min.	8-mal oder öfter
Priego de Córdoba	Autocares Carrera	9,45	2 Std.	3–7-mal
Sevilla	Alsa	12,65	1¾–2 Std.	7-mal
Úbeda	Alsa	12,60	1¾–2½ Std.	4–5-mal
Zuheros	Autocares Carrera	6,65	1¾ Std.	2–4-mal

FAHRRAD

Es gibt in der ganzen Stadt Radwege, auch wenn sie kaum genutzt werden.

Elektrik.es (☎ 671 417814; www.rentabikecordoba.com; Calle María Cristina 5; Räder pro 3 Std./halben Tag/ganzen Tag 6/10/14 €, E-Bike 10/14/19 €; ⏲ Shop 10–14 & 17.30–20.30 Uhr) Verleiht Fahrräder für Stadt und Umgebung.

TAXI

Eine Fahrt vom Bahnhof oder Busbahnhof zur Mezquita kostet ca. 7 €. Im Zentrum gibt es Taxistände am Campo Santo de los Mártires und bei der Plaza de las Tendillas.

DER SÜDEN DER PROVINZ CÓRDOBA

Die Hügellandschaft südlich von Córdoba, auch Campiña de Córdoba genannt, ist fast vollständig mit Olivenhainen und Weinbergen überzogen, die einige der besten Olivenöle und die einzigartigen an Sherry erinnernde Montilla-Moriles-Weine hervorbringen. Vom 13. bis 15. Jh. war dies ein Grenzland, dessen hügelige Gipfel die Trennlinie zwischen islamisch und christlich kontrollierten Gebieten bildeten – daher die vielen Städte und Dörfer, die sich um die Burgen auf den Hügeln gruppieren. Im Südosten der Provinz ist der bergige Parque Natural Sierras Subbéticas ein Highlight, ein unberührtes und dünn besiedeltes Gebiet mit felsigen Gipfeln, Schluchten, Höhlen und bewaldeten Tälern.

Baena

19 340 EW. / 430 M

Baena, eine geschäftige Marktstadt 66 km südöstlich von Córdoba, liegt mitten im Herzen eines historischen Olivenöl-Erzeugungsgebiets, das mit einer eigenen Denominación de Origen (DO) ausgezeichnet ist; eine Zertifizierung, die Herkunft und Qualitätskontrolle garantiert. Es gibt keine großen Sehenswürdigkeiten, aber wer auf der Durchreise ist, kann in einer funktionierenden Mühle sehen, wie Öl hergestellt wird, und von der rundum sanierten Burg der Stadt einen schönen Ausblick genießen.

Sehenswertes

Almazara Núñez de Prado FABRIK

(☎ 957 67 01 41; Avenida Cervantes 5; ⏲ Jan.–Juni Mo–Fr 9–14 Uhr, Juni–Mitte Sept. Mo–Fr 16–17.30 Uhr) GRATIS Um zu sehen, wie das flüssige Gold von Baena hergestellt wird, lohnt sich ein Zwischenstopp bei dieser noch immer aktiven Ölmühle, die von einer Familie betrieben wird, die rund 100 000 Olivenbäume besitzt. Die Oliven werden von Hand sortiert und anschließend in der uralten Steinmühle verarbeitet. Der Betrieb ist einer der wenigen in Spanien, der noch mit dieser traditionellen Pressmethode arbeitet und vor allem für sein *flor de aceite* bekannt, Öl, das auf natürliche Weise aus den zerstoßenen Oliven austritt.

Es gibt 40-minütige Führungen.

ABSTECHER

MONTILLA & SEINE WEINE

Die Hügellandschaft südlich von Córdoba ist die Heimat der Weine der Montilla-Moriles Denominación de Origen. Zur Verärgerung der lokalen Winzer werden die Tropfen immer wieder mit Sherry verglichen. Die besonders süffigen Weine werden ausschließlich aus der Pedro-Ximénez-Traube erzeugt.

Der edelste Montilla ist der helle, strohige *fino*; *amontillado* ist ein golden-bernsteinfarbener Wein mit nussiger Note; und *oloroso* ist ein dunkler, vollmundiger Wein mit 18 bis 20 % Alkoholgehalt. Der süßeste ist der fast schwarze *Pedro Ximénez (PX)*, hergestellt aus Trauben, die vor dem Pressen in der Sonne getrocknet wurden.

Montilla-Weine passen gut zu Tapas und bieten sich als Aperitif vor dem Abendessen oder als Dessertweine an. Die leichteren Tropfen harmonieren mit Suppen oder Meeresfrüchten. Wer mutig ist, bestellt einen *fiti* (50-50), eine starke Mischung aus *fino* und PX!

Um mehr über diese Weine zu erfahren, bietet sich eins der Weingüter in und um Montilla an, die weit weniger besucht werden als die Sherry-Bodegas in Jerez, dabei sind ihre Weine ebenso verlockend.

Montillas **Oficina de Turismo** (☎ 672 780521, 957 65 23 54; www.montillaturismo.es; Castillo de Montilla, Calle Iglesia; ⏲ Mo–Do 9–14, Fr 9–14 & 16.30–18.30, Sa 10–13 & 16.30–18.30, So 10–13 Uhr) hat die aktuellsten Informationen zu Besuchen auf Weingütern und allem anderen, was die Gegend zu bieten hat. Auch die spanischsprachige Website **Ruta del Vino Montilla Moriles** (www.turismoyvino.es) gibt nützliche Tipps.

Montilla befindet sich 50 km südlich von Córdoba, mit dem Auto etwa 45 Minuten. Busse fahren nach/von Córdoba (3,90 €, 45 Min., mind. 8-mal tgl.), Málaga (11,40 €, 1¾–2 Std., 4-mal tgl.) und Priego de Córdoba (4,70 €, 1½ Std., 2–3-mal tgl.).

Bodegas Alvear (☎ 957 65 29 39; www.alvear.es; Avenida María Auxiliadora 1; Führung 12 €; ⏲ Führungen ohne Reservierung Mo–Sa 12.30 Uhr, andere Zeiten nach Absprache) Bodegas Alvear ist Montillas renommiertester Weinhersteller (und einer der ältesten in ganz Spanien) und verarbeitet eine Auswahl von PX-Vintage-Reben. Die Führungen dauern etwa 90 Minuten und schließen Weinproben auf Spanisch, Englisch, Französisch oder Deutsch mit ein. Tickets gibt's im Alvear Shop in der Avenida Boucau 6.

Bodegas Pérez Barquero (☎ 957 65 05 00; www.perezbarquero.com; Avenida de Andalucía 27; Führungen auf Spanisch 5 €, Englisch, Französisch oder Deutsch 10 €; ⏲ Führungen mit Reservierung Mo–Sa 12 Uhr, andere Zeiten nach Absprache; P) Die riesigen Lagerhallen sind bis an die Decke mit Eichenfässern voller umjubelter Weine gefüllt. Verkostungen von fünf Sorten finden in einer ehemaligen Kapelle statt. Es ist vom Zentrum Montillas aus zu Fuß erreichbar – im westlichen Teil der Stadt in der Nähe der N331.

Bodegas Lagar Blanco (☎ 628 319977; www.lagarblanco.es; Carretera Cuesta Blanca Km 4.4; Führung inkl. 2/5 Weine 12/18 €, 5 Weine plus Tapas 40 €; ⏲ Führungen Mo–Sa nach Absprache; P) Der Besitzer Miguel Cruz veranstaltet exzellente 1½-stündige Führungen (in englischer oder spanischer Sprache) durch sein Weingut in der Sierra de Montilla, 10 km östlich von Montilla (Taxi ca. 10 €). Bei der Tour sieht man die Weingärten sowie die *tinaja* (Gärgefäße) und erhält auch einen Einblick in die modernen Technologien der Weinherstellung. Die Besuche müssen im Voraus gebucht werden, telefonisch oder per E-Mail (lagarblanco@lagarblanco.es).

Castillo de Montilla (Calle Iglesia; ⏲ Mo–Do 9–14, Fr 9–14 & 16.30–18.30, Sa 10–13 & 16.30–18.30, So 10–13 Uhr) Von der Burg von Montilla, die nach der Zerstörung ihrer Türme im Jahr 1508 verfiel, ist nur noch wenig übrig. Auf dem Hügel mit Panoramablick sind einige Ruinen verstreut, doch der größte Teil des Geländes wird heute von einem Getreidespeicher aus dem 18. Jh. eingenommen, dem Alhorí.

Las Camachas (☎ 957 65 00 04; Avenida de Europa 3; Hauptgerichte 14–25 €; ⏲ 13.30–17 & 21–23.30 Uhr) In einem Haus am westlichen Stadtrand ist dieses traditionsreiche Restaurant in Montilla auf landestypische Küche spezialisiert. Die Steinmauern der Speisesäle harmonieren gut mit den Gerichten wie *rabos de toro* (Ochsenschwanz) und schmackhaftem Fleisch vom Grill. Auch der lokale Wein ist ausgezeichnet.

Castillo de Baena BURG

(Plaza del Palacio; Erw./Kind 2/1€; ⌚Winter Di–So 10.30–13.30 & Do–Sa 16.30–19.30 Uhr, im Sommer länger) Die vollständig erneuerte Burg aus dem 15. und 16. Jh. thront auf dem Hügel über dem Zentrum von Baena. Vernachlässigung und der Bau von Wasserspeichern im 20. Jh. haben ihren Tribut gefordert, und von der ursprünglichen Innenausstattung des Schlosses ist nur noch wenig übrig. Man kann aber die Türme besteigen und über den Wehrgang laufen, um einen weiten Blick zu genießen.

ℹ Praktische Informationen

Touristeninformation (☎957 67 17 57; www.baena.es; Calle Virrey del Pino 5; ⌚Mo–Fr 8–14.30 & Mi–Fr 16.30–19.30 Uhr) Hilfreiches Büro mit umfassenden Informationen zu Baenas Attraktionen.

ℹ An- & Weiterreise

Autocares Carrera (S. 234) Täglich Busse nach/von Córdoba (5,60 €, 1 Std., 3–8-mal tgl.) und Priego de Córdoba (4 €, 1 Std., Mo–Fr 3-mal tgl., So 1-mal tgl.).

Monbus (☎982 29 29 00; www.monbus.es) Fahrten nach/von Zuheros (1,43 €, 30 Min., 3–5-mal tgl.).

Parque Natural Sierras Subbéticas

Obwohl nur etwa 70 km südöstlich von Córdoba gelegen, fühlen sich die stillen Weiten des Parque Natural Sierras Subbéticas wie eine andere Welt an. Der Park, der rund 320 km² zerklüftete smaragdgrüne Hügel mit Höhlen, Quellen und Bächen umfasst, ist wie geschaffen für langsame Touren und bietet wunderbare Wandermöglichkeiten in seinen Tälern, Schluchten und auf seinen Gipfeln (der höchste ist der La Tiñosa mit 1570 m). Viele Besucher übernachten im malerischen Zuheros oder in Priego de Córdoba. Ideale Monate zum Wandern sind April, Mai, September und Oktober.

Informationen zum Park gibt's im **Centro de Visitantes Santa Rita** (☎957 50 69 86; Carretera A339, Km 11.2; ⌚Mai–Aug. Mi–So 9–14, Sa & So 18–20 Uhr, Sept. Mi–So 9–14 Uhr, Okt.–April Mi–So 9–14, Sa & So 16–18 Uhr), 15 km westlich von Priego de Córdoba an der Straße nach Cabra. Ebenfalls nützlich ist die Website www.turismodelasubbetica.es.

Zuheros & Umgebung

640 EW. / 660 M

Das winzige Zuheros ist das malerischste Dorf im Parque Natural Sierras Subbéticas. Das Wirrwarr aus weißen Häusern mit roten Dächern, gekrönt von einer Burg, die auf einem Felsen thront, kauert sich in den Windschatten hoch aufragender Hügel, und ist umgeben von Olivenhainen, so weit das Auge reicht. Zuheros ist über eine steile, kurvenreiche Straße erreichbar, die sich von der A318 die Hügel hinaufschlängelt, und besticht mit einer herrlich entspannten Atmosphäre.

Sehenswertes

Castillo de Zuheros BURG

(☎957 69 45 45; Plaza de la Paz; Erw./Kind inkl. Museo Arqueológico 2/1,25 €; ⌚April–Sept. Di–Fr 10–14 & 17–19 Uhr, Führungen Sa & So 11, 12.30, 14, 17 & 18.30 Uhr, Okt.–März Di–Fr 10–14 & 16–18 Uhr, Führungen Sa & So 11, 12.30, 14, 16 & 17.30 Uhr) Die im 9. Jh. von den Mauren erbaute Burg erhebt sich auf einer idyllischen Felsnadel, doch der Großteil der Überbleibsel wurde von den Christen im 13. und 14. Jh. konstruiert, genauso wie die Reste eines Renaissancepalasts aus dem 16. Jh. Die Anlage ist klein, bietet aber einen Panoramablick von ganz oben. An Wochenenden und Feiertagen finden Führungen statt, unter der Woche kann man die Burg nur auf eigene Faust erkunden. Tickets sind im kleinen **Museo Arqueológico** (Archäologisches Museum; ☎957 69 45 45; Plaza de la Paz 1; Erw./Kind inkl. Castillo 2/1,25 €; ⌚April–Sept. Di–Fr 10–14 & 17–19 Uhr, Führungen Sa & So 11, 12.30, 14, 17 & 18.30 Uhr, Okt.–März Di–Fr 10–14 & 16–18 Uhr, Führungen Sa & So 11, 12.30, 14, 16 & 17.30 Uhr) erhältlich, das direkt gegenüber liegt und zugleich als Touristeninformation von Zuheros dient.

Cueva de los Murciélagos HÖHLE

(Fledermaushöhle; ☎957 69 45 45; Erw./Kind 7,50/6 €; ⌚April–Sept. Di–Fr 12.30–17.30 Uhr, Führungen Sa & So 11, 12.30, 14, 17 & 18.30 Uhr, Okt.–März Di–Fr 12.30–16.30 Uhr, Führungen Sa & So 11, 12.30, 14, 16 & 17.30 Uhr; Ⓟ) 4 km oberhalb von Zuheros erstreckt sich eine erstaunliche Höhle im Kalksteinmassiv. Die Führung beginnt in einer gewaltigen Halle. Von dort verläuft ein 415 m langer Rundweg (mit 700 Stufen) durch mehrere Gänge mit vielen fantastischen Felsformationen und Überresten neolithischer Höhlenmalereien mit abstrakten Ziegenfiguren. Ein Besuch der Höhle ist nur im Rahmen einer solchen Führung möglich, die man telefonisch (Di–Fr zwischen 10 und 13.30 Uhr) oder per E-Mail über turismo@zuheros.es bucht.

Aktivitäten

Zuheros bietet hervorragende Wandermöglichkeiten mit einigen Wegen, die durch die umliegenden Hänge führen. Zum Aufwärmen eignet sich ein Spaziergang am unteren Rand des Dorfes durch den **Parque Periurbano**, der an Aussichtspunkten und einer Hängebrücke vorbeiführt. Das Hotel Zuhayra (S. 238) gibt gute Informationen zum Wandern und vermittelt den Kontakt zu dem englischsprachigen Wanderführer Clive Jarman, der in Zuheros wohnt.

Wanderweg Cerro Bramadero WANDERN

Hinter Zuheros erstreckt sich die spektakuläre Felsschlucht **Cañón de Bailón**. Auf einem wunderschönen etwa 4½-stündigen Rundweg geht's den Canyon hinauf und um den Berg Cerro Bramadero, bevor man über die Straße, die von der Cueva de los Murciélagos hinabführt, zurück nach Zuheros gelangt. Die Strecke beträgt etwa 13 km, der Höhenunterschied gut 600 m.

Vía Verde del Aceite RADFAHREN

(Vía Verde de la Subbética; www.viasverdes.com;) Die einfachste und am besten markierte Route ist die *vía verde* (grüner Weg; nicht mehr genutzte Bahnstrecke, die in einen Rad- und Wanderweg umgewandelt wurde). Diese 58 km lange Strecke, vorbei an den westlichen und nördlichen Ausläufern des Parque Natural Sierras Subbéticas, ist ein Teilstück der 128 km langen Vía, die in ihrer Gesamtheit die Provinzen Córdoba und Jaén durchquert, und eignet sich ideal für ein entspanntes, lockeres Training.

Centro Cicloturista Subbética RADFAHREN

(☎ 672 605088, 691 843532; www.subbeticabikesfriends.com; Räder pro halben/ganzen Tag 12/18 €, E-Bikes 12/25 €; ⏰ Mitte Juni–Mitte Sept. Sa & So 10–12.30 Uhr, Mitte Sept.–Mitte Juni Mo–Fr 10–14, Sa & So 10–19 Uhr;) Der nächste Fahrradverleih in Zuheros ist das Centro Cicloturista Subbética am Bahnhof Doña Mencía, 4 km vom Dorf entfernt den Berg runter. Der Anbieter verfügt über eine Auswahl verschiedener Leihräder, darunter auch Kinderräder und E-Bikes, und bietet Informationen zu örtlichen Sehenswürdigkeiten sowie Duschen und andere Dienstleistungen für Radfahrer.

Schlafen & Essen

★ Hotel Zuhayra HOTEL €

(☎ 957 69 46 93; www.zercahoteles.com; Calle Mirador 10; inkl. Frühstück EZ 43–55 €, DZ 53–70 €;) Dieses sonnige Hotel ist nur einen Katzensprung von der Burg von Zuheros entfernt und bietet von jedem seiner weißen Zimmer mit Fließenboden einen atemberaubenden Blick auf die Landschaft. Man kann Fahrräder ausleihen (10 €/4 Std., 15 € für länger), und die gastfreundlichen Besitzer, die Brüder Ábalos (die Englisch sprechen), sind eine Fundgrube für Informationen vor Ort.

★ Restaurante Zuhayra ANDALUSISCH €€

(www.zercahoteles.com; Calle Mirador 10; Hauptgerichte & raciones 7–18,50 €; ⏰ 13–15.30 & 20–22.30 Uhr) Im ersten Stock des Hotels Zuhayra serviert dieses ausgezeichnete Restaurant, das allen offen steht, Pizzen, Hamburger und unkomplizierte, aber sehr schmackhafte Variationen lokaler und andalusischer Spezialitäten wie *berenjenas a la miel* (mit Honig gesüßte Auberginenwürfel) und gegrillte Lammkoteletts mit Thymian. Bei gutem Wetter schlemmen die Gäste in einem himmlischen Patio unter einer natürlichen Felswand.

Mesón Atalaya ANDALUSISCH €€

(☎ 957 69 47 65; Calle Santo 58; Hauptgerichte 6–19 €; ⏰ Di–So 13–16 & 21–23 Uhr) Dieses rustikale, familiengeführte Lokal ist eines der ersten Gebäude, an dem man vorbeikommt, wenn man Zuheros von Osten her betritt. Es bietet eine gutbürgerliche Küche mit Fleischgerichten und *cazuelas* (Schmorgerichte) sowie Käse aus der Region und hausgemachte Desserts. Es gibt zwei bepflanzte Innenhöfe und eine kleine Sonnenterrasse vor dem Lokal.

Praktische Informationen

Touristeninformation (☎ 957 69 45 45; www.zuheros.es/turismo; Plaza de la Paz 1; ⏰ April–Sept. Di–Fr 10–14 & 17–19, Sa & So 11–14 Uhr, Okt.–März Di–Fr 10–14 & 16–18, Sa & So 11–14 Uhr)

An- & Weiterreise

AUTO & MOTORRAD

Es gibt einen Parkplatz in der Nähe des Restaurants Mesón Atalaya am oberen Ausgang des

Dorfes: Wenn man Zuheros erreicht, folgt man einfach den Ausschilderungen mit der Aufschrift „Cueva de los Murciélagos".

BUS

Die Busse fahren vor dem Mesón Atalaya ab, am östlichen Eingang des Dorfes.

Autocares Carrera (S. 234) Es gibt täglich zwei bis vier Verbindungen nach/von Córdoba (6,65 €, 1¾ Std.).

Monbus (S. 237) Jeden Tag fahren mindestens drei Busse nach/von Doña Mencía (1,18 €, 10–20 Min.), Baena (1,43 €, 30 Min.) und Sevilla (17,37 €, 3¾ Std.).

Priego de Córdoba & Umgebung

22 590 EW. / 650 M

Dieses lebhafte Marktstädtchen thront auf einem Felsvorsprung über dem Tal des Río Salado und ist für sein Olivenöl und seine prächtigen Barockkirchen bekannt. Der 745 gegründete Ort stand an der Frontlinie des Emirats von Granada gegen dessen christliche Feinde, bis er 1341 endgültig von Alfons XI. erobert wurde. Später erlebte die Stadt eine Blütezeit als bedeutende Seiden- und Samtmanufaktur, die im 18. Jh. zu einem Aufschwung führte, aus dem viele der prächtigen Barockbauten der Stadt hervorgingen.

Sehenswertes

Die Öffnungszeiten der Kirchen in Priego und anderer Sehenswürdigkeiten wechseln häufig: Wöchentliche Updates dazu gibt's auf der Website der Oficina de Turismo (S. 242).

★ Parroquia de la Asunción KIRCHE

(Plaza Santa Ana 1; 2 €; Di–Sa 11–13.30, So 11–12 Uhr) Die Parroquia de la Asunción ist die beeindruckendste von Priegos Kirchen und ist ein Highlight des andalusischen Barockstils. Ursprünglich wurde die Kirche im 16. Jh. im gotischen Mudejarstil erbaut, doch eine umfassende Renovierung im 18. Jh. verwandelte sie in ein barockes Meisterwerk. Besonders herausragend ist der Sagrario (Sakristei), ein hoch aufragender achteckiger Raum, in dem sich weißer Stuck wie eine wirbelnde Gischt zu einer leuchtenden Kuppel emporwindet. Das Bauwerk wurde in den 1780er-Jahren von dem lokalen Künstler Francisco Javier Pedrajas geschaffen.

Die **Iglesia de la Aurora** (Carrera de Álvarez; 1,50 €; Di–So 10.30–13.30 Uhr) und die **Iglesia de San Francisco** (Plaza de San Francisco; Mo–Fr 10–13 & 18–20, Sa 10–13, So 9–12.45 Uhr) GRATIS sind überreich mit kunstvollen Ornamenten verziert. Beide Kirchen zeigen Barock-Elemente aus dem 18. Jh.

Castillo BURG

(Plaza Abad Palomino; Eintritt 1,50 €, Mi frei; Di–Sa 10.30–14 & 16–18.30, So 10.30–14 Uhr) Priegos strenge mittelalterliche Burg mit ihren viereckigen Türmen und den abschreckenden Mauern überragt stolz die Plaza Abad Palomino im Barrio de la Villa. Ursprünglich war dies eine islamische Festung, wurde aber von den christlichen Herrschern der Stadt zwischen dem 13. und 15. Jh. aufwendig umgebaut. Wer das weiße Dorf aus der Vogelperspektive betrachten möchte, kann auf den Burgfried (Torre del Homenaje) steigen.

Barrio de la Villa ALTSTADT

Das ursprüngliche maurische Viertel von Priego, das Barrio de La Villa, erstreckt sich im Nordosten des Stadtzentrums. Enge, mit Geranien behangene Gassen schlängeln sich durch das unberührte weiße Barrio (Stadtviertel) und führen zum Paseo del Adarve, einer Promenade mit Panoramablick auf das Salado-Tal. In der Nähe befindet sich der elegante Paseo de Colombia, ein begrünter Platz mit Springbrunnen, Blumenbeeten und Pergola.

Fuente del Rey BRUNNEN

(Brunnen des Königs; Calle del Río) Dieser prächtige Barockbrunnen, der einen ganzen Platz im Südwesten des Zentrums ein-

PRIEGOS OLIVENÖL

Das native Olivenöl extra (*aceite de oliva virgen extra*) aus Priego de Córdoba wird in ganz Spanien geschätzt. Schon zu Zeiten der Römer war es eine Quelle des Reichtums, und auch heute noch stellen die Kleinerzeuger in der Region einige der besten Mischungen des Landes her. Öle wie Venta del Barón von der Firma Mueloliva und Rincón de la Subbética von Almazaras de la Subbética sind international bekannt und gewinnen regelmäßig Preise.

Beim Kauf sollte man auf Öle mit der Herkunftsbezeichnung Denominación de Origen Priego de Córdoba achten, die beweist, dass sie vor Ort hergestellt wurden.

nimmt, wurde 1803 fertiggestellt. Das Wasser fließt durch 139 Rohre, von denen viele aus gemeißelten Masken spucken, um ein dreistufiges Becken zu füllen, in dessen Mitte eine Statue von Neptun und Amphitrite auf einem Pferdewagen steht.

Centro Cultural Adolfo Lozano Sidro MUSEUM

(☎957 54 09 47; Carrera de las Monjas 16; Eintritt 2 €, Mi frei; ⏲Di–So 10.30–13.30, Di–Fr 18–20.30, Sa 17–19 Uhr) Hier kriegt man für sein Geld drei Museen in einem: ein Geschichtsmuseum mit sehr gut dargestellten archäologischen Funden aus der Gegend um Priego; eine Galerie mit moderner spanischer Landschaftsmalerei; und zwei Ebenen sind dem Maler Adolfo Lozano Sidro (1872–1935) gewidmet, dessen Familie dieses Haus bewohnte. Seine realistische Kunst thematisiert das soziale Leben in seiner Region.

Schlafen

★Casa Olea CASA RURAL €€

(☎696 748209; www.casaolea.com; Carretera CO7204, nahe El Cañuelo; EZ/DZ inkl. Frühstück 121/132 €; P ❄ 📶 🏊) 🍃 12 km nördlich von Priego, inmitten von Olivenhainen in einem unberührten Flusstal liegt dieses rustikale Bauernhaus, das wunderbar geräumig ist und eine entspannte Atmosphäre bietet. Die Casa ist ein guter Ausgangspunkt für Erkundungstouren durch die Region, hat sechs einfach eingerichtete Zimmer, entspannende Aussichten, direkten Zugang zu Wanderwegen in den Sierras Subbéticas und einen Mountainbike-Verleih (15 €/Tag). Córdoba und Granada sind nur 1½ Fahrtstunden entfernt.

Das Hotel verfügt über einen schönen Pool. An fünf Abenden pro Woche werden exzellente Menüs serviert (zwei/drei Gänge 21/26 €). Die britischen Gastgeber Tim und Claire haben jede Menge Informationen und Tipps zu Ausflugszielen und Aktivitäten parat. Kinder unter sieben Jahren sind nicht erwünscht, und es besteht ein Mindestaufenthalt von zwei Nächten.

Casa Baños de la Villa BOUTIQUE-HOTEL €€

(☎957 54 72 74; www.casabanosdelavilla.com; Calle Real 63; EZ/DZ inkl. Frühstück 71/99 €; P ❄ 📶 🏊) Als große Attraktion dieses einladenden Refugiums im Barrio de la Villa gelten seine *baños árabes*, eine maurische Fantasie aus Bädern und Gewölbebogen. Im Zimmerpreis sind eine 90-minütige Session sowie ein Saunaaufenthalt inbegriffen. Die individuell dekorierten Zimmer sind alle mit gemütlichem Schnickschnack und mit Betten aus geschnitztem Holz eingerichtet, außerdem gibt's eine schöne Dachterrasse.

Essen

La Pianola Casa Pepe ANDALUSISCH €

(☎957 70 04 09; Calle Obispo Caballero 6; Hauptgerichte 6–12 €; ⏲Di–So 12.30–16 & 20–00.30 Uhr) Dieses belebte Eckrestaurant, in dem oft viel los ist, besticht durch seinen effizienten Service und seine klassische regionale Küche – nichts Außergewöhnliches, nur gut zubereitete lokale Spezialitäten wie verschiedene *revueltos* (Rühreigerichte) über mit Honig gesüßte Auberginen bis hin zu *flamenquín*, einer mit Schweinefleisch umwickelten frittierten Jamón-Rolle.

★Zyrah FUSION-KÜCHE €€

(☎957 54 70 23; www.facebook.com/zyrahpriego; Calle del Río; Tapas 3–8.50 €, raciones 6–16 €; ⏲Di–So 8–24 Uhr) Das Zyrah ist eine hübsche Gastro-Bar, die einen Hauch von modernem Flair in die traditionelle Restaurantszene von Priego bringt und mit ihrer experimentellen lokalen Küche fast immer ins Schwarze trifft. Auf der Speisekarte finden sich klassische regionale Zutaten, die jedoch oft in ungewöhnlichen Kompositionen verarbeitet werden: Die *presa ibérica* zum Beispiel wird in Streifen geschnitten und mit im Wok gebratenen chinesischen Nudeln vermischt.

Vaquena ANDALUSISCH €€

(☎662 391278; www.vaquena.com; Carretera Co-612, Km 5.5; Hauptgerichte 8–20,50 €; ⏲Herbst, Winter & Frühling Di–So 12.30–18 Uhr, Sommer Di–So 12.30–20 Uhr) Gäste nehmen die schwindelerregende Fahrt hinauf zu diesem abgelegenen Restaurant aus zwei Gründen auf sich: zum einen, um die herrliche Aussicht von der Anhöhe aus zu genießen, und zum anderen, um die erstklassigen Produkte aus der eigenen Rinderzucht zu probieren. Das beliebte Fleisch gibt es in verschiedenen Variationen, in Reisgerichten, Kroketten und als Hamburger, aber der Star der Show ist das butterweiche Steak. Eine Reservierung ist empfehlenswert.

Um das Vaquena zu finden, den Schildern zur Ermita de la Virgen de la Sierra abseits der Straße von Priego de Córdoba nach Cabras folgen und die Serpentinen hinauffahren, bis in der Nähe des Gipfels ein

ABSEITS DER ÜBLICHEN PFADE

LOS PEDROCHES

Los Pedroches, das sich über den äußersten Norden Córdobas erstreckt, ist ein ruhiges, weitläufiges Gebiet mit weiten Ausblicken. Burgen und abgelegene Dörfer liegen verstreut in der grünen Landschaft, die von malerischen Flusstälern und bewaldeten Hügeln in der Sierra Morena bis zu endlosen Weiten flachen Ackerlands reicht.

Die Gegend ist für ihren hochwertigen Schinken bekannt, den *jamón ibérico de bellota*. Dieser wird aus schwarzen iberischen Schweinen hergestellt, die frei auf den ausgedehnten *dehesas* (Waldweiden) grasen und sich an *bellotas* (Eicheln) laben. Der Schinken wird gesalzen und getrocknet und ist nach sechs bis zwölf Monaten dunkelrosa. Hauchdünn aufgeschnitten, reicht man ihn zu Brot und Montilla-Wein.

Hauptzufahrt nach Los Pedroches ist die N502, die von der N4332 in Richtung Norden abzweigt, bevor sie auf dem Weg nach Alcaracejos über den 750 m hohen Pass Puerto Calatraveño führt. Dieses verschlafene Dorf ist das wichtigste Tor zum Süden der Region und beherbergt das Fremdenverkehrsamt des Bezirks, die **Oficina Comarcal de Turismo** (☎ 957 15 61 02; www.turismolospedroches.org; Plaza de Andalucía 1, Alcaracejos; ⌚ Mo–Fr 9.30–14.30 Uhr).

Zwanzig Kilometer nordwestlich, in **Hinojosa del Duque**, gibt es einige lohnenswerte Sehenswürdigkeiten: die **Catedral de la Sierra** (Plaza de la Catedral, Hinojosa del Duque; ⌚ ganzjährig 10.30–13 .30 Uhr, April–Sept. 19.30–21.30 Uhr, Okt.–März 18.30–20.30 Uhr) GRATIS aus dem 16. Jh. mit einer Renaissancefassade und einem Glockenturm, der angeblich die *torre* der Mezquita in Córdoba inspiriert hat; und das **Museo Etnológico** (Völkerkundemuseum; ☎ 957 14 10 56; www.hinojosadelduque.es; Calle Cánovas del Castillo 3, Hinojosa del Duque; ⌚ Mi–Fr 12–14 & 17–20, Sa & So 11–14, Di 17–20 Uhr) GRATIS, das dem Landleben von einst gewidmet ist und nebenbei als Touristeninformation fungiert. In den Cafés auf der Plaza kann man sich wunderbar erfrischen.

Von Hinojosa sind es 9 km Richtung Norden bis **Belalcázar**. Die abgelegene weiße Stadt wird von einer mächtigen Burg aus dem 15. Jh. bewacht, dem **Castillo de los Sotomayor**, dessen mächtiger Hauptturm 45 m hoch ist. Nach einem kürzlich durchgeführten Restaurierungsprojekt soll die Burg bald wieder für Besucher geöffnet werden. In der Stadt, in der Nähe der **Iglesia de Santiago de Mayor**, steht eine Statue von Sebastián de Belalcázar, einem berühmten Eroberer während der spanischen Expeditionen in die Neue Welt.

Fährt man auf der einsamen CO9402 27 km weiter nach Osten, erreicht man **Santa Eufemia**, das nördlichste Dorf Andalusiens. Hauptanziehungspunkt ist das **Castillo de Miramontes** GRATIS, eine islamische Burgruine, die von ihrer hochgelegenen Position 2,5 km über dem Dorf einen atemberaubenden 360-Grad-Blick bietet.

Vor der Rückkehr in die Zivilisation lohnt sich eine Wanderung im **Parque Natural Sierra de Cardeña y Montoro** (www.ventanadelvisitante.es). Das 384 km^2 große Schutzgebiet besteht aus Hügellandschaften, Wiesen und Wäldern. Mehrere Wanderwege schlängeln sich durch die Landschaft und zweigen in Aldea del Cerezo, 6 km östlich des Dorfes **Cardeña** ab. Informationen und Karten gibt's im **Centro de Visitantes Venta Nueva** (☎ 685 957187; Kreuzung N420 & A420, Cardeña; ⌚ Mai & Sept. Mi–So 9–14, Sa & So 17.30–19.30 Uhr, Jan.–April & Okt.–Dez. Mi–So 9–14, Sa & So 16.30–18.30 Uhr, Juni Fr–So 9–14, Sa & So 17.30–19.30 Uhr, Juli Sa & So 9–14 Uhr, Aug. geschl.), 1 km südlich von Cardeña.

Für einen Aufenthalt in der Gegend ist **Villanueva de Córdoba** ein guter Ausgangspunkt. Die lebhafte Marktstadt 50 km südöstlich von Santa Eufemia bietet stilvolle, moderne Unterkünfte im **Hotel la Casa del Médico** (☎ 957 12 02 47; www.hotellacasadelmedico.com; Calle Contreras 4, Villanueva de Córdoba; Zi. 70–125 €, Suite 120–150 €; ❄ 📶 🏊) und herzhaftes Essen aus den Bergen im fröhlichen **La Puerta Falsa** (☎ 957 12 01 10; Calle Contreras 8, Villanueva de Córdoba; Hauptgerichte 10–25 €; ⌚ 8–24 Uhr).

Wer es einfacher haben will, wendet sich an die **Albergue Camino de Santiago** (☎ 617 715129; www.caminodesantiagobelalcazar.blogspot.com.es; Calle Pilar, Belalcázar; B inkl. Frühstück 12 €; P ❄ 📶) in Belalcázar. Das bescheidene Hostel in einem *cortijo* (Bauernhaus), das hauptsächlich Wanderer anzieht, die dem Camino Mozárabe (einem der Abschnitte der Camino de Santiago-Pilgerrouten nach Santiago de Compostela) folgen, steht aber jedem offen, der leckeres, preiswertes Essen und eine vernünftige Unterkunft sucht.

Autocares San Sebastián (S. 234) bietet Busverbindungen zwischen Córdoba und Los Pedroches.

Schild mit der Aufschrift Caballos Valuenzela erscheint.

Information

Oficina de Turismo (☎ 957 70 06 25; www.turismodepriego.com; Plaza de la Constitución 3; ⏲ Mo–Fr 10–14 & 16.30–19, Sa 10–14 & 16.30–18.30, So 10–14 Uhr) Überaus hilfsbereites und motiviertes Personal.

Anreise & Unterwegs vor Ort

AUTO & MOTORRAD

Das Parken kann in Priego zum Problem werden. Nützliche zentrale Parkhäuser sind **Parking Plaza de Abastos** (Calle Doctor Pedrajas; pro Std./Nacht 0,90/10 €; ⏲ So–Do 9–23, Fr & Sa 9–24 Uhr, im Winter kürzer) und **Aparcamiento Palenque** (Carrera de las Monjas; 1,50 €/Tag; ⏲ Mo–Sa 7.30–21.30 Uhr).

BUS

Priegos **Busbahnhof** (☎ 957 70 18 75; Calle Nuestra Señora de los Remedios) liegt etwa 1 km westlich des Zentrums. Autocares Carrera (S. 234) stellt Busse nach/von Montilla (4,70 €, 1½ Std., 2–3-mal tgl.) und Córdoba (9,45 €, 2 Std., 3–7-mal tgl.). Die Busse von Alsa (S. 234) verkehren nach Granada (7,60 €, 1½–2 Std., 2–4-mal tgl.) über Alcalá la Real.

DER WESTEN DER PROVINZ CÓRDOBA

Westlich von Córdoba fließt der Río Guadalquivir durch eine dünn besiedelte Landschaft mit Dörfern und Burgen, von denen die imposanteste hoch über Almodóvar del Río thront. Weiter westlich ist das ländliche Dorf Hornachuelos das Tor zum Parque Natural Sierra de Hornachuelos, einer entlegenen Kette bewaldeter Hügel, unterbrochen von Weidegebieten, wo Hirsche, Wildschweine, Otter und Raubvögel leben.

Parque Natural Sierra de Hornachuelos

Der Parque Natural Sierra de Hornachuelos ist ein 600 km² großes Gebiet in der westlichen Sierra Morena. Die sanften Hänge sind mit Pappeln, Eschen, Stein- und Korkeichen bedeckt und von einer Reihe dicht bewaldeter malerischer Flusstäler durchzogen. Der Park ist auch für seine Vogelwelt bekannt und beherbergt Kolonien von Raben- und Gänsegeiern, Adlern und seltenen Schwarzstörchen.

Am Südrand des Parks, oberhalb eines kleinen Stausees am Río Bembézar, dient der kleine Ort **Hornachuelos** als idealer Ausgangspunkt, um das reizvolle ruhige Naturschutzgebiet zu erkunden.

Aktivitäten

Einige Wanderwege beginnen im Dorf Hornachuelos und am Besucherzentrum des Nationalparks (S. 243), 1,5 km weiter nördlich.

Sendero de Los Ángeles WANDERN

Dieser Pfad führt vom Fuß des Dorfes Hornachuelos 4 km (1½ Std.) am Bembézar-Stausee entlang zu einer riesigen, verlassenen Priesterschule, dem Seminario de los Ángeles (nur für gelegentliche geführte Besuche geöffnet). Unterwegs sieht man mit etwas Glück Gänsegeier von einer Kolonie weiter oben im Tal.

Sendero Guadalora WANDERN

(⏲ Juni–Sept. geschl.) Vom Besucherzentrum aus führt dieser mittelschwere, aber lohnende Wanderweg 6 km (etwa 2½ Std.) durch immergrüne Eichenwälder und Oli-

ABSTECHER

CASTILLO DE ALMODÓVAR

Almodóvar del Ríos finster wirkende **Burg** (☎ 957 63 40 55; www.castillodealmodovar.com; Calle del Castillo, Almodóvar del Río; Erw./Sen./Kind 9/7/5 €; ⏲ April–Sept. Mo–Fr 11–14.30 & 16–20, Sa & So 11–20 Uhr, Okt.–März bis 19 Uhr; Ⓟ) dominiert den Blick von nah und fern. Sie erhebt sich dramatisch über das steil abfallende Zentrum der Stadt. Errichtet wurde sie im 8. Jh., doch ihr heutiges Erscheinungsbild verdankt sie dem Neuaufbau nach der Reconquista. Mehrere der neun Türme dürfen bestiegen werden und in der Kapelle läuft ein Film über die Burggeschichte. In der siebten Staffel von *Game of Thrones*, in der das Castillo als Casterly Rock und Highgarden diente, sieht man es auch noch mal auf Zelluloid. 600 m unterhalb der Burg kann man umsonst parken. Von dort geht's entweder zu Fuß oder per Shuttlebus weiter (1 €).

venhaine sowie ein dicht bewaldetes Flusstal hinunter zur Straße CO5310. Für die Wanderung benötigt man eine kostenlose Genehmigung, die unkompliziert im Besucherzentrum erhältlich ist.

Von der CO5310 muss man den gleichen Weg zurückgehen, wenn man vorab kein Taxi bestellt hat.

Schlafen & Essen

Hostal El Álamo HOSTAL €
(☎957 64 04 76; www.complejoelalamo.com; Carretera San Calixto, Km 7.5, Hornachuelos; DZ inkl. Frühstück 60 €, Apt. 160 €;) Das wie ein Motel erbaute El Álamo liegt an der Hauptstraße durch Hornachuelos und ist mit seinem Ziegeldach und den herumstehenden Wagenrädern ganz im Stil eines *cortijo* (Bauernhauses) gehalten. Die Unterbringung erfolgt in rustikalen Doppelzimmern oder in Selbstversorgerhütten für bis zu sechs Personen. Sein/e **Café/Bar/Restaurant** (Hauptgerichte 15–21 €; 13–16 & 20–23.30 Uhr; P) ist beliebt und eine verlässliche Wahl für derbe Landküche.

Praktische Informationen

Centro de Visitantes Huerta del Rey (☎957 57 96 56; www.ventanadelvisitante.es; Carretera Hornachuelos-San Calixto, Km 1.5; Mi–Fr 9–14, Sa & So 16–18 Uhr) An der Straße A3151, 1,5 km nördlich von Hornachuelos, bietet das Besucherzentrum des Naturparks Exponate und Informationen für Touristen, z. B. individuelle Wanderkarten für 0,80 €. Es wird kein Englisch gesprochen.

Oficina de Turismo (☎957 64 07 86; www.turismohornachuelos.es; Recinto Ferial; Di–So 10–14 Uhr) Motivierte und hilfreiche Touristeninformation auf dem Feria-Gelände (in der Nähe der Piscina Municipal), abseits der Hauptstraße A3151.

An- & Weiterreise

Busse von Autocares San Sebastián (S. 234) fahren nach/von Córdoba (4,50 €, 1–1¼ Std., Mo–Fr 5-mal tgl., Sa 2-mal tgl.). Start ist an der Carretera San Calixto, unterhalb der Polizei.

Die Provinz Jaén

Inhalt ➡

Schön übernachten

- La Caracola (S. 252)
- Parador Castillo de Santa Catalina (S. 249)
- Las Casas del Cónsul (S. 261)
- Casa Rural Los Parrales (S. 269)
- Parador de Úbeda (S. 262)

Gut essen

- Palacio de Gallego (S. 256)
- Misa de 12 (S. 262)
- El Arcediano (S. 256)
- Cantina La Estación (S. 262)
- Panaceite (S. 249)
- El Tranco (S. 270)

Auf nach Jaén!

Wer Kultur, Natur, Geschichte und gutes Essen liebt, dem bietet diese verhältnismäßig wenig besuchte Provinz eine fantastische Kombination. Unendliche Reihen blassgrüner Olivenbäume bedecken einen Großteil der Landschaft – ein Viertel des weltweit produzierten Olivenöls stammt von hier. Von Burgen gekrönte Hügel erinnern daran, dass hier einst die Grenze zwischen der christlichen und der muslimischen Welt verlief, während die herrliche Renaissancearchitektur der UNESCO-Welterbestätten Úbeda und Baeza den Reichtum des Adels zur Zeit der Reconquista zur Schau stellt.

Neben Städten und Olivenhainen gibt's in der Provinz Jaén auch wundervolle Gebirgslandschaften. Der Parque Natural Sierras de Cazorla, Segura y Las Villas, Spaniens größtes Naturschutzgebiet, ist mit seinen zerklüfteten Bergen, tiefgrünen Tälern, einer reichen Fauna und dramatisch gelegenen Dörfern, dazu guten Unterkünften, Straßen und Wanderwegen für Naturliebhaber ein Highlight in Andalusien.

Entfernungen

	Úbeda	Jaén	Baeza	Cazorla
Jaén	60			
Baeza	16	50		
Cazorla	44	102	58	
Santa Elena	72	79	65	116

JAÉN

112 999 EW. / 575 M

Jaén liegt inmitten weitläufiger Olivenhaine, die das Standbein der anfälligen Wirtschaft sind. Es steht ein wenig im Schatten der schönen Nachbarinnen Úbeda und Baeza, sodass viele Besucher der Region die Stadt links liegen lassen. Wer Jaén besucht, entdeckt jedoch ein charmantes – wenn auch etwas verfallenes – historisches Zentrum mit versteckten Vierteln, ausgezeichneten Tapas-Bars und einer grandiosen Kathedrale.

Das maurische Yayyan war vor der Eroberung 1246 durch Kastilien eine bedeutende Stadt. Das christliche Jaén spielte zweieinhalb Jahrhunderte dank seiner strategischen Lage in der Nähe der Grenze zum nasridischen Granada weiterhin eine wichtige Rolle, bis die Mauren 1492 vertrieben wurden. Danach litt die Stadt unter starkem Verfall. Viele Einwohner emigrierten in die spanischen Kolonien – daher gibt's auch in Peru und auf den Philippinen Orte namens Jaén.

Sehenswertes & Aktivitäten

Der bewaldete Burghügel Cerro de Santa Catalina bildet Jaéns westliche Begrenzung, und an seinem Fuß erstreckt sich das Gassengewirr der maurischen Altstadt.

★ Catedral de la Asunción — KATHEDRALE

(www.catedraldejaen.org; Plaza de Santa María; Erw. mit Audioguide 5 €, Kind/Senior 1,50/2 €; ⏲ Mo–Fr 10–14 & 16–19, Sa bis 17.30, So 10–11.30 & 16–17.30 Uhr) Die Größe und Pracht der Kathedrale von Jaén lässt den Rest der Stadt bis heute klein erscheinen, besonders vom Aussichtspunkt des Hügels Cerro de Santa Catalina aus gesehen. Sie wurde von 1540 bis 1724 errichtet, um damit die bröckelnde gotische Kathedrale zu ersetzen, die ihrerseits am früheren Standort einer Moschee erbaut worden war. Ihre als perfekt wahrgenommene Gestaltung – von Andrés de Vandelvira, dem Baumeister von Úbeda und Baeza, und dessen Vater Pedro – machte Jaéns Kathedrale zum Vorbild für viele der großen Kirchen Lateinamerikas.

Die Fassade an der Plaza de Santa María wurde im 18. Jh. fertig und zeigt stärkere Einflüsse des Barocks als der Renaissance – vor allem dank ihres Skulpturenschmucks von Pedro Roldán aus Sevilla. Insgesamt wird die Kathedrale allerdings von Renaissanceästhetik dominiert. Besonders charakteristisch dafür sind die riesigen Rundbogen und Gruppen korinthischer Säulen. Innen erhebt sich eine große kreisrunde Kuppel über der Vierung vor dem Hauptaltar. Vom Vorraum der Sakristei, südlich des Kreuzgangs, führt eine Treppe mit 57 Stufen hinauf zu Korridoren entlang der südlichen und westlichen Seiten, die beeindruckende Blicke in die Kathedrale erlauben.

★ Castillo de Santa Catalina — BURG

(Cerro de Santa Catalina; Erw./ermäßigt 3,50/1,50 €, Mi 15–18 Uhr Eintritt frei; ⏲ Mo–Sa 10–18, So bis 15 Uhr; P) Die Burg liegt unbezwingbar hoch über der Stadt auf dem Felsrücken Cerro de Santa Catalina. Sie war der Grund für Jaéns große Bedeutung während der Maurenzeit und der frühen Reconquista. Am Ende des Hügelrückens steht ein großes Kreuz – genau dort, wo Ferdinand III. nach der Kapitulation von Jaén 1246 ein Kreuz aufstellen ließ. Der Ausblick ist herrlich.

Die maurische Burg wurde nach der christlichen Rückeroberung umgebaut. Heute ist nur noch ein Drittel erhalten – der Rest wurde in den 1960ern abgerissen, um Platz für das benachbarte *Parador*-Hotel zu gewinnen. Erklärungstafeln auf Englisch und Spanisch geben im Inneren einen guten Einblick in die Burggeschichte.

Wer keinen fahrbaren Untersatz für die kurvigen 5 km vom Stadtzentrum hierher hat, kann sich ein Taxi nehmen (7 €) oder erreicht die Burg von der Kathedrale aus über die Straßen Maestre, Parrilla und Buenavista in ca. 40 Minuten. Am Ende der Buenavista geht's rechts in die Carretera de Circunvalación und nach 50 m folgt man dem Pfad links und wandert durch Bäume bergan.

Für Nichtgäste lohnt sich ein Besuch des Paradors auf einen Drink, um die außergewöhnlich gewölbten und dekorierten Decken im Hauptsalon und im Restaurant zu sehen.

Palacio de Villardompardo — BADEHAUS, MUSEUM

(Centro Cultural Baños Árabes; www.baños arabesjaen.es; Plaza de Santa Luisa de Marillac; ⏲ Di–Sa 9–22, So bis 15 Uhr) GRATIS Der Renaissancepalast beherbergt eine der faszinierendsten Sammlungen von historischen, archäologischen und künstlerischen Exponaten in Andalusien unter einem Dach: die wunderschönen **Baños Árabes** aus dem 11. Jh., eine der größten in Spanien erhaltenen Badeanlagen aus der Maurenzeit, das **Museo de Artes y Costumbres Populares**, dessen reichhaltiger Fundus vom

Highlights

1 **Úbeda** (S. 257) In vollen Zügen in die Architektur und Küche der Stadt eintauchen.

2 **Parque Natural Sierras de Cazorla, Segura y Las Villas** (S. 266) Durch die grünen Täler, zerklüfteten Berge und malerischen Dörfer des Parks streifen und nach Tieren Ausschau halten.

3 **Baeza** (S. 252) Eine Erkundungstour durch das Gewirr der steinigen Gassen mit schönen Gebäuden aus der Renaissance unternehmen.

4 **Cazorla** (S. 263) Die Atmosphäre des lebhaften, am Fuße eines Berges

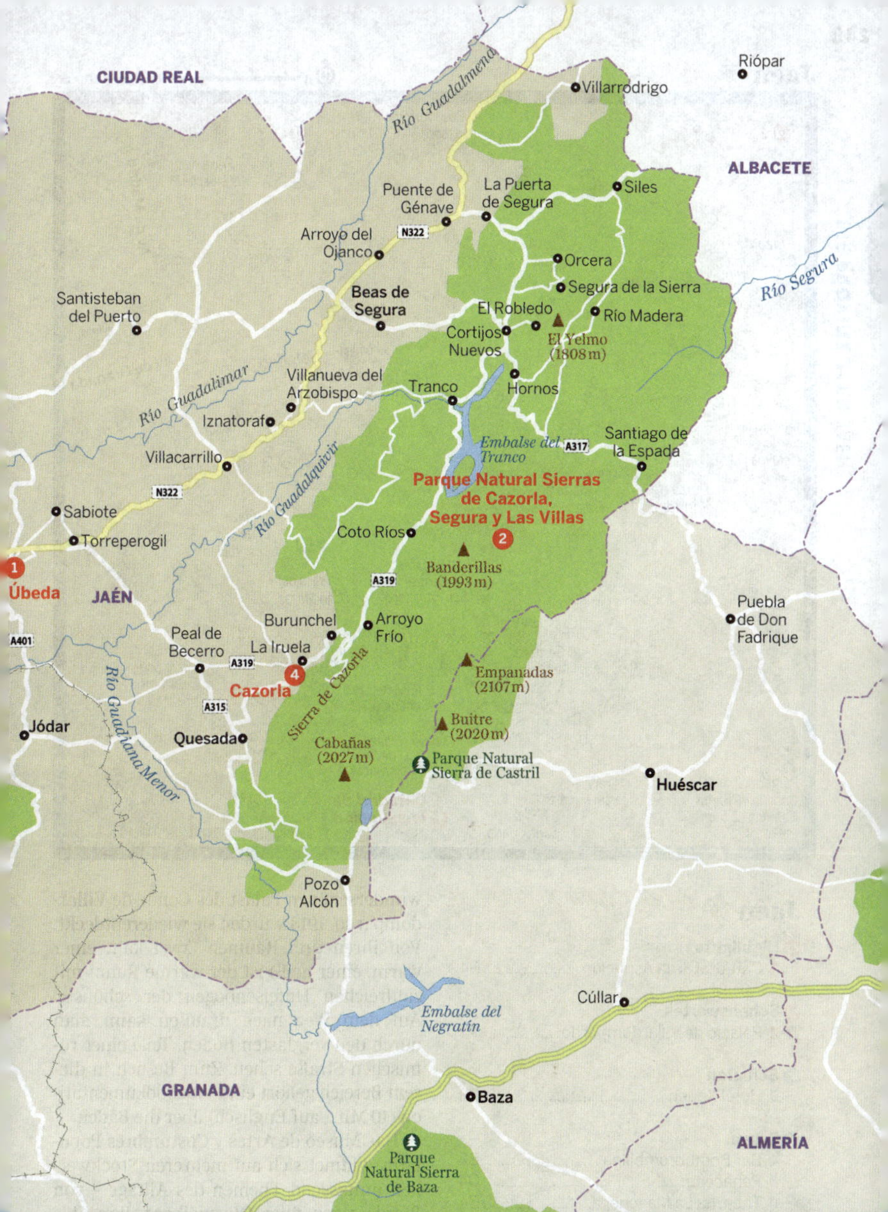

gelegenen Ortes mit seinen hohen Felswänden und hochgelegenen Burgen spüren.

5 Alcalá la Real (S. 251) Den Gipfel zur faszinierenden Burg und Mittelalterstadt erklimmen, die immer noch ausgegraben wird.

6 Jaén (S. 245) Die traditionellen Tapas-Bars und die historische Burg und Kathedrale erkunden.

Jaén

vorindustriellen Leben in der Provinz Jaén erzählt, und das **Museo Internacional de Arte Naïf** mit einer großen internationalen Sammlung farbenprächtiger und origineller naiver Kunst.

Die Arabischen Bäder wurden nach der Reconquista als Gerberei genutzt und verschwanden im 16. Jh. vollständig unter dem wunderschönen Palast des Conde de Villardompardo. 1913 wurden sie wiederentdeckt. Von ihren drei Räumen (zwei kalt, einer warm, einer heiß) ist der warme Raum mit zahlreichen Hufeisenbogen der schönste. Auf dem Weg nach draußen kann man durch den verglasten Boden, Teile einer römischen Straße sehen. Zum Besuch in diesem Bereich gehört eine Videodokumentation (10 Min., auf Englisch) über die Bäder.

Das Museo de Artes y Costumbres Populares widmet sich auf mehreren Stockwerken umfassend Themen des Alltags – von Pferdewagen über Olivenölherstellung bis zum Schweineschlachten *(matanza)*. Zu sehen gibt's etwa eine antike Puppenstube, eine hübsche Sammlung handbemalter Keramiken und die Nachbildung eines Bauernhauses aus dem frühen 20. Jh., aber am eindringlichsten zeigt die Fotoausstellung, wie hart und einfach das Leben auf dem Land vor einem Jahrhundert war. Das Museum für Naive Kunst basiert auf der Arbeit seines Gründers Manuel Moral. Man kann sich lange in den vielen Alltagsdetails der Werke verlieren.

Museo Íbero MUSEUM

(953 00 16 96; www.museosdeandalucia.es/museoibero; Paseo de la Estación 41; EU/Nicht-EU-Bürger frei/1,50 €; Sept.–Juni Di–Sa 9–21, So bis 15 Uhr, Juli & Aug. Di–So bis 15 Uhr) Jaéns neuestes Museum öffnete 2017 seine Pforten und zeigt eine Dauerausstellung über die Bedeutung der vier archetypischen Figuren in der vorrömischen iberischen Kultur: dem Prinzen, der Prinzessin, des Helden und der Göttin. Zeugnis liefern archäologische Artefakte, die man in der Provinz Jaén gefunden hat: atemberaubende Skulpturen etwa eines Helden im Kampf gegen einen Wolf, eines Kriegers in voller Montur und der *Diosa de los Carneros*, einer Göttin mit zwei Widdern im Arm. In den umliegenden Räumen sind Wechselausstellungen zu sehen.

Vía Verde del Aceite RADFAHREN, WANDERN

(„Olivenöl"-Radweg, Grüner Weg; www.viasverdes.com) 128 km stillgelegte Bahngleise ziehen durch eine von Olivenbäumen übersäte Landschaft im Süden der Provinzen Jaén und Granada. Sie wurden einschließlich Tunnel, Viadukten und Bahnhöfen zu einem Netz aus Rad- und Wanderwegen ausgebaut, mit leichten Steigungen und Gefällen sowie Rastplätzen. Los geht's am Sportzentrum Polideportivo Las Fuentezuelas ganz im Nordwesten Jaéns. **Sport Bike** (953 27 44 76; www.sportbikejaen.com; Calle San Francisco Javier 14; pro Tag 10 €; Mo–Fr 10–14 & 17–20.30, Sa 10–14 Uhr), verleiht in der Nähe des Bahnhofs von Jaén 24-Gang-Mountainbikes.

Feste & Events

Semana Santa KARWOCHE

(März/April) Jedes Jahr in der Woche vor Ostersonntag tragen Mitglieder der 30 *cofradías* (Bruderschaften) in Prozessionen Heiligenstatuen durch die Altstadt.

Schlafen

Hotel Xauen HOTEL €

(953 24 07 89; www.hotelxauenjaen.com; Plaza del Deán Mazas 3; EZ/DZ mit Frühstück 46–66/56–82 €;) Das Xauen hat eine tolle Lage mitten im Stadtzentrum. Große farbenfrohe Fotos mit unterschiedlichen Motiven schmücken die Gemeinschaftsbereiche, während die recht kleinen, aber gemütlichen und gepflegten Zimmer in Brauntönen gehalten sind. Die Dachterrasse bietet einen eindrucksvollen Blick zur Kathedrale. Der Parkplatz in der Nähe kostet 14 €.

★ Parador Castillo de Santa Catalina LUXUSHOTEL €€

(953 23 00 00; www.parador.es/parador-de-jaen; Castillo de Santa Catalina; Zi. 110–160 €; P) Jaéns Parador neben der Burg hoch oben auf dem Cerro de Santa Catalina eröffnete im Frühling 2020 nach umfassender Renovierung wieder. Neben der einzigartigen Kulisse, beeindrucken seine theatralischen Gewölbebogen und luxuriösen, gediegenen Zimmer. Letztere sind vornehm möbliert, einige haben Himmelbetten. Zum Hotel gehören ein hervorragendes Restaurant und eine Bar mit Panoramaterrasse.

Essen & Ausgehen

Schicke Restaurants gibt's in Jaén nur wenige, dafür aber einige der besten Tapas-Bars von Andalusien, nördlich der Kathedrale entlang und zwischen den Calles Maestro und Cerón. Es gibt unzählige Bars, doch in den extrem schmalen Gassen zwischen diesen beiden Straßen stößt man auf ein paar besonders beliebte, die schon über ein Jahrhundert gut laufen.

Hier und in der gesamten Provinz Jaén bekommen Gäste zu jedem Drink eine kostenlose Tapa. Man bezahlt nur die Tapas, die man darüber hinaus bestellt.

Taberna La Manchega ANDALUSISCH €

(Calle Bernardo López 8; bocadillos 2–3 €, platos combinados & raciones 6–12 €; Mi–Mo 10–16 & 20–24 Uhr) Das La Manchega ist schon seit 1886 im Geschäft. Zu den *bocadillos* (Baguettebrötchen, belegt mit fünf unterschiedlichen *tortillas*) und *raciones* (großen Tapas-Portionen), z. B. *chorizo de ciervo* (Wild-Chorizo), *conejo al ajillo* (Kaninchen in Knoblauch) und *solomillo* (Schweinfilet) trinkt man Wein und trainiert sein Spanisch mit dem Barkeeper.

★ Panaceite SPANISCH €€

(953 24 06 30; Calle de Bernabé Soriano 1; Tapas/raciones 3–6/6,50–23,50 €; 7–14 Uhr) Die immer rappelvolle Eckbar in der Nähe der Kathedrale hat ihre Tische draußen im Halbkreis aufgestellt und serviert außergewöhnlich gute Tapas und *raciones*, darunter Schweinefilet mit einer von vier Soßen

oder Auberginen in Zuckerrohrsirup, Salate, *bocadillos* und offene Weine.

Bar Bomborombillos TAPAS €€
(☎691 941918; www.facebook.com/bomborombillos; Pintor Carmelo Palomino 12; Tapas 5–17 €; ⏲Mi–So 13–16 & Di–Sa 20–24 Uhr; ✎) Mit viel Liebe zum Detail besticht diese versteckte, trendige Tapas-Bude. Durch einen alten, steinernen Torbogen gelangt man in einen gemütlichen, kunstvoll dekorierten Raum mit ausgefallenen Holzstühlen und Blumen, die in bunten Weinflaschen stecken. Die Karte strotzt vor kreativer Neuinterpretationen von Jaéns traditioneller Kost, inklusive zahlreicher veganer und glutenfreier Optionen.

Casa Antonio SPANISCH €€€
(☎953 27 02 62; www.casantonio.es; Calle Fermín Palma 3; Hauptgerichte 19–24 €; ⏲Mo–Sa 13–16 & 20.30–23.30, So 13–16 Uhr, Aug. geschl.) Elegantes kleines Restaurant in einer unscheinbaren Straße am Parque de la Victoria, das erstklassige spanische Küche nach dem Vorbild lokaler Spezialitäten zubereitet, wie Rebhuhn in *escabeche* (eine Marinade aus Essig, Öl und Wein), Lammkoteletts oder Zickleinbraten. Zudem gibt's hervorragende Meeresfrüchte. Kompliziert ist die Küche nicht, sie verarbeitet aber gekonnt Spitzenzutaten. Gehobener aufmerksamer Service.

ℹ Praktische Informationen

Oficina de Turismo (☎953 19 04 55; www.turjaen.org; Calle Maestra 8; ⏲Mo–Fr 9–19.30, Sa 10–15 & 17–19, So 10–15 Uhr) Touristeninformation für Stadt und Region mit hilfsbereiten mehrsprachigen Mitarbeitern.

ℹ Anreise & Unterwegs vor Ort

AUTO & MOTORAD

Jaéns viele Einbahnstraßen und das hohe Verkehrsaufkommen sind ein Stressfaktor, aber die meisten Hotels sind gut ausgeschildert. Es gibt mehrere zentrumsnahe Tiefgaragen: **Parking Constitución** (Calle Roldán y Marín; pro Std./Tag 1,45/15,75 €; ⏲24 Std.) und **Parking San Francisco** (Calle de las Flores; pro Std./Tag 1,45/15,75 €; ⏲24 Std.).

BUS

Busse von **Alsa** (☎902 42 22 42; www.alsa.es), **Cambus** (☎679 730134; www.cambusautocares.com) und **Autocares Samar** (☎902 25 70 25; www.samar.es) starten am **Busbahnhof** (☎953 23 23 00; www.epassa.es/autobus; Plaza de la Libertad).

Reiseziel, Busunternehmen	Preis (€)	Fahrtdauer (Std.)	Häufigkeit (tgl.)
Baeza, Alsa	4,60	1	10–16-mal
Cazorla, Alsa	9,50	2–2½	3-mal
Córdoba, Cambus	11,25	2	6–9-mal
Granada, Alsa	9,15	1¼	11–14-mal
Madrid, Samar	27	4–5	3–4-mal
Málaga, Alsa	21	2¾–4¾	4-mal
Úbeda, Alsa	5,55	1–1¾	10–17-mal

ZUG

Von Jaéns **Bahnhof** (www.renfe.com; Plaza Jaén por la Paz) fahren täglich vier Züge nach Cadíz (39 €, 5 Std.), über Córdoba (15 €, 1¾ Std.) und Sevilla (29 €, 3 Std.), und vier nach Madrid (37 €, 3¾ Std.). Um nach Málaga (37 €, 3 Std.) zu gelangen, muss man in Córdoba umsteigen.

DER NORDWESTEN DER PROVINZ JAÉN

Auf dem Weg von Jaén aus in Richtung Norden ist die Landschaft zunächst erst mal nicht besonders aufregend. Doch das ändert sich, sobald die Sierra Morena am Horizont auftaucht. Diese wenig besuchte Bergkette aus grünen bewaldeten Hügeln an der Nordgrenze Andalusiens hat eine ganz eigene geheimnisvolle Magie.

Desfiladero de Despeñaperros & Santa Elena

Der Desfiladero de Despeñaperros, eine spektakuläre tiefe Schlucht in der Sierra Morena, wird vom hügeligen und wunderschönen **Parque Natural Despeñaperros** (www.ventanadelvisitante.es; Ⓟ) 🍃 überspannt. Die Schlucht gilt traditionell als Haupttor nach Andalusien von Norden aus. Die Autobahn A4 und die Zuglinie Madrid-Jaén ermöglichen die schnelle Durchquerung über Viadukte und durch Tunnel. Wer ihre Felsspitzen eingehender betrachten möchte, nimmt die alte Straße NIV und kann an einem Aussichtspunkt und Restaurant anhalten und die Landschaft genießen: Von Norden aus nimmt man auf der A4 die Ausfahrt 243 und folgt den Schildern „Parque Natural Despeñaperros"; von Süden aus fährt man an der Ausfahrt 257 ab

ABSTECHER

ALCALÁ LA REAL

Mit seinem hohen Kirchturm und der imposanten Burg, die über die Mauern ragen, wirkt das **Fortaleza de la Mota** (www.tuhistoria.org; Alcalá la Real; Erw./Kind 6/3 €; ⏲ April–Mitte Okt. 10.30–19.30 Uhr, Okt.–März 10–18 Uhr; P) von Weitem eher wie eine Stadt als wie eine Festung. Und das nicht ohne Grund, denn im Mittelalter befand sich auf diesem befestigten Hügel, der über der heutigen Stadt Alcalá la Real aufragt, die ursprüngliche Stadt. Für alle, die den Südwesten der Provinz Jaén auf der Straße von Granada nach Córdoba durchqueren, ist es ein fantastischer Zwischenstopp – und für alle anderen ist es einen Abstecher wert.

Die moderne Stadt entstand erst im 17. Jh., als befestigte Städte auf Hügeln nicht mehr zeitgemäß waren. Heute ist die Festung sowohl ein Denkmal als auch eine archäologische Stätte, denn wo sich einst Häuser, Paläste, Ställe und Straßen befanden, sind heute verfallene Ruinen. Die Festung wurde um das Jahr 1000 gegründet und dann, nachdem sie den Nasriden entrissen worden war, vom kastilischen König Alfons XI. im Jahr 1341 in großem Stil wiederaufgebaut. Eine ihrer Besonderheiten ist das Kircheninnere, in dem der Boden entfernt wurde, um Dutzende Gräber freizulegen, die in den Felsen darunter gehauen worden waren.

An Sams-, Sonn- und Feiertagen sollte man 45 Minuten zusätzlich einplanen. Eine Tour durch die Ciudad Oculta (Versteckte Stadt), ein Tunnelsystem durch Felsen als Zugang zu einer wichtigen Quelle, kostet 2 € pro Person. Es heißt, dass die Festung erst an König Alfons XI. fiel, nachdem die belagernden Christen den Weg zu dieser Quelle fanden und sie mit Tierkadavern vergifteten.

nach Santa Elena, passiert den ausgeschilderten Campingplatz und folgt am Fuße der Schlucht den Schildern „Venta de Cárdenas". Informationen zum *parque natural* und zu Wanderungen gibt's im **Centro de Visitantes Llano de las Américas** (☎ 610 282531; Carretera JA7102, Km 2; ⏲ ganzjährig Do 10–14 Uhr, Sept.–Juni Fr–So 9–14 & 16–18 Uhr, Juli & Aug. Fr–So 8–15 Uhr) 2 km westlich der Ausfahrt 257 Richtung Miranda del Rey.

Sehenswertes

Museo Batalla de las Navas de Tolosa MUSEUM
(☎ 953 10 44 35; www.museobatallanavas.es; Carretera JA7102, Santa Elena; Erw./ermäßigt 3/2 €; ⏲ ganzjährig So 10–14 & 15.30–18.30 Uhr, Juni–Sept. Di–Sa 10–14 & 17–20 Uhr, Okt.–Mai Di–Sa 10–14 & 16–19 Uhr; P) Am 16. Juli 1212 änderte sich der Verlauf der spanischen Geschichte dramatisch, als 2 km westlich von Santa Elena christliche Armeen in der Schlacht von Las Navas de Tolosa die Truppen der maurischen Almohaden schlugen und so der Reconquista (Rückeroberung) die Tür zu Andalusien öffneten. Dieses Museum, einige hundert Meter westlich der Ausfahrt 257 von der A4, präsentiert die komplette faszinierende Geschichte dazu und hat einen Aussichtsturm mit Blick auf das (nun überwucherte) Schlachtfeld.

Nach der Schlacht sollen die Christen die maurischen Gefangenen von den Klippen des Desfiladero de Despeñaperros geworfen haben. Allgemein wird angenommen, dass dies der Ursprung des Namens Despeñaperros sei. Seine Übersetzung lautet „Herabstürzen der Hunde".

An- und Weiterreise

Busse von Samar (www.samar.es) verkehren täglich zwei- bis fünfmal zwischen Jaén und Santa Elena (6,20 €, 1½ Std.). Ein eigenes Auto ist jedoch bei Weitem die einfachste Art, sich in der Gegend fortzubewegen.

Parque Natural Sierra de Andújar

Dieser 748 km² große Naturpark nördlich der Stadt Andújar wartet mit der größten natürlichen Vegetationsfläche in der ganzen Sierra Morena und zahlreichen Stierzuchtfarmen auf. Mit zahlreichen großen Säugetieren und Vögeln, darunter fünf typische vom Aussterben bedrohte Spezies – Pardelluchse, Wölfe, Schwarzgeier, Schwarzstörche und Kaiseradler, ist der Park für Vogel- und Tierbeobachter besonders interessant. Die Pardelluchs-Population ist mit etwa 460 Luchsen hier und in der angrenzenden Sierra Morena die größte der Welt. Es gibt zudem 21 Brutpaare des Spanischen Kaiseradlers im Andújar-Park (ein Zehntel der Gesamtpopulation dieses majestätischen Vogels, der nur auf der iberischen Halbinsel vorkommt).

Sehenswertes & Aktivitäten

Die Mitarbeiter des Besucherzentrums, dem 13 km nördlich von Andújar gelegenen **Centro de Visitantes Viñas de Peñallana** (☎ 953 53 96 28; Carretera A6177 Km 13; ⌚ Do–So 10–14, Fr–So 15–18 Uhr, Mitte Juni–Mitte Sept. nachm. geschl., Juli–Aug. Do geschl.), informieren über die besten Stellen, um Tiere zu beobachten. Allerdings muss man Glück haben, um welche zu Gesicht zu bekommen. Die besten Monate, um Luchse zu beobachten, sind Dezember und Januar während der Paarungszeit. Lokale Tourveranstalter wie **Birds & Lynx Ecotourism** (☎ 659 936566; www.birdslynxecotourism.com; Centro de Visitantes Viñas de Peñallana, Carretera A6177, Km 13; 1-/2-/3-/4-Personen-Tour pro Pers. 150/100/80/70 €), **IberianLynxLand** (☎ 636 984515, Englisch 626 700525; www.iberianlynxland.com; 2-/3-/4-Personen-Tour pro Pers. 80/65/55 €) und **Turismo Verde** (☎ 628 916731; www.lasierradeandujar.com; Tour pro Pers. 75 €) bieten Ausflüge in private Gelände an, wo Sichtungen oft wahrscheinlicher sind.

Santuario de la Virgen de la Cabeza — KAPELLE

(Carretera A6177, Km 31, Cerro del Cabezo; Ⓟ) Auf einem Hügel mitten im Park, auf der A6177 31 km von Andújar entfernt, ist die Kapelle Schauplatz eines der größten und emotionalsten religiösen Feste Spaniens, der **Romería de la Virgen de la Cabeza** (⌚ April) am letzten Aprilwochenende. Der ursprüngliche Schrein aus dem 13. Jh. wurde während des Bürgerkriegs zerstört, als er zunächst von Franco-Truppen erobert und dann nach achtmonatigem gezieltem Bombardement von den Republikanern besetzt worden war.

Schlafen & Essen

★ La Caracola — HOTEL €€

(☎ 640 75 82 73; www.lacaracolahotelrural.com; Carretera A6177 Km 13,8; EZ/DZ mit Frühstück 42,50/70 €; Ⓟ) Ein großartiger Stützpunkt für Wildtierbeobachter ist das von Wald umgebene Landhotel La Caracola. Es bietet helle, moderne Zimmer, gemütliche Gemeinschaftsräume (einschließlich eines knisternden Kamins) und leckere Mahlzeiten (Mittag- oder Abendessen 15 €). Auf Wunsch wird das Frühstück auch zu früher Stunde serviert oder ein Picknickkorb vorbereitet. Das Hotel liegt 1,4 km von der A6177 entfernt, die ausgeschilderte Ausfahrt liegt 800 km nördlich vom Besucherzentrum des Parks.

An- und Weiterreise

Täglich fahren mehrere Züge von Jaén (6,25 €, 45 Min.) und Córdoba (9,85 €, 50 Min.) nach Andújar sowie Busse von Baeza (6,05 €, 1½ Std.) und Úbeda (7 €, 1¾ Std.) in die Stadt. Samstags und sonntags fahren Busse zum Santuario.

DER OSTEN DER PROVINZ JAÉN

Dieser Teil der Region lockt die meisten Besucher an. Nicht einmal eine Stunde östlich von Jaén befinden sich die 9 km voneinander entfernt liegenden Zwillingsstädte Baeza und Úbeda und strafen das Vorurteil Lügen, es gebe in Andalusien außer den maurischen Bauten kaum interessante Architektur. Die historischen Zentren der beiden Welterbestätten beherbergen glanzvolle Beispiele prachtvoller christlicher Renaissancearchitektur. Sie stammt aus einer Zeit, in der es einigen wenigen örtlichen Familien gelang, ein riesiges Vermögen anzuhäufen, das sie zu großen Teilen in die Verschönerung ihrer Heimatstädte investierten. Weiter gen Osten stößt man auf die malerischen Dörfer, Berge und Wanderwege des Parque Natural Sierras de Cazorla, Segura y Las Villas, Spaniens größtes Naturschutzgebiet, das man besonders gut von Cazorla aus erkunden kann.

Baeza

15 841 EW. / 760 M

Die malerische Altstadt ist Baeza (ba-*eh*thah, mit englischem „th“) als UNESCO-Welterbestätte eingetragen, und lässt sich in einem Tagesausflug von Úbeda aus, der größeren Schwesterstadt, erkunden. Doch Baeza bietet auch selbst einige gute Restaurants und Unterkünfte, die zum Verweilen einladen. Hier hat eine Handvoll streitlustiger Familien, die durch den Getreideanbau sowie die Kleidungs- und Lederproduktion reich wurden, eine fantastische Sammlung bestens erhaltener Renais-

Baeza

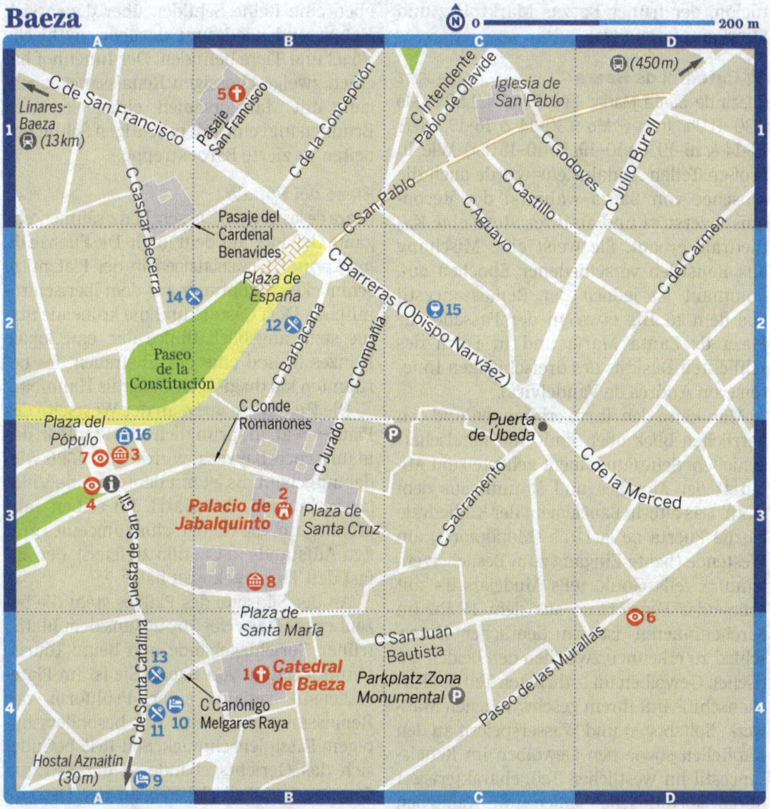

Baeza

Highlights
- 1 Catedral de Baeza ... B4
- 2 Palacio de Jabalquinto ... B3

Sehenswertes
- 3 Antigua Carnicería ... A3
- 4 Arco de Villalar ... A3
- Casa del Pópulo ... (siehe 4)
- 5 Convento de San Francisco ... B1
- Fuente de los Leones ... (siehe 7)
- 6 Paseo de las Murallas ... D4
- 7 Plaza del Pópulo ... A3
- Puerta de Jaén ... (siehe 4)
- 8 Seminario de San Felipe Neri ... B3

Schlafen
- 9 Hostal Aznaitín ... A4
- 10 Hotel Puerta de la Luna ... A4

Essen
- 11 Bar Pacos ... A4
- 12 El Arcediano ... B2
- 13 Palacio de Gallego ... A4
- 14 Taberna El Pájaro ... B2

Ausgehen & Nachtleben
- 15 Café Teatro Central ... C2

Shoppen
- 16 La Casa del Aceite ... A3

sancekirchen und -bauten hinterlassen. Baeza fiel als eine der ersten andalusischen Städte an die Christen (1227). Nach so vielen Jahrhunderten unter kastilischem Einfluss ist vom maurischen Bayyasa heute kaum etwas übrig geblieben.

Sehenswertes

Baezas bedeutendste Sehenswürdigkeiten verteilen sich größtenteils auf die engen Gassen südlich der zentralen Plaza de España und des breiten Paseo de la Constitución, der früher Baezas Marktplatz und Stierkampfarena war.

★Catedral de Baeza KATHEDRALE
(Plaza de Santa María; Erw./Kind 4/1,50 €, Mo 9.30–11 Uhr frei; ⌚Mo 9.30–14 & 16–19, Di–Fr 10–14 & 16–19, Sa 10–19, So 10–18 Uhr) Wie in großen Teilen Andalusiens wurde auch die Moschee von Baeza während der Reconquista zerstört und an ihrer Stelle eine Kathedrale erbaut. Sie weist eine Mischung aus Baustilen verschiedener Epochen auf, dominant ist jedoch der Renaissancestil aus dem 16. Jh., etwa an der Fassade zur Plaza de Santa María und in Form des schlichten Designs des dreischiffigen Inneren (von Andrés de Vandelvira).

Man kann den Turm erklimmen und den herrlichen Blick über Stadt und Landschaft genießen. Sein Fundament gehörte zum Minarett der Moschee und stammt aus dem 11. Jh. Das älteste Bauelement der Kathedrale ist die Puerta de la Luna (Mondpforte) am Westende (heute Eingang zum Besucherzentrum) – teils Gotik, teils Mudejarstil – mit krönender Fensterrose aus dem 14. Jh. Im Kircheninneren ist ein deutlicher Unterschied zu erkennen zwischen den beiden gotischen Gewölben im östlichsten Teil des Kirchenschiffs mit ihrem geschwungenen Maßwerk, Spitzbogen und Wasserspeiern an den Kapitellen sowie den Gewölben im Renaissancestil im westlichen Teil, charakterisiert durch korinthische Säulen mit Kapitellen und ein klassisches Design aus Quadraten und Kugelsegmenten. Audioguides sind in verschiedenen Sprachen für 1 € erhältlich.

Die weite Plaza de Santa María war als Mittelpunkt des religiösen und weltlichen Lebens angelegt. Von der nördlichen Seite kann man in den Haupthof des aus dem 17. Jh. stammenden **Seminario de San Felipe Neri** (Plaza de Santa María; ⌚Mo–Fr 9–14 Uhr) GRATIS blicken, das frühere Priesterseminar, das heute Teile der Universidad Internacional de Andalucía, die Aufbaustudiengänge anbietet, beherbergt.

★Palacio de Jabalquinto PALAST
(Plaza de Santa Cruz; ⌚10.30–13 & 16–18 Uhr) GRATIS Baezas prächtigster Palast wurde wahrscheinlich Ende des 15. Jh. für ein Mitglied der Benavides-Sippe gebaut. Seine größte Pracht ist die spektakuläre Fassade im dekorativen Stil der isabellinischen Gotik mit einem seltsamen Aufgebot nackter Menschen, die am Gesims über der Türöffnung entlangklettern; den Abschluss bildet oben eine Reihe Schilder, über denen sich Helme und wiederum darüber mythische Vögel und Tiere befinden. Der Innenhof hat einen zweigeschossigen Renaissancebogengang mit Marmorsäulen, einen eleganten Brunnen und eine mit prächtigen Schnitzarbeiten verzierte Barocktreppe.

Plaza del Pópulo PLATZ
(Plaza de los Leones) Diesen Platz säumen elegante Gebäude aus dem 16. Jh. Die **Fuente de los Leones** (Löwenbrunnen) in der Platzmitte schmücken Skulpturen aus dem iberisch-römischen Dorf Cástulo und die krönende Statue stellt angeblich Imilce dar, eine lokale Prinzessin und eine der Ehefrauen des berühmten karthagischen Generals Hannibal.

Die **Puerta de Jaén** an der Westseite des Platzes war ursprünglich ein Stadttor des maurischen Bayyasa, wurde aber 1526 wieder aufgebaut. Es ist mit dem **Arco de Villalar** verbunden, den Karl I. im selben Jahr erbaute, um die Niederschlagung eines großen Aufstands in Castilla zu feiern, der ihn fast den Thron gekostet hätte.

An der Südseite des Platzes steht die bezaubernde **Casa del Pópulo** aus dem 16. Jh., früher Gerichtsgebäude und heute Touristeninformation von Baeza. Sie ist im Platereskenstil gebaut, einer Frühform der Renaissancearchitektur mit besonders üppigem Fassadenschmuck. Seit 1547 befindet sich das Gerichtsgebäude in der **Antigua Carnicería** (Alte Metzgerei) an der Ostseite des Platzes, die mit dem Schild Karls I. als Fassadenschmuck sicher eine der elegantesten ehemaligen Metzgereien der Welt ist.

Paseo de las Murallas STRASSE
Diese Straße und Fußgängerzone, die von der Plaza del Pópulo nach Südwesten und dann an dem Steilhang am Stadtrand entlang wieder zurück nach Nordosten führt, bietet einen tollen Blick über Olivenhaine zu den fernen Bergen der Sierra Mágina (im Süden) und der Sierra de Cazorla (im Osten).

Convento de San Francisco KAPELLE
(Calle de San Francisco; ⌚Di–Sa 10.30–13.45 & 16–19, So 10.30–13.45 Uhr) GRATIS Dieses aus dem 16. Jh. stammende Kloster litt Anfang des 19. Jhs. schwer unter einem Erdbeben und napoleonischen Plünderungen. Das interessanteste Detail ist die nicht überdachte **Capilla de Benavides** am nordöstlichen Ende der Kirche – eines von Andrés de Vandelviras Meisterwerken, 1540 als Grabkapelle für die mächtige Familie Benavides von Baez erbaut. Eine auffällige Konstruk-

NICHT VERSÄUMEN

OLIVENÖL: DIE FAKTEN

In der Provinz Jaén fällt jedem sofort auf, dass sich hier alles um den *olivio* (Olivenbaum) dreht. Über 66 Mio. Olivenbäume bedecken ganze 43 % der Landschaft, und wer schon mal dort war und an die Gegend zurückdenkt, hat sofort wieder das Olivenölaroma in der Nase. In einem durchschnittlichen Jahr tragen diese Bäume 500 000 t Oliven –Jaén erzeugt damit über 40 % der spanischen und bis zu 25 % der weltweiten Olivenernte. Fast die gesamte Bevölkerung ist direkt oder indirekt wirtschaftlich vom Olivenanbau abhängig.

Geerntet wird von Oktober bis Februar. Die Oliven werden zu den Ölmühlen gebracht und dort zu Brei zerkleinert. Zunächst wird er gepresst, um das Öl zu gewinnen, aus dem dann das Wasser gefiltert wird. Öl, das sich ohne weitere Behandlung zum sofortigen Verzehr eignet, geht als *aceite de oliva virgen* (natives Olivenöl) in den Verkauf und das beste Öl dieser Güteklasse heißt *virgen extra* (extra nativ). Einfaches *aceite de oliva* – im Handel als *lampante* (Lampenöl) bekannt – muss vor dem Verzehr raffiniert werden. Die chemische Zusammensetzung von Ölen wird getestet, und bevor sie das Label *virgen* oder *virgen extra* bekommen, werden sie vom International Olive Council analysiert.

Mit Ende des 20. Jhs. hat eine technologische Revolution die Olivenölherstellung verändert. Mit Ausnahme kleiner Betriebe sind die traditionellen Methoden der Ernte (Arbeitsgruppen klopfen mit Stöcken an den Ästen), des Mahlens (mit riesigen kegelförmigen Steinwalzen), des Pressens (Fruchtfleischschichten werden zwischen Espartogras-Matten gequetscht) und des Dekantierens (eines Prozesses von acht oder neun Stunden, der vier oder fünfmal wiederholt wird) verschwunden. Heute schütteln von Traktoren betriebene Maschinen die Oliven von den Bäumen; sie werden mechanisch gemahlen, Schleudermaschinen trennen die Flüssigkeit von den Feststoffen und erledigen den Großteil des Dekantierens – und alles in einem Bruchteil der Zeit.

Die zentrale Stellung des Olivenöls ist Licht und Schatten für die Wirtschaft Jaéns. Im Dezember 2019 genehmigte die Europäische Union ggA Status (geschützte geografische Angabe) für extra natives Olivenöl aus Jaén. Jaén war die erste Region Spaniens, der diese Ehre zuteilwurde, und die ihre lokalen Erzeugnisse unter dem Label „IGP Aceite de Jaén" vermarkten darf. Andererseits ist Jaén für wirtschaftlichen Druck von außerhalb anfällig, wie die von den USA eingeführten Zölle auf spanisches Olivenöl im Oktober 2019, durch den Brexit verursachte Unsicherheiten und Einstürze des Weltmarktpreises aufgrund von Überproduktion. So wurde für die Ölproduktion der Provinz Jaén, die 2018–2019 ein Rekordniveau von 685 000 Tonnen erreichte, ein dramatischer Rückgang auf 455 000 Tonnen für 2019–2020 prognostiziert.

Jaén ist stolz auf sein Olivenöl: Viele Restaurants bieten ihren Gästen mehrere verschiedene Öle zum Probieren an, die man in Brot tunkt. Qualitätsöl wird im Fachhandel sowie in guten Lebensmittelgeschäften verkauft und einige Mühlen bieten Direktverkauf.

Oleícola San Francisco (☎ 953 76 34 15; www.oleoturismojaen.com; Calle Pedro Pérez, Begíjar; Führungen auf Spanisch 7,50 €, auf Englisch oder Französisch 8,50 €; ⏲ Führungen auf Spanisch 11 & 17 Uhr, auf Englisch oder Französisch 12.30 & 16.30 Uhr) 🍃 bietet Führungen durch eine Olivenmühle in Betrieb bei Baeza, die Besuchern alles vermittelt, was sie über den Verarbeitungsprozess von Oliven zu Olivenöl wissen möchten, z. B. wie das beste Öl hergestellt wird und was extra virgen von anderen Olivenölen abhebt. Am Ende bekommt man ein paar Kostproben und wahrscheinlich ersteht man die ein oder andere Flasche aus der Qualitätsproduktion des Unternehmens San Francisco. Führungen sind auf Englisch oder Französisch möglich (am besten telefonisch anmelden). Man verlässt Baeza Richtung Westen auf der alten Jaén-Straße (A6109, früher A316), biegt am Schild Begíjar vor Km 5 rechts ab, dann noch einmal rechts nach 1,4 km direkt hinter der Tankstelle.

Úbedas Olivenöl-Informationszentrum **Centro de Interpretación Olivar y Aceite** (☎ 953 75 58 89; www.centrodeolivaryaceite.com; Corredera de San Fernando 32; 2,80 €; ⏲ ganzjährig Di–So 10–14 Uhr & Juni–Sept. Di–Sa 18–20.30 Uhr, Okt.–Mai Di–Sa 17–19.30 Uhr), erläutert mithilfe von Modellen, Geräten aus Mühlen und Videos auf Englisch oder Spanisch die Geschichte des Olivenöls in der Region und wie das Öl vom Baum auf den Tisch kommt. Man kann verschiedene Öle probieren und eine große Auswahl steht zum Kauf bereit.

tion aus gebogenen Trägern, errichtet während einer halben Restaurierung in den 1980ern, zeichnet die Kontur der majestätischen Kuppel der Kapelle nach.

Feste & Events

Semana Santa RELIGIÖSES FEST
(März/April) Baezas Osterprozessionen – 19 an der Zahl zwischen Palmsonntag und Ostersonntag – sind feierlich, groß und sehr tief in der Tradition der Stadt verwurzelt.

Feria FEST
(Mitte Aug.) Das Sommerfest beginnt mit einer karnevalsartigen Prozession von *gigantones* (Pappmaschee-Riesen) und anderen bunten Figuren. Weiter geht's mit fünf Tagen Feuerwerk, einer großen Kirmes, Konzerten und Stierkämpfen.

Schlafen

Hostal Aznaitín HOSTEL €€
(953 74 07 88; www.hostalaznaitin.com; Calle Cabreros 2; EZ/DZ mit Frühstück 50–75/60–85 €;) In dem einladenden, hellen Aznaitín erinnert nichts an die trostlosen *hostales* alter Zeiten. Die Zimmer sind stilvoll und geräumig, mit guten Matratzen und schönen, großen Fotos von Baezas Sehenswürdigkeiten ausstaffiert. Das vor Kurzem eröffnete hauseigene Restaurant tischt dreigängige Abendessen zu Schnäppchenpreisen auf (9,50 € inkl. eines Getränks).

Hotel Puerta de la Luna HERITAGE-HOTEL €€
(953 74 70 19; www.hotelpuertadelaluna.com; Calle Canónigo Melgares Raya 7; Zi. 72–170 €; P) Dieses Luxushotel in einem Herrenhaus aus dem 17. Jh. wäre ohne Zweifel die erste Adresse für Baezas Adel aus der Renaissancezeit, wenn es ihn heute noch gäbe. Der elegante Innenhof wartet mit Orangenbäumen sowie einem Pool auf, und hübsch möblierte Salons mit einladenden Kaminen machen das Bild komplett. Klassische Möbel, Kunst sowie große Bäder werten die geräumigen Zimmer noch mehr auf. Das Frühstücksbüfett kostet 15 €, und die **Bar Pacos** (Calle de Santa Catalina; Tapas & medias raciones 5–10 €; 13.30–16 & 20.30–24 Uhr) im Erdgeschoss kredenzt gute Tapas.

Essen & Ausgehen

Am Paseo de la Constitución und an der Plaza de España reihen sich Bar-Café-Restaurants, in denen man großartig das örtliche Leben beobachten kann, aber die meisten der besten Adressen verstecken sich in den engen Gassen der Altstadt. So wie überall in der Provinz bekommt man hier fast in jeder Bar zum Getränk eine Tapa umsonst.

★ **El Arcediano** TAPAS €
(Calle Barbacana 4; montaditos/raciones 3–7/7–15 €; Do 20.30–24, Fr–So 13–16 & 20.30–24 Uhr) Das einladende Lokal mit Kronleuchtern und einer mit Weinreben bemalten Decke sowie Tischen auf dem Bürgersteig ist bei Einheimischen sehr beliebt. El Arcediano serviert hervorragende große *montaditos* (getoastete Brotscheiben). Extravaganzen wie hauchdünn geschnittener Thunfisch aus Barbate oder geräucherter Kabeljau findet man hier neben den üblicheren Angeboten, wie Schweinefleisch, Sardellen, verschiedener Käsesorten oder pürierten Tomaten und Olivenöl.

Taberna El Pájaro ANDALUSISCH €€
(953 74 43 48; www.tabernaelpajaro.com; Paseo Portales Tundidores 5; Hauptgerichte 12–25 €; 12–17 & 20–24 Uhr) Ein elegantes Abendessen verspricht das El Pájaro, wo sich die Gäste inmitten von steinernen Wänden und ganz viel Holz durch ein umfangreiches Angebot an iberischen Spezialitäten durchprobieren können. Geräucherter Schafskäse, Artischocken gefüllt mit Kabeljau und wilder Spargel kommen als Vorspeise auf den Teller, gefolgt von Risotto mit Kaninchen aus Freilandhaltung, in Knoblauch marinierten Venusmuscheln, gegrilltem Oktopus, gebratenem Spanferkel und noch vielem mehr.

★ **Palacio de Gallego** SPANISCH €€€
(667 76 01 84; www.palaciodegallego.com; Calle de Santa Catalina 5; Hauptgerichte 15–32 €; Mi 20–23, Do–Mo 13.30–15.30 & 20–23 Uhr) Untergebracht in einem stimmungsvollen Haus aus dem 16. Jh., mit Tischen auf der herrlichen Terrasse sowie in einem alten Speisesaal mit Holzbalkendecke, serviert das Gallego ausgezeichnete Fleisch- und Fischgerichte, gegrillt und anders. Es gibt eine Karte mit über 100 spanischen Weinen, und nirgendwo sonst wird man eine bessere Vorspeise als den Ziegenkäse-Orangen-Walnuss-Salat bekommen.

★ **Café Teatro Central** BAR
(953 74 43 55; www.facebook.com/cafeteatrocentral; Calle Barreras 19; So–Do 16–3, Fr & Sa bis 4 Uhr;) Als das originellste und beständigste Nachtlokal der Provinz mit faszinierend eklektischem Dekor und eine entschlossene Stütze von Livemusik füllt sich

das Central von Donnerstag bis Samstag gegen Mitternacht mit Hipstern. Liveauftritte finden vor einem enthusiastischen Publikum inmitten von Buddha-Statuen, historischen Instrumenten und bunten Lichtern statt. Auf seiner Facebook-Seite gibt's Informationen zu kommenden Veranstaltungen.

Shoppen

La Casa del Aceite ESSEN
(☎ 953 74 80 81; www.casadelaceite.com; Paseo de la Constitución 9; ⏲ Mo–Sa 10–14 & 17–20.30, So 10–14 Uhr) Verkauft eine große Auswahl hochwertiger Olivenöle und weitere interessante lokale Produkte, z. B. Wildschwein- oder Rebhuhn-Pâté, Oliven und Kosmetik auf Olivenölbasis.

Praktische Informationen

Touristeninformation (☎ 953 77 99 82; www.andalucia.org; Plaza del Pópulo; ⏲ April–Sept. Mo–Fr 9–19.30, Sa & So 9.30–15 Uhr). Untergebracht in der Casa del Pópulo aus dem 16 Jh.

An- und Weiterreise

AUTO & MOTORRAD

Im Zentrum darf man nur sehr eingeschränkt an der Straße parken; zwei gute Alternativen sind Baezas **Tiefgarage** (Calle Compañía; pro 1/24 Std. 1,10/10 €; ⏲ 7.30–23.30 Uhr) und der gratis Parkplatz **Parking Zona Monumental**.

BUS

Busse von Alsa (S. 250) fahren vom **Bahnhof** (☎ 953 74 04 68; Avenida Alcalde Puche Pardo), 900 m nordöstlich der Plaza de España.

Reiseziel	Preis (€)	Fahrtdauer	Häufigkeit (tgl.)
Cazorla	5	1¼–1½ Std.	3-mal
Córdoba	11,85	2½ Std.	2-mal
Granada	13,30	2–2½ Std.	7–9-mal
Jaén	4,60	45 Min. –1¼ Std.	7–14-mal
Úbeda	1,20	15 Min.	13–18-mal

ZUG

Der nächstgelegene Bahnhof ist **Linares–Baeza** (www.renfe.com), 13 km nordwestlich der Stadt, mit täglichen Zügen nach Almería, Córdoba, Jaén, Madrid und Sevilla. Alsa bietet eingeschränkte Busverbindungen zum Bahnhof, über Úbeda (2,20 €, 30–50 Min.) und Baeza (2,80 €, 1 Std.). Ein Taxi kostet rund 25 €.

Úbeda

34 345 EW. / 760 M.

Wunderschöne Renaissancegebäude säumen fast jede Straße und jeden Platz im *casco antiguo* (altes Viertel) der Weltkulturstadt Úbeda (*uu*-be-da). Bezaubernde Hotels in historischen Villen und erstklassige Restaurants und Tapas-Bars machen den Aufenthalt hier ganz und gar zu einer Freude.

Úbedas Aristokraten buhlten erfolgreich um Einfluss am Habsburger Hof im 16. Jh. Francisco de los Cobos y Molina wurde Staatssekretär von König Karl I., und sein Neffe Juan Vázquez de Molina folgte ihm in

ABSEITS DER ÜBLICHEN PFADE

PANORAMAFAHRT VON JAÉN NACH ÚBEDA

Für alle, die längere, idyllische Strecken vor kurzen, unspektakulären bevorzugen, bietet sich eine Fahrt von Jaén über Albánchez de Mágina nach Úbeda an. Die Reise führt durchs Gebirge und den bildschönen Parque Natural Sierra Mágina. Zudem schmiegt sich die kleine Burg von Albánchez gewagt nah an die Klippen wie keine andere in der Provinz Jaén.

Von der A316 fährt man auf die Mancha Real ab und weiter durch die pittoresken Dörfer von Torres. Dann folgt der atemberaubendste Abschnitt, wenn sich die schmale JA3107 über den 1250 m hohen Pass Puerto de Albánchez hinaufwindet und wieder hinab nach Albánchez de Mágina. Der schiefe Turm des aus dem 14. Jh. stammenden **Castillo de Albánchez** (⏲ 24 Std.) GRATIS steht auf einem einzigen Felsen inmitten der steilen Klippen, die über dem Dorf aufragen. Kaum zu glauben, aber man kann ihn tatsächlich nach einem 20-minütigen steilen Fußpfad von der zentralen Plaza de la Constitución aus erklimmen. Der Ausblick über das weiße Dorf und die Berge ringsum verschlägt einem die Sprache.

Von Albánchez geht's über Jimena, Bedmar (wo die Ruinen einer Burg aus dem 15. Jh. auf Erkundungstouren warten) und Jódar bis nach Úbeda.

diesem Posten nach und behielt ihn auch unter Philipp II. In diesem Amt kamen beide Männer mit der Ästhetik der Renaissance in Berührung, die in dieser Zeit von Italien nach Spanien überschwappte. Große Teile des Reichtums, den sie und eine florierende Landwirtschaft generierten, wurden in Gebäude, einige von Spaniens typischsten Beispielen von Renaissancearchitektur, investiert. Daher zählen Úbeda (wie seine kleine Schwester Baeza) zu den wenigen Orten in Andalusien, deren beeindruckende Architektur *nicht* von den Mauren stammt.

Sehenswertes

Die meisten Prachtbauten liegen im Gassennetz und an den großzügigen Plätzen des *casco antiguo* an der Südseite des größtenteils grauen modernen Úbedas. Die Altstadt ist besonders am Abend bezaubernd, denn dann erstrahlen ihre Platereskenfassaden vor dem tintenblauen Himmel in goldenem Flutlicht.

Plaza Vázquez de Molina

Die hübsche Plaza Vázquez de Molina ist das architektonische Herz von Úbedas Altstadt. Als ein frühes Beispiel für andalusische Stadtentwicklung erhielt die Plaza ihr heutiges Aussehen im 16. Jh., als Úbedas Adel entschied, die existierenden Gebäude abzureißen, um Platz für eine Reihe großer Renaissancebauten zu schaffen, die seinem Wohlstand und seiner Wichtigkeit angemessen waren. Vor 1507 residierte der Adel in Úbedas Alcázar, ein von Mauern umgebener Bereich südlich der Plaza Vázquez de Molina, jedoch wurde dieser auf Anweisung der katholischen Königin Isabella abgerissen, um Machtkämpfe unter den streitsüchtigen Aristokraten der Stadt zu entschärfen.

★ **Sacra Capilla del Salvador** KAPELLE
(Heilige Kapelle des Erlösers; www.fundacionmedinaceli.org; Plaza Vázquez de Molina; Erw./Kind mit Audioguide 5/2,50 €; April–Sept. Mo–Sa 9.30–14.30 & 16.30–19.30, So 11.30–15 & 16.30–19.30 Uhr, Okt.–März Mo–Sa bis 18, So 19 Uhr) Diese berühmte Kapelle, zwischen 1536 und 1559 erbaut, ist das Aushängeschild von Úbedas Renaissancearchitektur. Francisco de los Cobos y Molina hatte sie als Begräbniskapelle für seine Familie in Auftrag gegeben. Sie präsentiert einen deutlichen Kontrast zwischen dem relativ nüchternen Inneren (von Diego de Siloé, Architekt von Granadas Kathedrale) und der dekorativeren westlichen Fassade. Die Fassade, ein herausragendes Beispiel des Plateskstils, wurde von Andrés de Vandelvira entworfen, einem von Siloés Steinmetzen, der das Projekt 1540 übernahm.

Die Kapelle repräsentiert somit den ersten Architekturauftrag, den Vandelvira, der auch Úbeda, Baeza und Jaén mit seinen herausragenden Renaissancegebäuden beschenkte, erhielt. Er arbeitete mit dem französischen Bildhauer Esteban Jamete zusammen, der eine Fülle von klassischen Skulpturen griechischer Götter an der Unterseite des Bogens schuf und zahlreiche Totenschädel im Fassadendekor verteilte, um daran zu erinnern, dass das Gebäude eine Begräbniskapelle ist. Klassische Figuren überwiegen auch in der Sakristei (die man im Innern von der nordöstlichen Ecke aus betreten kann), einer weiteren Kreation von Vandelvira, jedoch sind keine im Hauptteil der Kapelle vorhanden, wo sich die Capilla Mayor unter einer stattlichen, in Gold, Blau und Rot bemalten Kuppel befindet. Ihre große Altarskulptur der Verklärung des Herrn aus den 1560er-Jahren stammt von Alonso de Berruguete.
Die Gräber der Familie Cobos befinden sich unter der Kapelle und sind nicht für Besucher zugänglich. Die Kirche ist noch immer im Privatbesitz der in Sevilla lebenden herzoglichen Familie de Medinaceli, Nachkommen der Cobos. Auf der Audioguide-Tour durch die Kapelle erfährt man viele interessante Informationen und Anekdoten.

Neben der Grabkapelle steht die ursprüngliche Residenz des Geistlichen, der **Palacio del Deán Ortega** (Plaza Vázquez de Molina), ein weiteres Werk des Baumeisters Vandelvira. Das Herrenhaus ist heute Úbedas luxuriöser Parador (Hotel, S. 262).

★ **Palacio de Vázquez de Molina** HISTORISCHES GEBÄUDE
(Plaza Vázquez de Molina; Mo–Fr 8–20, Sa & So 10–14 & 17–19.30 Uhr) GRATIS Úbedas *ayuntamiento* (Rathaus) ist zweifellos eines der schönsten, wenn nicht sogar das schönste Spaniens. Vandelvira erbaute es etwa 1562 als Herrenhaus für Juan Vázquez de Molina, dessen Wappen über der Tür prangt. Die perfekt proportionierte, deutlich italienische Einflüsse aufweisende Fassade ist durch schmale Mauern in drei Bereiche unterteilt. Karyatiden-Skulpturen auf dem Dach setzen die Linien der korinthischen und ionischen Säulen in den unteren Lagen fort. Zwei Stockwerke eleganter Bogen umgeben den

Úbeda

Úbeda

Highlights

1 Palacio de Vázquez de Molina C4
2 Sacra Capilla del Salvador D4
3 Sinagoga del Agua B2

Sehenswertes

4 Antiguo Ayuntamiento C3
5 Casa Museo Andalusí B3
6 Centro de Interpretación Andrés de Vandelvira C4
7 Centro de Interpretación Olivar y Aceite B1
8 Iglesia de San Pablo C2
9 Iglesia de Santa María de los Reales Alcázares C4
10 Palacio del Deán Ortega C4
11 Palacio Vela de los Cobos B3
12 Plaza 1° de Mayo C3
13 Plaza Vázquez de Molina C4

Schlafen

14 Afán de Rivera B4
15 Hotel Álvaro de Torres B3
16 Hotel Ordóñez Sandoval A3
17 Las Casas del Cónsul D3
Parador de Úbeda .... (siehe 10)

Essen

18 Cantina La Estación C1
19 Llámame Lola D4
20 Misa de 12 .... C2

Ausgehen & Nachtleben

21 La Bodega de Úbeda B2

Shoppen

22 Alfarería Tito B3

Innenhof. Im Untergeschoss befindet sich das **Centro de Interpretación Andrés de Vandelvira** (Plaza Vázquez de Molina; 3 €; ⌚Mo–Fr 10–14 & 16–19.30, Sa bis 20.30 Uhr) GRATIS – mit überwiegend Fotos, aber auch einigen Hintergrundinformationen zur Arbeit und zum Leben des großen Architekten.

Iglesia de Santa María de los Reales Alcázares KIRCHE

(www.santamariadeubeda.es; Plaza Vázquez de Molina; Erw./Kind 4/1,50 €; ⌚Mai–Aug. 10.30–13.30 & 17–20 Uhr, Sept.–April 10.30–13.30 & 16–18.30 Uhr) Úbedas große Pfarrkirche, die ursprünglich im 13. Jh. am Standort der Hauptmoschee des islamischen Úbeda errichtet wurde, vermischt zahlreiche Stilelemente aus Gotik, Mudejar, Renaissance, Barock und Neoklassizismus. Das zwischen 1604 und 1612 errichtete Hauptportal an der Plaza Vázquez de Molina ist ein schönes Beispiel der Spätrenaissance. Eine Reliefskulptur stellt die Anbetung des Jesuskinds durch die Hirten dar. Die aufwendige *artesonado*-Decke im Mudejarstil (Decke aus verschränkten Balken) im Inneren wurde vor Kurzem restauriert.

Noch mehr Sehenswertes

★ **Sinagoga del Agua** HISTORISCHES GEBÄUDE

(☎953 75 81 50; www.sinagogadelagua.com; Calle Roque Rojas 2; Führung Erw./Kind 4,50/3,50 €; ⌚Führungen alle 45 Min., 10.30–13.30 & 16.45–19 Uhr, Juli & Aug. 17.45–20 Uhr) Die mittelalterliche Sinagoga del Agua wurde erst 2006 von einem erfrischend anständigen Immobilienmakler entdeckt und gekauft, um sie abzureißen und Apartments zu erbauen. Doch bei den Arbeiten kamen ständig neue verlockende archäologische Puzzleteile zutage und so entstand eine sensible Neugestaltung der jahrhundertealten Synagoge mit dem Haus des Rabbis, bei der so viel originales Mauerwerk wie möglich bewahrt wurde. Das Museum umfasst die Frauengalerie, eine Bodega mit riesigen Lagerbehältern und eine *mikvé* (rituelles Bad). Es gibt Belege für eine große jüdische Gemeinde im mittelalterlichen maurischen Úbeda, die friedlich mit der damals mehrheitlich muslimischen Bevölkerung zusammenlebte. Die Touren sind auf Spanisch mit gedruckten Übersetzungen in Deutsch, Englisch, Französisch und Italienisch.

Palacio Vela de los Cobos HISTORISCHES GEBÄUDE

(Calle Juan Montilla; Führung 4 €; ⌚Führungen Sept.–Mitte Juni 13 & 19 Uhr, Mitte Juni–Aug. 13 & 20 Uhr) Das faszinierende von Vandelvira entworfene Herrenhaus aus dem 16. Jh. wurde im 19. Jh. elegant restauriert und wird bis heute als privates Wohnhaus genutzt. Es ist komplett möbliert und mit Gemälden, Antiquitäten und Büchern gefüllt. **Semer** (☎953 75 79 16; www.semerturismo.com; Calle Juan Montilla 3; ⌚Di–Sa 9.30–14 & 16.30–20, So 10–13.30 Uhr), gleich gegenüber gelegen, organisiert zweimal täglich Führungen (mit Voranmeldung auch auf Englisch).

Plaza 1° de Mayo PLATZ

Die imposante Plaza 1º de Mayo diente ursprünglich als Úbedas Marktplatz und Stierkampfarena. Außerdem loderten hier die Scheiterhaufen der Inquisition, denen die örtlichen Bonzen von der Galerie des **Antiguo Ayuntamiento** (Alten Rathauses) in der Südwestecke aus zusahen. Die **Iglesia de San Pablo** (Plaza 1º de Mayo; Spende 1 €; ⌚Di–Sa 11–13 & 18–20, So 11–13 Uhr) an der Nordseite des Platzes hat ein 1511 entstandenes, besonders aufwendig gearbeitetes spätgotisches Portal.

DER RENAISSANCE-BAUMEISTER DER PROVINZ JAÉN

Vieles von dem, was es in Úbeda, Baeza und Jaén an hervorragender Architektur zu bewundern gibt, ist das Werk eines Mannes: Andrés de Vandelvira (1509–1575), geboren in Alcaraz, Castilla-La Mancha, 150 km nordöstlich von Úbeda. Hauptsächlich dank der Unterstützung der Familien Cobos und Molina aus Úbeda und der Benavides aus Baeza war Vandelvira in der Lage, die Provinz Jaén mit einigen der schönsten Renaissancegebäuden Spaniens zu beschenken. Sein Werk umfasst alle drei Hauptphasen der spanischen Renaissancearchitektur – den ornamentalen Platereskenstil der Frührenaissance, wie ihn Úbedas Sacra Capilla del Salvador (S. 258) verkörpert; die klareren Linien und klassischen Proportionen des späteren Palacio de Vázquez de Molina (S. 258); den strengen Herreresquestil der Spätrenaissance, den sein letztes Bauwerk zur Schau trägt, das Hospital de Santiago. Über das Leben Vandelviras ist relativ wenig bekannt, aber sein Erbe ist ein Juwel der spanischen Kultur.

NICHT VERSÄUMEN

ÚBEDAS HISTORISCHE HERRENHÄUSER AUSKUNDSCHAFTEN

Úbedas spannende **Casa Museo Andalusí** (☎ 659 508766; www.vandelviraturismo.com; Calle Narváez 11; 4 €; ⌚ Führungen 11.30 Uhr oder nach Vereinbarung) umfasst ein privates Haus aus dem 16. Jh., in dem *conversos* (zum Christentum konvertierte Juden) wohnten, und die riesige, vielfältige Antikensammlung des Besitzers Paco Castro. Lockere Führungen durch das Haus unter der Leitung seiner Tochter Eva Castro Martos, einer Kunsthistorikerin, erwecken hier alles zum Leben. Schon die schwere geschnitzte Tür aus dem 16. Jh. lässt erahnen, dass dieses Gebäude etwas Besonderes ist. Wenn sie geschlossen ist, einfach klingeln oder vorab über WhatsApp eine Besichtigung vereinbaren.

Oberhalb des zentralen Innenhofs dieses liebevoll restaurierten Heimes liegen Balkons und eine im Mudejarstil bemalte Decke und Traufen. Es ist das perfekte Setting verblassten Grandeurs für diese Familienkollektion aus Renaissanceportalen, Wasserkrügen aus dem 16. Jh., historischen Hochzeitstruhen, Tapisserien und Kunstwerken, die aus ganz Spanien zusammengetragen wurden.

Wer nach einem Besuch in der Casa Museo Andalusí Lust auf mehr bekommen hat, kann sich nach einer Führung durch die anderen beiden Herrenhäuser ganz in der Nähe erkundigen: Casa Solar de los Granadas Venegas und Casa Sinagoga de Salomón. Sie sind ebenso mit ästhetischen Schätzen vollbeladen und eine Besichtigung aller drei kommt auf 12 € und beinhaltet aufschlussreiche Hintergrundinfos zu Úbedas Geschichte.

Hospital de Santiago HISTORISCHES GEBÄUDE
(Avenida Cristo Rey; ⌚ Ausstellungssäle Di–Sa 11–14 & 17.30–21 Uhr) GRATIS Andrés de Vandelviras letztes 1575 fertiggestelltes Bauprojekt wurde oft als Andalusiens Escorial bezeichnet – eine Anspielung auf das berühmte Kloster bei Madrid, das in einem ähnlich großzügigen nüchternen Stil der Spätrenaissance erbaut wurde. Das Gebäude liegt außerhalb der Altstadt und 500 m westlich der Plaza de Andalucía, ist fein proportioniert, hat einen großen zweistöckigen Innenhof mit Marmorsäulen und eine breite Treppe mit farbintensiven original erhaltenen Fresken. Heute dient es als Kulturzentrum und beherbergt eine Bücherei, Ausstellungsräume sowie einen Konzertsaal in der Kapelle.

Feste & Events

Semana Santa RELIGIÖSES FEST
(⌚ März/April) In der Karwoche vor Ostersonntag tragen 18 Bruderschaften in feierlichen Prozessionen Statuen kirchlicher Heiliger durch die Stadt. Donnerstag und Freitag finden sowohl tagsüber als auch nach Einbruch der Dunkelheit Prozessionen statt.

Schlafen

★ **Las Casas del Cónsul** HERITAGE-HOTEL €€
(☎ 953 79 54 30; www.lascasasdelconsul.es; Plaza del Carmen 1; DZ So–Do 65–70 €, Fr & Sa 80–90 €; ❄ 📶 🏊) Ein ansprechend umgewandeltes Renaissanceherrenhaus. Das „Haus des Konsuls" hat elegante, überwiegend weiße Zimmer mit Akzenten vergangener Zeiten und weitläufige Aufenthaltsbereiche in einem zweistöckigen, von Säulen umgebenen Innenhof. Doch womit sich das Hotel wirklich abhebt, ist die fabelhafte Panoramaterrasse (mit Pool), von der man über die Olivenhaine bis zu den entfernten Cazorla-Bergen blicken kann.

★ **Afán de Rivera** HERITAGE-HOTEL €€
(☎ 953 79 19 87; www.hotelafanderivera.com; Calle Afán de Rivera 4; EZ/DZ/3BZ mit Frühstück von So–Do 50/70/90 €, Fri & Sat 56/110/120 €; ❄ 📶) In einem der ältesten Häuser von Úbeda, das noch vor der Renaissance erbaut wurde, befindet sich dieses herrliche fünf Zimmer zählende Hotel, das von dem freundlichen Jorge professionell geleitet wird. Es hat schöne historische Gemeinschaftsbereiche und die gemütlichen Zimmer bieten weit mehr als zu diesen Preisen üblich: Rasierzeug, noble Shampoos und eine geschmackvolle, stilistisch bunt gemischte Dekoration, die Traditionelles mit Modernem vereint.

Hotel Álvaro de Torres BOUTIQUE-HOTEL €€
(AT Hotel; ☎ 953 75 68 50; www.hotelat.es; Plaza Álvaro de Torres 2; Zi. 69–120 €; ❄ 📶) Ein aus dem 16. Jh. stammendes Herrenhaus mit einem von Säulen gesäumten grünen Innenhof beherbergt eines von Úbedas besten Hotels, in dem Alt auf Modern trifft. Es gibt acht ver-

schiedene Zimmer, die dicke alte Steinwände mit stylisher Einrichtung, darunter eine begehbare Dusche, kombinieren. Ein abwechslungsreiches Frühstück (6 €) verspricht den perfekten Start in den Tag.

Hotel Ordóñez Sandoval HOTEL €€
(☎ 679 803942; www.hotelordonezsandoval.es; Calle Antonio Medina 1; Zi. mit Frühstück wochentags/Wochenende 60/90 €; 📶) Das altrosa Herrenhaus im klassizistischen Stil fungiert als kleiner, ruhiger und stilvoller Zufluchtsort mitten im Zentrum von Úbeda. Die Zimmer sind hell und unglaublich geräumig, mit hohen Decken, historischer Möblierung und eigenen Bädern. Der leutselige Eigentümer Pepe hält das Hotel mit viel Liebe in Schuss und verwöhnt seine Gäste mit frisch gepresstem Orangensaft zum Frühstück. Úbedas Sehenswürdigkeiten sind fußläufig erreichbar.

Parador de Úbeda HISTORISCHES HOTEL €€€
(Parador Condestable Dávalos; ☎ 953 75 03 45; www.parador.es; Plaza Vázquez de Molina; Zi. 100–220 €; ❄📶) Bei seiner Eröffnung 1930 war dies einer der ersten spanischen *paradores*. Er befindet sich in dem historischen Gebäude des Palacio del Deán Ortega (S. 258) an der herrlichen Plaza Vázquez de Molina. In der Zwischenzeit wurde es natürlich mit stilvollem Mobiliar modernisiert, und die Zimmer und Aufenthaltsbereiche sind gleichzeitig bequem und luxuriös. Die besten Zimmer verfügen über einen kleinen Terrassengarten. Frühstück kostet 17 €.

Essen & Ausgehen

Úbeda ist die kulinarische Hochburg der Provinz Jaén. Die talentierten *andaluz*-Fusion-Küchenchefs dieser Stadt sind einer der Gründe, warum Spanier am Wochenende in Scharen hierherkommen.

★ Misa de 12 ANDALUSISCH €€
(☎ 953 82 81 97; www.facebook.com/MisaDe12Ubeda; Plaza 1º de Mayo 7; raciones 10–24 €; ⏲ Mi–So 12–16 & 20.30–24 Uhr) Am besten schnappt man sich einen Tisch mit Blick auf die *plaza* oder sucht Unterschlupf im gemütlichen Speisesaal und lässt sich eine Abfolge wahrhaft köstlicher Gänge auf der Zunge zergehen – von perfekt gegrilltem *presa ibérica* (zarte Scheiben vom Iberischen Schwein) bis hin zu *revuelto de pulpo y gambas* (Rührei mit Tintenfisch und Garnelen). Obwohl meist sehr viel los ist, ist das Personal stets aufmerksam und effektiv.

★ Cantina La Estación ANDALUSISCH €€
(☎ 687 777230; www.cantinalaestacion.com; Cuesta Rodadera 1; Hauptgerichte 15–24 €; ⏲ Do–Mo 13–15 & 20–24, Di 13–15 Uhr; 📶) Schon das Design ist originell und charmant – Eisenbahnflair bestimmt die Gestaltung der drei Räume (der Hauptspeisesaal ist ein Luxuswaggon). Saisonale Fusion-Gerichte, z. B. Wildschwein in Rotweinsoße oder Oktopus mit Knoblauchpommes und Paprika findet man genauso auf der Karte wie traditionelle Kost aus Úbeda, z. B. *andrajos* (Eintopf mit Fleisch und/oder Fisch und Tomaten, Paprika und Kräutern).

Zu den ausgefallenen Spielereien gehört auch der allseits beliebte Anchovis-Aperitif des Hauses mit einer „falschen Olive" aus Käse obendrauf. Jedes Gericht wird mit anderem Olivenöl zubereitet und die Speisen werden hier wahrhaft kunstvoll angerichtet. Freundlicher und aufmerksamer Service.

Llámame Lola ANDALUSISCH €€
(☎ 953 04 16 55; Calle Baja del Salvador 5; Tapas/Hauptgerichte 7–12/12–20 €; ⏲ 12–24 Uhr; 🖉) In dieser einladenden Location unter Bäumen in der Nähe der Sacra Capilla del Salvador serviert Lola gute, kreative *andaluz*-Gerichte mit weniger Trara als einige andere Lokale. Der *solomillo ibérico*, der Oktopus und die *revueltos* (Rühreigerichte) sind alle sehr lecker, genauso wie die frittierten Mini-Shrimps aus Cádiz.

La Bodega de Úbeda BAR
(☎ 667 565469; Calle Real 19; ⏲ So–Do 12–1, Fr & Sa bis 2 Uhr) Unter den vielen Bars und Restaurants, die Úbedas wichtigste Fußgängerzone säumen, sticht La Bodega mit ihrem unverwechselbaren Keller heraus. Die dämmrigen Bogengänge verbergen einen Schatz aus jahrhundertealten Keramikgefäße, in denen einst Öl und Wein gelagert wurde. In diesem stimmungsvollen Ambiente wird Jaéns Tradition großgeschrieben, nach der zu jedem Getränk eine Tapa gratis serviert wird.

Shoppen

Alfarería Tito KERAMIK
(☎ 953 75 13 02; www.alfareriatito.com; Plaza del Ayuntamiento 12; ⏲ 9.30–14 & 16–20 Uhr) Juan Titos markanter Stil hebt sich mit aufwendigen Mustern und hellen Farben – vor allem Blau – von der klassischen grünen Glasur ab. In seiner großen Werkstatt mit Showroom in der Altstadt zeigt und verkauft er ein breites Spektrum attraktiver Waren. Ein dekorativer Teller kostet um die

30 € oder mehr; die raffinierten Designs und Kunstfertigkeit sind ihren Preis wert.

Praktische Informationen

Oficina de Turismo (953 77 92 04; www.turismodeubeda.com; Plaza de Andalucía 5; Mo–Fr 9–19.30, Sa 9.30–15 & 17–19, So 9.30–15 Uhr) Hilfreiche Touristeninformation am nordwestlichen Ende der Altstadt.

An- & Weiterreise

AUTO & MOTORAD

Parken ist in der Altstadt kostenlos, aber Parkplätze sind oft schwer zu finden – am besten klappt es auf dem Parkplatz der **Redonda de Miradores** (24 Std.). Praktisch gelegen ist auch die Tiefgarage **Parking Plaza Andalucía** (Plaza de Andalucía; 1/24 Std. 1,50/17,50 €; 7.30–23.30 Uhr).

BUS

Busse von Alsa (S. 250) fahren vom **Bahnhof** (953 79 51 88; Calle San José 6) ab. Er liegt im neuen Teil der Stadt, 700 m westlich der Plaza de Andalucía.

Reiseziel	Preis (€)	Fahrtdauer	Häufigkeit (tgl.)
Baeza	1,20	15 Min.	13–18-mal
Cazorla	4,35	1 Std.	3–5-mal
Córdoba	12,60	2½ Std.	4–5-mal
Granada	13,35	2–2¾ Std.	7–12-mal
Jaén	5,55	1–1¼ Std.	9–15-mal

ZUG

Der nächste Bahnhof ist **Linares–Baeza** (www.renfe.com), 21 km nordwestlich. Man erreicht ihn viermal täglich mit dem Bus (2,20 €, 30–50 Min.).

Reiseziel	Preis (€)	Fahrtdauer	Häufigkeit (tgl.)
Almería	27	3¾ Std.	3-mal
Córdoba	20	1½ Std.	1-mal
Jaén	6,25	45 Min.	3–4-mal
Madrid	24–33	3–4 Std.	6–7-mal
Sevilla	18–21	3¼ Std.	1-mal

Cazorla

7441 EW. / 826 M

Das pittoreske und lebhafte weiße Landstädtchen liegt am Fuß hoher Klippen, 45 km östlich von Úbeda – genau dort, wo sich die Sierra de Cazorla aus einem wogenden Meer aus Olivenbäumen erhebt. Es ist ein idealer Ausgangspunkt für Erkundungen des schönen Parque Natural Sierras de Cazorla, Segura y Las Villas. Seine wilde Berglandschaft beginnt direkt oberhalb des Orts zwischen den Felsen der Peña de los Halcones (Falkenfelsen).

Sehenswertes

Das Herz der kleinen Stadt ist die **Plaza de la Corredera** mit gut besuchten Bars und dem eleganten *ayuntamiento* (Rathaus) und seinem Uhrenturm an der Südostseite. Schluchtartige Straßen führen im Süden des Platzes zum **Balcón de Zabaleta**. Dieser kleine *mirador* (Ausguck) ist wie ein unverhofftes Fenster in einer kahlen Mauer und bietet eine spektakuläre Aussicht hinauf zum Castillo de la Yedra (S. 263). Von hier führt eine weitere enge Gasse zu Cazorlas schönstem Platz hinab, der **Plaza de Santa María** (S. 264).

★ Castillo de La Iruela — BURG

(Cuesta Santo Domingo, La Iruela; 1 €; Mi–Mo 10–14 & 16–20 Uhr) Atemberaubend malerisch auf einem Gipfel über dem hübschen Dorf La Iruela gelegen, lohnt sich die 3 km lange Fahrt oder der 1,5 km lange Aufstieg vom Zentrum in Cazorla zu dieser alten Festung mit Panoramablick. Sie wurde in früher islamischer Zeit gegründet und viele der Wände datieren von nach der Eroberung durch den Erzbischof von Toledo im Jahr 1231. Darunter liegen die Mauern der aus dem 16. Jh. stammenden Iglesia de Santo Domingo, die vor zwei Jahrhunderten von napoleonischen Truppen abgefackelt wurde.

★ Castillo de la Yedra — BURG

(Museo del Alto Guadalquivir; EU/Nicht-EU-Bürger frei/1,50 €; Führungen Di–Sa 10.30, 12, 13.30, 16, 17.30 & 19, So 10.30, 12 & 13.30 Uhr) Cazorlas spektakuläre 700 m hoch gelegene Efeu-Burg ist von der Plaza de Santa María zu Fuß zu erreichen und bietet eine tolle Aussicht. Sie beherbergt das interessante Museum des Oberen Guadalquivir, zu dessen vielfältiger Sammlung traditionelle landwirtschaftliche Geräte und Küchenutensilien, sakrale Kunst, Modelle einer alten Olivenmühle und eine kleine Kapelle mit einem lebensgroßen Kruzifix im römisch-byzantinischen Stil zählen. Von Innen kann die Burg nur im Rahmen einer Führung besichtigt werden. Sie ist maurischen Ursprungs, wurde aber nach der Reconquista im 14. Jh. komplett neu erbaut.

Iglesia de Santa María KIRCHE
(Plaza de Santa María; Eintritt frei, Tour 2 €; ⏲ Apri–Okt. Di–So 9.30–13.30 & 16–20 Uhr, Nov.–März bis 19 Uhr) Das malerische Mauerwerk dieser eindrucksvollen Kirche, zugeschrieben dem großen Renaissancearchitekten des 16. Jhs. Andrés de Vandelvira, wurde von Napoleons Truppen als Bestrafung für Cazorlas hartnäckigen Widerstand zerstört. Heute ist in der Kirche Cazorlas Touristeninformation (S. 265) untergebracht. Die Guides von **Casa de la Luz** (www.almagaia.es; ⏲ 10.30–13.30 & 16.30–19.30 Uhr), nur wenige Schritte den Hügel rauf, arrangieren 20-minütige Touren durch die *bóvedas* (Gewölbe), die den Río Cerezuelo unterhalb der Kirche regulieren.

Aktivitäten

Von Carzorla aus lassen sich einige großartige Wanderungen unternehmen. Man muss immer erst mal bergan, wird dafür aber mit schönen Waldwegen und herrlichem Ausblick auf Felsen, Steilhänge und kreisende Geier belohnt. Reiseveranstalter bieten vor Ort jede Menge andere Aktivitäten an, z. B. Canyoning im *parque natural* und Klettern in einem aufregenden Klettersteig im benachbarten Dorf La Iruela.

Sendero del Gilillo WANDERN
(PRA313) Für diese 21 km lange Ganztagesrundtour von Cazorla hoch zum Pass Puerto del Gilillo, der 1100 m höher liegt als der Ort, braucht man eine gute Kondition, doch der atemberaubende Blick ist die Anstrengung wert. Zurück geht's über den Kamm Loma de los Castellones, den Pass Puerto del Tejo, die Waldhütte Prado Redondo und die Kapelle Ermita de la Virgen de la Cabeza.

Der Ausgangspunkt der Strecke ist etwa 200 m bergauf von Cazorlas Iglesia de Santa María markiert. Von da führt der Pfad über die Kapelle Ermita de San Sebastián hinauf (2,2 km, hin und zurück ca. 1½ Std.) und zum Picknickplatz Riogazas (3,5 km, hin und zurück ca. 3 Std.). Beide Ziele eignen sich für eine aussichtsreiche kürzere Wanderung, wenn man nicht den ganzen Tag unterwegs sein möchte. Vom Pass Puerto del Gilillo führt ein kurzer Abstecher Richtung Süden auf den 1848 m hohen Gipfel Gilillo (15 Minuten vom Pass entfernt), von dem man einen noch spektakuläreren Ausblick hat. Vom Pass kann man auf demselben Weg zurück nach Cazorla laufen. Dieser Weg ist etwa eine Stunde kürzer als die gesamte Rundwanderung.

Die Route ist fast auf der ganzen Wanderung gut ausgeschildert (manchmal ist sie allerdings als RA312 statt als PRA313 ausgezeichnet). Es ist zu beachten, dass nach dem Verlassen von Puerto del Gilillo die Route Richtung Norden verläuft, links vorbei an der alten Ruine einer Steinhütte, und am Puerto del Tejo links ab, zunächst bergab, dann rechts herum – nicht den Schildern GR247.3 und PR314 folgen (diese führen zum Parador de Cazorla). Wenn die Ermita de la Virgen de la Cabeza erreicht ist, folgt man der befestigten Straße bergab, bis man auf eine weitere befestigte Straße gegenüber des Mirador Merenderos de Cazorla trifft; der Weg rechts vom Aussichtspunkt führt hinab nach Cazorla.

Sendero de Ermitas y Monasterios WANDERN
(SLA7) Die 11 km lange Rundtour führt an einsamen Kapellen und Klöstern in den Bergen vorbei. Die SLA7 folgt ab Cazorla zunächst 4 km dem PRA313 (Sendero del Gilillo), dann geht's entlang der Straße La Iruela–El Chorro weiter und anschließend über das Monasterio de Montesión wieder nach Cazorla hinab. Die Route beginnt an Cazorlas Iglesia de Santa María und dauert etwa 3½ Std.

Via Ferrata La Mocha KLETTERN
(La Iruela) Diese Herausforderung garantiert den ultimativen Adrenalinrausch: Stahlleitern, -stufen, -seile und -ketten, befestigt an der abschüssigen Felsspitze La Mocha über dem Dorf La Iruela vor den Toren Cazorlas. Der Anstieg beträgt 130 m und beinhaltet eine „Tibetische Brücke" – Stahlseile, die horizontal über einen Abgrund gespannt sind. **Tierraventura** (☎ 953 71 00 73; www.aventuracazorla.com; Carretera A319, Km 16,5, La Iruela; ⏲ Mo–Sa 10–14 & 17–20 Uhr) bietet geführte Klettertouren (35 € pro Person, etwa drei Stunden) an.

Geführte Touren

Turisnat TIERBEOBACHTUNG
(☎ 953 72 13 51; www.turisnat.es; Calle José Martínez Falero 11; Tour pro Pers. 30–49 €; ⏲ Büro Mo–Sa 10–14 & 17–20, So bis 14 Uhr) Äußerst erfahrener Reiseveranstalter, der sich gut für die Wildtierbeobachtungstouren mit dem Jeep auf den Forstwegen des *parque natural* eignet. Englisch oder Fran-

zösisch sprechende Guides gibt's auch und kosten nicht extra.

Feste

Bluescazorla MUSIK
(www.bluescazorla.com; Juli) Für ein entlegenes Landstädtchen gibt sich Cazorla überraschend kosmopolitisch, insbesondere auf dem jährlichen dreitägigen Bluesfest, zu dem internationale Musiker und mehrere Tausend Fans anreisen.

Schlafen & Essen

Casa Rural Plaza de Santa María CASA RURAL €
(953 72 20 87; www.plazadesantamaria.com; Callejón Plaza Santa María 5; EZ/DZ/Suite mit Frühstück 40/50/60 €, Zustellbett pro Pers. 13 €;) Das mehrstöckige Haus mitten im Herzen der Stadt umfasst neun Zimmer mit fröhlichem Dekor, einen zauberhaften Innenhof und eine Dachterrasse mit prima Ausblick über die plaza, die Burg und die Berge dahinter. Die drei Superior-Zimmer sind ihre 10 € extra wert; dafür gibt's z. B. große Fenster, Wohnzimmer und/oder Panoramablick.

Molino La Farraga CASA RURAL €€
(696 697390, 953 72 12 24; www.molinolafarraga.com; Camino de la Hoz; DZ mit Frühstück 65–100 €;) Auch wenn es etwas in die Jahre gekommen ist, präsentiert das hübsche Gästehaus neun geräumige Zimmer mit rustikalen Holzmöbeln und ist in einer alten Wassermühle am Rande der Stadt im grünen Tal des plätschernden Río Cerezuelo untergebracht. Wirklich besonders ist aber der Garten mit Obst- und Nussbäumen, Bio-Gemüse, Hasen, einem Fisch- und Lilienteich – und einem großen Pool. Die Wanderwege PRA313 und SLA7 führen direkt vor der Tür vorbei. Man fährt von der Plaza de Santa María die Straße Richtung Castillo de la Yedra, biegt dann links ab und folgt 150 m einer schmalen Gasse. Das letzte steile Stück muss man zu Fuß erklimmen.

Antojitos Mexican Curious LATEINAMERIKANISCH €
(644 908452; www.facebook.com/AntojitosMexicanCurious; Calle Sandoval 1; Hauptgerichte 4–8 €; 21–24 Uhr) Diese kleine, etwas versteckte Kneipe trägt die Handschrift des mexikanischen Auswanderers Ulísses und versprüht mit ihrem extravaganten Dekor aus *papel picado* (bunte mexikanische Papierschnitte) und Weihnachtsbeleuchtung Lebensfreude pur. Die lateinamerikanischen *antojitos* (Snacks) sind der Renner, von Ceviche bis zu hausgemachten Tacos mit authentisch mexikanischen Füllungen, wie *carnitas* (geschnetzeltem, langsam gebratenem Schweinefleisch). Die Margaritas sind leider ein Schuss in den Ofen.

La Yedra ANDALUSISCH €
(953 71 02 92; Calle Cruz de Orea 51; Hauptgerichte 9–14 €; Mo–Sa 12–24 Uhr) In dem bodenständigen Lokal in der Nähe von Cazorlas Markt kann man sich wunderbar unter die Einheimischen mischen. Hier gibt's Mittagsmenüs, *menú del día* (inkl. Vorspeise, Hauptspeise, Dessert und Getränk) für 11 € zu erstehen. Auf den Tisch kommt traditionelle Hausmannskost, z. B. *sopa de ajo* (Knoblauchsuppe), gefolgt von sättigenden Hauptgerichten wie geschmortem Schweinefleisch mit Tomaten, Paprika und Kartoffeln.

Mesón Leandro SPANISCH €€
(953 72 06 32; www.mesonleandro.com; Calle Hoz 3; Hauptgerichte 12–26 €; Mi–Mo 13.30–16 & 20.30–23 Uhr) Das Leandro bietet gehobenere Küche als die meisten anderen Lokale in Cazorla – professioneller, aber freundlicher Service in einem hellen Speisesaal mit langsamer Musik und einem einzelnen Hirschgeweih an der Wand. Die hübsch präsentierten Gerichte von der ausführlichen Speisekarte reichen von Rebhuhn- und Fasan-Pâté bis *fettuccine a la marinera* und einer wundervollen *solomillo de ciervo* (Hirschlende).

Praktische Informationen

Oficina Municipal de Turismo (953 71 01 02; www.cazorla.es/turismo; Plaza de Santa María; April–Okt. Di–So 10–13 & 16–20 Uhr, Nov.–März bis 19 Uhr) In den Ruinen der Kirche Santa María. Bietet einige Informationen über den Naturpark und das Städtchen.

Punto de Información Cazorla (670 943880; Calle Martínez Falero 11; Juli–Mitte Sept. Mo–Sa 10–14 & 17.30–20.30, So 10–14, unterschiedliche Öffnungszeiten das restliche Jahr über) Man bekommt gute Informationen über den *parque natural* sowie über die Stadt und die Umgebung.

Anreise & Unterwegs vor Ort

AUTO & MOTORRAD

Durch den alten Teil im Zentrum der Stadt zu fahren ist nicht so einfach, aber es gibt in der Umgebung kostenlose Straßenparkplätze. **Parking Plaza de Andalucía** (Calle Cronista Lorenzo Polaino), von der Plaza de la Constitución aus am nördlichen Ende des Zentrums, ist die am einfachsten zugängliche Parkgarage in Cazorla. Ansonsten muss man sich durch das schmale Gassengewirr bis zur Plaza de Santa María durchschlängeln und kann umsonst auf einem Parkplatz am westlichen Ende des Platzes in der Calle de la Herrería parken.

BUS

Alsa (www.alsa.es) betreibt täglich drei bis fünf Busse nach Úbeda (4,35 €, 1 Std.), Baeza (5 €, 1¼ Std.), Jaén (9,50 €, 2–2½ Std.) und Granada (18,20 €, 3½–4 Std.). Der **Busbahnhof** (Calle de Hilario Marco) liegt 500 m nördlich der Plaza de la Corredera via Plaza de la Constitución.

Parque Natural Sierras de Cazorla, Segura y Las Villas

Zu den bedeutendsten Besucherattraktionen der ganzen Provinz Jaén – und für Naturliebhaber ganz Andalusiens – gehört der üppig bewaldete Parque Natural Sierras de Cazorla, Segura y Las Villas. Mit 2099 km² voll zerklüfteter Bergketten, tiefer grüner Flusstäler, Schluchten, Wasserfällen, entlegenen Gipfelburgen, durchzogen von Wanderpfaden und Waldstraßen, und reichlich Wildtieren, zählt er zu den größten Naturschutzgebieten Spaniens. Durch seine Mitte schlängelt sich ein 20 km langes Trinkwasserreservoir, der Embalse del Tranco. Die schroffe Geografie, mit Höhen zwischen 460 und 2107 m am Gipfel des Cerro Empanadas, sorgt für spektakuläre Gegensätze der Landschaft. Im Süden des Parks entspringt der Río Guadalquivir, Andalusiens längster Fluss, der zuerst nordwärts in den Embalse del Tranco und dann westwärts durch Andalusien Richtung Atlantik fließt.

Frühjahr und Herbst sind die besten Zeiten für einen Besuch. Dann ist die Pflanzenwelt am farbenprächtigsten und die Temperaturen sind angenehm mild. Der Park ist bei spanischen Touristen ungemein beliebt und zieht jedes Jahr mehrere Hunderttausend Besucher an, am meisten in der Karwoche, in den Monaten Juli und August sowie an Wochenenden von April bis Oktober. Mit einem fahrbaren Untersatz lässt sich der Park am leichtesten erkunden. Das Netz aus Asphalt- und Schotterstraßen und Wanderwegen erschließt einige entlegene Bereiche und bietet viele Möglichkeiten für panoramareiche Tageswanderungen oder -fahrten. Wer nicht über ein Fahrzeug verfügt, kann an geführten Wanderungen, Jeeptouren und Ausflügen zur Wildtierbeobachtung von Reiseveranstaltern in Cazorla (S. 263) und anderswo teilnehmen. Busse fahren quasi nicht.

ℹ Praktische Informationen

Centro de Visitantes Torre del Vinagre (☎ 953 71 30 17; Carretera A319, Km 48; ⌚ Juli–Mitte Sept 10–14 & 17–20 Uhr, unterschiedliche Öffnungszeiten das restliche Jahr über) Das Besucherzentrum des Parks liegt 16 km nördlich von Arroyo Frío. Es verkauft Karten, Reiseführer und Souvenirs und verfügt über Infos zu Wanderungen und anderen Attraktionen, aber die Mitarbeiter sprechen nicht alle Englisch. Außerdem gibt's ein Café und einen Laden (mit ein paar Karten und Wanderführern) sowie einen botanischer Garten gegenüber.

ℹ An- & Weiterreise

AUTO & MOTORRAD

Die A319 führt von Cazorla durch die Mitte des Parks am Embalse del Tranco vorbei fast bis

WILDE TIERE

Wer die Tierwelt liebt, muss den Naturpark von Cazorla unbedingt besuchen. Nirgendwo sonst in Andalusien hat man so gute Chancen, Wildtiere zu sehen. Zahlreiche Wildschweine, Mufflons (Wildschaf), Steinböcke, Rot- und Damwild sowie Rote Eichhörnchen leben in der Region, und wenn man sich auf die Wanderwege begibt, sieht man überraschend viele – Wild ist sogar von der Straße aus zu sehen. Besonders gut lassen sich die großen Säugetiere in der Brunftzeit (September und Oktober für Wild, November für Mufflons und Wildschweine) beobachten. Der Park bietet zudem gut 180 Vogelarten einen Lebensraum, darunter Gänsegeier, Goldadler, Wanderfalken und die majestätischen *quebrantahuesos* (Lämmer- oder Bartgeier), die hier in den 1980er-Jahren ausgestorben waren und nun wieder ausgewildert werden. Einfach loswandern und das Fernglas bereithalten ...

Sierra de Cazorla

Hornos und von dort erreicht man über die A317 das südöstlich gelegene Santiago de la Espada. Von der N322, der Straße von Úbeda nach Albacete, führen Straßen in den Norden des Parks. Im Park gibt's mindestens sieben Tankstellen.

BUS

Cazorla ist der einzige Ort mit Zugang zum Park und regelmäßigen Busanbindungen. Um den Park zu erkunden, ist jedoch ein fahrbarer Untersatz nötig.

Im Süden des Parks

Die A319, die von Cazorla nach Nordosten führt, verläuft durch La Iruela und erreicht den *parque natural* 6 km später bei Burunchel. Von dort windet sie sich 6 km empor zum 1200 m hohen **Puerto de las Palomas**. Der **mirador** (Aussichtspunkt, Ⓟ) bietet einen herrlichen Blick gen Norden hinunter ins Tal des Guadalquivir und kann ein toller Platz sein, um Raubvögel, die durch die Lüfte gleiten, zu beobachten. Dann geht's kurvenreiche 3 km hinab nach **Empalme del Valle**, wo die A319 dem Fluss Guadalquivir nordwärts stromabwärts bis Arroyo Frío (6 km) folgt, das Dorf mit den meisten Geschäften im Park sowie einer ganzen Reihe Restaurants, Reisebüros und Unterkünften.

Hinter Arroyo Frío führt die A319 weitere 16 km durch das Tal zum Torre del Vinagre-Besucherzentrum und zur Abzweigung der herrlichen Wanderung am Río Borosa (S. 268). Nach weiteren 10 km erstreckt sich neben der Straße der Stausee **Embalse del Tranco** (Ⓟ). Mehrere Aussichtspunkte bieten einen Panoramablick über die – häufig türkisfarbene – Wasserfläche, während die Straße weiter zum Damm führt, der den Stausee beim Dorf Tranco zurückhält. Von hier gibt's die Möglichkeit, weiter Richtung Norden nach Hornos und/oder Segura de la Sierre zu fahren.

Sehenswertes & Aktivitäten

Nacimiento del Guadalquivir FRÜHLING

(Quelle des Guadalquivir) Ein interessanter Abstecher von Empalme del Valle führt an dem Dorf Vadillo Castril vorbei zur Brücke Puente de las Herrerías (7 km) und dann 11 km weiter Richtung Süden über gute unbefestigte Straßen durch Wälder zur Quelle des Guadalquivir, wo Andalusiens längster Fluss seine 657 km lange Reise zum Atlantischen Ozean als Teich in einem schattigen grünen Winkel der Hügel beginnt.

Centro de Fauna Silvestre Collado del Almendral NATURSCHUTZGEBIET

(☎ 953 82 52 67; www.parquecinegeticocollado delalmendral.com; Carretera A319, Km 60; Erw./ermäßigt 9/7 €; ⏲ Di–So ab 10 Uhr; Ⓟ) In dem 1 km² großen eingezäunten Tierpark kann man Steinböcke, Mufflons, Damwild, Adler, Eulen und Wildschweine in Halbfreiheit beobachten. Der Besuch erfolgt in einem Mini-Zug auf 5 km Straßenstrecke durch den Park mit anschließender 1,5 km langer Wanderung zu drei Aussichtspunkten. Er liegt auf einem Landvorsprung zwischen dem Embalse del Tranco und der A319, 7 km nördlich von Coto Ríos.

BEREIT FÜRS WANDERN

Gedruckte Karten und Infomaterial in anderen Sprachen als Spanisch sind nicht leicht aufzutreiben, doch die Hauptrouten sind gut markiert. Karten zur *Sierra de Cazorla* (12 €) und *Sierra de Segura y las Villas* (15 €) gibt's von Editorial Penibetica in einigen Shops in Cazorla, z. B. **Alma Gaia** (www.alma gaia.es; Calle Dr Muñoz 6; ⏲ Mo–Sa 10–14 & 17–20.30 Uhr), wo man auch Ausrüstung für Outdooraktivitäten erstehen kann. Eine hilfreiche Informationsquelle auf Englisch ist die Website www.sierrasdecazorlaseguraylasvillas.es, die auch Beschreibungen von Wanderungen und Karten bietet.

Auf Wanderungen sollte man stets genug Wasser dabeihaben und die richtige Kleidung. In den Bergen ist es in der Regel mehrere Grad kühler als in den Tälern und der Wind kann manchmal sehr scharf sein. Im Winter ist der Park oft schneebedeckt. Im Sommer können die Temperaturen schnell auf 40 °C steigen.

Im Winter schließt der Park schon um 17 Uhr, ist aber im Sommer bis 21 Uhr geöffnet. Die letzte Tour geht eine Stunde vor Schließung los.

★ **Río Borosa Walk** WANDERN

Die beliebteste Wanderroute im Nationalpark von Cazorla führt stromaufwärts am kristallklaren Río Borosa entlang bis zu seiner Quelle. Der Weg führt durch eine Schlucht, zwei Tunnel und an einem Bergsee vorbei – ein Anstieg von 600 m – und die Landschaft steigert sich dabei von hübsch bis hin zu majestätisch. Pro Strecke legt man 11 km zurück und benötigt für den Hin- und Rückweg ca. sechs bis sieben Stunden.

Um den Startpunkt zu erreichen, fährt man am Schild „Sendero Río Borosa" gegenüber vom Centro de Visitantes Torre del Vinagre (S. 266) Richtung Osten von der A319 ab und dann weitere 1,7 km. Auf dem ersten Abschnitt der Wanderung führen mehrere Brücken über den wunderschönen brausenden Río Borosa. Wenn der Hauptpfad nach etwas über 3 km nach links anzusteigen beginnt, nimmt man den Weg, der nach rechts abzweigt und mit „Cerrada de Elías" ausgeschildert ist. Es folgt ein schöner 1,5 km langer Abschnitt, auf dem sich das Tal zur Schlucht **Cerrada de Elías** verengt und der Weg zu einem Holzsteg über dem Fluss wird. Er mündet in eine unbefestigte Straße, die 4 km weit zur **Central Eléctrica**, einem kleinen Wasserkraftwerk, führt.

Hinter dem Kraftwerk geht's über eine Fußgängerbrücke, wo das Schild „Nacimiento Aguas Negras, Laguna Valdeazores" aufwärts weist. Der Pfad windet sich das Tal hinauf durch zusehends dramatischere Landschaften, vorbei an einer Reihe von Wasserfällen, und wird stetig steiler. Nach etwa einer Stunde erreicht man den ersten der zwei Tunnel, der in die Felswand gehauen ist, um Wasser zum Kraftwerk zu leiten. Die Durchquerung des ersten Tunnels über einen schmalen Pfad (er ist durch ein Geländer vom Wasserlauf getrennt) dauert ungefähr fünf Minuten. Dann kommt ein kurzes Wegstück unter freiem Himmel und ein zweiter Tunnel, der in rund einer Minute durchquert ist. Der Ausgang liegt gleich unterhalb des Damms des **Embalse de los Órganos** (Laguna de Aguas Negras), einem kleinen Stausee, umgeben von bewaldeten Hügeln. Am Damm folgt man dem Pfad am linken Ufer des Stausees und erreicht den **Nacimiento de Aguas Negras**, wo der Río Borosa unter einem Felsen entspringt. Un-

DIE KNOCHENBRECHER KOMMEN ZURÜCK

Die Lämmergeier oder Bartgeier, einst weit verbreitet in Andalusien, wurden gejagt und vergiftet, bis sie 1986 in der Region ausgerottet waren und der letzte Lämmergeier in den Cazorla-Bergen verschwand – dem damals letzten Refugium dieser Vögel in Europa abgesehen von den Pyrenäen und Korsika. Heute fliegt der riesige Vogel mit einer Flügelspannweite von 2,70 bis 2,90 m und flaumigen, gelb-weißen Bein- und Halsfedern wieder über die Sierra de Cazorla, dank eines erfreulichen Auswilderungsprojekts des **Centro de Cría del Quebrantahuesos** (Lämmergeierbrutzentrum; ☎ 667 609925; Nava de San Pedro; Tour pro Pers. 5 €; ⌚ Touren Mitte Mai–Sept. Do 17, Fr–So 12 & 17 Uhr), das sich tief im Wald des Parque Natural Cazorla befindet. Ein Besuch des Zentrums, möglich außerhalb der Brutzeit und mit vorheriger Buchung, ist ein faszinierendes Erlebnis für jeden Tierliebhaber.

Eine Besonderheit des Lämmergeiers ist seine Nahrung – Tierknochen, die er in kleine essbare Stücke bricht, indem er sie aus der Luft auf Steine fallen lässt – daher sein sinnträchtiger spanischer Name *quebrantahuesos*, der auf übersetzt Knochenbrecher bedeutet.

Auswilderung ist ein langer, mühevoller Prozess. Die Vögel beginnen normalerweise erst, wenn sie acht oder neun Jahre alt sind, mit der Fortpflanzung. Das Brutzentrum wurde 1996 gegründet, die ersten jungen Lämmergeier 2006 in die Wildnis entlassen. Inzwischen wurden mehr als 60 Vögel entlassen. Der erste Jungvogel schlüpfte 2015 in freier Wildbahn; 2019 zählte man sieben wild geschlüpfte Jungtiere und zwei Brutpaare in den Bergen.

Anfang 2020 bot das Brutzentrum 23 Lämmergeiern Unterschlupf, inklusive sieben Zuchtpaaren. Während eines Besuchs im Zentrum sieht man einige dieser spektakulären Vögel (die sich nicht für die Auswilderung eignen) in ihren großen Käfigen, und man bekommt den Prozess der Brut, Aufzucht und Auswilderung im Detail erklärt. Man muss vor einem Besuch auf jeden Fall anrufen. Das Zentrum liegt 33 km von Cazorla entfernt. Die letzten 7 km fährt man auf einer guten Schotterstraße. Bei der Buchung sollte man angeben, wenn man einen englischsprachigen Guide haben möchte. Außerdem sollte man die Adresse prüfen, da es möglich ist, dass das Zentrum umzieht.

Die Bewegung der Lämmergeier

Während ihrer Jugend legen Lämmergeier enorme Entfernungen zurück, bis zu 600 km am Tag, und ziehen über die Iberische Halbinsel und sogar bis nach Frankreich. Ein Exemplar, das mit einem Tracker versehen war, flog innerhalb von zwei Tagen von den Pyrenäen bis zur Sierra de Cazorla. Wo es die Nacht verbrachte? In Madrid natürlich, auf dem Dach des Fußballstadions von Real Madrid.

Wilde Lämmergeier beobachten

Die besten Chancen, Lämmergeier in freier Wildnis im Park von Cazorla zu sichten, hat man hoch oben am Himmel über dem Brutzentrum. Von unten kann man sie von anderen Geiern anhand ihrer schwarzen Flügel, ihrem hellen Körper und ihrem langen, keilförmigen schwarzen Schwanz unterscheiden.

ter den weiten Ästen der großen Bäume lässt sich hier gut ein Picknick genießen, bevor man den Weg, den man gekommen ist, zurückgeht.

Da die Wanderung sehr beliebt ist, unternimmt man sie am besten nicht am Wochenende. Eine Wasserflasche mitnehmen! Am Wegesrand gibt's gute Quellen mit Trinkwasser, aber nur bis zur Central Eléctrica. Für die Tunnel ist eine Taschenlampe (Stirnleuchte) absolut nötig.

Schlafen & Essen

Casa Rural Los Parrales CASA RURAL €

(☎ 689 600091; www.cazorlaturismo.com; Carretera A319, Km 78, Tranco; EZ/DZ mit Frühstück 45/60 €; ⌚ Feb.–Dez.; P ❄ 📶 🏊) Ihre Lage auf einer Erhöhung unter Bäumen macht Los Parrales zu einer tollen, entspannten Unterkunft mit Pinienholzmöbeln, Terrakottafliesen und schmiedeeisernen Bettkopfteilen. Vom Pool und dem Garten mit

Terrasse hat man einen spektakulären Ausblick auf den Embalse del Tranco. Serviert werden ausgezeichnete Gerichte mit überwiegend lokalen Zutaten. Der Langstreckenwanderweg GR247 geht nicht weit entfernt vorbei. Zimmer im Voraus buchen.

Hotel Rural La Hortizuela HOTEL €
(☎ 953 71 31 50; www.hotellahortizuela.com; Carretera A319, Km 50.5, Coto Ríos; EZ/DZ/4BZ 40–45/55–60/80–90 €; ⏲ März–Okt.; P 📶 🏊) Die 23 Zimmer sind farbenprächtig und gepflegt, sonst aber schlicht. Ein echtes Highlight ist jedoch das 4 ha große bewaldete Gelände. Zum Schutz der Flora – darunter wilde Orchideen und wilder Spargel – ist es eingezäunt. Im Wald drumherum leben reichlich wilde Tiere, darunter Damwild, Wildschweine und Rote Eichhörnchen. Es liegt 1 km westlich von der A319 entfernt, 3 km nördlich des Besucherzentrums von Torre del Vinagre.

Parador de Cazorla HOTEL €€€
(Parador El Adelantado; ☎ 953 72 70 75; www.parador.es; Paraje El Sacejo, Sierra de Cazorla; DZ/DZ mit Frühstück/DZ mit Halbpension 75–170/109–204/167–262 €; ⏲ Feb.–Dez.; P 📶 🏊) Trotz seines biederen, altbackenen Flairs der 1960er-Jahre ist der Parador de Cazorla gemütlich und geräumig, mit herrlicher Lage im Wald, 25 km von Cazorla entfernt, und Panoramaausblick über die Berge. Ein Highlight ist der Garten mit ausgedehnten Rasenflächen und Pool. Etliche Wanderwege führen an seinem Eingang vorbei, darunter der SLA8 und GR247.3 von Cazorla. Das hauseigene Restaurant richtet Frühstück (17 €) und Abendmenüs (29 €) an.

El Tranco ANDALUSISCH €€
(☎ 953 00 22 76; www.tranco.es; Centro Náutico, Carretera A319, Km 75, Tranco; Hauptgerichte 9–20 €; ⏲ Juli–Sept. 13–16 & 20.30–23.30 Uhr, unterschiedliche Öffnungszeiten das restliche Jahr über) Das beliebte El Tranco ist für diese Gegend eher avantgardistisch. Es gibt große Portionen von leckeren modernen Gerichten mit traditionellen lokalen Zutaten, wie Wild in aromatischer Kräutersoße, Forellen- und Pilzrisotto, kreative Salate, Apple-Crumble und Olivenöleiscreme. Außerdem kann man zwischen Guacamole und süßer Chillisoße zu gegrillten Fleischgerichten wählen.

Hornos

601 EW. / 867 M

Ebenso wie das bekanntere Segura de la Sierra liegt auch das kleine Hornos direkt auf einem Felsvorsprung, umgeben von einem Kranz aus Bergen. Zudem bietet der Ort Ausblick auf den Embalse del Tranco und die grüne Landschaft, die reich mit Pinien, Oliven- und Mandelbäumen gesegnet ist; dazwischen tauchen Bauernhäuser auf, die wie zufällig hingeworfene Würfel wirken.

ABSEITS DER ÜBLICHEN PFADE

EL YELMO

El Yelmo (1808 m) ist einer der höchsten Berge im Norden des Parks und bietet den wahrscheinlich besten Ausblick. Eine 5,5 km lange, durchgehend asphaltierte, aber teilweise nur einspurige Straße führt direkt zum Gipfel. Oben stören die zahlreichen Funkmasten das Bild, aber der 360-Grad-Panoramablick ist herrlich. El Yelmo ist ein beliebter Startpunkt für Gleitschirmflieger und Schauplatz des großen Freeflying-Festivals und von anderen Aktivitäten. Das **Festival Internacional del Aire** (www.fiaelyelmo.com; ⏲ Juni) zieht jedes Jahr im Juni drei Tage lang Tausende Menschen an (für gewöhnlich am ersten Wochenende des Monats). Für Tandemflüge kann man **Olivair** (Segura Activa; ☎ 607 301716; www.facebook.com/olivairfly; Calle Francisco Quevedo s/n, Segura de la Sierra; Gleitschirm-Tandemflüge ab 100 €, motorisieres Paragleiten ab 80 €, Mountainbike-Verleih pro Tag 30 €) am besten telefonisch kontaktieren, oder über Segura Activa in Segura de la Sierra.

Um zum El Yelmo zu kommen, fährt man von Hornos aus auf die A6305, die sich Richtung Osten zwischen hohen Bergen durch Bergkiefernwälder bergauf schlängelt. Nach 13 km biegt man an einer Kreuzung (beschildert: nach Segura und Siles) links ab und nach 1 km sieht man linkerhand eine Straße zwischen einem baufälligen Haus und der Wanderhütte von El Campillo, einem kleineren unbeschädigten Gebäude – diese Straße führt zum El Yelmo hoch. Wer lieber zu Fuß geht, folgt dem Wanderweg, der von der Wanderhütte El Campillo aus mit „Derivación 2 Bosques del Sur" beschildert ist. Er kürzt den Aufstieg um 3 km (ca. 1½ Std.) ab.

Die Burg auf dem Felsen erbauten Christen Mitte des 13. Jhs., wahrscheinlich an der Stelle einer früheren maurischen Festung. Farblich abgestimmte Geranien, Souvenirshops oder eine Touristeninformation sucht man hier vergebens – Hornos' schlichter Charme entfaltet sich bei der Erkundung der schmalen, verwinkelten Straßen oder bei den außergewöhnlichen Ausblicken von den strategisch platzierten *miradores*.

Für Wanderfreunde gibt's einige Wege, darunter zwei ca. 4 km lange Pfade zu abgelegenen Dörfern: Der PRA152 führt Richtung Süden Richtung Hornos El Viejo und der PRA148 Richtung Osten hinauf nach La Capellanía – sowie der Langstreckenwanderweg GR247 nach El Yelmo oder Tranco.

Der Weg nach Hornos führt über die A319 bis zu einer T-Kreuzung 12 km nördlich des Tranco-Damms; von dort windet sich die A317 4 km zum Dorf hinauf.

Cosmolarium STERNWARTE
(☎ 688 90 61 65; www.cosmolarium.info; Eintritt 3 €, mit Planetarium 5 €; ⏱ Juli–Anf. Sept. 10.30–14 & 17.30–20.30, unterschiedliche Öffnungszeiten das restliche Jahr über) Hornos mittelalterliche Burg beherbergt heute kurioserweise ein modernes Informationszentrum und eine Sternwarte. Die Ausstellung widmet sich dem Universum, den Galaxien, dem Sonnensystem und der Geschichte der Astronomie (englische und französische Audioguides sind im Ticketpreis enthalten). Das Planetarium zeigt Projektionen zu astronomischen Themen auf Spanisch und Englisch.

Apartamentos Raisa HOSTEL, APARTMENT €
(☎ 953 49 50 23; www.apartamentosraisa.es; Calle Puerta Nueva 35; EZ/DZ/Apt. mit Frühstück 27/50/70 €; ❄📶) Das einladende Raisa stellt fünf saubere, gemütliche Zimmer und drei Apartments mit gut ausgestatteten Küchen bereit. Zudem gibt's ein/e mittelpreisiges Restaurant/Café/Bar im Erdgeschoss, das den ganzen Tag geöffnet hat und Pizza genauso wie Spezialitäten aus den Bergen zaubert, wie hausgemachte Würste, *segureño*-Lammkoteletts und *lomo de orza* (in Knoblauch marinierte Schweinelende).

Segura de la Sierra

1790 EW. / 1145 M

Eines der malerischsten und strategisch einwandfrei platzierten alten Dörfer Andalusiens, Segura de la Sierra, thront auf einem steilen Hügel, der von einer Burg der Reconquista gekrönt wird. Die fünf Jahrhunderte maurischer Herrschaft – bevor die Ritter des Ordens von Santiago es 1214 eroberten – haben bis heute ihre Spuren hinterlassen. Im Anschluss an die Eroberung wurde es Teil der christlichen Verteidigungslinie gegen die Almohaden und das spätere Emirat von Granada.

Oben im Dorf bildet die **Puerta Nueva**, eines der vier Stadttore des islamischen Saqura, den Eingang zum alten Teil von Segura. Schilder zum Castillo leiten den Verkehr um eine Kreuzung an der Nordseite in der Nähe der kleinen ummauerten Stierkampfarena. Linkerhand geht's zur Burg.

Im Dorf zu Füßen der prächtigen Burg und unterhalb des Hauptplatzes **Plaza de la Encomienda** steht die massive **Iglesia de Nuestra Señora del Collado** aus dem 16. Jh. Von hier geht's hinab zu den aus dem 12. Jh. stammenden sehenswerten **Baños Árabes** (Calle Baño Moro; ⏱ wechselnde Öffnungszeiten) GRATIS im unteren Teil des Dorfes. In der Nähe liegt die **Puerta Catena**, das am besten erhaltene von Seguras islamischen Toren.

★ **Castillo de Segura** BURG
(☎ 627 877919; Erw./Kind 4,50/3,50 €; ⏱ Mitte Juli–Aug. 10.30–14 & 17–20.45 Uhr, kürzere Öffnungszeiten das restliche Jahr über) Die hochaufragende Burg stammt aus maurischer Zeit, wurde aber nach der christlichen Rückeroberung im 13. Jh. wiederaufgebaut. Seit dem 17. Jh. war sie dann verlassen, wurde in den 1960er-Jahren restauriert und dient heute als Informationszentrum des „Grenzgebietes". Die Kartenausgabe ist auch Seguras Touristeninformation.

Man kann die original erhaltenen arabischen Dampfbäder und die Mudejarkapelle aus dem 13. Jh. besichtigen, den Turm erklimmen und um die Festungsmauer laufen, um den El Yelmo, der 5 km südsüdwestlich liegt, sowie die Felsspitzen und das Tiefland voller Olivenbäume aus der Vogelperspektive zu sehen. Eine Reihe von Videos (auf Spanisch mit englischen Untertiteln) berichtet über Seguras geschichtlichen Hintergrund und die Burg.

Es sind mindestens 400 m und 80 Stufen vom nächstgelegenen Parkplatz zum Burgeingang. Autos dürfen Passagiere in der Nähe des Eingangs absetzen und dann zum Parkplatz zurückfahren. Man sollte beachten, dass die Öffnungszeiten der

Burg kompliziert sind, deshalb ist es ratsam, vorher anzurufen, um sie in Erfahrung zu bringen.

Apartamentos La Mesa Segureña APARTMENTS €
(☎ 610 743725; Calle Cruz de Montoria 2; 2-Personen-Apt./4-Personen-Apt. mit Frühstück 50–65/75–100 €; ❄ 📶) Sieben gemütliche Apartments direkt unterhalb der Burg Segura mit herrlichem Blick, farbenfrohen Kunstwerken, gusseisernen Verzierungen, Kaminen und Mini-Küchen.

La Mesa Segureña ANDALUSISCH €€
(☎ 953 48 21 01; Calle Postigo 2; Hauptgerichte 12–18 €; ⏲ Mo–Sa 10–22, So bis 17 Uhr) Versteckt in einer kleinen Gasse zwischen Seguras Burg und den arabischen Bädern garantiert La Mesa Segureña eine festliche Mittagspause. Fleischspezialitäten aus den Bergen – von Schweinskoteletts bis hin zu Wildeintopf – zählen hier zu den Hauptattraktionen. Eifrige, ganz in Schwarz gekleidete Kellnerinnen servieren die Gerichte in einem Speisesaal mit Wänden in fröhlichen Orange- und Grüntönen.

Die Provinz Granada

Inhalt ➡

Schön übernachten

- ➡ Las Chimeneas (S. 313)
- ➡ Cortijo del Marqués (S. 294)
- ➡ Casa Ana (S. 310)
- ➡ Casa Morisca (S. 291)
- ➡ Hotel Casa 1800 Granada (S. 292)
- ➡ Alquería de Morayma (S. 312)

Gut essen

- ➡ Picoteca 3Maneras (S. 294)
- ➡ Las Chimeneas (S. 313)
- ➡ La Fábula Restaurante (S. 297)
- ➡ Alquería de Morayma (S. 312)
- ➡ El Bar de Fede (S. 296)
- ➡ La Bodeguilla (S. 315)

Auf nach Granada!

Nirgendwo zeigt sich die dramatische Vergangenheit Andalusiens so deutlich wie in Granada. In der lebhaften Provinzhauptstadt steht das größte maurische Bauwerk Spaniens, die Alhambra. Ihr Einfluss ist überall spürbar, ob in den schattigen *teterías* (Teehäuser) oder den verwinkelten Gassen und weiß getünchten *cármenes* (Herrenhäuser mit ummauerten Gärten). Andernorts überragen monumentale Kirchtürme volle Tapas-Bars, kühne Wandmalereien schmücken abgelegene Nebenstraßen, und die Flamenco-Szene brodelt.

Die mächtigen Gipfel der Sierra Nevada bilden Granadas herrliche Kulisse und bieten sich als Outdoor-Spielplatz an. Man kann den höchsten Berg von Spanien besteigen oder durch die Schluchten vorbei an den weißen Dörfern der Las Alpujarras wandern. Außerdem ist dies das südlichste Skigebiet Europas.

Ein Stück entfernt tankt man Sonne an den silbernen Kieselstränden der Costa Tropical, entdeckt versteckte Orte wie Montefrío im abgeschiedenen Nordwesten und erkundet Höhlenhäuser in den gespenstischen Weiten des Altiplano.

Entfernungen

	Granada	Guadix	Almuñécar	Trevélez
Guadix	52			
Almuñécar	80	132		
Trevélez	74	76	65	
Pampaneira	58	92	49	16

Highlights

1 Alhambra (S. 276) Spaniens spektakulärstes Monument bestaunen, ein Meisterwerk ausgezeichneter islamischer Architektur.

2 Granada (S. 276) Durch die geschichtsträchtigen Viertel Albayzín und Sacromonte schlendern, bei einer Kneipentour Gratis-Tapas abstauben und lokale Weine entdecken.

3 Las Alpujarras (S. 302) Durch die weißen Dörfer und atemberaubenden Schluchten der südlichen Hänge der Sierra Nevada wandern.

4 Mulhacén & Veleta (S. 302) Den höchsten oder den dritthöchsten Gipfel des spanischen Festlandes

erklimmen oder im Winter die Skipisten der Sierra Nevada unsicher machen.

5 **Almuñécar & La Herradura** (S. 316) An den Kieselstränden der Costa Tropical entspannen, frische Meeresfrüchte essen und Wassersportarten betreiben.

6 **Guadix** (S. 313) Unter der Erde einen Blick auf das Höhlenleben in dieser lebendigen Provinzstadt mit ihren Tapas-Bars werfen.

7 **Montefrío** (S. 297) In den wenig besuchten Nordwesten der Provinz flüchten, wo eine auf einem Felsen gelegene Schlosskirche wartet.

GRANADA

227 631 EW. / 680 M

Das am Fuße der Sierra Nevada gelegene Granada war die letzte Hochburg der Mauren in Spanien, über deren Erbe man überall stolpert: Hufeisenbögen, feines Kunsthandwerk, würzige Aromen, die den Straßenständen entströmen, feuchtwarme *teterías* und versteckte *cármenes* im Albayzín (dem historischen muslimischen Viertel). Am spektakulärsten ist natürlich die Alhambra (S. 276), eine beeindruckende Palastanlage, deren islamisches Dekor und die Landschaftsgärten in Europa ihresgleichen suchen.

Viele Besucher werden von der Alhambra nach Granada gelockt, haben aber eigentlich keine Ahnung, was sie wirklich erwartet. Was sie vorfinden, ist eine lebendige und fesselnde Stadt, die den großen spanischen Dichter Federico García Lorca zu seinem Werk inspirierte. Ein Ort, an dem klare maurische Architektur Hand in Hand geht mit monumentalen Kirchen, überfüllten Tapas-Bars, intimen Flamenco-Clubs, Bohème-Cafés und gegenkultureller Straßenkunst. Und genau das ist es, was neben den traditionellen Sehenswürdigkeiten einen bleibenden Eindruck hinterlässt.

Geschichte

Seit ihrer Entstehung als iberische Siedlung im 5. Jh. v. Chr. entwickelte sich Granada zu einer der größten islamischen Städte der mittelalterlichen Welt. Die Muslime kamen schon im Jahr 711 n. Chr. hierher, aber erst im 13. Jh. begann die Stadt wirklich zu florieren. Als Córdoba (1236) und Sevilla (1248) an die Christen fielen, gründete ein Kleinherrscher namens Mohammed ibn Yusuf ibn Nasr in Granada einen unabhängigen Staat und ebnete den Weg für ein 250 Jahre andauerndes goldenes Zeitalter.

Unter den Nasrid-Sultanen entwickelte sich die Alhambra zu einer spektakulären Palastfestung, und Granada, die letzte Bastion von Al-Andalus, war eine der reichsten Städte Europas mit Straßen voller Händler und Handwerker. Zwei Jahrhunderte der künstlerischen und wissenschaftlichen Pracht erreichten ihren Höhepunkt unter Yusuf I. (reg. 1333–1354) und Mohammed V. (reg. 1354–1359 & 1362–1391).

Im späten 15. Jh. stagnierte die Wirtschaft, und es kam zu brutalen Auseinandersetzungen, als rivalisierende Fraktionen um den Thron stritten. Ein Flügel stellte sich hinter den Emir Abu al-Hasan und seine christliche Konkubine Soraya, der andere hinter Boabdil (Abu Abdullah), den Sohn von Abu al-Hasan und seiner Frau Aixa – obwohl Boabdil noch ein Kind war. 1482 brach ein Bürgerkrieg aus, und nach dem Tod von Abu al-Hasan 1485 übernahm Boabdil die Herrschaft über die Stadt. Der Triumph erwies sich allerdings als Pyrrhussieg: 1491 griffen die Reyes Católicos (Katholische Monarchen) das von internen Machtkämpfen geschwächte Emirat an. Nach acht Monaten Belagerung willigte Boabdil in die Übergabe der Stadt ein und erhielt im Austausch die Täler der Alpujarras, 30 000 Goldmünzen sowie politische und religiöse Freiheit für seine Untertanen. Am 2. Januar 1492 zogen Isabella und Ferdinand in Granada ein.

Nun folgte eine Zeit der religiösen Verfolgung, da die christlichen Machthaber die katholische Herrschaft über die Stadt und die ehemaligen maurischen Gebiete etablieren wollten. Die Juden wurden 1492 aus Spanien vertrieben, und nach einer Reihe muslimischer Widerstände wurden Spaniens *moriscos* (Muslime, die zum Christentum konvertiert waren) 1609 des Landes verwiesen.

Granada fiel in eine tiefe Krise, von der sich die Stadt erst Mitte des 19. Jhs. langsam erholte, nicht zuletzt durch das steigende Interesse der romantischen Bewegung und insbesondere durch die *Erzählungen von der Alhambra* (1832) des amerikanischen Schriftstellers Washington Irving. Granada erlitt noch eine weitere düstere Zeit, nämlich als die Nationalisten die Stadt zu Beginn des Spanischen Bürgerkriegs einnahmen: Schätzungsweise 4000 *granadinos* mit linken oder liberalen Verbindungen wurden getötet, darunter Federico García Lorca.

Sehenswertes & Aktivitäten

Nördlich der Plaza Nueva, Granadas Hauptplatz, wird das Viertel Albayzín von der Gran Vía de Colón und dem Río Darro umschlossen. Auf der anderen Seite des Flusses liegt der Hügel der Alhambra, auf dessen südwestlichen Hängen sich Granadas ehemaliges Judenviertel Realejo erstreckt. Westlich des Albayzín im Centro befindet sich die Kathedrale.

Alhambra & Realejo

★Alhambra PALAST

(Karte S. 277; ☎ 958 02 79 71, Tickets 858 95 36 16; www.alhambra-patronato.es; Erw./Kind 12–

Alhambra

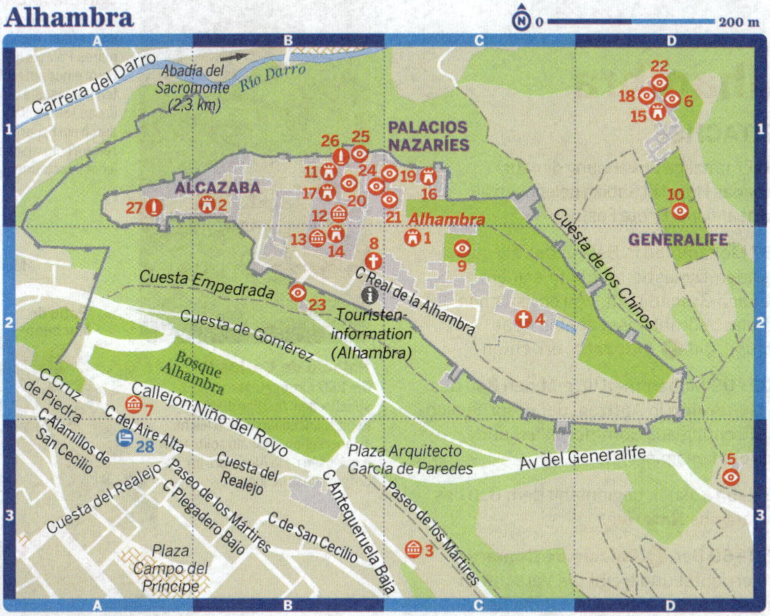

Alhambra

Highlights

1 Alhambra C2

Sehenswertes

2 Alcazaba B1
3 Casa-Museo Manuel de Falla C3
4 Convento de San Francisco C2
5 Entrance Pavilion D3
6 Escalera del Agua D1
7 Fundación Rodríguez-Acosta A2
8 Iglesia de Santa María de la Alhambra B2
9 Jardines del Partal C2
10 Jardines Nuevos D1
11 Mexuar B1
Mirador de Daraxa .... (siehe 19)
12 Museo de Bellas Artes B1
13 Museo de la Alhambra B2
14 Palacio de Carlos V B2
15 Palacio del Generalife D1
16 Palacio del Partal C1
17 Palacios Nazaríes B1
18 Patio de la Acequia D1
19 Patio de la Lindaraja C1
20 Patio de los Arrayanes B1
21 Patio de los Leones C1
22 Patio del Ciprés de la Sultana D1
Patio del Cuarto Dorado .... (siehe 11)
23 Puerta de la Justicia B2
24 Sala de Dos Hermanas B1
25 Sala de la Barca B1
Sala de los Abencerrajes .... (siehe 21)
Sala de los Reyes .... (siehe 21)
Salón de los Embajadores .... (siehe 25)
26 Torre de Comares B1
27 Torre de la Vela A1

Schlafen

28 Carmen de la Alcubilla del Caracol A3
Parador de Granada .... (siehe 4)

Essen

Parador de Granada .... (siehe 4)

15 J./unter 12 J. 14/8 €/frei, nur Generalife & Alcazaba Erw./Kind unter 12 J. 7 €/frei; ⌚ April–Mitte Okt. 8.30–20 Uhr, Mitte Okt.–März bis 18 Uhr, Abendbesuche April–Mitte Okt. Di & Sa 22–23.30 Uhr, Mitte Okt.–März Fr & Sa 20–21.30 Uhr) Die Alhambra ist Granadas – und ganz Europas – Liebesbrief an die maurische Kultur. Mit den Gipfeln der Sierra Nevada im Hintergrund begann dieser befestigte Palast sein Dasein als ummauerte Zitadelle, bevor er zum opulenten Sitz von Granadas Nasrid-Emiren wurde. Ihre Prunkpaläste, die Palacios Nazaríes aus dem 14. Jh., gehören zu den schönsten islamischen Gebäuden Europas und bilden zusammen mit den wunderschönen Gärten des Generalife das

Alhambra

ZEITACHSE

900 Erstmalige Erwähnung der auf Granadas Hügel El Sabika gelegenen *al-qala'at al-hamra* (rote Festung).

1237 Mohammed I., Begründer der Nasriden-Dynastie, zieht mit seinem Hof nach Granada um. Von christlichen Armeen bedroht, lässt er eine neue Festung, die **1 Alcazaba**, errichten.

1302–09 Mohammed III. gibt den Bau des **2 Generalife** in Auftrag, der ursprünglich als Mischung aus Sommerpalast und Landgut konzipiert ist.

1333–54 Yusuf I. beginnt mit dem Bau des **3 Palacios Nazaríes**.

1350–60 Der **4 Palacio de Comares** wird errichtet und treibt die Verschwendungssucht der Nasriden auf die Spitze.

1362–91 Mohammed V. kommt nach Andalusien und gibt den **5 Patio de los Leones** in Auftrag, der architektonisch noch brillanter ist.

1527 Die Christen errichten den **6 Palacio de Carlos V**. Ein inspirierter Renaissancepalast oder ein Verbrechen gegen die maurische Kunst? Das muss jeder Besucher selbst entscheiden.

1829 Washington Irving, ein amerikanischer Schriftsteller, „entdeckt" die fast vergessene Alhambra.

1954 Die Gärten des Generalife werden nach Süden hin erweitert, um Platz für ein Freilufttheater zu machen.

TIPPS

- → Tickets sollte man unbedingt so früh wie möglich reservieren; telefonisch oder online.
- → Die öffentlichen Teile des Palastes kann man durch die Puerta de la Justicia jederzeit kostenlos besuchen.
- → Auf dem Gelände der Alhambra kann man im prunkvollen Parador de Granada wunderbar (und teuer) übernachten – oder man trinkt hier nur etwas.

CHOI HYEKYUNG / SHUTTERSTOCK ©

Sala de la Barca
Die verzierte Decke im Vorraum des Comares-Palasts hat die Form eines aufgestellten Bootes. Sie wurde in den 1890er-Jahren durch ein Feuer zerstört, inzwischen jedoch restauriert.

Palacio de Carlos V.
Die 1527 hinzugefügten stilistischen Vorzüge dieses Renaissancepalasts sind leicht zu übersehen, deshalb sollte man das Museo de la Alhambra im Erdgeschoss besuchen.

Alcazaba
Für die Türme der ursprünglichen Zitadelle sollte man genug Zeit einplanen. Der bedeutendste, die Torre de la Vela, führt zum schönsten Aussichtspunkt der Alhambra.

EMPERORCOSAR / SHUTTERSTOCK ©

TAKASHI IMAGES / SHUTTERSTOCK ©

Patio de Arrayanes

Neben den *arrayanes* (Myrtenbüschen) rund um ein rechteckiges Wasserbecken kann man sich wunderbar entspannen. Schattige Säulengänge mit sieben harmonischen Bogen laden zu einem Spaziergang ein.

Palacio de Comares

Der größte Raum im Palast wartet mit einer reich verzierten geometrischen Decke auf. Einst diente der Salón de los Embajadores, ein Meisterwerk der maurischen Architektur, als Verhandlungsraum.

JOSE IGNACIO SOTO / SHUTTERSTOCK ©

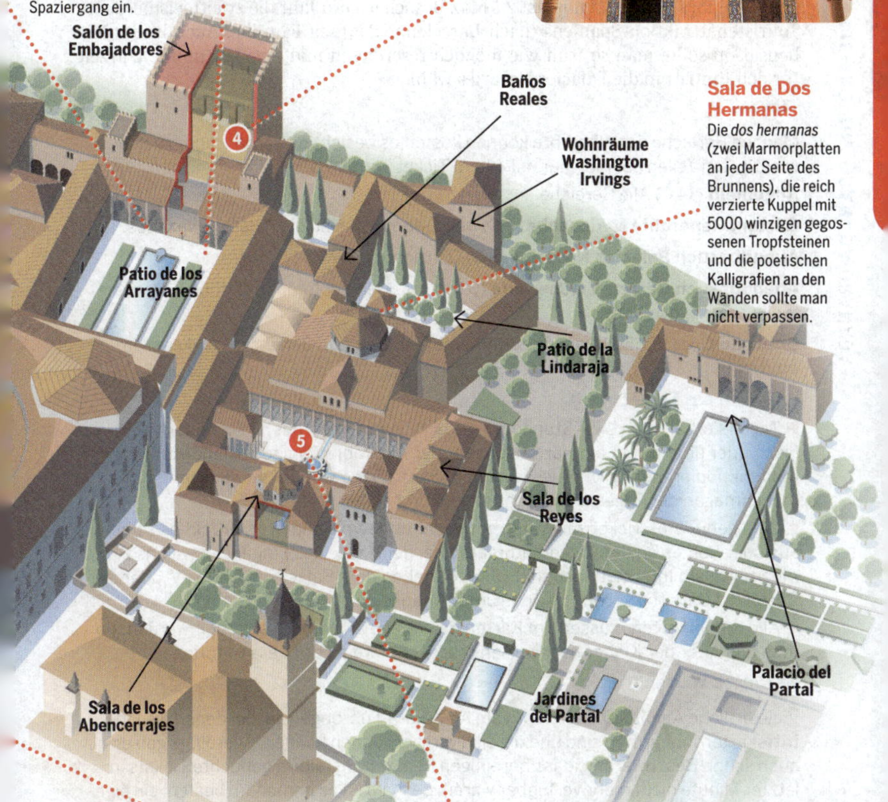

Sala de Dos Hermanas

Die *dos hermanas* (zwei Marmorplatten an jeder Seite des Brunnens), die reich verzierte Kuppel mit 5000 winzigen gegossenen Tropfsteinen und die poetischen Kalligrafien an den Wänden sollte man nicht verpassen.

Generalife

Bei einer Besichtigung der Alhambra wird der „Architektengarten" meistens zuletzt besucht. Er entstand bereits unter den Nasriden, allerdings wurden die Wasserbecken und Arkaden erst Anfang des 20. Jhs. hinzugefügt.

SKANDARAMANA / SHUTTERSTOCK ©

Patio de los Leones

In diesem Hof tragen zwölf Marmorlöwen einen sprudelnden Brunnen. Die grazilen Säulen und Bogen symbolisieren das islamische Paradies.

FOTOGRAFIECOR.NL / SHUTTERSTOCK ©

Highlight der Alhambra. Es gibt nur begrenzt Tickets, darum unbedingt im Voraus buchen (S. 280); für den Eintritt in den Palacios Nazaríes muss man eine Uhrzeit wählen.

Die Ursprünge der Alhambra, deren Name vom arabischen *al-qala'a al-hamra* (die rote Festung) stammt, sind geheimnisumwoben. Erste Hinweise auf Bauwerke in der Gegend stammen aus dem 9. Jh., aber es wird angenommen, dass hier bereits seit der Römerzeit Gebäude stehen. In seiner heutigen Form stammt der Prachtbau weitestgehend aus dem 13. und 14. Jh., als es die Nasrid-Herrscher Granadas in einen befestigten Palastkomplex umwandelten.

TIPPS FÜR ALHAMBRA-BESUCHER

Die Alhambra (S. 276) ist mit fast 2,5 Mio. Besuchern pro Jahr die zweitmeistbesuchte Touristenattraktion Spaniens (nach Barcelonas Sagrada Família). Auch in der Nebensaison sollte man so früh wie möglich reservieren und eine bestimmte Uhrzeit für den Eintritt in die Palacios Nazaríes wählen.

Tickets

Manche Bereiche der Alhambra können kostenlos besichtigt werden, aber zu den wichtigsten Teilen hat man nur mit einem Ticket Zutritt.

Allgemein (14 €) Alle Bereiche.

Gärten, Generalife & Alcazaba (7 €) Ausgenommen sind die Palacios Nazaríes.

Abendbesuch Palacios Nazaríes (8 €) Ganzjährig.

Abendbesuch Gärten & Generalife (5 €) April, Mai, September, Oktober und eventuell Anfang November.

Dobla de Oro (19,65 €) Zugang zur Alhambra und zu fünf Sehenswürdigkeiten im Albayzín.

Wie man ein Ticket kauft

- Tickets erhält man zwei Stunden bis drei Monate im Voraus, online oder telefonisch oder aber direkt am Kartenschalter der Alhambra (einige ausländische Karten funktionieren möglicherweise nicht online). Einige wenige „Restkarten" gibt's manchmal an der Tageskasse, aber das kommt selten vor.
- Sein gebuchtes Ticket zeigt man entweder auf dem Handy vor, druckt es selbst aus oder holt es an den Ticketautomaten bei der Kasse des Eingangspavillons zur Alhambra, am Informationspunkt (S. 300) neben dem Palacio de Carlos V. oder am Corral del Carbón (S. 289) im Zentrum Granadas ab.
- Alle Kinderkarten müssen am Kartenschalter der Alhambra abgeholt werden, da man das Alter der Kinder nachweisen muss – Ausweis oder Pass mitbringen.

Geführte Touren

Viele örtliche Agenturen bieten private Alhambra-Führungen an, bei denen die Eintrittskarten inbegriffen sind und die sich wirklich lohnen können. Allerdings gab es auch schon Beschwerden, dass bei einigen Reiseveranstaltern gebuchte Tickets in letzter Minute nicht mehr verfügbar waren, deshalb ist es immer am besten, ein eigenes Ticket über das offizielle Portal zu buchen. Audioguides gibt's für 6 €.

Für Familien

Kinderwagen und Buggys sind im Palacios Nazaríes und im Generalife nicht gestattet. Man kann sie an der Hauptkasse am Service-Pavillon neben der Puerta del Vino stehen lassen und dort bei Bedarf eine Babytrage leihen.

Anreise

Zu Fuß folgt man am besten der Cuesta de Gomérez von der Plaza Nueva durch den Wald (800 m) bis zur Puerta de la Justicia. Wer bereits ein Ticket hat, kann diesen Eingang nutzen, ansonsten holt man es an der Informationsstelle ab oder läuft bis zum (südöstlichen) Hauptticketschalter weiter. Buslinie C30 fährt von der **Plaza Isabel la Católica** (Karte S. 286f.) zum Ticketschalter.

Nach der Reconquista (Rückeroberung durch die Christen) 1492 wurde die Moschee durch eine Kirche ersetzt, und der habsburgische Kaiser Karl V. ließ einige Paläste abreißen, um Platz für ein riesiges Renaissance-Gebäude zu schaffen, das noch heute seinen Namen trägt. Anfang des 19. Jhs., zerstörte die französische napoleonische Armee einen Teil des Palasts und versuchte, die gesamte Anlage in die Luft zu jagen. Mitte des 19. Jhs. begannen die Restaurierungsarbeiten, die bis heute andauern.

➡Palacio de Carlos V & Umgebung

Vom südöstlichen Eingangspavillon aus verläuft ein ausgeschilderter Weg zum Kern des Komplexes, und vorbei am **Convento de San Francisco** aus dem 15. Jh., heute der Parador de Granada (S. 291), in dem Isabella und Fernando während des Baus ihrer Gräber in der Capilla Real (S. 287) zur letzten Ruhe gebettet wurden. Ein kurzer Spaziergang führt zur **Iglesia de Santa María de la Alhambra** (Karte S. 277; Calle Real de la Alhambra; ⌚ Di–So 10–13 & Di–Sa 16–18 Uhr), die zwischen 1581 und 1618 an der Stelle der Moschee der Alhambra errichtet wurde.

Hinter der Kirche bildet der **Palacio de Carlos V.** einen spektakulären Kontrast zu seiner Umgebung. Der riesige Palast, mit dessen Bau der Architekt Pedro Machuca aus Toledo 1527 begonnen hatte, verfügt über eine monumentale Fassade und einen zweistufigen runden Innenhof, der von 32 Säulen umgeben ist.

Im Palast befinden sich zwei Museen: Das **Museo de la Alhambra** (Karte S. 277; ⌚ Mitte März–Mitte Okt. Mi–Sa 8.30–20, So & Di bis 14.30 Uhr, Mitte Okt.–Mitte März Mi–Sa 8.30–18, So & Di bis 14.30 Uhr) GRATIS zeigt eine interessante Sammlung maurischer Artefakte, darunter die geschnitzte Holztür der Sala de Dos Hermanas und die ausgegrabenen Überreste des Acequia Real (Königlicher Wasserkanal), während das **Museo de Bellas Artes** (Karte S. 277; ☎ 958 56 35 08; EU-Bürger/Nicht-EU-Bürger frei/1,50 €, ⌚ April–Mitte Okt. Di–Sa 9–20 Uhr, Mitte Okt.–März Di–Sa 9–18 Uhr, ganzjährig So 9–15 Uhr) Kunstwerke aus dem 15. bis 20. Jh. präsentiert.

➡Alcazaba

Am westlichen Ende der Alhambra befinden sich die Reste der Alcazaba, der Originalzitadelle der Stätte aus dem 13. Jh. Auf der **Torre de la Vela** (Wachturm) wurden im Januar 1492 das Kreuz errichtet und die Banner der Reconquista gehisst.

> **ℹ GEHEIME ORTE**
>
> Jeden Monat öffnet die Alhambra einen anderen, sonst nicht zugänglichen Teil des Monuments für Besucher, der normalerweise in den Eintrittskarten enthalten ist. Nach dem Espacio del Mes (Raum des Monats) fragen.

Eine gewundene Treppe führt nach oben, wo man einen schönen Blick über die Dächer Granadas hat.

➡Palacios Nazaríes

Das atemberaubende Herzstück der Alhambra, der als Palacios Nazaríes bekannte Palastkomplex, war ursprünglich in drei Abschnitte unterteilt: den Mexuar, eine Kammer für Verwaltung und öffentliche Angelegenheiten, den Palacio de Comares, die offizielle und private Residenz des Emirs, und den Palacio de los Leones, ein privater Bereich für die königliche Familie und den Harem. Der Zugang ist auf 300 Personen pro halbe Stunde beschränkt.

Der Eingang erfolgt durch den **Mexuar**, einen Saal aus dem 14. Jh., in dem der Ministerrat tagte und der Emir über die Beschwerden der Bürger entschied. 200 Jahre später wurde er in eine Kapelle mit einem Gebetsraum am hinteren Ende verwandelt. Hier und auch überall sonst lohnt sich der Blick nach oben auf die geschnitzten Holzdecken mit ihren geometrischen Formen sowie auf die eleganten Kacheln.

Der Mexuar führt zum **Patio del Cuarto Dorado**, einem Innenhof, in dem die Emire Audienzen gaben, links daneben liegt das **Cuarto Dorado** (Goldenes Zimmer), mit Blick auf den Albayzín. Gegenüber vom Cuarto Dorado befindet sich der Eingang zum **Palacio de Comares** mit einer schönen Fassade aus glasierten Fliesen, Stuck und geschnitztem Holz. Durch eine abgewinkelte Halle (ein in der islamischen Wohnarchitektur verbreitetes, die Privatsphäre wahrendes Element) gelangt man zum **Patio de los Arrayanes** (Hof der Myrten). Dieser elegante Innenhof, benannt nach der Myrtenhecke um seinen rechteckigen Pool, bildet den Mittelpunkt eines Palasts, der Mitte des 14. Jhs. als Privatresidenz für Emir Yusuf I. gebaut wurde.

Das südliche Ende des Patios wird von den Mauern des Palacio de Carlos V. überschattet. Im Norden, in der 45 m hohen **Torre de Comares** (Comares-Turm), geht's

Granada

0
500 m
A
B
C
D
E
F
G
1
2
3
4
(700 m); Monasterio de la Cartuja (1,6 km); Estación de Autobuses de Granada (2,5 km)
Av de la Constitución
C Doctor Severo Ochoa
C Santa Bárbara
C Rector López Argüeta
Basílica San Juan de Dios
1
C San Juan de Dios
7
13
Gran Vía de Colón
Plaza del Triunfo
21
Cuesta de la Alhacaba
10
Callejón de las Monjas
Iglesia de San Miguel Bajo
14
C de Santa Isabel la Real
23
C Azacayas
11
17
C de Elvira
C Cruz de Quirós
C San José
C Tiña
16
C Aljibe de Trillo
20
ALBAYZÍN
Camino Nuevo de San Nicolás
4
6
Placeta Fátima
C Panaderos
24
5
Plaza del Salvador
C de San Agustín
Cuesta del Chapiz
Camino del Sacromonte
Vereda de Enmedio
Barranco de los Negros
9
Abadía del Sacromonte (300 m)
26
SACROMONTE
C San Juan de los Reyes
12
Cuesta de la Victoria
Río Darro
C Zafra
8
15
C Candil
22
2
Carrera del Darro
C Melchor Almagro
25
C Pintor López Mezquita
C Gran Capitán
C San Jerónimo
C Marqués de Falces
C Málaga
Plaza de la Trinidad
C Tablas
C Cárcel Baja
Plaza de Cuchilleros
Plaza Nueva
Plaza Santa Ana
Cuesta de Gomérez
Jardines Altos
Jardines Nuevos
Jardines del Portal
Cuesta Empedrada
ALHAMBRA
Bosque Alhambra
MEDINA
Callejón Niño del Royo
Av del Generalife
C Pedro Antonio de Alarcón
C Obispo Hurtado
C San Miguel Alta
C Buensuceso
19
C Paz
C Jardines
C de Gracia
CENTRO
Plaza Bib-Rambla
C Reyes Católicos
Plaza Menorca
Plaza de Gracia
C Solarillo de Gracia
Camino de Ronda
siehe Karte Granada Zentrum (S. 286 f.)
C Navas
C San Matías
C Varela
Plaza de los Campos
Acera del Casino
Plaza de Mariana Pineda
Plaza Campo del Príncipe
Plaza Arquitecto García de Paredes
siehe Karte Alhambra (S. 277)
3
La-Alhambra-Parkplatz
Huerta de San Vicente (700 m)
(20 km)
C de las Recogidas
C de San Antón
18
C Acera del Darro
Monachil (9 km); Los Cahorros (14 km)
C Santiago
C de Molinos
Cuesta del Caidero
Pradollano (32 km); Sierra Nevada (34 km)

Granada

Highlights

1 Basílica San Juan de Dios B2

Sehenswertes

2 Baños Árabes El Bañuelo D2
3 Carmen de los Mártires E4
4 Casa-Museo Max Moreau D1
5 Colegiata del Salvador E1
6 Mirador San Nicolás D1
7 Monasterio de San Jerónimo A2
8 Museo Arqueológico D2
9 Museo Cuevas del Sacromonte F1
10 Palacio de Dar-al-Horra C1

Schlafen

11 AC Palacio de Santa Paula C2
12 Casa Morisca E2
13 Eco Hostel B1
14 Santa Isabel la Real D1
15 White Nest E2

Essen

16 Café 4 Gatos D2
17 El Bar de Fede C2
18 La Fábula Restaurante B4
19 Poë B3

Ausgehen & Nachtleben

20 Abaco Té C2
21 Al Sur de Granada C1
22 Tetería El Bañuelo D2

Unterhaltung

23 Eshavira C2
24 Jardines de Zoraya D1
25 La Tertulia A2
26 Peña La Platería E2

durch die **Sala de la Barca** (Halle des Bootes) mit ihren geschnitzten Decken in den **Salón de los Embajadores** (Kammer der Botschafter; auch Salón de Comares), wo die Emire Verhandlungen mit christlichen Gesandten geführt haben. Dort fügen sich mehr als 8000 Zedernholzteile an der Kuppeldecke zu einem kunstvollen Sternenmuster zusammen, das die sieben Himmel des Islams verkörpert.

Über den Patio de los Arrayanes gelangt man in den **Palacio de los Leones** (Palast der Löwen), der in der zweiten Hälfte des 14. Jhs. unter Muhammad V. erbaut wurde. Die Palasträume zweigen vom **Patio de los Leones** (Löwenhof) ab: In seiner Mitte steht ein Brunnen aus dem 11. Jh., der Wasser aus den Mäulern von zwölf Marmorlöwen spie. Die Hofanlage folgt dem Goldenen Schnitt und offenbart die Komplexität des maurischen geometrischen Designs, denn die 124 schlanken Säulen, die die verzierten Pavillons stützen, wurden so angeordnet, dass sie entlang mehrerer Achsen symmetrisch sind.

Von den vier Sälen, die den Patio umgeben, beeindruckt die **Sala de los Abencerrajes** an der Südseite am meisten. In genau diesem Raum mit der faszinierenden achteckigen Stalaktitdecke geschahen die Morde an der adligen Abencerraj-Familie, deren Anführer, so die Geschichte, es gewagt hat, mit Soraya, der Lieblingskonkubine von Abu al-Hasan, zu flirten.

Die **Sala de los Reyes** (Königssaal) am östlichen Ende des Patios verfügt über drei lederüberzogene Deckennischen, die von christlichen Künstlern des 14. Jhs. bemalt wurden. Die zentrale Nische stellt vermutlich zehn Nasriden-Emire dar.

Am nördlichen Ende des Hofs befindet sich die reich dekorierte **Sala de Dos Hermanas** (Saal der zwei Schwestern), wahrscheinlich benannt nach den weißen Marmorplatten, die den Brunnen flankieren. Eine fantastische *muqarnas*-Kuppel (in Wabenform gewölbt) mit einem Stern in der Mitte und 5000 winzigen Zellen, die an die Sternbilder erinnern, krönt diese Sala. Dank der geschnitzten Wandschirme aus Holz konnten Frauen (und vielleicht auch andere, die in Palastintrigen verwickelt waren) von der oberen Galerie nach unten blicken, ohne selbst gesehen zu werden. Vom gekachelten **Mirador de Daraxa** (Aussichtspunkt von Daraxa) am hinteren Ende bewunderten die Palastbewohner den Garten.

Von der Sala de Dos Hermanas führt ein Durchgang zu den **Estancias del Emperador** (Zimmer des Imperators), die in den 1520er-Jahren für Karl V. gebaut und später von dem amerikanischen Autor Washington Irving bewohnt wurden. Von hier steigt man hinunter in den **Patio de la Reja** (Hof des Schmiedeeisernen Gitters) und den **Patio de la Lindaraja**, aus dessen südwestlicher Ecke man in das **Baño Real de Comares** (Badehaus) blickt, das von sternenförmigen Oberlichtern erhellt wird.

Anschließend geht's zu den **Jardines del Partal**, ein Gelände mit Terrassengärten, die Anfang des 20. Jhs. angelegt wurden. Hier steht ein spiegelndes Wasserbecken vor dem **Palacio del Partal**, einem kleinen Gebäude mit Portikus und eigenem Turm (Torre de las Damas) aus dem frühen 14. Jh.

➡ Generalife

Das wunderschöne Sommergut der Sultane stammt aus dem 14. Jh. Der Name der idyl-

GRANADAS CÁRMENES

Granadas *cármenes* (vom arabischen *karm* für „Rebe") sind ruhige, private Häuser, von denen viele nach der Reconquista aus maurischen Gebäuden entstanden. Sie haben hohe Mauern, hinter denen sich wunderschöne Terrassengärten mit Obstbäumen, Weinreben, Brunnen und duftenden Blumen verbergen. Der Albayzín mit seinen atemberaubenden Aussichten auf die Alhambra ist das Viertel mit der höchsten Konzentration an *cármenes*.

Die meisten bleiben ihrem ursprünglichen Konzept treu – privat und versteckt –, aber einige wenige sind für Besucher zugänglich, darunter die Gärten des Carmen de los Mártires (S. 284) gegenüber der Alhambra. Einige wurden in Museen umgewandelt, wie z. B. die Fundación Rodríguez-Acosta (S. 284), während andere, wie das Carmen de la Alcubilla del Caracol (S. 290) im Realejo, nun als intime Hotels genutzt werden.

lischen Anlage aus Pfaden, Patios, Wasserbecken, Brunnen, Bäumen und, je nach Jahreszeit, Blumen in allen erdenklichen Farben bildete sich aus dem arabischen Begriff *jinan al-'arif*, was so viel heißt wie „die Gärten des Aufsehers".

Eine Reihe von eleganten rechteckigen Parzellen mit plätschernden Wasserspielen, die **Jardines Nuevos**, führt zum weiß getünchten **Palacio del Generalife**, dem Sommerpalast der Emire. Seine Höfe sind besonders schön. Der erste, der **Patio de la Acequia**, hat wunderschöne Gärten und bietet einen weiten Blick auf die Palacios Nazaríes. Im zweiten Hof, dem **Patio de la Sultana**, lässt der Stumpf einer 700 Jahre alten Zypresse noch die zarten Schatten erahnen, die sie einst auf den Bereich warf. Außerhalb des Hofs befindet sich die **Escalera del Agua** – ein ausgesprochen schönes Stückchen Landschaftskunst, wo Wasser eine schattige Treppe runterplätschert.

Carmen de los Mártires — GÄRTEN

(Karte S. 282; ☎ 958 84 91 03; Paseo de los Mártires; ⏲ April–Okt. Mo–Fr 10–14 & 18–20, Sa & So 10–20 Uhr, Nov.–März Mo–Fr 10–14 & 16–18, Sa & So 10–18 Uhr) GRATIS Diese romantisch ungepflegten Gärten aus dem 19. Jh. sind eine friedliche Oase. Sie erstrecken sich um ein restauriertes Herrenhaus am Hang südlich der Alhambra und bieten einen erhebenden Ausblick über die Stadt sowie die umliegenden Berge. Im Laufe der Jahre waren hier ein Gefängnis, eine Kapelle, ein Kloster und vieles mehr untergebracht; heute ist dies ein idealer Ort, um den Menschenmassen zu entkommen.

Casa-Museo Manuel de Falla — MUSEUM

(Karte S. 277; ☎ 958 22 21 88; www.museomanueldefalla.com; Calle Antequeruela Alta; Erw./erm. 3/1 €; ⏲ Okt.–Mai Di–Sa 10–17, So bis 15 Uhr, Juni & Sept. Di–So 9–14.30 Uhr, Juli & Aug. Mi–So 9–14.30 Uhr) Manuel de Falla (1876–1946), der wohl beste klassische Komponist Spaniens, war mit Lorca befreundet. Er ist in Cádiz geboren, verbrachte die prägendsten Jahre seines Lebens aber in Granada. Dann zwang ihn der Bürgerkrieg, ins Exil zu gehen. In diesem attraktiven Carmen del Ave María kann man alles über den Mann erfahren; hier lebte und komponierte er. Die himmelblauen Fensterläden sind inspiriert vom Golf von Cádiz. Man muss klingeln, um eingelassen zu werden. Besuche sind nur im Rahmen einer Führung möglich (Spanisch, Englisch, Französisch).

Fundación Rodríguez-Acosta — MUSEUM

(Karte S. 277; ☎ 958 22 74 97; www.fundacionrodriguezacosta.com; Callejón Niño del Royo 8; Führung Erw./Kind 5/3 €, So 14–17 Uhr frei; ⏲ April–Mitte Okt. 10–18.30 Uhr, Mitte Okt.–März bis 16.30 Uhr) Auf dem Hügel Realejo beherbergt das Carmen Blanco die Stiftung Rodríguez-Acosta in einem Gebäude, das von dem in Granada geborenen Künstler José María Rodríguez-Acosta (1878–1941) erbaut wurde. Das ungewöhnliche Haus bedient sich stilistisch an einer Vielzahl architektonischer Richtungen, von Art déco über nasridisch und griechisch bis hin zu barock. Die einstündigen Führungen umfassen einen Besuch der unterirdischen Gänge und den Zutritt zu dem wunderbaren Museum mit Werken von Francisco Pacheco, Alonso Cano und Francisco de Zurbarán.

Centro de la Memoria Sefardí — MUSEUM

(Karte S. 286f.; ☎ 610 060255; museosefardidegranada@gmail.com; Placeta Berrocal 5; Führung 5 €; ⏲ April–Okt. So & Di–Do 10–14 & 17–20, Fr 10–14 Uhr, Nov.–März So & Di–Do 10–14 & 16–20, Fr 10–14 Uhr) 1492 wurden die Juden in Scharen des Landes verwiesen. Heute leben nur noch wenige Sepharden in Granada. 2013 eröffnete ein geschäftstüchtiges Paar dieses Museum zum Gedenken an die Vertriebenen. Dies war das Jahr, in dem die spanische Regierung sephardischen Juden, die ihre iberische Herkunft belegen konnten, die Staatsbürgerschaft garantierte. Auf Anfrage bieten die Eigentümer auch Realejo-Touren an.

Plaza Nueva & Umgebung

Iglesia de Santa Ana KIRCHE

(Karte S. 286f.; Plaza Santa Ana; Messe Juni–Sept. Di–Sa 19, So 12.30 & 19 Uhr, Okt.–Mai Di–Sa 18, So 12.30 & 18 Uhr) Die Plaza Santa Ana erstreckt sich an der östlichen Seite der Plaza Nueva. Sie wird von dieser Mudejarkirche aus dem 16. Jh. dominiert. In ihrem Glockenturm ist das Minarett der Moschee zu finden, an deren Stelle sie steht. Sie wurde von Diego de Siloé entworfen und ist nur während der Messe geöffnet.

Hammam Al Ándalus HAMMAM

(Karte S. 286f.; 958 22 99 78; www.granada.hammamalandalus.com; Calle Santa Ana 16; Bäder 38 €, mit Massage ab 50 €; 10–24 Uhr) Granadas bestes Badehaus nach maurischem Vorbild verfügt über drei Becken mit unterschiedlich temperiertem Wasser und ein Dampfbad. Zum Angebot zählen auch Peelingmassagen. Die schummerigen, gekachelten Räume sorgen für eine entspannte Stimmung. Reservierung erforderlich.

Albayzín

Granadas altes muslimisches Viertel Albayzín erstreckt sich auf einem Hügel gegenüber der Alhambra. Es ist ein faszinierender, geschichtsträchtiger Stadtteil mit steilen Kopfsteinpflastergassen, weiß getünchten *cármenes* und Aussichten auf die Alhambra. Hier kann man sich durchaus mal verlieren – im wahrsten Sinne. Die Buslinie C31 fährt von 7 bis 23 Uhr (Freitag und Samstag bis 1 Uhr) alle acht bis 15 Minuten eine Schleife durch das Viertel zur/von der Plaza Nueva.

Mirador San Nicolás AUSSICHTSPUNKT

(Karte S. 282; Plaza de San Nicolás) Um die klassischen Sonnenuntergangsfotos von der Alhambra auf einer bewaldeten Kuppe mit den Bergen der Sierra Nevada im Hintergrund abzuhaken, steigt man durch den Albayzín hinauf zu diesem Aussichtspunkt (erreichbar über die Callejón de San Cecilio). Hier warten pastellfarbene Sonnenuntergänge, aber auch scharenweise knipsende Touristen, Studenten und Musiker – dies ist eben kein Geheimtipp. Leider tummeln sich vor Ort auch Taschendiebe und Handtaschenräuber, man sollte also auf der Hut sein. Weitere tolle Aussichtspunkte finden sich in den umliegenden Straßen.

SACROMONTE

Der Sacromonte, das historische Roma-Viertel Granadas, liegt nordöstlich des benachbarten Albayzín. Dieser Stadtteil ist berühmt für seine Höhlenhäuser und seine Flamenco-Tradition, die Touristen in die Nachtclubs und Fans in die Musikschulen zieht. Dennoch fühlt man sich hier am Rand der Stadt, obwohl einige der in den Berg gegrabenen Wohnungen schon seit dem 14. Jh. bestehen. Doch viele von ihnen wurden Anfang der 1960er-Jahre von Überschwemmungen verwüstet, woraufhin ein Großteil der Roma-Gemeinschaft von Sacromonte gezwungen war umzuziehen. Danach gerieten die Höhlen in Vergessenheit, bis sie in den 1980er-Jahren ein internationales Hippie-Publikum anzogen. Heute leben hier rund 500 Menschen, darunter Einwanderer sowie Roma-Tänzer und -Musiker.

Der Bezirk, durch den sich der Camino del Sacromonte schlängelt, bietet einige der schönsten Aussichten auf Granada, insbesondere vom Aussichtspunkt Vereda de Enmedio und der Kapelle San Miguel Alto, die beide auf die Alhambra und den Albayzín blicken. Im **Museo Cuevas del Sacromonte** (Karte S. 282; 958 21 51 20; www.sacromontegranada.com; Barranco de los Negros; 5 €; Mitte März–Mitte Okt. 10–20 Uhr, Mitte Okt.–Mitte März bis 18 Uhr) wird gezeigt, wie ein traditionelles Höhlenhaus früher aussah, und in der am Hang gelegenen **Abadía del Sacromonte** (958 22 14 45; www.sacromonteabbey.com; Abadía del Sacromonte; Erw./Kind 5 €/frei; 10.30–17.30 Uhr) am östlichen Ende des *barrios* kann man Katakomben und unterirdische Höhlenkapellen erkunden. Mehrere lokale Anbieter unternehmen geführte Wanderungen durch den Sacromonte, darunter Walk in Granada mit seinen einfühlsamen Touren (S. 290).

Granada Zentrum

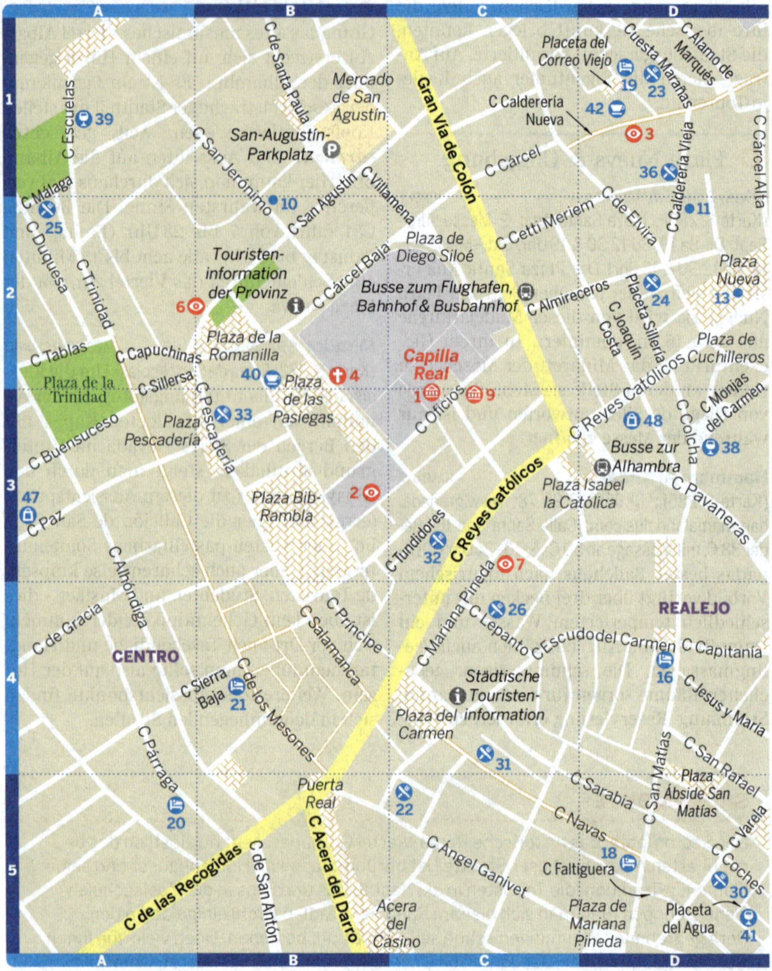

Colegiata del Salvador KIRCHE
(Karte S. 282; ☎ 958 27 86 44; Plaza del Salvador; ⌚ Messe April–Okt. Mo–Fr 20, So 11.30 Uhr, Nov.–März Mo–Fr 19, Sa & So 12 Uhr) Die Colegiata del Salvador aus dem 16. Jh. dominiert die Plaza del Salvador am oberen Ende des Albayzín. Sie befindet sich an der Stelle der ehemaligen Moschee des Albayzín, deren Innenhof mit der originalen *aljibe* (Zisterne) und den Hufeisenbögen noch erhalten ist. Die Kirche ist nur während der Messe geöffnet.

Museo Arqueológico MUSEUM
(Karte S. 282; ☎ 600 143141; www.museosdeandalucia.es; Carrera del Darro 43; EU-Bürger/Nicht-EU-Bürger frei/1,50 €; ⌚ Di–Sa 9–20.45, So bis 15 Uhr) Granadas 2018 nach achtjähriger Restaurierung neu eröffnetes Archäologiemuseum ist in der Casa de Castril aus dem 16. Jh. untergebracht. Eine kunstvolle Renaissancefassade schmückt das Gebäude. Die kleine, sorgfältig präsentierte Sammlung (auf Spanisch und Englisch) zeigt 120 in der Provinz Granada ausgegrabene Stücke vom Paläolithikum bis zur spätmaurischen Zeit. Das Highlight ist der 1,4 Mio. Jahre alte Orce-Zahn (S. 315), Europas ältestes menschliches Überbleibsel. Zu den weiteren Funden gehören eine Alabasterurne aus Almuñécar aus dem 4. Jh. v. Chr.,

eine Intarsienschatulle aus dem 15. Jh. und ein maurisches Astrolabium aus Granada von 1481.

Baños Árabes El Bañuelo ARCHITEKTUR

(Karte S. 282; Carrera del Darro 31; 5 €, So frei; ⌚ Mai–Mitte Sept. 9.30–14.30 & 17–20.30 Uhr, Mitte Sept.–April 10–17 Uhr) Dieses am Río Darro gelegene, gut erhaltene maurische Badehaus stammt aus dem 11. oder 12. Jh. Durch achteckige, sternförmige Schächte fällt Licht in die gewölbten Backsteinräume und beleuchtet Säulen, Kapitelle und Marmorböden. Das Ticket beinhaltet den Eintritt zum Palacio de Dar-al-Horra (S. 287).

Casa-Museo Max Moreau MUSEUM

(Carmen de los Geranios; Karte S. 282; ☎ 958 29 33 10; Camino Nuevo de San Nicolás 12; ⌚ Di–Sa 10.30–13.30 & 18–20 Uhr) GRATIS Das frühere Domizil des belgischen Porträtmalers und Komponisten Max Léon Moreau aus dem 20. Jh. eröffnet Besuchern die seltene (und noch dazu kostenlose) Möglichkeit, einen Blick in einen von Granadas versteckten *cármenes* (S. 284) zu werfen. Sein hübsches Heim mit seinen Terrassen und Gärten wurde in ein Museum umgewandelt, das seine ehemaligen Wohn- und Arbeitsräume sowie eine Galerie mit seinen schönsten Porträts zeigt.

Palacio de Dar-al-Horra PALAST

(Karte S. 282; ☎ 671 563553; Callejón de las Monjas; 5 €, So frei; ⌚ Mai–Mitte Sept. 9.30–14.30 & 17–20.30 Uhr, Mitte Sept.–April 10–17 Uhr) Hoch oben im Viertel Albayzín – abseits der Placeta de San Miguel Bajo und des Callejón del Gallo eine Gasse hinunter – steht dieser Nasrid-Palast aus dem 15. Jh. Hier lebte Sultanin Aixa, die Mutter Boabdils, des letzten muslimischen Herrschers von Granada. Es ist ein überraschend intimes Gebäude, mit um einen Innenhof angeordneten Zimmern und einem fantastischen Blick auf die umliegende Nachbarschaft und die Alhambra. Nach der Reconquista wurde es in das benachbarte Monasterio de Santa Isabel la Real integriert. Der Eintritt beinhaltet einen Besuch der maurischen Bäder von El Bañuelo.

Zentrum

★ Capilla Real HISTORISCHES GEBÄUDE

(Karte S. 286f.; ☎ 958 22 78 48; www.capillarealgranada.com; Calle Oficios; Erw./Kind 5 €/frei; ⌚ Mo–Sa 10.15–18.30, So 11–18 Uhr) Die Königliche Kapelle ist die letzte Ruhestätte der spanischen Reyes Católicos, Isabella I. de Castilla (1451–1504) und Ferdinand II. de Aragón (1452–1516). Das Paar gab ihr kunstvoll gestaltetes isabellinisch-gotisches Mausoleum selbst in Auftrag, mit dessen Bau zwar schon 1505 begonnen, das allerdings erst 1517 fertiggestellt wurde. Aus diesem Grund machten die sterblichen Überreste der beiden Monarchen bis 1521 im Convento de San Francisco (S. 281) in der Alhambra Station. Ihre riesigen Marmorgräber (und die ihrer Erben) befinden sich hinter einem vergoldeten schmiedeeisernen Geländer, das 1520 von Bartolomé de Jaén erschaffen wurde.

Granada Zentrum

Highlights
1 Capilla Real ... C3

Sehenswertes
2 Alcaicería ... B3
3 Calle Calderería Nueva ... D1
4 Catedral de Granada ... B2
5 Centro de la Memoria Sefardí ... E3
6 Centro Federico García Lorca ... B2
7 Corral del Carbón ... C3
8 Iglesia de Santa Ana ... E1
9 Palacio de la Madraza ... C3

Aktivitäten, Kurse & Touren
10 Cicerone ... B2
11 Escuela Delengua ... D2
12 Hammam Al Ándalus ... F1
13 Walk in Granada ... D2

Schlafen
14 Casa del Capitel Nazarí ... E1
15 El Ladrón del Agua ... F1
16 Gar-Anat ... D4
17 Hotel Casa 1800 Granada ... E1
18 Hotel Palacio de Los Navas ... D5
19 Oasis Backpackers Hostel ... D1
20 Párragasiete ... A5
21 Room Mate Leo ... B4

Essen
22 Alameda ... C5
23 Arrayanes ... D1
24 Bodegas Castañeda ... D2
25 Botánico ... A2
26 Cisco y Tierra ... C4
27 Damasqueros ... F4
28 El Piano ... F5
29 Hicuri Art Restaurant ... E4
30 La Botillería ... D5
31 Los Diamantes ... C4
32 Más Que Vinos ... C3
33 Oliver ... B3
34 Papaupa ... F5
35 Picoteca 3Maneras ... E4
36 Samarkanda ... D1

Ausgehen & Nachtleben
37 Candela ... E4
38 Casa de Vinos La Brujidera ... D3
39 El Bar de Eric ... A1
40 La Finca ... B2
41 Taberna La Tana ... D5
42 Tetería Dar Ziryab ... D1

Unterhaltung
43 Casa del Arte Flamenco ... E2
44 Flamenco Los Olvidados ... F1

Shoppen
45 Artesanías González ... E2
46 Gil de Avalle ... F5
47 La Cata Con Botas ... A3
La Oliva ... (siehe 30)
48 Tienda Librería de la Alhambra ... D3

Die Grabmale sind aber nur Show, denn die Monarchen liegen in einfachen Bleisärgen in der Krypta unter dem Altarraum. Hier stehen auch die Särge ihrer bedauernswerten Tochter Juana la Loca (Johanna der Wahnsinnigen) und deren Gatten Felipe el Hermoso (Philipp I. der Schöne) sowie von Miguel, Prinz von Asturien, der als Kind starb.

Die Sakristei beherbergt ein kleines, aber eindrucksvolles Museum mit Ferdinands Schwert und Isabellas silbernem Zepter, ihrer Silberkrone und der privaten Kunstsammlung größtenteils flämischer Werke. Außerdem ist dort Botticellis *Christus am Ölberg* zu bewundern. Zwei geschnitzte Holzstatuen von Felipe Vigarny aus dem frühen 16. Jh. zeigen die Katholischen Könige beim Gebet. Audioguides sind inklusive.

Catedral de Granada KATHEDRALE

(Karte S. 286f.; ☎ 958 22 29 59; www.catedraldegranada.com; Plaza de las Pasiegas; Erw./Kind 5 €/frei; ⏲ Mo–Sa 10–18.30, So 15–17.45 Uhr) Von der Straße kann man die Ausmaße von Granadas höhlenartiger eingeschlossener Kathedrale kaum würdigen. Dabei ist sie ein monumentales Bauwerk und eine der größten Kathedralen Spaniens. Sie wurde auf Granadas ehemaliger Moschee erbaut und sollte ursprünglich gotisch sein, aber in den zwei Jahrhunderten ihres Baus (1523–1704) wurde sie stark verändert. Architekt Diego de Siloé fügte den Renaissancestil und Alonso Cano im 17. Jh. die prächtige Barockfassade hinzu.

Cano ist auch für zwei Holzbüsten von Adam und Eva in der Capilla Mayor (Hauptkapelle) verantwortlich. Diese befinden sich über kleinen betenden Statuen der Reyes Católicos, die in der benachbarten Capilla Real ruhen (S. 287). Im Inneren der Kathedrale stehen 20 hohe weiße Pfeiler in einer Reihe, die vom schwarz-weiß gefliesten Boden bis zur 30 m hohen Kuppel reichen.

Palacio de la Madraza HISTORISCHES GEBÄUDE

(Karte S. 286f.; ☎ 676 385600; Calle Oficios; Führung 2 €; ⏲ 10.30–19.45 Uhr) La Madraza, leicht zu erkennen am *trompe l'œil* an der Fassade, wurde 1349 von Yusuf I. als Schule und Universität gegründet – und gehört noch heute zur Universität Granada. Seit ausgedehnten Restaurierungen Anfang der 2010er-Jahre kann man nun den interessanten, wenn auch manchmal widersprüchlichen Mix aus maurischer, Mudéjar- und Barock-Architektur besichtigen. Besonders schön sind der reich verzierte *mihrab* (Gebetsnische), die barocke Kuppel und der farbige Stuck. Studenten bieten 15-minütige Führungen in mehreren Sprachen an.

Alcaicería STRASSE
(Karte S. 286f.; abseits Calle Oficios) Diese schmale, von Souvenirläden gesäumte Straße ist alles, was vom einstigen großen Basar Granadas (der Alcaicería) übriggeblieben ist. Dabei handelte es sich um ein klaustrophobischen Gewirr von Gassen mit Ständen, an denen Seide, Gewürze und vieles mehr verkauft wurde. Der ursprüngliche Basar wurde im 19. Jh. durch ein Feuer zerstört und in stark reduzierter Form wieder aufgebaut.

Corral del Carbón HOF
(Karte S. 286f.; Calle Mariana Pineda; 9–20 Uhr) GRATIS Durch den schönen hufeisenförmigen Bogen östlich der Calle Reyes Católicos gelangt man zum Corral del Carbón aus dem 14. Jh., einem kopfsteingepflasterten, stark restaurierten Hof mit einem Brunnen, der von zweistöckigen Ziegelsteingalerien umgeben ist. Ursprünglich war es ein Getreidespeicher aus nasridischer Zeit, aber in den folgenden Jahrhunderten diente das Gebäude als Herberge für Kohlenhändler (daher der Name „Kohlenhof") und später als Theater.

Außerhalb des Zentrums

★ Basílica San Juan de Dios BASILIKA
(Karte S. 282; 958 27 57 00; www.basilicasanjuandedios.es; Calle San Juan de Dios 19; Erw./Kind 5 €/frei; Juni–Sept. Mo–Sa 10–20, So 14–20 Uhr, Okt.–Mai bis 19 Uhr) Die spektakuläre Basilika, die zwischen 1737 und 1759 erbaut wurde, beeindruckt mit opulentem Barockdekor. Kaum ein Zentimeter, der nicht verziert wäre, meistens in glitzerndem Gold und Silber. Fresken von Diego Sánchez Sarabia sowie den italienischen Künstlern Corrado Giaquinto und Tomás Ferrer schmücken die Decken und Seitenkapellen, während die Kuppel darüber 50 m hochragt. Das Highlight aber ist das außergewöhnliche goldene Altarbild in der Capilla Mayor. Audioguides erwecken die Details zum Leben.

Monasterio de San Jerónimo KLOSTER
(Karte S. 282; 958 27 93 37; Calle Rector López Argüeta 9; 4 €; April–Okt. 10–13.30 & 16–19.30 Uhr, Nov.–März 10–13.30 & 15–18.30 Uhr) Mit seinen gotischen Kreuzgängen, den duftenden Orangenbäumen und dem reich verzierten Innenraum ist dieses Kloster aus dem 16. Jh. eines der beeindruckendsten katholischen Gebäude Granadas. Hinter einem plateresken Eingang von Diego de Siloé offenbart die Kirche eine Mischung aus Spätgotik und Renaissance und eine Fülle an bemalten Skulpturen und lebendigen Farben. Am spektakulärsten ist der riesige vergoldete Altaraufsatz der Apsis, der über ganze acht Ebenen reicht.

Gonzalo Fernández de Córdoba, der Soldat der Reyes Católicos, bekannt als El Gran Capitán, fand in der Kirche seine letzte Ruhe.

Kurse

Escuela Delengua SPRACHKURS
(Karte S. 286f.; 958 20 45 35; www.delengua.es; Calle Calderería Vieja 20; Einzelstunde 31 €, 2-Wochen-Kurs ab 275 €) Diese Sprachschule mitten im Albayzín bietet eine Reihe von Kursen, sowie Einzelstunden und viele außerschulische Aktivitäten, einschließlich Führungen, Tapas-Abende und Besuche bei traditionellen Handwerksbetrieben. Die Schule ist zudem in der lokalen Gemeinschaft aktiv und unterstützt junge, nicht spanischsprachige Einwanderer in Granada.

Geführte Touren

Spain Food Sherpas ESSEN
(644 329806; www.spainfoodsherpas.com; Führung/Kochkurs 69/71 €) Mit einem lokalen Gastronomieexperten geht's in einer kleinen Gruppe abseits der üblichen Wege auf einen fabelhaften Spaziergang. Der Schwerpunkt liegt auf Granadas herrlichen Produkten, Spezialitäten und der faszinierenden Geschichte der Stadt: Man kann *salmorejo* (gekühlte Suppe) mit Mango, den pikanten *remojón* (Kabeljau, Orangen- und Olivensalat) oder *jamón*-Kroketten (Schinken) mit Weinen aus Alpujarras probieren (alternativ gibt's auch vegetarische/vegane Optionen). Außerdem werden Weinverkostungen, Paella-Kurse und mehr angeboten.

Granada Tapas Tours ESSEN
(619 444984; www.granadatapastours.com; Führung 40 € pro Pers.) Engagierte Führer weihen interessierte Besucher in kleinen Gruppen und u. a. auf Deutsch in die kuli-

narische Geschichte und die Spezialitäten Granadas ein. Zusätzlich haben sie viele Empfehlungen parat und bieten Spaziergänge durch den Albayzín sowie Ausflüge zu Craft-Bier-Brauereien an. Die Routen können auf vegane, vegetarische und glutenfreie Ernährung abgestimmt werden.

Walk in Granada WANDERN

(Karte S. 286f.; ☎ 630 070893; www.walkingranada.com; Plaza Nueva) Dieses Unternehmen bietet drei Touren auf Zahle-was-du-willst-Basis an: täglich um 11 Uhr zu den Sehenswürdigkeiten im Zentrum von Granada und nachmittägliche Spaziergänge rund um den Sacromonte oder den Albayzín. Weitere Optionen zum Festpreis sind Führungen zu Lorca und angepasste Routen für Rollstuhlfahrer.

Cicerone KULTUR

(Karte S. 286f.; ☎ 607 691676, 958 56 18 10; www.ciceronegranada.com; Calle San Jerónimo 10; Gruppenführung ab 23 €) Hat eine Reihe von privaten und Kleingruppen-Führungen sowie thematische Touren und geführte Alhambra-Besuche im Programm.

Feste & Events

Semana Santa RELIGIÖSES FEST

(März/April) Die beiden bemerkenswertesten Events in der Karwoche Granadas sind Los Gitanos (am Mittwoch), wenn Mitglieder der *fraternidad* (Bruderschaft) sich zur Abadía del Sacromonte aufmachen (S. 285), und El Silencio (am Donnerstag), wenn die Straßenbeleuchtung für eine schweigende Prozession bei Kerzenschein erlischt.

Feria del Corpus Christi RELIGIÖSES FEST

(Mai/Juni) Dieses große jährliche Fest ist die aufsehenerregendste Fronleichnamsfeier Andalusiens. Etwa 60 Tage nach Ostern gibt's eine Woche lang Tänze (einschließlich Flamenco), Umzüge und Prozessionen. Auch der Stierkampf gehört dazu, aber der Widerstand der Tierschützer wächst (S. 382).

Festival Internacional de Música y Danza MUSIK, TANZ

(www.granadafestival.org; Juni & Juli) Im Juni und Juli finden für drei Wochen in der Alhambra und an anderen historischen Stätten hochkarätige Tanz- und Konzertveranstaltungen statt.

Schlafen

Granadas Unterkunftsszene ist ein wahrer Segen: Von ausgezeichneten Herbergen über jahrhundertealte Herrenhäuser bis hin zu protzigen Fünf-Sterne-Hotels ist alles dabei. Einige der schönsten Unterkünfte befinden sich im abschüssigen Albayzín, wo leider viele Bleiben nicht mit dem Auto erreichbar sind. Auch im Realejo gibt's einige charaktervolle Optionen. Die wenigen Hotels nahe der Alhambra liegen zwar idyllisch, aber die anderen Sehenswürdigkeiten erreicht man nur schwer. Am höchsten sind die Preise im Frühling und Herbst, die Osterzeit ist mit Abstand am teuersten.

Alhambra & Realejo

Gar-Anat BOUTIQUE-HOTEL €€

(Karte S. 286f.; ☎ 958 22 55 28; www.hotelgaranat.com; Placeta de los Peregrinos 1; DZ 88–190 €; ❄ 📶) Ein glänzender Boutique-Stil zeichnet dieses stark umgestaltete Haus aus dem 16. Jh. aus, das später als Pilgerherberge diente. Im Innenhof steht ein Wunschbaum aus Metall. Die moderne Gestaltung der fünfzehn Zimmer (einige mit Whirlpool) ist von Größen der Musik und Literatur inspiriert und es gibt sogar ein Zimmer mit Blick auf die Alhambra. Das Frühstück (9,50 €) wird im *aljibe* aus dem 17. Jh. serviert.

Hotel Palacio de Los Navas HISTORISCHES HOTEL €€

(Karte S. 286f.; ☎ 958 21 57 60; www.hotelpalaciodelosnavas.com; Calle Navas 1; inkl. Frühstück EZ 72–150 €, DZ 85–195 €; ❄ 📶) Ein verglastes Atrium, Terrakottaböden und ein sanftes, cremefarbenes Design geben den Ton an in diesem prächtig renovierten Gebäude aus dem 16. Jh., das über einen klassischen Säuleninnenhof an einer belebten Tapas-Straße verfügt. Die neunzehn Zimmer sind mit Betten samt schmiedeeisernen Kopfteilen ausgestattet und verströmen eine beruhigende Atmosphäre. Die Zimmer im Dachgeschoss haben schräge Holzbalkendecken. Das Personal ist charmant und hilfsbereit und die *merienda* (Nachmittagstee) ist kostenlos.

★ **Carmen de la Alcubilla del Caracol** B&B €€€

(Karte S. 277; ☎ 958 21 55 51; www.alcubilladelcaracol.com; Calle Aire Alta 12; Zi. 149–185 €; Mitte Juli–Aug. geschl.; P ❄ 📶) An den Südhängen der Alhambra im oberen Realejo befindet sich dieses sorgfältig restaurierte traditionelle *cármen* (S. 284) aus den 1880er-Jahren, ein begehrtes, äußerst charmantes Refugium. Die heimelige Einrichtung, Antiquitäten und sieben in hellen Pastelltönen gehaltene Zimmer überzeugen ebenso wie der herzliche Empfang des sachkundigen Gastgebers Manuel. Draußen kann man den herrlichen Blick von dem spektakulären Terrassengarten mit Palmen, Bougainvilleen und Zitrusbäumen genießen.

Parador de Granada HISTORISCHES HOTEL €€€
(Karte S. 277; ☎ 958 22 14 40; www.parador.es; Calle Real de la Alhambra; Zi. 225–420 €; P ❄ 📶) Kann man sich etwas Schöneres vorstellen, als in den Mauern der schillernden Alhambra (S. 276) aufzuwachen? Granadas luxuriöser *parador* (staatlich geführtes Hotel) ist in einem Kloster aus dem 15. Jh. (außerdem ein ehemaliger maurischer Palast) einquartiert, in dem noch Fliesen aus dem 14. Jh. und die ursprünglichen Gräber der Reyes Católicos zu sehen sind. Die Zimmer kommen modern-elegant in Creme-, Grau- oder Silbertönen daher. Diese Unterkunft ist enorm populär – kein Wunder –, ebenso wie das modern-andalusische **Restaurant** (Karte S. 277; Hauptgerichte 15–25 €; ⏲ 13–16 & 20–23 Uhr; 🖉).

Albayzín

Oasis Backpackers Hostel HOSTEL €
(Karte S. 286f.; ☎ 958 21 58 48; www.oasisbackpackershostels.com; Placeta Correo Viejo 3; B 16–23 €, DZ 70 €; ❄ 📶) Eines der erfolgreichsten Hostels in Granada hat inzwischen auch Ableger in Sevilla und Málaga. Es befindet sich in einem historischen Gebäude mit Kachelböden und verfügt über einen zentralen Innenhof direkt abseits der Calle de Elvira. Die Schlafsäle (gemischt oder nur für Frauen) bieten Platz für vier bis zehn Personen. Sie haben eigene Steckdosen, Licht und Schließfächer sowie teilweise auch Balkone. Darüber hinaus gibt's eine gut ausgestattete Küche, Gruppenausflüge und eine Dachterrasse.

White Nest HOSTEL €
(Karte S. 282; ☎ 958 99 47 14; www.nesthostelsgranada.com; Calle Santísimo 4; B 11–20 €, DZ 80 €; ❄ 📶) Das wunderschöne alte Gebäude mit einem Säulenhof, Marmorböden, geschnitzten Holztüren und Wandteppichen wurde zu einem farbenfrohen, modernen und preiswerten Hotel am Fuße des Albayzín umgestaltet. Die Schlafsäle (darunter ein reiner Frauenschlafsaal) haben individuelle Lichter, Schließfächer und Steckdosen. Dies ist ein einladender, beliebter, lebendiger Ort, der u. a. auch noch mit kostenlosen Sacromonte-Touren und Mojito-Nächten punktet.

El Ladrón del Agua BOUTIQUE-HOTEL €€
(Karte S. 286f.; ☎ 958 21 50 40; www.ladrondeagua.com; Carrera del Darro 13; Zi. 111–200 €; ❄ 📶) Das familiengeführte, umsichtig restaurierte Herrenhaus aus dem 16. Jh. mit Blick auf den Río Darro im unteren Albayzín verfügt über einen marmorverkleideten Innenhof samt Brunnen und Originalsäulen. In den 15 geschmackvoll eingerichteten Zimmern, die nach Gedichten von Juan Ramón Jiménez benannt sowie mit schönen Fliesen und antiken Schreibtischen dekoriert sind, herrscht eine kreative Atmosphäre. Das Frühstück wird in der gewölbten *aljibe* serviert.

Casa del Capitel Nazarí HISTORISCHES HOTEL €€
(Karte S. 286f.; ☎ 958 21 52 60; www.hotelcasacapitel.com; Cuesta Aceituneros 6; EZ 71–90 €, DZ 89–161 €; ❄ 📶) Der Renaissance-Palast von 1503 transportiert ein Stück Albaicín-Magie. Er ist Drei-Sterne-Hotel und architekturgeschichtliche Lektion in einem. Das Geräusch von tröpfelndem Wasser folgt einem durch Säulenhöfe zu 18 traditionellen, niedrigen Räumen, die mit Kacheln, Ziegeln, Holzbalken, Wandmalereien und *artesonado* (kunstvoll verzierte Holzdecken mit verflochtenen Balken) aufwarten. Am Nachmittag gibt's kostenlosen Tee, Kaffee und Kuchen. Die Unterkunft liegt in der Nähe der Plaza Nueva, am Fuße des Albayzín.

★ **Casa Morisca** HISTORISCHES HOTEL €€€
(Karte S. 282; ☎ 958 22 11 00; www.hotelcasamorisca.com; Cuesta de la Victoria 9; Zi. 131–231 €; ❄ 📶) In Granadas ursprünglichem Boutique-Hotel, einem exquisiten Herrenhaus aus dem späten 15. Jh. im unteren Albayzín, das von den Architekten-Besitzern liebevoll restauriert wurde, fühlt man sich

GRANADA CARD

Die **Granada Card** (☎ 858 88 09 90; www.granadatur.com; Erw. 36–40 €, Kind 11 €) ist fünf Tage gültig und beinhaltet den Eintritt zu zehn Sehenswürdigkeiten der Stadt, darunter die Alhambra, und neun kostenlose Fahrten mit den Stadtbussen.

wie ein Nasriden-Emir. Atmosphäre und Geschichte sind dicht, in Form von Holzbalkendecken, Ziegelsäulen, Original-Stuckarbeit und einem bezaubernden türkis gekachelten Innenhof. Von den 14 intimen, attraktiven und individuell eingerichteten Zimmern haben die besten einen Blick auf die Alhambra.

★ **Hotel Casa 1800 Granada** BOUTIQUE-HOTEL €€€

(Karte S. 286f.; ☎ 958 21 07 00; www.hotelcasa1800.com; Calle Benalúa 11; Zi. 148–210 €, Suite 229–350 €; ❄ 📶) Versteckt in einem ehrwürdigen Gebäude aus dem 16. Jh., der Casa de los Migueletes, besticht dieses elegante Boutique-Hotel mit 25 Zimmern und einem reizvollen Dekor aus der alten Welt. Es verfügt über Betten mit vergoldeten Kopfteilen, Kassettendecken, freiliegende Steinwände, originale *artesonado*, einen schönen Innenhof und Balkone mit Holzbalustraden. Der Service ist herzlich und effizient und jeden Nachmittag gibt's *merienda* umsonst.

Santa Isabel la Real HISTORISCHES HOTEL €€€

(Karte S. 282; ☎ 958 29 46 58; www.hotelsantaisabellareal.com; Calle de Santa Isabel la Real 19; Zi. 115–210 €; ❄ 📶) Auf dem Hügel des Albayzín befindet sich dieses einladende kleine Hotel. Es ist in einem weiß getünchten Gebäude aus dem 16. Jh. untergebracht, das früher eine *casa de vecinos* (von verschiedenen Familien bewohntes Haus) war. Viele architektonische Elemente wurden erhalten, z. B. die Marmorsäulen, die Steinböden und der Innenhof mit Brunnen. Jedes der elf Zimmer ist mit Stickbildern und handgewebten Läufern ausgestattet.

LORCAS ERBE

Spaniens größter Poet und Dramatiker Federico García Lorca (1898–1936) beschäftigte sich mit vielen zentralen Themen Andalusiens – Leidenschaft, Ambiguität, Überschwang und Innovation. Geboren in Fuente Vaqueros, 17 km nordwestlich von Granada, erlangte er 1928 mit *El romancero gitano* (Zigeunerromanzen) internationale Anerkennung. Diese Sammlung von Versen zu Roma-Themen ist voll eindrucksvoller Metaphern, dargestellt mit der Schlichtheit eines Flamenco-Liedes. Zwischen 1933 und 1936 schrieb Lorca die drei Tragödien, für die er ganz besonders verehrt wird: *Bodas de sangre* (*Bluthochzeit*), *Yerma* und *La casa de Bernarda Alba* (*Bernarda Albas Haus*). Die grüblerischen, dunklen und dramatischen Werke handeln von Themen wie Gefangensein und Befreiung. 1922 beteiligte sich Lorca an der Organisation des Concurso de Cante Jondo (S. 379), der den Flamenco in Granada wieder aufleben ließ, mithilfe der lokalen Gruppe El Rinconcillo, die aus Dichtern, Schriftstellern und Musikern bestand.

Zu Beginn des Spanischen Bürgerkriegs 1936 wurde Lorca getötet. Man ist allgemein der Überzeugung, dass er vom Militär exekutiert wurde. Getreue Francos sollen ihn ermordet haben, weil er als Linksintellektueller galt und schwul war. Trotz anhaltender Suche wurden seine sterblichen Überreste nie gefunden.

In der Nähe der Kathedrale beherbergt das **Centro Federico García Lorca** (Karte S. 286f.; ☎ 958 27 40 62; www.centrofedericogarcialorca.es; Plaza de la Romanilla; ⌚ Mitte März–Mitte Sept. Di–Sa 10–14 & 17–21 Uhr, Mitte Sept.–Mitte März Di–Sa 10–14 & 16–20, ganzjährig So 11–14 Uhr) GRATIS die Lorca-Stiftung mit Ausstellungen und Kulturveranstaltungen. Lorcas Sommerhaus **Huerta de San Vicente** (☎ 958 84 91 12; www.huertadesanvicente.com; Calle Virgen Blanca; Erw./Kind 3/1 €, Di frei; ⌚ Juni–Mitte Sept. Di–So 9–15 Uhr, Mitte Sept.–Mai Di–So 9.30–17 Uhr) aus dem frühen 20. Jh. steht mitten im modernen Parque Federico García Lorca, 1,5 km westlich vom Zentrum. Besuche sind im Rahmen einer 30-minütigen Führung möglich (auf Spanisch oder Englisch).

Das **Museo Casa Natal Federico García Lorca** (☎ 958 51 64 53; www.patronatogarcialorca.org; Calle Poeta Federico García Lorca 4; Erw./Kind 3/1,50 €, Mi frei; ⌚ Führungen stdl., ganzjährig Di–Sa 10–13 Uhr, Okt.–März 16–17 Uhr, April–Juni 17–18 Uhr) in Fuente Vaqueros stellt Fotos, Plakate und Kostüme der Theaterstücke des Schriftstellers aus. Besuche erfolgen im Rahmen einer Führung auf Spanisch. Der berühmte Straßenkünstler El Niño de las Pinturas aus Granada schmückte die Fassade des Gebäudes Anfang 2020 mit einem lebendigen Wandgemälde. Busse von **Ureña** (☎ 953 22 01 71; www.urena.es) fahren von der Avenida de Andaluces 1,5 km südwestlich des Busbahnhofs von Granada nach Fuente Vaqueros (2 €, 25 Min., alle 1–2 Std.).

NICHT VERSÄUMEN

GRANADAS STREET-ART: EL NIÑO DE LAS PINTURAS

Großbritannien hat Banksy, Granada hat El Niño de las Pinturas. Die kreativen Graffitis von Raúl Ruíz, so der richtige Name des Straßenkünstlers, sind mittlerweile zu einer Art Wahrzeichen der Stadt geworden. El Niños Wandgemälde, überlebensgroß, leuchtend und nachdenklich stimmend, findet man überall im Realejo. Häufig zeigen sie Gesichter voller Emotionen in Nahaufnahme – und stellen ihnen kurze poetische Sprüche in stilisierten Schriftzügen gegenüber. In den letzten 20 Jahren hat sich El Niño zu einer schillernden Persönlichkeit der Untergrundszene von Granada entwickelt. Er nimmt in Kauf, kritisiert zu werden und gelegentlich auch Bußgelder zahlen zu müssen, die meisten *granadinos* finden aber, dass seine Street-Art Farbe und einen modern-originellen Touch in die Straßen ihrer alten Stadt bringt. El Niños Werke entdeckt man u. a. am veganen Restaurant Hicuri (S. 294) und gegenüber der Bar Candela (S. 298), an seinem früheren Haus Calle de Molinos 44, an der Mauer neben dem Hotel Molinos und seit Anfang 2020 auch an der Fassade des Geburtshauses von Federico García Lorca in Fuente Vaqueros (S. 292) 17 km nordwestlich von Granada.

Zentrum

Eco Hostel HOSTEL €

(Karte S. 282; ☎ 958 29 29 24; www.ecohostel.es; Gran Vía de Colón 53; B/DZ ab 17/50 €; 📶) Dieses minimalistisch-schicke Hostel in einem liebevoll restaurierten Gebäude aus den 1920er-Jahren an der Gran Vía bietet ein Labyrinth aus Fliesenböden, offenen Backsteinwänden, hellen Wandmalereien und Upcycling-Möbeln, ein veganes Café, eine Gemeinschaftsküche und Mehrweggeschirr. Vierer- oder Sechserschlafsäle (einschließlich eines reinen Frauenschlafsaals) sind mit individuellen Schließfächern, Lampen und Steckdosen ausgestattet. Familienzimmer haben Platz für bis zu vier Personen. Das hilfsbereite Team organisiert kostenlose Wanderungen, Yoga, Paella-Essen, Clubabende und vieles mehr.

Párragasiete BOUTIQUE-HOTEL €€

(Karte S. 286f.; ☎ 958 26 42 27; www.hotelparragasiete.com; Calle Párraga 7; EZ 45–65 €, DZ 70–115 €; ❄📶) Mit seinen hellen Holzböden, eleganten Möbeln und klaren, modernen Linien wirkt dieses warm eingerichtete Hotel eher skandinavisch als südspanisch. Aber Granada präsentiert sich auf den Wandskizzen seiner Denkmäler, in Form eines verglasten Innenhofs und in dem schicken Bar-Restaurant Vitola – beliebt bei den *granadinos* und ideal zum Frühstücken oder um Tapas zu genießen.

Room Mate Leo HOTEL €€

(Karte S. 286f.; ☎ 958 53 55 79; www.room-matehotels.com; Calle de los Mesones 15; Zi. 71–145 €; ❄📶) Granadas Außenstelle der beliebten jugendlichen und umweltbewussten Room-Mate-Kette begrüßt mit einer poppigen Lobby samt karminroten Sofas und funkelnden Farbakzenten seine Gäste. Die stilvollen, aber schnörkellosen Zimmer (einige mit Terrassen) sind farbenfroh gestaltet und kommen mit viel Gold, Schwarz sowie antiken Verzierungen daher. Günstige Lage in einem sehr zentralen Einkaufsviertel nur wenige Schritte von der Plaza Bib-Rambla entfernt.

AC Palacio de Santa Paula HISTORISCHES HOTEL €€€

(Karte S. 282; ☎ 958 80 57 40; www.marriott.co.uk; Gran Vía de Colón 31; EZ 140–200 €, DZ 193–300 €; P❄📶) Die moderne Fassade dieses superzentralen Fünf-Sterne-Hotels lässt nicht erahnen, was dahintersteckt. Ein gepflasterter Kreuzgang (hier kann man einen Wein aus Granada schlürfen) bildet das elegante Herzstück des ehemaligen Klosters aus dem 16. Jh., das heute ein luxuriöses, glänzendes Hotel mit dezent stilvollen Zimmern, einem modern-andalusischen Restaurant, einem Fitnessraum, einer Sauna und einem türkischen Bad ist.

Essen

In Sachen Kulinarik dreht sich in Granada vieles um Tapas, die traditionelle andalusische Küche und, in zunehmendem Maße, um zeitgenössische Kreationen mit frischen Zutaten aus der ganzen Provinz – die Hauptdarsteller auf den meisten Speisekarten. Eine weitere Spezialität ist die marokkanische Küche, vor allem im Albayzín. Granada gilt zudem als eine der vegetarier- und veganerfreundlichsten Städte Spaniens.

ABSTECHER

CORTIJO DEL MARQUÉS

Das inmitten von Olivenhainen versteckte **Cortijo del Marqués** (☎958 34 00 77; www.cortijodelmarques.com; Albolote; Zi. inkl. Frühstück 129–189 €; ⏲Mitte März–Anfang Nov.; P ❄ 📶 ≋) ist ein wunderschönes Gehöft aus dem 16. Jh. Von den gastfreundlichen holländisch-österreichischen Eigentümern wurde es liebevoll in einen tollen Rückzugsort verwandelt. Das Hauptgebäude verfügt über einen gepflasterten Innenhof, der Pool blickt auf sanfte Hügel und die 15 individuell gestalteten Zimmer vereinen ländliche Eleganz mit originalen Elementen. Die Unterkunft liegt 25 km nördlich von Granada (4 km abseits der A44).

Alhambra & Realejo

Hicuri Art Restaurant VEGAN €

(Karte S. 286f.; ☎858 98 74 73; www.restaurantehicuriartvegan.com; Plaza de los Girones 3; Hauptgerichte 7,50–10 €, menú del día 14 €; ⏲Mo–Sa 12–23 Uhr; ✎) Bei der Innengestaltung ihres Lokals haben die Besitzer dem führenden Straßenkünstler der Stadt, El Niño de las Pinturas (S. 293), freie Hand gelassen. Was dabei herausgekommen ist, bildet eine psychedelische Kulisse für das vegane Essen und die Bio-Weine in diesem sehr beliebten Restaurant. Auf der Karte stehen pfiffige Salate, kreative Veggieburger und Curry-Seitan neben pflanzenbasierten Variationen andalusischer Spezialitäten wie Shiitake-Kroketten oder *pisto* (Ratatouille) mit *patatas a lo pobre* (Kartoffeln für Arme).

Papaupa TAPAS €

(Karte S. 286f.; ☎958 99 18 44; www.facebook.com/papauparetrofusionfood; Calle de los Molinos 16; raciones 7–12 €, menú del día mit 3 Gängen 9,95 €; ⏲Mo 13–16 & 20–24, Mi 12.30–16 & 20–24, Do–So 12.30–24 Uhr; ✎) Mit Backsteinbögen, einer Bar samt Marmorplatte und seinem subtilen Bohème-Flair ist dieses Refugium in Realejo auf die selbsternannte „Retro-Fusion-Küche" spezialisiert. Einfallsreiche Gerichte vereinen spanische, lateinamerikanische und asiatische Aromen – Yuca-Kroketten, Thunfisch-Tacos, *arepas* (rundes Maisbrot) – und passen gut zu einem Glas Wermut oder vielleicht einem *manzanilla* (Sherry aus Sanlúcar de Barrameda).

El Piano VEGAN €

(Karte S. 286f.; ☎858 81 56 40; www.facebook.com/elpiano.granada; Calle Santiago 2; Teller mit 4 Gerichten 11,95 €; ⏲12–23.30 Uhr; ✎) In dem fröhlichen, günstigen veganen und glutenfreien Delikatessen-Restaurant gibt's neben pflanzenbasierten Variationen andalusischer Klassiker wie Tortilla, *arroces* (Reisgerichte) und *albóndigas* (Fleischbällchen) auch pikante Gerichte aus aller Welt, z. B. Kokosnuss-Dhal. Mangogelbe Wände, mexikanische Tischsets und Keramikteller bringen Farbe ins Spiel. Es werden auch Yogakurse angeboten.

★ **Picoteca 3Maneras** ANDALUSISCH €€

(Karte S. 286f.; ☎958 22 68 18; www.facebook.com/picoteca3maneras; Calle Santa Escolástica 19; Hauptgerichte 12–17 €; ⏲Di–Sa 13–16.30 & 20–24, So 13–16.30 Uhr; 📶 ✎) Herrlich frische Produkte, perfekter Service, schickes, weiß getünchtes Dekor, ausgezeichnete spanische Weine und eine köstlich kreative Herangehensweise an die lokale Küche machen die Picoteca zu einem Juwel in Realejo. Südamerikanische und verschiedene asiatische Aromen fließen in ambitioniert neu interpretierte Gerichte wie Risotto mit Schweinefleisch und Wildpilzen, Gnocchi mit Birne und Pancetta sowie Thunfisch in Orangensoße ein. Jeden Sonntag gibt's einen speziellen *arroz*.

La Botillería SPANISCH €€

(Karte S. 286f.; ☎958 22 49 28; www.labotilleriagranada.es; Calle Varela 10; Hauptgerichte 10–20 €; ⏲12.30–24 Uhr) Dank seiner fantasievoll präsentierten Speisen, der gut durchdachten Weinkarte und des modernen, lässigen Designs erhält dieses Lokal immer wieder begeisterte Kritiken. Als Vorspeisen werden kantabrische Sardellen und Schinken aus Trevélez serviert, gefolgt von originellen Hauptgerichten wie *milhoja de presa ibérica* (Millefeuille mit Schweinefleisch und Avocado).

Cisco y Tierra TAPAS €€

(Karte S. 286f.; ☎694 504906; www.facebook.com/ciscoytierra1920; Calle Lepanto 3; raciones 8–18 €, Hauptgerichte 12–19 €; ⏲Do–Di 13–24, Mi 13–16 & 20–24 Uhr) Balkendecken, eine Marmortheke und Fässer mit hausgemachtem Wermut zieren das herausgeputzte 1920er-Interieur der kleinen Tapas-Bar. Die Speisekarte mit saisonalen Produkten verbindet traditionelle Rezepte mit moderner Kreativität in elegant zubereiteten Gerichten wie Oktopus-Parmentier und *pluma* vom iberischen Schwein in Pilzsoße. Man bekommt aber auch die klassischen Käse- und Fleischplatten.

Los Diamantes TAPAS €€

(Karte S. 286f.; ☎958 227 070; www.barlosdiamantes.com; Calle Navas 26; raciones 10–14 €; ⌚12.15–17.30 & 19.15–24 Uhr) Dieses schäbige, stets belebte Lokal ist seit 1942 eine Institution in Granada und gehört zu den besten Tapas-Restaurants in der von Bars gesäumten Calle Navas. Es gibt nur Stehplätze, aber die Meeresfrüchte – gebratener Tintenfisch, gegrillte Garnelen, *boquerones* (Sardellen) – sind ausgezeichnet. Vor Ort herrscht eine gesellige Atmosphäre. Filialen findet man in der ganzen Stadt, auch auf der Plaza Nueva.

Damasqueros ANDALUSISCH €€€

(Karte S. 286f.; ☎958 21 05 50; www.damasqueros.com; Calle Damasqueros 3; Verkostungsmenü 40 €, mit Wein 59–89 €; ⌚Mo–Sa 13–15.30 & 20.30–22.30, So 13–15.30 Uhr; 🅔) *Granadina*-Chefköchin Lola Marín, die ihre Ausbildung in einigen der besten Restaurants Spaniens absolviert hat, präsentiert ihre marktbasierte Gourmetküche in einer versteckten, schicken Ecke des Realejo. Die Granada-stämmigen Degustationsmenüs wechseln wöchentlich, wobei saisonale Zutaten im Mittelpunkt stehen, gepaart mit Weinen aus der ganzen Provinz und darüber hinaus.

Plaza Nueva & Umgebung

Bodegas Castañeda TAPAS €

(Karte S. 286f.; ☎958 21 54 64; www.facebook.com/BodegasCastaNeda; Calle Almireceros 1; Tapas 2–6 €; ⌚Mo–Do 11.30–1, Fr–Sa bis 2 Uhr) In der traditionellen und beliebten Tapas-Bar stehen hungrige Gäste unter hängenden Schinken Schlange. Hier darf man keinen experimentellen Schnickschnack erwarten, einfach nur klassische Tapas und *raciones* (größere Tapas-Portionen) mit Paella, Tortilla, Bohneneintopf, Ibérico-Schinken, andalusischem Käse und vielem mehr, die blitzschnell mit Wermut, Sherry und Wein aus großen Fässern serviert werden.

Albayzín

Café 4 Gatos CAFÉ €

(Karte S. 282; ☎958 22 48 57; www.cafe4gatos.com; Placeta Cruz Verde 6; Frühstück 2–7 €; ⌚Mo, Di & Do 8.30–16, Mi & Fr bis 20, Sa 9–20, So 9–16 Uhr, Aug. geschl.) Das lebhafte, schachtelgroße Café mit Terrassentischen und alten Schwarz-Weiß-Fotos aus Granada strahlt eine freundliche, nachbarschaftliche Atmosphäre aus und bietet ein hervorragendes Frühstück nach Granada-Art an. Auf der Speisekarte stehen handgemachte Marmeladen, selbstgebackene Kuchen und riesige Bio-*tostadas* mit Manchego-Käse, *escalivada* (geräuchertes gegrilltes Gemüse) oder anderen Leckereien sowie lokale Weine und Craft-Biere.

Casa Torcuato ANDALUSISCH €

(☎958 28 81 48; www.casatorcuato.com; Calle Pagés 31; raciones 4–15 €; ⌚Mo 12–22.30, Di bis 18, Sa bis 24, So bis 17, Do 9–22.30, Fr bis 24 Uhr) In der Casa Torcuato im oberen Albayzín, die bereits in der vierten Generation geführt wird, strömen die Gäste aus dem blau-weiß gekachelten Innenraum auf einen hübschen Platz. Die köstlichen, traditionellen Tapas reichen von frischem Gazpacho und Auberginen mit Honig bis zu saftigen Meeresfrüchten wie gegrillten Garnelen, Tintenfisch und *boquerones*. Geradezu berühmt ist die *arroz*-Tapa, und unter den Weinen sind die besten aus Granada.

Arrayanes MAROKKANISCH €€

(Karte S. 286f.; ☎619 076862, 958 22 84 01; www.rest-arrayanes.com; Cuesta Marañas 7; Hauptgerichte 10–17 €; ⌚Mi–So 13.30–16.30 & 19.30–23.30 Uhr, Mitte Jan.–Mitte Feb. geschl.; 🅔) Es gibt in Granada einige hervorragende marokkanische Lokale, vor allem im Albayzín, und dies ist eins der besten. Plätschernde Brunnen, Keramikkacheln und verzierte Bögen bilden die Kulisse für hervorragende nordafrikanische Gerichte von *bisara*-Suppe aus zerkleinerten Bohnen über dampfende Tajine bis hin zu blättrigen *pastelas* (herzhafte Pasteten). Kein Alkohol, aber die Minzlimonade ist perfekt.

Samarkanda LIBANESISCH €€

(Karte S. 286f.; ☎958 21 00 04; www.facebook.com/RestauranteLibanesSamarkanda; Calle Calderería Vieja 3; Hauptgerichte 8–16 €; ⌚Do–Di 13–16.30 & 19.30–23.30 Uhr; 🅔) Trotz der eher müden Einrichtung serviert dieses freundliche, familiengeführte libanesische Restaurant in den Gassen des Albayzín verführerische traditionelle Spezialitäten. Als Vorspeise empfehlen sich Hummus, *labneh* und Falafel, bevor man sich eine Schüssel *kafta* (Hackfleischspieße mit Kartoffeln und Sesamsoße), dampfenden Couscous oder Reis mit Mandeln und Rosinen gönnt.

Centro

Poë TAPAS €

(Karte S. 282; ☎ 985 43 67 81; www.barpoe.com; Calle Verónica de la Magdalena 40; Tapas 1,50 €, raciones 5 €; ⌚ 20–0.30 Uhr;) Von außen macht es vielleicht keinen besonderen Eindruck, aber sobald man das Poë betreten hat, eröffnet sich einem eine ganz andere Welt. Studenten, *granadinos* und Besucher mischen sich zu internationalen Tapas wie brasilianischer *feijoada* (Eintopf mit schwarzen Bohnen und Schweinefleisch), Kicherebsensalat, Kabeljau nach portugiesischer Art und würzig-scharfem Thai-Hühnchen, die von den weitgereisten Besitzern Ana und Matt zubereitet werden.

★ El Bar de Fede ANDALUSISCH €€

(Karte S. 282; ☎ 958 28 88 14; www.facebook.com/ElbardeFede1; Calle Marqués de Falces 1; raciones 9–15 €; ⌚ Mo–Do 9–2, Fr & Sa bis 3, So 11–2 Uhr) „Fede" bezieht sich auf den Stadtdichter Federico García Lorca, dessen freier, kreativer Geist über dieser schick gestylten, schwulenfreundlichen Bar zu hängen scheint. Gemusterte Tapeten, Steinbögen und hohe Tische, die sich um eine Insel aus Keramikfliesen gruppieren, schaffen eine lockere Atmosphäre, und das Essen ist ein Genuss. Zu den Highlights gehören die mit Honig beträufelten Auberginen, das Huhn in Orangensoße und der perfekte Tintenfisch mit Knoblauch und Petersilie.

Más Que Vinos TAPAS €€

(Karte S. 286f.; ☎ 958 56 09 86; www.restaurantemasquevinos.es; Calle Tundidores 10; raciones 9–19 €; ⌚ So–Fr 12–17 & 20–24, Sa 12–1 Uhr;) Die rustikal-moderne Taverne in einer Gasse unweit der Plaza Bib-Rambla stellt die wunderbaren Produkte und aufstrebenden Weine der Provinz Granada in den Mittelpunkt. Gebratene Auberginen werden mit Honig aus Motril beträufelt, dicke Tortilla mit Kartoffeln aus der Region zubereitet, und zu den weiteren Köstlichkeiten zählen mit Knoblauch gebratener Tintenfisch, *payoyo*-Käse aus Cádiz und mit Schinken gefüllte Kroketten.

Alameda ANDALUSISCH €€

(Karte S. 286f.; ☎ 958 22 15 07; www.alameda.com.es; Calle Rector Morata 3; Hauptgerichte 12–25 €; ⌚ 12–1 Uhr;) Eine verglaste Gastrobar auf zwei Ebenen und erlesene Weine geben hier den Ton an. Für die modernen Gerichte werden traditionelle, saisonale andalusische und spanische Aromen und Zutaten mit einer kreativen Note versehen. Die Kroketten sind mit Ochsenschwanz oder Waldpilzen gefüllt, die Kabeljau-Bäckchen werden in *pil-pil*-Soße gekocht und der dampfende *arroz* ist mit *pluma ibérica* (einem feinen Stück Schweinelende) verfeinert.

Botánico MEDITERRAN €€

(Karte S. 286f.; ☎ 958 27 15 98; www.botanicocafe.es; Calle Málaga 3; Hauptgerichte 11–19 €; ⌚ Mo–Do 13–1, Fr & Sa bis 2, So bis 18 Uhr;) Mittags ist das facettenreiche Botánico ein legeres Restaurant, zur *merienda*-Zeit ein Café, und sobald es dunkel wird eine lebhafte Bar. In elegantem Orange-Weiß-Dekor wird Fusion-Küche serviert, die aus mediterranen Gerichten mit asiatischen und lateinamerikanischen Einflüssen besteht (Lamm-Tajine, Kürbis-Tagliatelle, Seitan oder Hähnchen-Fajitas). Wochentags gibt's ein *menú del día* (Tagesmenü 13 €).

Oliver FISCH & MEERESFRÜCHTE €€

(Karte S. 286f.; ☎ 958 26 22 00; www.restauranteoliver.com; Plaza Pescadería 12; raciones 6–15 €, Hauptgerichte 11–22 €; ⌚ Mo–Sa 9–16 & 20–24 Uhr) Eines der besten Meeresfrüchte-Restaurants mit Bar auf der Plaza Pescadería im Zentrum von Granada. Alle vom Mittagessensprofi bis zum neugierigen Besucher

GRATIS-TAPAS

Granada ist eine der letzten Bastionen, die diesen hochzivilisierten Brauch bewahrt: zu jedem Getränk eine kostenlose Tapa zu servieren. Gerade erst hat man einen Drink an der Bar bestellt, schon taucht wie von Geisterhand eine ordentliche Portion irgendeiner Köstlichkeit auf. Diese Prozedur wiederholt sich mit jeder neuen Runde. In vielen Lokalen kann man sich seine Tapa selbst aussuchen und auf Anfrage sogar vegetarische Optionen wählen. Beliebt ist die zentral gelegene Gegend um die Calle de Elvira und die Calle Navas, wo sich eine Tapas-Institution an die nächste reiht, allerdings sind diese heutzutage stark touristisch geprägt. Westlich und südlich der Kathedrale, im Realejo und im Albayzín sowie in den äußeren *barrios* (Stadtvierteln) gibt's zahlreiche hervorragende Lokale.

ABSTECHER

MONTEFRÍO

Etwa 50 km nordwestlich von Granada, in einem wenig besuchten Teil der Provinz nahe der Grenzen zu Córdoba und Jaén, liegt Montefrío (4073 Ew.), eines der landschaftlich reizvollsten Dörfer der Region. Umgeben von sanft geschwungenen Hügeln mit Olivenbäumen und weiß getünchten Häusern mit Ziegeldächern, die sich ausgehend von einer Burg auf dem Gipfel des Berges kaskadenartig verteilen, ist dies ein lohnender Abstecher auf der Fahrt von Granada nach Córdoba oder Antequera.

Gegenüber der **Touristeninformation** (☎958 33 60 04; www.montefrio.org; Plaza de España; ⏲Mo–Fr 10–14, Sa & So 10–14 & 16–18 Uhr) steht die imposante neoklassische **Iglesia Mayor de la Encarnación** (Plaza de España; ⏲Mo–Fr 10–13.30, Sa & So 10–13.30 & 16–18 Uhr) aus dem 18. Jh., deren markante runde Form und die 29,5 m hohe Kuppel vom römischen Pantheon inspiriert wurde. Von hier aus führt ein steiler zehnminütiger Aufstieg zur **Fortaleza Árabe** (2 €; ⏲Di–Fr 10.30–14, Sa & So 10.30–14 & 16–18 Uhr) auf dem Hügel. 1382 wurde die ursprüngliche nasridische Festung erbaut (angeblich von dem großen Architekten der Alhambra), doch heute sind nur noch die Ruinen der Burgmauer übrig. Montefrío wurde 1486 von den Christen eingenommen. Nach der Reconquista gaben die Reyes Católicos innerhalb des Burgkomplexes eine imposante Kirche, die Iglesia de la Villa, in Auftrag. In ihr vereinen sich Mudejar-, Renaissance- und gotischer Stil und an ihrer Entstehung war Diego de Siloé beteiligt. Die beste Aussicht auf Montefrío hat man vom **Mirador National Geographic** 800 m südlich der Stadt an der A335.

strömen herbei, um an der überfüllten Bar oder den Tischen auf der Terrasse *raciones* mit Knoblauchgarnelen, gegrillten Pilzen, galizischem Oktopus und frittierten Meeresfrüchten zu verzehren.

★ La Fábula Restaurante
GEHOBENE KÜCHE €€€

(Karte S. 282; ☎958 25 01 50; www.restaurantelafabula.com; Calle de San Antón 28, Hotel Villa Oniria; Hauptgerichte 23–30 €, Degustationsmenü 80–125 €; ⏲14–15.30 & 20.30–22.30 Uhr) Das formale, gehobene Restaurant in einem stilvoll restaurierten *palacete* aus dem Jahr 1909 (heute das Hotel Villa Oniria) ist das Reich von Sternekoch Ismael Delgado López, dessen kunstvoll komponierte Gerichte der zeitgenössischen spanischen Küche mit kräftigen, saisonalen Aromen aus Granada beeindrucken: frischer Fisch aus Motril, *ibérico*-Schweinebäckchen, Riofrío-Kaviar, Ravioli mit geräuchertem Käse, Knoblauch und Honig. Der Terrassengarten lädt zu einem Drink ein.

Ausgehen & Nachtleben

Die schäbige Calle de Elvira, die Carrera del Darro unterhalb des Albaicín-Viertels, die touristische Calle Navas, die Gegend um die nördliche Gran Vía und die Straßen des Realejo sind die Hotspots, aber man findet überall Möglichkeiten, irgendwo einzukehren.

Taberna La Tana
WEINBAR

(Karte S. 286f.; ☎958 22 52 48; www.facebook.com/TabernaLaTana; Placeta del Agua 3; ⏲12.30–16 & 20.30–24 Uhr, Juli & Aug. Sa & So geschl.) Flaschen an den Dachsparren, herunterhängende Knoblauchzöpfe und viel Holz und Ziegelsteine – das freundliche La Tana ist eine der besten Weinbars von Granada. Hier hat man sich auf spanische Weine spezialisiert (über 400!), zu denen wundervolle Tapas gereicht werden. Nach den Weinen des Monats fragen.

La Finca
KAFFEE

(Karte S. 286f.; ☎658 852573; www.facebook.com/lafincacoffee; Calle Colegio Catalino 3; ⏲Mo–Fr 9–20, Sa & So ab 10 Uhr; 📶) Dieses kleine, rustikal-schicke Café, das mit erstaunlichem Erfolg in Granada gerösteten Kaffee der dritten Welle vertreibt, bezieht seine fair gehandelten Spezialitätenbohnen direkt von den Erzeugern. Der fachmännisch zubereitete Espresso passt perfekt zu dem frischen Kuchen, den Keksen und Gebäckstücken, die man neben offenen Steinwänden und unter baumelnden Lichterketten genießt.

Al Sur de Granada
WEINBAR

(Karte S. 282; ☎958 27 02 45; www.facebook.com/alsurdegranadagram; Calle de Elvira 150; ⏲Mo–Sa 9.30–23.30, So ab 10 Uhr) Regale mit duftenden Olivenölen, Kaffee von der Rösterei La Finca (S. 297), Bio-Produkten

GRANADAS TEEHÄUSER

Granadas *teterías* haben sich in den vergangenen Jahren wundersam vermehrt, aber die schummrigen Innenräume mit ihren Spitzendeckchen, dem Stuck und den niedrigen, gepolsterten Sitzen verströmen nach wie vor etwas Einladendes. Auf der Karte stehen gewöhnlich jede Menge aromatisierte Tees und arabische Süßigkeiten, auch *cachimbas* (Shishas) werden häufig angeboten. Die Suk-artige **Calle Calderería Nueva** (Karte S. 286f.) im Albayzín ist Granadas bekannteste „*tetería*-Meile".

Abaco Té (Karte S. 282; www.abacote.com; Calle Álamo de Marqués 5; ⏲15–21.30 Uhr; 📶) Versteckt im Albayzín bietet das extrem beliebte Abaco eine moderne, künstlerische Interpretation der traditionellen *tetería* (ohne Wasserpfeifen). Es gibt eine umfangreiche Karte mit Tees (2,50–4 €), frischen Säften, ausgezeichnetem Kuchen und vegetarischen Snacks (Crêpes, Salate, *montaditos*). Die Dachterrasse ist unwiderstehlich.

Tetería Dar Ziryab (Karte S. 286f.; ☎655 446775; Calle Calderería Nueva 11; ⏲13–1 Uhr) In dem gedämpft beleuchteten Innenraum, der mit Fliesen, gepolsterten Bänken und maurischen Gitterbögen geschmückt ist, kann man eine *cachimba* paffen und Kräutertee (2,50–4 €) aus kunstvoll dekorierten Gläsern trinken. Es handelt sich um eine der ursprünglichen Teestuben Granadas, in der gelegentlich auch kulturelle Veranstaltungen stattfinden.

Tetería El Bañuelo (Karte S. 282; Calle Bañuelo 5; ⏲11–23 Uhr) Die minimalistische *tetería* an der Carrera del Darro punktet bei *granadinos* und Besuchern mit ihrer versteckten, von Weinreben beschatteten Dachterrasse samt Blick auf die Alhambra. Zu einer silbernen Kanne mit dampfendem, frischem Minztee (3– 4 €) passen die marokkanischen Süßigkeiten mit Honig oder Pistazien hervorragend.

und anderen andalusischen Leckereien locken die Gäste in diesen Laden. Das Al Sur hat sich auf lokale Naturweine spezialisiert, die am besten zu einer Platte mit handwerklich hergestelltem Käse oder *jamón* aus der Sierra Nevada oder einer Tapa von der saisonalen, täglich wechselnden Speisekarte probiert werden. Wein mit Tapas gibt's um 19 Uhr (auf Vorbestellung).

El Bar de Eric BAR

(Karte S. 286f.; ☎958 27 63 01; www.facebook.com/elbardeeric; Calle Escuelas 8; ⏲Mo–Do 20–2, Fr–So 13–3 Uhr) Alte Poster und gerahmte Fotos von musikalischen Helden (darunter Debbie Harry und Jim Morrison) schmücken die entspannte Bar des spanischen Drummers Eric Jiménez von der Indie-Rockband Los Planetas. Einstimmen kann man sich mit Tapas aus der Fusion-Küche. Online findet man Infos zu bevorstehenden Gigs, Verkostungen und Theateraufführungen.

Casa de Vinos La Brujidera WEINBAR

(Karte S. 286f.; ☎958 22 25 95; www.facebook.com/casadevinoslabrujidera; Calle Monjas del Carmen 2; ⏲So–Do 13–16 & 20.30–1, Fr & Sa 13–17 & 20.30–2 Uhr) 🍃 Eine gemütliche holzgetäfelte Bar mit Schinken im Fenster und einer erstaunlichen Auswahl an Weinen (3–4 € pro Glas) aus ganz Spanien – von Bio-Rotweinen aus Granada und Sherrys aus Jerez bis hin zu galizischem *albariño* und katalanischem Penedès-Chardonnay. Die schnörkellosen Tapas (4–7 €) reichen von Tortilla bis Ziegenkäse mit Zwiebelconfit.

Candela BAR

(Karte S. 286f.; ☎958 22 70 10; www.facebook.com/barelcandela; Calle Santa Escolástica 9; ⏲13–16 & 20.30–1 Uhr) Gemälde des lokalen Straßenkünstlers El Niño de las Pinturas (S. 293) zieren die Wände und Fensterläden der lebhaften, gut etablierten Nachbarschaftsbar im unteren Realejo-Viertel, die mit leisen Beats und einem ständigen Nachschub an Bier und Tapas aufwartet.

☆ Unterhaltung

★ Peña La Platería FLAMENCO

(Karte S. 282; ☎603 473228, 958 21 06 50; www.laplateria.org.es; Placeta de Toqueros 7) La Platería wurde 1949 gegründet und beansprucht, Spaniens ältester Flamenco-Club zu sein. Im Gegensatz zu einigen der privateren Clubs in Andalusien öffnet das Lokal regelmäßig seine Türen für Nichtmitglieder und bietet donnerstags um 22 Uhr sowie bei anderen sporadischen Gelegenheiten gefühlvolle, mitreißende Auftritte. Dazu gibt's Tapas und Getränke. Im Voraus reservieren!

Jardines de Zoraya FLAMENCO
(Karte S. 282; ✆ 958 20 62 66; www.jardinesdezoraya.com; Calle Panaderos 32; Show 20 €, mit Hauptgericht ab 49 €; ⌚ Vorführungen 20 & 22.30 Uhr; 🚸) Oben im Albayzín wirkt dieses Restaurant in einem ehemaligen *cármen* auf den ersten Blick wie ein touristisches *tablao* (choreografierte Flamenco-Show). Die vernünftigen Eintrittspreise, talentierte Darsteller und ein sehr stimmungsvoller Hof, in dem mediterrane Speisen serviert werden (es gibt auch eine Kinderkarte), machen diese Adresse dennoch zu einer empfehlenswerten Anlaufstelle für alle, die Flamenco lieben.

Flamenco Los Olvidados FLAMENCO
(Karte S. 286f.; ✆ 958 19 71 22; www.flamencolosolvidados.com; Cuesta de Santa Inés 6; Erw./Kind 18/12 €; ⌚ Vorführungen 20.15 & 21.30 Uhr) Wenn die Sonne untergeht, verwandelt sich Albayzíns Palacio de los Olvidados aus dem 16. Jh. (der unerklärlicherweise auch ein Museum für Folterinstrumente der spanischen Inquisition beherbergt) in einen intimen Flamenco-Raum, in dem hochkarätige Künstler im Innenhof ihr Können zeigen.

Casa del Arte Flamenco FLAMENCO
(Karte S. 286f.; www.casadelarteflamenco.com; Cuesta de Gomérez 11; Vorführung 20 €; ⌚ Vorführung 19.30 & 21 Uhr) Eine kleine Flamenco-Bühne, die irgendwo zwischen *tablao* und *peña* (privatem Club) anzusiedeln ist. Die Künstler sind durch die Bank erstklassig und schaffen es, in dem intimen Raum eine elektrisierende Atmosphäre zu erzeugen.

Eshavira JAZZ, FLAMENCO
(Karte S. 282; ✆ 958 29 08 29; https://eshaviraclub.wordpress.com; Calle Póstigo de la Cuna 2; 6–18 €; ⌚ 22–6 Uhr) In der Nähe der Calle Azacayas befindet sich eines von Granadas historischen Jazz- und Flamenco-Lokalen mit einem regelmäßigen Programm aus Konzerten, Jam-Sessions und Flamenco-Darbietungen. Online sind alle Termine aufgelistet.

La Tertulia LIVE-PERFORMANCE
(Karte S. 282; ✆ 674 037595; www.tertuliagranada.com; Calle Pintor López Mezquita 3; ⌚ Di & Do 20–2, Mi bis 1 , Fr & Sa 19–2, So bis 23 Uhr) Eine *tertulia* ist eine Künstlerzusammenkunft, und das ist genau das, was Besuchern in dieser Bohemien-Bar für gewöhnlich geboten wird. Der Schwerpunkt liegt auf der Bühne: Mal wird ein Film gezeigt, mal ein Poetry Slam oder eine Buchpräsentation organisiert, und jeden Dienstag gibt's kostenlose Tango-Sessions.

Shoppen

Viele Läden in Granada spielen mit dem maurischen Erbe der Stadt: Es werden Gewürzsäckchen, Pantoffeln mit spitz gedrehtem Ende und handgefertigte Ledertaschen feilgeboten. Zu den besonderen Kunsthandwerksprodukten gehören *taracea* (Intarsien) aus Muscheln, Silber oder Perlmutt auf Kisten, Tischen und dergleichen. Nur wenige spezialisierte Werkstätten führen diese komplizierte Kunst fort, die in Granada seit dem 14. Jh. floriert.

★ **La Oliva** ESSEN & TRINKEN
(Karte S. 286f.; ✆ 650 182358, 958 22 57 54; www.laoliva.eu; Calle Virgen de Rosario 9; ⌚ Mo–Fr 11–14.30 & 19–22, Sa 11–14.30 Uhr) Tagsüber verkauft das La Oliva feine spanische Weine, hochwertige Olivenöle und weitere Gourmet-Leckereien. Abends werden die Tische rausgestellt und der mehrsprachige Eigentümer Francisco serviert einer Handvoll Gästen sein Degustationsmenü für 38,50 € (Reservierung erforderlich; nur Barzahlung).

La Cata Con Botas WEIN
(Karte S. 286f.; ✆ 958 37 27 37; www.lacatacon botas.com; Calle Paz 4; ⌚ Sept.–Juli Mo–Fr 11–14.15 & 17–21, Sa 11–14.15 Uhr, Aug. Mo–Fr 10.30–14.30 Uhr) Passend zu seinem cleveren Namen (eine Anspielung auf den gestiefelten Kater) führt dieser fröhliche Weinspezialist fast ausschließlich Tropfen aus der Provinz Granada. Bekannte lokale Marken wie Anchurón (S. 314), Pago de Almaraes und Cuatro Vientos (S. 314) zieren die Regale.

Tienda Librería de la Alhambra BÜCHER
(Karte S. 286f.; ✆ 958 22 78 46; www.alhambratienda.es; Calle Reyes Católicos 40; ⌚ 9.30–20.30 Uhr) Ein großartiges Geschäft für Fans der Alhambra mit einer geschmackvollen Auswahl an Büchern über das Monument, seine Kunst und Geschichte. Man findet alles von einfachen Führern bis zu Hochglanz-Bildbänden über islamische Kunst sowie hochwertige Geschenkartikel, darunter handbemalte Fächer, stylishe Schreibwaren, Alhambra-Duftkerzen und beeindruckende Fotodrucke.

Artesanías González KUNST & KUNSTHANDWERK
(Karte S. 286f.; Cuesta de Gomérez 12; ⌚ 11–20 Uhr) Das Kunsthandwerksgeschäft ist seit 1920 auf die alte Kunst der *taracea*

(Einlegearbeiten) spezialisiert und ein guter Ort, um ein kleines Stück Granada mitzunehmen: handgefertigte Schachteln mit Intarsien, Untersetzer, Schachspiele und wunderschöne Backgammonbretter.

Gil de Avalle MUSIK
(Karte S. 286f.; ☎ 625 619201; www.gildeavalle.com; Plaza del Realejo 15; ⏲ Mo–Fr 10–13.30 & 17–20, Sa 10.30–13.30 Uhr) Die Werkstatt des meisterlichen Gitarrenbauers Daniel Gil de Avalle ist ein Paradies für Gitarrenliebhaber, hier stehen eine Auswahl an hervorragenden handgefertigten Flamenco- und Klassikgitarren sowie Kastagnetten und Noten herum. Außerdem kann man Gitarrenunterricht nehmen (ab 30 €).

Praktische Informationen

Oficina de Información Turística (Alhambra) (Karte S. 277; ☎ 958 02 79 71; www.granadatur.com; Calle Real de la Alhambra; ⏲ Mai–Okt. 7.30–20.30 Uhr, Nov.–April bis 18.30 Uhr)

Oficina de Turismo Municipal (Karte S. 286f.; ☎ 958 24 82 80; www.granadatur.com; Plaza del Carmen 9; ⏲ Mo–Sa 9–18, So bis 14 Uhr) Informationen zur Stadt.

Oficina de Turismo Provincial (Karte S. 286f.; ☎ 958 24 71 28; www.turgranada.es; Calle Cárcel Baja 3; ⏲ März–Okt. Mo–Fr 9–20 Uhr, Nov.–Feb. bis 19 Uhr, ganzjährig Sa 10–19, So 10–15 Uhr) Für die Provinz Granada.

Oficina de Turismo Regional (Karte S. 286f.; ☎ 958 57 52 02; www.andalucia.org; Calle Santa Ana 2; ⏲ Mo–Fr 9–19.30, Sa & So 9.30–15 Uhr) Deckt ganz Andalusien ab.

An- & Weiterreise

BUS

Granadas **Busbahnhof** (Avenida Juan Pablo II) befindet sich 3 km nordwestlich des Stadtzentrums. **Alsa** (☎ 902 42 22 42; www.alsa.es) bietet Verbindungen in die ganze Region an, z. B. nach/von Las Alpujarras (S. 302), sowie täglich eine bis zwei Direktverbindungen zum Flughafen Barajas in Madrid (47 €, 4¾ Std.).

FLUGZEUG

Der **Aeropuerto Federico García Lorca Granada-Jaén** (☎ 913 211000; www.aena.es) liegt 17 km westlich der Stadt, direkt südlich der A92. Es gibt Verbindungen zu Flughäfen in ganz Spanien (darunter Madrid, Barcelona, Teneriffa und Mallorca) sowie nach Berlin, Bordeaux, Mailand, Neapel, London Gatwick und Manchester. Zu den Airlines gehören easyJet, Vueling und Iberia.

ZUG

Der Bahnhof befindet sich 1,5 km nordwestlich des Stadtzentrums. 2019 wurde eine neue Hochgeschwindigkeitsstrecke zwischen Granada und Antequera eingeweiht, die mit der AVE-Hochgeschwindigkeitsstrecke Madrid–Córdoba–Málaga verbunden ist.

Unterwegs vor Ort

AUTO & MOTORRAD

Mit dem Auto durchs Zentrum von Granada zu kurven ist frustrierend und sollte am besten

ALSA-BUSSE AB GRANADA

ZIEL	PREIS (€)	DAUER	HÄUFIGKEIT (TGL.)
Almuñécar	8,58	1¼–1¾ Std.	8–9
Córdoba	12–18	2¾–3¾ Std.	12–13
Guadix	5,65	45 Min.	10–15
Jaén	9,13	1–1¼ Std.	15
Málaga	11–14	1½–1¾ Std.	24–25
Sevilla	23–30	3–4½ Std.	9

ZÜGE AB GRANADA

ZIEL	PREIS (€)	DAUER (STD.)	HÄUFIGKEIT (TGL.)
Algeciras	32	4¼–5	3
Almería	21	2½–3	4
Barcelona	36–75	6¼–7½	3
Córdoba	15–49	1¼–2	7–9
Madrid	37–81	3¼	3
Sevilla	29–62	2¼–4	9

vermieden werden. Zentrale Parkplätze kosten 20 bis 25 € pro Nacht. Am besten reist man mit dem Bus oder der Bahn an oder parkt am Stadtrand und nutzt dann die öffentlichen Verkehrsmittel.

BUS

Einfache Tickets (1,40 €; nachts 1,50 €) gibt's im Bus (nur in bar). Nützliche Buslinien:

C30 Plaza Isabel II–Alhambra (über Realejo)

C31 Plaza Nueva–Albayzín

C34 Plaza Nueva–Sacromonte

4 Gran Vía–Bahnhof

33 Gran Vía–Busbahnhof

FAHRRAD

Rent-a-Bici (www.rent-a-bici.com; 1- oder 2-Tagesmiete 50 €)

ZUM/VOM FLUGHAFEN

Alsa-Busse fahren um 6 Uhr morgens und dann etwa stündlich zwischen 9.20 und 22 Uhr vom Flughafen ins Stadtzentrum (3 €, 20–40 Min.). Sie halten an verschiedenen Punkten, u. a. an der **Gran Vía de Colón** (Karte S. 286f.) in der Nähe der Kathedrale. Die Rückfahrten erfolgen in etwa zeitgleich mit den Flügen. Taxis zum/vom Zentrum Granadas kosten etwa 25 bis 30 €.

METRO

Granadas **Metro** (www.metropolitanogranada.es) verbindet Albolote im Norden mit Armilla im Südwesten. Es gibt 26 Stationen, die sonntags bis donnerstags von 6.30 bis 23 Uhr und freitags und samstags bis 2 Uhr angefahren werden. Ein Einzelticket kostet 1,35 €, ein Tagesticket für unbegrenzte Fahrten 4,50 €.

TAXI

Taxis (☎ 958 28 00 00; www.granadataxi.com) findet man an der Plaza Nueva sowie am (Bus-)Bahnhof.

SIERRA NEVADA

Die wilden, schneebedeckten Gipfel der Sierra Nevada bilden Granadas dramatische Kulisse. Hier befinden sich der höchste Punkt des spanischen Festlandes (Mulhacén, 3479 m) sowie Europas südlichstes Skigebiet, das in Pradollano liegt. Die Sierra Nevada erstreckt sich etwa 75 km von West nach Ost, mit 15 Gipfeln über 3000 m. Der untere südliche Bereich, allgemein bekannt als Las Alpujarras, ist gespickt mit idyllischen weißen Dörfern.

Rund 862 km² nimmt Spaniens größter Nationalpark ein, der 1999 eingerichtete Parque Nacional Sierra Nevada. In dem riesigen Naturschutzgebiet gedeihen 2100 der 7000 Pflanzenarten Spaniens, darunter einzigartige Spezies von Krokussen, Narzissen, Disteln, Klee und Mohnblumen. Außerdem lebt hier Andalusiens größte Steinbockpopulation mit ca. 15 000 Tieren. In den niedrigeren Lagen grenzt der Parque Natural Sierra Nevada (864 km²) an den Nationalpark.

Von Juli bis Anfang September sind auf den höheren Bergen wunderbare mehr- oder eintägige Wandertouren möglich. Außerhalb dieser Zeit droht raues Wetter, doch die unteren Lagen der Alpujarras lassen sich immer begehen. Die Skisaison läuft von etwa November bis April.

Pradollano

233 EW. / 2100 M

Das moderne Dorf ist das Tor zu Europas südlichstem Skigebiet. Im Sommer werden die Skifahrer auf den Pisten des **Sierra Nevada Bike Park** (www.sierranevadabikepark.com; Pradollano; Tagespass 22 €; ⏲ Lift Ende Juni–Anfang Sept. 9.30–18 Uhr) von Mountainbikern abgelöst, die über die vier Routen mit insgesamt 18,5 km brettern. Pradollano liegt etwa 30 km südöstlich von Granada an der A395.

Von Dezember bis April fahren Busse von **Autocares Tocina** (☎ 958 46 50 22; www.autotransportetocina.es) hierher. Sie starten am Busbahnhof in Granada (5 €, 1 Std.), und zwar um 8, 10 und 17 Uhr (am Wochenende auch um 15 Uhr). Zurück geht's um 9, 16.30 und 18.30 Uhr (sowie am Wochenende um 13 Uhr). Außerhalb der Skisaison verkehrt nur ein Bus täglich (9 Uhr ab Granada, Rückfahrt 17 Uhr). Ein Taxi nach/von Granada kostet 60 €.

Sierra Nevada Ski SKIFAHREN
(☎ 958 70 80 90; www.sierranevada.es; Pradollano; Skipass Erw. 47–52 €, Kind 31–34 €; ⏲ Nov.–April) Europas südlichstes Skigebiet ist bei Tagesausflüglern aus Granada und Umgebung sehr beliebt und an den Winterwochenenden sehr gut besucht. Mit 110 km Pisten, die von anspruchsvollen schwarzen Abfahrten bis hin zu sanften grünen Hängen reichen, sowie Langlaufloipen, viele davon an den Flanken des mächtigen Veleta (3395 m), ist für jedes Niveau was dabei. Ausrüstung kann man sich für ca. 25 € am Tag ausleihen.

LAS ALPUJARRAS

Die Alpujarras sind ein 70 km langer Abschnitt mit schönen Tälern und tiefen Schluchten, der sich über die Südflanke der Sierra Nevada erstreckt. An die steilen Hänge klammern sich malerische weiße Dörfer, deren Flachdachhäuser im Berberstil an die Vergangenheit der Gegend als Zufluchtsort für die Mauren erinnern. Nach wie vor ist der maurische Einfluss in der Architektur, dem Kunsthandwerk und der Küche der Region spürbar. Zwischen den Dörfern befinden sich terrassenförmig angelegte, durch geschmolzenes Schneewasser fruchtbar gemachte Ackerflächen inmitten von weitläufigen Wäldern und felsigen, trockenen Hängen. Gut ausgetretene Wege durchziehen die Hügel und laden zum Wandern der Extraklasse ein. Auch die lokalen Weinkellereien (S. 314) überzeugen. Heutzutage bevölkert eine Mischung aus *alpujarreños* und Auswanderern viele Ortschaften.

ABSTECHER

MULHACÉN & VELETA

Die beiden höchsten Gipfel der Sierra Nevada – Veleta (3395 m) und Mulhacén (3479 m; der höchste Berg auf dem spanischen Festland) – am Westrand der Gebirgskette locken Nervenkitzel-Fans aus ganz Spanien an. Beide können von einem Informationsposten des Nationalparks in **Hoya de la Mora** (2512 m) an der Nordflanke der Berge aus bestiegen werden. Zu erreichen ist er über die Straße von Granada und das 3 km entfernte Skigebiet Pradollano aus. Informationen und Karten (S. 305), gibt's im **Centro de Visitantes El Dornajo** (☎ 958 34 06 25; www.juntadeandalucia.es; A395, Km 23; ⌚ Mitte Juni–Mitte Sept. Mi–So 8–15 Uhr, Mitte Sept.–Mitte Juni Mi–Fr 9–15, Sa & So 10–17 Uhr), 23 km südöstlich von Granada an der Straße nach/von Pradollano.

Der Informationsposten in Hoya de la Mora liegt am Eingang zu einem Bergpass, der auf der Südseite zu dem Dorf Capileira in den Alpujarras führt. Die obere Straße ist jedoch für Privatfahrzeuge gesperrt und die oberen Bereiche der Berge sind nur mit einem Nationalpark-Shuttlebus erreichbar, der zwischen Ende Juni und Oktober fährt (sofern es der Schnee erlaubt). Es empfiehlt sich immer, Verfügbarkeit und Fahrpläne der Busse im Voraus zu überprüfen. Wenn das Wetter es zulässt, können Radfahrer die obere Straße frei nutzen.

Um den Mulhacén und den Veleta von Norden her zu besteigen, nimmt man den **Shuttlebus** (☎ 671 564407; www.reservatuvisita.es; einfach/hin & zurück 6/10 €; ⌚ Juni–Okt. 8–18 Uhr) von der Albergue Universitario bei Hoya de la Mora. So gelangt man zum Pass Posiciones del Veleta (3100 m), von wo aus ein Weg 4 km (1½ Std.) zum Gipfel des Veleta oder 14 km (4–5 Std.) weiter zum Gipfel des Mulhacén führt.

Wer den Mulhacén von Süden her bezwingen möchte, sollte sich in Capileira (S. 308) einquartieren. Vom Servicio de Interpretación de Altas Cumbres (S. 310) des Dorfes nimmt man einen Sommer-Shuttlebus (einfach/hin & zurück 13/9 €) zum **Mirador de Trevélez** (2710 m; auch El Chorrillo genannt). Ab hier sind es etwa drei Stunden bis zum Gipfel (5,1 km, 800 m Höhendifferenz). Wer aus der Wanderung eine Rundtour mit Übernachtung machen möchte, quartiert sich im **Refugio Poqueira** (☎ 958 34 33 49; www.refugiopoqueira.com; Erw./Kind 18/7 €) ein, wo es auf 2500 m Höhe Schlafplätze und Hausmannskost gibt (nur Bargeld; telefonisch reservieren). Vom Mirador de Trevélez sind es 3,3 km bis zum *refugio* und dann 4,4 km bis zum Gipfel des Mulhacén (insgesamt 6–7 Std.). Den Mulhacén kann man auch auf einer anspruchsvollen Wanderung vom Alpujarras-Dorf Trevélez aus besteigen (S. 310; 24 km, hin & zurück 10–12 Std.).

Die hier beschriebenen Routen sind für fitte bis mittelfitte Wanderer geeignet. Im Winter sollten sie jedoch nur von erfahrenen Bergsteigern oder mit einem Reiseleiter unternommen werden. Man sollte sich vorher immer über die Wettervorhersagen informieren und auf wechselnde Wetterbedingungen und mögliche Stürme vorbereitet sein. Gute Infoquellen sind Sierra Nevada Guides (www.sierranevadaguides.co.uk), Nevadensis (S. 305) und Spanish Highs (S. 309), die alle auch geführte Wanderungen anbieten.

LAS-ALPUJARRAS-BUSSE AB GRANADA

ZIEL	PREIS (€)	DAUER (STD.)	HÄUFIGKEIT (TGL.)
Bubión	6,26	2–2½	3
Cádiar	9	2¾	3
Capileira	6,30	2–3	3
Lanjarón	4,40	1–1½	6–9
Órgiva	5,26	1½–1¾	6–9
Pampaneira	6,22	1¾–2¼	3
Pitres	7	2¾–3¼	2
Trevélez	8,21	2¾–3¾	3
Válor	11	3½	2
Yegen	10	3½	2

Lanjarón

3218 EW. / 659 M

Lanjarón, das Haupttor zu den westlichen Alpujarras, ist eine attraktive grüne Bergstadt. Bekannt ist sie vor allem für ihr therapeutisches Heilwasser, das seit Langem als wichtige Einnahmequelle dient und immer noch viele Besucher anzieht. Zudem profitiert der Ort von seinem reinen Quellwasser, das abgefüllt und in ganz Spanien verkauft wird, sowie von seinem luftgetrockneten *jamón serrano*. Lanjarón liegt 45 km südlich von Granada an der A44 und A348.

Caballo Blanco REITEN
(☎ 627 794891; www.caballoblancotrekking.com; 2-/4-stündige Ausritte 40/70 €, ganzer Tag inkl. Picknick 95 €) Dieser etablierte Veranstalter bietet Reitunterricht und Ausflüge hoch zu Ross in den Hügeln und Bergen ringsum an, darunter auch mehrtägige Touren (im Voraus buchen). Es wird Englisch, Spanisch, Deutsch und ein wenig Französisch gesprochen. Der Reitstall ist 5 km östlich von Lanjarón zu finden.

Arca de Noé SPANISCH €€
(☎ 958 77 00 27; www.facebook.com/arcadenoegustavorubio; Avenida de la Alpujarra 38; raciones 6–18 €; ⏲ Mo–Sa 10–15.30 & 18.30–22.30, So 10–15 Uhr) Die ordentlichen Reihen herunterhängender Schinken und die Regale voller Weinflaschen, Konserven und marinierter Leckereien sagen alles. In diesem Feinkostladen kann man den berühmten lokalen *jamón* sowie ein Sammelsurium an regionalen Köstlichkeiten probieren: würzige Wurst, Ziegenkäse und Tomatensalate.

An- & Weiterreise

Alsa-Busse (S. 300) verkehren zwischen Lanjarón und Granada (4,40 €, 1–1½ Std., 6–9-mal tgl.), Málaga (13 €, 4½ Std., Mo–Sa 1-mal tgl.) sowie Motril (4,13 €, 1¼ Std., Mo–Fr 2-mal tgl., Sa 1-mal tgl.).

Órgiva

3589 EW. / 450 M

Der Hauptort der westlichen Alpujarras ist umgeben von Zitrusfrüchten und Olivenbäumen und etwas schmuddeliger sowie wesentlich größer als die Nachbardörfer. Hier leben 68 verschiedene Nationalitäten und es gibt eine lebendige Hippie-Szene. In den Wäldern nördlich von Órgiva befindet sich die alternative Gemeinde Benefico, deren Bewohner regelmäßig auf dem Donnerstagsmarkt ihre Waren anbieten. Wer Chris Stewarts Bestseller *Unter den Zitronenbäumen: Ein Optimist in Andalusien* gelesen hat, wird Órgiva vielleicht wiedererkennen.

Schlafen & Essen

Casa Rural Jazmín CASA RURAL €€
(☎ 621 223140; www.casaruraljazmin.com; Calle Ladera de la Ermita; DZ inkl. Frühstück 53–70 €; P ❄ 📶 ≋) In diesem friedlichen Refugium im oberen Teil der Ortschaft, das sich hinter buschigen Bougainvilleen versteckt, wird man herzlich empfangen. Die vier heimeligen bunten Zimmer in der gemütlichen Unterkunft sind unterschiedlich eingerichtet und verschieden groß. Draußen locken ein Garten voller Blumen, wo im Sommer das Frühstück serviert wird, und ein Pool, der zum Planschen einlädt.

Sierra Nevada & Las Alpujarras

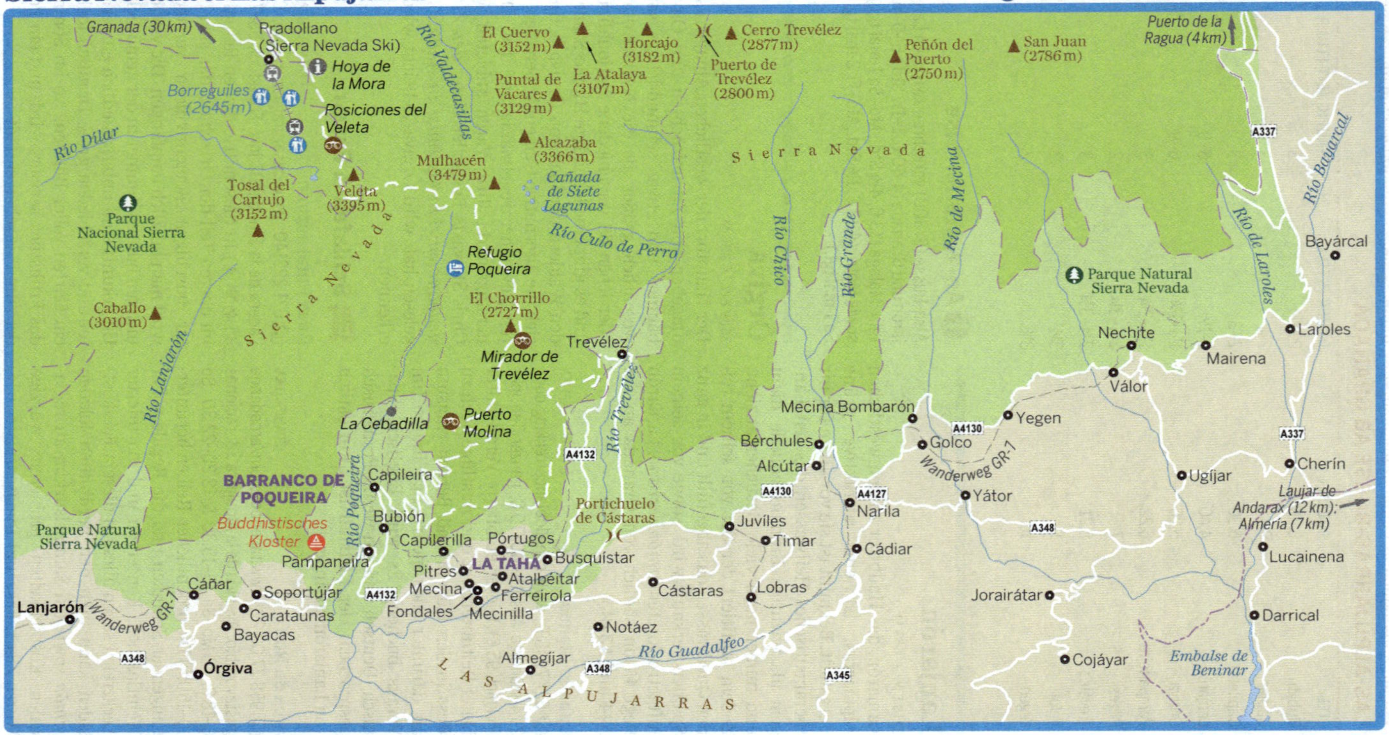

Tetería Baraka INTERNATIONAL €€
(☎958 78 58 94; www.teteria-baraka.com; Calle Estación 12; Snacks 2–8 €, Hauptgerichte 5–14 €; ⏰10–23 Uhr; 📶✎) Das Baraka ist vor allem an Markttagen ein entspanntes Lokal. An gekachelten Tischen und in gemütlichen Ecken werden Hummus, Falafel-Wraps, Tofu-Burger, marokkanische Tajines, Tortilla-Omeletts und andere Köstlichkeiten präsentiert. Außerdem gibt's mit Alpujarras-Honig gesüßte Tees. Die meisten Zutaten sind aus der Region und aus biologischem Anbau, darunter Órgiva-Olivenöl. Die selbstgebackenen Leckereien reichen von veganen Brownies bis zu marokkanischen Süßigkeiten.

Praktische Informationen

Sierra Nevada Outdoor (☎958 78 41 11; www.sierranevadaoutdoor.es; Avenida González Robles 14D; ⏰Mo–Fr 10–14 & 17–20, Sa 10–14 Uhr) Hilfreicher Outdoorladen mit Karten, Büchern und Tipps für Wanderungen.

Barranco de Poqueira

In der Poqueira-Schlucht befinden sich drei der berühmtesten und meistbesuchten Dörfer der Alpujarras: Pampaneira, Bubión und Capileira, jeweils 14, 18 und 20 km nordöstlich von Órgiva an der A4132 und der A4129. Von Weitem wirken sie wie weiße Farbkleckse à la Jackson Pollock vor der schwindelerregend grünen Landschaft über dem Río Poqueira. Aus nächster Nähe sind es Lehrbuchmodelle für die steil übereinander aufragenden weißen Dörfer dieser Gegend mit Bögen, Bewässerungskanälen und *tinaos* (Durchgängen unter den Häusern).

Die Gegend ist berühmt für ihre Handwerkstraditionen – Leder, Webstoffe und Kachelarbeiten (manche werden immer noch nach uralten überlieferten Methoden hergestellt) – sowie für lokalen Schinken, Marmelade, Käse, Honig, Pilze, Trauben und mehr.

Rund um die drei Dörfer erstrecken sich Wanderwege, von denen man viele mühelos an einem Tag schafft. Der 9 km lange Sendero Pueblos de Poqueira führt die Schlucht von Pampaneira über Bubión nach Capileira (etwa vier Stunden) hinauf.

Pampaneira

275 EW. / 1060 M

Pampaneira ist das am tiefsten gelegene Dorf im Barranco de Poqueira und ganz offensichtlich auch eine der touristischsten Gemeinden der Alpujarras. Das schneeweiße Zentrum um die Plaza de la Libertad herum mit ihrer **Mudejarkirche** (Plaza de la Libertad; ⏰10.30–11.30 Uhr) aus dem 16. Jh. ist voller Bars, Restaurants und Kunsthandwerksläden, in denen grob gewebte Alpujarras-Teppiche verkauft werden. Durch den Ort führt der Wanderweg GR7.

> **KARTEN**
>
> Die besten Karten für die Sierra Nevada und die Alpujarras sind *Sierra Nevada, La Alpujarra* (1:40 000) von Editorial Alpina und *Sierra Nevada* (1:40 000) von Editorial Penibética. Zu beiden gehören Broschüren mit Beschreibungen von Wander- und Radwegen sowie Skipisten. Erhältlich sind sie im Centro de Visitantes El Dornajo (S. 302) bei Pradollano. Tolle Infos bieten auch *Walking and Trekking in the Sierra Nevada* (Cicerone; 2017) von Richard Hartley sowie die Karte und das Booklet von Discovery Walking Guides.

Sehenswertes & Aktivitäten

★**Nevadensis** ABENTEUERSPORT
(☎958 76 31 27, 659 109662; www.nevadensis.com; Plaza de la Libertad; ⏰März, Juli, Aug. & Nov. tgl. 10–14 Uhr, April–Juni, Sept. & Okt. 10–14 & 16–18 Uhr, Dez.–Feb. Fr–So 10–14 Uhr) Die erfahrensten Spezialisten für Outdoorabenteuer in den Alpujarras mit dem größten Angebot betreiben ein Büro gegenüber der Kirche am Hauptplatz von Pampaneira, das auch als Touristeninformation dient. Professionelle Guides bieten fachkundige Beratung und Kartenmaterial sowie eine große Auswahl an Aktivitäten an, die von Bergsteiger- und Skikursen über Klettersteigkurse und Canyoning bis hin zu geführten Wanderungen und Allradtouren reichen.

Schlafen & Essen

Estrella de las Nieves HOTEL €€
(☎958 76 39 81; www.estrelladelasnieves.com; Calle Huertos 21; EZ/DZ/Suite 50/75/100 €; P📶❄) Gleich oberhalb der Ortschaft bietet dieser umwerfende weiße Hotelkomplex elegante, dezent moderne Zimmer mit lokalen Kunstwerken, Hydromassage-Duschen oder -Bädern sowie Terrassen mit Blick über die Dächer und auf die Berge. Schöne Gärten, hausgemachte Berggerich-

Teterías & Hammams

Mehr noch als in anderen Teilen Spaniens hat die maurische Zeit in Andalusien bleibende Spuren hinterlassen. Die Region befand sich beinahe acht Jahrhunderte (711–1492) unter dem Einfluss Nordafrikas und Überbleibsel dieser Epoche finden sich an jeder Ecke, von der palastartigen Alhambra bis hin zu den Tee- und Badehäusern Granadas und Córdobas.

Maurische Teehäuser

Maurische *teterías* (Teehäuser), deren kunstvolle Innenräume einen Hauch von Fès, Marrakesch oder sogar Kairo versprühen, leben gerade überall auf. Zum einen dank der nordafrikanischen Einwanderer, zum anderen durch das lokale Interesse am maurischen Erbe der Region. Der Trend kam vor ein paar Jahren in der Calle Caldería Nueva (S. 298) in Granadas Albaicín auf und hat sogar Torremolinos erreicht! Einfach nach schummrigen Cafés mit Sitzkissen Ausschau halten, in denen Kannen mit zuckrigem Minztee und arabische Süßigkeiten auf Silbertabletts serviert werden.

Hammams & Arabische Bäder

Andalusiens Badehäuser – eine Mischung aus westlichem Spa und marokkanischem Hammam – würden mit ihrer Eleganz sogar einen Emir mit Vorliebe für Opulenz zufriedenstellen. Hier entspannt man sich bei Kerzenschein, schlürft Pfefferminztee und erlebt die Baderituale der Mauren (Bäder in kaltem, lauwarmem und heißem Wasser), oft gefolgt von einer Massage. Sevilla, Granada, Almería, Córdoba und Málaga haben alle hervorragende Badehäuser im maurischen Stil.

DIE BESTEN TETERÍAS

Tetería Dar Ziryab (S. 298), Granada
La Tetería (S. 185), Málaga
Tetería Almedina (S. 326), Almería
Tetería Baraka (S. 305), Órgiva
Abaco Té (S. 298), Granada

JAVI_INDY/GETTY IMAGES ©

1. Marokkanische Teegläser 2. Tetería in Granada 3. Hammam in Granada 4. Hammam nahe Purullena in der Provinz Granada

ANIBAL TREJO/SHUTTERSTOCK ©

te, ein Pool am Hang, ein Bio-Obstgarten und Terrassen mit frischen Geranien tragen zur guten Stimmung bei.

Bodega El Lagar ANDALUSISCH €

(☎673 636394; Calle Silencio; raciones 10 €; ⏰11–17 & 20–24 Uhr) Diese kleine Bodega an einer kurvigen Seitenstraße hinter der Plaza de la Libertad ist eines der besten Lokale Pampaneiras. Neben rauen weißen Wänden mit landwirtschaftlichen Geräten und Weidenkörben werden riesige Mengen an seelenwärmenden Bauerngerichten serviert, darunter Steaks vom Kohlegrill, delikate Mandelsuppen und *plato alpujarreño* sowie ein Mittagsmenü für 10 €.

Casa Julio ANDALUSISCH €

(☎958 76 33 22; Avenida Alpujarra 9; Hauptgerichte 7–9 €; ⏰13–16.30 & 20.30–23 Uhr) Etwas oberhalb der Hauptstraße und südlich der Kirche von Pampaneira liegt das rustikale Casa Julio, ein gemütlicher Familienbetrieb. Hier kommt man in den Genuss von mit Liebe zubereiteten, hausgemachten Alpujarras-Klassikern von *patatas a lo pobre* und lokalem Schinken bis hin zu *migas alpujarreñas* (gebratene Brotkrumen mit Würstchen und grünem Pfeffer) und Kaninchen in Mandelsoße.

Shoppen

Abuela Ili Chocolate SCHOKOLADE

(☎958 56 57 84; www.abuelailichocolates.com; Plaza de la Libertad 1; ⏰Mo–Fr 9–14 & 15–18, Sa & So 9–20 Uhr) Bereits seit den 1990er-Jahren werden in dem gemütlichen Geschäft, das auch in Capileira und Granada zu finden ist, handwerkliche Pralinen hergestellt. Neben traditionellen Sorten gibt's auch ausgefallene Geschmacksrichtungen wie Schokolade mit Ziegenkäse oder Pfeffer und im Winter köstliche Häppchen aus lokalen Orangen.

Bubión

279 EW. / 1350 M

Bubión, das kleinste und ruhigste der Dörfer im Barranco de Poqueira, ist ein unglaublich malerischer Ort mit maurischen Gassen, weiß getünchten Bögen, Flachdachhäusern und einer **Mudejarkirche** (Plaza Doctor Pérez Ramón; ⏰12–13 Uhr) aus dem 16. Jh., die an der Stelle einer alten Moschee errichtet wurde. Der transkontinentale Fernwanderweg GR7 teilt das Dorf in zwei Hälften.

Hilacar ArtesAna WERKSTATT

(☎658 106576; www.jarapahilacar.com; Calle Carretera 29; ⏰Do–Di 11–19 Uhr, kann variieren) GRATIS Im oberen Teil der Ortschaft befindet sich die einzige verbliebene Kunstwerkstatt der Alpujarras, die *jarapas* herstellt – die bunten Teppiche, die man überall in den Dörfern der Poqueira entdeckt. Hier kann man den 200 Jahre alten Webstuhl in Aktion sehen und handgefertigte *jarapas* kaufen (ab 45 €) oder in einem zweistündigen Kurs sogar selbst welche herstellen (auf Anfrage).

Teide ANDALUSISCH €

(☎958 76 30 37; www.restauranteteide.com; Calle Carretera 1; Hauptgerichte 6–17 €; ⏰Mi–Mo 13–16 & 19.30–22.30 Uhr, im Feb. 2 Wochen geschl.) An den schattigen Tischen im Freien oder im großen Speisesaal mit Holzbalken serviert das traditionsreiche, direkt an einer Straße gelegene Teide großzügige hausgemachte *alpujarreño*-Gerichte wie Ziegenfleisch mit Knoblauch und Mandeln, gebratene Lammkeule, Forelle mit *patatas a lo pobre* und lokalen *jamón*.

Capileira

550 EW. / 1436 M

Capileira wird von einer lilienweißen Kirche aus dem 18. Jh. überragt. Es ist das größte, am weitesten oben gelegene und hübscheste Dorf im Barranco de Poqueira sowie das meistbesuchte in den Las Alpujarras. Darüber hinaus gibt's hier die besten Restaurants, Unterkünfte und Lederwaren des Tals. Der Ort dient als guter Ausgangspunkt für Höhenwanderungen auf und rund um den Mulhacén (S. 302).

Sehenswertes & Aktivitäten

Ab dem oberen Teil der Gemeinde ist der beliebte PRA69-Wanderrundweg zum verlassenen Weiler von La Cebadilla (7,1 km, 3½ Std.) ausgeschildert.

Casa-Museo Pedro Antonio de Alarcón MUSEUM

(☎958 76 30 51; Calle Mentidero; 1 €; ⏰Sa & So 11–14 Uhr) Ein altes Dorfhaus mit einer bescheidenen Ausstellung über die lokale Landwirtschaft und Alltagsgegenstände sowie über Leben und Werk des aus Guadix stammenden Romanciers Pedro Antonio de Alarcón, der in seinem 1872 verfassten Buch *La Alpujarra* über seine Reisen in der Region berichtete.

NICHT VERSÄUMEN

WANDERWEGE IN DEN ALPUJARRAS

Die vielen Berge und Täler der Alpujarras sind durchzogen von einem Geflecht aus Maultierpfaden, Bewässerungsgräben und Wanderwegen, ideal für schier unendliche Trekkingtouren zwischen den Dörfern oder in die Wildnis. Unter ihnen finden sich einige der besten Wanderstrecken Andalusiens (und Spaniens). Die beste Zeit ist von April bis Mitte Juni oder von Mitte September bis Anfang November, wenn die Temperaturen gerade richtig sind und sich die Pflanzenwelt besonders farbenprächtig präsentiert.

Als beliebteste Startpunkte dienen die drei Dörfer im Barranco de Poqueira: Pampaneira, Bubión und Capileira. Aber selbst dort trifft man unterwegs selten andere Wanderer. Die farblich gekennzeichneten Strecken von 4 bis 23 km Länge (2–8 Std.) führen die Schlucht hinauf und hinab. Von Capileira sowie von Trevélez weiter östlich kann man den Gipfel des Mulhacén (S. 302) erklimmen. Karten und Tipps gibt's beim langjährigen Anbieter Nevadensis in Pampaneira oder bei Sierra Nevada Outdoor in Órgiva. Viele Hotels vor Ort bieten ihre eigenen Karten mit Wanderbeschreibungen an. Empfehlenswert sind auch die praktischen Karten mit zahlreichen Wanderwegen von Editorial Alpina und Discovery Walking Guides. Nevadensis organisiert zudem ebenso wie die renommierten **Spanish Highs** (www.spanishhighs.co.uk; geführte Tageswanderung ab 45 € pro Pers.) und jede Menge Hotels in den Alpujarras geführte Wanderungen.

Von den Fernwanderwegen, die durch die Alpujarras verlaufen, ist der GR7 (gut ausgeschildert durch rot-weiße Markierungen) die malerischste Strecke – man kann ihm z. B. in ca. fünf Tagen von Lanjarón nach Válor (80 km) folgen. Alle Dörfer werden von Bussen angefahren, sodass die Strecke auch in kürzere Wanderungen aufgeteilt werden kann, z. B. in den steilen Abschnitt Bubión-Pitres (4,5 km, 1½ Std.).

Die relativ gut ausgeschilderte Route GR240 (bekannt als Sulayr), ein 300 km langer Rundweg durch die Sierra Nevada, liegt höher als der GR7. Die komplette Strecke ist in 15 bis 19 Tagen zu schaffen.

Schlafen & Essen

★ **Hotel Real de Poqueira** HOTEL €€
(☎ 958 76 39 02; www.hotelpoqueira.com; Doctor Castillas 11; EZ 50 €, DZ 55–95 €; ⏱ Mitte Feb.–Mitte Jan.; ❄📶🏊) Das typische alte Haus gegenüber der Kirche von Capileira ist die beste von mehreren Unterkünften im Dorf, die alle von der gleichen gastfreundlichen Familie geführt werden. Die Zimmer in diesem hervorragenden Drei-Sterne-Hotel sind elegant, minimalistisch und modern eingerichtet und verfügen über schicke Bäder sowie schimmernde Bettwäsche. Außerdem gibt's einen kleinen Pool, eine Gartenbar und ein Restaurant.

El Corral del Castaño ANDALUSISCH €€
(☎ 958 76 34 14; Plaza del Calvario 16; Hauptgerichte 8–20 €; ⏱ Do–Di 13–16 & 20–22 Uhr; 📝) Das einladende Dorfrestaurant punktet mit einer wunderschönen Lage auf einem malerischen Platz und mit ausgezeichneter andalusischer Küche samt kreativen internationalen Einflüssen. Auf der Karte steht eine riesige Auswahl an traditionellen Alpujarras-Klassikern wie *plato alpujarreño* mit viel Fleisch und innovativeren Gerichten wie mit Gemüse gefüllte Pastela nach marokkanischer Art oder Schweinebäckchen in Rotwein sowie hausgemachte Pizzas und Desserts.

Taberna Restaurante La Tapa ANDALUSISCH, MAROKKANISCH €€
(☎ 618 307030; Calle Cubo 6; Hauptgerichte 8–18 €; ⏱ 12–16 & 20–24 Uhr; 📝) 🌿 Im winzigen La Tapa werden die unverwechselbaren Aromen der kulinarischen Mikroregion der Alpujarras gekonnt mit der maurischen Vergangenheit der Region kombiniert. Das in einem klassischen, weiß getünchten Haus untergebrachte Restaurant bietet Gerichte mit Zutaten aus der Region und Geschmacksnoten wie Mandel, Pflaume und Rosmarin. Es gibt u. a. *raciones* mit Bergkäse, Chorizo und Schinken, Bio-Gazpacho und die typischen Couscous- und Auflaufgerichte.

Shoppen

J Brown MODE & ACCESSOIRES
(☎ 958 76 30 92; tallerbrown@gmail.com; Calle Doctor Castilla 7; ⏱ 10–14 & 17–20 Uhr) Hervor-

ragende Lederwaren wie Taschen, Gürtel und Cowboyhüte, alle handgefertigt von Kunsthandwerker José Manuel Moreno und seiner Familie. Für eine Tasche sollte man mindestens 70 € und für die Hüte mindestens 40 € einplanen.

Praktische Informationen

Servicio de Interpretación de Altas Cumbres (958 76 30 90, 671 564406; www.reservatuvisita.es; Carretera de Sierra Nevada; Ostern–Anfang Dez. 10–14 & 17–20 Uhr) Neben dem Busbahnhof in Capileira. Informationen zum Nationalpark und den Alpujarras im Allgemeinen sowie Sommer-Minibusse des Nationalparks (S. 301) in die hohe Sierra Nevada.

La Tahá

653 EW.

In La Tahá, dem schönen Tal direkt östlich des Barranco de Poqueira, verlangsamt sich das Leben und die Zahl der Touristen nimmt merklich ab. Das Gebiet ist immer noch unter dem arabischen Begriff *taha* für die Verwaltungsbezirke bekannt, in die das islamische Kalifat die Alpujarras aufteilte. Es besteht aus Pitres (6,5 km östlich von Pampaneira an der A4132) und den umliegenden Dörfern Mecina Fondales, Capilerilla, Mecinilla, Ferreirola, Fondales und Atalbéitar.

Uralte Pfade (normalerweise ausgeschildert als „Sendero Local Pitres–Ferreirola“) winden sich zwischen den Siedlungen zu einem Soundtrack aus Bachgeplätscher durch Wälder und Obstgärten. Etwa 1,5 km unterhalb von Mecina Fondales (20 Minuten zu Fuß) überspannt eine Brücke aus maurischer Zeit die tiefe Klamm des Río Trevélez. Der GR142 führt durch die Talsohle und es gibt eine Reihe schöner Orte zum Übernachten und Essen.

Schlafen

Sierra y Mar B&B €

(958 76 61 71; www.sierraymar.com; Calle Albaicín 3, Ferreirola; EZ/DZ/3BZ inkl. Frühstück 42/69/90 €; Feb.–Nov.;) Dieser *casa-rural*-Komplex mit acht Zimmern in mehreren Gebäuden rund um einen grünen Garten, begrüßt seit 1985 Gäste in dem wohltuend ruhigen Weiler Ferreirola, 4 km südöstlich von Pitres. Hinter einer himmelblauen Tür verbergen sich weiß getünchte Wände, rustikales Dekor und verstreute Terrassen, die dieses B&B in Verbindung mit dem wunderbaren Blick auf die Berge, einer Küche, einer Bibliothek und einem Kamin zu einer superentspannten Basis machen.

★ Casa Ana B&B €€

(678 298497; www.casa-ana.com; Calle Artesa 7-9, Ferreirola; inkl. Frühstück EZ 55–70 €, DZ 95 €; März–Dez.;) Die Casa Ana ist ein wunderschön restauriertes, 400 Jahre altes Haus in dem kleinen Ort Ferreirola, 4 km südöstlich von Pitres. Sie verfügt über nur zehn rustikal-schicke Zimmer (handgefertigte Fliesen, Kastanienholzbalken, Regenduschen), die von einem Garten mit Lavendel und Glyzinien umgeben sind. Zum Programm dieser Bleibe zählen Schreiben, Malen, Yoga und andere kreative Rückzugsmöglichkeiten. Die britische Besitzerin Anne organisiert Wanderurlaube mit dem Autor Chris Stewart.

Hotel Fuente Capilerilla HOTEL €€

(686 888076; www.fuentecapilerilla.com; Calle Fuente Escarda 5, Capilerilla; Zi. 63–140 €; Feb.–Mitte Dez.; P) Völlige Ruhe, Bergblicke und zwölf schick-rustikale Zimmer (manche mit Terrasse) warten in diesem Refugium in spanisch-belgischer Hand. Es befindet sich in Capilerilla, dem höchstgelegenen Dorf von La Tahá auf 1350 m. Massagen, Dampfbäder, ein glitzernder Pool, geführte Wanderungen und Wellness-Retreats machen das Angebot noch attraktiver. Außerdem gibt's Frühstück (5–12 €), Tapas und Abendessen. Von Pitres aus zum Hotel sind es 1,5 km eine steile Straße hinauf.

Trevélez

724 EW. / 1476 M

Feinschmecker feiern Trevélez für seinen *jamón serrano*, einen der geschmackvollsten spanischen Schinken, der in der frischen herrlichen Bergluft besonders gut reifen kann. In Trevélez laufen die Wanderwege zusammen und wieder auseinander wie Spaghetti auf dem Teller. Für Wanderfreunde ist dies der Startpunkt für die hochgelegenen Bergpfade, darunter eine der Hauptrouten auf den Mulhacén (S. 302), den höchsten Gipfel auf dem spanischen Festland. Statistiker kennen den Ort derweil als das am zweithöchsten gelegene Dorf des Landes, nach Valdelinares in Aragonien.

Trevélez liegt 10 km nördlich von Busquístar an den fast vollständig baumlosen Hängen des Barranco de Trevélez und besteht aus drei *barrios*: Der obere Teil, *alto* genannt, ist älter, labyrinthartiger und bietet die besten Aussichten, der mittlere Teil heißt *medio* und im unteren Teil – *bajo* – befindet sich der Großteil der touristischen Infrastruktur.

Aktivitäten

Trevélez ist der Ausgangspunkt für den anspruchsvollen 24 km langen Aufstieg (Hin- und Rückweg) zum Mulhacén über Siete Lagunas. Besonders Fitte – der Höhenunterschied beträgt mehr als 1900 m – schaffen die Strecke in zehn bis zwölf Stunden. Nimmt man beim Abstieg Kurs auf den Mirador de Trevélez, wird ein Rundweg draus. Einfacher ist die Wanderroute, die vom oberen Ende des Orts das Trevélez-Flusstal hinauf bis kurz unterhalb der Weide El Horcajo führt (ca. 14 km, 4½–5 Std.). Der GR7 verläuft durch den Ort.

Schlafen & Essen

Hotel La Fragua II HOTEL €€
(958 85 86 26; www.hotellafragua.com; Calle Posadas; DZ/3BZ/4BZ 76/95/125 €; März–Dez.; P) Von außen sieht das La Fragua II mit den weißen Steinen und den Topfpflanzen alpin schick aus. Es hat zehn geräumige, sonnendurchflutete Zimmer (mit Wasserkochern und Balkonen) und dient als gemütlicher Stützpunkt im oberen Teil von Trevélez. Draußen kann man vom Pool aus den Blick auf die Berge genießen. La Fragua ist eine Art Mini-Kette: Dazu gehören noch ein gemütliches *alpujarreño*-**Restaurant** (958 85 85 73; Calle San Antonio; Hauptgerichte 9–14 €; März–Dez. 12.30–16 & 20–22.30 Uhr) und das bescheidenere **Hotel La Fragua I** (958 85 86 26; Calle San Antonio 4; EZ/DZ 38/55 €; März–Dez.).

Mesón Joaquín ANDALUSISCH €€
(958 85 85 14; www.jamonestrevelez.com; Carretera A4132, Km 22; Hauptgerichte 8–20 €; März–Dez. 12.30–16.30 Uhr) Es ist nicht besonders schwer, den kulinarischen Hauptdarsteller in diesem entspannten Restaurant am Südeingang des Ortes zu erraten: Unzählige getrocknete Schinken hängen im gewölbeartigen, keramikgefliesten Innenraum von der Decke. Auf fachmännisch angerichteten Tellern liegen dünn geschnittener *jamón*, mit Öl angemachte Tomaten oder Forellen aus Trevélez. Hier werden ausschließlich lokale Zutaten serviert.

NICHT VERSÄUMEN

L'ATELIER

Dieses Restaurant in einem 350 Jahre alten Haus im Dorf Mecina Fondales, 4 km südlich von Pitres, lohnt eine Reise. Es bietet vegetarische Köstlichkeiten aus aller Welt: gewürzter Couscous, Hummus-Schawarma, Kokosnuss-Tofu-Curry, Risotto mit Wildpilzen. Man sollte reservieren, vor allem im Sommer, wenn man draußen sitzen möchte. In der Küche werden Zutaten aus der Region verarbeitet und die französischen Besitzer bieten auf Anfrage auch Kochkurse an.

L'Atelier (958 85 75 01; www.facebook.com/lateliervegrestaurant; Calle Alberca 21, Mecina Fondales; Hauptgerichte 11–14 €; 13–16 & 19.30–22 Uhr) ist gleichzeitig ein unkompliziertes **B&B** (DZ inkl. Frühstück 56 €) mit ein paar gemütlichen Zimmern, in denen es sich gut aushalten lässt.

Shoppen

Jamones Cano González ESSEN
(958 85 86 32; www.jamonescanogonzalez.com; Calle Pista del Barrio Medio 18; Mo–Fr 10–14 & 17–19, Sa 11–14 & 16–20, So 11–14 Uhr) In diesem Laden kann man sich mit *jamón* von Trevélez eindecken. Außerdem im Angebot sind Wurstwaren, lokale Käsesorten, Bio-Olivenöl und Weine aus den Alpujarras.

Der Osten der Alpujarras

Die östlichen Ausläufer der Alpujarras von Granada offenbaren eine schroffere, kahlere, und offenere Landschaft. Die kleinen Dörfer – Bérchules, Cádiar, Mecina Bombarón, Yegen, Válor, Mairena – sind noch grüne Oasen, aber zum größten Teil erstreckt sich hier hartes, abgeschiedenes Bergland. Ugíjar ist der Hauptort. Merklich weniger Besucher schaffen es bis in diese Gegend, und wer kommt, geht oft auf lange, einsame Wanderschaft – der Fernwanderweg GR7 durchquert das Gebiet.

Cádiar

1183 EW. / 950 M

Cádiar, eines der größeren Alpujarras-Dörfer, liegt im Flachland am Río Guadalfeo, 8 km südlich von Bérchules an der A348.

Anfang Oktober feierte der Ort seine viertägige **Feria** (Plaza de la Iglesia; ⏲ Anfang Okt.), indem die Hähne des Fuente del Vino (Weinbrunnen) geöffnet werden. Zu den lokalen Spezialitäten gehören Keramik und Kunsthandwerk aus Espartogras. Der GR7 und der GR142 führen durch die Stadt.

★ Alquería de Morayma HOTEL €€

(☎ 958 34 32 21, 605 051841; www.alqueriamorayma.com; Carretera A348, Km 50; EZ 52 €, DZ 70–78 €, 4-Pers.-Apt. 120 €; P ❄ ☞ ✉) Auf einem eigenen 40 ha großen Weingut mit Bio-Weinbergen, Obstbäumen und Wäldern dient dieses gemütlich-rustikale Gehöft als wunderschöner ländlicher Rückzugsort. Holzbalkendecken, Steinfliesenböden und bunt bemalte Bögen schmücken die unterschiedlichen Zimmer und Apartments (teilweise in abgelegeneren Gebäuden). Das wunderbare, von den Jahreszeiten inspirierte **Restaurant** (raciones 8–12 €, Hauptgerichte 11–16 €; ⏲ 8.30–11, 13.30–16.30 & 19.30–23 Uhr; ✎) bietet Weine (S. 314) und Olivenöl aus eigener Herstellung, außerdem gibt's eine Bibliothek und Wanderwege direkt vor der Tür. Die Unterkunft befindet sich 2 km südlich von Cádiar.

Yegen

396 EW. / 1000 M

Das beschauliche, weiß getünchte Dorf Yegen ist bekannt als Wohnort des britischen Schriftstellers Gerald Brenan, einem eher unbedeutenden Mitglied des in der ersten Hälfte des 20. Jhs. legendären Künstlerzirkels Bloomsbury Group. Brenans Buch *Südlich von Granada* beschreibt das hiesige Leben in den 1920er-Jahren. Eine Plakette markiert Brenans früheres Haus, das nahe der Plaza unterhalb der Hauptstraße steht. Die dramatisch erodierte Landschaft von Yegen kann man auf dem 1,9 km langen Wanderweg **Sendero Gerald Brenan** erkunden. Der Ort befindet sich 6 km östlich von Mecina Bombarón.

Espacio Brenan MUSEUM

(Carretera A4130) GRATIS An der Hauptstraße liegt die alte Fonda de Manuel Juliana. Gerald Brenan wohnte dort nach seiner Ankunft in Yegen in den 1920er-Jahren. Heute beherbergt das Gebäude ein kleines, faszinierendes Museum mit Fotos des dänischen Fotografen Vagn Hansen (Juan El Dinamarca), die das Dorfleben zwischen den 1950er- und 1990er-Jahren zeigen. Es gibt keine offiziellen Öffnungszeiten, aber wenn die Bar El Tinao nebenan offen ist, kann man dort auf einen Kaffee vorbeischauen und nach dem Schlüssel fragen.

El Rincón de Yegen ANDALUSISCH €€

(☎ 642 890243; www.elrincondeyegen.com; Calle de las Eras 2; Hauptgerichte 8–20 €; ⏲ Mi–Mo 9–24 Uhr, im Jan. 2 Wochen geschl.; ✎) Am nördlichen Rand des Dorfes liegt dieses gemütliche Landrestaurant, das über einen Speisesaal mit Holzbalken und Tischen rund um einen Steinkamin verfügt. Die Gerichte spiegeln die Landschaft der Umgebung wider. Es gibt lokale Spezialitäten wie den fleischlastigen *plato alpujarreño,* aber auch vegetarische Speisen.

Das Rincón bietet auch farbenfrohe Zimmer mit Balkon (DZ 45 €) und zweistöckige Apartments für vier bis sechs Personen (ab 63 €) an, zu denen ein Gemeinschaftspool gehört.

Válor

507 EW. / 900 M

Als typisches Alpujarras-Dorf mit einer Mudejarkirche aus dem 16. Jh. hat Válor eine wichtige Geschichte aufzuweisen. Es war der Geburtsort von Aben Humeya, einem *morisco,* der 1568 eine Rebellion gegen die Repressionen Philipps II. anführte; dieser hatte arabische Namen, Kleidung und sogar Sprache verboten. Der zweijährige Guerillakrieg in den Bergen endete erst, als Philipps Halbbruder Ritter Johann von Österreich (Don Juan de Austria) zur Niederschlagung des Aufstands hinzugezogen und Aben Humeya von seinem Cousin Aben Aboo ermordet wurde. Das historische Gefecht wird mit einem bekannten Herbstfest gefeiert, dem **Moros y Cristianos** (Mauren und Christen; ⏲ 12.–15. Sept.). Válor liegt 6 km nordöstlich von Yegen an der GR7-Route.

Balcón de Válor APARTMENTS €

(☎ 958 85 18 21; www.balcondevalor.com; 4-Pers.-Casita 100–130 €; P ❄ ☞ ✉) Die wie eine traditionelle *finca* (Gutshof) gestaltete Anlage verfügt über Flachdächer, Holzbalken, schöne handbemalte Fliesen und einen großen Gemeinschaftspool. Es gibt eine Reihe von makellosen, modern-rustikalen *casitas* (Cottages) mit ein bis vier Schlafzimmern, zudem genießt man einen weiten Blick über Válor und die Berge. Dies ist ein einladender Familienbetrieb mit Selbstverpflegung. Die Besitzer betreiben auch das einfache, nicht weit entfernte **Hostal Las Perdices** (☎958 85 18 21; www.hlasperdices.com; Carretera A4130; Zi. 48 €; ❄ 📶).

Restaurante Aben Humeya ANDALUSISCH €
(☎958 85 18 10; Calle Los Bolos; raciones 8–15 €; ⏲10 Uhr–open end) In dem gemütlichen, an der Hauptstraße bergab gelegenen Bar-Restaurant kann man die Spezialitäten von Válor wie Ziegenkäse, Olivenöl und Rebhuhn probieren. Auf der Karte stehen saisonale Köstlichkeiten wie lokale Pilze oder Spargel, aber auch regionale Gerichte wie *conejo al ajillo* (Kaninchen in Knoblauchsoße), leckere Kroketten, riesige Salate und *bocadillos* (gefüllte Brötchen) mit Tortilla oder *jamón*.

Mairena

157 EW. / 1082 M

Selbst in diesem recht stillen Bergland wirkt das winzige Mairena abgelegen. Es ist eines von vier Dörfern der Gemeinde Nevada und befindet sich 7 km östlich von Válor an der Hauptstraße A4130. Der Ort wartet mit einer faszinierenden Aussicht und einem zeitlosen Gefühl der Ruhe auf. Außerdem verfügt er über eine Kirche aus dem 16. Jh.

★ **Las Chimeneas** CASA RURAL €€
(☎659 137461, 958 76 00 89; www.laschimeneas.com; Calle Amargura 6; DZ inkl. Frühstück 90 €; ⏲an Weihnachten & im Jan. geschl.; ❄ 📶 ✉) 🍃 Dieses rustikale, mit Solarenergie betriebene, 800 Jahre alte Dorfhaus ist ein traumhafter Ausgangspunkt für Wanderungen. Mit ihren Antiquitäten, Holzbalken, graublauen Fensterläden und einem der besten Blicke auf die Alpujarras strahlen die neun Zimmer Charakter aus. In dem hervorragenden **Restaurant** (Drei-Gänge-Menü 25 €; ⏲19.30–23 Uhr; 📶 ✎) 🍃 werden andalusische Spezialitäten aus selbst angebautem Bio-Gemüse sowie lokale Produkte und Weine serviert. Die britischen Eigentümer David und Emma haben jede Menge Infos auf Lager.

Zum weiteren Angebot zählen Besuche von Weingütern, Wanderurlaube sowie Yoga-, Koch- und Backkurse.

ℹ An- & Weiterreise

Alsa-Busse (S. 300) fahren montags um 7.50 Uhr über Válor nach Almería (8,41 €, 3½ Std.) und kehren um 14.30 Uhr zurück. Wer nach Granada will, muss nach Válor.

LA VEGA & EL ALTIPLANO

Rund um Granada erstrecken sich ein fruchtbarer Landstrich namens La Vega, verschiedene Wälder, flirrende Pappelhaine und landwirtschaftliche Anbaugebiete. Im Nordosten der Stadt wird die Landschaft immer hügeliger und trockener, bis sie in einer spärlich besiedelten Hochlandebene namens El Altiplano ihren Höhepunkt erreicht, die für ihre paläontologischen Reichtümer bekannt ist. Die riesigen kargen Halbwüsten sind ein eindringliches Gebiet. Dank der mächtigen Gipfel der Sierra Nevada, die sich am südlichen Horizont erheben, wirkt es umso dramatischer. Ein großer Teil davon ist im 4722 km² großen UNESCO-Geoparque de Granada geschützt. Die A92 führt vom nahegelegenen Granada durch den Parque Natural Sierra de Huétor nach Guadix, eine schöne Provinzstadt, die für ihre Höhlenhäuser bekannt ist. Weiter Richtung Nordosten geht's nach Baza, Orce und zum eigentlichen Altiplano.

Guadix

16 400 EW.

Diese lebendige Provinzstadt ist für ihre Höhlenwohnungen berühmt, von denen viele noch von Einheimischen bewohnt sind. Guadix, das von Besuchern oft (zu Unrecht) übersehen wird, verfügt außerdem über einen schönen historischen Kern mit einer imposanten Kathedrale im Mittelpunkt und beherbergt einige exzellente Tapas-Bars. Der umgebende Geopark ist eine marsähnliche Halbwüstenlandschaft, durchzogen von einigen Wanderwegen und Weingütern. Die Stadt liegt 50 km nordöstlich von Granada nahe den nördlichen Ausläufern der Sierra Nevada.

◉ Sehenswertes

Die Altstadt von Guadix wartet mit einer beeindruckenden Kathedrale, der **Alcazaba** (Calle Barradas 3) aus dem 11. Jh., der **Plaza de la Constitución** im Renaissancestil aus dem späten 16. Jh. und der charakteristischen Sandsteinarchitektur auf.

Catedral de Guadix KATHEDRALE
(☎958 66 51 08; www.catedraldeguadix.es; Paseo de la Catedral; Erw./Kind 6/4,50 €; ⏲Juni–Sept. 10.30–14 & 17–19.30 Uhr, Rest des Jahres wechselnde Öffnungszeiten) Die Kathedrale

mit ihrer extravaganten Sandsteinfassade vor dem satten blauen Himmel wurde zwischen dem 16. und 18. Jh. an der Stelle der einstigen Hauptmoschee in einer Mischung aus Gotik, Renaissance und Barock erbaut. Besucher können den Turm besteigen, um den herrlichen Ausblick zu genießen, u. a. auf das ausgegrabene römische Theater aus dem 1. Jh. Die Eintrittskarten beinhalten mehrsprachige Audioguides, die alle Highlights wie das wunderschön aus Nussbaumholz geschnitzte Chorgestühl und die Büchersammlung aus dem 15. bis 18. Jh. erläutern.

Barrio de las Cuevas ARCHITEKTUR

Rund 2000 Behausungen sind in das felsige Gelände des wichtigsten Höhlenviertels von Guadix eingegraben, das 1,2 km südlich des Zentrums liegt – ein seltsamer, fast weltfremder Ort, an dem dünne Schornsteine, Satellitenschüsseln, weiße Mauern und Türen aus einer Reihe gelb-brauner Hügel herausragen. Vermutlich sind die ältesten Höhlen seit der frühen maurischen Zeit bewohnt, die meisten stammen jedoch aus dem 15. oder 16. Jh.

Das **Centro de Interpretación Cuevas de Guadix** (☎ 958 66 55 69; Plaza del Padre Poveda; 2,60 €; ⌚ Mo–Fr 10–14 & 16–18, Sa 10–14 Uhr) demonstriert den Alltag in einem weitläufigen Höhlenhaus mit acht Zimmern, das 300 bis 400 Jahre alt ist. Die weiß getünchte Kirche gegenüber verbirgt eine **Höhlenkapelle** (Plaza del Padre Poveda; ⌚ wechselnde Öffnungszeiten).

Castillo de La Calahorra BURG

(☎ 667 038523, 958 67 70 98; www.lacalahorra.es; La Calahorra; ⌚ Mi 10–13 & 16–18 Uhr) GRATIS Die abweisende Burg bewacht von einem Hügel über dem verschlafenen Dorf La Calahorra, 16 km südöstlich von Guadix, die nördliche Sierra Nevada. Vier runde Türme und die schmucklosen Außenmauern des Baus, der zwischen 1509 und 1512 auf den Ruinen einer maurischen Festung entstand, umschließen das prunkvolle Renaissance-Interieur mit einem eleganten Renaissance-Hof und einer Treppe aus italienischem Carrara-Marmor. Die Besichtigung der Burg erfolgt im Rahmen von Führungen (auf Spanisch und manchmal auf Englisch), die etwa 30 Minuten dauern.

WEIN

Obwohl in Granada schon seit Jahrhunderten Wein hergestellt wird, war dieser bis vor Kurzem meist für den Eigenverbrauch bestimmt. Doch mit der Einführung der Denominación de Origen Protegida (DOP; geschützte Herkunftsbezeichnung; www.dopvinosdegranada.es) im Jahr 2018 erleben die hiesigen Weine gerade eine Art Renaissance. Die beiden wichtigsten Anbaugebiete sind Guadix und El Altiplano, wo die Reben in bis zu 1500 m Höhe wachsen und köstliche Rotweine hervorbringen, sowie das hochgelegene Gebiet Contraviesa/Alpujarras (zwischen Mittelmeer und Sierra Nevada), in dem Rot-, Weiß- und Roséweine hergestellt werden. Viele Bodegas heißen jetzt Besucher willkommen.

Alquería de Morayma (S. 312) Südlich von Cádiar stellt dieses bezaubernde, umweltbewusste Weingut eigene biologische Rot- und Weißweine her, die in dem ausgezeichneten Restaurant probiert werden können.

Dominio Buenavista (Vinos Veleta; ☎ 958 76 72 54; www.vinosveleta.com; Ugíjar; Führung 12 €; ⌚ 11–14 & 17–20 Uhr) Produziert einige der besten Weine der Alpujarras, inspiriert vom kalifornischen Napa Valley, sowie köstliches Olivenöl. Telefonisch kann eine Besichtigung und Verkostung vereinbart werden. Das Weingut liegt östlich von Ugíjar, 7 km südöstlich von Válor.

Bodega Cuatro Vientos (☎ 616 407250; www.bodegacuatrovientos.es; Murtas; Führung 12 €; ⌚ Sa & So 10–18 Uhr) Dieses Weingut 18 km südöstlich von Cádiar ist für die sanften Malafollá-Rotweine aus den Alpujarras verantwortlich und verfügt über ein eigenes Restaurant (Reservierung erforderlich).

Bodega Anchurón (☎ 958 27 77 64; www.anchuron.es; Darro; Führung 12 €) Der Familienbetrieb, der mit erneuerbarer Energie arbeitet, hat sich auf sortenreine Weine (meist kräftige Rotweine) spezialisiert. Die Trauben werden in 1000 m Höhe angebaut. Man kann Verkostungen und Führungen buchen. Das Weingut befindet sich 23 km nordwestlich von Guadix.

ABSTECHER

ORCE & EL HOMBRE DE ORCE

Orce (1020 Ew.), ein staubiger Außenposten auf Granadas trockenem Altiplano, verdankt seinen Platz auf der Landkarte den bemerkenswerten paläontologischen Funden in der Region: Bei Ausgrabungen in mehreren Dörfern wurden Beweise für menschliche Aktivitäten gefunden, die fast 1,5 Mio. Jahre zurückreichen, sowie Knochen von längst ausgestorbenen Tieren entdeckt, darunter Mammuts und Säbelzahntiger.

1982 machte der Paläontologe Josep Gibert international Schlagzeilen, als er in Venta Micena auf ein menschliches Schädelfragment stieß. Er schätzte sein Alter auf 0,9 bis 1,6 Mio. Jahre, somit wäre es möglicherweise das älteste Fragment dieser Art, das jemals in Europa entdeckt wurde. Die nachfolgenden Untersuchungen ließen jedoch Zweifel an seinen Behauptungen aufkommen und ergaben, dass das Fragment eher von einem Pferd oder Esel stammt – womit sich der Orce-Mensch in einen Orce-Esel verwandelte. Gibert starb 2007, aber die Debatte geht weiter. 2002 machten Archäologen im Barranco León einen zweiten bedeutenden Fund: den Milchzahn eines zehnjährigen Kindes, der auf ein Alter von 1,4 Mio. Jahren datiert wird und der älteste menschliche Überrest ist, der jemals in Europa entdeckt wurde. Das moderne **Centro de Interpretación Primeros Pobladores de Europa 'Josep Gibert'** (☎ 958 74 61 71; Camino de San Simón; 2 €; ⌚ Di–Do & So 11–14, Fr & Sa 11–14 & 16–18 Uhr) in Orce zeigt die Funde der Gegend.

Der Ort liegt 90 km nordöstlich von Guadix an der A92. Einmal täglich fährt ein Alsa-Bus (S. 300) nach/von Granada (13 €, 3 Std.) und ein- bis dreimal täglich gibt's Busverbindungen nach/von Baza (3,02 €, 45 Min.).

Schlafen & Essen

YIT Abentofail BOUTIQUE-HOTEL €€
(☎ 958 66 92 81; www.hotelabentofail.com; Calle Abentofail; EZ 41–57 €, DZ 49–97 €; P ❄ 📶) Direkt an der Plaza de la Constitución befindet sich dieses charaktervolle und freundliche Refugium im Boutique-Stil. Mit seinen günstigen Preisen ist es das beste Angebot der Stadt. Zeitgenössisch gestaltete Zimmer mit Holzbalkendecken schmiegen sich um einen Säulenhof. Das Frühstück (5 €) wird in der zugehörigen **Taberna El Búho** (Hauptgerichte 12–18 €) serviert.

★ **La Bodeguilla** TAPAS €
(Calle Doctor Pulido 4; Tapas 1–4 €; ⌚ 9–15.30 & 18.30–open end) Kein Schnickschnack und angenehm wenige Tische: Dieser altmodische Treffpunkt abseits der Avenida Medina Olmos ist eine der besten und ältesten Tapas-Bars (seit 1904) der Stadt. Weiß getünchte Bögen, baumelnde Schinken und eine geflieste Theke schaffen ein rustikales Ambiente, in dem man sich mit Oliven, hausgemachter Wurst oder Käse aus der Region stärken kann. Begleitet wird das Essen von Sherry aus dem Fass.

Praktische Informationen

Oficina de Turismo (☎ 958 66 28 04; otguadix@gmail.com; Plaza de la Constitución 15; ⌚ Mo–Fr 9–14 & 16–18, Sa 10–14 & 16–18, So 10–14 Uhr)

An- & Weiterreise

Alsa-Busse (S. 300) fahren nach/von Granada (5,65 €, 1 Std., 7–11-mal tgl.), Almería (9,65 €, 1½–2 Std., 2–3-mal tgl.) und Málaga (19 €, 3–3½ Std., 3-mal tgl.). Der **Busbahnhof** (Calle Santa Rosa) liegt abseits der Avenida Medina Olmos, etwa 700 m südöstlich des Stadtzentrums.

Täglich starten vier Züge nach Granada (9,85 €, 1 Std.) und sechs nach Almería (11–13 €, 1½–2 Std.). Der Bahnhof befindet sich 2 km nordöstlich des Stadtzentrums.

COSTA TROPICAL

An der Costa Tropical, der 80 Kilometer langen Küste der Provinz Granada, weht ein Hauch von Italiens Amalfi-Küste. Benannt nach seinem subtropischen Mikroklima (das Mangos, Bananen, Avocados, Rahmäpfel und vieles mehr hervorbringt), ist der Landstrich weit weniger entwickelt als Málagas Costa del Sol im Westen und oft auf dramatische Weise schön, mit dunkelbraunen Bergen, die ins Meer abfallen, und weiß getünchten Dörfern, die sich in Buchten schmiegen. Die Hauptresorts Almuñécar und Salobreña sind beliebte Sommerziele mit langen Kieselstränden, Burgen auf den Hügeln und schönen historischen Zentren, während La Herradura das Wassersportzentrum ist.

Salobreña

9090 EW.

Wie viele andere andalusische Küstenstädte ist Salobreña zweigeteilt. Die historische Hauptstadt mit ihrem attraktiven Zentrum liegt am Hang und wartet mit weißen Kubushäusern und einer beeindruckenden maurischen Burg auf, während sich (etwa einen Kilometer entfernt) der Ortsteil am Meer an den zwei langen grauen Sandstränden **Playa de la Guardia** und **Playa de la Charca** erstreckt. 8 km westlich von Motril und 15 km östlich von Almuñécar präsentiert sich Salobreña den Großteil des Jahres ziemlich ruhig und entspannt. Zur Sommersaison im August erwacht es jedoch zum Leben. Zur Zeit der Nasriden war die Stadt ein wichtiger Knotenpunkt und Zuckerrohrproduzent.

Sehenswertes

Casco Antiguo ALTSTADT

Das historische Zentrum von Salobreña (westlich der modernen Stadt) besteht aus den *barrios,* die sich einst inmitten der mittelalterlichen Mauern befanden. Schmale, gepflasterte Gassen schlängeln sich den steilen Hang hinauf, vorbei an weiß getünchten Häusern und Bougainvilleen, bis zur **Burg** (Calle Andrés Segovia; 4 €; ⏲ Juni–Aug. 10–14 & 16–18 Uhr, Sept.–Mai 10–13.30 & 17.30–20 Uhr) aus dem 12. Jh. und zur Mudejarkirche **Iglesia del Rosario** (Calle Bóveda; ⏲ Öffnungszeiten variieren).

Schlafen & Essen

Hostal San Juan HOSTAL €

(☎ 958 61 17 29; www.hostalsanjuan.com; Calle Jardines 1; EZ 47–61 €, DZ 52–68 €, FZ 65–75 €; ⏲ März–Mitte Dez.; ❄ 📶) Ein gefliester Innenhof voller Pflanzen und himmelblauer Bögen empfängt die Gäste dieser Bleibe in einer ruhigen Altstadtstraße. Keramikfliesen, eine sonnige Dachterrasse, ein andalusisches Frühstück (4 €) und elf farbenfrohe, rustikale Zimmer sorgen für ein gutes Preis-Leistungs-Verhältnis. Es gibt auch Studios für zwei Personen (320–480 € pro Woche).

Aráis TAPAS, ANDALUSISCH €€

(☎ 958 61 17 38; www.facebook.com/restaurante.arais; Calle Granada 11; Tapas 9–18 €, Hauptgerichte 12–25 €; ⏲ Di–So 11–24 Uhr) Man hat die Wahl: Tapas in der entspannten Bar im modernen Design oder zeitgenössische andalusische Küche im elegant gestalteten Restaurant, alles aus saisonalen Zutaten zubereitet und mit freundlichen Grüßen des Küchenchefs Francisco Izquierdo serviert. Die Bar konzentriert sich auf kreative, international inspirierte Gerichte, darunter *huevos rotos* (Spiegeleier) und scharfe Guacamole, während das Restaurant mit kunstvollen, kulinarischen Kompositionen wie *arroz negro* oder Paella (auf Vorbestellung) beeindruckt.

Praktische Informationen

Turismo Salobreña (☎ 958 61 03 14; www.turismosalobrena.com; Plaza de Goya; ⏲ Juli & Aug. tgl. 10–14 & 17–20 Uhr, Sept.–Juni Mo–Sa 10–17.30 Uhr) Im modernen Teil der Stadt.

An- & Weiterreise

Vom Busbahnhof, 200 m nordöstlich vom Touristenbüro auf der Nordseite der N340, fahren Alsa-Busse (S. 300) nach/von Almuñécar (1,37 €, 15 Min., 13–19-mal tgl.), Nerja (4,16 €, 50 Min., 10–11-mal tgl.), Órgiva (3,38 €, 1 Std., Mo–Sa 16.45 Uhr), Málaga (8,81 €, 1¾–2¼ Std., 5-mal tgl.), Granada (6,91 €, 1–2 Std., 8-mal tgl.) und Almería (10,48 €, 2½–3¼ Std., 2-mal tgl.).

Almuñécar

17 900 EW.

Almuñécar, der wichtigste Ferienort an der Costa Tropical, wird im Sommer wegen seiner zwei langen Kiesstrände und palmengesäumten Promenaden von spanischen Urlaubern und sonnenhungrigen Nordeuropäern überrannt. Abgesehen von der Küste ist es keine offensichtlich attraktive Stadt, aber blickt man über die tristen Hochhäuser hinaus, entdeckt man den malerischen *casco antiguo* (Altstadt) mit seinen engen Gassen, weiß getünchten Häusern und von Bars gesäumten Plätzen, bewacht von einer beeindruckenden maurischen Burg.

Sehenswertes

Das Leben in Almuñécar konzentriert sich so gut wie ausschließlich auf die zwei wichtigsten Kiesstrände, die **Playa de San Cristóbal** im Westen – sie speichert die Wärme der Sonne bis tief in die Nacht – und die **Playa Puerta del Mar** im Osten mit Hochhaustürmen im Hintergrund.

Castillo de San Miguel BURG

(☎ 650 027584; Explanada del Castillo; Kombiticket Museo Arqueológico Erw./Kind 2,35/1,60 €, Fr 10–13 Uhr frei; ⏲ Juli–Mitte Sept. Di–Sa 10–13.30 & 18.30–21, So 10–13 Uhr, Mitte Sept.–Juni kürzere Öffnungszeiten) Die beeindruckende Burg wurde im 16. Jh. von den siegreichen Christen dort gebaut, wo vorher maurische, römische und phönizische Festungen gestanden hatten. Während der napoleonischen Kriege wurde sie schwer beschädigt und diente später bis in die 1980er-Jahre als Friedhof. Für den schweißtreibenden, umständlichen Aufstieg durch den *casco antiguo* entschädigen die großartige Aussicht und ein informatives kleines Museum. Eintrittskarten dafür berechtigen auch für einen Besuch des kleinen **Archäologiemuseums** (958 83 86 23; Calle San Joaquín; Kombiticket Castillo de San Miguel Erw./Kind 2,35/1,60 €; Juli–Mitte Sept. Di–Sa 10–13.30 & 18.30–21, So 10–13 Uhr, Mitte Sept.–Juni kürzere Öffnungszeiten), das in einer Reihe von unterirdischen Gewölben untergebracht ist.

Parque Botánico El Majuelo PARK, RUINEN
(Avenida de Europa; 8–22 Uhr) GRATIS Der botanische Garten ist ein üppiger Park rund um die Reste einer kathargischen und römischen Fischsalzerei. Dort wurde einst *garum* (fermentierte Fischsoße) produziert, bevor diese quer durch das Reich transportiert wurde. Subtropische Pflanzen werfen Schatten auf eine Reihe freistehender Skulpturen von syrischen Künstlern.

Schlafen & Essen

In Almuñécar gibt's eine übermäßige Anzahl von lebhaften Tapasbars und Kneipen, vor allem um die Plaza Kelibia, die Plaza de la Rosa und den Paseo del Altillo. Außerdem findet man gute *chiringuitos* (Snackbars) direkt am Strand, und frische Meeresfrüchte sind unübersehbar eine Spezialität.

Hotel Casablanca HOTEL €€
(958 63 55 75; www.hotelcasablancaalmunecar.com; Plaza de San Cristóbal 4; EZ 48–90 €, DZ 57–124 €;) Das sowohl für den Strand als auch für das lebendige Zentrum von Almuñécar günstig gelegene, einladende, familiengeführte Hotel kommt im neo-maurischen Stil daher. Die schicken, modernen Zimmer sind in beruhigenden Pastelltönen gehalten und die besten haben Balkone und Meerblick. Frühstück (7 €), Nachmittagsdrinks und andalusische Gerichte werden im Bar-Restaurant im Erdgeschoss serviert.

★ **Los Geráneos** ANDALUSISCH €€
(958 63 40 20; www.facebook.com/losgeraneos; Plaza de la Rosa 4; menú del día 15 €; Di–Sa 13–17 & 19.30–23, So 13–17 Uhr;) Mit seinen Tischen auf einem gepflasterten Platz unter himmelblauen Fenstern oder zwischen Holzbalken und baumelnden Zwiebeln im charmant-rustikalen Innenraum ist das Los Geráneos ein beliebtes und lebhaftes Lokal in Almuñécar. Das preisgünstige hausgemachte *menú* begeistert mit pikantem Salat (Kartoffeln mit Knoblauch-Zitronen-Dressing), hervorragendem, frisch gegrilltem Fisch und Fleisch sowie hausgemachten Desserts oder Orangen aus der Region.

Praktische Informationen

Oficina de Turismo Palacete de La Najarra (958 63 11 25; www.turismoalmunecar.es; Avenida de Europa; 9.30–13.30 & 16.30–19 Uhr) Im neomaurischen Palacete de la Najarra aus dem 19. Jh.

An- & Weiterreise

Der **Busbahnhof** von Almuñécar (Avenida Juan Carlos I 1) liegt 600 m nördlich vom Stadtzentrum. Alsa-Busse (S. 300) fahren nach/von Granada (8,60 €, 1½–2 Std., 9-mal tgl.), Málaga (7,65 €, 1½–2 Std., 8–9-mal tgl.), Almería (12,20 €, 2–3½ Std., 5-mal tgl.), Salobreña (1,37 €, 15 Min., 13–19-mal tgl.) und Nerja (3 €, 25–45 Min., 13–15-mal tgl.). **Fajardo** (958 88

ABSTECHER

PLAYA DE CANTARRIJÁN

Eingefasst von felsigen Klippen und dem glitzernden Mittelmeer ist der wunderschöne graue Kieselstrand **Playa de Cantarriján** (abseits der N340) einer der ursprünglichen und beliebtesten FKK-Strände Andalusiens. Alle sind willkommen. Der Haupt-FKK-Bereich befindet sich am südlichen Ende um die Ecke. Der Strand liegt 7 km westlich von La Herradura und 1,4 km von der N340 entfernt. Von Mitte Juni bis Mitte September kann man oberhalb parken und einen Shuttlebus nehmen (1 €).

Das *chiringuito* **La Barraca** (958 34 92 87; www.facebook.com/restaurantelabarracacantarrijan; Hauptgerichte 9–20 €; Mai–Sept. 10–24 Uhr, Okt.–April 12–18.30 Uhr;) am Strand ist ganzjährig geöffnet und serviert superfrischen Fisch und köstliche Paellas (auch vegetarisch).

27 62; www.grupofajardo.es) verkehrt nach/von La Herradura (1,50 €, 15 Min., 5–10-mal tgl.). In den Las Alpujarras bietet Alsa montags bis samstags um 16.30 Uhr eine Verbindung nach Órgiva (4,82 €, 1¼ Std.). In die andere Richtung geht's montags bis samstags um 8.20 Uhr.

La Herradura

4215 EW.

Die schimmernde hufeisenförmige Bucht von La Herradura, die von Windsurfern, Tauchern, Kajakfahrern und anderen Wassersportlern bevölkert wird, wirkt wie die aktivere, weniger touristische Schwester von Almuñécar. Der Ort liegt 7 km westlich von Almuñécar und bietet ein dezentes Gefühl von Verschollenheit, einen langen Kieselstrand sowie viele Ferienwohnungen und *chiringuitos* direkt am Meer.

Windsurf La Herradura WASSERSPORT

(☎ 958 64 01 43; www.windsurflaherradura.com; Paseo Marítimo 34; Leihgebühr Windsurfausrüstung/Paddelboard/Kajak ab 20/10/7 €; ⏲ Strandladen Ostern–Okt. 10.30–20 Uhr, Laden ganzjährig 10.30–14 & 17.30–20.30 Uhr) Ein etablierter Allrounder in La Herradura, der Windsurfausrüstung, Kajaks und Paddleboards vermietet sowie Kurse (Windsurfingkurs 40 €, 1 Std.), SUP-Yoga-Sitzungen (12 €; Juni–Aug.) und geführte Kajak- und Stehpaddelausflüge zu Meereshöhlen (20 €, 2 Std.) anbietet.

Buceo La Herradura TAUCHEN

(☎ 958 82 70 83; www.buceolaherradura.com; Puerto Deportivo Marina del Este; Tauchgang mit Ausrüstung 48 €; ⏲ ganzjährig tgl. 9–14 & 16–19 Uhr, Juni–Sept. Mo–Fr bis 20.30 Uhr) Dieses alteingesessene Unternehmen hat Tauchgänge, „Taufen" (70 €) und PADI-Kurse (vier Tage Open Water 320 €) im Programm. Es liegt 3 km östlich des Zentrums von La Herradura.

ℹ An- & Weiterreise

Fajardo bietet täglich fünf bis zehn Busverbindungen nach/von Almuñécar (1,50 €, 15 Min.). Alsa (S. 300) bedient Ziele wie Málaga (6,73 €, 1½ Std., 5-mal tgl.) und Granada (9 €, 1½–2 Std., 5–6-mal tgl.).

Die Provinz Almería

Inhalt ➡

Auf nach Almería!

Stille Täler, herrliche Strände und weite Gebiete mit halbwüstenhaftem Buschland – die Provinz Almería bezaubert durch ihre landschaftliche Schönheit. Und obwohl hier die Sonne 3000 Stunden im Jahr scheint, ist die Region außerhalb von Spanien relativ unbekannt. Zu ihren prominentesten Attraktionen zählen die herrliche Küste, insbesondere die Strände des Parque Natural de Cabo de Gata-Níjar, und der Vergnügungsort Mojácar. Doch auch im dünn besiedelten Hinterland, das oft wie eine entrückte Welt erscheint, gibt's viel zu erkunden. Man kann durch das aus Italowestern bekannte Ödland der Desierto de Tabernas fahren und in den Sorbas-Höhlen Schätze entdecken. Weiter nördlich bilden die Gipfel von Los Vélez eine majestätische Kulisse für Wanderungen. Nach so viel Natur lädt die Hafenstadt Almería mit beeindruckender Architektur, einem hübschen Zentrum und quirligen Tapas-Bars dazu ein, urbane Energie zu tanken.

Schön übernachten

- ➡ Hostal El Olivar (S. 340)
- ➡ Aire Hotel & Ancient Baths (S. 325)
- ➡ Almond Reef (S. 331)
- ➡ Oro y Luz (S. 337
- ➡ MiKasa (S. 338)

Gut essen

- ➡ 4 Nudos (S. 336)
- ➡ Asador Espadín (S. 342)
- ➡ Jovellanos 16 (S. 327
- ➡ Los Albardinales (S. 330)
- ➡ La Gallineta (S. 336)

Entfernungen

	Almería	Mojácar	Vélez Rubio	Níjar
Mojácar	81			
Vélez Rubio	138	74		
Níjar	33	54	108	
San José	38	77	131	26

Highlights

1. **Parque Natural de Cabo de Gata-Níjar** (S. 334) An Andalusiens südöstlicher Küste die himmlischen Strände und steilen Klippen erkunden.
2. **Alcazaba** (S. 322) Durch Almerías tolle Festung auf dem Hügel streifen, die einst die mächtigste im maurischen Spanien war.
3. **Cuevas de Sorbas** (S. 331) Sich in unterirdischen Höhlengängen wie in einer anderen Welt fühlen.
4. **Los Vélez** (S. 342) Im fernen Norden der Provinz die entlegenen Wälder und felsigen Gipfel der Sierra de María entdecken.
5. **Desierto de Tabernas** (S. 329) In der kargen Halbwüste durch die Wildwestlandschaft aus dem Kino fahren.
6. **Mojácar** (S. 339) Das Strandambiente von *playa* und den weiten Blick vom idyllischen Bergdorf *(pueblo)* genießen.
7. **La Geoda de Pulpí** (S. 338) Die überwältigenden Kristalle der zweitgrößten Geode der Welt bestaunen.

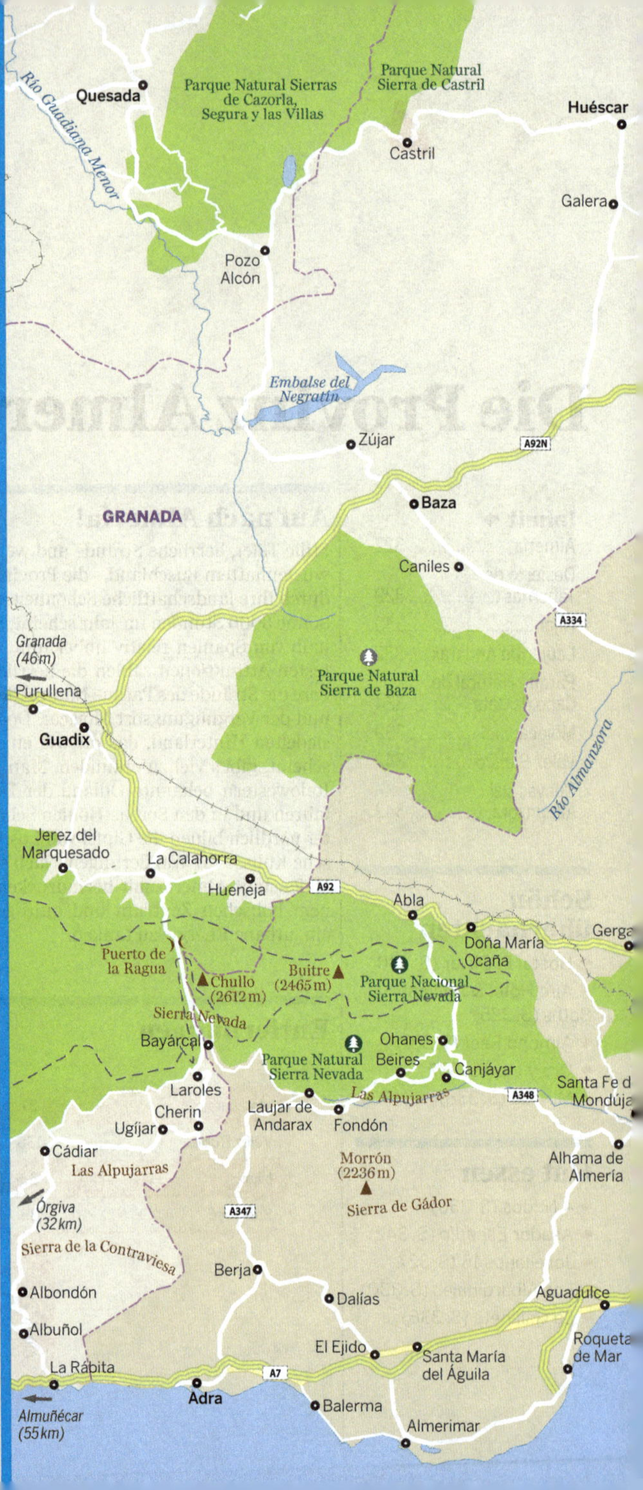

La Paca
Zarcilla de Ramos
A317
La Cañada de Cañepla
Parque Natural Sierra María-Los Vélez
Baños de la Fuensanta
Murcia (48 km)
Orce
María
A317
Vélez Blanco
María (2045 m)
4
Cueva de los Letreros
Lorca
Los Vélez
MURCIA
Vélez Rubio
A91
Sierra de las Estancias
Puerto Lumbreras
A327
Cartagena (65 km)
A7
Águilas
La Geoda de Pulpí
7
Albox
Huércal-Overa
San Juan de los Terreros
AP7
Serón
Macael
Cuevas del Almanzora
El Pozo del Esparto
A7
A349
Cóbdar
Antas
Vera
Sierra de los Filabres
Garrucha
Cariatiz
Turre
6
Mojácar
Paraje Natural Karst en Yesos
Sorbas
Paraje Natural Desierto de Tabernas
Tabernas
N340A
3
Cuevas de Sorbas
Los Albardinales
Lucainena de las Torres
Fort Bravo
5
Desierto de Tabernas
AL5107
Oasys Mini Hollywood
A7
A92
Sierra Alhamilla
Los Millares
Carboneras
Níjar
Rioja
Campohermoso
Agua Amarga
MITTELMEER
Benahadux
Parque Natural Cabo de Gata-Níjar
Huercal de Almería
1
A7
Almería Airport
Almería
2
Rodalquilar
Retamar
Ruescas
Golfo de Almería
San Miguel de Cabo de Gata
San José
Melila; Nador; Orán; Ghazaouet
Cabo de Gata
N
0
20 km

ALMERÍA

198 533 EW.

Die dynamische Hafenstadt Almería ist heute eines der aufstrebenden Trendziele in Andalusien. Bis vor Kurzem ließen viele Traveller die Stadt außer Acht, aber die fortwährenden Anstrengungen, sie aufzupeppen, machen sich weiterhin bezahlt. Von Palmen gesäumte Plätze und alte Kirchen prägen das hübsche Zentrum, und die Stadt bietet mehrere interessante Museen sowie Tapas-Bars in Hülle und Fülle. Schon allein die spektakuläre maurische Alcazaba (Festung) ist ein Grund für einen Besuch in Almería.

Geschichte

955 v.Chr. wurde Almería von Kalif Abd ar-Rahman III. von Córdoba gegründet. Schnell entwickelte sich die Stadt zum größten und reichsten Hafen im maurischen Spanien und dem Stützpunkt der Flotte der Omaijaden. Händler aus Ägypten, Syrien, Frankreich und Italien flanierten durch die Gassen, um Seide, Glas, Marmor und glasierte Töpferwaren in Al-Andalus zu erwerben. Während der Besetzung durch die Christen in den Jahren 1147 bis 1157 verlor die Stadt Almería ihre wirtschaftliche Vormachtstellung, behielt aber ihren Status als bedeutende maurische Stadt, bis sie im Jahr 1489 an die Katholischen Könige fiel. Danach ging es mit Almería steil bergab. 1658 war die Bevölkerung nach verheerenden Erdbeben, der Vertreibung der Muslime und Angriffen durch die Barbaresken auf nur mehr 500 Einwohner geschrumpft. Erst Ende des 20.Jhs. ging es wieder aufwärts, als die Region durch Landwirtschaft und Tourismus wieder zu Wohlstand kam.

Sehenswertes

Die beiden Hauptsehenswürdigkeiten in Almería sind die Alcazaba und die Kathedrale. Beide kann man an einem Vormittag besuchen, doch sind bei einem Bummel durch die gewundenen Straßen der Stadt noch zahlreiche weitere Sehenswürdigkeiten zu entdecken. Orientierung bietet der Paseo de Almería, die Hauptstraße, die von Norden nach Süden durch das historische Zentrum verläuft.

★ Alcazaba FESTUNG

(☎950 80 10 08; Calle Almanzor; ⌚Mitte Juni–Mitte Sept. Di–Sa 9–15 & 19–22 Uhr, April–Mitte Juni Di–Sa 9–20 Uhr, Mitte Sept.–März Di–Sa 9–18 Uhr, ganzjährig So 9–15 Uhr) GRATIS Bedrohlich erhebt sich Almerías Alcazaba mit ihren dicken Mauern über den Klippen. Sie wurde Mitte des 10.Jhs. errichtet und entwickelte sich zu einer der bedeutendsten maurischen Festungen in Spanien. Zwar ist sie nicht so kunstvoll verziert wie die Alhambra in Granada, aber sie ist gut erhalten und bietet einen faszinierenden Anblick. Für einen ausführlichen Besuch sollte man 1½ Stunden einplanen. Am Kiosk direkt hinter dem vierbogigen Eingangstor bekommt man eine Broschüre.

Die Alcazaba ist in drei verschiedene *recintos* (Bereiche) unterteilt. Der unterste, der **Primer Recinto**, war der Wohnbereich mit Häusern, Straßen, Brunnen, Bädern und anderen Einrichtungen. Heute erstreckt sich hier ein mit Wasserkanälen durchzogener üppiger Garten. Von der Befestigungsanlage der Burg blickt man über die aneinandergedrängten Dächer der Stadt hinab zur **Muralla de Jayrán**, – eine im 11.Jh. erbaute befestigte Mauer, die die vorgelagerten nördlichen und östlichen Teile der Stadt schützte.

Weiter oben im **Segundo Recinto** warten die Ruinen des maurischen Palasts, den der *taifa*-Herrscher Almotacín (reg. 1051–1091) erbauen ließ. Unter seiner Herrschaft erlebte das mittelalterliche Almería seine größte Blüte. In diesem Bereich steht außerdem eine Kapelle, die **Ermita de San Juan**, die einst als Moschee erbaut worden war. Der höchste Abschnitt, der **Tercer Recinto**, besteht aus einer Burg, die der bestehenden Burg im Auftrag der Katholischen Könige angefügt wurde.

★ Catedral de la Encarnación KATHEDRALE

(☎605 396483; www.catedralalmeria.com; Plaza de la Catedral 8, Eingang Calle Velázquez; 5€; ⌚April–Sept. Mo–Fr 10–19, Sa 10–14.30 & 15.30–19, So 13.30–19 Uhr, Okt.–März bis 18.30 Uhr) Der Bau von Almerías imposanter Kathedrale mit ihren sechs Türmen begann im Jahr 1525. Damals diente sie gleichzeitig als Gotteshaus und als Zufluchtsort für die Bevölkerung bei den regelmäßigen Angriffen durch Piraten aus Nordafrika. Ursprünglich im Stil der Gotik und Renaissance gehalten, wurde die Kathedrale im 18.Jh. um barocke und klassizistische Elemente bereichert. Durch einen schönen klassizistischen Kreuzgang gelangt man in das gotische Innere, das mit dem geschwungenem Rippengewölbe an der Decke, einem Chorgestühl aus Walnussholz aus dem 16. Jh. und der monumentalen Capilla Mayor (Hauptkapelle) wahrlich beeindruckt.

Draußen kann man in ein paar Räumen, die vom Kreuzgang abzweigen, die Sammlung der Kathedrale von Gemälden, Gewändern und Kirchensilber begutachten. An der Außenfassade der Kathedrale sollte man einen Blick auf die schönen steinernen Löwen rund um den nordwestlichen Turm und auf die prächtige Sol de Portocarrero werfen, ein Sonnenrelief aus dem 16. Jh. an der Ostseite, das heute das Symbol der Stadt ist.

Museo de Almería — MUSEUM

(Museo Arqueológico; ☎ 950 01 62 56; www.museosdeandalucia.es/museodealmeria; Calle Hermanos Pinzón 91; ⌚ Di–Sa 9–21, So bis 15 Uhr) GRATIS Almerías hervorragendes Archäologiemuseum präsentiert zwei prähistorische Kulturen – Los Millares (3200–2250 v. Chr.), die wahrscheinlich erste Kultur der Iberischen Halbinsel, die Metall bearbeiten konnte, sowie El Argar (2250–1550 v. Chr.), die sich in der Bronzezeit entwickelte. Die Artefakte sind hier gut ausgestellt und mit informativen Erklärungstafeln auf Englisch und Spanisch versehen. Im 3. Stock erinnern Funde an die römische und muslimische Vergangenheit der Region.

Museo de la Guitarra — MUSEUM

(☎ 950 27 43 58; Ronda del Beato Diego Ventaja; Erw./erm. 3/2 €; ⌚ ganzjährig Di–So 10.30–13.30 Uhr, Juni–Sept. auch Di–Sa 18–21 Uhr, Okt.–Mai Di–Sa 17–20 Uhr) Zwei wichtige Dinge sollte man vor dem Besuch wissen. Erstens: Das Wort „Gitarre“ stammt vom andalusisch-arabischen Wort *qitara,* was auf die spanischen Wurzeln des Instruments hindeutet. Zweitens: Moderne Akustikgitarren gäbe es in ihrer heutigen Form nicht ohne den Gitarrenbauer Antonio de Torres (1817–1892) aus Almería. In dem Torres gewidmeten Museum erfährt man alles über die Geschichte der Gitarre und die Bedeutung des Gitarrenbauers.

Refugios de la Guerra Civil — HISTORISCHE STÄTTE

(Bürgerkriegsbunker; ☎ 950 26 86 96; Plaza de Manuel Pérez García; Erw./erm. 3/2 €; ⌚ Führungen ganzjährig Di–So 10.30 & 12 Uhr, Juni–Sept. auch Di–Sa 18 & 19.30 Uhr, Okt.–Mai Di–Sa 17 & 18.30 Uhr) Während des Bürgerkriegs war Almería die letzte Hochburg der Republikaner in Andalusien und wurde immer wieder gnadenlos bombardiert. Daraufhin entwarf und baute eine Gruppe von Ingenieuren die Refugios, ein 4,5 km langes Netz aus unterirdischen Betonbunkern. Im Rahmen der 1¼-stündigen Führung (nur auf Spanisch) wird man durch 1 km der Tunnel geführt und bekommt u. a. den nachgebauten OP-Saal und die Lagerräume zu Gesicht. In einem spannenden zehnminütigen Film auf Spanisch mit englischen Untertiteln kommen Überlebende zu Wort, die von ihren Erfahrungen in den Schutzräumen berichten.

Centro de Interpretación Patrimonial — MUSEUM

(☎ 671 099981; Plaza de la Constitución; ⌚ Di–Sa 10–20.30, So bis 14 Uhr) GRATIS Eine gute Adresse, um sich mit historischem Hintergrundwissen für die Sehenswürdigkeiten der Stadt zu versorgen. Das informative Museum zeigt auf drei Etagen historische Exponate, und es gibt eine Panorama-Dachterrasse.

Centro Andaluz de la Fotografía — GALERIE

(Andalusisches Zentrum für Fotografie; ☎ 950 18 63 60; www.centroandaluzdelafotografia.es; Calle Pintor Díaz Molina 9; ⌚ 11–14 & 17.30–21.30 Uhr) GRATIS Wer sich für Fotografie interessiert, sollte diese hervorragende Galerie besuchen, die erstklassige Werke spanischer und internationaler Fotografen ausstellt.

HIMMLISCHE HAMMAMS

Hammam Aire de Almería (☎ 950 28 20 95; www.beaire.com; Plaza de la Constitución 5; 1½ Std. Mo–Do 29 €, Fr–So 35 €; ⌚ 9–22.30 Uhr) Das luxuriöse und geräumige Badehaus, dessen Interieur aus Marmor und warmem Ziegelstein eine Oase der Ruhe ist, besteht aus drei Becken: dem *Frigidarium* (16 °C), dem *Tepidarium* (36 °C) und dem *Caldarium* (40 °C). Auch Aromatherapie und weitere Massagen werden angeboten. Es empfiehlt sich, einen Termin zu reservieren.

Hammam Almeraya (☎ 950 23 10 10; www.almeraya.info; Calle Perea 9; 1½ Std. inkl. Aromatherapie 18 €; ⌚ Sitzungen Mi–So 11, 13, 16, 18 & 20 Uhr) Der kleine Hammam hat heiße und kalte Bäder sowie ein „türkisches“ Dampfbad in einem schönen Innenraum mit Marmor und Kacheln. Angeboten werden auch Massagen und es gibt eine erholsame **Tetería** (www.almeraya.info; Calle Perea 9; ⌚ Mi–Mo 16–24 Uhr). Reservierung erforderlich.

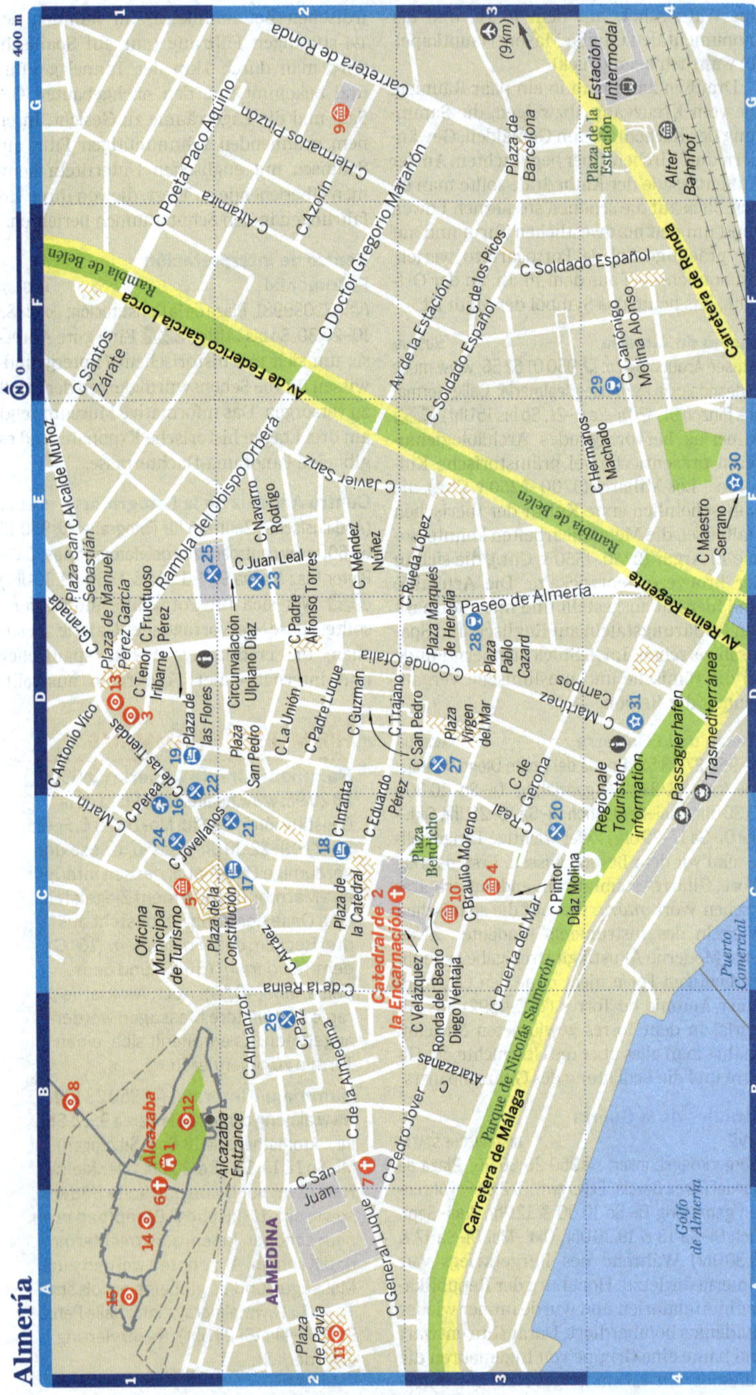
Almería
400 m
0
Alcazaba
Alcazaba Entrance
ALMEDINA
Plaza de Pavía
C San Juan
C General Luque
C Pedro Jover
C de la Almedina
C Almanzor
C Paz
C de la Reina
C Arráez
Plaza de la Constitución
Oficina Municipal de Turismo
C Jovellanos
C Perea
C de las Tiendas
C Marín
C Antonio Vico
Plaza de las Flores
Plaza San Pedro
Circunvalación Ulpiano Díaz
C Tenor Iribarne
C Fructuoso Pérez
Plaza de Manuel Pérez García
C Granada
Plaza San Sebastián
C Alcalde Muñoz
C Santos Zárate
Rambla del Obispo Orberá
C Poeta Paco Aquino
C Altamira
C Hermanos Pinzón
Carretera de Ronda
C Azorín
C Doctor Gregorio Marañón
Av de Federico García Lorca
Rambla de Belén
C Navarro Rodrigo
C Juan Leal
C Javier Sanz
C Padre Alfonso Torres
C La Unión
C Padre Luque
C Méndez Núñez
C Rueda López
Av de la Estación
C Soldado Español
C de los Picos
Plaza de Barcelona
C Soldado Español
Plaza de la Estación
Estación Intermodal
Alter Bahnhof
Carretera de Ronda
(9km)
C Canónigo Molina Alonso
C Hermanos Machado
C Maestro Serrano
Av Reina Regente
Paseo de Almería
Plaza Marqués de Heredia
C Conde Ofalia
Plaza Pablo Cazard
C Martínez Campos
C Guzman
C Trajano
C San Pedro
Plaza Virgen del Mar
C Infanta
C Eduardo Pérez
Plaza de la Catedral
Catedral de la Encarnación
Plaza Bendicho
C Braulio Moreno
C Real
C de Gerona
C Velázquez
Ronda del Beato Diego Ventaja
C Atarazanas
C Puerta del Mar
C Pintor Díaz Molina
Parque de Nicolás Salmerón
Carretera de Málaga
Regionale Touristeninformation
Passagierhafen
Trasmediterránea
Avenida Mediterránea
Puerto Comercial
Golfo de Almería
A
B
C
D
E
F
G
1
2
3
4
1
2
3
4
5
6
7
8
9
10
11
12
13
14
15
16
17
18
19
20
21
22
23
24
25
26
27
28
29
30
31

Almería

Die Fotografien zu sehr verschiedenen Themenbereichen regen zum Nachdenken an.

Aljibes Árabes de Jayrán HISTORISCHE STÄTTE
(☎ 950 27 30 39; Calle Tenor Iribarne; ⏲ ganzjährig Di–So 10.30–13.30 Uhr, Juni–Sept. auch Fr & Sa 18–21 Uhr, Okt.–Mai Fr & Sa 17–20 Uhr) GRATIS Die unterirdischen Zisternen mit Backsteingewölbe wurden im 11. Jh. errichtet, um die Wasserversorgung der Stadt zu gewährleisten, und sind gut erhalten. Tagsüber sind sie öffentlich zugänglich; abends veranstaltet die legendäre Peña El Taranto hier Flamenco-Shows, zu denen aber meist nur Mitglieder Zutritt haben.

Feste & Events

Feria de Almería FIESTA
(www.feriadealmeria.es; ⏲ Aug.) Neun Tage und Nächte lang gibt's in der zweiten Augusthälfte Livemusik, Fahrgeschäfte, Ausstellungen und jede Menge Party.

Schlafen

Hotel Nuevo Torreluz HOTEL €
(☎ 950 23 43 99; www.torreluz.com; Plaza de las Flores 10; EZ/DZ ab 45/58 €; P ❄ 📶) Das glanzvolle Vier-Sterne-Hotel hat eine erstklassige Lage an einem kleinen Platz im historischen Zentrum. Flure mit Teppichboden führen zu kleinen, aber gemütlichen Zimmern mit Parkett, die in modernen perlmuttgrauen Farben gehalten sind. Einer der Pluspunkte des Frühstücks (7 €) ist der unbegrenzte Nachschub an frisch gepresstem Orangensaft. Das Hotel betreibt drei Cafés und Restaurants rund um den Platz. Parkplätze kosten 11,90 €.

★ **Aire Hotel & Ancient Baths** BOUTIQUE-HOTEL €€
(☎ 950 28 20 96; www.airehotelalmeria.com; Plaza de la Constitución 4; DZ 99–159 €, Suite 149–179 €; ❄ 📶) Elegantes Hideaway, das zum noblen Hammam Aire de Almería (S. 323) gehört, in idealer Lage an der schönen Plaza de la Constitución, nur wenige Schritte von einigen der besten Tapas-Bars der Stadt entfernt. Seine schicken, zeitgenössisch eingerichteten Zimmer haben hohe Decken, polierte Holzböden und riesige Fotowände von Sehenswürdigkeiten wie dem Cabo de Gata.

Hotel Catedral BOUTIQUE-HOTEL €€€
(☎ 950 27 81 78; www.hotelcatedral.net; Plaza de la Catedral 8; Zi. 120–190 €; ❄ 📶) In einer Toplage mit Blick über die Kathedrale ist dieses lässig-elegante Vier-Sterne-Hotel in einem hübschen Gebäude aus den 1850er-Jahren untergebracht. Die vornehme Innendekoration verbindet Alt und Neu. Im Restaurant treffen klare zeitgenössische Linien auf gotische Bogen und eine *artesonado*-Decke (Kassettendecke). Die großen Zimmer ha-

NICHT VERSÄUMEN

DIE ALTE MEDINA

Die labyrinthartige Medina, die sich am Fuß der Alcazaba (S. 322) ausbreitet, ist eines der stimmungsvollsten Viertel der Stadt. Genau hier lag einst das ursprüngliche Almería – eine ummauerte Medina (Stadt) zwischen der Alcazaba im Norden, dem Meer im Süden und der heutigen Calle de la Reina bzw. Avenida del Mar im Osten und im Westen. Im Herzen der Stadt lag die größte Moschee – deren Mihrab (Gebetsnische, die Richtung Mekka zeigt) heute in der **Iglesia de San Juan** (Calle General Luque; ⌚ zum Gottesdienst geöffnet April–Sept. 20 Uhr, Okt.–März 19 Uhr, Di & Fr geschl.) GRATIS zu sehen ist – inmitten des Geschäftsviertels mit Märkten und Warenhäusern. Die Calle de la Almedina folgt dem Lauf der damaligen Hauptstraße, die diagonal die Medina durchkreuzte.

Hervorragend für eine Pause eignet sich die Tetería Almedina (S. 326), ein nettes Teehaus mit Restaurant. Ebenfalls sehenswert ist der **Markt an der Plaza de Pavía** (Plaza de Pavía; ⌚ Mo–Sa 9–14 Uhr), auf dem es samstags am geschäftigsten zugeht, wenn alles Mögliche verkauft wird, von günstigen Schuhen bis zu *churros* (köstliches ringförmiges Schmalzgebäck).

ben hohe Decken und die Dachterrasse bietet einen faszinierenden Blick auf die Kathedrale.

Essen

2019 war Almería Spaniens offizielle kulinarische Hauptstadt (Capital Española de la Gastronomía) und ist somit fabelhaft zum Essengehen. Die Stadt strotzt nur so vor Restaurants und Tapas-Bars, von altmodischen Bodegas bis zu trendigen modernen Läden.

Mercado Central MARKT €

(Circunvalación Ulpiano Díaz; ⌚ ganzjährig Mo–Sa 8–15 Uhr, Mitte Sept.–Mitte Juni auch Mo–Fr 17–20.30 Uhr) Almerías Hauptmarkt findet in einem prächtigen Gebäude aus den 1890er-Jahren am oberen Ende des Paseo de Almería statt. Am besten besucht man ihn frühmorgens, wenn der Tintenfisch so frisch ist, dass er immer noch seine Farbe wechselt und das Angebot an Obst und Gemüse aus den Gewächshäusern der Provinz am größten ist.

★ **Tetería Almedina** MAROKKANISCH €€

(☎ 629 277827; Calle Paz 2, abseits der Calle de la Almedina; Hauptgerichte 10–15 €, Menüs 17–30 €; ⌚ Di–So 12–23 Uhr; ☑) Das einladende kleine Restaurant mit Teestube bietet mal etwas anderes als Tapas. Es verbirgt sich in einer Nebenstraße unterhalb der Alcazaba und serviert marokkanische Gerichte nach Art des Hauses – u. a. Tajine, Taboulé, Couscous und leicht gewürzte Gemüsesuppen plus zahlreiche vegetarische Speisen. Zu trinken gibt's dazu Kräutertee oder Tee.

Das Restaurant betreibt ein lokaler Verein, der sich der Wiederbelebung der Altstadt mit ihren vielen marokkanischen Immigranten und der Kultur von Al-Andalus verschrieben hat.

★ **Casa Puga** TAPAS €€

(☎ 950 23 15 30; www.barcasapuga.es; Calle Jovellanos 7; Tapas ab 1,70 €, raciones 7–18 €; ⌚ Mo–Sa 12–16 & 20–24 Uhr) Ein authentisches Tapas-Erlebnis verspricht dieser beliebte Klassiker, der schon seit 1870 existiert. Die Kulisse bilden alte Weinflaschen sowie Lotterielose und alte Landkarten an den Wänden, während an der Theke erfahrene Kellner klassische Tapas servieren, die in einer winzigen Kochnische zubereitet werden. Früh da sein oder sich durchs Gedränge wühlen!

★ **Jovellanos 16** TAPAS €€

(☎ 660 547354; www.facebook.com/jovellanos16; Calle Jovellanos 16; Tapas 1,80 €, raciones 10–18 €; ⌚ Di–Sa 12.30–16.30 & 20–24, So 12.30–16.30 Uhr) Mit seinem freundlichen Service und einer zum Leutegucken perfekten Lage bei der Plaza Constitución ist das Jovellanos 16 ein aufgehender Stern an der „Tapas-Meile" von Almería. Nicht entgehen lassen sollte man sich die *hamburguesa Jovellanos* (ein köstlicher Mini-Burger mit Schinken, Käse und Tomaten in einem knusprigen Brötchen) und den *secreto ibérico con ajo verde* (Schweinefleisch mit grüner Soße mit viel Knoblauch), beides serviert mit knusprigen, perfekt gesalzenen Bratkartoffeln.

Casa Joaquín FISCH & MEERESFRÜCHTE €€€

(☎ 950 26 43 59; Calle Real 111; raciones 12–30 €; ⌚ Mo–Fr 12–15.30 & 21–23, Sa 12–15.30 Uhr) In dieser historischen und rustikal eingerichteten Bodega in Almería hängen die typischen Schinken von der Decke, aber die frischen Meeresfrüchte sind das Stargericht. Das Angebot hängt vom Fang des Tages ab, aber fast immer erhältlich und beliebt sind z. B. die saftigen *gambas rojas* (rote Garnelen) *à la plancha* (auf einer heißen Platte geröstet) und gebratene *calamares* (Tintenfischringe).

Ausgehen & Unterhaltung

Tapas-Bars in der Altstadt sind beliebte Treffpunkte zum Ausgehen. Als Nightlife-Hotspot gilt der Bereich Cuatro Calles um die Kreuzung der Straßen Calle Real, Calle Trajano und Calle Eduardo Pérez herum. In ein paar Straßenzügen drängen sich hier mehrere Pubs, Bars und Clubs, die in der Regel keinen Eintritt kosten. Allerdings wird es oft erst gegen Mitternacht deutlich voller.

Almería hat eine aktive Kulturszene mit einem großen Angebot von Flamenco-Vorführungen über Theater und klassische Musik bis zu Jazz und Rock. Aktuelle Veranstaltungen findet man unter www.almeriaculturaentradas.es.

La Cueva PUB
(☎ 950 08 25 21; www.lacueva-almeria.com; Calle Canónigo Molina Alonso 23; ⏲ 16–4 Uhr) In diesem entspannten Pub werden zu Craft-Bier Jamsessions und Livemusik geboten. Die dezente Beleuchtung und mit Postern und Konzertplakaten gepflasterten Wände schaffen eine intime Atmosphäre für verschiedene Musikrichtungen von Blues und Rock bis zu Punk, Rap und Heavy Metal. Die Konzerte kosten meist 3 bis 7 € Eintritt.

Burana BAR
(www.facebook.com/mollygroup; Paseo de Almería 56; ⏲ So–Do 15–3, Fr & Sa bis 4 Uhr) Ein angesagter Ort für einen Kaffee am Nachmittag oder einen Cocktail am späten Abend, mit Terrasse im Eingangsbereich des neoklassizistischen Teatro Cervantes und Diskolicht im Innenraum. Trendiges

TAPAS-TOUR IN ALMERÍA

Die Gegend zwischen dem Paseo de Almería und der Plaza de la Constitución säumen jede Menge geschäftige Tapas-Bars mit viel Ambiente, die sowohl von Einheimischen als auch Besuchern frequentiert werden. Viele reichen traditionsgemäß eine Gratis-Tapa zum Getränk. Die Portionen sind in der Regel großzügig und es gibt fast überall *raciones* und *medias raciones* (Tapas in ganzen bzw. halben Hauptgerichtportionen) für den großen Hunger oder zum Teilen. Stetiger Beliebtheit erfreuen sich die Casa Puga (S. 326) und das Jovellanos 16 (S. 326), aber es gibt natürlich noch eine ganze Menge mehr.

Nuestra Tierra (www.tabernanuestratierra.com; Ecke Calle Jovellanos & Calle Marín; Tapas 2–6 €, raciones 14–25 €; ⏲ Mo 7.30–12, Di–Do bis 24, Fr bis 1, Sa 8.30–1.30, So 12–24 Uhr) Dieses gutaussehende moderne Restaurant an der von zahlreichen Bars gesäumten Calle Jovellanos steuert man wegen der kreativen Tapas aus andalusischen Zutaten der Saison an. Zu den Highlights gehören IGP-Lamm aus der Sierra de los Filabres mit karamellisierten Paprikas und butterweicher Tintenfisch vom Grill.

El Quinto Toro (☎ 950 23 91 35; www.facebook.com/elquintotoroalmeria; Calle Juan Leal 6; Tapas ab 1,50 €, raciones 7–18 €; ⏲ Mo–Sa 12–17 & Mo–Fr 20–24 Uhr) Altmodische Bar in der Nähe des Markts im Zentrum mit traditioneller Kost. Statt kulinarischer Höhenflüge darf man bewährte Gerichte wie *chorizo ibérico* (scharfe Wurst) und *albóndigas* (Fleischbällchen) in Weinsoße erwarten.

Tortillería La Mala (☎ 619 350816; www.facebook.com/tortillerialamala; Calle Real 69; Tapas 1,20–5 €, Tortilla 9–12 €, raciones 8–18 €; ⏲ Di 12–16, Mi–So 12–16 & 20–1 Uhr) Diese quirlige Eckbar füllt sich an den Wochenenden abends schnell. Mit ihrem alternativen Dekor und jungem Publikum ist sie ein großartiger Ort, um eine echte spanische *tortilla* (Omelett) zu probieren, die hier mit allem Möglichen zubereitet wird, von Thunfisch bis zu Garnelen und Chili.

Cervecería Las Tiendas (☎ 640 684947; Calle de las Tiendas; Tapas 1,20–5 €, raciones 8–18 €; ⏲ Mo–Mi 10–16, Do–Sa bis 24 Uhr) In diesem Straßenlokal gibt's alle nur erdenklichen Meeresfrüchte-Tapas zum Spottpreis. Zum Bier servieren die Kellner Tellerchen mit gedämpften Muscheln, gegrilltem Thunfisch, gebratenem Tintenfisch, Sardinen, Oktopus und vielem mehr.

ALMERÍA: EUROPAS GEWÄCHSHAUS

Neben trockenem Ödland und entlegenen Stränden gehören auch die folienbedeckten *invernaderos* (Gewächshäuser) zum typischen Landschaftsbild der Provinz Almería. Westlich der Stadt Almería ist die gesamte Küstenebene über 35 km von Roquetas de Mar bis nach Adra mit grau-weißem Plastik verhüllt. Dieses Meer aus Plastik ist so groß, dass die Reflexion der Sonnenstrahlen angeblich bereits zu einer lokalen Temperatursenkung geführt hat.

Die Provinz Almería hat eine lange landwirtschaftliche Tradition. Ihre Berghänge wurden jahrhundertelang bewirtschaftet, nachdem die Mauren vor etwa tausend Jahren ein komplexes System aus Terrassen und Bewässerungskanälen anlegt hatten. Aber erst nachdem Ende des 20. Jhs. die ganzjährige Gewächshauskultur eingeführt wurde, begann diese vorher bitterarme Region Spaniens von ihren landwirtschaftlichen Anstrengungen zu profitieren. Heute stellen die in der Provinz angebauten Produkte etwa 40 % des Gemüseexports des Landes, darunter 50 % des Tomatenverkaufs, im Wert von über 2,6 Milliarden Euro.

Da ist es nicht weiter verwunderlich, dass Tomaten auch auf den Speisekarten der Gegend einen Ehrenplatz haben. Im Sommer sind die sonnengereiften Sorten aus den Bergen einfach köstlich. Im Winter sollte man nach der *Raf-Tomate* Ausschau halten, einer grünlichen heimischen Sorte mit süßem Geschmack und gewellter Oberfläche.

Aber jenseits der Restaurants und Supermärkte hat die Geschichte einen weniger wohlschmeckenden Haken. Berichte in der internationalen Presse haben auf die Notlage der Gewächshausarbeiter aufmerksam gemacht und die Ausbeutung der Arbeitskraft vorwiegend von Immigranten sowie die erschreckenden Lebens- und Arbeitsbedingungen vieler Saisonarbeiter angeprangert.

Ambiente, am Wochenende legen regelmäßig DJs auf.

Clasijazz JAZZ

(☎ 640 581457; www.clasijazz.com; Calle Maestro Serrano 9; Konzerte 3–35 €) Der aufstrebende Musikclub Clasijazz in einem gesichtslosen Einkaufszentrum bietet in einem sauberen modernen Saal pro Woche vier oder fünf Konzerte, von Jamsessions über Jazz, Flamenco und Big Band Jazz bis zu Klassik. Aktuelle Veranstaltungen siehe Website.

MadChester LIVEMUSIK

(☎ 661 696930; www.facebook.com/madchester club; Parque de Nicolás Salmerón 9; Eintritt 8–16 €; ⏲ Do–Sa 23 Uhr bis open end, So 18–23 Uhr) In diesem Club legen spanische und internationale DJs auf und spielen regelmäßig Indie-, Rock- und Electronic-Bands.

Praktische Informationen

Oficina Municipal de Turismo (☎ 950 21 05 38; www.turismodealmeria.org; Paseo de Almería 12; ⏲ Sept.–Juni Mo–Fr 9–14 & 16–19, Sa 10–14 & 16–19, So 10–14 Uhr, Juli & Aug. 10–14 & 17–20 Uhr)

Regionale Touristeninformation (☎ 950 17 52 20; www.andalucia.org; Parque de Nicolás Salmerón; ⏲ Mo–Fr 9–19.30, Sa & So 9.30–15 Uhr)

An- & Weiterreise

BUS

Busse und Züge nutzen die **Estación Intermodal** (☎ 950 17 36 02; Plaza de la Estación 6) direkt im Osten des Zentrums. **Bus Bam** (☎ 902 22 72 72; www.busbam.com) betreibt bis zu acht Busse täglich nach/von Madrid (30 €, 6¼–7¼ Std.). Die meisten Fernverkehrsverbindungen bietet **Alsa** (☎ 902 42 22 42; www.alsa.es).

Ziel	Preis (€)	Dauer (Std.)	Häufigkeit (tgl.)
Córdoba	30	5	1
Granada	15–18	2–4¾	9
Guadix	9,65	1½–2	3
Jaén	20–24	3–5¼	6
Málaga	19–23	2½–5½	8
Murcia	14	2¾–4	8
Sevilla	38–47	5½–8½	5

FLUGZEUG

Almerías kleiner **Flughafen** (☎ 913 21 10 00; www.aena.es) liegt 9 km östlich des Zentrums. **easyJet** (☎ 902 59 99 00; www.easyjet.com), **Ryanair** (www.ryanair.com) und andere kleine Flugunternehmen fliegen ihn von Deutschland aus an. **Iberia** (☎ 901 11 15 00; www.iberia.com) und **Vueling** (☎ 902 80 80 05; www.vueling.com) fliegen in andere spanische Städte.

SCHIFF/FÄHRE

Trasmediterránea (☎902 45 46 45; www.trasmediterranea.es) betreibt pro Tag mindestens eine Fähre vom **Passagierhafen** (☎950 23 68 20; www.apalmeria.com) zu den Hafenstädten Melilla (ab 38 €, 5½–8 Std.) und Nador in Marokko (ab 45 €, 7 Std.) sowie mindestens einmal wöchentlich zu den algerischen Städten Ghazaouet (90 €, 8 Std.) und Orán (90 €, 9 Std.).

ZUG

Von der **Estación Intermodal** (S. 328) fahren Direktzüge nach Granada (21 €, 3 Std., 4-mal tgl.), Sevilla (43 €, 7 Std., 4-mal tgl.) und Madrid (25–85 €, 6¾–7¾ Std., 3-mal tgl.). Zur Zeit der Recherche bot **RENFE** auf den Abschnitten zwischen Almería und Huércal-Viator sowie zwischen Granada und Osuna aufgrund fortdauernder Gleisarbeiten einen Schienenersatzverkehr mit Bussen.

Unterwegs vor Ort

AUTO & MOTORRAD

Die A7/E15 macht einen weiten Bogen um Almería. Wer ins Stadtzentrum will, sollte am Meer entlangfahren: Aus Richtung Westen nimmt man die Carretera de Málaga und aus Richtung Osten die AL12 (Autovía del Aeropuerto).

Überall im Zentrum findet man unterirdische Parkhäuser für rund 16 € pro 24 Std. Parkzeit.

ZUM/VOM FLUGHAFEN

Buslinie 30 (1,05 €, 35 Min.) von **Surbus** (☎950 17 00 50; www.surbusalmeria.es) fährt alle 25 bis 35 Minuten (sonntags weniger häufig) vom Flughafen ins Zentrum und hält u. a. am Hauptbahnhof, der Estación Intermodal (S. 328). Die Busse verkehren täglich zwischen 7.15 und 23 Uhr.

Ein Taxi vom Flughafen ins Zentrum kostet ca. 15 bis 20 €. Am Flughafen sind mehrere Autovermietungen vertreten, u. a. Europcar, Hertz und Thrifty.

TAXI

Am Paseo de Almería befinden sich Taxistände. Telefonisch kann man ein Taxi bei **Radio-Taxi Almería** (☎950 22 22 22; www.radiotaxialmeria.com) oder **Tele Taxi Almería** (☎950 25 11 11; www.teletaxialmeria.com) rufen.

NÖRDLICH VON ALMERÍA

Desierto de Tabernas

30 km hinter Almería erwartet Reisende eine andere Welt. Die Desierto de Tabernas (Tabernas-Wüste) ist ein seltsamer und gespenstischer Ort, ein weites, sonnengebackenes Buschland aus goldgelb schimmernden Hügeln, die mit Grasbüscheln gesprenkelt sind. In den 1960er-Jahren wurden in der Gegend Sergio Leones berühmte Italowestern (*Für eine Handvoll Dollar, Für ein paar Dollar mehr, Zwei glorreiche Halunken* und *Spiel mir das Lied vom Tod*) gedreht, und bis heute kommen Filmregisseure zu Dreharbeiten in das zerklüftete dürre Land. Viele der Westernkulissen wurden mittlerweile in Wildwest-Themenparks verwandelt, die sich für einen lustigen Familienausflug eignen. Die größte Stadt der Gegend ist Tabernas, an der N340A.

Sehenswertes & Aktivitäten

Oasys Mini Hollywood FREIZEITPARK
(☎950 36 52 36; www.oasysparquetematico.com; Carretera N340A, Km 464; Erw./Kind 22,90/13,60 €; ⏲ Juni & Sept. 10–19.30 Uhr, Juli & Aug. bis 21 Uhr, Okt.–Mai bis 18 Uhr, Nov.–Mitte April Mo–Fr geschl.; P) Der bekannteste und teuerste Wildwest-Themenpark von Tabernas verspricht gute Unterhaltung für Familien. Die Kulissen sind in recht gutem Zustand, und im gepflegten Zoo leben rund 800 Tiere, darunter Löwen, Giraffen, Tiger und Nilpferde. Während sich Kinder bei den 20-minütigen Schießerei-Shows vergnügen, können sich ihre Eltern die klischeehafte Cancan-Vorstellung im Saloon ansehen (oder einfach ein Bier trinken). Vorhanden sind auch zwei Swimmingpools (im Sommer) sowie Restaurants und Cafés. Da es hier kaum Schatten gibt, unbedingt Sonnencreme und einen Hut mitnehmen!

Fort Bravo FREIZEITPARK
(Texas Hollywood; ☎902 07 08 14; www.fortbravo.org; Carretera N340A, Km 468; Erw./Kind 19,40/9,90 €; ⏲ März–Sept. 9–19.30 Uhr, Okt.–Feb. bis 18 Uhr; P) In der Wüste außerhalb von Tabernas verströmt der beliebte Wildwest-Freizeitpark mit seinen Filmkulissen, die immer noch für Dreharbeiten genutzt werden, und seinen täglichen Cowboy- und Can-Can-Shows einen gewissen staubigen Charme. Im Sommer ist ein Pool geöffnet, dazu werden Kutschfahrten und Pferdetrecks angeboten. Außerdem kann man in einer Blockhütte übernachten. Der Park liegt 1 km abseits der N340A und ist 31 km von Almería ausgeschildert.

Malcaminos TOUREN
(☎652 022582; www.malcaminos.com; Avenida de las Angustias, Tabernas) Malcaminos' enthusiastische Guides bieten Touren durch

die aus dem Kino bekannten Landschaften von Tabernas und kennen neben den Filmschauplätzen auch die Geschichte und Geologie des Gebiets. Zu den Angeboten gehört eine zweistündige Jeeptour (30 €) zu den Drehorten. Treffpunkt für die Touren ist die Bar Portichuelo gegenüber der Touristeninformation von Tabernas.

Essen

★ Los Albardinales ANDALUSISCH **€€**

(☎ 950 61 17 07; www.losalbardinales.com; Carretera N340, Km 474; Hauptgerichte 16–23 €; ⏱ Café 9–18 Uhr, Mittagessen Fr–Mi 13.30–16 Uhr; P) Los Albardinales ist ein preisgekrönter Erzeuger von Bio-Olivenöl. In der Mühle am Straßenrand kann man beim Pressen des Öls zuschauen und es dann in dem hervorragenden Hofrestaurant verkosten. Die bodenständige regionale Küche wird aus lokalen Zutaten zubereitet. Dazu gibt's gute Bio-Weine. 2 km östlich von Tabernas.

Las Eras Antonio Gázquez ANDALUSISCH **€€**

(☎ 950 36 52 69; www.antoniogazquez.net; Paraje Las Eras, Tabernas; menú del día 13,50 €; ⏱ So–Fr 13–18 Uhr; P) Das hinter einer Tankstelle am nördlichen Ortseingang versteckte scheunenartige Restaurant ist ideal für ein üppiges Mittagessen. Hier wird es oft sehr voll, da von Arbeitern bis zu schick gekleideten Büromitarbeitern viele gern zum Mittagessen mit drei Gängen Hausmacherkost einkehren. So gibt's z. B. Suppe als Vorspeise, Fleisch vom Grill als Hauptgericht und zum Nachtisch erfrischende Obstsalate.

An- & Weiterreise

Tabernas liegt etwa 35 km nördlich von Almería und ist über die A7 und die N340A erreichbar.

An Wochentagen fahren bis zu sechs Alsa-Busse (S. 328) von Almería nach Tabernas (2,70 €, 40 Min.). Am Wochenende fahren weniger Busse, zwei samstags und drei am Sonntag.

Níjar

30 663 EW.

Níjar ist ein ursprüngliches weißes Städtchen am Fuß der Sierra Alhamilla. Am bekanntesten ist es für seine glasierten Töpferwaren und handgewebten Teppiche, die *jarapas*. Erstehen kann man sie in den Läden und Ausstellungsräumen an der Hauptstraße Avenida García Lorca und im alten Töpferviertel, dem Barrio Alfarero. Abgesehen von den Einkaufsmöglichkeiten bietet Níjar eine hübsche Altstadt um die grüne **Plaza La Glorieta** und einen weiten Blick vom **Wachturm Atalaya**, dem Wahrzeichen der Stadt.

La Tienda de los Milagros KERAMIK

(☎ 950 36 03 59; www.latiendadelosmilagros.com; Callejón del Artesano 1; ⏱ 10.30–21.30 Uhr) Die Werkstatt des britischen Töpfers Matthew Weir und der spanischen Kunsthandwerkerin Isabel Hernández fertigt kunstvolle *jarapa*-Teppiche aus Baumwolle. Matthew stellt neben hochwertiger Keramik auch Holzschnitte her und arbeitet mit Steingut und Porzellan. Die Werkstatt liegt an der Calle Las Eras im Barrio Alfarero.

UND ACTION!

Almerías karge Wüstenlandschaft zieht bereits seit langer Zeit internationale Filmemacher in ihren Bann. Der berühmte Regisseur Sergio Leone kam Mitte der 1960er-Jahre mit Clint Eastwood und anderen hierher, um in der Desierto de Tabernas (S. 329) seine Italowestern zu drehen. Aber der Italiener war nicht der Erste, der in der Gegend filmte. Ein paar Jahre zuvor verlegte David Lean die Produktion seines Epos *Lawrence von Arabien* (1962) in die Provinz Almería, wo er an verschiedenen Orten drehte, z. B. an der Playa de los Genoveses (S. 333). Ein zweiter Strand, die Playa de Mónsul (S. 333), war später in *Indiana Jones und der letzte Kreuzzug* (1989) zu sehen und diente als Kulisse für eine Szene, in der Sean Connery ein Flugzeug in einem Vogelschwarm landet.

Auch die Stadt Almería diente als Bühne für so manches Drama. Im Filmklassiker *Patton – Rebell in Uniform* (1970) über den Zweiten Weltkrieg doubelte sie Palermo und Messina. In Almería wurden auch Teile von *Game of Thrones* gedreht, in der die Alcazaba (S. 322) Sonnspeer darstellt, die Hauptstadt von Dorne.

In der Provinz Almería wurden u. a. auch *Cleopatra* (1963), *2001: Odyssee im Weltraum (1968)*, *Conan der Barbar* (1982), *Sag niemals nie* (1983) und *Verblendung* (2009) gedreht.

ABSTECHER

SORBAS

Der kleine hübsche Ort Sorbas liegt spektakulär über einer Felsschlucht mit Blick auf den Río de Adeguar und ist für seine traditionellen Töpferwaren bekannt. Seine Hauptattraktion ist das Höhlennetzwerk Cuevas de Sorbas, das als Teil des 24 km² großen Paraje Natural Karst en Yesos de Sorbas (Natürliche Gipskarstlandschaft Sorbas) unter Naturschutz steht. Informationen für Touristen hält das **Centro de Visitantes Los Yesares** (☎ 677 116877; Calle Terraplén; ⌚ Do–So 10–14 Uhr) GRATIS am Ortseingang bereit.

Sorbas liegt 60 km nordöstlich von Almería, 36 km westlich von Mojácar und 33 km nordöstlich von Níjar. Zwischen Almería und Sorbas (4,75 €, 1 Std.) fahren täglich zwei **Alsa**-Busse (S. 328), samstags nur einer.

Cuevas de Sorbas (☎ 950 36 47 04; www.cuevasdesorbas.com; einfache Führung Erw./Kind 15/10,50 €; ⌚ Führungen Okt.–Mai 11, 13 & 16 Uhr, Juni–Sept. 10–20 Uhr; P) Die seltenen und spektakulären Höhlen, 2 km östlich von Sorbas, gehören zu einem weit verzweigten Netz unterirdischer Stollen und Tunnel. Bei Führungen durch die labyrinthische Unterwelt gelangt man zu glitzernden Gipskristallen, ruhigen Tümpeln, Stalaktiten, Stalagmiten und dunklen, geheimnisvollen Tunneln. Die einfache Führung dauert rund 1½ Std. und ist für alle Altersklassen von Kind bis Senior geeignet. Touren müssen mindestens einen Tag im Voraus gebucht werden; es gibt englisch- und deutschsprachige Guides.

Almond Reef (☎ 950 36 90 97; www.almondreef.co.uk; Calle Los Josefos, Cariatiz; EZ/DZ/FZ/Suite mit Frühstück 40/60/77/99 €; P 📶 🏊) Ein ruhiges Hideaway im verschlafenen Weiler Cariatiz 8 km nordöstlich von Sorbas. Es wird von einem englischen Paar geführt und ist ein gemütlicher Ort mit sieben rustikalen Zimmern in einem weiß getünchten Bauernhaus mit kleinem Pool. Vermietet wird auch eine Kate mit Himmelbett. Buchbar mit Frühstück und Abendessen.

ℹ Praktische Informationen

Oficina Municipal de Turismo (☎ 950 36 00 12; www.turismonijar.es; Plaza del Mercado 1; ⌚ tgl. 10–14 & Mo–Sa 16–18 Uhr) Zentral gelegene Touristeninformation.

ℹ An- & Weiterreise

Níjar liegt 4 km nördlich der A7, 30 km nordöstlich von Almería. Die ganze Avenida Lorca entlang gibt's Parkbuchten.

Bus M-211 des **Consorcio de Transporte Metropolitano** (www.ctal.es) fährt zwei- bis viermal täglich von der Estación Intermodal in Almería nach Níjar (2 €, 1¼–1½ Std.).

LAS ALPUJARRAS DE ALMERÍA

Der Teil der Alpujarras (die südlichen Ausläufer und Täler der Sierra Nevada), der zu Almería gehört, wird viel weniger besucht als der zu Granada gehörende Teil – und ist tatsächlich weniger spektakulär. Trotzdem ist es eine reizvolle Gegend. Weiße Dörfer rund um große Kirchen, von denen die meisten einst Moscheen waren, erstrecken sich im Tal des Río Andarax zwischen den Bergen der Sierra Nevada im Norden und der Sierra de Gádor im Süden. Aus der Stadt Almería kommend, erscheint die Gegend erst recht karg, doch mit der Zeit entdeckt man immer mehr Zitronen- und Orangengärten sowie Weingüter, auf denen ein großer Teil des Weins aus Almería angebaut wird.

Los Millares ARCHÄOLOGISCHE STÄTTE

(☎ 677 903404; AL3411; ⌚ Mi–So 10–14 Uhr; P) GRATIS Los Millares auf einer Hochebene über dem Río Andarax etwa 20 km nördlich von Almería gilt als eine der bedeutendsten archäologischen Stätten aus der Bronzezeit in Europa. Die spärlichen Überreste einer befestigten Metallarbeitersiedlung aus der Zeit zwischen 3200 und 2200 v. Chr. sind Staub und Wind ausgesetzt. Die Grabungen begannen im 20. Jh. und haben Überreste von Verteidigungsmauern, Steinhäusern und Kuppelgräbern freigelegt. Sehenswert sind auch einige nachgebildete Hütten und Werkstätten.

Vor der Besichtigung kann man sich in dem kleinen **Besucherzentrum** am Eingang zum historischen Hintergrund infor-

ABSEITS DER ÜBLICHEN PFADE

OHANES

Die Fahrt hinauf nach Ohanes, einem einsam gelegenen weiß getünchten Dorf zwischen schwindelerregenden terrassierten Hängen, lohnt ebenso wie der Besuch selbst. Nach der Abzweigung von der A348 schlängelt sich die Straße durch kahlen roten Fels und führt anschließend über einen Kamm in das obere Tal von Ohanes, wo sich die Landschaft schlagartig in grüne Terrassenfelder und blühende Weingärten verwandelt. Fährt man hinter dem Dorf den steilen Westhang des Tals hinab, bieten sich weitere herrliche Ausblicke auf Terrassenfelder. Diese Strecke zurück zur A348 ist kürzer als die Hinfahrt, aber etwas nervenaufreibender. Einspurig geht's im Zickzack durch die Felder nach unten. Westlich von Canjáyar ist dann die Hauptstraße wieder erreicht.

mieren. Anfahrt: etwa 4 km östlich von Alhama de Almería von der A348 abbiegen, dann noch 1 km Richtung Osten der Ausschilderung folgen.

Laujar de Andarax

1536 EW. / 920 M

Laujar de Andarax, die Hauptstadt der Alpujarras von Almería, liegt zwischen hohen Bergen und ist von Weinfeldern umgeben. An diesem Ort ließ sich Boabdil, der letzte Emir von Granada, nach dem Verlust seiner Macht kurz nieder, und hier befand sich auch das Hauptlager von Aben Humeya, dem Anführer des gescheiterten Aufstands der Morisken (vom Islam konvertierte Christen) von 1568 bis 1570. Heute ist Laujar ein netter Winzerort mit einem schönen Rathaus und einer wunderbaren Kirche aus dem 17. Jh., der hoch aufragenden **Iglesia de la Encarnación**.

Sehenswertes & Aktivitäten

Wein verkosten und kaufen kann man westlich des Örtchens bei **Bodegas Valle de Laujar** (☎ 950 51 42 00; www.bodegasvallelaujar.es; Carretera AL5402; ⌚ 8–14 & 15.30–19 Uhr; P) GRATIS und ganz in der Nähe auf dem Bioweingut **Cortijo El Cura** (☎ 950 52 40 26; www.cortijoelcura.com; ⌚ Führungen & Verkostungen Sa & So 12 Uhr oder nach Vereinbarung; P).

Mirador de Laujar — AUSSICHTSPUNKT

Eine abenteuerliche Fahrt über eine steile Serpentinenstraße führt zu dieser fantastischen Aussichtsplattform 3,2 km über dem Ort. Von hier überblickt man das ganze Tal und kann den Blick weiter schweifen lassen bis zu den fernen Bergen, die es umgeben. Vom westlichen Ende des Orts folgt man den Schildern Área Recreativa (Erholungsgebiet) und erreicht wenig später den Mirador.

Wasserfall El Nacimiento — WASSERFALL

(P) Vom Ostende des Hauptplatzes führt ein beschilderter Weg nach Norden zum 1,5 km entfernten El Nacimiento, einem schattigen Erholungsgebiet mit mehreren Wasserfällen. Der Hochsommer und der Herbst sind nicht unbedingt die beste Zeit, hierherzukommen, da die Fälle dann möglicherweise kaum mehr Wasser führen, aber den Rest des Jahres sind sie ein beliebtes Wochenendausflugsziel.

Sendero del Aguadero — WANDERN

Der Sendero del Aguadero (ausgeschildert als PRA37) beginnt ca. 1 km von den Wasserfällen El Nacimiento und ist ein reizvoller Wanderweg durch Erlen-, Kiefern- und Kastanienwälder. Der gesamte Rundweg (14 km; 5–6 Std.) führt über 600 m bergauf und bergab; man kann aber auch jederzeit kehrtmachen und denselben Weg zurück nehmen. Dabei sollte man die Augen offenhalten nach Wildschweinen und Wiedehopfen (schwarz-weißen Vögeln mit orangefarbenen Kämmen).

Schlafen & Essen

Hotel Almirez — HOTEL €

(☎ 950 51 35 14, 655 573204; www.hotelalmirez.es; Carretera AL5402; EZ 43 €, DZ 56–60 €, 4BZ 100–112 €; P ❄ 📶) Das freundliche familiengeführte Hotel liegt auf eigenem Gelände an der westlichen Zufahrtsstraße nach Laujar. Die blitzsauberen großen Zimmer sind schlicht möbliert, haben aber alle Balkons mit schönem Blick in die grüne Umgebung.

Patio Andaluz — ANDALUSISCH €€

(☎ 648 488946; Plaza Mayor de la Alpujarra 3; menú del día 12,50 €; ⌚ Do–Mo 13–15.30 Uhr) Andalusisches Mittagessen nach Hausmacherart bietet dieses nette Lokal hinter der

Touristeninformation. Das *menú del día* umfasst deftige Hauptgerichte wie *carrilleras* (Schweinebäckchen), *migas* (Brotkrümel mit Chorizo) und *costillas a la brasa* (gegrillte Rippchen), gefolgt von traditionellen Desserts wie *arroz con leche* (Reispudding). Serviert wird das alles auf einem blumengeschmückten, weiß getünchten Patio mit plätscherndem Brunnen bzw. im Winter an einem Kamin.

Praktische Informationen

Centro de Visitantes Laujar de Andarax (950 51 55 35; Carretera AL5402; Do–So 10–14 Uhr) Diese Touristeninformation 1,5 km westlich des Orts liefert Informationen zum nahen Parque Natural Sierra Nevada.

Oficina de Turismo (950 51 31 03; Plaza Mayor de la Alpujarra 9; Mo–Do 10.30–13, Fr & Sa 10–14 & 16–18, So 10–14 Uhr) Die nagelneue Touristeninformation im Ortskern von Laujar de Andarax bietet Ortspläne und Broschüren; außerdem gibt's hier ausgezeichnete Infotafeln zur Lokalgeschichte und zu Wandermöglichkeiten.

An- & Weiterreise

Montags bis freitags fahren drei Busse von **Alsa** (S. 328) von Almería nach Laujar (6,60 €, 2–2¼ Std.). Samstags und sonntags gibt's je eine Verbindung. Reisende in den zu Granada gehörenden Teil der Alpujarras müssen in Berja (2,20 €, 40–55 Min., Mo–Fr 2-mal tgl., Sa, So 1-mal tgl.) südlich von Laujar umsteigen, was nur funktioniert, wenn man den Bus um 7.50 Uhr (nur montags bis freitags) von Laujar nach Berja nimmt.

STRÄNDE AM CABO DE GATA

Die besten Strände am Cabo de Gata säumen die Süd- und Ostküste, und einige der schönsten liegen südwestlich von San José. Von dort führt eine Schotterstraße, beschildert mit „Playas" und/oder „Genoveses/Mónsul", zu den Stränden. Allerdings ist sie von Mitte Juni bis Mitte September gesperrt, sobald die Parkplätze am Strand (5 €) voll sind, was in der Regel ab 10 Uhr der Fall ist. Von 9 bis 21 Uhr fährt dann alle halbe Stunde ein Bus (einfach 1 €).

Der erste Strand außerhalb von San José ist die **Playa de los Genoveses** (P). Auf dem 1 km langen Abschnitt ging 1147 die genuesische Marine an Land, um den Christen bei der Einnahme Almerías zu helfen. 2,5 km weiter erreicht man die grandiose naturbelassene **Playa de Mónsul** (P) – einige Besucher werden hier den großen frei stehenden Felsen wiedererkennen, der als Kulisse für den Film *Indiana Jones und der letzte Kreuzzug* diente. Fußwege hinter der großen Düne am Ostende von Mónsul führen hinunter zum FKK-Strand **Playa del Barronal** (600 m von der Straße entfernt). Wenn man kurz vor El Barronal links abbiegt und links des höchsten Hügels einen kleinen Übergang passiert, kommt man zum Strand **El Lance del Perro**. Er hat auffällige Felsformationen aus Basaltgestein und ist der erste von vier herrlichen einsamen Stränden, die **Calas del Barronal** genannt werden. Wenn es die Brandung zulässt, kann man am Fuß der Klippen von einem zum nächsten laufen.

Etwas westlich der Playa de Mónsul führen Wege von der Straße zu den beiden weiteren, weniger häufig besuchten Stränden **Cala de la Media Luna** und **Cala Carbón**.

San José hat einen eigenen Sandstrand, an dem es lebhaft zugeht, und im Nordosten bieten **Los Escullos** und **La Isleta del Moro** gute Strände. Wesentlich schöner ist die **Playa del Playazo** (P), ein breiter Sandstrand zwischen zwei Landzungen 3,5 km östlich von Rodalquilar (die letzten 2 km geht's ab der Hauptstraße über eine befahrbare Piste). Man erreicht ihn auch 2,5 km südlich von Las Negras über einen Fußweg entlang der Küste.

Las Negras hat einen eigenen teilweise sandigen, teilweise steinigen Strand und ist zudem das Tor zur fantastischen **Playa San Pedro** 3 km weiter nordöstlich. An dem legendären Strand zwischen spektakulären Landzungen gibt's eine kleine New-Age-Siedlung. Der Strand ist von Las Negras zu erreichen, aber nur zu Fuß oder mit dem Boot (12 € hin & zurück).

Weiter die Küste entlang bietet der kleine Ferienort **Agua Amarga** einen beliebten Sandstrand. Eine kurze, aber steile 1,5 km lange Wanderung Richtung Südwesten führt zur **Cala de Enmedio**, einem schönen abgeschiedenen Strand zwischen von Erosion gezeichneten Felsen.

COSTA DE ALMERÍA

Almerías Küste gehört zu Andalusiens Naturschönheiten. Himmlische Strände, hohe Klippen und wildes trockenes Buschland wechseln sich in diesem Teil der Region ab, der größtenteils von willkürlicher Bebauung verschont und noch recht unberührt und unentdeckt geblieben ist. Zu den beliebtesten Zielen gehören der Parque Natural de Cabo de Gata-Níjar im Südosten und Mojácar im Norden, ein idyllisches Dorf auf einem Hügel mit quirligem Strandleben.

Parque Natural de Cabo de Gata-Níjar

Im **Parque Natural de Cabo de Gata-Níjar** (www.degata.com/en) südöstlich von Almería erstrecken sich einige der schönsten und einsamsten Strände des Landes. Der Park, der von Retamar im Westen bis nach Agua Amarga im Osten reicht, umfasst 340 km² dramatische Felsküste und wüstenähnliche Gelände, durchsetzt von entlegenen weißen Dörfern und vereinzelten Bauernhöfen. Verlassene Bergwerke und bizarre Felsformationen, die in dieser Landschaft immer wieder anzutreffen sind, tragen zur manchmal geradezu gespenstischen Atmosphäre bei.

Neben Strandvergnügen und Spaziergängen locken hier viele weitere Attraktionen: Tauchen, Schnorcheln, Kajakfahren, Segeln, Radfahren, Ausreiten sowie Jeep- und Bootstouren sind allesamt beliebt. Verschiedene Veranstalter in den Küstendörfern bieten diese Aktivitäten an Ostern und von Juli bis September an. Ganzjährig sind nur wenige geöffnet. Hauptort des Parks ist San José, ein beliebter Ferienort an der Ostküste.

El Cabo a Fondo BOOTSTOUREN
(☎ 637 449170; www.elcaboafondo.es; 1½-stündige Bootstour Erw./Kind 25/20 €) Vom Meer aus bietet sich ein spektakulärer Ausblick auf das Cabo de Gata. Diese Perspektive kann man auf den Bootstouren von Cabo a Fondo genießen. Sie starten bei La Isleta del Moro, Las Negras und La Fabriquilla. Die Fahrten finden bis zu siebenmal täglich statt und werden je nach Wetter ganzjährig angeboten (in der Nebensaison gelten teils Mindestteilnehmerzahlen). Reservierung erforderlich.

Praktische Informationen

Centro de Información (☎ 950 38 02 99; www.cabodegata-nijar.com; Avenida San José 27; April–Okt. 10–14 & 18–21 Uhr, Nov.–März 10–14 & 16.30–18 Uhr) Informationszentrum des Parks in San José.

Centro de Interpretación Las Amoladeras (☎ 950 16 04 35; Carretera Retamar-Pujaire, Km 7; Juli–Sept. 10–14 Uhr, sonst wechselnde Öffnungszeiten) An der Hauptstraße ab Almería, 2 km westlich von Ruescas, befindet sich das Hauptbesucherzentrum des Parks.

An- & Weiterreise

Von der Estación Intermodal in Almería fährt täglich ein Bus von **Alsa** (S. 328) nach Las Negras (2,95 €, 1¼ Std.) und Rodalquilar (2,95 €, 1½ Std.).

Autocares Bernardo (☎ 950 25 04 22; www.autocaresbernardo.com) hat Busse von Almería nach San José (2,95 €, 1¼ Std., 2- bis 4-mal tgl.).

Autocares Frahermar (☎ 950 29 02 12; www.frahermar.com) hat im Juli und August drei Busse täglich von Almería nach Agua Amarga (2,90 €, 1¼ Std.). Im restlichen Jahr verkehren montags, mittwochs und freitags nur zwei Busse, samstags und sonntags nur einer.

San Miguel de Cabo de Gata & Umgebung

Faro de Cabo de Gata LEUCHTTURM
(P) An der Südwestspitze des Kaps bietet dieser fotogene Leuchtturm einen tollen Ausblick auf die die zerklüfteten Vulkanklippen des **Arrecife de las Sirenas** (Sirenenriff), benannt nach den Mönchsrobben, die sich hier einst tummelten. Von hier führt eine Landstraße zur **Torre Vigía Vela Blanca** 3 km weiter, einem Wachturm aus dem 18. Jh. mit noch weiterem Blick über die Küste.

Salinas de Cabo de Gata LAGUNE
(P) Südöstlich des Orts San Miguel de Cabo de Gata liegen einige der letzten Salzlagunen Spaniens, die von Frühling bis Herbst scharenweise Flamingos und andere Wasservögel auf der Durchreise anziehen: Gegen Ende August können sich hier um die tausend Flamingos aufhalten. Beobachten kann man sie von strategisch günstig gelegenen versteckten Vogelbeobachtungsständen, zu erreichen auf der Ostseite der Hauptstraße unmittelbar nördlich von Almadraba de Monteleva.

San José

849 EW.

San José, der Hauptstrandort im Parque Natural de Cabo de Gata-Níjar, ist ein toller Ausgangspunkt für Ausflüge in die Umgebung. Er bietet eine große Auswahl an Ho-

Parque Natural de Cabo de Gata-Níjar

tels und Restaurants. An der Küste in der Umgebung gibt's eine Reihe herrlicher Strände, die meist in der Nähe und leicht zu erreichen sind.

Aktivitäten

Im kalten klaren Wasser an der Küste rund um das Cabo de Gata herrschen fantastische Bedingungen zum Tauchen (und Schnorcheln) – Vergleichbares ist in Südspanien nur am Cabo de Palos in Murcia zu finden. Die Wiesen aus Neptungras sind ein Beweis für die Reinheit des Wassers und bieten neben Höhlen, Felsen und Schluchten einen Lebensraum für zahlreiche Meeresbewohner wie Adlerrochen, Mondfische, Muränen und Conger, Kaiserfische und Barrakudas. Ein Highlight für erfahrene Taucher ist das Wrack der *El Vapor*, das 1,8 km vor dem Faro de Cabo de Gata liegt (S. 334). Es gibt mehrere Tauchzentren in der Gegend, u. a. **Isub** (☎ 950 38 00 04; www.isubsanjose.com; Calle Babor 8; ⌚ März–Dez. Mo–Sa 8.30–14 & 16–19, So 8.30–14 Uhr) und **MedialunAventura** (☎ 667 224861; www.medialunaventura.com; Calle del Puerto 7; Verleih pro Std./Tag: Kajak 12/40 €, Zweierkajak 18/60 €, SUP 12/45 €, Leihfahrrad halber Tag/Tag 15/20 €; ⌚ 9–14 & 17–20 Uhr, im Sommer bis 22 Uhr) in San José sowie **Buceo en Cabo de Gata** (☎ 664 534200; www.buceoencabodegata.es; Calle Cala Stay 1, La Isleta del Moro; ⌚ 9–20 Uhr) in La Isleta del Moro.

Schlafen

Für die Hochsaison, während der Semana Santa sowie im Juli und August, sollte man früh buchen. Im Winter schließen viele Unterkünfte für ein paar Monate, und in der Nebensaison bekommt man oft erhebliche Rabatte.

Hostal El Dorado HOSTAL €€
(☎ 950 38 01 18; www.hostaleldorado.es; Camino del Aguamarina; DZ 55–95 €; ❄📶🏊) Auf ei-

nem Hügel rund 500 m landeinwärts vom Hafen von San José bietet das El Dorado eine ansprechende Kombination von erschwinglichen Preisen und schönem Meerblick. Die 27 Zimmer sind eher unscheinbar, doch von fast allen genießt man einen Ausblick aufs Mittelmeer und alle haben einen Balkon oder eine Terrasse. Das i-Tüpfelchen ist dann noch der Pool auf dem Dach.

MC San José BOUTIQUE-HOTEL €€
(☎ 950 61 11 11; www.hotelesmcsanjose.com; Calle Faro 2; Zi. mit Frühstück 75–188 €; ⏲ April–Okt.; P ❄ 📶 🏊) Das MC kombiniert das Beste aus zwei Hotelwelten – warmherzige Gastfreundschaft und eine schicke Designoptik. Das Innere bestimmen moderne Möbel, kühle Weiß- und Grautöne, und die von Pflanzen gesäumte Terrasse mit kleinem Pool ist ideal zum Sonnenbaden. Abends kann man im Weinkeller des Hauses bei einem Glas Wein aus der Region Almería chillen.

Essen & Ausgehen

La Góndola PIZZA €€
(☎ 950 38 01 80; Calle Correo 11; Pizza 7–17 €, Pasta 9–12 €; ⏲ Juli & Aug. 13–16 & 20–23 Uhr, sonst kürzere Öffnungszeiten) La Góndola bietet eine schöne Abwechslung zur andalusischen Standardkost an. Die neapolitanische Pizza ist wirklich authentisch, mit dünner Kruste und ausgezeichneter Tomatensoße. Platz lassen sollte man für die Desserts wie die hausgemachte *panna cotta* oder das Tiramisu.

Casa Miguel SPANISCH €€
(☎ 950 38 03 29; www.casamiguelentierradecine.es; Avenida de San José 43; Hauptgerichte 9–26 €; ⏲ Di–So 13–16.30 & 19.30–23.30 Uhr) Zuverlässig gut sind der Service und die Küche in dieser seit Langem bestehenden Institution von San José, einem von mehreren Lokalen mit Terrasse an der Hauptstraße. Die umfangreiche Speisekarte bietet viel Auswahl, aber wer den tagesfrischen Fisch vom Grill bestellt, liegt immer richtig.

★ **4 Nudos** FISCH & MEERESFRÜCHTE €€€
(☎ 620 938160; www.4nudosrestaurante.com; Club Náutico, Puerto Deportivo; Hauptgerichte 16–25 €; ⏲ März–Okt. Di–So 13.30–16 & 20–23 Uhr, Nov.–Feb. Di–So 13.30–16 Uhr) Das „Vier Knoten" ist das beste der zahlreichen Meeresfrüchterestaurants von San José. Standesgemäß im Club Náutico im Jachthafen untergebracht, serviert es klassische spanische Gerichte, darunter auch Paella, sowie innovativere Kreationen wie Ceviche aus Babygarnelen und in Sojasoße, Ingwer und Rosmarin marinierten Thunfisch. Reservierung empfohlen, außer in sehr ruhigen Zeiten.

★ **La Gallineta** FUSION-KÜCHE €€€
(☎ 950 38 05 01; Carretera Níjar-San José, El Pozo de los Frailes; Hauptgerichte 15–30 €; ⏲ 13.30–15.30 & 21–23 Uhr) Das elegante Restaurant im Dorf El Pozo de los Frailes 4 km nördlich von San José ist bei Stadtflüchtern hochbeliebt. Wegen der innovativen weltoffenen Küche nehmen sie die lange Fahrt hierher in Kauf. Zu den Highlights zählen der kambodschanisch gewürzte Thunfisch und das Garnelen-Carpaccio mit Zitrusfrüchten und Mango. Ostern sowie im Sommer drei Tage vorher reservieren!

Abacería Avesivá BAR
(☎ 950 38 01 73; Calle del Puerto 3; ⏲ Mi–Mo 11–15.30 & 19–23.30 Uhr) Die gemütliche Bar ist eine gute Adresse, um lokale Weine zu probieren. Dazu passt die Einrichtung – burgunderrote Wände, Schiefertafeln und hohe Holzstühle –, und überzeugend ist auch die Auswahl an AOC-Weinen und Craft-Bieren, deren Genuss man mit einer Käse- und Schinkenplatte perfekt abrunden kann.

Rodalquilar

Noch bis vor gar nicht langer Zeit war das kleine, im Landesinneren gelegene Dorf Rodalquilar eine Geisterstadt mit verlassenen Goldminen und nur wenigen Bewohnern. Doch in den 1990er-Jahren erhielt der Ort dank der Verlagerung des Hauptsitzes des Parque Natural hierher ein Facelifting, und heute zieht er einen stetigen Besucherstrom an. Die meisten kommen, um die einstigen Goldminen zu erkunden, aber es gibt auch einen hervorragenden botanischen Garten, und die Wandmalereien an vielen Fassaden sorgen für etwas künstlerisches Flair.

Sehenswertes

Mirador de la Amatista AUSSICHTSPUNKT
(P) An der Hauptstraße zwischen La Isleta del Moro und Rodalquilar bietet dieser hoch gelegene Aussichtspunkt einen atemberaubenden Blick auf die schwindelerregende unberührte Felsküste. Von hier schlängelt sich die Straße hinab ins Becken des Rodalquilar-Tals.

KÜSTENWANDERUNGEN AM CABO DE GATA

Ein ausgedehntes Netzwerk aus Straßen und Wegen führt auf ca. 50 Kilometern von San Miguel de Cabo de Gata um die Küste herum nach Agua Amarga. Die gesamte Wanderung dauert drei Tage und sollte nur im Frühjahr oder noch besser im Herbst (wenn das Meer warm ist) angegangen werden, denn die Hitze im Sommer ist gnadenlos und Schatten gibt's keinen. Natürlich kann man sich aber auch ein Teilstück des Wegs für einen Tag bzw. einen Nachmittag vornehmen. Einige der Strände, an denen man vorbeikommt, sind auf andere Art nicht zu erreichen.

Südwestlich von San José führt eine schöne 9 km (ca. 2 ½ Std) lange Wanderung vorbei an einigen der schönsten Strände zur Torre Vigía Vela Blanca (S. 334), einem alten Aussichtsturm mit tollem Rundumblick. Nordöstlich von San José bietet die recht flache 8 km lange Wanderung zur kleinen Strandsiedlung Los Escullos (S. 333) weitere schöne Ausblicke. Die Strecke, die teilweise über ehemalige Bergbaustraßen führt, umrundet den uralten Vulkan **El Fraile**.

Eine andere empfehlenswerte Strecke verläuft von Rodalquilar durchs Tal zur Playa del Playazo (S. 333), dann entlang einer reizvollen Steilküste in das Örtchen Las Negras (S. 338; 6 km von Rodalquilar). Das Sahnehäubchen jedoch ist die weitere 3 km entfernte Playa San Pedro (S. 333), die man nicht mit dem Auto erreichen kann. Hier hat sich eine kleine Gruppe Aussteiger niedergelassen. Alternativ kann man bis Las Negras fahren und von dort aus zur Playa San Pedro laufen.

Goldminen RUINEN

(P) Die skelettartigen Überreste der Goldminen von Rodalquilar mitten in der Marslandschaft aus roten Felsbrocken oberhalb des Dorfes sehen gespenstisch aus. Die Anlage, die noch bis Mitte des 20. Jhs. komplett in Betrieb war, liegt heute verlassen da. Es steht jedem frei, ihre einstigen Türme und Dekantierungstanks zu erkunden.

Um einen Einblick in die Goldgräbergeschichte der Gegend zu bekommen, kann man zunächst einen Zwischenstopp in der **La Casa de los Volcanes** (Calle Apartadero; ⏲ Do–Sa 10–14 Uhr; P) GRATIS einlegen, einem kleinen Museum mit einer Ausstellung (auf Spanisch, nur teils auch auf Englisch) zu den Goldminen und der Geologie des Cabo de Gata.

Hinter den Goldminen führt ein Weg hinauf zu den Hügeln voller verlassener Minen und zu den Überresten des verfallenen Goldgräberdorfes **San Diego**. Statt zu versuchen, diese Schotterstraße mit dem Auto zu befahren, folgt man besser zu Fuß dem **Sendero Cerro del Cinto**, einem 11 km langen Wanderweg, der die bemerkenswerte postindustrielle Landschaft durchquert.

Jardín Botánico El Albardinal GARTEN

(☎ 671 561226; Calle Fundición; ⏲ Juni–Aug. Di–So 10–13 & 18–20.30 Uhr, Sept.–Mai Di–Fr 9–14, Sa & So 10–14 & 16–18 Uhr; P) GRATIS In Rodalquilars weitläufigem botanischen Garten lernt man die Vegetation des trockenen Südostens von Andalusien kennen. Jede Blume, jeder Baum und jeder Strauch in dem gut angelegten Garten sind beschildert. Es gibt auch eine charmante *huerta* (Gemüsegarten) samt Marmeladenrezepten und einer Vogelscheuche.

El Cortijo del Fraile HISTORISCHES GEBÄUDE

(P) Das verlassene Gehöft auf einer windumtosten Ebene 6 km nordwestlich von Rodalquilar war einst die Kulisse eines tragischen Dramas um wahre Liebe und Rache, das Federico García Lorca zu seiner bekanntesten Tragödie *Bluthochzeit* inspirierte. 1928 verschwand eine junge Frau, die hier verheiratet werden sollte, mit einem anderen Mann, der später vom Bruder des sitzen gelassenen Bräutigams erschossen wurde. Heute ist diese Tat als El Crimen de Níjar (Das Verbrechen von Níjar) bekannt. Die romantisch zerfallenen Gebäude aus dem 18. Jh. sind inzwischen umzäunt, doch vielen merkt man noch immer einen Hauch ihrer verhängnisvollen Vergangenheit an.

Anfahrt über die Straße ALP824 (die bald zur Schotterstraße wird) 5 km östlich von Los Albaricoques.

Schlafen & Essen

★ **Oro y Luz** RESORT €€

(☎ 722 789973; www.oroyluz.com; Paraje Los Albacetes; Suite 89–177 €; 📶) Vor einer Kulisse mit Olivenbäumen, Palmen und der rauen Landschaft des Cabo de Gato bietet diese weiß getünchte Villa in der Nähe der Abzweigung zur schönen Playa del Playazo sieben Suiten mit jeweils eigenem Eingang und eigener Terrasse. Die freundlichen neuen italienischen Betreiber haben dem Ganzen einen Spritzer Designerflair verpasst. Das angeschlossene **Restaurant** (☎950 80 88 19; www.oroyluz.com; Paraje Los Albacetes; Hauptgerichte 14–24 €; ⏲Mo 13.30–16, Mi–So 13.30–16 & 20–22.30 Uhr) ist eins der besten der gesamten Provinz.

El Jardín de los Sueños CASA RURAL €€
(☎950 38 98 43, 669 184118; www.eljardindelos suenos.es; Calle Los Gorriones; mit Frühstück EZ 65–85 €, DZ 80–118 €, Suite 110–150 €; P ❄ 📶 🏊) Dieser ganzjährig geöffnete Rückzugsort direkt vor Rodalquilar ist von der Hauptstraße ausgeschildert und ideal, um allem den Rücken zu kehren. Das Hauptgebäude des Bauernhofs steht mitten in einem wunderschönen Garten voller ans trockene Klima angepasster Pflanzen und Obstbäume, die ihren Teil zum reichhaltigen Frühstück beitragen. Die Zimmer punkten mit frischen Farben, Originalkunst und Privatterrassen. Fernseher gibt's nicht.

Las Negras

Camping La Caleta CAMPINGPLATZ €
(☎950 52 52 37; www.campinglacaleta.com; Stellplatz Erw./Zelt & Auto 6,60/14,20 €, DZ/4BZ-Bungalow 75/115 €; P 📶 🏊) Der abgeschiedene Campingplatz versteckt sich in einer Bucht 1 km südlich von Las Negras und ist am Dorfeingang ausgeschildert. Der Platz umfasst neben Zeltstellplätzen und Häuschen (für die ein Mindestaufenthalt von zwei Nächten gilt) recht gute Einrichtungen wie einen Laden, ein Restaurant und einen Pool.

Restaurante La Palma FISCH & MEERESFRÜCHTE €€
(☎950 38 80 42; Calle Bahía de Las Negras 21; Hauptgerichte 10–25 €; ⏲Di–So 9–23.30 Uhr) Die sich am Kieselstrand brechenden Wellen bilden die Geräuschkulisse zum Essen in diesem rustikalen Meeresfrüchterestaurant an der Strandpromenade von Las Negras. Fisch & Meeresfrüchte sind hier natürlich die Stars auf der Speisekarte und man isst sie idealerweise im Freien auf der Terrasse. Aber auch gebratenes Fleisch und Reisgerichte werden serviert.

Agua Amarga

376 EW.

Das kleine Fischerdorf Agua Amarga ist heute ein entspannter Ferienort, der bei spanischen Städtern und Skandinaviern auf der Suche nach Sonne beliebt ist. Die meiste Zeit des Jahres geht's hier verschlafen zu, aber im Juli und August, wenn die Feriengäste an die schönen Sandstrände und in die legeren Restaurants an der Meerespromenade strömen, ist jede Menge los.

Schlafen & Essen

★ **MiKasa** BOUTIQUE-HOTEL €€€
(☎950 13 80 73; www.mikasasuites.com; Carretera Carboneras 20; DZ mit Frühstück 160–300 €; P ❄ 📶 🏊) Im Herzen des Dorfs Agua Amarga ist das MiKasa ein bezaubernd romantisches Refugium. Die hübsche Villa ein paar Häuserblocks vom Strand entfernt (aber immer noch in bequemer Fußnähe) verfügt über hübsche, individuell eingerichtete Zimmer, zwei Pools, einen Whirlpool, ein Spa, eine gut bestückte Bar mit Vertrauenskasse und verschiedene gemütliche Ge-

ABSTECHER

ALMERÍAS GIGANTISCHE GEODE

In der Sierra del Aguilón im Nordosten der Provinz Almería öffnete 2019 die weltweit zweitgrößte Geode, die **Geoda de Pulpí** (☎950 96 27 27; www.geodapulpi.es; Calle Sierra de los Filabres, Los Jurados, Pulpí; Erw./Kind 22/10 €; ⏲9–14 & 16–21 Uhr), ihre Pforten für die Öffentlichkeit. Das 8 m lange und 2 m hohe seltene geologische Wunder entdeckten Mineralogen aus Madrid in der aufgegebenen Mina Rica, in der bis zum Spanischen Bürgerkrieg Eisen, Blei und Silber abgebaut wurden. Auf Führungen gelangen Besucher durch Gänge und über Metalltreppen 60 m weit unter die Erde. Am Ende besteht die Möglichkeit, in die Geode zu klettern und sich die umwerfende Ansammlung lichtdurchlässiger Gipskristalle anzuschauen.

Die den Tag über jede halbe Stunde angebotenen Führungen müssen über die Website gebucht werden.

meinschaftsbereiche. Außer im August bekommt man ermäßigte Zimmerpreise.

★ **La Frontera** TAPAS €
(☎ 950 13 03 44; www.facebook.com/bar.lafrontera; Avenida de Garrucha 4, Carboneras; Tapas 1,50 €, medias raciones/raciones ab 6/10 €) Wem der Sinn nach erstklassigen Meeresfrüchte-Tapas in einem ruhigen ortstypischen Ambiente steht, sollte sich von Agua Amarga eine Viertelstunde die Küste hinauf zu dieser Straßenbar in Carboneras aufmachen. Für nur 1,50 € bekommt man hier kleine Portionen Paella, gegrillte Garnelen und Sardinen, gebratenen Tintenfisch und geräucherten Thunfisch – oder auch kostenlos zu jedem bestellten Getränk. Wer mehr Hunger hat, kann auch zu vernünftigen Preisen *raciones* (Tapas in Hauptgerichtgröße) bestellen.

La Palmera FISCH & MEERESFRÜCHTE €€
(☎ Restaurant 950 13 82 08, Zi. 676 726819; www.hostalrestaurantelapalmera.com; Calle Aguada 4; Hauptgerichte 11–20 €; ⌚ Mitte März–Anfang Nov. 12–23 Uhr; ❄) Fisch und Meeresfrüchte am Strand zählen zu den Attraktionen von Agua Amarga, und dieses luftige Restaurant an der Meerespromenade hat dafür eine ideale Lage. An den Tischen auf der Terrasse werden herzhafte Schüsseln mit Muscheln und gegrilltem Tintenfisch serviert. Das Restaurant vermietet mehrere einfache Gästezimmer (110–140 €) mit Meerblick.

Restaurante La Villa MEDITERRAN €€€
(☎ 950 13 80 90; Carretera Carboneras 18; Hauptgerichte 15–25 €; ⌚ Juni–Sept. 20–24 Uhr, sonst kürzere Öffnungszeiten) Wer in diesem noblen Restaurant in Agua Amarga mit romantisch beleuchtetem Speisesaal und eleganter Poolterrasse speisen möchte, sollte einen Tisch reservieren. Die Gerichte von Pasta bis zu Tatar und Gourmet-Burgern mit Fleisch vom Black-Angus-Rind sind originell und werden kunstvoll präsentiert. Dazu kann man erstklassige Cocktails genießen.

Mojácar

6403 EW.

Mojácar, zugleich ein hochbeliebter Strandort und ein Städtchen mit Charme auf einem Hügel, besteht aus zwei voneinander getrennten Ortsteilen. Mojácar Pueblo ist das attraktive historische Zentrum, ein malerisches Labyrinth würfelförmiger weißer Häuser, die sich an einen Hügel im Inland schmiegen. Etwa 3 km entfernt an der Küste liegt sein junger Ableger Mojácar Playa, ein moderner Strandferienort mit niedrigen Bauten an einem 7 km langen Sandstrand.

In den 1960er-Jahren verfiel Mojácar und wurde fast aufgegeben. Aber ein cleverer Bürgermeister belebte es wieder, indem er Künstler und Urlauber in die Gegend lockte, denen er kostenlose Grundstücke anbot. So fand alternatives Flair hier Einzug und ist bis heute spürbar.

Sehenswertes

Am sehenswertesten ist Mojácars *pueblo* oben auf dem Hügel mit seinen weiß getünchten Häusern und hübschen Plätzen, Bars und Cafés bei der festungsartigen Iglesia de Santa María. Strandliebhaber sollten nach Mojácar Playa hinunterfahren, vor dem sich 7 km vorwiegend Sandstrand erstrecken. Um vom Strand ins *pueblo* zu kommen, fährt man am Kreisverkehr vor dem Parque Comercial, einem großen Einkaufszentrum am Nordende des Strands, ins Landesinnere. Es gibt regelmäßige Busverbindungen.

Mirador del Castillo AUSSICHTSPUNKT
(Plaza Mirador del Castillo, Mojácar Pueblo) Der *mirador* (Aussichtspunkt) oben auf dem Hügel thront am höchsten Punkt des Orts, wo einst eine Burg stand. Der Blick reicht über das Meer und die dunstige grünbraune Landschaft, gesprenkelt von weißen Häusern und prägnanten Vulkankegeln, die jenem ähneln, auf dem Mojácar errichtet wurde.

Casa La Canana HAUS
(☎ 950 16 44 20; Calle Esteve 6, Mojácar Pueblo; Erw./Kind 2,50/1 €; ⌚ tgl. 10.30–14.30, Di, Mi, Fr & Sa auch 17–20 Uhr) Schön gepflegt und von den Eigentümern (die oben wohnen) sorgfältig durchdacht – dieses Wohnhaus-Museum veranschaulicht, wie ein gut situierter Dorfbewohner in der ersten Hälfte des 20. Jhs. gewohnt hat. Ein großer Teil der Inneneinrichtung wie die Möbel, Kacheln, Bettdecken, Kamine und Haushaltsgegenstände stammt original aus dem Haus. Zweisprachige Informationstafeln, Fotos, Werkzeuge und Tiermodelle informieren über die damalige Alltagskultur.

Fuente Pública BRUNNEN
(Öffentlicher Brunnen; Calle La Fuente, Mojácar Pueblo) Der historische Brunnen am Fuße des Hügel-*pueblo* ist eine Art Wahrzeichen des Dorfs. Hierher kommen Dorfbewohner wie auch Besucher, um sich Wasser abzu-

Mojácar Pueblo

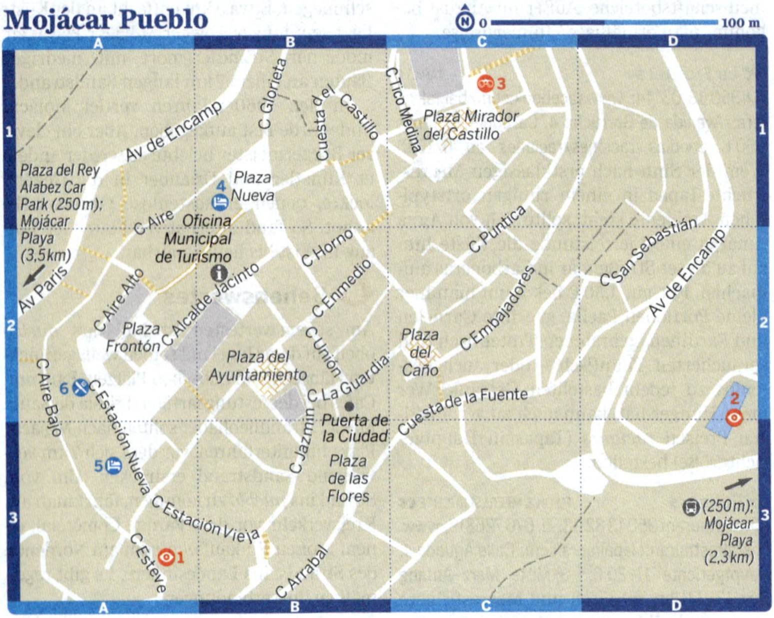

Mojácar Pueblo

Sehenswertes

1 Casa La Canana A3
2 Fuente Pública D2
3 Mirador del Castillo C1

Schlafen

4 Hostal Arco Plaza B1
5 Hostal El Olivar A3

Essen

6 Viento Norte A2

füllen, das an einem Innenhof unterhalb bunter Blumen aus 13 Öffnungen in Marmorbecken fließt. Eine Tafel besagt, dass hier im Jahr 1488 der Gesandte der Reyes Católicos (der katholischen Könige Ferdinand und Isabella) Mojácars letzten maurischen Bürgermeister, Alavez, traf, um über die Übergabe des Dorfs zu verhandeln.

Strände

Mit 7 km Strand bietet Mojácar Playa genügend Raum für alle und dazu einige hervorragende Strandbars und Restaurants. Der beste Strand liegt am südlichen Ortsende, wo es auch eine schöne Meerespromenade gibt.

Südlich des Hauptstrands liegt ein 1,25 km langer Felsabschnitt, danach folgt ein zweiter 1,25 km langer Strand, den ein Wachturm aus dem 18. Jh. überragt, das **Castillo de Macenas** (Mojácar Playa; P). Vom Castillo führt ein unbefestigter Weg 3 km an der Küste entlang, vorbei an mehreren kleinen Buchten, einige mit FKK-Stränden. Auf dem Weg kann man einen Abstecher hinauf zur **Torre Pirulico** (P) GRATIS machen, einem Verteidigungsturm aus dem 13. Jh.

Feste & Events

Moros y Cristianos KULTUR

(Wochenende um den 10. Juni) Zu Mojácars großem dreitägigem Fest kostümieren sich Einheimische und erinnern mit Tänzen und anderen Festlichkeiten jedes Jahr an die Rückeroberung des maurischen Spaniens durch die Christen.

Noche de San Juan FIESTA

(Mojácar Playa; 23. Juni) Große Party mit Leuchtfeuern, bei der von Sonnenuntergang bis Sonnenaufgang gegessen, getrunken und getanzt wird, um die Sommersonnenwende zu feiern.

Schlafen

★ **Hostal El Olivar** HOSTAL €

(950 47 20 02; www.hostalelolivar.es; Calle Estación Nueva 11, Mojácar Pueblo; Zi. mit Früh-

stück 53–70 €; ❄ 📶) Die freundlichen Eigentümer Alberto und Michaela haben dieses stilvolle *hostal* mit neuem Anstrich sowie neuen Vorhängen, Bettdecken, kleinen Kühlschränken, handgefertigten Möbeln und einem Massageraum komplett umgestaltet. Drei Zimmer verfügen über Balkons; zum Abhängen oder für ein gemächliches Frühstück steht eine nette Sonnenterrasse zur Verfügung. Das Ganze steht unter einem Olivenmotto, mit Olivenölseifen und einem Baum, dessen „Blätter" aus handgeschriebenen Notizen früherer Gäste bestehen.

★ Hostal Arco Plaza
HOSTAL €

(☎ 647 846275, 950 47 27 77; www.hostalarcoplaza.es; Calle Aire 1, Mojácar Pueblo; EZ 30 €, DZ 39–45 €, 3BZ 45–50 €; ❄ 📶) Mitten im trubeligen Zentrum liegt dieses nette *hostal* mit ausgezeichnetem Preis-Leistungs-Verhältnis und attraktiven himmelblauen Zimmern mit schmiedeeisernen Betten und terrakottagefliesten Böden. Die besten bieten eigene Balkons mit Blick auf die Plaza Nueva, aber den gleichen Blick kann man auch von der gemeinschaftlichen Dachterrasse genießen. Abends kann es auf dem Platz laut werden, aber in der Regel wird es nach Mitternacht wieder ruhig.

Hotel El Puntazo
HOTEL €€

(☎ 950 47 82 65; www.hotelelpuntazo.com; Paseo del Mediterráneo 257, Mojácar Playa; Vier-Sterne-DZ 80–141 €, DZ mit einem Stern 50–90 €; P ❄ 📶 🏊) El Puntazo, eine große Anlage an der Meerespromenade von Mojácar Playa, besteht aus zwei Hotels, einem Vier-Sterne-Haus und einem einfacheren Ein-Stern-Hotel. Die Zimmer im Vier-Sterne-Hotel sind hell, groß und sommerlich weiß und grün eingerichtet, während die Zimmer im Ein-Stern-Hotel kleiner und einfacher möbliert sind. Alle Gäste haben Zugang zum Swimmingpool auf dem Gelände.

Essen & Ausgehen

Sowohl *pueblo* als auch *playa* bieten eine gute Auswahl an Lokalen mit verschiedener Küche (z. B. spanisch, mexikanisch, italienisch), einige haben jedoch zwischen November und März geschlossen.

Im Sommer, besonders im August, herrscht in Mojácar ein reges Nachtleben. Im *pueblo* haben sich zahlreiche freundliche, lebendige Bars in den kleinen Häusern angesiedelt, und unten an der *playa* konzentriert sich alles auf die vielen Bars und Clubs, die den Strand säumen.

Tito's Cantina
MEXIKANISCH €

(☎ 950 47 88 41; www.facebook.com/lacantina.mojacar; Paseo del Mediterráneo, Mojácar Playa; Hauptgerichte 8–14 €; ⏰ April–Okt. 19–24 Uhr; 🍷) 🌿 Gründer und Ortslegende Tito ist inzwischen verstorben, doch in dieser festlichen *cantina* mit Schilfrohrbedachung unter den Palmen am Strand von Mojácar lebt sein Vermächtnis fort. Serviert werden altbewährte mexikanische Gerichte wie Enchiladas, Quesadillas, Fajitas, Tacos und Guacamole – und es gibt genügend Tequila und mexikanisches Bier, um nostalgisch die guten alten Zeiten zu feiern. Die farbenfrohe Einrichtung versetzt die Gäste nach Mexiko.

Viento Norte
BASKISCH €€

(www.vientonorte.es; Plaza Frontón 2, Mojácar Pueblo; Hauptgerichte 10–18 €; ⏰ Juli & Aug. 12–16 & 20–24 Uhr, sonst kürzere Öffnungszeiten; 🍷) Der „Nordwind" bringt mit seinen rot-weiß karierten Tischdecken einen Hauch Baskenland an die andalusische Küste. Auf einer Schiefertafel sind Gerichte verzeichnet wie gegrillter Oktopus und *txistorra* (baskische Knoblauchwurst). Ein gutes Schnäppchen ist das *menú del día*: 12 € für Vorspeise, Hauptgericht, Brot, Wein und Dessert.

Neptuno
ANDALUSISCH €€

(☎ 616 005387; www.neptunomojacar.com; Paseo del Mediterráneo 62E, Mojácar Playa; Hauptgerichte 10–21 €, plato del día 8 €; ⏰ 10–17 & 19–24 Uhr, Okt.–Mai So–Do abends geschl.) Eines der elegantesten, am besten besuchten und beliebtesten *chiringuitos* (Strandrestaurants) in Mojácar Playa. Spezialität des Hauses sind Fleisch und frischer Fisch vom Grill, aber es gibt auch viele Salate und Reisgerichte.

ℹ Praktische Informationen

Oficina Municipal de Turismo (☎ 950 61 50 25; www.mojacar.es; Plaza Frontón, Mojácar Pueblo; ⏰ Mo–Fr 9.30–14 & 16.30–19, Sa 10–14 & 16.30–19, So 10–14 Uhr) Oben auf dem Hügel im *pueblo* Mojácar.

Tourist Information Point (www.mojacar.es; Playa Villazar, Mojácar Playa; ⏰ tgl. 10–14 & Mo–Sa 16.30–19 Uhr) Unten am Strand gegenüber vom Einkaufszentrum Parque Comercial.

ℹ Anreise & Unterwegs vor Ort

AUTO & MOTORRAD

Die Hauptstraße führt durch das *pueblo* zu zwei kostenlosen Parkplätzen am Westrand des Orts. Mittwochvormittags kann man nicht auf dem Parkplatz auf der Plaza del Rey Alabez parken, denn dort findet dann der Wochenmarkt statt.

BUS

Busse, die zwischen den Städten und Orten der Region pendeln, halten an mehreren Stellen rund um den Kreisverkehr am Parque Comercial in Mojácar Playa und an der **Avenida de Andalucía** in Mojácar Pueblo.

Alsa (S. 328) betreibt Busse von/nach Almería (7,90 €, 1¼–1¾ Std., 2–4 tgl.) und Murcia (9,25 €, 2½–3 Std., 2-mal tgl.). Tickets verkauft **Mojácar Tour** (☎ 950 47 57 57; www.viajesmojacar.grupoairmet.com; Centro Comercial Montemar, Avenida de Andalucía, Mojácar Playa; ⌚10–13.30 & 17.30–20 Uhr), ein Reisebüro im Parque Comercial in Mojácar Playa.

Ein Stadtbus (1,20 €) dreht die Runde von Mojácar Pueblo nach Mojácar Playa, bedient dort den ganzen Strand und fährt wieder zurück. Er startet von Juni bis September zwischen 9.15 und 23.35 Uhr ungefähr jede halbe Stunde; von Oktober bis Mai nur bis 21.15 Uhr.

TAXI

Taxis warten an der Plaza Nueva im *pueblo*. Telefonisch kann man sie unter 950 88 81 11 bestellen.

LOS VÉLEZ

Die schöne Berglandschaft im abgelegenen Bezirk Los Vélez ganz im Norden Almerías zeigt sich grüner und bewaldeter als der Großteil der übrigen Provinz. Drei Städtchen, **Vélez Rubio, Vélez Blanco** und **María**, schmiegen sich in den Schatten der Sierra de María. Die schroffe Bergkette gehört zum Parque Natural Sierra María–Los Vélez (S. 343). In der Gegend gibt's schöne Wanderwege sowie die berühmte Felsenkunst in der Cueva de los Letreros.

Der größte Ort ist **Vélez Rubio** mit einer riesigen Barockkirche aus dem 18. Jh., doch reizender ist Vélez Blanco.

An- & Weiterreise

Nachmittags fährt ein **Alsa**-Bus (S. 328) von Almería nach Vélez Rubio (15,25 €, 3½ Std.), Vélez Blanco (15,75 €, 3¾ Std.) und María (16,50 €, 4 Std.). Zurück geht's ab María um 6.30 Uhr (So um 18.30 Uhr).

Von Vélez Rubio bietet Alsa Busverbindungen nach Granada (14,50 €, 2–3 Std., 3- bis 4-mal tgl.).

Vélez Blanco

Das 1070 m hoch gelegene Vélez Blanco mit seinen dicht an dicht gedrängten Häusern samt roten Ziegeldächern, einer märchenhaften Burg und sensationellem Talblick ist die attraktivste Ausgangsbasis der drei Dörfer von Los Vélez. Mittwochmorgens kann man über den lebhaften Straßenmarkt an der Hauptstraße Calle Corredera bummeln.

Sehenswertes

Cueva de los Letreros HÖHLE

(☎ 694 467136; Erw./Kind 2/1 €; ⌚Führungen Juni–Aug. Mi & Sa 18.30, So 11 Uhr, Sept.–Mai Mi & Sa 16, So 12 Uhr; P) Diese Zeremonialstätte aus der Steinzeit ist das Highlight der vielen als Welterbe gelisteten Stätten mit Höhlenmalereien in der Region. Die rötlichen Zeichnungen, die vor 5500 v. Chr. entstanden, zeigen u. a. Tiere, eine große Figur mit Horn namens El Hechicero (Der Medizinmann), und den *indalo*, ein Strichmännchen, dessen ausgestreckte Arme mit einem Bogen über seinem Kopf verbunden sind. Die Höhle ist nur im Rahmen von Führungen zu besichtigen. Sie starten am Eingang des Campingplatzes Pinar del Rey, ca. 1 km südlich von Vélez Blanco nahe der A317.

Castillo de Vélez Blanco BURG

(⌚April–Sept. Mi–So 10–14 & 17–20 Uhr, Okt.–März Mi–So 10–14 & 16–18 Uhr; P) GRATIS Die an einen Disney-Film erinnernde Burg erhebt sich hoch über Vélez Blancos Ziegeldächern auf einem Felsdorn wie zu einem grotesken Duell gegenüber der sphinxartigen Bergkuppe La Muela (Der Backenzahn) auf der anderen Seite des Tals. Von außen ist das Bauwerk aus dem 16. Jh. eine typische Reconquista-Festung, doch innen dominierte der Renaissancestil – bis 1904 die verarmten Einheimischen die geschnitzten Marmorbogen, Säulen, Türöffnungen, Fensterrahmen, Statuen und Friese verkauften.

Schlafen & Essen

El Palacil APARTMENTS €€

(☎ 950 41 50 43; www.elpalacil.com; Calle Molino Cantarería; 2-/4-/6-Pers.-Apt. 70/140/210 €; P ❄ 📶 🏊) In ruhiger Lage neben einem Fluss in Vélez Blanco bietet El Palacil geräumige Apartments für bis zu sechs Personen mit rustikal-gemütlicher Einrichtung und großen Küchen. Es gibt auch ein recht gutes **Restaurant** (Pizza 8–11 €, Hauptgerichte 12–23 €; ⌚Di–So 13–16 & 20–23 Uhr), das Pizza, Salate, Fleisch, Fisch und Meeresfrüchte vom Grill serviert.

★ Asador Espadín ANDALUSISCH €€€

(☎ 950 41 25 34; www.restauranteasadorespadin.com; Calle Almez 2, Vélez Rubio; Hauptgerichte

16–24 €; ⏲ Do–Di 12–16 Uhr) Lange bevor man die Eingangstür erreicht, wird man bei diesem stets beliebten Mittagslokal in Vélez Rubio von köstlichen rauchigen Düften begrüßt. Formell altmodisch gewandete Kellner servieren Teller mit gerösteten Paprikas, die mit Olivenöl besprenkelt und mit Kapern und Sardellen gefüllt sind. Als Hauptspeisen dienen große Steaks, Schweineschnitzel und Lammkoteletts vom Grill. Wer am Wochenende in dem riesigen runden Speisesaal essen möchte, muss reservieren.

ℹ Praktische Informationen

Centro de Visitantes Almacén del Trigo (☎ 648 140091; Avenida Marqués de Los Vélez; ⏲ Do–So 10–14 Uhr) Hilfreiche Informationen zum Parque Natural Sierra de María-Los Vélez.

Cuevas del Almanzora

Das geschäftige landwirtschaftlich geprägte Zentrum von Cuevas del Almanzora mit seiner beeindruckenden Burg voller Kunstwerke und hübscher Architektur verdient einen kurzen Besuch. Die Stadt, deren Name eine Anspielung auf die vielen Höhlen in der Umgebung darstellt, hat antike Ursprünge, aber ihr heutiges Aussehen stammt aus dem 19. Jh., als sie als Stützpunkt für die Silberminen in den nahen Hügeln der Sierra Almagrera einen Aufschwung erlebte.

Castillo del Marqués de los Vélez BURG
(☎ 950 54 87 07; Plaza de la Libertad; 2,50 €; ⏲ Mitte Juni–Mitte Sept. Di–Sa 9–14 Uhr, Mitte Sept.–Mitte Juni Di–Sa 10–13.30 & 16–18.30, So 10–13.30 Uhr) Die Burg aus dem 16. Jh. über der Altstadt von Cuevas del Almanzora beherbergt das **Museo Antonio Manuel Campoy** mit der hervorragenden Sammlung des gefeierten spanischen Kunstkritikers: Sie umfasst u. a. Werke von Größen wie Picasso und Miró. Das Ticket gewährt außerdem Zutritt zur benachbarten **Galerie mit Lithografien von Goya**, einem kleinen **archäologischen Museum**, das der El-Argar-Kultur aus der Bronzezeit gewidmet ist, und dem nicht weit entfernten **Cueva Museo**, einer Nachbildung eines Höhlenhauses von der Mitte des 20. Jhs. mit alten Möbeln, Werkzeugen und interessanten alten Fotos.

PARQUE NATURAL SIERRA MARÍA-LOS VÉLEZ

Der Parque Natural Sierra María-Los Vélez schützt 226 km² grüne Bergwelt im Norden der Provinz Almería und ist eine grandios wilde Naturlandschaft. Seine felsigen Gipfel sind mit Wäldern aus Pinien und Steineichen bewachsen, über denen Königsadler und Wanderfalken am stillen Himmel kreisen.

Die Gegend bietet herrliche Wandermöglichkeiten. Die ausgeschilderten Wege präsentieren sich im Frühjahr und Herbst von ihrer besten Seite; Informationen bekommt man in Vélez Blanco im Centro de Visitantes Almacén del Trigo (S. 343). Ein guter Rundweg ist der 13 km lange **Sendero Solana de Maimón**, der südwestlich des Ortes um die Sierra de Maimón herumführt.

An der A317, unmittelbar westlich des winzigen Hochlanddörfchens María, liegt der 40 ha große **Jardín Botánico Umbría de la Virgen** (⏲ Mai–Sept. Di–So 9–15 Uhr, Okt.–April Di–So 10–16 Uhr) GRATIS Er widmet sich der einzigartigen Flora der Sierra de María und des Altiplano de Granada. Vom Garten aus kann man dem recht einfachen 3 km langen Rundweg **Sendero Umbría de la Virgen** (ca. 1¾ Std.) folgen.

ℹ An- & Weiterreise

Mit dem Auto: Cuevas del Almanzora liegt östlich an der Hauptstraße A7, ca. 24 km nördlich von Mojácar. Wer mit öffentlichen Verkehrsmitteln anreisen möchte: Von Almería (9,55 €, 1¾–2¼ Std.) fahren dreimal täglich **Alsa**-Busse (S. 328).

Andalusien verstehen

Geschichte

Führendes kulturelles Zentrum im mittelalterlichen Europa, Drehpunkt eines transkontinentalen Reiches, ärmliche Provinz und boomende Touristenattraktion – Andalusien hat schon alles erlebt. Die Region, in der Kontinente und Ozeane aufeinandertreffen, wurde von verschiedenen Strömungen beeinflusst und brachte eine weltweit einzigartige Kultur hervor. Von islamischen Palästen über christliche Kathedralen bis hin zu Flamenco-Rhythmen: Andalusien weiß sein historisches Erbe zu schätzen, und Besucher des Landes spüren überall den Einfluss der Vergangenheit auf die Gegenwart.

Andalusiens frühe Wegbereiter

Die prähistorischen Andalusier brachten – besonders im Osten des Landes – viele frühe technologische Fortschritte auf die Iberische Halbinsel, wahrscheinlich durch Begegnungen mit anderen, moderneren Gesellschaften der Mittelmeerregion.

Die Cueva de los Letreros bei Vélez Blanco in der Provinz Almería zählt mit ihren Malereien von Tieren, Menschen und mythologischen Figuren zu den berühmtesten Stätten von Felsenkunst aus dem Neolithikum im mediterranen Spanien. Um 6000 v. Chr. gelangte die Agrarrevolution der Jungsteinzeit (Neolithikum) von Ägypten und Mesopotamien nach Spanien. Mit dem Pflug, den Kulturpflanzen und dem Nutzvieh kamen auch Tonwaren, Textilien und dörfliche Siedlungen. Rund 3500 Jahre später lernten die Bewohner von Los Millares bei Almería die örtlichen Kupfervorkommen zu schmelzen und zu bearbeiten – der Grundstein für Spaniens erste metallverarbeitende Kultur. Damals entstanden auch die imposantesten Dolmen (mit Erde bedeckte Grabkammern aus großen Steinblöcken) des Landes in der Nähe von Antequera, zeitgleich mit der Megalithära in Frankreich, Großbritannien und Irland.

Ab 1900 v. Chr. begannen die Bewohner von El Argar (Provinz Almería) Bronze herzustellen, eine Legierung aus Kupfer und Zinn, die härter ist als reines Kupfer – der Beginn der Bronzezeit auf der Iberischen Halbinsel.

In Andalusien könnten zuvor auch die letzten Neandertaler gewohnt haben. Ausgrabungen in der Gorham-Höhle auf Gibraltar belegen, dass sie noch bis mindestens 26 000 v. Chr. hier lebten. Ihr Niedergang begann

Prähistorisches Andalusien

Cueva de la Pileta (Benaoján, bei Ronda)

Dolmen de Menga und Dolmen de Viera (Antequera)

Orce (Provinz Granada)

Los Millares (Provinz Almería)

Cueva de Nerja

Museo de Almería

ZEITACHSE

18 000–14 000 v. Chr.

Jäger und Sammler malen im Paläolithikum u. a. Auerochsen, Hirsche, Pferde und Fische an die Wände der Cueva de la Pileta (bei Ronda), Cueva de Ardales und Cueva de Nerja.

1000–800 v. Chr.

Oliven, Weinstöcke und Esel kommen mit phönizischen Händlern nach Andalusien, die an der Küste Siedlungen wie Gadir (Cádiz) und Onuba (Huelva) errichten.

700–600 v. Chr.

Eisen ersetzt Bronze als wichtigstes Metall im unteren Guadalquivir-Tal. Die Tartessos-Kultur, die sich hier entwickelt, wird später als Quelle märchenhaften Reichtums verklärt.

um 35 000 v. Chr., ausgelöst durch Klimaveränderungen und das Vordringen des *Homo sapiens* nach Europa, vermutlich aus Nordafrika. Wie die Touristen des 21. Jhs. zog es auch Letzteren ins recht warme Andalusien. Hier gediehen dichte Wälder und eine vielfältige Tierwelt, die das Jagen und Sammeln erleichterten. In der Zeit vor 16 000 bis 20 000 Jahren verewigten die damaligen Menschen einige der Tiere, die sie jagten, in eindrucksvollen Höhlenmalereien, etwa in der Cueva de Ardales, nahe Bobastro, in der Cueva de la Pileta (bei Ronda) und in der Cueva de Nerja.

Alte Steinwerkzeuge und ein Milchzahn, die in der Nähe von Orce in der Provinz Granada gefunden wurden, zeigen die Anwesenheit früher Menschen, die vor geschätzten 1,4 Millionen Jahren mit Mammuts, Nashörnern, Säbelzahntigern und Riesenhyänen zusammenlebten. Somit ist der Zahn der älteste bestätigte menschliche Überrest in Westeuropa

Händler & Eroberer

Andalusiens Natur- und Bodenschätze sowie seine Siedlungen zogen seefahrende Kaufleute aus der gesamten Mittelmeerregion an. Nach den Händlern kamen Eroberer aus den aufstrebenden Großreichen des Mittelmeerraumes, die nicht nur auf Reichtümer, sondern auch auf politische Macht aus waren. Sie alle – Phönizier, Griechen, Karthager, Römer und Westgoten – prägten die andalusische Lebensweise und Mentalität.

Phönizier, Griechen & Tartessos

Um 1000 v. Chr. entstand im westlichen Andalusien eine blühende Kultur, die Landwirtschaft, Tierzucht und Metallverarbeitung betrieb. Sie lockte phönizische Händler aus dem heutigen Libanon an, die hier Parfüm, Elfenbein, Schmuck, Öl, Wein und Textilien gegen Silber und Bronze tauschten und Handelsposten an Küstenorten wie Cádiz (das sie Gadir nannten), Huelva (Onuba) und Almuñécar (Ex oder auch Sex genannt) errichteten. Damit erhebt Cádiz, gegründet 1100 v. Chr., berechtigten Anspruch darauf, die älteste kontinuierlich bewohnte Siedlung Europas zu sein. Im 7. Jh. v. Chr. kreuzten dann die Griechen auf, um mit ähnlichen Waren Handel zu treiben. Neben Töpferscheibe und Schriftkunst brachten die Phönizier und Griechen zudem den Olivenbaum, die Weinrebe und den Esel mit, die zu den drei Symbolen der Region werden sollten.

Die von den Phöniziern und Griechen beeinflusste westandalusische Kultur des 8. und 7. Jhs. v. Chr. hing Göttern an und wurde „Tartessos-Kultur" genannt. Sie entwickelte eine fortschrittliche Goldbearbeitung; trotzdem war es das Eisen, das Bronze als wichtigstes Metall ablöste. Griechische, römische und biblische Chronisten beschrieben Tartessos Jahrhunderte später als einen Hort sagenhafter Reichtümer. Ob Tartessos eine Stadt oder bloß eine Region war, weiß niemand so genau. Manche glauben, dass es eine Handelssiedlung nahe der Stadt Huelva war; andere vermuten es in den Sümpfen am unteren Guadalquivir.

Antikes Andalusien

- *Museo Arqueológico (Sevilla)*
- *Museo de Huelva*
- *Museo de la Ciudad (Carmona)*
- *Museo de Cádiz*
- *Museo Arqueológico (Almuñécar)*

Karthago & Rom

Ab dem 6. Jh. v. Chr. beherrschte Karthago, eine frühere phönizische Kolonie im heutigen Tunesien, den Handel im westlichen Mittelmeerraum.

206 v. Chr.

Römische Truppen unter General Scipio Africanus schlagen die Armee von Karthago in Ilipa bei Sevilla. Itálica, Spaniens erste römische Stadt, wird in der Nähe des Schlachtfelds gegründet.

100 v. Chr.–300 n. Chr.

Andalusien entwickelt sich zu einer der reichsten und kultiviertesten Regionen des Römischen Reichs. Corduba (Córdoba) ist ihre bedeutendste Stadt. Im 3. Jh. beginnt die Christianisierung.

98–138 n. Chr

Zwei aufeinander folgende Herrscher regieren das Römische Reich ausgehend von Itálica: Trajan (98–117 n. Chr.) und Hadrian (117–138 n. Chr.).

552

Byzanz, Hauptstadt des östlichen römischen Reichs, erobert Andalusien. 622 vertreiben die Westgoten, die inzwischen über die Iberische Halbinsel herrschen, die Byzantiner.

Römisches Andalusien

Itálica (Santiponce, bei Sevilla)

Baelo Claudia (Bolonia)

Necrópolis Romana (Carmona)

Museo de la Ciudad de Antequera

Roman Amphitheatre (Málaga)

Puente Romano (Córdoba)

Museo Histórico Municipal (Écija)

Bald schon musste es jedoch einer neuen Großmacht des Mittelmeerraums weichen – Rom. Karthago wurde von Rom im Ersten Punischen Krieg (264–241 v. Chr.) im Kampf um die Herrschaft über Sizilien besiegt, besetzte dann aber das südliche Spanien. Im Zweiten Punischen Krieg (218–201 v. Chr.) führte der karthagische Feldherr Hannibal seine Elefanten von hier weiter über die Alpen, um nach Rom zu marschieren. Gleichzeitig schickten die Römer Legionen nach Spanien, um eine zweite Front gegen Karthago zu eröffnen. Durch den Sieg von Ilipa (in der Nähe des heutigen Sevilla) 206 v. Chr. sicherten sich die Römer die Herrschaft über die Iberische Halbinsel. Kurz darauf gründeten sie in der Nähe des Schlachtfelds die erste römische Stadt auf spanischem Boden, Itálica.

Als das Römische Reich immer mächtiger wurde, mauserte sich Andalusien rasch zu einer seiner reichsten und kultiviertesten Regionen. Rom importierte von hier Getreide, Metalle, Fisch und *garum*, eine Würzsoße aus fermentiertem Fisch. Letztere wurde in Fabriken hergestellt, deren Ruinen in Bolonia und Almuñécar besichtigt werden können. Auf der Iberischen Halbinsel gehen Aquädukte, Tempel, Theater, Amphitheater sowie Bäder auf die Römer zurück, ebenso wie die Christianisierung, eine große jüdische Bevölkerung (sie siedelte sich im gesamten mediterranen Gebiet des Römischen Reichs an) sowie die Hauptsprachen (Kastilisch, Katalanisch, Galicisch und auch Portugiesisch), die ihre Ursprünge in der lateinischen Umgangssprache der Soldaten und Kolonisatoren haben.

Die Westgoten

Als die Hunnen im späten 4. Jh. n. Chr. aus Asien nach Europa vorstießen, wanderten die abgedrängten germanischen Stämme westwärts durch das bröckelnde Römische Reich. Im 6. Jh. eroberten die Westgoten die Iberische Halbinsel und machten Toledo zu ihrer Hauptstadt. Die langhaarigen Eindringlinge, etwa 200 000 an der Zahl, waren wie ihre vergleichsweise kultivierten ibero-römischen Untertanen Christen, aber ihre wacklige Herrschaft erlangte durch interne Kämpfe des Adels nicht gerade Stabilität. Nach einer Invasion im Jahr 552 dienten Teile des heutigen Andalusiens einige Jahrzehnte als Außenposten des Byzantinischen Reichs, bevor die Westgoten 624 die Macht übernahmen.

Das Herz des islamischen Spaniens

Andalusien befand sich von 711 bis 1492 (vollständig oder teilweise) unter islamischer Herrschaft. In diesen acht Jahrhunderten war es die kultivierteste und wirtschaftlich fortschrittlichste Region in einem Europa, das größtenteils sein „dunkles Zeitalter“ durchlebte. Die islamische Ära hinterließ tiefe Spuren und beeinflusst noch heute das andalusische Leben. Von ihr zeugen einzigartige Baudenkmäler: Die Alhambra in Grana-

711

Ein maurisches Heer aus Nordafrika besiegt die Armee der Westgoten nahe dem Río Guadalete. Innerhalb weniger Jahre überrennen die Mauren fast die ganze Iberische Halbinsel.

756–929

Das maurische Emirat von Córdoba herrscht über den größten Teil der Iberischen Halbinsel. Die Mauren nennen ihr Herrschaftsgebiet Al-Andalus.

785

Córdobas Mezquita (Moschee), eines der Weltwunder der islamischen Architektur, wird fertiggestellt.

929–1031

Abd ar-Rahman III. ernennt sich zum Kalifen von Córdoba. Al-Andalus ist auf dem Höhepunkt seiner Macht und Córdoba wird zur größten Stadt in Westeuropa.

DER WEG DES WISSENS

Vieles vom Wissen der griechischen und römischen Antike kam über Al-Andalus ins christliche Europa, wo es die Renaissance, die im 14. Jh. in Italien begann, stark beeinflusste. Auf ihren Eroberungszügen im östlichen Mittelmeerraum und im Nahen Osten lernten die Araber die Philosophie von Aristoteles, die Mathematik von Pythagoras, die Astronomie von Ptolemäus und die medizinischen Erkenntnisse von Hippokrates kennen. Al-Andalus zählte zu den wenigen Orten, in denen die islamische und die christliche Welt aufeinandertrafen, und so gelangte dieses Wissen von dort nach Norden. Besonders einflussreich war der Averroës (1126–1198) aus Córdoba, dessen Kommentare zu Aristoteles versuchten, Glauben mit Wissenschaft und Vernunft in Einklang zu bringen.

da, die Mezquita in Córdoba und der Alcázar in Sevilla sind Fenster zur Pracht der Vergangenheit und die wichtigsten kulturellen Erfahrungen in Andalusien.

Nach dem Tod des Propheten Mohammed im Jahr 632 verbreiteten die Araber den Islam im ganzen Nahen Osten sowie in Nordafrika. Laut einer Legende kamen sie auf die Iberische Halbinsel wegen der sexuellen Eskapaden des letzten Westgotenkönigs Roderich. Chroniken berichten, er habe Florinda, die junge Tochter des westgotischen Statthalters Julian im nordafrikanischen Ceuta, verführt. Daraufhin habe Julian aus Rachsucht den Mauren einen Plan zur Eroberung Spaniens vorgeschlagen. Tatsächlich war es wohl eher so, dass Roderichs Rivalen Unterstützung im endlosen Ringen um den westgotischen Thron suchten.

711 landete Tariq ibn Ziyad, der muslimische Statthalter von Tanger, mit rund 10 000 Männern, größtenteils nordafrikanische Berber, auf Gibraltar. Er schlug Roderichs Heer vernichtend, vermutlich in der Nähe des Río Guadalete in der Provinz Cádiz. Roderich soll auf der Flucht ertrunken sein. Innerhalb weniger Jahre eroberten die Mauren die Iberische Halbinsel, mit Ausnahme kleiner Territorien in den asturischen Bergen ganz im Norden. Sie nannten ihr Herrschaftsgebiet Al-Andalus. Diese Bezeichnung blieb als Name für das Kernland des islamischen Reichs erhalten: Andalusien.

Die Grenzen von Al-Andalus verschoben sich immer wieder, während die Christen das Territorium nach und nach zurückeroberten, aber bis zum 11. Jh. waren die kleinen christlichen Staaten in Nordspanien zu schwach und zu zerstritten, um Al-Andalus ernstlich zu bedrohen.

In ihren Hauptstädten errichteten die Mauren prachtvolle Paläste, Moscheen und Gartenanlagen, geschäftige *zocos* (Märkte), öffentliche Badehäuser und Universitäten. Die maurische Gesellschaft war bunt gemischt. So bestand die herrschende Klasse aus verschiedenen arabischen Gruppen, zwischen denen es oft Reibereien gab. Auf einer niedrigeren

1091–1140
Die strengen muslimischen Herrscher aus Marokko, die Almoraviden, erobern Al-Andalus und regieren es als Kolonie. In den 1140er-Jahren zerfällt ihr Reich.

1160–1173
Die Nachfolger der Almoraviden in Marokko, die Almohaden, übernehmen die Herrschaft in Al-Andalus. Sie machen Sevilla zu ihrer Hauptstadt und fördern Kunst sowie Bildung.

1212
Die Armeen der drei christlichen Königreiche Kastilien, Aragonien und Navarra besiegen eine große Armee der Almohaden in Las Navas de Tolosa – der Anfang vom Ende von Al-Andalus.

1227–1248
Der kastilische König Ferdinand III. (El Santo, der Heilige) erobert West- und Nordandalusien. 1248 wird Sevilla eingenommen.

gesellschaftlichen Stufe standen die zahlenmäßig stärkeren Berber, die ihrerseits häufig rebellierten. Die Herrscher gewährten ihren jüdischen und christlichen Untertanen Glaubensfreiheit. Letztere mussten allerdings eine Sondersteuer entrichten, deshalb konvertierten sie zumeist entweder zum Islam oder emigrierten in den christlichen Norden. Christen, die in maurischem Gebiet lebten, hießen Mozaraber (auf Spanisch *mozárabes*) und Christen, die zum Islam konvertierten, *muwallads* (*muladíes*). Bald mischten sich die Mauren und Berber mit den spanischen Einheimischen, deshalb haben viele heutige Spanier maurisches Blut in den Adern.

Das Emirat und Kalifat von Córdoba

Die meisten, wenn nicht alle omaijadischen Herrscher Córdobas hatten spanische Mütter, Konkubinensklavinnen aus dem Norden. Kalif Abd ar-Rahman III. soll rotes Haar und blaue Augen gehabt haben und der Enkel einer baskischen Prinzessin gewesen sein.

Das erste Zentrum der islamischen Kultur und Macht in Spanien war die alte römische Provinzhauptstadt Córdoba. Im Jahr 750 wurden die obersten Herrscher der muslimischen Welt, die Dynastie der Omaijaden-Kalifen in Damaskus, durch die Abbasiden, eine Gruppe von Revolutionären, gestürzt. Letztere verlegten die Hauptstadt des Kalifats nach Bagdad. Ein Mitglied der Omaijaden-Familie, Abd ar-Rahman, entkam dem Gemetzel. Er schlug sich nach Marokko und von dort nach Córdoba durch, wo er sich 756 als unabhängiger Emir (Prinz) niederließ. Seine Omaijaden-Dynastie herrschte mehr als 250 Jahre über ein weitgehend geeintes Al-Andalus.

929 ernannte sich Abd ar-Rahman III. (reg. 912–961), der Nachkomme von Abd ar-Rahman I., selbst zum Kalifen. So wollte er seine Autorität gegenüber den Fatimiden stärken, einer aufstrebenden muslimischen Macht in Nordafrika. Damit begründete er das Kalifat von Córdoba. Dieses umfasste auf dem Höhepunkt seiner Macht drei Viertel der Iberischen Halbinsel und einen Teil Nordafrikas. Córdoba wurde zur größten, glanzvollsten und kultiviertesten Stadt in Westeuropa. Astronomie, Medizin, Mathematik, Philosophie, Geschichte und Botanik blühten, und Abd ar-Rahmans III. Hof zog jüdische, arabische sowie christliche Gelehrte an.

Gegen Ende des 10. Jhs. versetzte Córdobas Feldherr Al-Mansur (auch Almanzor genannt) das christliche Nordspanien in Angst und Schrecken: mit rund 50 *razzias* (Raubzügen) innerhalb von 20 Jahren. 997 zerstörte er die Kathedrale von Santiago de Compostela in Nordwestspanien. Sie war der Mittelpunkt des Kults um den hl. Jakobus „Maurentöter" (Santiago Matamoros), ein Idol der christlichen Krieger. Doch nach Al-Mansurs Tod zerfiel das Kalifat in Dutzende von *taifas* genannte Kleinkönigreiche unter lokalen Machthabern, darunter viele Berbergeneräle.

Almoraviden & Almohaden

In den 1040er-Jahren entwickelte sich Sevilla im reichen Tal des unteren Guadalquivir zur mächtigsten *taifa* in Andalusien. Um 1078 reichte die

1249–1492
Granadas Emirat, das von der Nasridendynastie aus dem prächtigen Alhambra-Palast regiert wird, gedeiht als letzte Blüte der mittelalterlichen Maurenkultur auf der Iberischen Halbinsel.

1250–1280
Alfons X. (El Sabio, der Weise), Sohn Ferdinands III., macht Sevilla zu einer seiner Hauptstädte und leitet eine kulturelle Erneuerung ein.

1350–1369
Der kastilische König Peter I. (El Cruel, der Grausame) errichtet den prunkvollsten Teil des Alcázar-Palasts in Sevilla. Um auf dem Thron zu bleiben, soll er Dutzende Verwandte und Freunde ermordet haben.

Januar 1492
Granada kapituliert nach zehnjährigem Krieg vor den vereinten Armeen von Kastilien und Aragonien der vermählten „Katholischen Könige" Isabella und Ferdinand.

Macht seiner Abbasiden-Dynastie vom Süden Portugals bis nach Murcia in Südostspanien. Diese sicherte wieder ein gewisses Maß an Frieden und Wohlstand im Süden des Landes.

Gleichzeitig jedoch wurden die christlichen Staaten in Nordspanien vorwitziger. Als einer davon, Kastilien, 1085 Toledo eroberte, suchte das verängstigte Sevilla Unterstützung bei den Almoraviden, einer fundamentalistischen muslimischen Sekte von Sahara-Berbern, die Marokko erobert hatte. Die Almoraviden rückten an, besiegten Alfons VI. von Kastilien und übernahmen, da sie einmal dabei waren, gleich ganz Al-Andalus. Sie verwalteten die Region von Marrakesch aus als Kolonie und verfolgten die jüdischen und christlichen Bewohner. Aber der besondere Zauber von Al-Andalus lullte auf die Dauer wohl selbst die Almoraviden ein: Allmählich lockerte sich ihr eiserner Griff, ab 1143 kam es zu Revolten in der ganzen Region, und innerhalb weniger Jahre war die Gegend wieder in *taifas* zersplittert.

In Marokko wurden die Almoraviden schließlich durch die Almohaden gestürzt, eine ebenso strenggläubige Berbersekte, die nun ihrerseits Al-Andalus eroberte. Im Vergleich zu ihrer größten Ausdehnung im 10. Jh. war die Region allerdings stark geschrumpft: Die Grenze verlief nun südlich von Lissabon bis nördlich von Valencia. Die Almohaden machten Sevilla zur Hauptstadt ihres gesamten Reichs und hauchten Kunst, Kultur sowie Gelehrsamkeit von Al-Andalus neues Leben ein.

1195 zerschlug der Almohadenherrscher Abu Yusuf Yakub al-Mansur die kastilische Armee bei Alarcos, südlich von Toledo. Diese Niederlage

Literatur über das maurische Spanien

Das Maurische Spanien: Geschichte & Kultur (Georg Bossong; 2010)

Das maurische Spanien: 800 Jahre islamische Hochkultur in Al Andalus (Andre Clot; 2010)

Andalus (Jason Webster; 2004)

AUF DEN SPUREN DES ISLAMISCHEN ERBES

Die maurische Ära des Mittelalters prägte Andalusien ganz entscheidend. Große Architekturdenkmäler wie die Alhambra von Granada und die Mezquita von Córdoba sind die Stars des islamischen Erbes. Aus dieser Zeit stammen auch das typische Gassengewirr vieler Städte und Dörfer sowie die andalusische Vorliebe für Springbrunnen, fließendes Wasser und Zierpflanzen. Der Flamenco weist klare Einflüsse der mittelalterlichen andalusischen Musik auf, wurde in seiner modernen Form aber von den Roma geprägt.

Die Mauren entwickelten Spaniens ibero-römische Landwirtschaft weiter, indem sie die Bewässerung verbesserten und neue Obstsorten und Kulturpflanzen einführten. Viele davon werden nach wie vor angebaut, oft auf den bewässerten, von Mauren angelegten Terrassenfeldern. In der spanischen Sprache gibt's viele Alltagswörter arabischer Herkunft, darunter die Namen einiger maurischer Mitbringsel wie *naranja* (Orange), *azúcar* (Zucker) und *arroz* (Reis). Heutzutage geben die luxuriösen *hammams* (Badehäuser mit einem kalten, warmen und heißen Becken) und *teterías* (Teehäuser im mittelalterlichen Stil), die in mehreren andalusischen Städten eröffnet haben, einen Einblick in das traditionelle Leben der Mauren.

April 1492

Unter dem Einfluss des Großinquisitors Tomás de Torquemada weisen Isabella und Ferdinand alle Juden aus Spanien aus, die die Taufe verweigern. Rund 200 000 Juden ziehen in andere mediterrane Gebiete.

August 1492

Finanziert von Isabella und Ferdinand, segelt Christoph Kolumbus in Palos de la Frontera los und entdeckt nach 70 Tagen die Bahamas. Damit eröffnet sich Spanien eine Welt voll ungeahnter Möglichkeiten.

1500

Aufstand der unterdrückten Muslime im ehemaligen Emirat von Granada. Ihre Wahl: Zum Christentum konvertieren oder auswandern. Die meisten, etwa 300 000, lassen sich taufen.

1503

Sevilla bekommt ein Monopol auf den spanischen Handel mit Amerika und wird zur Drehscheibe des Welthandels. Die Bevölkerungszahl steigt bis 1600 sprunghaft von 40 000 auf 150 000 an.

Das maurische Andalusien

Alhambra (Granada)

Mezquita (Córdoba)

Albayzín (Granada)

Medina Azahara (Córdoba)

Giralda (Sevilla)

Castillo de Gibralfaro (Málaga)

Alcazaba (Almería)

Mezquita (Almonaster la Real)

Bobastro (near El Chorro)

spornte die anderen christlichen Staaten jedoch nur dazu an, sich gegen ihn zu verbünden. 1212 besiegten die vereinten Heere von Kastilien, Aragonien und Navarra die Almohaden bei Las Navas de Tolosa. Als sich das Almohadenreich nach 1224 über eine Erbfolge zerstritt, drangen die christlichen Königreiche Kastilien, Aragonien sowie Portugal und Léon weiter in den Süden der Iberischen Halbinsel vor. Ferdinand III. von Kastilien marschierte in Andalusien ein und eroberte 1227 die strategisch wichtige Stadt Baeza (bei Jaén), 1236 Córdoba und nach zweijähriger Belagerung 1248 auch Sevilla.

Das Nasridenemirat von Granada

Mohammed ibn Yusuf ibn Nasr, Namensgeber der Dynastie, rettete das keilförmige Territorium des Emirats Granada aus den Trümmern des zerfallenden Almohadenreichs. Dieses bestand im Wesentlichen aus den heutigen Provinzen Granada, Málaga und Almería und hielt sich fast 250 Jahre als letztes maurisches Bollwerk auf der Iberischen Halbinsel.

Die Nasriden in ihrem prunkvollen Alhambra-Palast in Granada herrschten während der letzten Blütezeit maurischer Kultur in Spanien. Seinen Höhepunkt erlebte das Emirat im 14. Jh. unter den Emiren Yusuf I. und Mohammed V., der die prächtigsten Teile der Alhambra schuf. Zwei Ereignisse läuteten den endgültigen Niedergang ein: 1476 verweigerte Emir Abu al-Hasan weitere Tributzahlungen an Kastilien, und 1479 vereinigten sich Spaniens größte christliche Königreiche Kastilien und Aragonien durch die Heirat ihrer Monarchen Isabella und Ferdinand zu einem Staat. Die Reyes Católicos (Katholische Könige), wie das Paar genannt wurde, führten 1492 den abschließenden Kreuzzug der Reconquista (christliche Rückeroberung) gegen Granada.

Haremszwist und Fehden innerhalb der Herrscherfamilie von Granada arteten in einen Bürgerkrieg aus. Das bot den Christen die Chance, durch das Emirat vorzurücken. 1487 eroberten sie Málaga. Am 2. Januar 1492 fiel nach achtmonatiger Belagerung auch Granada.

Dem letzten Emir, Boabdil, gewährten die Eroberer großzügige Kapitulationsbedingungen: Er erhielt die Alpujarras-Täler südlich von Granada als persönliches Lehen. Dort blieb er aber nur ein Jahr und emigrierte daraufhin nach Afrika. Die neuen Machthaber versprachen, Religion, Kultur und Besitz der Muslime zu achten, doch das hielt nicht lange vor.

Christliche Herrschaft

Die relativ uniforme Kultur des modernen Andalusiens hat ihre Wurzeln in den frühen Jahrhunderten der christlichen Herrschaft. In ihrem Eifer, das Christentum in den eroberten Territorien zu etablieren, setzten die neuen Machthaber strenge Maßnahmen durch. Diese endeten damit,

1568–1570

Der Aufstand der *moriscos* (konvertierte Muslime) führt zu einer zweijährigen Revolte. Zwischen 1609 und 1614 müssen unter Philipp III. alle *moriscos* Spanien verlassen.

1590–1680

Sevilla spielt eine führende Rolle in Spaniens Siglo de Oro (Goldenes Zeitalter) und dient als Heimat für Künstler wie Velázquez, Zurbarán und Murillo und Bildhauer wie Martínez Montañés.

17. Jh.

Der durch den Handel mit Amerika ausgelöste Boom nimmt ein Ende, da die Silberlieferungen schrumpfen. 300 000 Andalusier sterben durch Seuchen und Missernten.

19. Jh.

Andalusien versinkt in wirtschaftlichem Niedergang. Drei Viertel der Bevölkerung sind Landarbeiter und ihre Familien.

dass zwei der drei religiösen Gruppen, die einst friedlich in Al-Andalus zusammengelebt hatten, aus dem Land vertrieben wurden.

In den Gebieten, die schon im 13. Jh. unter christliche Herrschaft kamen, blieben die nicht emigrierten Muslime (*mudéjares* genannt) zunächst unbehelligt. Doch 1264 rebellierten die *mudéjares* von Jerez de la Frontera gegen neue Steuern und Vorschriften, nach denen sie christliche Feste begehen und in Ghettos leben sollten. Nach fünfmonatiger Belagerung wurden sie zusammen mit den *mudéjares* von Sevilla, Córdoba und Arcos nach Granada oder Nordafrika ausgewiesen.

Die Machthaber übergaben große Teile Südspaniens den Adeligen und Rittern, die sich bei der Reconquista besonders hervorgetan hatten. Diese Grundbesitzer verwandelten weite Gebiete in Schafweiden. Um 1300 waren die ländlichen Regionen des christlichen Andalusiens weitgehend menschenleer. Da sich der Adel auf das Wollgeschäft und die Politik konzentrierte, übernahmen Juden und Ausländer (vor allem Genuesen) die Kontrolle über Handel und Finanzen.

Alfons X. (reg. 1252–1284), der Sohn Ferdinands III., machte Sevilla zu einer der wichtigsten Städte Kastiliens und bescherte dem Ort eine kulturelle Wiederbelebung. Er sammelte Gelehrte um sich, darunter viele Juden, die alte Schriften in kastilisches Spanisch übersetzen konnten. Allerdings plagten Alfons und seine Nachfolger Rivalitäten in der königlichen Familie sowie ein aufmüpfiger Adel, bis im späten 15. Jh. schließlich die Katholischen Könige ans Ruder kamen.

Die Judenverfolgung

Nach der großen Pestepidemie und mehreren Missernten im 14. Jh. mussten die Juden als Sündenböcke für die allgemeine Unzufriedenheit herhalten. In den 1390er-Jahren kam es überall im christlichen Spanien zu Pogromen. Daraufhin konvertierten einige Juden zum Christentum (sie wurden *conversos* genannt); andere suchten Zuflucht im muslimischen Granada. In den 1480er-Jahren wurden die *conversos* Opfer der von den Katholischen Königen eingeführten Spanischen Inquisition. Viele von ihnen wurden beschuldigt, den jüdischen Glauben insgeheim weiterhin auszuüben.

1492 verfügten Isabella und Ferdinand die Ausweisung aller Juden, die die christliche Taufe verweigerten. Etwa 50 000 bis 100 000 wechselten ihren Glauben, doch rund 200 000 emigrierten in andere Mittelmeerländer, was als sephardische Diaspora bezeichnet wird. Das dezimierte den gebildeten Mittelstand stark.

Aufstände & Vertreibung der Morisken

Die Aufgabe, Granadas Muslime zum Christentum zu bekehren, wurde dem Großinquisitor Kardinal Cisneros übertragen. Er nahm Zwangstau-

Jüdisches Andalusien

- *Centro de Interpretación Judería de Sevilla*
- *Palacio de los Olvidados (Granada)*
- *Sinagoga del Agua (Úbeda)*
- *Casa de Sefarad (Córdoba)*
- *Sinagoga (Córdoba)*
- *Centro de la Memoria Sefardí (Granada)*

1478 führten die Reyes Católicos (die Katholischen Könige Isabella und Ferdinand) die Inquisition ein. Von den schätzungsweise 12 000 Menschen, die ihr in drei Jahrhunderten zum Opfer fielen, starben allein 2000 in den 1480er-Jahren.

1805

Spaniens Ära als herrschende Seemacht endet in den Napoleonischen Kriegen, als die britische Flotte die spanisch-französische unter Admiral Nelson vor Kap Trafalgar, südlich von Cádiz, besiegt.

1810–1812

Während der größte Teil Spaniens von Napoleons Truppen besetzt ist, hält Cádiz einer zweijährigen Belagerung stand. 1812 führt das Parlament von Cádiz die erste spanische Verfassung ein.

1873

Während der kurzlebigen und chaotischen Ersten Republik ernennen sich viele Städte und Ortschaften zu unabhängigen Staaten. Sevilla und das nahe Utrera erklären einander sogar den Krieg.

1891–1919

Verarmte andalusische Landarbeiter starten eine Welle an Streiks und Revolten. Die mächtige anarchistische Gewerkschaft CNT wird 1910 in Sevilla gegründet und gewinnt bis 1919 in Andalusien 93 000.Mitglieder.

Die Katholischen Könige, die fromme Isabella und der skrupellose Ferdinand, vereinten Spanien erstmals nach der römischen Ära unter einer Herrschaft. Vollendet war diese Aufgabe 1512, acht Jahre nach Isabellas Tod, mit der Annektierung Navarras durch Ferdinand.

fen vor, verbrannte islamische Bücher und verbot die arabische Sprache. Als man den Muslimen auch noch ihr Land wegnahm, brach in den Alpujarras 1500 eine Revolte aus, die sich durch das ganze ehemalige Emirat Granada ausbreitete. Danach erging der Befehl, dass die Muslime entweder zum Christentum konvertieren oder das Land verlassen müssten. Die meisten konvertierten und wurden von da an als Morisken *(moriscos)* bezeichnet, aber als der fanatische Katholik Philipp II. (reg. 1556–1598) ihnen 1567 die arabische Sprache, arabische Namen und die Moriskentracht verbot, kam es in den Alpujarras erneut zum Aufstand. Dieser erfasste den ganzen Süden Andalusiens und konnte erst zwei Jahre später niedergeschlagen werden. Anschließend wurden die Morisken nach Westandalusien und in nördlichere Regionen Spaniens umgesiedelt, bevor Philipp III. sie zwischen 1609 und 1614 endgültig aus Spanien vertrieb.

Sevilla & Amerika: Aufstieg & Niedergang

Das goldene Zeitalter des islamischen Andalusiens war das Kalifat Córdoba im 10. Jh. und sein christliches Gegenstück das Sevilla des 16. Jhs.

Im April 1492 gewährten die Katholischen Könige dem genuesischen Seefahrer Christoph Kolumbus (auf Spanisch Cristóbal Colón) die finanziellen Mittel für eine Fahrt über den Atlantik, um eine neue Handelsroute nach Indien zu finden. Stattdessen stieß Kolumbus aber auf Amerika und eröffnete damit Spanien und insbesondere dem Flusshafen Sevilla eine neue Welt voll ungeahnter Möglichkeiten.

Amerikanische Abenteuer

- *Lugares Colombinos (in der Nähe von Huelva)*
- *Grab des Kolumbus (Kathedrale von Sevilla)*
- *Archivo de Indias (Sevilla)*
- *Patio de la Montería (Real Alcázar, Sevilla)*

Unter der Herrschaft Karls I. (reg. 1516–1556), dem ersten spanischen König aus dem Hause Habsburg, unterwarfen die ebenso unbarmherzigen wie brillanten Eroberer Hernán Cortés und Francisco Pizarro mit kleinen Abenteurertrupps die Reiche der Azteken und Inka. Später brachten weitere spanische Eroberer und Siedler große Teile des amerikanischen Kontinents in ihren Besitz. Aus den neuen Kolonien flossen gewaltige Mengen Silber, Gold und andere Schätze nach Spanien, wo die Krone ein Fünftel des Edelmetalls (den sogenannten *quinto real*) für sich einstrich.

Sevilla entwickelte sich zum Zentrum des Welthandels und zum kosmopolitischen Schmelztiegel für Glücksritter aller Art. Bis zum Ende des 17. Jhs. blieb es die bedeutendste Stadt Spaniens, auch wenn 1561 ein ländlicher Ort namens Madrid zur Landeshauptstadt gekürt wurde. Von diesem Wohlstand profitierten teilweise auch Cádiz und – in geringerem Ausmaß – die landeinwärts gelegenen Städte Jaén, Córdoba sowie Granada.

Doch Spanien entwickelte nie eine Strategie, wie es den Geldregen aus Amerika investieren wollte. Das Land verschwendete zu viel Geld auf europäische Kriege, prunkvolle Paläste, Kirchen und Klöster und

1931–1936
Zweite Republik: König Alfons XIII. geht ins Exil. Spanien wird abwechselnd von den Linken und den Rechten regiert. Die politische Gewalt eskaliert.

1933–1936
Der in Granada geborene Federico García Lorca schreibt seine drei großen Tragödien *Bluthochzeit*, *Yerma* und *Bernarda Albas Haus* – wahrscheinlich die größten Errungenschaften der andalusischen Literatur.

17. Juli 1936
Die spanische Garnison in Melilla (Nordafrika) revoltiert gegen die Regierung. Damit beginnt der Spanische Bürgerkrieg. Zu den fünf Generälen an der Spitze zählt auch Francisco Franco.

1936–1939
Zu Beginn des Bürgerkriegs fällt Westandalusien an die Nationalisten, die im Februar 1937 auch Málaga einnehmen. Ein Großteil des östlichen Andalusiens bleibt bis Kriegsende in republikanischer Hand.

vertat jede Chance, frühzeitig zur Industrienation aufzusteigen. Es musste Getreide importieren, während Schafe und Rinder die Landschaft abgrasten. Daraufhin folgten Jahrhunderte der Vernachlässigung und Misswirtschaft. Sie verwandelten Andalusien in eine hinterwäldlerische Provinzregion. Erst in den 1960er-Jahren sollte die Gegend zu neuem Leben erwachen.

Zunächst aber brachen im 17. Jh. die Silberlieferungen aus Amerika drastisch ein und der Unterlauf des Río Guadalquivir, Sevillas lebenswichtige Verbindung zum Atlantik, versandete. 1717 zog die Verwaltung des Amerikahandels in den Seehafen Cádiz um, der im 18. Jh. seine Blütezeit erlebte.

Die Seeschlacht von Trafalgar (1805), bei der die spanische Seemacht von der britischen Flotte Admiral Nelsons niedergeschlagen wurde, ist vor der Küste der kleinen Landzunge Cabo de Trafalgar im Ort Los Caños de Meca (Provinz Cádiz) ausgetragen worden. Zum 200-jährigen Jubiläum im Jahr 2005 wurde dort ein Denkmal für die Gefallenen der Schlacht aufgestellt.

Die gesellschaftliche Spaltung im 19. Jh.

Einige wirtschaftliche Fortschritte prägten Andalusien im 18. Jh., etwa eine neue Straße, die Madrid mit Sevilla und Cádiz verband, und neue Anbauflächen für Weizen und Gerste. Darüber hinaus wuchs die Bevölkerung durch neue Siedler aus anderen Regionen des Landes bis 1787 auf ca. 1,8 Mio. an. Spaniens Verlust der amerikanischen Kolonien im frühen 19. Jh. bedeutete jedoch für den Hafen von Cádiz das Aus, da der Ort komplett von den Handelsbeziehungen abhängig war. Im Laufe der nächsten Jahrzehnte wurde Andalusien zu einem der rückständigsten und ärmsten Gebiete Europas.

1836 und 1855 versteigerte man die Ländereien der Kirchen und Gemeinden, um die Staatsverschuldung zu senken – eine Katastrophe für die Bauern, die ihre Weideflächen verloren. Andalusiens gesellschaftliche Oberschicht bestand aus reichen, adeligen Großgrundbesitzern und der Bourgeoisie, die Unterschicht aus einer riesigen Zahl verarmter *jornaleros* (landlose Tagelöhner), die mindestens die Hälfte des Jahres keine Arbeit hatten. Analphabetentum, Krankheit und Hunger waren an der Tagesordnung. Daraufhin zettelten die andalusischen Kleinbauern immer wieder Aufstände an, die brutal niedergeschlagen wurden. Viele befürworteten die anarchistische Strategie von Streiks, Sabotage und Revolten als Weg zu einer spontanen Revolution und einer freien, von freiwilliger Zusammenarbeit geprägten Gesellschaft. 1910 gründete sich in Sevilla die einflussreiche anarchosyndikalistische Gewerkschaft Confederación Nacional del Trabajo (CNT).

Andalusien ist seit Langem die Heimat des umstrittenen Stierkampfs. Spaniens erste offizielle Stierkampfschule, die Escuela de Tauromaquia de Sevilla, wurde in den 1830er-Jahren von Fernando VII. in Sevilla gegründet.

Der Spanische Bürgerkrieg

Die Polarisierung der andalusischen Gesellschaft im 19. Jh. zeigte sich bald in ganz Spanien. Mit dem Fortschreiten des 20. Jhs. vertiefte sich die Kluft und es sah immer mehr danach aus, als sei eine große Krise nicht mehr zu vermeiden. Diese kam schließlich mit dem Spanischen Bürgerkrieg von 1936 bis 1939.

1939–1975
Franco-Diktatur: Nach dem Bürgerkrieg lässt Franco seine Gegner weiterhin töten oder einsperren. Er duldet keinerlei politische Opposition. Die katholische Kirche erlangt eine privilegierte Position.

1950–1960
1,5 Mio. Andalusier wandern auf Arbeitssuche in andere Gebiete ab. Der neue Massentourismus an der Costa del Sol läutet eine wirtschaftliche Erholung ein.

1969
Der Parque Nacional de Doñana wird zum ersten Nationalpark Andalusiens erklärt. 2017 besteht 30 % der Fläche Andalusiens aus Naturschutzgebieten – das größte Programm dieser Art in Spanien.

1969–1977
Flamenco-Sänger El Camarón de la Isla und Gitarrist Paco de Lucía nehmen in der größten Flamenco-Partnerschaft der Neuzeit – wenn nicht gar aller Zeiten – neun Alben auf.

Der Auftakt: Diktatur & Republik

In republikanisch kontrollierten Gebieten hatten während des Spanischen Bürgerkrieges Anarchisten, Kommunisten oder Sozialisten das Sagen und leiteten eine gesellschaftliche Revolution ein. In Andalusien war diese vor allem anarchistisch geprägt: Privateigentum wurde abgeschafft, viele Kirchen und Klöster zerstört und niedergebrannt. Bauern besetzten große Landgüter und gründeten rund 100 landwirtschaftliche Kommunen.

1923 errichtete Miguel Primo de Rivera, ein exzentrischer andalusischer General aus Jerez de la Frontera, eine vergleichsweise moderate spanische Militärdiktatur. Diese gewann die Unterstützung der großen sozialistischen Gewerkschaft Unión General de Trabajadores (UGT). 1930 wurde Primo wegen wirtschaftlicher Flaute und Unzufriedenheit in der Armee abgesetzt. Als die wachsende republikanische Bewegung bei den spanischen Regionalwahlen 1931 einen überwältigenden Sieg erzielte, ging Alfons XIII. nach Italien ins Exil.

Die darauf folgende Zweite Republik (1931–1936) war eine stürmische Zeit wachsender Konfrontation zwischen der Linken und der Rechten. Nach den landesweiten Wahlen von 1931 regierte eine Koalition aus Sozialisten, politischer Mitte und Republikanern, aber die nächsten Wahlen 1933 gewann die Rechte. 1934 geriet die Spirale der Gewalt außer Kontrolle und die Linke, darunter die anwachsende kommunistische Bewegung, verlangte immer lauter nach einer Revolution. Bei den Wahlen im Februar 1936 errang die linke Koalition einen knappen Sieg über die rechte Nationale Front und die Gewalt steigerte sich auf beiden Seiten des politischen Spektrums immer weiter. Die anarchistische CNT hatte über 1 Mio. Mitglieder, und die Bauern standen kurz vor einer Revolte.

Doch als die Revolution am 17. Juli 1936 ausbrach, kam sie von ganz anderer Seite. An diesem Tag rebellierte die spanische Militärgarnison von Melilla in Nordafrika gegen die Linksregierung; am nächsten Tag schlossen sich weitere Garnisonen auf dem Festland dem Aufstand an. Fünf Generäle führten den Putsch an. Der Spanische Bürgerkrieg hatte begonnen.

Der Krieg

Der Bürgerkrieg spaltete Gemeinden, Familien und Freundschaften. Auf beiden Seiten kam es zu abscheulichen Massakern und Vergeltungsaktionen, vor allem in den ersten Wochen. Die Aufständischen, die sich als Nationalisten bezeichneten, erschossen und erhängten Zehntausende von Anhängern der Republik. Die Republikaner machten das Gleiche mit mutmaßlichen Sympathisanten der Nationalisten, darunter rund 7000 Priester, Mönche und Nonnen.

Schon früh wurden die Fronten abgesteckt. In die Hände der Nationalisten fielen oft Städte, deren Militärgarnisonen nicht nur die Aufständischen unterstützten (was die meisten taten), so geschehen in Cádiz, Córdoba und Jerez. Sevilla fiel innerhalb von drei Tagen an die Nationalisten, Granada wenige Tage später. In und um Granada ermordeten die Nationalisten nach Einnahme der Stadt geschätzte 4000 Menschen, u. a. den berühmten Schriftsteller Federico García Lorca. Auch in den repu-

1975–1978
Nach Francos Tod leiten Juan Carlos I. und Adolfo Suárez den Übergang zur Demokratie ein. Mit der Verfassung von 1978 wird Spanien eine parlamentarische Monarchie ohne offizielle Religion.

1982–1996
Durch die neue Autonomieregelung bekommt Andalusien in Sevilla ein eigenes Parlament. Unter Führung der sozialdemokratischen PSOE wird Spanien 1986 EU-Mitglied. Es folgt eine Ära wirtschaftlichen Aufschwungs.

1992
Hunderttausende besuchen die Expo '92 in Sevilla. Der Hochgeschwindigkeitszug AVE bedient die Strecke Madrid–Córdoba–Sevilla und auch Andalusiens Straßen werden erheblich verbessert.

1996–2004
Die konservative Partido Popular regiert Spanien. Durch Wirtschaftswachstum, Tourismus und EU-Subventionen halbiert sich Andalusiens Arbeitslosenquote auf 16 %.

blikanischen Gebieten kam es zu Gemetzeln. In Málaga starben unter dem Befehl der Anarchisten schätzungsweise 2500 Einwohner. Als die Nationalisten und ihre faschistischen Verbündeten aus Italien die Stadt im Februar 1937 einnahmen, exekutierten sie zur Vergeltung ihrerseits Tausende. Große Teile Ostandalusiens blieben bis zum Ende des Bürgerkriegs in republikanischer Hand.

Bis Ende 1936 schwang sich General Francisco Franco zum unangefochtenen Führer der Nationalisten auf. Die Republikaner hatten ein paar sowjetische Flugzeuge, Panzer, Artilleriegeschütze und Berater zur Verfügung. Außerdem kämpften an ihrer Seite etwa 25 000 Franzosen und noch einmal so viele andere Ausländer in den Internationalen Brigaden. Doch die Gegner waren ihnen überlegen: Das nationalsozialistische Deutschland und das faschistische Italien schickten Waffen, Flugzeuge und 92 000 Soldaten, um die spanischen Nationalisten im Bürgerkrieg zu unterstützen.

Die republikanische Regierung verlegte ihren Sitz Ende 1936 vom belagerten Madrid nach Valencia und im Herbst 1937 schließlich nach Barcelona. 1938 zog sich die Sowjetunion aus dem Krieg zurück, im Januar 1939 nahmen die Nationalisten Barcelona ein und im März auch Madrid. Am 1. April 1939 erklärte Franco den Krieg schließlich für gewonnen.

Während des Spanischen Bürgerkriegs verloren Schätzungen zufolge um die 350 000 Spanier ihr Leben. Manche Quelle nennen aber auch Zahlen von bis zu 500 000 Toten.

Spanien unter Franco

Nach dem Krieg gab es keine Aussöhnung, sondern nur noch mehr Blutvergießen. Die Haftanstalten füllten sich mit politischen Gefangenen. Schätzungen zufolge starben nach dem Bürgerkrieg weitere 100 000 Spanier im Gefängnis oder wurden getötet. Franco vereinte alle Macht in seinen Händen. Er war Oberbefehlshaber der Armee und Anführer der einzigen politischen Partei, des Movimiento Nacional (Nationale Bewegung). Vor den Toren jeder größeren Stadt wurden Garnisonen stationiert, Streiks und Ehescheidungen waren verboten, und wer heiraten wollte, musste sich kirchlich trauen lassen.

Spanien hielt sich aus dem Zweiten Weltkrieg heraus. Nach dem Krieg trug ein von der UNO verhängter Handelsboykott dazu bei, dass die späten 1940er-Jahre für das Land zu *años de hambre* (Hungerjahren) wurden. Besonders schlimm traf der Boykott arme Regionen wie Andalusien, wo sich die Kleinbauern zeitweise nur mit Suppe aus Wildkräutern am Leben hielten.

Um die Armut zu mildern, wurde an der Costa del Sol in den 1950er-Jahren der internationale Massentourismus lanciert. Trotzdem verließen in den 1950er- und 1960er-Jahren 1,5 Mio. hungrige Menschen Andalusien, um sich in Madrid, Nordspanien sowie in anderen Ländern Arbeit zu suchen. Noch in den 1970er-Jahren hatten viele an-

Literatur über den Spanischen Bürgerkrieg

Wem die Stunde schlägt (Ernest Hemingway; 1940)

The Spanish Holocaust (Paul Preston; 2012)

The Spanish Civil War (Hugh Thomas; 1961)

Soldaten von Salamis (Javier Cercas; 2017)

2003
Das Museo Picasso wird in Málaga eröffnet, das sich damit Barcelona, Paris und New York als Städten mit bedeutenden Sammlungen der Werke von Pablo Picasso (1881 in Málaga geboren) anschließt.

2008–2013
Andalusien leidet unter der weltweiten Wirtschaftskrise. Die Arbeitslosigkeit steigt in einem Jahr von 14 auf 31 %. Die PP erstellt ein Sparprogramm zur Bewältigung der Krise und kommt 2011 landesweit wieder an die Macht.

2014
Aus gesundheitlichen Gründen und aufgrund der schwindenden Beliebtheit der Monarchie dankt König Juan Carlos ab und gibt den Weg für seinen Sohn Felipe VI. frei.

2019
Nach den Wahlen im Dezember 2018, bei denen die PSOE Sitze an die PP, Ciudadanos und Vox verliert, wird Andalusien erstmals seit Erreichen der regionalen Autonomie von einer rechten Regierung geführt.

dalusische Dörfer keinen Strom, keine zuverlässige Wasserversorgung und keine befestigten Straßen. Das Bildungswesen war so miserabel, dass heute noch viele über 50-jährige Andalusier nicht lesen und schreiben können.

Einige Kommunisten und Republikaner setzten ihren Kampf nach dem Bürgerkrieg in kleinen Guerillaeinheiten fort, die von Andalusiens Gebirgen und anderen Regionen aus operierten. David Bairds Buch *Between Two Fires: Guerrilla War in the Spanish Sierras* (2011) dokumentiert in faszinierender Detailfülle das Ringen um das Dorf Frigiliana (in der Nähe von Nerja) in den 1940er- und 1950er-Jahren.

Die neue Demokratie

Spanien und Andalusien haben es in den viereinhalb Jahrzehnten seit Francos Tod 1975 weit gebracht. Die Demokratie fasste Fuß, die Gesellschaft wurde extrem liberalisiert und der Lebensstandard ist trotz der Finanzkrise 2008 und ihren wirtschaftlichen Folgen stark angestiegen. Hochgeschwindigkeitszüge, Autobahnen, glitzernde Einkaufszentren, Familien mit Einzelkindern, die gleichgeschlechtliche Ehe, kaum besuchte Kirchen und belebte Universitäten sind nur ein paar Beispiele dafür, was sich seit den 1970er-Jahren alles verändert hat.

Zwei Tage nach Francos Tod bestieg sein auserwählter Nachfolger Prinz Juan Carlos (ein Enkel Alfons' XIII.) den spanischen Thron. Ein Großteil der Verdienste um den nachfolgenden Übergang Spaniens zur Demokratie geht auf das Konto des Königs und seines Ministerpräsidenten Adolfo Suárez. Unter anderem wurden ein neues parlamentarisches System eingeführt und politische Parteien, Gewerkschaften und Streiks wieder zugelassen. Spanien erlebte zudem schlagartig eine gesellschaftliche Befreiung. Verhütungsmittel, Homosexualität und Ehescheidung wurden legalisiert; auch der Ehebruch wurde entkriminalisiert und Lebens- und Sinneslust entfesselt.

1982 brachen die Spanier endgültig mit der Franco-Ära, indem sie die Partido Socialista Obrero Españo (PSOE, Spanische Sozialistische Arbeiterpartei) wählten. Der PSOE-Vorsitzende Felipe González, der 14 Jahre als Ministerpräsident amtieren sollte, war ein junger Anwalt aus Sevilla, und in der jungen, gebildeten Führungsriege seiner Partei saßen weitere Andalusier. Die PSOE verbesserte das Bildungssystem, gründete ein nationales Gesundheitswesen und nutzte den Wirtschaftsboom, nachdem Spanien 1986 der Europäischen Gemeinschaft (heute EU) beigetreten war.

Die Regionalregierung Andalusiens, die Junta de Andalucía, kontrolliert viele politische Bereiche, darunter das Gesundheitswesen, Schulen, Umwelt, Stadtplanung und Landwirtschaft. Sie verfügt über ein Jahresbudget von über 30 Milliarden Euro und mehr als 250 000 direkte Mitarbeiter, von denen etwa 80 % Lehrer oder Personal im Gesundheitswesen sind.

Fast vier Jahrzehnte dominierte die PSOE die andalusische Regionalregierung, die Junta de Andalucía, in Sevilla. In den 1980er- und frühen 1990er-Jahren konnte sie die schlimmste Armut in Andalusien durch Subventionen, kommunale Arbeitsbeschaffungsmaßnahmen und relativ großzügige Arbeitslosenunterstützung nachhaltig lindern. Andalusien verdankt der PSOE-Regierung auch Spaniens größtes Netz von Naturschutzgebieten.

Auf Landesebene verlor die PSOE ihre Macht 1996 an die konservative Volkspartei Partido Popular (PP; Partido Popular, Volkspartei), die acht Jahre lang die wirtschaftliche Entwicklung vorantrieb – und die ökonomische Sonne schien weiter, nachdem die PSOE 2004 wieder an die Macht kam. 2007 ging es Andalusien besser als jemals zuvor. Ein zehn Jahre anhaltender Bauboom, steigende Immobilienpreise, massive EU-Subventionen für die Landwirtschaft und ein stetiges Wachstum des Tourismus halbierten die Arbeitslosenquote auf historisch niedrige 13 %. Anstatt, dass Andalusier auf Jobsuche auswanderten, kamen Hunderttausende Einwanderer nach Andalusien, um dort zu arbeiten.

2008 brach schließlich alles auseinander, als die weltweite Wirtschaftskrise auch Europa traf. Ein Schlag, von dem sich Andalusien langsamer als andere spanische Regionen erholt hat. Andalusiens Arbeitslosenquote lag 2018 bei fast 23 %, also 8 % höher als der nationale Durchschnitt, während die Jugendarbeitslosigkeit satte 45 % betrug – 11,5 % höher als in Spanien insgesamt und 7 % über dem Niveau von 2008.

Wirtschaftliche Ängste trugen zum Teil zu einer dramatischen politischen Entwicklung im Dezember 2018 bei. Erstmals seit 1982 – als Spanien zu seinem derzeitigen System der regionalen Autonomie überging – verfehlte die sozialdemokratische PSOE bei den Parlamentswahlen in Andalusien die Mehrheit. Dies führte zur Bildung einer rechtsgerichteten Regierung unter Vorsitz der Parteien PP und Ciudadanos und mit Unterstützung der rechtsextremen Partei Vox.

Vox, deren Politik gegenüber Muslimen, Einwanderern und Frauen eine radikale Abkehr von der PSOE darstellt, festigte ihre neu gewonnene regionale Stärke bei den spanischen Parlamentswahlen im November 2019. Die Partei erhielt 20 % der andalusischen Stimmen und zwölf der 61 andalusischen Sitze im Abgeordnetenhaus.

Architektur

Von den prächtigen Renaissance-Palästen von Úbeda und Baeza bis zu den erlesenen Stuckarbeiten der Alhambra präsentiert sich Andalusiens Architektur kunstvoll und einzigartig. Die Mischung verschiedener Stile ist hier ganz normal. So stößt man in den Orten und Städten der Provinz auf Moscheen, die in Kirchen umgewandelt wurden, auf Hufeisenbogen, die von römischen Säulen getragen werden, und Minarette, die nun als Glockentürme dienen. Da die Gegend im Zweiten Weltkrieg von der Flächenbombardierung verschont blieb, die andere europäische Städte dem Erdboden gleichmachte, sind Andalusiens historische Gebäude erstaunlich gut erhalten.

Maurische Architektur

Spaniens Architektur – besonders die andalusische – unterscheidet sich vom Rest Europas. Der Grund? Maurische Bauten. Bei der Rückeroberung der Region 1492 schafften die christlichen Armeen Emirate und Regierungen von Al-Andalus (den muslimischen Teilen der Iberischen Halbinsel) ab, verschonten jedoch viele wichtige Gebäude aus der maurischen Zeit. Während sie einige Moscheen niederrissen und durch Kirchen ersetzten, wurden andere einfach für die neue Religion umgebaut. Festungen, Paläste und Villen fanden im Laufe der Jahrhunderte oft wieder Verwendung und wurden angepasst. So stehen heute noch die Mezquita von Córdoba, Sevillas Giralda und Granadas Palacios Nazaríes. Dementsprechend ist die hiesige Architektur geprägt von verschiedenen übereinandergelagerten Schichten und Mischformen christlicher sowie maurischer Prägung. Bis heute, mehr als 500 Jahre nach dem Fall von Granada, zeigt sich deutlich der Einfluss der islamischen Bauweise. In andalusischen Dörfern und im Herzen der Städte wie Granadas Albayzín erinnern verschachtelte Gassen an nordafrikanische Medinas. Die maurische Leidenschaft für kunstvoll angelegte, vor neugierigen Blicken geschützte Gärten offenbart sich u. a. in Patios und den beeindruckenden Grünflächen, die die maurischen Häuser und Paläste verschönern. All dies fügt sich zu einem ebenso inspirierenden wie komplexen Bild zusammen. Vielleicht kann man sogar sagen, dass die europäische Architektur in den 1350er-Jahren in einer Palastanlage am Fuß der Sierra Nevada, der Alhambra, ihren Höhepunkt erreicht hat.

Islamische Festungen

Alcazaba (Almería)

Alcazaba (Antequera)

Alhambra (Granada)

Castillo de Gibralfaro (Málaga)

Castillo de Guzmán el Bueno (Tarifa)

Torre del Oro (Sevilla)

Islamische Architektur

Die prägende Ära der maurischen Architektur begann mit den Omaijaden, maurischen Invasoren, die 711 ganze 800 Jahre islamischer Herrschaft einleiteten. Ihnen verdankt Andalusien ein exotisches, in Europa einzigartiges Flair. Córdobas Mezquita und Granadas Alhambra, aufwendige Bauten in bisher unbekannten Dimensionen, stehen für den Auftakt und Ausklang des Maurenreichs und die architektonische Perfektion, die von den Herrschern Al-Andalus' nach Europa importiert wurden. Bis heute sind sie das offensichtlichste Erbe der islamischen Vergangenheit Andalusiens.

Die Omaijaden

Im Jahre 750 wurden die omaijadischen Kalifen aus Damaskus durch eine Revolution der Abbasiden gestürzt. Der junge Omaijade Abd ar-Rahman ibn Muawiya schaffte es, dem Blutbad zu entkommen und erst nach Marokko und von dort aus nach Spanien zu fliehen. 756 ließ er sich als unabhängiger Emir Abd ar-Rahman I. in Córdoba nieder. Die von ihm begründete Dynastie hielt sich bis 1031 und machte Al-Andalus, den Westzipfel der islamischen Welt, zum letzten Bollwerk der Omaijadenkultur.

Mezquita von Córdoba

784 legte Abd ar-Rahman I. den Grundstein zu Córdobas Mezquita, die damals wie heute die Anmut und Harmonie der islamischen Architektur perfekt verkörpert. Dieses Gefühl der Harmonie ist besonders bemerkenswert, wenn man bedenkt, wie viele Umbauten es im Laufe der Jahrhunderte über sich ergehen lassen musste. Christliche Architekten verdunkelten das ursprünglich von Licht durchflutete Innere, indem sie dicke Außenmauern bauten. Mitte des 16. Jh. begingen sie den größten Stilbruch und setzten eine christliche Kathedrale in die frühere Moschee.

Der ursprüngliche Bau bildete ein Quadrat, das in zwei rechteckige Hälften unterteilt war: einen überdachten Gebetssaal und einen offenen Hof, wo die Gläubigen ihre rituellen Waschungen vornahmen, bevor sie den Gebetssaal betraten. Dieses frühe Bauwerk beruhte auf den Grundelementen der andernorts etablierten Omaijadenarchitektur. Es behielt z. B. den „Basilika"-Grundriss mancher frühislamischer Gebäude bei: Eine Art „Mittelschiff" aus breiteren Bogen führt zum Mihrab, der Gebetsnische, die die Gebetsrichtung gen Mekka anzeigt – ein Hauptelement jeder Moschee. Aber der Gebetssaal der Mezquita brach mit der vertikalen Ausrichtung früherer Bauwerke der Omaijaden (wie die Große Moschee von Damaskus oder der Felsendom in Jerusalem). Stattdessen wurde ein weiter horizontaler Raum angelegt, der an die Höfe der Wüstenbehausungen erinnert, in denen Muslime ursprünglich ihre Gebete verrichteten. Zugleich erinnert die flirrende Optik der doppelstöckigen, rot-weiß gestreiften Bogenreihen an Palmenhaine der Oasen.

Weil sich Córdoba zur immer kultivierteren Hauptstadt von Al-Andalus entwickelte, wollten die folgenden Emire dem architektonischen Wahrzeichen des Maurenreichs ihre persönlichen Stempel aufdrücken. Spätere Erweiterungen dehnten die Bogengänge bis auf eine Fläche von fast 23 000 m² aus, wodurch die Mezquita zu einer der größten Moscheen der Welt wurde. Die Gänge bieten immer wieder wechselnde Perspektiven, Sichtachsen verlieren sich im Unendlichen, und das Zusammenspiel

HUFEISENBOGEN

Westgoten werden oft vergessen, weil sie das historische Pech hatten, auf der Iberischen Halbinsel zwischen den Römern und den Mauren zu liegen. Aber ein echtes Markenzeichen haben sie hinterlassen: den Hufeisenbogen. Dieses Stilelement verdankt seinen Namen seiner Form, da die unteren Enden des Bogens wie bei einem Hufeisen nach innen ziehen, was sie bei echten halbkreisförmigen Bogen nicht tun. Die Omaijaden übernahmen dieses Element. In der Großen Moschee von Damaskus verwendeten sie eine schlichtere Version davon und statteten dann verschiedene westgotische Kirchen damit aus, vor allem in Córdoba. Mit den besten Beispielen früher Hufeisenbogen wartet die Mezquita in Córdoba auf, doch die Stilform überdauerte die Zeiten und wurde zum Symbol der islamischen Architektur in Spanien, das von den Almoraviden, Almohaden, Nasriden und des Mudejarstils ebenso verwendet wurde wie von ihren christlichen Nachfolgern.

von Licht und Rhythmus gehört zu den faszinierendsten Besonderheiten des Gebäudes.

Es war vor allem Al-Hakam II., der die Mezquita mit den prächtigsten Verzierungen ausstattete. In seinem Auftrag wurde ein prächtiger neuer Mihrab gebaut und mit erlesenen byzantinischen Mosaiken nach dem Vorbild der Großen Moschee in Damaskus versehen. Die Gebetsnische erhielt einen Vorraum, die Maksura, die als abgeschirmter Gebetsraum für den Herrscher diente. Ihre verschlungenen Bogen und verschwenderisch gestalteten Gewölbe waren komplexer und technisch ausgefeilter als alles, was es bis dahin in Europa gegeben hatte. Sie war Teil einer zweiten Gebäudeachse, eines Gangs entlang der *kibla*-Wand (zeigt nach Mekka), hinter der sich der Mihrab befindet. Durch die Querachse entsteht der T-förmige Grundriss, der für die meisten Moscheen typisch ist. In der „endgültigen" Form des 10. Jhs. ruhte das Dach der Mezquita auf 1293 Säulen.

Die Almohaden

Im Laufe der Jahrhunderte weckte das glanzvolle Al-Andalus wiederholt die Habgier der konkurrierenden Dynastien in Nordafrika. Die Almoraviden, eine marokkanische Berberdynastie vom Ende des 11. bis zur Mitte des 12. Jhs., hinterließen in Spanien kaum nennenswerte Bauwerke, doch die Almohaden, eine zweite Welle marokkanischer Berber, die Al-Andalus eroberten, machten diesen Mangel an architektonischer Kreativität mehr als wett.

Der Almonaster la Real in der Provinz Huelva ist eine Art Miniaturausgabe der Mezquita von Córdoba. Bogenreihen formen die fünf Schiffe und das mittlere Schiff mündet in einem halbkreisförmigen Mihrab.

Im späten 12. Jh. errichteten sie riesige Freitagsmoscheen in den wichtigsten Städten ihres Reichs, wobei sie Sevilla besondere Aufmerksamkeit schenkten. Die Anlage dieser Moscheen war schlicht und puristisch: Ihre großen Gebetssäle entsprachen dem T-förmigen Grundriss der Mezquita von Córdoba, aber die Almohaden führten einige wichtige dekorative Neuerungen ein. Die Nischen, in denen die „Schiffe" auf die *kibla*-Wand stießen, wurden mit Kuppeln oder Stuck-*muqarnas* (Stalaktiten- oder Wabengewölben) überdacht. Ursprünglich stammt dieses Stilelement aus dem Iran oder Syrien. Große Ziegelflächen mit verschlungenen Rautenmustern schmückten die Wände. Hohe viereckige Minarette mit üppiger Ornamentik waren ebenfalls charakteristisch für die Almohaden.

Ihr absolutes Glanzstück ist die Giralda, das einstige Minarett der Großen Moschee von Sevilla, mit einem kunstvollen Ziegelzierwerk. Der Gebetssaal der Moschee wurde im 15. Jh. abgerissen, um der Kathedrale Platz zu machen, aber der Hof für die rituellen Waschungen (der Patio de los Naranjos) und das Nordtor (die schöne Puerta del Perdón) sind noch erhalten.

Da die Christen im Norden vorrückten, errichteten die Almohaden im 12. und 13. Jh. eine Festung nach der anderen. Zu den Städten mit verstärkten Verteidigungsanlagen zählen Córdoba, Sevilla und Jerez de la Frontera. Der bedeutendste Bau der Almohaden in Sevilla ist die bis heute erhaltene Torre del Oro, die über den Fluss wachte. Weitere herausragende Bauwerke aus der Ära der Almohaden sind der große, strenge Alcázar in Jerez, das Castillo de Guzmán el Bueno in Tarifa und die Stadtmauer des historischen Niebla in der Provinz Huelva.

Die Nasriden

In einer Phase, als die Armeen der christlichen Reconquista unerbittlich nach Süden vorrückten, hätte es wohl niemanden gewundert, wenn das letzte Fürstentum des maurischen Al-Andalus, die Nasridenhochburg von Granada (1249–1492), mit anderen Dingen als der Architektur beschäftigt gewesen wäre. Aber wie so oft in der andalusischen Geschichte vermitteln gerade die Bauwerke den Geist der Zeit am besten. Die Alhambra, riesige Festungsanlage und extravaganter Palast zugleich, spie-

ANDALUSISCHE GARTENANLAGEN

Nach der islamischen Lehre ist das Paradies ein Garten. Von dieser Vorstellung ließen sich auch die Baumeister ab der maurischen Zeit inspirieren: Sie umrahmten einige der schönsten andalusischen Bauwerke mit üppigem Grün, bunter Blumenpracht, Blütendüften und plätschernden Wasserspielen.

Gärten des Generalife, Alhambra, Granada Ein nahezu perfekter Landschaftsgarten.

Gärten des Alcázar, Sevilla Klassischer Lustgarten eines maurischen Palasts.

Alcázar de los Reyes Cristianos, Córdoba Terrassen mit vielen Wasserspielen und Pflanzen.

Parque de María Luisa, Sevilla Weitläufige Grünanlage im Herzen Sevillas.

Palacio de Viana, Córdoba Formeller Garten mit Betonung auf Symmetrie.

Carmen de los Mártires, Granada Wenig bekannte Oase der Ruhe aus dem 19. Jh. in den Hügeln südlich der Alhambra.

Alcazaba, Almería Terrassengärten mit Blick auf das Mittelmeer.

gelt sowohl die Ungewissheit als auch den endzeitlich-exzessiven Luxus jener Ära wider.

Alhambra

Granadas atemberaubende Alhambra blieb weltweit als einziger großer muslimischer Palastkomplex des Mittelalters erhalten. Sie ist eine Palaststadt in der Tradition von Córdobas Madinat al-Zahra, aber auch eine Festung mit 2 km langen Mauern, 23 Türmen und einer „Festung in der Festung", der Alcazaba. Innerhalb ihrer Mauern befanden sich sieben Einzelpaläste, Moscheen, Kasernen, Häuser, Amtszimmer, Bäder, eine Sommerresidenz (der Generalife) und wunderschöne Gärten.

Die Baumeister der Alhambra waren begnadete Landschaftsarchitekten, die Natur und Architektur perfekt aufeinander abstimmten: mit Becken und Wasserläufen, akkurat beschnittenen Bäumen und Sträuchern, Panoramafenstern, sorgfältig platzierten Aussichtspunkten, einem ausgeklügelten Licht- und Schattenspiel und Wechsel zwischen Kühle und Hitze. In seiner Perfektion erinnert das Nebeneinander von Springbrunnen, Wasserbecken und Gärten einerseits und kuppelüberdachten Empfangssälen andererseits an das im Koran beschriebene Paradies. Wegen der Doppelfunktion als Festung und Luxusresidenz dienten viele Wehrtürme der Anlage gleichzeitig als kleine Sommerpaläste.

Den Komplex schmückt eine Vielzahl reich verzierter Bogen. Die Nasriden verfeinerten bekannte Dekorationstechniken zu neuen Höhepunkten der Finesse, Eleganz und Harmonie. Dazu nutzten sie modellierten Stuck, Marmor, Holzschnitzereien und -intarsien, eingearbeitete Inschriften wie das immer wiederkehrende „Es gibt keinen Sieger außer Allah" und farbenfrohe Kacheln. Von hier eroberten Kachelmosaiken mit Flechtsternmustern die Wände der gesamten islamischen Welt. Bis heute ist das nasridische Granada der prägende künstlerische Einfluss im Maghreb (Nordwestafrika).

> Die Mudejararchitektur wird zwar vielfach mit Andalusien in Verbindung gebracht, doch sie entstand ursprünglich während des 12. und 13. Jhs. in Kastilien und Aragonien. Sevilla wartet mit den schönsten Bauwerken dieses Stils auf.

Mudejar- & mozarabischer Stil

Die maurische Architektur war noch lange nicht am Ende, nicht einmal in den Regionen, die nun wieder unter christlicher Herrschaft standen. Letztere beschäftigten gern kunstfertige muslimische Handwerker und so wurde der Begriff „Mudejar" (was „gezähmt" bedeutet) für die Muslime, die nach der christlichen Rückeroberung im Land blieben, ebenfalls zur Bezeichnung eines charakteristischen Baustils. Markenzeichen dafür

Renaissance-Architektur

Palacio de la Condesa de Lebrija (Sevilla)

Casa de Pilatos (Sevilla)

Catedral de la Asunción (Jaén)

Catedral de Baeza

Palacio de Vázquez de Molina (Úbeda)

sind geometrische Schmuckmuster aus Ziegeln oder Stuck, häufig noch zusätzlich mit Kacheln verziert, und aufwendig geschnitzte Holzdecken. *Artesonado* nennt man Kassettendecken, deren Zwischenräume Platz für dekorative Ausschmückungen boten. Meist sind diese mit floralen oder schlichten geometrischen Mustern geschmückt.

Ganz oder teilweise im Mudejarstil erbaute Kirchen und Klöster gibt's überall in Andalusien. Oft finden sich auch Kombinationen mit dem gotischen Stil. Als Klassiker unter Andalusiens Mudejarbauten gilt der exotische Palacio de Don Pedro, der im 14. Jh. im Alcázar von Sevilla für den christlichen König Peter I. von Kastilien gebaut wurde. Peters Freund Mohammed V., der maurische Emir von Granada, entsandte viele seiner besten Kunsthandwerker zu den Bauarbeiten an dem Palast. Deshalb ist der Palacio de Don Pedro eigentlich ein Nasridenbauwerk, und zwar eines der schönsten seiner Art. Besonders deutlich zeigt sich das im zentralen Patio de las Doncellas, einem wunderschönen abgesenkten Garten, umrahmt von anmutigen Bogen, Kacheln und Stuckwerk.

Als „Mozaraber", abgeleitet von *musta'rib* (arabisiert), bezeichnete man die Christen, die in den maurischen Herrschaftsgebieten der Iberischen Halbinsel lebten. Dementsprechend war die mozarabische Architektur wenig überraschend stark von islamischen Stilelementen wie dem Hufeisenbogen geprägt. Fast alle dieser Bauten liegen in Nordspanien. Das erwähnenswerteste mozarabische Bauwerk in Andalusien ist die in den Felsen gehauene Kirche von Bobastro (Provinz Málaga).

Christliche Architektur

Andalusische Gotik

Catedral de Sevilla

Capilla Real (Granada)

Palacio de Jabalquinto (Baeza)

Catedral de San Salvador (Jerez de la Frontera)

Iglesia de San Pablo (Úbeda)

Die Kirchen und Klöster der christlichen Eroberer und die Paläste und Herrenhäuser ihres Adels sind ein herausragender Teil des andalusischen Architekturerbes mit einer Besonderheit: Nach der christlichen Rückeroberung der Region (1214–1492) wurden maurische Gebäude oft kurzerhand zu christlichen Bauten umfunktioniert. Einige andalusische Kirchen sind ehemalige Moscheen (das berühmteste Beispiel findet sich in Córdoba), ihre Türme waren ursprünglich Minarette, und die Zickzackstraßen zahlreicher Altstadtviertel – etwa im Albaicín von Granada – folgen den verschachtelten Gassen der Maurenzeit.

Andalusische Gotik

Mit der Reconquista im 13. Jh. erreichte die christliche Architektur Nord- und Westandalusien. Der damals vorherrschende Baustil des christlichen Europa war die Gotik mit Spitzbogen, Kreuzrippengewölben, Strebebogen und Maßwerkfenstern. In der Region gibt's Dutzende ganz oder teilweise gotische Kirchen, Burgen und Herrenhäuser. Bei manchen

MEDINA AZAHARA

Die Medina Azahara („Glänzende Stadt") des Kalifats von Córdoba war ebenso prunkvoll wie vergänglich. Abd ar-Rahmans III. neue Hauptstadt wurde ab 940 n. Chr. 8 km westlich von Córdoba errichtet. Der nach seiner Lieblingsfrau Az-Zahra benannte Rückzugsort sollte ähnlich wie die abbasidische Kalifenstadt Samarra nördlich von Bagdad weitab vom hektischen Großstadtrummel liegen. Hauptbaumeister war der Sohn Abd ar-Rahmans III., Al-Hakam II., der später die Mezquita von Córdoba prachtvoll ausgestalten ließ. Im Gegensatz zu den Palästen des Nahen Ostens, wo die typische Empfangshalle ein gewölbter *iwan* (Saal mit Öffnung zu einem Vorhof) war, hatten die Säle in der Medina Azahara einen „basilischen" Grundriss mit jeweils mindestens drei parallelen Schiffen – ähnlich der Moscheenarchitektur. Obwohl die Stadt kein Jahrhundert nach ihrer Erbauung beim Zerfall des Kalifats von Córdoba zerstört wurde, zeugen übrig gebliebene imposante Hufeisenbogen, ein erlesenes Stuckwerk und weitläufige Gärten noch heute von der einstigen Größe und Pracht der Anlage.

ist der Baustil mit Elementen des Mudejarstils kombiniert, bei anderen verbindet er sich mit späteren Strömungen zu einem wilden Mix.

Die letzte Blüte der spanischen Gotik war die isabellinische Gotik zur Zeit von Königin Isabella. Typisch für diese Periode sind die stark geschwungenen Linien von Bogen und Maßwerk sowie Fassaden mit spitzenähnlicher Verzierung und Flachreliefs, die oft Wappenschilde darstellen.

Kleinstadt-architektur

- *Vejer de la Frontera*
- *Arcos de la Frontera*
- *Baeza*
- *Osuna*
- *Priego de Córdoba*
- *Écija*
- *Setenil de las Bodegas*

Die klaren Linien der Renaissance

Die Renaissance in der Architektur entstand in Italien als Rückbesinnung auf die klassischen Ideale von Harmonie und Ausgewogenheit. Prägende Elemente waren Säulen und Formen wie Quadrat, Kreis und Dreieck. Viele andalusische Renaissancegebäude haben elegante Innenhöfe mit doppelstöckigen Arkaden aus breiten Rundbogen. Die Gotik brachte vor allem eindrucksvolle Kirchen hervor, doch in der Renaissanceära baute sich der niedere Adel prächtige Stadtpaläste mit reizenden Patios, gesäumt von Arkadengalerien. Viele dieser Gebäude dienen heute als hübsch gelegene Museen oder Hotels.

Die spanische Renaissancearchitektur gliedert sich in drei Phasen. Zuerst kam der Plattereskenstil. Er wurde nach dem spanischen Wort für den Silberschmied *(platero)* benannt, weil seine kunstvollen Verzierungen an Silberschmiedearbeiten erinnern. Seine Rundbogenportale wurden von klassischen Säulen und Steinskulpturen eingerahmt. Dann folgte eine puristischere Phase, welcher der Palast Karls V. in der Alhambra von Granada ultimativ Ausdruck verleiht, und zuletzt die schlichteste Form, der Herrera-Stil. Dieser verdankt seinen Namen Juan de Herrera (1530–1597), Schöpfer der strengen Palast- und Klosteranlage El Escorial bei Madrid und des Archivo de Indias in Sevilla.

Alle drei Phasen der Renaissancearchitektur umspannt das Werk des legendären Baumeisters Andrés de Vandelvira (1509–1575) in der Provinz Jaén. Er bescherte der Stadt Úbeda eines der schönsten Ensembles von Renaissancegebäuden in ganz Spanien. Sein großes Vorbild war Diego de Siloé (1495–1563) aus Burgos, Hauptbaumeister der Kathedralen von Granada, Málaga und Guadix.

Alonso Cano (1601–1667), Bildhauer, Architekt und Maler aus Granada, war ebenso kreativ wie temperamentvoll. Er wird manchmal als spanischer Michelangelo bezeichnet. Sein meistgelobtes Werk ist die fein gearbeitete barocke Fassade der Kathedrale von Granada.

Zurück zur Üppigkeit: Barock

Die unausweichliche Gegenbewegung zur schlichten Renaissance kam mit dem farbigen, üppigen Barock. Dieser Stil passte offenbar hervorragend zur andalusischen Mentalität. Den Gipfel der Überladenheit erreichte er im 18. Jh. mit Fassaden voller Schmuckelemente und Innenräumen mit verschnörkeltem Stuck. Barocke *retablos* – große, reich verzierte Altaraufsätze vieler spanischer Kirchen, die biblische Geschichten und christliche Lehren illustrieren – schwelgten in exzessivem Goldprunk. Die überkandideltsten Bauwerke werden „churrigueresk" genannt – nach der Familie Churriguera aus Barcelona, die zahlreiche Bildhauer und Architekten hervorbrachte.

Sevilla hat wahrscheinlich mehr Barockkirchen pro Quadratkilometer als irgendeine andere Stadt der Welt. Eine der üppigsten Kreationen in ganz Spanien ist aber die Kirche des Monasterio de La Cartuja in Granada. Francisco Hurtado Izquierdo (1669–1725) stattete sie mit mehrfarbigem Marmor, goldenen Kapitellen und unzähligen Skulpturen aus. Seine Nachfolger bescherten selbst der Kleinstadt Priego de Córdoba sieben oder acht Barockkirchen.

Moderne andalusische Architektur

Im 19. Jh. entstanden in Andalusien einige neogotische und -barocke Bauten, doch beliebter waren der Neo-Mudejarstil und neomaurische Bauwerke. Sie beschworen ein Zeitalter herauf, das die Fantasie der Romantiker beflügelte. Herrenhäuser wie der Palacio de Orleans y Borbon in Sanlúcar de Barrameda und öffentliche Bauten wie die Bahnhöfe von Sevilla oder die Markthallen in Málaga und Tarifa wurden als farbenfrohe Nachahmungen früherer maurischer Baustile gestaltet. Für die Exposición Iberoamericana 1929 wurden in Sevilla kuriose Kreationen in fast jedem historischen Stil Andalusiens hochgezogen, allen voran das wüst überfrachtete Ensemble der Plaza de España des einheimischen Architekten Aníbal González.

Während der Franco-Diktatur zog man in den Städten triste Plattenbauten in DDR-Manier als Wohnkasernen für die Arbeiter hoch. Die Architektur, die Andalusiens jahrzehntelanger Tourismusboom hervorbrachte, reicht von einfallslos bis geradezu hässlich. Im 21. Jh. zeigten die Baumeister etwas mehr Fantasie, besonders in Sevilla, wo drei große Architekturprojekte – Metropol Parasol, der Cajasol-Turm und der Pabellon de la Navegación – ewas Pfiff ins Stadtbild brachten.

Bei der Restaurierung von Altbauten, für Hotels, Museen oder öffentliche Gebäude bewiesen hiesige Architekten mehr Einfühlungsvermögen. Typische Beispiele sind das Museo Picasso in Málaga und der Palacio de Villardompardo in Jaén, beide Stadtpaläste aus dem 16. Jh., die in top-moderne Museen verwandelt wurden.

Hotels in historischen Gebäuden

- *Parador de Granada*
- *Parador de Úbeda*
- *Riad (Tarifa)*
- *La Casa del Califa (Vejer de la Frontera)*
- *Casa del Capitel Nazarí (Granada)*
- *Las Casas del Cónsul (Úbeda)*

Natur & Umwelt

Andalusien ist international eher für seine Geschichte und Kultur bekannt als für seine Natur. Deswegen sind viele Besucher zunächst einmal überrascht, dass 30 % des Landes unter Naturschutz steht, und wünschen sich dann direkt, mehr Zeit fürs Kennenlernen der Natur eingeplant zu haben. Die schneebedeckte Sierra Nevada und die Feuchtgebiete von Doñana – beides Nationalparks – können es durchaus mit der Alhambra aufnehmen. Diese phänomenalen Landschaften sind nur zwei der über 240 geschützten Gebiete und Stätten, von denen die meisten sehr gut zugänglich und sehr lohnenswert wert sind.

Landschaft

Andalusien besitzt Berge in Hülle und Fülle, vom relativ zahmen Mittelgebirge der Sierra Morena bis zu den Höhen der Sierra Nevada. Die Sierra Morena, die nur an wenigen Stellen mehr als 1000 Höhenmeter erreicht, zieht sich als letzter Vorposten des schroffen Südspaniens erst quer durch Nordandalusien und geht dann in die weiten Ebenen und fernen Horizonte der zentralspanischen *meseta* (Hochebene) über. Die Sierra Morena ist sehr dünn besiedelt und mit immergrünen Steineichenwäldern, Buschland, wildem Weideland, Flusstälern und vereinzelten alten Dörfern extrem reizvoll.

Die näher an der Küste gelegene Cordillera Bética wurde vor 15 bis 20 Mio. Jahren durch den tektonischen Druck der afrikanischen Platte auf die iberische Subplatte aufgeworfen. Diese Kette zerklüfteter Berge fächert sich ab ihrem Beginn im Südwesten Andalusiens immer weiter auf, bis sie im Osten eine Breite von rund 125 km erreicht. Ein Teilstück der Cordillera Bética ist die 75 km lange Sierra Nevada südöstlich von Granada mit mehreren über 3000 m hohen Gipfeln, darunter der Mulhacén (3479 m), der höchste Berg des spanischen Festlands. Östlich von Andalusien zieht sich die Cordillera Bética weiter durch die Regionen Murcia und Valencia und taucht zu guter Letzt in Form der Baleareninseln Ibiza und Mallorca noch einmal aus dem Mittelmeer auf. Sie besteht zum großen Teil aus Kalkstein, der einige spektakuläre Karstformationen bildet.

In Andalusien befinden sich sowohl die feuchteste Stadt Spaniens (Grazalema in der Provinz Cádiz mit bis zu 200 cm Niederschlag jährlich) als auch die trockenste (Desierto de Tabernas in der Provinz Almería mit höchstens 14 cm jährlich).

Die andalusische Küstenebene hat im Westen eine Breite von rund 50 km, die in den Provinzen Granada und Almería stellenweise zu einem schmalen Streifen wird. Und dann wäre da noch das fruchtbare Tal des 660 km langen Guadalquivir. Andalusiens längster Fluss entspringt in der Sierra Cazorla, Provinz Jaén, fließt westwärts durch Córdoba und Sevilla und mündet bei Sanlúcar de Barrameda in den Atlantik. Vorher bildet er ein sumpfiges Delta, die Marismas del Guadalquivir, wo auch der Parque Nacional de Doñana liegt.

Andalusiens wichtigste Parks & Naturschutzgebiete

Andalusien hat das umfassendste Naturschutzprogramm in Spanien: Das regionale, nationale und internationale Umweltschutznetzwerk umfasst über 240 Gebiete auf einer Fläche von rund 27 000 km², die 30 % von ganz Andalusien entspricht. Dank dieses riesigen geschützten

Lebensraums und spezifischer Aufbauprogramme konnten sich die Populationen einiger typischer gefährdeter Tierarten wie Iberischer Luchs und Rabengeier erfreulich gut erholen. Ventana del Visitante (Besucherfenster; www.juntadeandalucia.es/medioambiente/servtc5/ventana) ist die umfassende und sehr hilfreiche offizielle Website auf Englisch und Spanisch zu Andalusiens Schutzgebieten.

Parques Nacional & Natural de Doñana

Der Nationalpark Doñana und der darum liegende *parque natural* an der Mündung des Guadalquivir umfassen Europas größte Feuchtgebiete und sind ein wichtiger Lebensraum für über 350 Zugvögel- und ansässige Vogelarten sowie 37 Säugetierarten, darunter Rotwild- und Wildschweinherden und der seltene Iberische Luchs. Erkundet werden kann die Gegend mit Allradwagen, zu Pferd oder auch zu Fuß.

Parque Nacional & Natural Sierra Nevada

In diesem Nationalpark liegt die höchste Bergkette des spanischen Festlandes, in der man im Sommer toll wandern und im Winter Ski fahren kann. Im darumliegenden *parque natural* findet man zeitlose weiße Dörfchen und Wege zum Wandern, Mountainbiken und Reiten, vor allem in den Alpujarras-Tälern auf der Südseite der Sierra Nevada.

Doñana, gegründet 1969, war Spaniens sechster Nationalpark; Sierra Nevada, 1999 gegründet, war der zwölfte.

Parque Natural Sierra de Andújar

Ein mittelgroßer Park in der Sierra Morena im Nordwesten der Provinz Jaén, der besonders aufgrund der hier lebenden seltenen Säugetierarten und Vögel interessant ist. Er beherbergt den größten Luchsbestand in Andalusien, gefährdete Rabengeier, Schwarzstörche und Spanische Kaiseradler.

Parque Natural de Cabo de Gata-Níjar

Flamingokolonien, Vulkanfelsen und Sandstrände sind eine einzigartige Kombination, die kein anderes andalusisches Schutzgebiet aufweist. In dieser östlichen Küstenlandschaft mit Halbwüstenklima, eine der tro-

NATIONALPARKS & NATURSCHUTZGEBIETE

Andalusiens Naturschutzgebiete lassen sich in zwei Kategorien einteilen:

Parques nacionales (Nationalparks) zeichnen sich durch eine außergewöhnliche Fauna, Flora, Geomorphologie oder Landschaft aus, deren Bewahrung im nationalen Interesse liegt. Sie werden streng geschützt und haben einzelne Bereiche, die man überhaupt nicht oder nur mit besonderer Erlaubnis betreten darf. Spanien besitzt nur 15 *parques nacionales;* zwei davon – der Parque Nacional de Doñana und der Parque Nacional Sierra Nevada – befinden sich in Andalusien.

Parques naturales (Naturparks) sollen nicht nur das Natur- und Kulturerbe bewahren, sondern auch eine ökologisch vertretbare wirtschaftliche Erschließung (einschließlich Tourismus) fördern. Viele haben Straßen und Dörfer sowie Unterkünfte. Andalusien verfügt über 24 *parques naturales*. Sie machen den größten Teil der geschützten Fläche der Region aus und umfassen spektakuläre Landschaften.

Außerdem gibt's noch 35 *parajes naturales* (Naturschutzgebiete) und 28 *reservas naturales* (Naturreservate). Meist handelt es sich um kleinere, unbesiedelte Gebiete, die etwa den gleichen Zwecken dienen wie die Naturparks. Überdies schützen 49 *monumentos naturales* (Naturdenkmäler) einzelne Landschaftselemente wie Wasserfälle, Wälder oder Dünen.

Weiterhin gibt's geschützte Gebiete, die zahlreichen internationalen Abkommen unterliegen, die sich oft mit regionalen oder landesweiten Schutzgebieten überlappen. Hierzu gehören 226 im europäischen Netz von Schutzgebieten Natura 2000 und 25 durch die Ramsar-Konvention geschützte Gebiete.

ckensten Ecken der Region, kann man schwimmen, Vögel beobachten, wandern, reiten, tauchen und schnorcheln.

Parque Natural Sierras Subbéticas

Dieser Naturpark in der Provinz Córdoba besteht aus zerklüfteten grünen Hügeln und Schluchten und ist durchzogen von Höhlen, Quellen und Bächen. Er eignet sich schön zum Wandern und in den charmanten alten Dörfchen und Landgasthöfen kann man sich gut einquartieren, vor allem in Zuheros und Priego de Córdoba.

Bis 15 m unter den Gipfel des Pico del Veleta (3398 m) in der Sierra Nevada führt Europas höchste gepflasterte Straße. Sie ist allerdings nicht für Privat-PKW geöffnet.

Parque Natural Sierra de Grazalema

Steinböcke, Gänsegeier und andere Arten bevölkern diese wunderschöne feuchte Hügelregion mit ihren weitläufigen mediterranen Wäldern. Von urtypischen weißen Dörfern führen herrliche Trekkingpfade in die Landschaft und man kann auch nach Herzenslust klettern, auf Canyoningtouren gehen oder sich im Gleitschirmfliegen üben.

Parque Natural Sierra de las Nieves

Spektakuläre Ausblicke und tiefe Täler prägen die Gebirgsregion im Herzen der Provinz Málaga. Mit Wahrzeichen der andalusischen Flora und Fauna (Spanische Tanne und Steinbock) sowie anderen Tier- und Pflanzenarten bietet sich der Park für Wandertouren in die andalusische Wildnis an.

Parque Natural Sierra de Aracena y Picos de Aroche

Wald, immergrüne Weidelandschaft, alte Steindörfer und beeindruckende Burgen liegen in diesem charmanten Teil der Sierra Morena ganz im Westen Andalusiens. Dank eines weitläufigen Netzes aus gepflegten Wanderwegen bieten sich hier einige der schönsten Wanderungen in ganz Andalusien.

Parque Natural Sierras de Cazorla, Segura y Las Villas

Jede Menge Tiere wie Wildschweine, Mufflons und Steinböcke, zerklüftete Berge, tiefe Täler und dichte Wälder – von den Reizen des größten Parks Spaniens (2099 km²) in der Provinz Jaén kann man gar nicht genug schwärmen. Er ist der ideale Ort für Trekkingausflüge, Ausritte und Allradtouren.

Der Parque Natural Sierras de Cazorla, Segura y Las Villas ist mit 2099 m² das größte Naturschutzgebiet in Spanien und das zweitgrößte in Europa.

Paraje Natural Torcal de Antequera

Den meisten Besuchern dieser Gebirgsregion in der Nähe von Antequera, Provinz Málaga, bleiben vor allem die spektakulären, bizarren Kalksteinformationen im Gedächtnis. Darüber hinaus wartet der Naturpark mit mehreren Wanderwegen und tollen Klettermöglichkeiten auf.

Parque Natural Sierras de Tejeda, Almijara y Alhama

Dieser weitläufige Park unweit der Küste der Provinzen Málaga und Granada mit seinen Bergen und Tälern ist beliebt bei Wanderern. In größeren Höhen leben Steinböcke und in den Tälern Wildschweine. Gute Ausgangspunkte für einen Besuch sind Nerja, Cómpeta und Almuñécar.

Tiere

Andalusien ist ein Rückzugsgebiet für anderswo gar nicht oder nur selten auftretenden Tierarten. Wer weiß, wo er suchen muss, wird selten enttäuscht.

Säugetiere

Mehrere große Säugetierarten, die früher in ganz Westeuropa verbreitet waren, fristen heute ihr Dasein in kleinen isolierten Populationen, umgeben von Menschen, die sich immer mehr ausbreiten. Ihr Überleben verdanken sie Andalusiens abwechslungsreicher, oft unberührter Landschaft und hervorragenden Naturschutzrichtlinien, aber dennoch sind sie auch hier noch gefährdet.

Der Bestand des berühmtesten Säugetiers der Region, des Iberischen Luchses oder Pardelluchses, hat sich in den letzten 10 Jahren dank erfolgreicher Programme zur Aufzucht und Freilassung der Tiere gut erholt. Die Spezies ist noch immer gefährdet, aber mit Geduld und ein wenig Glück ist es nicht mehr unmöglich, den Luchs in freier Natur zu Gesicht zu bekommen.

Wölfe *(lobos)* sind in einer weit bedrohlicheren Situation, von ihnen gibt's vermutlich nur noch vereinzelte (oder gar keine mehr) im und um den Parque Natural Sierra de Andújar in der Provinz Jaén. Insgesamt ist die Zahl der Wölfe in Spanien in den letzten Jahren auf etwa 2000 Tiere gestiegen, die meisten leben aber im Nordwesten des Landes.

Im 20. Jh. wurden Luchse und Wölfe gejagt und durch Fallen und Gift von Viehbauern getötet, was u. a. zum alarmierenden Rückgang der Populationen geführt hat.

Eins der in der Region am einfachsten und häufigsten zu sehenden Tiere ist der Steinbock *(cabra montés)*, eine stämmige wilde Bergziegenart, deren Männchen lange, gebogene Hörner haben. Im Sommer hüpft das Tier mit erstaunlicher Geschicklichkeit um hochgelegene Abhänge, im Winter steigt es in niedrigere Lagen ab. Es gibt in Andalusien fast 40 000 Steinböcke; die größten Populationen leben in der Sierra Nevada, im Parque Natural Sierras de Cazorla, Segura y Las Villas und in den Sierras de Tejeda, Almijara, Mágina, Grazalema und Nieves (allesamt geschützte *parques naturales*). Der Steinbock ist nicht vom Aussterben bedroht, doch immer wieder ausbrechende Krätze dezimiert zeitweise die Bestände.

Zu den ungewöhnlichsten Tierarten Spaniens gehören die Berberaffen rund um den Felsen von Gibraltar, die einzigen wilden Primaten Europas.

So wie man Affen vermutlich eher mit Afrika als mit Europa in Verbindung bringt, denkt man bei Walen *(ballenas)* und Delfinen *(delfines)* eher an den riesigen Atlantik als an das Mittelmeer. Trotzdem tummeln sich in der Bahía de Algeciras und der Straße von Gibraltar jede Menge Gemeine Delfine, Streifendelfine und Tümmler sowie einige Grind-, Schwert- und sogar Pottwale. Auf Wal- und Delfinbeobachtungstouren von Tarifa aus kann man sie von Nahem sehen.

Darüber hinaus wimmelt es in Andalusien von weniger spektakulären Tierarten. Manche sind nachtaktiv, aber wer die ausgetretenen Pfade verlässt, begegnet vielleicht dem einen oder anderen Exemplar, darunter das Wildschwein *(jabalí)*, der Rothirsch *(ciervo)*, das Reh *(corzo)*, der Damhirsch *(gamo)*, die Ginsterkatze *(gineta)*, der Ichneumon *(meloncillo* – eine Mangustenart), das rote Eichhörnchen *(ardilla)*, der Dachs *(tejón)* und der Otter *(nutria)*.

Bedrohte Luchse

Der Iberische Luchs oder Pardelluchs (*lince ibérico* für die Spanier, *Lynx pardina* bei den Wissenschaftlern), der einer anderen Art angehört als der im Rest Europas verbreitete größere Eurasische Luchs, erlebt momentan gute Zeiten. Einst war die Spezies fast auf der gesamten Iberischen Halbinsel verbreitet (die hispanischen Legionen des römischen Reichs trugen ihn sogar als Emblem auf ihrem Brustharnisch), und noch vor einem Jahrhundert gab es rund 100 000 Exemplare in freier Natur. Die Tiere waren so zahlreich, dass die spanische Regierung sie als „Schädlinge" einstufte und dazu aufrief, sie zu töten. Im Jahr 1960 war der Bestand auf rund 500 Tiere geschrumpft. 1973 wurden die Pardelluchse offiziell unter Schutz gestellt, doch das konnte den dramatischen

Rückgang der Population kaum bremsen. Es war schon zu befürchten, dass die Katzenart als erste seit dem Säbelzahntiger vor 10 000 Jahren aussterben könne.

Anfang des 21. Jhs. gab es nur noch knapp über 100 Tiere, die vor allem in zwei separaten Gebieten Andalusiens beheimatet waren: in und um den Parque Nacional de Doñana und in der Sierra Morena im Norden der Provinz Jaén. Einige wenige weitere Tiere lebten in den Montes de Toledo in Kastilien-La Mancha. Im Jahr 1992 wurde im El Acebuche im Doñana ein Programm zur Aufzucht in Gefangenschaft gestartet, das später auch andere Zentren in Andalusien übernahmen. Die Zucht erwies sich als sehr erfolgreich und junge Luchse konnten in die Freiheit entlassen werden. 2015 war der Bestand auf rund 400 Tiere gestiegen und der Pardelluchs wurde von der Liste der Weltnaturschutzunion der vom Aussterben bedrohten Tiere genommen. 2018 zählte man 686 Iberische Luchse in Freiheit, 450 davon in Andalusien; etwa 350 im Parque Natural Sierra de Andújar und anderen Gegenden der Sierra Morena in den Provinzen Jaén und Córdoba sowie fast 100 Tiere im Parque Natural de Doñana. Auch in den Montes de Toledo, im Süden der Extremadura und im südlichen Portugal wurden Tiere in die Freiheit entlassen.

Bedroht ist der Pardelluchs durch den Straßenverkehr und durch Epidemien, die große Hasenbestände (die wichtigste Beute der Luchse) dezimieren, doch der Luchs blickt in eine deutlich rosigere Zukunft als noch vor zehn Jahren.

Ein Bildschirm im Besucherzentrum El Acebuche des Parque Nacional de Doñana zeigt Livebilder von den Luchsen in der Station, die für Besucher nicht geöffnet ist. Die Chancen, einen Luchs in der Wildnis zu sehen, sind im Parque Natural Sierra de Andújar am höchsten.

Paradies für Vogelbeobachter

Andalusien bietet mehreren bedrohten Greifvogelarten eine Zuflucht. Außerdem liegt es sozusagen an der Hauptverkehrsader für Zugvögel jeder Art.

Andalusien kann mit 13 heimischen Raubvogelarten und einer Handvoll Sommergäste aus Afrika aufwarten. Der seltene gefährdete Mönchsgeier *(buitre negro)* – Europeas größter Vogel – hat in der Sierra Morena noch eine Hochburg und starrt in fast unheimlicher typischer Weise für seine Art vor sich hin. Rund 400 Paare (doppelt so viele wie 2001) leben von der Sierra Pelada (Huelva) bis zur Sierra de Andújar (Jaén) verstreut. Von dieser wohl weltweit größten Population hängt das Bestehen der Art ab.

Öfter zu sehen und nicht weniger beeindruckend ist der Gänsegeier (*buitre leonardo*) mit einer beeindruckenden Flügelspanne von bis zu 2,50 m. Schätzungsweise 3400 Paare brüten in Andalusien. An manchen Orten wie z. B. der Garganta Verde im Parque Natural Sierra de Grazalema, dem Peñón de Zaframagón bei Olvera und in den Hügeln rund um den Ort Cazorla sieht man praktisch immer Gänsegeier.

Eine weitere faszinierende und seltene Greifvogelart, der Spanische Kaiseradler *(águila imperial ibérica)*, ist nur in Spanien heimisch. Sein Gesamtbestand hat sich im letzten halben Jahrhundert verzehnfacht, u.a. dank eines staatlichen Schutz- und Erhaltungsprogramms, das 2001 startete. Bei der letzten Zählung wurden in Andalusien 112 Brutpaare gezählt, die meisten in der Sierra Morena und neun Paare in der Region Doñana. Vergiftete Köder, die von Landwirten oder Jägern ausgelegt werden, sind die größte Gefahr für die Vögel.

Der Bartgeier *(quebrantahuesos)* mit seiner majestätischen Flügelspannweite von 2,70 bis 2,90 m starb in Andalusien 1986 aus, das seine letzte spanische Zuflucht außer den Pyrenäen war. Aber im Parque Natural Sierras de Cazorla, Segura y Las Villas entstand 1996 eine Zuchtstation und die ersten drei jungen Lämmergeier wurden 2006 in die Freiheit entlassen. 2015 schlüpfte der erste Nachwuchs und 2019 gab es sieben wildgeschlüpfte Jungtiere sowie zwei Brutpaare in den Cazorla-Bergen.

Zu den großen Raubvogelarten in Andalusien gehören der Steinadler *(águila real)* und der Schmutzgeier *(alimoche)*, die alle in Bergregionen heimisch sind.

Daneben gibt's in Andalusien eine Vielfalt an Wasservögeln, wie sie in Europa selten zu sehen ist, vor allem dank der ausgedehnten Feuchtgebiete an der Atlantikküste, etwa an den Mündungen des Guadalquivir und des Odiel. Hunderttausende von Zugvögeln, darunter ca. 80 % der westeuropäischen Wildenten, überwintern in den Feuchtgebieten des Doñana-Parks an der Mündung des Guadalquivir. Viele weitere rasten hier auf ihren Zügen im Frühjahr und Herbst.

An der Laguna de Fuente de Piedra bei Antequera ziehen im Frühjahr und Sommer rund 20 000 Rosaflamingo-Paare *(flamenco)* ihre Küken auf. Außerdem sind diese schönen rosafarbenen Vögel z. B. in San Miguel de Cabo de Gata, El Rocío am Rand des Parque Nacional de Doñana und im Paraje Natural Marismas del Odiel zu sehen; in den Feuchtgebieten der beiden Letzteren sind auch viele andere Wasservögel zu beobachten.

Die großen, ungelenken Weißstörche *(cigüeña blanca)*, die in Wirklichkeit schwarz-weiß sind, nisten von Frühling bis Sommer auf Strommasten und auf Bäumen und Türmen überall in Westandalusien. Seltener und weniger gesellig ist der Schwarzstorch *(cigüeña negra)*, der am liebsten auf Felsvorsprüngen sitzt. Beide Vogelarten machen hier vor allem auf der Durchreise Station, wenn sie von Afrika kommend die Meerenge von Gibraltar überqueren, um in Spanien zu brüten, obwohl einige von ihnen das ganze Jahr über bleiben.

Mehr Infos über Andalusiens Vogelwelt einschließlich der Orte, wo man bestimmte Arten sehen kann, bieten die Websites von SEO/BirdLife (Spanische Ornithologen-Gesellschaft; www.seo.org) und von Andalucia Bird Society (www.andaluciabirdsociety.org).

Kunst & Kultur

Andalusien war lange Vorreiter des künstlerischen und kulturellen Lebens in Spanien. Dabei gab es nicht den einen Höhepunkt, sondern viele verteilte, oft entsprechend der Machtposition Spaniens im Weltgeschehen. Zwar waren alle Kunstformen in Andalusiens kulturellem Potpourri vertreten, doch die Region hat außergewöhnlich viele talentierte Maler hervorgebracht, darunter zwei der einflussreichsten Meister, die jemals einen Pinsel auf die Leinwand setzten: Diego Velázquez und Pablo Picasso. Daneben präsentiert sich der Flamenco – nachdenklich, aber erbaulich, rau, aber vielschichtig, rein, aber voll von historischer und emotionaler Komplexität – als stolzes, unverkennbar andalusisches Produkt.

Kunst

Das Kalifat von Córdoba

Vom 8. bis zum 11. Jh. war Córdoba die bevölkerungsstärkste und kulturell pulsierendste Stadt Europas und diente als Hochburg der Intellektuellen mit Büchereien, Schulen und einer Universität, die dem rivalisierenden Kalifat von Bagdad bei der weltweiten Verbreitung von Gedankengut Konkurrenz machte. Emir Abd ar-Rahman II. (reg. 822–852) galt als starker Förderer der Künste und stand in enger Verbindung mit dem einflussreichen arabischen Dichter und Musiker Ziryab. Abd ar-Rahman III. (reg. 912–961) schmückte seine Stadt Medina Azahara mit den schönsten islamischen Kunstwerken und Mosaiken, die zu großen Teilen von byzantinischen Künstlern kopiert worden waren. Al-Hakam II. (reg. 961–976), ein passionierter Leser, sammelte und katalogisierte Hunderttausende Bücher. Viele große Werke griechischer Philosophen wurden später im mittelalterlichen Córdoba von Universalgelehrten wie Averroës (1126–1198), Maimonides (1135–1204) und Ibn Tufail (1105–1185) übersetzt sowie neu interpretiert.

Zwar schwand Córdobas Einfluss nach der Wiedereroberung durch die Christen im Jahr 1236, aber die Eindringlinge aus dem Norden nahmen zahlreiche Werke und Ideen der Stadt auf. Mitbedingt durch dieses intellektuelle Erbe erlangte Westeuropa das Wissen und die Inspiration, die in Italien zwei Jahrhunderte später die Renaissance entfachten.

Blütezeit der Nasriden

Das 1232 in Granada gegründet Nasridenemirat war mehr eine Verteidigungseinheit als eine nach auswärts blickende Metropole im Stile Córdobas, trotzdem liebten die geckenhaften Herrscher Kunst und Kultur. Mehrere Sultane des Emirats taten sich als Dichter hervor, allen voran der schmachtende Romantiker Yusuf III. (reg. 1408–1417). Den Höhepunkt dieser Blütezeit erlebte Granada während der Herrschaft zweier illustrer Männer, Yusuf I. (1333–1354) und Mohammed V. (1354–1391), die großen Erbauer der Alhambra. Beide unterhielten Lesekreise an ihrem Hof. Yusuf beschäftigte den arabischen Dichter und Historiker Ibn al-Khatib (1313–1374), dessen Dichtung vertont wurde und noch immer in Form von Inschriften an Palastwänden und Brunnen der Alhambra zu finden ist. Mohammed V. setzte ihn später sogar als seinen Wesir (politi-

Romane, die in Andalusien spielen

- *Der Blinde von Sevilla, Robert Wilson*
- *Encarnita's Journey, Joan Lingard*
- *Die Pfeiler des Glaubens, Ildefonso Falcones*
- *Leo Africanus, Amin Maalouf*
- *A Manuscript of Ashes, Antonio Muñoz Molina*
- *Jagd auf Matutin, Arturo Perez*
- *A Vineyard in Andalusia, María Dueñas*
- *Die wechselnden Winde, Almudena Grandes*

scher Berater) ein. Diese Position entfachte damals eine starke politische Kontroverse und kostete Al-Khatib vermutlich das Leben: Eine Lesart der Geschichte besagt, dass ihn sein Schüler, Ibn Zamrak (1333–1393), ebenfalls Poet, 1374 ermorden ließ. Ibn Zamrak wurde anschließend Hofdichter von Mohammed V. Dank eines regen Austauschs von Dichtkunst und Kultur mit Marokko und Ägypten gab es in dieser Zeit einen gesunden Kontinente übergreifenden Ideenfluss.

Goldenes Zeitalter

Während Spaniens künstlerischem Siglo de Oro (Goldenes Zeitalter), das vom Ende des 16. bis zum Ende des 17. Jhs. andauerte, definierten andalusische Maler 50 Jahre lang das Kunstgeschehen der Welt. Hauptakteure waren dabei drei Giganten aus Sevilla. Bartolomé Murillo (1617–1682) war ein Meister der Barockkunst mit einer Vorliebe für Dokumentationen und religiöse Malerei. Der mystisch inspirierte Francisco de Zurbarán (1598–1664) wurde zwar in der Extremadura geboren, lebte jedoch den Großteil seines Lebens in und um Sevilla und war ein zurückhaltender Vertreter der italienischen Kunst des *chiaroscuro* (Technik dramatischer Hell-Dunkel-Kontraste). Diego Velázquez (1599–1660) galt als Künstler der Künstler; seine peinlich genauen Methoden und sein raffinierter Gebrauch von Farben und Tönen ebneten schließlich dem Impressionismus den Weg. Velázquez wurde in Sevilla geboren und startete dort seine Laufbahn, bevor er nach Madrid zog, wo er 1623 als Hofmaler engagiert wurde. Velázquez' berühmteste Arbeit, *Las meninas* (die Hoffräulein), ist ein revolutionäres Meisterwerk, bei dem mit der Perspektive gespielt wird: Auf ihm bildet sich der Künstler selbst ab und betrachtet seine unsichtbaren Motive, König Philipp IV. und Königin Mariana von Spanien, deren Gesichter in einem Spiegel zu sehen sind. *Las meninas* hängt heute im El Prado in Madrid. Drei Jahrhunderte nach Velázquez' Tod unternahm Picasso 58 abstrakte Versuche, das große Werk neu zu interpretieren.

Miguel de Cervantes, der Verfasser des *Don Quichotte*, stammte nicht aus Andalusien, verbrachte aber zehn bewegte Jahre in der Region, in denen er Öl und Weizen für die Spanische Marine beschaffte und Steuern eintrieb. Einige seiner kurzen *Novelas ejemplares* (exemplarische Novellen) erzählen von den unruhigen Zeiten im Sevilla des 16. Jhs.

Sowohl Velázquez als auch Zurbarán waren am Hof von Philipp IV. angestellt, während Murillo der Favorit der katholischen Kirche war und mehrere Bilder für die Kathedrale von Sevilla sowie Dutzende Darstellungen der Unbefleckten Empfängnis der Jungfrau Maria anfertigte.

Velazquez' Freund, der aus Granada stammende Alonso Cano (1601–1672), war ein talentierter Maler, Bildhauer und Architekt mit einem unbeherrschbaren Temperament. Im Laufe seines aufregenden Lebens kam auch er am Hof von Philipp IV. unter. Eine Vielzahl seiner besten Werke hängt im Museo de Bellas Artes in Sevilla, neben guten Kunstdrucken von Zurbarán und Murillo.

Generation von 98

Die Demütigung im Spanisch-Amerikanischen Krieg von 1898, als Spanien seine letzten Kolonien verlor, war ein Schlüsselmoment für die Gruppe kritischer Schriftsteller, die als Generación de '98 bekannt wurde. Ihre Schriften sind der Rebellion und dem Realismus verhaftet, sollten die kulturelle Flaute kompensieren und die literarische Bedeutung des Landes wiederherstellen. Der bedeutsamste Dichter des Zirkels, der in Sevilla geborene Antonio Machado (1875–1939), tadelte die Nation dafür, in der Mittelmäßigkeit herumzudümpeln. Machado verbrachte die längste Zeit seines Erwachsenendaseins außerhalb Andalusiens, mit Ausnahme einiger Jahre, in denen er in Baeza unterrichtete, wo er die *Campos de Castilla* fertigstellte. Diese Gedichtsammlung ist der Landschaft von Kastilien gewidment und geht der nationalen Misere auf den Grund. Machados Zeitgenosse, Juan Ramón Jiménez (1881–1958), setzte seine Heimatstadt Moguer in der Nähe von Huelva auf berührende und gleichzeitig unterhaltsame Weise in *Platero y yo* (Platero und ich) in Szene. Das Prosagedicht erzählt von seinen Streifzügen als Kind, mit

DER WIEDERGEWONNENE PICASSO

Pablo Picasso wurde 1881 in Málaga als Sohn des Künstlers Don José Ruíz y Blasco und María Picasso y López geboren und lebte bis zum Alter von zehn Jahren in seiner Geburtsstadt. 1891 zog er mit seiner Familie ins galicische La Coruña und 1895 nach Barcelona, wo er sich schließlich als Künstler einen Namen machte. Da er seither nie mehr dauerhaft in seinen Heimatort zurückgekehrt war, wurde Picassos Verbindung zu Andalusien oft heruntergespielt (bessere Ausstellungen des Meisters findet man in Barcelona und Paris). Doch als Málaga in den letzten Jahrzehnten einen kulturellen Aufbruch durchlebte, erhob es neuen Anspruch auf seinen berühmten Sohn. Die Stadt gründete in Picassos Casa Natal (Geburtshaus) an der Plaza de la Merced 1988 eine Stiftung, und 2003 eröffnete man nach 50 Jahren unsteter Planung das erstklassige Museo Picasso Málaga in einem Palast aus dem 16. Jh.

Esel und seinem Vertrauten Platero. Der Gewinner des Literaturnobelpreises 1956, Juan Ramón, gilt als eine Art Brückenbauer zwischen der Generation von 98 und der nächsten großen Generation andalusischer Schriftsteller, jener von 27.

Etwa zur selben Zeit fand die klassische Musik eine gemeinsame iberische Stimme in Gestalt von vier spanischen Komponisten, zwei davon aus Andalusien. Manuel de Falla (1876–1946) aus Cádiz und Joaquín Turina (1882–1949) aus Sevilla ließen sich von den Pariser Impressionisten Debussy und Ravel inspirieren und komponierten Opern, Ballettpartituren, Lieder sowie Kammermusik, aus denen das Echo der andalusischen Folklore klang.

Generation von 27

Spaniens literarische Sternstunde fiel in die relativ ruhige Diktaturperiode Primo de Riveras in den 1920er-Jahren, zwischen den sozialen Aufständen Anfang des 20. Jhs. und den turbulenten Zeiten vor dem Spanischen Bürgerkrieg in den 1930er-Jahren. 1927 kam in Sevilla eine Kerntruppe von zehn spanischen Dichtern zusammen, die dem lyrischen Barockmeister aus Córdoba, Luis de Góngora, zu dessen 300. Todestag gedachten. Das Treffen war stark südspanisch geprägt: Sechs der Männer stammten aus Andalusien, darunter der einzigartige Federico García Lorca (aus Granada), der eigentlich romantische, zum Polemiker gewordene Dichter Rafael Alberti (aus El Puerto de Santa María) und der surrealistische Schriftsteller Vicente Aleixandre (aus Sevilla).

Im Gegensatz zur pessimistischeren Generación de ’98, die Spaniens Konformismus nach der Wiedereinsetzung der Monarchie 1874 kritisiert hatte, waren die ’27er bei ihrer Erkundung klassischer Themen wie Liebe, Tod, Schicksal und die Schönheit der Bilder weniger vernichtend. Besessen vom Werk Góngoras standen sie für einen breiteren poetischen Expressionismus und für freie Verse, wobei sie Elemente des neuen Surrealismus mit alten spanischen Folkloretraditionen (vor allem Flamenco) verbanden. Im Bürgerkrieg, der Lorca das Leben kostete und viele andere für lange Zeit ins Exil verbannte, löste sich die Bewegung auf.

Das letzte überlebende Mitglied, Francisco Ayala aus Granada, starb 2009 im Alter von 103 Jahren. Ayala verbrachte lange Zeit im Exil in Argentinien und Puerto Rico, nachdem sein Vater und sein Bruder im Bürgerkrieg von Nationalisten umgebracht worden waren.

Der britisch-spanische Film *Little Ashes* (*Cenicitas; 2008*) basiert auf dem anhaltenden Gerücht, Federico García Lorca und Salvador Dalí hätten in den 1920er-Jahren eine Liebesaffäre gehabt.

Lorca – ein Mann mit vielen Talenten

Andalusiens (und wohl auch Spaniens) größter Schriftsteller, der in Granada geborene Federico García Lorca (1898–1936), ist vor allem für seine Gedichte und Dramen bekannt – und für seine tragische, sinnlose Ermordung durch spanische Faschisten zu Beginn des Bürgerkrieges.

Doch Lorcas Talente gingen über das Schreiben hinaus. Er war ein versierter Pianist, Schauspieler bei einer ländlichen Theatertruppe, Regisseur seiner eigenen Stücke und der Werke anderer Autoren sowie ein geschickter Organisator von Kulturveranstaltungen (zusammen mit dem klassischen Komponisten Manuel de Falla spielte er 1922 eine entscheidende Rolle bei der Konzeption des Flamenco-Wettbewerbs Concurso de Cante Jondo, S. 379). In Zusammenarbeit mit Falla komponierte Lorca auch eine leider unvollendete Oper: *Lola, la comedianta*. Inspiriert von einem anderen Freund, Salvador Dalí, bewies er sein künstlerisches Talent: Seine Zeichnungen und Bilder wurden in Büchern veröffentlicht und auf Ausstellungen gezeigt. Lorca schrieb sogar ein surrealistisches Filmdrehbuch mit dem Titel *Viaje a la luna* (Reise zum Mond, das erst 1998 verfilmt wurde).

Saetas sind teils *cante flamenco*, teils Anbetungslieder, teils Trauergesänge. Sie werden während der Prozessionen in der Semana Santa (Karwoche) zu Ehren von Jesus Christus oder der Jungfrau Maria gesungen, und zwar auf den Balkonen der oberen Stockwerke, während die religiösen Wagen vorbeiziehen, oder von einem einzelnen Sänger intoniert, der andächtig an der Umzugsstrecke steht.

Die Werke Lorcas entstanden alle in nur zwei fruchtbaren Dekaden zwischen 1918 und 1936, als er im Alter von 38 Jahren erschossen und sein Leichnam in ein namenloses Grab gleich außerhalb Granadas geworfen wurde. Sein Erbe ist gewaltig, und die fortwährende Suche nach seinen sterblichen Überresten erregt immer wieder Aufmerksamkeit. Man vermutet, dass sie sich in der Nähe des Dorfes Viznar befinden, also in der Erde des ländlichen Vega de Granada, das er so liebte.

Flamenco

Grundlagen

Eine der schönen Besonderheiten des Flamenco ist das Fehlen jeglicher Überschaubarkeit, obwohl ein paar Eckpunkte bekannt sind. Erstens ist Flamenco eine expressive Kunstform, die aus mehr als nur Musik besteht. In seinen Anfangstagen war er eine realistische Reflexion des Alltags derer, die ihn sangen – die Unterdrückten – und ihn überall hin mitnahmen, wohin sie auch gingen: auf die Felder, zur Arbeit, nach Hause und zu ihren berühmten *juergas* (Roma-Feiern). Zweitens ist er ein „Live-Spektakel" und muss – zumindest in den Augen von Puristen – unbedingt spontan sein. Bis ins 19. Jh. war es Tradition der Roma, dass Aufführungen nie geprobt werden oder theatralisch sein durften; bei den besten gilt dieses Prinzip noch heute. Drittens hängt der Flamenco von der Interaktion seiner vier Grundelemente ab: dem *cante* (Gesang), dem *baile* (Tanz), dem *toque* (Gitarrenspiel) und einem oft vergessenen vierten Element namens *jaleo* (Händeklatschen, Rufe und die Teilnahme/Zustimmung der Zuhörerschaft). Der *cante* sitzt im Mittelpunkt und gibt den Ton an. In seiner Frühzeit kam der Flamenco tatsächlich ohne Tanz als festes Element aus. Auch Gitarren gehören erst seit dem 19. Jh. dazu. Einige Formen des Flamenco wie *martinetes* und *carceleras* bestehen nach wie vor ausschließlich aus Gesang. Bei traditionellen Flamenco-Shows wärmen sich Tänzer und Musiker langsam auf, stimmen ihre Gitarren und räuspern sich, während die Gäste miteinander reden. Irgendwann beginnen sie damit, die Aufmerksamkeit der Zuschauer zu erregen und diese immer mehr in ihren Bann zu ziehen.

Die besten Peñas (Flamenco-Clubs)

- *Peña La Platería, Granada*
- *Peña Flamenca La Perla, Cádiz*
- *Peña Juan Breva, Málaga*
- *Centro Cultural Flamenco Don Antonio Chacón, Jerez de la Frontera*

Palos (Musikalische Formen)

Die puristische Form des Flamenco ist der *cante jondo* (wörtlich „tief empfundener Gesang"), eine primitive Sammlung von *palos* (musikalische Formen), darunter *soleares* (eine wesentliche Form mit einem starken, strengen Rhythmus), die tragischen und ausdrucksvollen *siguiriyas*, sowie *tientos*, *martinetes* und *carceleras*. *Cante jondo* bildet das Grundgerüst des Flamenco. Gute Sänger – deren raue, opernhafte Stimmen wie eine Mischung aus Tom Waits und Pavarotti klingen können – müssen singen, als ob ihr Leben davon abhinge, und ihr Herzblut in jede einzelne Strophe legen. Die rohen Emotionen und die fast religiöse Hingabe der kraftvollen

ANDALUSIENS GITARRENVERMÄCHTNIS

Nicht nur der Flamenco, sondern auch die spanische Gitarre selbst hat ihre Wurzeln in Andalusien. Die *vihuela*, ein frühes gitarrenförmiges Instrument mit sechs Saitenpaaren, wurde hier bereits Mitte des 15. Jahrhunderts gespielt, als der Rest Europas noch auf birnenförmigen Lauten klimperte. Ihre eigentliche Bedeutung erlangte die Gitarre jedoch erst vier Jahrhunderte später: Damals nahm der in Almería geborene Kunsthandwerker Antonio de Torres (1817–1892) innovative Neuerungen am Design vor und verwandelte das frühere Instrument so in die klassische spanische Gitarre, die wir heute kennen. Inspiriert von Gesprächen mit seinem Freund, dem almerianischen Gitarristen und Komponisten Julián Arcas, stattete Torres seine Instrumente mit einem dünneren, leichter gewölbten Resonanzboden aus, verankert durch symmetrische Fächerverstrebungen, wodurch die klangvolle, sonore Qualität erheblich verbessert wurde. Seine meisterhafte Kunstfertigkeit ebnete den Weg für Generationen künftiger Gitarrenvirtuosen aus Andalusien, darunter Andrés Segovia, Pepe Romero, Juan Francisco Padilla, Niño Ricardo, Rafael Riqueni, Tomatito, Vicente Amigo, Manolo Sanlúcar, Pepe Habichuela und Niño Josele.

Darsteller können Uneingeweihte ziemlich aus der Fassung bringen. In der Idealvorstellung soll der *duende* inspiriert werden – der musikalische Geist, der während einer ekstatischen Livedarbietung die Seele ergreift. Doch manchmal ist der *duende* schwer zu fassen. Auch der Poet Frederico García Lorca schrieb in seinen vielen Erläuterungen zu dem Thema oft von der Nichtgreifbarkeit. Deshalb muss der Sänger dies übernehmen und Sehnsucht, Aberglauben, Qual sowie Leidenschaft in einer Kraft verschmelzen lassen, die zugleich einschüchternd und übersinnlich ist.

Cantes Chicos

Die andere Hauptgruppe der Flamenco-Lieder ist die der *cantes chicos* (kleine Lieder). Bei diesen *palos* handelt es sich um leichtere und eingängigere Varianten des *cante jondo*. Zu den bekanntesten *cantes chicos* gehören die heiteren *alegrías* aus Cádiz, deren Ursprünge in den Jigs der Seeleute liegen, die schnellen ironischen *bulerías* aus Jerez und die allgegenwärtigen Tangos, die durch die große sevillanische Sängerin La Niña de los Peines berühmt wurden.

Cantes Andaluces

Neben dem, was die meisten Anhänger als „reinen" Flamenco bezeichnen würden, gibt's noch eine dritte, nebulösere Gruppe *palos*, manchmal *cantes andaluces* genannt. Diese besteht größtenteils aus Fandangos, die ihre Wurzeln in der spanischen Volksmusik haben. Jede Region Spaniens wartet mit einer eigenen Variante auf. Besonders bekannt sind die lautstarken *fandangos de Huelva*, die während der religiösen Pilgerfahrt Romería del Rocío enthusiastisch getanzt werden. *Verdiales*, eine alte arabische Lied- und Tanzform, sind eine Art Fandango aus Málaga, einer Provinz, aus der auch die freieren und leichteren (nicht getanzten) *malagueñas* stammen. *Granaínas* sind schmückende und beschauliche Fandango-Ableger aus Granada ohne einen festen Rhythmus, *tarantas* eine derbere, kargere Version der Form aus den Bergbaugemeinden der Levante (Almería).

Historische Wurzeln

Da der Flamenco vor allem von marginalisierten und kulturell unterdrückten Menschen kultiviert wurde, die kaum lesen und schreiben konnten, existieren aus der Zeit vor 1840 keine schriftlichen Aufzeichnungen. Stattdessen wurde die Musik durch mündliche Überlieferung von einer Generation an die nächste weitergegeben.

Moderne Autoren

José Manuel Caballero (geb. in Jerez de la Frontera, 1926)

Salvador Compán (geb. in Úbeda, 1949)

Emilio Lledó (geb. in Sevilla, 1927)

Antonio Muñoz Molina (geb. in Úbeda, 1956)

Elvira Navarro (geb. in Huelva, 1978)

Felix J. Palma (geb. in Sanlúcar de Barrameda, 1968)

Die Kunstform, wie wir sie heute kennen, entstand im Andalusien des frühen 15. Jhs. und wurde von einer bunt gemischten Gruppe Roma, Juden, Mauren und womöglich anderen Spaniern ins Leben gerufen. Anthropologischen Beweisen zufolge hatten die Roma im 11. Jh. eine insgesamt 400 Jahre andauernde Migration vom indischen Subkontinent aus Richtung Westen gestartet und sich in ganz Europa angesiedelt. Eine südliche Gruppe erreichte Anfang des 15. Jhs. Andalusien. Die Roma brachten eine dynamische musikalische Ausdrucksform mit sich, die mit Verzierungen, Virtuosität und Improvisation einherging. Mit eben dieser überbordenden Musikalität spielten sie die Lieder und Melodien der Regionen, in denen sie sich niederließen, und ließen beide Formen miteinander verschmelzen. In Andalusien fanden sie natürliche Verbündete unter den Juden und Mauren, die kürzlich durch die Reconquista (christliche Wiedereroberung) entrechtet worden waren. Aus dem Aufeinandertreffen dieser drei sehr verschiedenen Kulturen und der darauf folgenden Verschmelzung ihrer Musik und Kultur über drei oder vier Jahrhunderte entstand der heutige *cante jondo*, der reine Flamenco.

Die besten Feste & Museen

- *Festival de Jerez, Jerez de la Frontera*
- *Noche Blanca del Flamenco, Córdoba*
- *Bienal de Flamenco, Sevilla*
- *Museo del Baile Flamenco, Sevilla*
- *Centro Flamenco Fosforito, Córdoba*
- *Museo de Arte Flamenco, Málaga*

Die Geschichte dreier Städte

Die dokumentierte Geschichte des Flamenco beginnt im frühen 19. Jh. und bezieht sich im Wesentlichen auf drei Städte im Westen Andalusiens: Sevilla, Cádiz und Jerez de la Frontera, sowie ihre jeweiligen Roma-Viertel. Jerez wurde oft als die „Wiege des Flamenco" bezeichnet, vor allem wegen seiner dicht bewohnten Roma-Viertel Santiago und San Miguel, die zahlreiche großartige Künstler hervorbrachten. Heute befindet sich in der Stadt das größte andalusische Flamenco-Zentrum inklusive einer Schule und es werden hier zwei bedeutende Festivals veranstaltet: das Festival de Jerez (im Februar oder Anfang März) und die Fiestas de Ontoño (im September). Der Flamenco aus Cádiz stammt aus dem Viertel Santa María, während er in Sevilla im Roma-Viertel Triana am Ufer des Guadalquivir entstand. In der Provinz Sevilla gibt's noch einige andere Orte mit einer ausgeprägten Flamenco-Tradition: Morón de la Frontera, Utrera und Lebrija. Zusammen mit Sevilla, Jerez und Cádiz bilden sie Andalusiens sogenanntes Flamenco-Dreieck.

Der erste beachtenswerte wirkliche Flamenco-Sänger trug den mysteriösen Namen El Planeta (Antonio Monge Rivero). Er war ein Roma-Schmied und wurde gegen 1785 entweder in Jerez oder Cádiz geboren. El Planeta war kein Künstler im modernen Sinn, erlangte aber schnell Ruhm für seine leidenschaftliche Singstimme, die frühen Flamenco-*palos* wie *martinetes* und *livianas* das Leben schenkte. El Planeta ist der Kopf einer Flamenco-Dynastie aus miteinander verwandten Sängern, Musikern und Tänzern, die bis heute fortbesteht. Sein unmittelbarer Erbe El Fillo (Francisco Ortega Vargas) besaß eine natürlich raue Stimme, die zum Standard wurde. Künftig mussten sich alle anderen daran messen lassen, und er ist Namensgeber für die Stimmlage – *voz afillá*.

Die traditionelle Flamenco-Tracht – Schultertuch, Fächer und lange *bata de cola* (Kleid mit Rüschenschleppe) für die Damen, sowie flacher Córdoba-Hut und enge, schwarze Hose für die Herren – geht auf die andalusische Mode aus dem 19. Jh. zurück.

Goldenes Zeitalter

Ende der 1840er-Jahre begann das „Goldene Zeitalter" des Flamenco und dauerte bis etwa 1915 an. Innerhalb von 70 Jahren verwandelte sich die Musik von einer esoterischen Roma-Kunstform, die spontan auf lauten *juergas* praktiziert wurde, in eine professionelle, immer beliebter werdende Form der öffentlichen Unterhaltung, die den *cante jondo* mit anderen Formen der spanischen Folkloremusik verschmolz. In dieser kreativen Zeit nahmen die modernen Formen des Flamenco Gestalt an. Zu weiteren Innovationen gehörten eine komplexere Choreografie des Flamenco-Tanzes und die Einführung der Gitarre als Begleitinstrument.

Was den Wandel antrieb, waren die berühmten *cafés cantantes* in vielen spanischen Städten, besonders in Andalusien. Ausgestattet mit Spie-

CONCURSO DE CANTE JONDO, 1922

An einem herrlichen Sommerabend im Juni 1922 begrüßte ein recht unbekannter andalusischer Dichter namens Federico García Lorca 4000 Gäste zum Concurso de Cante Jondo (Wettbewerb des „tief empfundenen Gesangs"), einem Flamenco-Wettbewerb, den er zusammen mit dem bedeutenden spanischen Klassikkomponisten Manuel de Falla in der Alhambra von Granada organisiert hatte.

Gemeinsam hatten die beiden großen Avantgarde-Künstler unermüdlich für die Anerkennung des Flamenco, vor allem des *cante jondo*, ein dynamisches kulturelles Genre halbvergessener andalusischer Folkloretraditionen, als ernsthafte Kunstform gekämpft, angesichts der wachsenden Vorliebe für verwässerte Formen der Flamenco-„Oper".

In den atmosphärischen Räumen der Alhambra versammelte sich eine beeindruckende Vielzahl an Intellektuellen, Schriftstellern, Schauspielern, Musikern und Flamenco-Puristen. Ein 72 Jahre alter *cantaor* (Sänger) namens Tio Bermúdez war 100 km von seinem Dorf hierhergelaufen, um teilnehmen zu können, und beeindruckte das Publikum mit seinen Interpretationen altmodischer *siguiriyas*. Eine alte blinde Roma-Frau, die Lorca entdeckt hatte, sang ohne Begleitung eine *liviana*, eine Form des Flamenco, die schon lange als ausgestorben gegolten hatte. Ein zwölf Jahre alter Junge namens Manolo Ortega, auch bekannt als „El Caracol" („Die Schnecke"), beeindruckte die Jury dermaßen, dass er den ersten Preis mit nach Hause nahm. Unter den Zypressen in einem von Jasmin- und Lavendelduft erfüllten Innenhof zupften junge Männer Gitarren-*falsetas* (Riffs) und Damen erhoben sich, um *soleares* zu tanzen, während andere der Virtuosität bekannter Künstler wie Ramón Montoya und Manuel Torre lauschten. Der Komplex – so berichteten es Beobachter später – schien von einer geradezu magischen Energie erfüllt zu sein.

Ob der *concurso* letztlich den Flamenco rettete, ist strittig. Zwar verhalf er der Musik kurzfristig zu Ansehen, außerdem folgten sporadische Aufnahmen und Wiederbelebungsversuche, doch ihr Goldenes Zeitalter war vorbei. Danach kam eine Ära der Dekadenz, beschleunigt durch den Ausbruch des Bürgerkriegs und Francos repressive Diktatur. Die moderne Wiedergeburt des Flamenco ließ sich Zeit bis zum zweiten *concurso* in Córdoba im Jahr 1956 und dem Aufstieg bahnbrechender innovativer Künstler über ein Jahrzehnt später.

geln, Stierkampfplakaten, vergoldeten Bühnen und Tischen, an denen die Gäste alkoholische Getränke genießen konnten, wurden sie zu Zentralen einer dramatischen musikalischen Verschmelzung. Das erste Café eröffnete 1842 in Sevilla, danach folgten zahlreiche weitere Läden, bis in den 1880er-Jahren der Höhepunkt mit renommierten Lokalitäten wie dem Café Silverio in Sevilla erreicht war. Treibende Kraft der Verschmelzung war Silverio Franconetti, Eigentümer des Café Silverio in Sevilla und beseelter Erbe von El Fillos heiserer, rauer *voz afillá*. Doch trotz seiner lebenslangen Vorliebe für *siguiriyas* und *soleares* konnte Franconetti die Bastardisierung der Musik, die er liebte, nicht stoppen, als sich diese aus den *juergas* in die Cafés verlagerte und tragische Rauheit durch angenehm melodische Klänge ersetzt wurde. Unabsichtlich hatte er das Sprungbrett geschaffen, das den Flamenco von „Roma-Musik" zu musikalischem Allgemeingut machte.

Die besten Tablaos

- *Tablao Cardenal, Córdoba*
- *Jardines de Zoraya, Granada*
- *Puro Arte, Jerez de la Frontera*
- *La Cava, Cádiz*

Verfall in die Dekadenz

Aufgrund des veränderten Geschmacks der Zuhörerschaft und drohender politischer Krisen war der reine Flamenco bis 1920 zu einer gefährdeten Spezies geworden. Aus Angst vor der Vergessenheit organisierten die andalusischen Ästheten Federico García Lorca und Manuel de Falla 1922 im Versuch, die Kunstform zu retten, einen Wettbewerb in Granada, den Concurso de Cante Jondo, doch angesichts des drohenden Bürgerkriegs war das Scheitern vorprogrammiert. Als der *cante jondo* sich noch mehr mit der Volksmusik vermischte und stärker kommerzialisiert war, begann das musikalische Zeitalter der *ópera flamenco*. Am stärksten in der Diskussion stand zu dieser Zeit Pepe Marchena (1903–1976), der erste gut bezahlte Flamenco-Superstar, der mit der Tradition brach, indem er leichtere Fandangos und *cantes de ida y vuelta* (musikalische Formen, die mit lateinamerikanischen Einflüssen versüßt wurden, bevor sie nach Spanien „zurückkehrten") sang, oft mit Orchesterbegleitung. Puristen waren verständlicherweise skeptisch, während andere darin die natürliche Entwicklung einer Musikrichtung sahen, die in den öffentlichen Bereich vorgedrungen war. Unauffällig lebte der *cante jondo* weiter, teilweise deshalb, weil er noch immer von großen Roma-Sängern wie Manuel Torre und La Niña de los Peines gepflegt wurde.

Wiedergeburt

In den 1950er-Jahren erlebte der *cante jondo* dank Antonio Mairena (1909–1983), einem leidenschaftlichen Roma-*cantaor* (Sänger) aus der Provinz Sevilla und dem ersten wahrhaften „Flamencologe", der die Kunstform historisch entschlüsselte, seine Wiedergeburt. Mairena bestand darauf, nur alte Formen von *palos* wie *siguiriyas* und *martinetes* zu singen, von denen viele fast komplett in Vergessenheit geraten waren. Indem er sich standhaft weigerte, kommerzielle Musik zu machen, war er das wichtige Bindeglied zwischen dem Goldenen Zeitalter und dem bevorstehenden Wiedererwachen des Flamenco.

In den 1960er-Jahren öffneten *tablaos*, Nachtclubs mit professionellen Flamenco-Shows, ihre Pforten. Sie füllten die Lücke, die die Schließung der *cafés cantantes* in den 1920er-Jahren hinterlassen hatte. Manche dieser *tablaos,* vor allem in den neuen Urlaubsorten an der Küste, waren charakterlose Nachahmungen, andere halfen dem *cante jondo*, sich wieder neben neueren *palos* zu etablieren. Doch letztendlich ist die Wiedergeburt des Flamenco nicht den Veranstaltungsorten zu verdanken, sondern den aufregenden Künstlern, die dort auf der Bühne standen. Zwei sind in besonderem Maß zu erwähnen: Paco de Lucía aus Algeciras war ein so unfassbar guter Gitarrist, dass er im Alter von 14 Jahren bereits alles beherrschte, was man ihm hätte beibringen können. Seine Muse und sein Gegenpart Camarón de la Isla, ein Roma-Sänger aus der Stadt San Fernando (genannt La Isla), hatte Anfang der 1970er-Jahre einen gottähnlichen Status erreicht, wie er sonst eigentlich nur Rockstars und Stierkämpfern vorbehalten ist. Gemeinsam katapultierten Camarón und de Lucía den Flamenco auf eine neue Ebene und versetzten ihn mit innovativen neuen Elementen wie E-Gitarren, Keyboards etc., während sie gleichzeitig sorgsam seine Reinheit bewahrten.

Moderner Flamenco

In den 1970er-Jahren begannen Musiker, den Flamenco mit Jazz, Rock, Blues, Rap und anderen Musikstilen zu mischen. Die Puristen verteufeln diese neue Mode, aber der *nuevo flamenco* brachte diese Kunstform einem breiteren Publikum nahe. Eine entsprechende Aufnahme ist das 1977 entstandene Flamenco-Folk-Rock-Album *Veneno* (Gift) von der gleichnamigen Gruppe um Kiko Veneno und Raimundo Amador, beide aus Sevilla.

Die Gruppe Ketama, deren wichtigste Mitglieder der Flamenco-Familie Montoya aus Granada angehörten, brachten in den 1980er- und 1990er-Jahren den Flamenco einem jüngeren Publikum näher, indem sie ihn mit afrikanischen, kubanischen, brasilianischen und anderen Rhythmen kombinierten. *Songhai* (1987) und *Songhai II* (1995) sind Gemeinschaftsproduktionen mit dem aus Mali stammenden Musiker Toumani Diabaté, der *kora* (Harfe) spielt, und zählen zu ihren besten Alben.

Heute ist der Flamenco so beliebt wie eh und je und wahrscheinlich innovativer als je zuvor. Junge Sängergenerationen gewinnen neue Publikumsschichten. Zu den populärsten zählt José Mercé aus Jerez, der Bestseller-Alben wie *Lío* (Verwicklung; 2002) und *Mi única llave* (Mein

FLAMENCO-LEGENDEN

El Planeta (1785–1850) Legendärer Roma-Schmied, der angeblich viele *cantes* (Lieder) ohne Begleitung erfand.

El Fillo (1829–1878) Protégé von El Planeta und berühmt für seine raue Stimme, genannt *voz afilá*.

Silverio Franconetti (1831–1889) Versierter Sänger ohne Roma-Hintergrund, der in Morón de la Frontera auf El Fillo traf. Er gründete Spaniens berühmtestes *café cantante* in Sevilla.

Antonio Chacón (1869–1929) Sänger ohne Roma-Hintergrund mit einer kräftigen Stimme. In den 1890er-Jahren wurde er von Franconetti zum Singen in dessen *café cantante* in Sevilla engagiert.

Ramón Montoya (1880–1949) Begleitete Chacón ab 1922 und machte die Gitarre zu einem wesentlichen Element des Flamenco.

La Niña de los Peines (1890–1969) Energiegeladene Roma-Sängerin aus Sevilla. Trat zusammen mit Chacón auf und war ein wichtiges Bindeglied zwischen dem Goldenen Zeitalter und den Künstlern des neuen Flamenco der 1950er-Jahre.

El Caracol (1909–1973) Wurde im Alter von zwölf Jahren beim Concurso de Cante Jondo 1922 entdeckt und entwickelte sich zu einem der größten, wenn auch selbstzerstörerischsten Flamenco-Sänger aller Zeiten.

Carmen Amaya (1913–1963) Roma-Tänzerin aus Barcelona. Ihr dynamischer Tanz- und ihr wilder Lebensstil machten sie zur Legende.

Camarón de la Isla (1950–1992) Trat in Clubs von El Caracol auf. Der „Gott" des modernen Flamenco aus San Fernando (La Isla) lebte schnell, versuchte sich an kühnen Experimenten und starb jung.

Paco de Lucía (1947–2014) Gitarrenphänomen aus Algeciras. Wurde Camaróns Hauptbegleitung und vermischte Flamenco erfolgreich mit Jazz und Klassik.

einziger Schlüssel; 2012) zutage brachte, sowie El Barrio, ein urbaner Poet des 21. Jhs. aus Cádiz.

Manche behaupten, der in Madrid geborene Diego El Cigala (geb. 1968) sei der Nachfolger von Camarón de la Isla, obwohl er sein Talent sowohl für einen Flamenco-Latin-Mix als auch für reinen Flamenco einsetzt. Der stimmgewaltige Sänger hat es auf die großen Bühnen geschafft, und zwar dank des außergewöhnlichen Albums *Lágrimas negras* (2003), eine wunderbare Gemeinschaftsproduktion mit dem kubanischen Virtuosen Bebo Valdés, bei der Flamenco mit kubanischen Einflüssen gekreuzt wird.

Enrique Morente (1942–2010) aus Granada war ein ebenso experimentierfreudiges Talent. Sein frühzeitiger Tod wurde von einer ganzen Generation von Flamenco-Liebhabern beklagt. Behutsam und ohne die Puristen zu verstimmen, half er durch mehrere Genre übergreifende Co-Produktionen den Grundstein für den *nuevo flamenco* zu legen. Seine Tochter, Estrella Morente (international bekannt als die „Stimme" hinter dem Film *Volver* von 2006), sicherte sich ebenfalls einen Platz unter den erstrangigen Performern.

Der Flamenco als Tanz hat in der Person von Joaquín Cortés, 1969 in Córdoba geboren, seine bisher abenteuerlichste Ausprägung erreicht. Scheinbar unermüdlich mischt Cortés in weltweiten spektakulären Auftritten zu Musik in Rockkonzertstärke den Flamenco mit modernem Tanz, Ballett und Jazz. Sara Baras und Antonio Canales sind unter den besten traditionellen Tänzern.

Zu den modernen Gitarrenvirtuosen gehören Manolo Sanlúcar aus Cádiz, Tomatito aus Almería (der Camarón de la Isla begleitete) und Vicente Amigo aus Córdoba. Eine aufstrebende Größe ist auch Daniel (Dani) Casares (geb. 1980) aus Málaga.

Stierkampf

Es gibt in Spanien nichts Kontroverseres als den Stierkampf. Doch seit einigen Jahren sieht sich diese tief verwurzelte Tradition mit zunehmendem Widerstand konfrontiert. In Katalonien und auf den Kanarischen Inseln ist er bereits verboten – und auf den Balearen vorübergehend, bevor er 2019 durch einen Gerichtsbeschluss wieder zugelassen wurde. Es ist allerdings unwahrscheinlich, dass sich Andalusien ihnen in nächster Zeit anschließen wird, da hier der Stierkampf in seiner modernen Form erfunden wurde und die meisten der legendären Matadore des Landes aus dieser Region kommen.

Pro & Contra

Anhänger des Stierkampfes betonen dessen historische Berechtigung und die wichtige Rolle in der spanischen Kultur. Einige behaupten, dass *corridas* (Stierkämpfe) weniger grausam sind als die Zustände in den Schlachthöfen. Die Kampfstiere leben ihrer Überzeugung nach länger und unter besseren Bedingungen als einheimische Nutztiere. Für seine Gegner ist der Stierkampf ein unerträglich grausames, brutales Spektakel, bei dem jedes Jahr Tausende Stiere in aller Öffentlichkeit langsam und qualvoll getötet werden, und eine Schande für die heutige angeblich aufgeklärte Zeit.

Die Anzahl der Stierkämpfe in Spanien ist dramatisch zurückgegangen: Laut von der Regierung bereitgestellter Daten von 3651 im Jahr 2007 auf 1521 im Jahr 2018 (davon fanden 241 Kämpfe in Andalusien statt). Die Stierkampfindustrie führt den Rückgang teilweise auf wirtschaftliche Faktoren zurück, aber die Statistiken zeigen auch, dass die jüngere Generation das Interesse an dieser uralten Tradition verliert.

In einer aktuellen nationalen Umfrage sprachen sich nur 19 % der Spanier zwischen 16 und 65 Jahren für den Stierkampf aus, während 58 % dagegen waren. Unter den 16- bis 24-Jährigen lag die Unterstützung sogar nur bei 7%. Doch die Antistierkampflobby hat in Nordspanien größeren Einfluss als in Andalusien, Madrid, Kastilien und León oder Kastilien-La Mancha, und die Lobby der Befürworter ist mächtig. Politische Parteien wie Ciudadanos, Partido Popular und Vox verherrlichen den Stierkampf oft noch immer als Teil des spanischen Kulturerbes, zudem hat Felipe VI. das Spektakel als ein verbindendes Element der spanischen Gesellschaft gelobt.

Allein die Tatsache, dass über die Ethik des Stierkampfes in Spanien debattiert wird, zeigt die zunehmende Integration des Landes im restlichen Europa seit seiner Rückkehr zur Demokratie Ende der 1970er-Jahre. Die größte Gegenkraft kommt von Gruppen außerhalb Spaniens, wie PETA (www.peta.org.uk) und World Animal Protection (www.worldanimalprotection.org.uk). Aber die spanischen Anti-Stierkampf-Organisationen zum Schutz der Tiere werden immer aktiver, inklusive einer politischen Partei, PACMA (www.pacma.es), der parlamentarischen Gruppierung APDDA (www.apdda.es), der Vereinigung von Tierärzten gegen den Stierkampf AVATMA (www.avatma.org) und der Tierschutz-NGO ADDA (www.addaong.org).

Geschichte

Historischen Zeugnissen zufolge war es der römische Herrscher Claudius, der den Stierkampf nach Spanien brachte. Die Mauren verpassten dem bis dahin nicht normierten Ereignis den Feinschliff, indem sie feierliche Bewegungen und den Einsatz von Pferden einbrachten. Bis ins frühe 18. Jh. war der Stierkampf größtenteils dem reitenden Adel vorbehalten. Dann jedoch stieg ein Andalusier namens Francisco Romero von seinem Pferd, unternahm ein paar Täuschungsmanöver mit einem

Umhang und tötete das Tier mit einem Schwert. Franciscos Methode gewann rasch an Beliebtheit und er wurde der erste Stierkämpfer sowie Kopf der berühmten Romero-Dynastie aus Ronda. Sein Sohn Juan Romero entwickelte die Methodik weiter, indem er die *cuadrilla* (Stierkämpfermannschaft) einführte. Pedro, Franciscos Enkel, ist der meistgefeierte Torero aller Zeiten. In seiner 60 Jahre dauernden Karriere tötete er mehr als 5000 Stiere. Er führte die Theatralik beim Stierkampf ein und machte ihn zu einer wahrhaften Verfolgungsjagd. Seine Methoden wurden fast 100 Jahre lang angewandt.

In den 1910er-Jahren war der Stierkampf auf seinem Höhepunkt, als er sich in eine atemberaubende Zurschaustellung von Ästhetik und technischen Details verwandelt hatte und nur noch winzigen Raum für Fehler ließ. Dazu trugen maßgeblich beide berühmten Matadore Juan Belmonte und Joselito „El Gallo" bei. Die als größte Stierkämpfer aller Zeiten angesehenen Männer stammten aus der Provinz Sevilla und hatten einen Altersunterschied von knapp drei Jahren. Juan Belmonte (1892–1962) konnte sich aufgrund seiner deformierten Beine nicht wie andere Stierkämpfer bewegen und blieb stets regungslos stehen, bis der Stier ihn beinahe erreicht hatte. Bei seiner nervenzerreißenden neuen Technik blieb den Zuschauern die Luft weg. Insgesamt wurde Belmonte über 20 Mal auf die Hörner genommen, überlebte jedoch immer. Joselito (1895–1920) war ein Wunderkind, das Belmontes Nahkampfmethode übernahm und bald darauf zu dessen größtem Rivalen wurde. Ihre Duelle zwischen 1914 und 1920 waren einmalig. Die Rivalität endete, als Joselito 1920 tödlich aufgespießt wurde.

Seit Joselitos Ableben haben sich die traditionellen Grundlagen des Stierkampfs kaum verändert. Manolete (1917–1947), ein notorisch ernster Stierkämpfer aus Córdoba, erfand einige der kurzen, dicht neben dem Stier auszuführenden Bewegungen mit der *muleta* (das rote Tuch, das der Matador schwenkt), die heute ein übliches Stilmittel sind. Sein Kollege „El Cordobés" aus Córdoba kombinierte Extravaganz im Ring mit ebenso extravaganten Eskapaden außerhalb der Arena.

Ein *espontáneo* ist ein Zuschauer bei einem Stierkampf, der verbotenerweise in die Arena springt und versucht, gegen das Tier zu kämpfen. „El Cordobés", ein berühmter Matador, begann auf diese umstrittene Weise seine Karriere. Jahre später wurde einer seiner eigenen Kämpfe durch einen *espontáneo* unterbrochen, der tragischerweise auf die Hörner genommen wurde und starb.

Der Kampf

Stierkämpfe sind blutige Spektakel, die mit erheblichen Schmerzen und Qualen für die beteiligten Tiere verbunden sind. Rücken und Nacken des Stiers werden wiederholt mit Lanzen und harpunenartigen Geräten durchstoßen. Der Bulle wird durch den Blutverlust allmählich schwächer, bevor der Matador den abschließenden Schwertstoß vollführt, bei dem der Stier auf der Stelle stirbt, wenn er präzise ausgeführt wird. Trifft der *coup de grâce* nicht genau, erleidet das Tier manchmal einen qualvollen und langsamen Tod.

Bei einer professionellen *corrida* (Stierkampf) treten jeweils drei verschiedene Stierkämpfer gegen zwei Tiere an. Jeder Kampf dauert ungefähr 20 Minuten. Der Matador (wörtlich „Killer"), auf Spanisch meist *torero* (Stierkämpfer) genannt, ist der Anführer des Teams und trägt einen glitzernden *traje de luces* („Anzug der Lichter"). Jeder Kampf besteht aus komplexen aneinandergereihten Abläufen. *Peones* („Lakaien" des Matadors) flitzen mit großen Tüchern vor dem Stier umher, um seine Kräfte auf die Probe zu stellen; berittene *picadores* stoßen Lanzen in den Widerrist des Tiers; und *banderilleros* (Lanzenmänner) attackieren den Stier direkt und versuchen, ihn im Nacken zu erwischen. Wenn der Stier schließlich erschöpft zu sein scheint, tritt der Matador frontal vor das Tier und holt zu einem sauberen, sofort tödlichen Degenstoß in die Nackenmuskulatur aus – der sogenannten *estocada*. Eine gekonnte, wagemutige Vorstellung mit sauberem Todesstoß wird durch stehende Ovationen belohnt. Die Menge schwenkt eventuell Taschentücher, damit der Kampfrichter den Torero mit einem Ohr des Tieres belohnt.

Bücher über den Stierkampf

Tod am Nachmittag (1957), von Ernest Hemingway

Into the Arena: The World of the Spanish Bullfight (2011), von Alexander Fiske-Harrison

Death and Money in the Afternoon (1999), von Adrian Shubert

Stierkampf (2003), von A. L. Kennedy

Making Sense of Bullfighting (2017), von Reza Hosseinpour

[illegible]

[illegible]

[illegible]

Der Kampf

[illegible]

[illegible]

Praktische Informationen

Allgemeine Informationen

Barrierefrei reisen

Die Situation für Rollstuhlfahrer in Andalusien verbessert sich, seit Neubauten (also auch neue Hotels) barrierefrei zugänglich sein müssen. Viele Mittelklasse- und Spitzenklasseunterkünfte bauen ihre Zimmer und Zugänge allmählich so um, dass sie für Rollstühle kein unüberwindliches Hindernis mehr darstellen, aber in manchen Billigbleiben sieht es schlechter aus.

Ruft man ein „Eurotaxi", kommt in der Regel ein für Rollstuhlfahrer geeignetes Fahrzeug.

Einige internationale Organisationen beraten Reisende mit Behinderung (teilweise auch mit gezielten Infos zu Andalusien).

Accessible Spain Travel (www.accessiblespaintravel.com; Pujades 152, 3-1, Barcelona) Organisierte barrierefreie Führungen, Transportmittel und Unterkünfte in Córdoba, Granada, Málaga und Sevilla für Reisende mit eingeschränkter Mobilität.

Mobility International Schweiz (☎0041-622126740; www.mis-ch.ch; Rötzmattweg 51, 4600 Olten, Schweiz) Berät Reisende mit Behinderung zu Mobilitätsfragen und betreibt ein schulisches Austauschprogramm.

Ermäßigungen

Viele Museen und andere Sehenswürdigkeiten bieten Rabatte für Studierende, Jugendliche, Kinder, Familien und/oder Senioren.

Seniorenkarten bieten reduzierte Preise für **Senioren** ab 60 oder 65 Jahren (je nach Einrichtung) in Museen und Attraktionen (manchmal auf EU-Bürger begrenzt) und gelegentlich auch auf Verkehrsmittel. In der Regel genügt ein Altersnachweis (Pass oder Personalausweis).

Mit einem gültigen Nachweis (z. B. einem Internationalen Studierendenausweis; www.isic.org) bekommen **Studierende** Rabatt in Museen, öffentlichen Verkehrsmitteln und anderswo.

Junge Leute bis 30 Jahre erhalten mit der **European Youth Card** (www.eyca.org), in Spanien auch als Carnet Joven bekannt, sowie der International Youth Travel Card (IYTC), die vom ISIC (www.isic.org) ausgestellt und in Niederlassungen wie STA Travel (www.statravel.com) ausgegeben wird, Vergünstigungen auf Verkehrsmittel, Sehenswürdigkeiten und Unterkünfte.

Feiertage & Ferien

In Spanien gibt's 14 offizielle Feiertage; manche gelten im ganzen Land, andere nur in einem einzelnen Dorf. Welche Feiertage wo begangen werden, kann sich von Jahr zu Jahr ändern. Feiertage, die aufs Wochenende fallen, werden manchmal am Montag nachgeholt oder durch einen anderen Tag ersetzt. Ist der Feiertag ein Dienstag, nehmen sich viele Spanier einen Brückentag, die sogenannte *puente* (Brücke).

Spanier machen am liebsten während der Semana Santa (Karwoche) und in den sechs Wochen von Mitte Juli bis Ende August Urlaub. In den Ferienorten sind freie Betten dann Mangelware, und die Züge platzen aus allen Nähten.

Meist gibt's neun landesweite Feiertage:

Año Nuevo (Neujahr) 1. Januar

Viernes Santo (Karfreitag) 7. April 2023, 29. März 2024,

Fiesta del Trabajo (Tag der Arbeit) 1. Mai

PREISKATEGORIEN: ESSEN

Die folgenden Preise beziehen sich auf einen Hauptgang zum Abendessen ohne Getränke. Die Servicegebühr ist im Preis enthalten.

€ unter 12 €

€€ 12–20 €

€€€ über 20 €

La Asunción (Mariä Himmelfahrt) 15. August

Fiesta Nacional de España (Spanischer Nationalfeiertag) 12. Oktober

Todos los Santos (Allerheiligen) 1. November

Día de la Constitución (Tag der Verfassung) 6. Dezember

La Inmaculada Concepción (Fest der unbefleckten Empfängnis) 8. Dezember

Navidad (Weihnachten) 25. Dezember

Dazu kommen normalerweise drei Feiertage, die von den Regionalregierungen festgelegt werden, und zwei weitere von den Gemeinderäten. Die drei regionalen Feiertage in Andalusien sind in der Regel folgende:

Epifanía (Erscheinung des Herrn) oder **Día de los Reyes Magos** (Dreikönigstag) 6. Januar

Día de Andalucía (Andalusientag) 28. Februar

Jueves Santo (Gründonnerstag) Am Donnerstag vor Ostern

Die einzelnen Gemeinderäte entscheiden sich oft für folgende Termine:

Corpus Christi (Fronleichnam) Zwei Monate nach Ostern

Día de San Juan Bautista (Johannistag; Namenstag des ehem. König Juan Carlos I.) 24. Juni

Día de Santiago Apóstol (Jakobstag; Gedenktag des spanischen Schutzpatrons) 25. Juli

PRAKTISCH & KONKRET

Zeitungen Europäische Zeitungen erhält man an Kiosken in Regionen mit vielen Auswanderern oder Touristen. Die linksliberale El País (www.elpais.es) ist die meistverkaufte Zeitung Spaniens. Jede mehr oder weniger große Stadt in Andalusien hat mindestens eine eigene Tageszeitung. Die englischsprachige *Sur in English* (www.surinenglish.com) ist eine hervorragende englischsprachige Wochenzeitung für die Costa del Sol.

Radio Die Frequenzen der Radiosender in den verschiedenen Provinzen stehen im Programmteil (Cartelera) von El País. Zu den verschiedenen Sendern von Radio Nacional de España (RNE) gehören RNE3 mit einer Mischung aus Pop und Rock und Radio Clásica für klassische Musik.

Maße & Gewichte Bei Maßen und Gewichten ist das metrische System gebräuchlich.

Frauen unterwegs

Ernsthafte Belästigungen kommen nicht allzu häufig vor, aber frau stellt sich am besten darauf ein, dass ihr hin und wieder nachgegafft, nachgepfiffen oder irgendetwas hinterhergerufen wird. In vielen Küstenorten sieht man knapp bekleidete Menschen, aber anderswo ziehen sich die Leute eher sittsam an. An einsamen Stränden, in verlassenen Landstrichen oder nachts auf menschenleeren Straßen besonders gut überlegen, was man trägt. Falls es nötig sein sollte: Das spanische Wort für „Hilfe" ist *socorro*.

Bei jeder Provinzkommandantur der Nationalpolizei gibt's einen eigenen Servicio de Atención a la Mujer (SAM; wörtlich: Dienststelle zur Betreuung von Frauen). Die staatliche **Comisión para la Investigación de Malos Tratos a Mujeres** (Ausschuss zur Untersuchung des Missbrauchs von Frauen; ☎Notfalltelefon 900 100009; www.malostratos.org; ⏲Mo–Fr 9–21 Uhr) betreibt ein Notfalltelefon für Opfer körperlicher Gewalt in ganz Spanien. In Andalusien hilft auch das **Instituto Andaluz de la Mujer** (☎900 200999; www.juntadeandalucia.es/institutodelamujer; ⏲rund um die Uhr).

Geld

Geldautomaten

Mit den meisten Kredit- und Debitkarten kann man an den *cajeros automáticos* (Geldautomaten) mit den Logos von Visa, MasterCard, Cirrus etc. Bargeld abheben. Bei manchen spanischen Banken wie Unicaja und Liberbank kann man gebührenfrei am Automaten Geld ziehen, andere hingegen verlangen exorbitante Gebühren (5 bis 7 € pro Transaktion) – ein Vergleich lohnt sich. Auch die eigene Bank kann Gebühren erheben, die die der spanischen Bank sogar noch übersteigen.

Bargeld

Die meisten Banken wechseln ausländische Währungen und bieten bessere Kurse als die Wechselstuben am Flughafen. Man braucht seinen Personalausweis und sollte vorher nach den Gebühren fragen, die von Bank zu Bank unterschiedlich hoch ausfallen.

Kredit- & Debitkarten

Mit Kredit- und Debitkarten kommt man in Andalusien in der Regel recht weit. Viele Geschäfte akzeptieren Kreditkarten, ebenso wie Mittel- und Spitzenklassehotels sowie gehobene Restaurants, anderswo kann man sich allerdings nicht darauf verlassen. Manchmal wird bei Kartenzahlung ein Ausweis oder die PIN verlangt (also zu jeder Karte die Geheimzahl merken!). Falls eine Karte verloren geht, sollte man die Telefonnummer zur Hand haben, bei der sie gesperrt werden kann.

Mit Visa und MasterCard kommt man weiter als mit American Express (Amex).

Steuern

In Spanien heißt die Mehrwertsteuer IVA (i-wa; *impuesto sobre el valor añadido*).

Trinkgeld

Restaurants Eine Servicegebühr ist in der Regel im Preis enthalten. Die meisten lassen etwas Kleingeld liegen, wenn sie zufrieden waren – 5% ist in der Regel genug.

Hotels Portiers gibt man ca. einen Euro.

Taxis Taxifahrern muss man kein Trinkgeld geben, aber sie freuen sich trotzdem, wenn man den Fahrpreis aufrundet.

Gesundheit

Im Notfall kann man sich direkt an die *urgencias* (Notaufnahme) des nächstgelegenen Krankenhauses wenden oder unter 061 einen Krankenwagen rufen.

Die medizinische Versorgung funktioniert problemlos und in den *farmacias* (Apotheken) werden Kunden gut beraten. Eine *farmacia de guardia* (Notapotheke) hat immer irgendwo in der Nähe geöffnet. Welche gerade dran ist, steht auf ausgehängten Listen an allen Apotheken.

Normalerweise ist das Leitungswasser in Andalusien und ganz Spanien gefahrlos trinkbar. Fluss- und Seewasser kann mit schädlichen Bakterien verunreinigt sein.

Krankenversicherung

EU-Bürger erhalten mit ihrer Europäischen Krankenversicherungskarte in den meisten Fällen kostenlose medizinische Hilfe. Der Schutz umfasst zudem Unterstützung bei Entbindungen und chronischen Krankheiten wie Diabetes (allerdings nicht den Rücktransport ins Heimatland). Im Normalfall muss der Patient die Medikamente (auch die verschriebenen) in der Apotheke selbst zahlen. Das kann überdies auch für einige Tests und Heilmaßnahmen gelten. Privatärztliche Beratung und Behandlung wird von der Europäischen Krankenversicherungskarte nicht abgedeckt; darunter fallen fast alle Zahnärzte und auch ein paar der besseren Kliniken. In Deutschland kann man sich bei seiner Krankenkasse über die Europäische Krankenversicherungskarte informieren. Staatsbürger anderer Länder sollten sich vor der Reise erkundigen, ob ein ähnliches Abkommen zwischen ihrem Land und Spanien besteht.

Internetzugang

Fast alle Hotels in Andalusien stellen kostenloses WLAN zur Verfügung, und die Signalstärke hat sich in den letzten Jahren verbessert. In vielen Cafés sowie Flughäfen, Büchereien und in anderen öffentlichen Gebäuden ist auch WLAN verfügbar.

Eine bequeme und allgemein verlässlichere Alternative zum WLAN – vor allem, wenn man außerhalb von Städten unterwegs ist – ist der Kauf einer spanischen SIM-Karte. Viele Prepaidkarten lokaler Anbieter bieten ein großzügiges Datenvolumen zu überraschend niedrigen Preisen.

Karten

Die Andalusienkarte von Michelin im Maßstab 1:400 000 (Nr. 578) leistet beim Planen und unterwegs sehr gute Dienste. Sie ist überall erhältlich (nicht nur in Andalusien), z. B. bei vielen Buchläden und Tankstellen.

Die Stadtpläne der Touristeninformationen sind oft ausreichend, um sich einen Überblick zu verschaffen. Genauer sind die spanischen Stadtpläne aus den Reihen Telstar, Escudo de Oro, Alpina und Everest. Diese Karten (alle mit Straßenverzeichnis) gibt's im Buchhandel. Wer einen Stadtplan kauft, sollte aber vorher unbedingt überprüfen, ob er auch aktuell ist.

Generell sind Landkarten vor Ort nicht immer erhältlich; es kann sich deshalb lohnen, schon von zu Hause welche mitzubringen.

LGBT-Reisende

Spanien ist eines der fortschrittlichsten Länder der Welt, was die Rechte von LGBT anbetrifft. Seit 1979 können Schwule offen im spanischen Militär dienen, bereits in den 1990er Jahren wurden Antidiskriminierungsgesetze eingeführt, und 2005 war Spanien das weltweit dritte Land, das die gleichgeschlechtliche Ehe legalisierte.

Am lebhaftesten ist die Szene in Torremolinos, dicht gefolgt von Málaga, Sevilla und Granada, aber schwulen- und lesbenfreundliche Bars und Clubs gibt's in allen größeren Städten. Einige Städte bieten auch spezielle Broschüren, Führer und Karten, die Attraktionen für Schwule & Lesben ausweisen wie in Sevilla *Municipios Orgullosos de la Provincia de Sevilla* (zum Download unter www.turismosevilla.org). Sie sind in den Touristeninformationen erhältlich.

Ende Juni wird in Sevilla das größte Pride-Festival Andalusiens mit Konzerten, Ausstellungen und Partys gefeiert. Höhepunkt der Veranstaltung ist der karnevalsartige Umzug zur Alameda de Hércules am letzten Samstag des Festivals.

Wer eine schwule oder schwulenfreundliche Unterkunft sucht oder wissen will, welche Kneipen, Clubs, Strände, Fitnessstudios und Organisationen für Homosexuelle interessant sind, findet diese Infos auf Websites wie www.travelgay.com und www.patroc.com. Beide haben sogar spezielle Rubriken für Sevilla und Torremolinos. Weitere hilfreiche Websites sind u. a. www.gayseville4u.com und www.gaytorremolinos4u.com.

Die **Federación Andaluza Arco Iris** (☎615 773089; www.federacionarcoiris.blogspot.com), eine Organisation mit Sitz in Málaga, kämpft für die Gleichberechtigung von LGBT.

GIBRALTAR: PRAKTISCH & KONKRET

Grenzübergänge Die Grenze ist rund um die Uhr geöffnet. Die Taschenkontrolle am **Zoll** (Karte S. 168; ☎20078879; ⏰rund um die Uhr) ist in der Regel oberflächlich.

Strom Die Stromstärke entspricht mit 220 oder 240 V der englischen und Stecker haben drei flache Stifte. Um europäische Elektrogeräte anzuschließen, benötigt man einen Adapter (in den Elektroläden an der Main Street erhältlich).

Notfall ☎190, 112

Geld Währungen sind das Gibraltar-Pfund (£) und Pound Sterling. Man kann mit Euro bezahlen, aber der Wechselkurs ist lausig. Gibraltar-Geld vor der Abreise wieder eintauschen. Banken (vor allem an der Main Street) haben werktags von 8.30 bis 16 Uhr geöffnet.

Telefon Um vom Ausland nach Gibraltar zu telefonieren, wählt man die internationale Vorwahl 00, dann die 350 (Ländervorwahl von Gibraltar) und dann die achtstellige Ortsnummer. Von Gibraltar aus nach Spanien wählt man die Ländervorwahl 0034 und dann die neunstellige Telefonnummer.

Visa & Dokumente Für die Einreise nach Gibraltar benötigt man einen Reisepass. Seit dem Brexit reicht für EU-Bürger der Personalausweis als Reisedokument in Gibraltar nicht mehr aus. Weitere Infos erhält man auf den Seiten der britischen Regierung (www.gov.uk/foreign-travel-advice/gibraltar) oder beim **Civil Status and Registration Office** (Karte S. 170; ☎20076948; www.gibraltar.gov.gi; 2-8 Secretary's Lane).

Post

Briefmarken bekommt man außer beim Postamt *(oficina de correos;* www.correos.es) auch bei den sogenannten *estancos* (Tabakläden, zu erkennen am gelben Schriftzug „Tabacos" auf rotbraunem Hintergrund). Innerhalb von Westeuropa braucht die Post ungefähr eine Woche.

Rechtsfragen

➡ Spaniens Drogengesetze sind, was Marihuana betrifft, im europaweiten Vergleich liberal. Cannabis ist jedoch nur für den Eigenbedarf in den eigenen vier Wänden legal, also nur in kleinen Mengen. In der Öffentlichkeit Drogen zu konsumieren, zu kaufen oder zu verkaufen ist nach wie vor verboten! Auch ein Joint im Hotelzimmer oder in der Pension wäre äußerst unklug. Wer aus Marokko einreist (vor allem mit einem Fahrzeug), sollte sich auf eine sorgfältige Durchsuchung an der Grenze einstellen.

➡ Für Autofahrer gilt eine Alkoholgrenze von 0,5 Promille (für Menschen, die weniger als zwei Jahre den Führerschein haben, 0,1 Promille).

➡ Gemäß der spanischen Verfassung muss jeder, der verhaftet wird, sofort und für ihn verständlich über seine Rechte sowie die Gründe der Festnahme unterrichtet werden. Bei polizeilichen Verhören und richterlichen Vernehmungen hat man immer Anspruch auf einen Anwalt und – sofern notwendig – einen Dolmetscher. Bei deutschen oder österreichischen Staatsbürgern muss außerdem umgehend das Konsulat informiert werden. Niemand darf zur Aussage gezwungen werden. Innerhalb von 72 Stunden muss der Beschuldigte einem Richter vorgeführt oder auf freien Fuß gesetzt werden.

Polizei

In Spanien gibt es drei unterschiedliche Polizeiarten:

Die **Policía Nacional** (Nationalpolizei; ☎091) ist für mittelgroße und große Städte zuständig und hat manchmal eigene Einheiten zur Bekämpfung von Drogenkriminalität, Terrorismus und ähnlichen Dingen. Dazu kommt noch das Personal, das in den bunkerartigen Polizeistationen, den *comisarías*, hinter den Schreibtischen sitzt.

Die **Policía Local** (Städtische Polizei; ☎092), auch Policía Municipal genannt, untersteht der Stadtverwaltung und kümmert sich vor allem um kleinere Probleme wie Park- oder Verkehrssünder und um die Einhaltung kommunaler Verordnungen. Ihre Uniformen sind blau-weiß.

In die Zuständigkeit der grün uniformierten **Guardia Civil** (Gendarmerie; ☎062) fallen Landstraßen, kleinere Städte auf dem Land und die Staatsgrenzen.

Wenn man Hilfe braucht (z. B., weil man bestohlen wurde), ist es egal, an welche Polizeidienststelle man sich wendet. Allerdings sind die Policía Nacional und die Policía Local oft am umgänglichsten.

Sicherheit

Die meisten Besucher fühlen sich sehr sicher in Andalusien, aber einige haben doch unerfreuliche Erfahrungen gemacht. Zu ängstlich sollte man allerdings nicht sein.

➡ Besonders vor Kleindiebstählen muss man sich in Acht nehmen. In Menschenmengen, vor allem in Parks, auf Plätzen und an Busbahnhöfen und Bahnhöfen trägt man seine Tasche am besten dicht am Körper.

➡ In typischen Touristengegenden wie auf den überfüllten Straßen und Plätzen Sevillas während der Prozessionen zur Semana Santa muss man auf der Hut sein vor Taschendieben.

➡ Auf extreme Hitze eingestellt sein und beim Wandern im Hochsommer (Juli und August) ausreichend Wasser mitnehmen.

Sprachkurse

In ganz Spanien gibt's private Sprachschulen, die meist hervorragend sind. Da viele Kurse mindestens eine Woche dauern, muss man sich genau informieren, um die richtige Schule zu finden. Sevilla ist eine wunderschöne Stadt, in der man ein oder zwei Wochen verbringen kann – hier gibt's eine große Vielfalt an exzellenten Sprachschulen. Wer kleinere Städte mit historischen Attraktionen und Zugang zu Stränden bevorzugt, sollte es mit Cádiz probieren, das in seiner Altstadt mehrere gute Schulen hat. Einen tollen Aufenthalt auf dem Land bietet das nahe der Küste gelegene Bergstädtchen Vejer de la Frontera.

Zu den besten Sprachschulen zählen:

CLIC (International House; Karte S. 62; ☎954 50 21 31; www.clic.es; Calle Albareda 19, Sevilla) Schulen in Sevilla und Cádiz.

Escuela Delengua (Karte S. 286; ☎958 20 45 35; www.delengua.es; Calle Calderería Vieja 20; Einzelstunden 31 €, 2-wöchiger Kurs ab 275 €) Zentrum in der Studentenstadt Granada.

Instituto Picasso (Karte S. 178; ☎952 21 39 32; www.instituto-picasso.com; Plaza de la Merced 20; 1-/2-/3-/4-wöchiger Kurs 160/320/460/590 €) Einzelunterricht und Unterricht in Kleingruppen in Málaga.

K2 Internacional (Karte S. 124; ☎956 21 26 46; www.k2internacional.com; Plaza Mentidero 19) Schule in Cádiz.

Strom

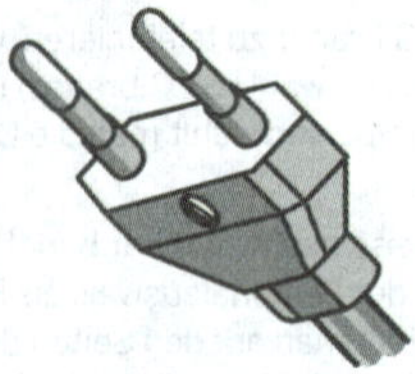

Type C
230V/50Hz

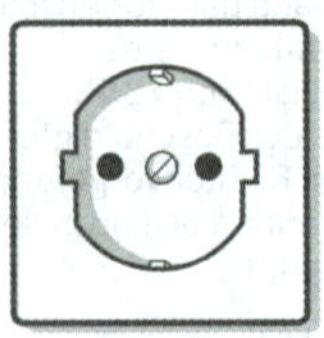

Type F
230V/50Hz

Telefon

Handys aus dem gesamten EU-Raum können in Spanien ohne Roaminggebühren genutzt werden. Günstig ist auch die Telefonie über den Computer mit einem Internetdienst wie Skype oder Anrufe mit dem Mobiltelefon über WhatsApp.

Handys

Spanische Prepaid-SIM-Karten können in jedem freigeschalteten europäischen Telefon genutzt werden (Spanien nutzt GSM 900/1800, das mit Handys aus dem Rest Europas kompatibel ist).

Die großen spanischen Mobilfunkunternehmen (MoviStar, Orange, Vodafone und Yoigo) bieten *prepagado* (Prepaid-)Accounts an. Eine SIM-Karte kostet ab 10 €, dazu gibt's viele Angebote wie Startguthaben für Anrufe, SMS und Datenvolumen. Bei Bedarf kann man seine Karte in Filialen der Telefongesellschaft oder an Verkaufsstellen wie *estancos* (Tabakläden) und Zeitungskiosken wieder aufladen. Eine weitere Option sind kleinere Anbieter wie Pepephone (www.pepephone.com).

Roaming ist mittlerweile EU-weit gebührenfrei. Telefonate und Datennutzung mit dem eigenen Mobiltelefon sollten daher in ganz Spanien kostenlos möglich sein. Besucher aus Nicht-EU-Ländern sollten sich vorher über die Roaming-Gebühren informieren.

Vorwahlen & nützliche Telefonnummern

Es gibt in Spanien keine Vorwahlen. Jede Telefonnummer hat neun Stellen, die immer alle gewählt werden müssen. Festnetztelefone haben als erste Ziffer immer eine 9. Nummern mit einer 6, 7 oder 8 an erster Stelle sind für Handys. In Gibraltar bestehen Telefonnummern aus acht Stellen.

Nummern, die mit 800 oder 900 beginnen, sind kostenlos; bei 901 bis 906 fallen pro Minute verschiedene Kosten an. Das Gleiche gilt für Telefonnummern, die mit 803, 806 und 807 beginnen. Einen Überblick über gebührenpflichtige Nummern bietet www.andalucia.com/travel/telephone/numbers.htm.

Internationale Vorwahl ☎00

Landesvorwahl ☎34

Toiletten

➜ Öffentliche Toiletten sind außer in einigen Touristeninformationen und an großen Stränden, die auf Tourismus ausgelegt sind (z. B. Torremolinos) sowie an allen Bushaltestellen und Bahnhöfen Mangelware.

➜ Wer ein dringendes Geschäft zu verrichten hat, kann dazu in eine Bar oder ein Café gehen – auch wenn es die Besitzer lieber sehen, wenn man dort dann auch etwas bestellt.

➜ Weil nicht immer Klopapier vorhanden ist, sollte man einen kleinen Vorrat dabeihaben.

Touristeninformation

In größeren und kleineren Städten und oft auch in Dörfern gibt's mindestens eine *oficina de turismo* (Touristeninformation). Die Leute dort kennen sich meist gut aus, und immer mehr sprechen eine oder mehrere Fremdsprachen. Egal ob es um Stadtpläne, Führungen, Öffnungszeiten der wichtigsten Sehenswürdigkeiten oder Busfahrpläne geht – häufig wissen die Mitarbeiter Rat. Zudem bekommt man jede Menge Infomaterial. Die Öffnungszeiten sind saisonbedingt unterschiedlich.

Manchmal steckt hinter der Touristeninformation die Kommunalverwaltung, manchmal der Bezirk, die Provinzregierung oder die Junta de Andalucía, (Regionalregierung). In größeren Städten gibt's auch mal mehrere Touristeninformationen. Dann bieten die regionalen Büros oft Infos zu Stadt und Region, während die städtischen Touristeninformationen für gewöhnlich nur die Stadt selbst und ihre unmittelbare Umgebung abdecken. In zahlreichen Schutzgebieten wie den *parques naturales* betreibt das Umweltressort der Junta de Andalucía, die Consejería de Medio Ambiente, Besucherzentren. Viele Touristeninformationen zeigen auch interessante Exponate zur lokalen Flora und Fauna; außerdem halten sie Infos zu Wanderwegen bereit.

In vielen Touristeninformationen findet man Bluetooth-Infopunkte, an denen man Stadtpläne, geführte Touren und Veranstaltungstipps direkt auf sein Handy herunterladen kann.

Unterkunft

In der Hochsaison (rund um Ostern und Weihnachten sowie im Juli und August) reserviert man Unterkünfte besser im Voraus. Viele Besucher nutzen Websites wie booking.com, wer jedoch Geld sparen und Unternehmen vor Ort unterstützen möchte, bucht direkt über die Unterkunft.

Hostales Kleine familienbetriebene Ein- bis Drei-Sterne-Hotels.

Casa Rurales Landhäuser, die als Bed & Breakfasts dienen oder langfristig vermietet werden.

Hotels Gibt's von modernen Hotelketten bis hin zu opulenten *paradores* (staatliche Luxushotels) in historischen Gebäuden.

Hostels Günstigere Backpacker-Unterkünfte mit Schlafsälen.

Hostels & Hostales

In Spanien muss man zwischen Hostels und *hostales* unterscheiden. Hostels bieten standardmäßige Backpackerunterkünfte mit Schlafsälen, Küche, Gemeinschaftsbereich, Gemeinschaftsbädern und zahlreichen Infos für Budgettraveller. Die Preise variieren je nach Zimmergröße, manchmal auch nach Saison, und beginnen bei rund 15 € für ein Bett im Schlafsaal. Schlafsäle haben in der Regel zwischen vier und zehn Betten, und viele Hostels bieten auch Doppel- und/oder Familienzimmer, meist mit Gemeinschaftsbad. Die *hostales* sind kleine, familiengeführte Hotels mit einfachen, aber angemessenen Unterkünften in Einzel-, Doppel- oder Dreibettzimmern – Schlafsäle werden nur sporadisch geboten. Ein Doppelzimmer kostet selten mehr als 60 €. Es gibt meist Privatbäder, und der Service ist persönlicher.

Die Hostels in Andalusien sind meist auf die Großstädte wie Sevilla, Granada und Málaga beschränkt, obwohl es auch eine Handvoll von Hostelling International (HI-) Hostels in kleineren Dörfern wie El Bosque (im Parque Natural Sierra de Grazalema), Cortes de la Frontera und Cazorla gibt. Die privat geführten **Oasis Hostels** (www.oasisbackpackershostels.com) sind exzellente Unterkünfte, die nicht zu HI gehören. Die Kette betreibt Hostels in Granada und Málaga sowie zwei in Sevilla (eines davon ist in einem alten Palast untergebracht). Alle Häuser liegen sehr zentral und bieten zahl-

UNTERKUNFT ONLINE BUCHEN

Weitere Bewertungen von Unterkünften durch Lonely-Planet-Autoren gibt's unter http://lonelyplanet.com/hotels. Die Seite bietet unabhängige Kritiken sowie Empfehlungen für die schönsten Unterkünfte. Und das Beste: Man kann direkt online buchen.

PREISKATEGORIEN: SCHLAFEN

Die folgenden Preise gelten für ein Doppelzimmer mit eigenem Bad in der Hochsaison.

€ unter 65 €

€€ 65–140 €

€€€ über 140 €

reiche kostenlose Extras wie Tapas-Touren, Getränkegutscheine, Fahrradverleihe und Pancakes zum Frühstück.

Weitere Infos zu Hotels und Online-Reservierungen unter www.hostelworld.com, www.hostelbookers.com und bei **Andalucia Youth Hostels** (☎955 18 11 81; www.inturjoven.com).

Hotels

Andalusien bietet verschiedenste Hotels vom gepflegten Business-Stil bis hin zur staatlichen Luxus-Hotelkette Parador in alten historischen Gebäuden. Auch Boutique-Hotels sind im Kommen; in Andalusien vereinen sie oft geschickt historische und moderne Designelemente. Die schönsten Boutique-Hotels findet man in Sevilla, Granada und Córdoba, doch auch in einigen *pueblos blancos* (weiße Dörfer) findet man spektakuläre Unterkünfte, besonders in Vejer de la Frontera.

Campingplätze

Andalusien verfügt über ca. 150 Campingplätze für Zelte und Wohnmobile. Vorreiter ist die Provinz Cádiz mit 32 Einrichtungen, in der Provinz Sevilla gibt's dagegen nur fünf. Die schönsten Campingplätze findet man auf dem Land. Zu den Highlights zählen Costa de la Luz mit über 20 Plätzen, die an die Sümpfe des Parque Nacional de Doñana grenzenden Gebiete, die steilen Täler von Las Alpujarras in der Sierra Nevada, die Berge von Cazorla und die Küste von Cabo de Gata. Die spanischen Campingplätze werden nach erster, zweiter und dritter Klasse eingestuft, und die Einrichtungen sind in der Regel sehr gut. Selbst ein Campingplatz der dritten Klasse verfügt über Warmwasserduschen, Strom und ein Café; die erstklassigen Plätze haben inzwischen sogar oft Minimärkte und Swimmingpools.

Die Preise werden normalerweise pro Erwachsenem, Kind und Auto abgerechnet und sind im Durchschnitt selten höher als je 7,50, 6 und 6 €. Viele Einrichtungen vermieten auch Hütten oder Bungalows, die je nach Größe und Saison ab 50 € pro Nacht kosten.

Die **Federación Española de Clubes Campistas** (FECC; www.guiacampingfecc.com) ist der größte Campingclub Spaniens. Ihre Website ist eine exzellente Informationsquelle und bietet Links zu individuellen Campingplätzen sowie weitere Kontaktinfos; außerdem kann man meist online reservieren. Der Club publiziert auch den jährlich erscheinenden *Guía Camping*, der landesweit in vielen Buchläden erhältlich ist.

Apartments für Selbstversorger & Casas Rurales

Apartments und Häuser für Selbstversorger sind relativ einfach zu bekommen und vor allem in den Urlaubsgebieten an der Küste beliebt. Einfache Apartments mit einem Schlafzimmer sind ab 40 € pro Nacht zu haben, während Luxusunterkünfte mit Swimmingpool in Orten wie Marbella mit bis zu 400 €/Nacht für vier Personen zu Buche schlagen können.

Casas rurales sind meist alte renovierte Bauernhäuser, die als B&B geführt oder als unabhängige Ferienwohnungen an Kurzzeiturlauber vermietet werden. Sie befinden sich vorwiegend in Kleinstädten und Dörfern. Die Preise für ein Doppelzimmer liegen bei 50 bis 100 €, obwohl viele Leute sich gerne länger einmieten, weil es dann billiger wird.

Bei den hier aufgelisteten Agenturen kann man auch Onlinebuchungen vornehmen. Im Hochsommer (Juni bis August) und den Ferienzeiten (Semana Santa und Ostern) sollte man mindestens einen Monat im Voraus buchen.

U. a. gibt's folgende Agenturen:

Escapada Rural (www.escapadarural.com)

Owners Direct (www.ownersdirect.co.uk)

Ruralka (www.ruralka.com)

Rustic Rent (www.rusticrent.com)

Secret Places (www.secretplaces.com)

Versicherung

Eine Reiseversicherung, die Diebstahl und Verlust von Wertsachen und Gepäck genauso umfasst wie medizinische Notfälle, schadet nie; am besten fragt man im Reisebüro danach. Allerdings sollte das Kleingedruckte nicht außer Acht gelassen werden: Manchmal sind „gefährliche Aktivitäten" explizit nicht versichert, und damit kann schon Tauchen, Motorradfahren oder sogar eine Trekkingtour gemeint sein. Auf Nummer sicher geht, wer bei der Wahl der Police den schlimmsten Fall absichert, wie die Versorgung durch einen Rettungswagen oder den Krankenrücktransport in die Heimat. Ebenfalls wichtig: Sind die Arztkosten direkt abgedeckt (sodass der Patient nicht zuerst an Ort und Stelle alles zahlen und den Betrag später bei der

PARADORES: HISTORISCHER LUXUS

Die staatlichen *parador*-Hotels wurden in den 1920er Jahren von König Alfonso XIII. gegründet. Es gibt 16 davon in Andalusien, die allesamt über drei oder vier Sterne verfügen. Die Preise liegen zwischen 100 und knapp 400 €, aber auf der Website www.parador.es gibt's hohe Rabatte. *Paradores* sind wahrscheinlich die beste Wahl für Traveller, die Luxus suchen. Die folgenden sind in wunderschönen historischen Gebäuden untergebracht:

➡ **Parador de Arcos de la Frontera** (S. 145) Andalusiens kleinster *parador* ist in einem ehemaligen Palast (der Casa del Corregidor) am Hauptplatz von Arcos de la Frontera untergebracht. Der Blick von der Felsklippe ist beeindruckend.

➡ **Parador de Granada** (S. 291) Andalusiens und Spaniens berühmtester (und teuerster) *parador* liegt in einem Konvent aus dem 15. Jh. innerhalb der Alhambra in Granada.

➡ **Parador Castillo de Santa Catalina** (S. 249) Der frisch renovierte und 2020 wiedereröffnete *parador* in Jaén im mittelalterlichen Stil wurde in den 1960er-Jahren auf dem Gelände einer christlichen Burg aus dem 13. Jh. errichtet. Er thront auf einem Hügel mit Blick auf die Stadt und die umliegende Sierra Morena.

➡ **Parador Málaga Gibralfaro** (S. 183) Dieser parador liegt auf einem Hügel neben dem Castillo de Gibralfaro aus dem 14. Jh. und der angrenzenden Alcazaba und bietet einen Blick über das gesamte Stadtzentrum von Málaga.

➡ **Parador de Ronda** (S. 200) Im ehemaligen Rathaus neben der tiefen Schlucht von Ronda gelegen. Im Rathaus fand während des spanischen Bürgerkriegs ein Massaker statt, von dem Hemingways Roman „Wem die Stunde schlägt" erzählt.

➡ **Parador de Úbeda** (S. 262) Der luxuriöse *parador* liegt in einem von Úbedas berühmten Renaissancepalästen aus dem 16. Jh.

➡ **Parador de Mazagón** (S. 105) Seine natürliche Umgebung ist die Hauptattraktion dieses *parador*, der über einem endlosen, von Klippen gesäumten Strand am Rande des Parque Nacional de Doñana liegt.

Versicherung zurückfordern muss)? Wenn es dumm läuft, steht man sonst plötzlich ohne Geld da. Auf jeden Fall ist es wichtig, sämtliche Belege aufzuheben, um diese später bei der Versicherung vorlegen zu können.

Am besten schließt man die Police so früh wie möglich ab. Wer es erst in der Woche vor der Abreise tut, riskiert z. B. den Schutz bei Verspätungen durch einen Streik.

Mit Kreditkarte bezahlte Flugtickets beinhalten oft eine begrenzte Reiseunfallversicherung. Außerdem ist es dann einfacher, Geld zurückzufordern, falls der Veranstalter seinen Verpflichtungen nicht nachkommt.

Internationale Reiseversicherungen kann man jederzeit unter www.lonelyplanet.com/travel-insurance abschließen. Sie sind auf Wunsch auch verlängerbar – sogar von unterwegs aus.

Zeit

➡ Überall auf dem spanischen Festland gilt die mitteleuropäische Zeit; die Sommer- und Winterzeit wird gleichzeitig mit Deutschland, Österreich und der Schweiz umgestellt.

➡ In Marokko gilt ganzjährig die Westeuropäische Zeit (Greenwich Mean Time); folglich liegt das Land während der mitteleuropäischen Sommerzeit zwei Stunden hinter Spanien und im Winter eine Stunde.

➡ In einer Abstimmung hat das Europäische Parlament für die Abschaffung der Zeitumstellung ab.2021 gestimmt, wobei alle EU-Mitgliedsstaaten jeweils die Wahl zwischen permanenter Sommer- oder Winterzeit haben. Die Entscheidungen der Länder stehen allerdings noch immer aus.

Verkehrsmittel & -wege

AN- & WEITERREISE

Andalusien ist ein wichtiges europäisches Urlaubsziel. Es bestehen sehr gute Flug-, Bahn- und Straßenverbindungen zu den anderen spanischen Regionen und europäischen Staaten, außerdem verkehren Tragflügelboote sowie Autofähren regelmäßig nach Marokko und es bestehen Verbindungen nach Algerien. Flüge, Touren und Zugtickets können online unter www.lonelyplanet.com/bookings gebucht werden.

Einreise in die Region

Die Einreise- und Zollkontrollen sind in der Regel total unkompliziert, allerdings gibt's auch Ausnahmen. Beispielsweise sucht der spanische Zoll nach geschmuggelten zollfreien Produkten, die für den illegalen Wiederverkauf in Spanien bestimmt sind, vor allem bei Travellern, die aus Marokko ins Land kommen. Aus diesem Grund können die Warteschlangen bei der Einreise aus Marokko lang sein, vor allem im Sommer.

> **FLUGHAFENGEBÜHREN**
>
> Flughafengebühren sind immer im Flugticket enthalten.

Reisepass

EU-Bürger sowie Schweizer, Norweger, Isländer und Liechtensteiner können allein mit ihrem Personalausweis reisen. Reisende aus allen anderen Ländern müssen einen gütligen Reisepass mit sich führen.

Laut Gesetz ist jeder dazu verpflichtet, sich jederzeit mit seinem Ausweis oder Reisepass (S. 389) ausweisen zu können.

Flugzeug

Mit dem Flugzeug nach Andalusien zu kommen ist ein Kinderspiel. Dutzende von Linien- und Chartergesellschaften landen auf den fünf Flughäfen der Region, eine Handvoll auch in Gibraltar. Am verkehrsreichsten Flughafen Andalusiens, Málaga, gibt's auch Verbindungen nach Marokko. Aus anderen spanischen Städten ist die Region ebenfalls gut zu erreichen. Die Hochsaison dauert von Mitte Juni bis Mitte September, aber auch während der Semana Santa (Karwoche) können die Flüge ausgebucht (und teurer) sein.

Flughäfen

Málaga Airport (AGP; ☎952 04 84 84; www.aena.es) zugleich die Nummer vier unter den verkehrsreichsten Flughäfen Spaniens: Fast 60 Gesellschaften verbinden die Stadt mit Zielen in Spanien und dem Rest der Welt.

Sevilla (Aeropuerto de Sevilla; ☎91 321 10 00; www.aena.es; A4, Km 532), **Granada** (☎91 321 10 00; www.aena.es), **Jerez de la Frontera** (☎956 15 00 00; www.aena.es; Carretera A4) und **Almería** (☎91 321 10 00; www.aena.es) werden ebenfalls von spanischen und europäischen Städten aus angesteuert, die letzteren drei allerdings deutlich seltener als Sevilla. Wer wissen will, welche Airline wohin fliegt, kann sich auf www.aena.es schlau machen (auch auf Englisch verfügbar; einfach oben „English" auswählen und auf das grüne Häkchen daneben klicken). Darüber hinaus hat die Website detaillierte Infos zu den einzelnen Flughäfen.

Den **Flughafen** von **Gibraltar** (Karte S. 178; ☎20 012345; www.gibraltarairport.gi) erreichen ein paar Direktverbindungen aus London und Marokko.

Auf dem Landweg

Wer aus Marokko einreist, muss zur reinen Fahrtzeit noch ein paar Stunden für die Grenzformalitäten an den Fährterminals draufschlagen, die für ihre Gründlichkeit bekannt sind. Meistens bilden sich auf beiden Seiten der Straße von Gibraltar lange Schlangen an den Zollkontrollen.

Auto & Motorrad

Dank der guten spanischen Schnellstraßen ist es mög-

KLIMAWANDEL & REISEN

Fast jede Art der motorisierten Fortbewegung erzeugt CO_2 (die Hauptursache für die globale Erwärmung), doch Flugzeuge sind mit Abstand die schlimmsten Klimakiller – nicht nur wegen der großen Entfernungen und der entsprechend großen CO_2-Mengen, sondern auch weil sie diese Treibhausgase direkt in hohen Schichten der Atmosphäre freisetzen. Auf vielen Websites kann man mit speziellen „CO_2-Rechnern" ermitteln, wie das persönliche Emissionskonto nach einer Reise aussieht, und mit einer Spende für Umweltprojekte eine Art Wiedergutmachung leisten. Auch Lonely Planet spendet Gelder, wenn Mitarbeiter und Autoren auf Reisen gehen.

lich, an einem einzigen Tag von jedem beliebigen Punkt des Landes aus Andalusien zu erreichen. Die beiden wichtigsten Strecken führen durch das Landesinnere über Madrid und an der Mittelmeerküste entlang via Barcelona. Wer mit dem Auto noch weiter will, kann mit der Fähre in die marokkanischen Städte Tanger und Nador oder in die spanischen Enklaven Ceuta und Melilla an der marokkanischen Küste übersetzen.

Die wichtigste Autobahn von Madrid nach Andalusien ist die A4/AP4 (auch bekannt als Autovía del Sur) nach Córdoba, Sevilla und Cádiz. Am Autobahnkreuz Bailén zweigt die A44 nach Jaén, Granada, Almería und Málaga ab. Die Autobahn AP7/A7 verläuft von La Jonquera an der französisch-spanischen Grenze die ganze Mittelmeerküste entlang bis nach Algeciras.

Wer sich die Anfahrt sparen und trotzdem in Andalusien mobil sein will, nimmt sich am besten einen Mietwagen.

Bus

Mit dem Bus kommt man aus ganz Spanien gut nach Andalusien. Es gibt zwar auch aus vielen anderen europäischen Ländern direkte Busverbindungen, aber die sind nur selten billiger als das Flugzeug und dauern erheblich länger.

Lohnen könnte sich eine solche Fahrt allerdings aus Lissabon und Marokko. **Alsa** (☎902 422242; www.alsa.es) verkehrt täglich von Lissabon nach Sevilla (6–7 Std.) und bedient mehrmals pro Woche Strecken von Marokko (Casablanca, Marrakesch und Fès) nach Andalusien (Sevilla, Marbella, Málaga, Granada, Jerez de la Frontera und Almería). Nach Almería setzen die Busse mit der Fähre Tanger–Algeciras über. Die Fahrtdauer kann sehr lang sein, von Málaga nach Marrakesch ist man beispielsweise 18 Stunden unterwegs.

Viele mittlere und große Städte Andalusiens werden von Bussen aus ganz Spanien angesteuert. Die größte Auswahl an Verbindungen besteht an der Madrider **Estación Sur de Autobuses**. Von der spanischen Hauptstadt sind es etwa sechs Stunden nach Sevilla, Granada oder Málaga. Von Barcelona, Valencia und Alicante geht's die Mittelmeerküste entlang nach Almería, Granada, Jaén, Córdoba, Sevilla, Málaga und an die Costa del Sol. Die wichtigsten Gesellschaften für Inlandsfahrten sind Alsa und **Secorbus/ Socibus** (☎902 229292; www.socibus.es).

Zug

Das hervorragende spanische Unternehmen **Renfe** (Red Nacional de los Ferrocarriles Españoles, Spanish National Railways; ☎91 232 03 20; www.renfe.es) ist für die Bahnverbindungen in Andalusien zuständig. Die massiven Investitionen der vergangenen Jahre haben sich ausgezahlt, denn die Züge sind schnell, effizient und bequem.

IN SPANIEN

Der schnellste Zug nach Andalusien ist der von Renfe betriebene, bis zu 300 km/h schnelle Alta Velocidad Española (AVE). Er verbindet Madrid mit Córdoba (einfach ab 40 €, 1¾ Std.), Sevilla (ab 48 €, ca. 2½ Std.) und Málaga (ab 44 €, 2¾ Std.) und braucht damit kaum länger als ein Flugzeug. Multigauge Alvia bietet ebenfalls drei- bis viermal täglich Direktverbindungen von Madrid nach Cádiz und einmal täglich nach Huelva. Von fast überall in Spanien ist Andalusien innerhalb eines Tages mit der Bahn zu erreichen, meistens mit einem Umstieg in Madrid oder Barcelona.

In der Regel haben Fernzüge eine erste und eine zweite Klasse (*preferente* bzw. *turista*). Auf den spanischen Schienen sind verschiedene Zugtypen unterwegs, die für unterschiedlichen Komfort und Schnelligkeit stehen.

Am häufigsten fahren AVE-Züge auf den Strecken Madrid–Sevilla, Madrid–Córdoba–Málaga, Madrid–Granada, Barcelona–Sevilla, Barcelona–Córdoba–Málaga, Barcelona–Granada und Valencia–Sevilla, während Alvia die Routen Madrid–Cádiz und Madrid–Huelva abdeckt.

Das Ticket kauft man am besten im Voraus, denn Verbindungen können schon mal ausgebucht sein, vor allem im Juli und August. Fahrkarten bekommt man im Internet oder per Telefon (die Mitarbeiter sprechen meist Englisch). Wer sein Ticket am Telefon bestellt, muss es innerhalb von 72 Stunden und mindestens 24 Stunden vor Abfahrt des Zuges bei Renfe abholen. Man kann auch online Tickets kaufen und zahlen, wer aber zum ersten Mal online per Kreditkarte zahlt, muss sein Ticket spätestens eine Stunde vor Abfahrt an einem Ticketschalter abholen. Weitere Tickets, die mit derselben Karte bezahlt werden, kann man dann auch selbst ausdrucken.

Es gibt ein paar Ermäßigungen:

- Rückfahrkarten in Fernzügen sind um 20 % günstiger als zwei einfache Fahrten.
- Kinder unter vier Jahren fahren umsonst mit (auch in Hochgeschwindigkeitszügen, wenn sie keinen eigenen Sitzplatz in Anspruch nehmen).
- Kinder von 4 bis 13 Jahren bekommen 40 % Ermäßigung auf Sitzplätze und im Liegewagen.
- Mit der European Youth Card (www.eyca.org) gibt's in Fern- und Regionalzügen 20 % Rabatt.

AUSSERHALB VON SPANIEN

Wer von zu Hause (oder einem anderen Ort in Europa) mit dem Zug nach Andalusien fahren will, muss mindestens einen Tag für die Anreise rechnen und in Madrid oder Barcelona umsteigen. Die beste Strecke führt durch Barcelonas Bahnhof Sants (etwa 5½ Std. von Sevilla oder 6 Std. von Málaga), von wo aus Direktzüge bis Paris fahren. Von dort starten Zugverbindungen nach Amsterdam, Großbritannien und Deutschland. Alternativ fährt man mit dem Zug von Barcelona nach Genf (Umsteigen in Valence) wo Verbindungen nach Italien bestehen. Weitere Details zu dieser und anderen Strecken gibt's unter **The Man in Seat 61** (www.seat61.com).

Auf dem Seeweg

Zwischen Andalusien und Nordafrika bestehen mehrere Fährverbindungen: nach Tanger und Nador in Marokko, in die spanischen Enklaven Ceuta und Melilla an der marokkanischen Küste sowie nach Oran und Ghazaouet in Algerien. Die Schiffe verkehren auf folgenden Routen: Melilla–Almería, Nador–Almería, Oran–Almería, Ghazaouet–Almería, Tanger–Motril, Nador–Motril, Al-Hoceima–Motril, Melilla–Málaga, Tanger–Algeciras, Ceuta–Algeciras und Tanger–Tarifa.

Fast alle befördern auch Fahrzeuge. Die meisten Verbindungen bietet der Hafen von Algeciras. Normalerweise verkehren mindestens 12 Fähren auf der Route zwischen Algeciras und Tanger (1½ Std.) und 10 zwischen Algeciras und Ceuta (1 Std.). Zu Spitzenzeiten laufen zusätzliche Schiffe aus, besonders im Sommer (Mitte Juni–Mitte Sept.), wenn Hunderttausende marokkanische Arbeiter aus Europa in den Ferien heimkehren. Wer mit dem Fahrzeug übersetzen möchte, sollte im Juli und August und um Ostern möglichst früh im Voraus reservieren. Bei der Ankunft ist mit gründlichen Zollkontrollen und langen Warteschlangen zu rechnen.

Zu den wichtigsten Fährunternehmen (Preisunterschiede zwischen den einzelnen Firmen sind gering) gehören:

Trasmediterránea (www.trasmediterranea.es)

Intershipping (www.intershipping.es)

FRS (www.frs.es)

Naviera Armas (www.navieraarmas.com)

UNTERWEGS VOR ORT

Auto & Motorrad

Angesichts des hervorragenden andalusischen Straßennetzes und der günstigen Preise sind Mietwagen attraktive und praktische Fortbewegungsmittel.

Führerschein & Papiere

Spanien erkennt bei EU-Bürgern und Schweizern den nationalen Führerschein und den Kraftfahrzeugschein an. Wer mit dem eigenen Fahrzeug in Spanien unterwegs ist, sollte Führerschein, Fahrzeugschein und grüne Versicherungskarte dabeihaben.

Mietwagen

Wer in Andalusien ein Auto mieten möchte, ist gut beraten, dieses schon von zu Hause aus zu buchen. Am billigsten sind meist die lokalen Anbieter am Flughafen Málaga und an der Costa del Sol. Sie verlangen für einen Viertürer der Economy-Klasse mit Klimaanlage ca. 150 € pro Woche im August bzw. deutlich weniger im Winter. Bei vielen lokalen Anbietern besteht auch die Möglichkeit, online zu buchen – oder man geht einfach zu einem der Schalter am Flughafen. Als Faustregel gilt, dass Mietwagen in den Urlaubsorten an den Küsten am günstigsten sind.

Die folgenden lokalen Autovermietungen sind etablierte Firmen und haben Niederlassungen an den Flughäfen sowie an den größten Bahnhöfen der Region (beispielsweise in Málaga und in Sevilla):

Centauro (☎966 36 03 60; www.centauro.net)

Crown Car (☎965 79 00 10; www.crowncarhire.com)

Helle Hollis (☎952 24 55 44; www.hellehollis.com)

Marbesol (☎952 23 49 16; www.marbesol.com)

Niza Cars (☎952 23 61 79; www.nizacars.es)

Pepecar.com (☎902 996666; www.pepecar.com)

Oftmals sind auch die großen internationalen Autovermieter zu finden:

Avis (☎902 180854; www.avis.es)

Enterprise (☎902 100101; www.enterprise.es)

Europcar (☎91 150 50 00; www.europcar.es)

Hertz (☎91 749 90 69; www.hertz.es)

Wer ein Auto mieten möchte, muss mindestens 21 Jahre alt sein (bei einigen Anbietern 23 Jahre) und wenigstens ein Jahr lang den Führerschein haben (manchmal auch zwei Jahre). Für Personen unter 25 Jahren wird bei vielen Unternehmen ein Zuschlag fällig.

Parken

Während der Hauptgeschäftszeiten (Mo–Sa 9–14, Mo–Fr 17–20 Uhr) gestaltet sich das Parken in den größeren Städten mitunter schwierig. Die einzige Möglichkeit sind oft Parkhäuser, die in Städten relativ weit verbreitet und gut beschildert, aber nicht billig sind (normalerweise ca. 1,50–2,50 € pro Stunde bzw. 15–18 € für 24 Std.). Die meisten Stadthotels mit eigenen Stellplätzen kassieren kaum weniger Gebühren als öffentliche Parkhäuser.

Blaue Linien am Straßenrand bedeuten in den meisten Fällen, dass während der Geschäftszeiten ein Parkschein gelöst werden muss (normalerweise muss man dafür ca. 0,50–1 € pro Stunde zahlen). Gelbe Linien stehen für ein Parkverbot. Wer es anderen nachmacht und in einer Verbotszone parkt, muss damit rechnen, dass sein Fahrzeug abgeschleppt wird, was sehr teuer werden kann.

Privatfahrzeug

Es ist durchaus möglich, mit dem eigenen Fahrzeug nach Andalusien zu kommen. Die Straßen sind gut, allerdings können das Fahren und die Parkplatzsuche in den Städten ermüdend sein. Spanien hat ein dichtes Tankstellennetz; ein Liter Benzin kostet ca. 1,30 bis 1,35 €. Wer mit dem Wagen oder Motorrad liegen bliebt, findet in fast allen Ortschaften eine Kfz-Werkstatt.

Verkehrsregeln

- Das Mindestalter für Autofahrer liegt bei 18 Jahren.
- Auch für den Rücksitz gilt Anschnallpflicht, sofern Sicherheitsgurte eingebaut sind. Für Kinder unter drei Jahren sind Kindersitze vorgeschrieben.
- Die Alkoholgrenze ist 0,5 Promille (0,1 für Fahrer, die ihren Führerschein noch keine zwei Jahre haben); gelegentlich werden gezielte Alkoholkontrollen durchgeführt.
- Die Polizei ist in Spanien dazu berechtigt, stichprobenartige Verkehrskontrollen durchzuführen, und nimmt es in Anspruch – also immer schön alle Papiere parat haben. Ausländer ohne festen Wohnsitz in Spanien können für Verkehrsverstöße direkt zur Kasse gebeten werden. Auskunft bei allen Fragen rund um das Thema Verkehrsvergehen gibt das Centro de Tratamiento de Denuncias Automatizadas (☎987 010 559).
- Die Höchstgeschwindigkeit beträgt 50 km/h innerhalb geschlossener Ortschaften, zwischen 80 und 100 km/h außerhalb geschlossener Ortschaften und 120 km/h auf *autopistas* (mautpflichtige Autobahnen) und *autovías* (mautfreie Autobahnen).
- In Spanien gilt die Vorschrift, zwei Warndreiecke im Fahrzeug mitzuführen; bei einer Panne muss eines 100 m vor und eines 100 m hinter dem Fahrzeug aufgestellt werden. Vorschrift ist auch das Tragen einer reflektierenden Weste, wenn man außerhalb geschlossener Ortschaften auf der Straße oder am Randstreifen aussteigen muss.
- Während der Fahrt ist das Telefonieren mit dem Handy ohne Freisprechanlage verboten.

Versicherung

Die Grüne Versicherungskarte ist ein international anerkanntes Dokument, das den gesetzlich vorgeschriebenen Versicherungsschutz im Reiseland bestätigt. Sie wird kostenlos von den Versicherungen ausgestellt und sollte stets mitgeführt werden. Falls eine Versicherungsbescheinigung vorgezeigt wird, aus der

WICHTIGE BUSUNTERNEHMEN

UNTERNEHMEN	WEBSITE	TELEFON	HAUPTZIELE
Alsa	www.alsa.es	902 422242	Almería, Córdoba, Granada, Jaén, Málaga, Sevilla
Casal	www.autocarescasal.com	954 99 92 90	Sevilla, Carmona
Comes	www.tgcomes.es	956 80 70 59	Cádiz, Algeciras, Granada, Jerez, Málaga, Ronda, Sevilla
Damas	www.damas-sa.es	959 25 69 00	Huelva, Ayamonte, Sevilla
Los Amarillos	www.losamarillos.es	902 210317	Cádiz, Jerez, Málaga, Ronda, Sevilla
Avanza/Portillo	http://malaga.avanzagrupo.com	955 03 86 65	Málaga, Costa del Sol, Algeciras, Ronda
Autocares Carrera	www.autocarescarrera.es	957 50 03 02	Provinz Córdoba

die Mindestdeckungssumme hervorgeht, ist die Grüne Versicherungskarte nicht unbedingt erforderlich, allerdings hat sie den Vorteil, dass ausländische Polizei und Behörden sie kennen.

Der normale Versicherungsschutz für Mietfahrzeuge in Andalusien beinhaltet möglicherweise nur einen Basisschutz gegen Ansprüche Dritter. Oft kostet die Absicherung gegen Diebstahl, Schäden am eigenen Fahrzeug, Verletzung oder Tod von Fahrer und Mitfahrern extra. Daher ist es wichtig, das Kleingedruckte zu lesen und in Zweifelsfällen nachzufragen.

Bus

Die Busse in Andalusien sind im Großen und Ganzen modern, komfortabel und preiswert. Sie fahren fast überall, teilweise auch auf engen und steilen Bergstraßen, um abgelegene Dörfer mit den nächstgrößeren Orten zu verbinden. Zwischen den großen Städten bestehen täglich viele Verbindungen. Auf Routen mit geringerer Nachfrage sind am Wochenende weniger Busse als sonst unterwegs.

Die luxuriösen Supra-Busse von Alsa bieten WLAN, kostenlose Snacks und Getränke sowie Toiletten; außerdem kann man Einzelsitze buchen.

Größere Orte haben meistens einen Busbahnhof *(estación de autobuses)*, der von allen Unternehmen angesteuert wird. In kleineren Ortschaften halten die Busse in der Regel an einer bestimmten Straße oder einem Platz, die jedoch nicht immer mit einem Halteschild versehen sind. In einem solchen Fall muss man sich durchfragen.

Während der Semana Santa (Karwoche) und im Juli/August ist es ratsam, Tickets bereits einen Tag vor der Abfahrt zu kaufen. Auf einigen wenigen Strecken ist eine Rückfahrkarte billiger als zwei einzelne Tickets.

Traveller unter 26 Jahren erhalten manchmal Ermäßigung auf Strecken zwischen größeren Städten.

Die Busse auf den Hauptstrecken fahren durchschnittlich 70 km/h und kosten etwas weniger als 1 € pro 10 km.

Fahrrad

Andalusien eignet sich mit seiner herrlichen Landschaft und dem abwechslungsreichen Gelände wunderbar zum Radfahren. Ein paar Bergstraßen (z. B. durch die Sierra de Grazalema oder die Sierra Nevada) sind zwar eher was für Radsportprofis, aber wer einigermaßen fit ist und ein wenig Ehrgeiz mitbringt, kommt mit dem Fahrrad fast überall problemlos hin. Da es viele verkehrsarme Landstraßen in gutem Zustand gibt, kann man die viel befahrenen Hauptstraßen in der Regel meiden. Radfahren auf der Straße ist in Andalusien nicht gefährlicher als anderswo in Europa, mit Rasern ist allerdings jederzeit zu rechnen. Tagesausflüge und längere Radtouren machen besonders im Frühjahr und Herbst viel Spaß, weil das Klima dann am angenehmsten ist.

Oft kann man sein Rad auch im Bus transportieren (meistens muss dafür nur das Vorderrad abmontiert werden).

Die Mitnahme ist in den meisten Regional- und Vorortbahnen möglich. In Fern- und Hochgeschwindigkeitszügen muss das Rad in der Regel zusammengeklappt oder auseinandergebaut und in einer Kiste oder einem Koffer transportiert werden. Vor dem Ticketkauf informiert man sich am besten über die jeweiligen Bestimmungen.

Fahrradverleiher gibt's in größeren Städten, Urlaubsorten und touristischen Gegenden. Oft bekommt man *bicis todo terreno* (Mountainbikes); die Preise liegen bei 10 bis 20 € pro Tag. Sevilla ist bei Weitem die fahrradfreundlichste Stadt.

Hauptstraßen haben nur selten Radwege, aber es ist erlaubt, in Zweierreihen nebeneinander zu fahren.

Außerhalb geschlossener Ortschaften besteht eine Helmpflicht.

Flugzeug

Es gibt kaum reguläre Inlandsflüge innerhalb von Andalusien. Mit einer Ausnahme: Täglich gibt's einen Flug zwischen Sevilla und Almería mit Air Nostrum, einem Ableger von Iberian Airlines.

Schiff/Fähre

Zwischen Cádiz und El Puerto de Santa María verkehrt regelmäßig ein Katamaran (S. 130).

Taxi & Fahrgemeinschaften

In Städten warten viele Taxis auf Kundschaft und auch kleine Orte haben meist eines oder zwei. Die Preise sind vertretbar: Der Grundpreis liegt bei etwa 3 bis 3,50 €, pro Kilometer wird ca. 1,05 € verlangt, während die Strecke zum Flughafen häufig etwas teurer ist. Taxifahrer erwarten kein Trinkgeld, freuen sich aber natürlich immer, wenn man den Preis aufrundet.

Mitfahrdienste wie Cabify (www.cabify.com) und Uber (www.uber.com) werden in andalusischen Städten wie Sevilla zunehmend beliebter.

Zug

Renfe (Red Nacional de los Ferrocarriles Españoles, Spanish National Railways; ☎ 91 232 03 20; www.renfe.es) unterhält in Andalusien ein ausgedehntes und effizientes Eisenbahnnetz, das die meisten größeren Städte und viele kleinere Orte miteinander verbindet. Auf vielen Strecken ist der

Zugstrecken

Zug eine schnelle und preiswerte Alternative zum Bus.

- Der Hochgeschwindigkeitszug AVE fährt zwischen Córdoba und Málaga, Córdoba und Sevilla sowie Sevilla und Málaga.
- Oftmals verkehren innerhalb Andalusiens die billigeren (aber auch langsameren) Züge der Typen *regional* und *cercanía*, für die es nur eine Fahrkartenklasse gibt. *Regionales* bedienen zahlreiche andalusische Orte und halten unterwegs häufig an. *Cercanías* sind Nahverkehrszüge, die Großstädte wie Sevilla, Málaga und Cádiz mit ihren Vororten und nahegelegenen Zielen verbinden.
- Tickets gibt's online auf der Website der Renfe, wo man zudem alle aktuellen Fahrpläne findet.
- Für die AVE-Hochgeschwindigkeitszüge sind Reservierungen erforderlich, auf kürzeren, langsameren Routen sind sie dagegen nicht so wichtig.
- Regionalzüge fahren mit einem durchschnittlichen Tempo von 75 km/h und kosten ca. 1 € pro 15 km.
- Auf vielen Strecken der Renfe sind Rückfahrkarten um 20 % günstiger als zwei Einzeltickets.

Sprache

In Andalusien wird Spanisch *(español)* bzw. Kastilisch *(castellano)* gesprochen.

Die Aussprache des Spanischen ist leicht, da sie dem Deutschen ähnelt. Das r wird allerdings stark gerollt und das ch wie in „Matsch" gesprochen. ll klingt wie ein j im Deutschen. Wer auf seiner Reise auch andere Landesteile besucht, wird bemerken, dass der gelispelte th-Laut (wie im Englischen) in Andalusien anders als im Rest Spaniens wie ein s gesprochen wird. In der blauen Aussprachehilfe sind betonte Silben kursiv.

Wo es nötig ist, werden maskuline und feminine Formen (m/f) angegeben. Höfliche und informelle Anrede erkennt man an den Abkürzungen „inf." und „höfl.".

GRUNDLAGEN

Hallo.	*Hola.*	o·la
Tschüs.	*Adiós.*	a·*djos*
Wie geht's?	*¿Qué tal?*	ke tal
Gut, danke.	*Bien, gracias.*	bjen *gra*·sjas
Entschuldigung.	*Perdón.*	per·*don*
Tut mir leid.	*Lo siento.*	lo *sjen*·to
Ja.	*Sí.*	si
Nein.	*No.*	no
Bitte.	*Por favor.*	por fa·*wor*
Danke.	*Gracias.*	*gra*·sjas
Gern geschehen.	*De nada.*	de *na*·da

NOCH MEHR SPANISCH?

Ausführlichere Sprachinformationen und viele nützliche Wendungen findet man im Lonely Planet *Reise-Sprachführer Spanisch*. Er ist im Buchhandel und unter **shop.lonelyplanet.com** sowie als App für Apple und Android erhältlich.

Ich heiße ...
Me llamo ... — me *ja*·mo ...

Wie heißen Sie/heißt du?
¿Cómo se llama Usted? — *ko*·mo se *ja*·ma u·*ste* (höfl.)
¿Cómo te llamas? — *ko*·mo te *ja*·mas (inf.)

Sprechen Sie/sprichst du Deutsch/Englisch?
¿Habla alemán/inglés? — a·bla ale·*man* /in·*gles* (höfl.)
¿Hablas alemán/inglés? — a·blas ale·*man* /in·*gles* (inf.)

Ich verstehe nicht.
No entiendo. — no en·*tjen*·do

ESSEN & TRINKEN

Was empfehlen Sie?
¿Qué recomienda? — ke re·ko·*mjen*·da

Was ist in dem Gericht?
¿Que lleva ese plato? — ke *je*·wa e·se *pla*·to

Ich esse kein ...
No como ... — no *ko*·mo ...

Zum Wohl!
¡Salud! — sa·*lu*

Das war köstlich!
¡Estaba buenísimo! — es·*ta*·ba bue·*ni*·si·mo

Die Rechnung bitte.
Por favor, nos trae *la cuenta.* — por fa·*wor* nos *tra*·e la *kuen*·ta

Ich hätte gern einen Tisch für ...	*Quisiera reservar una mesa para ...*	ki·*sje*·ra re·ser·*war* *u*·na *me*·sa *pa*·ra ...
(acht) Uhr	*las (ocho)*	las (*o*·tscho)
(zwei) Personen	*(dos) personas*	(dos) per·*so*·nas

Schlüsselbegriffe

Abendessen	*cena*	*se*·na
Aperitif	*aperitivo*	a·pe·ri·*ti*·wo
Bar	*bar*	bar

Café	*café*	ka·*fe*
Essen	*comida*	ko·*mi*·da
Flasche	*botella*	bo·*te*·ja
Frühstück	*desayuno*	de·sa·*ju*·no
Gabel	*tenedor*	te·ne·*dor*
Glas	*vaso*	*wa*·so
Hauptgericht	*segundo plato*	se·*gun*·do *pla*·to
heiß (warm)	*caliente*	ka·*jen*·te
Hochstuhl	*trona*	*tro*·na
(zu) kalt	*(muy) frío*	(muj) *fri*·o
Löffel	*cuchara*	ku·*tscha*·ra
Markt	*mercado*	mer·*ka*·do
(Kinder-) Menü	*menú (infantil)*	me·*nu* (in·fan·*til*)
Messer	*cuchillo*	ku·*tschi*·jo
mit	*con*	kon
Mittagessen	*comida*	ko·*mi*·da
ohne	*sin*	sin
Restaurant	*restaurante*	res·tau·*ran*·te
Schüssel	*bol*	bol
Supermarkt	*supermercado*	su·per·mer·*ka*·do
Teller	*plato*	*pla*·to
vegetarisches Essen	*comida vegetariana*	ko·*mi*·da we·che·ta·*rja*·na

Fisch & Fleisch

Ente	*pato*	*pa*·to
Garnelen	*camarones*	ka·ma·*ro*·nes
Huhn	*pollo*	*po*·jo
Kabeljau	*bacalao*	ba·ka·*la*·o
Kalb	*ternera*	ter·*ne*·ra
Lachs	*salmón*	sal·*mon*
Lamm	*cordero*	kor·*de*·ro
Languste	*langosta*	lan·*gos*·ta
Pute	*pavo*	*pa*·wo
Rindfleisch	*carne de vaca*	*kar*·ne de *wa*·ka
Schwein	*cerdo*	*ser*·do
Thunfisch	*atún*	a·*tun*

Obst & Gemüse

Ananas	*piña*	*pi*·nja
Apfel	*manzana*	man·*sa*·na
Aprikose	*albaricoque*	al·ba·ri·*ko*·ke
Artischocke	*alcachofa*	al·ka·*tscho*·fa
Banane	*plátano*	*pla*·ta·no
Bohnen	*judías*	chu·*di*·as
Erbsen	*guisantes*	gi·*san*·tes

SCHLÜSSELSÄTZE

Mit den folgenden Sätzen sollte man sich gut verständigen können:

Wann geht (der nächste Flug)?
¿Cuándo sale (el próximo vuelo)? — *kuan*·do *sa*·le (el *prok*·si·mo *wue*·lo)

Wo ist (der Bahnhof)?
¿Dónde está (la estación)? — *don*·de es·*ta* (la es·ta·*sjon*)

Wo kann ich (eine Fahrkarte kaufen)?
¿Dónde puedo (comprar un billete)? — *don*·de *pue*·do (kom·*prar* un bi·*lje*·te)

Haben Sie (eine Karte)?
¿Tiene (un mapa)? — *tje*·ne (un *ma*·pa)

Gibt's (eine Toilette)?
¿Hay (servicios)? — ai (ser·*wi*·sjos)

Ich möchte (einen Kaffee).
Quisiera (un café). — ki·*sje*·ra (un ka·*fe*)

Ich möchte (ein Auto mieten).
Quisiera (alquilar un coche). — ki·*sje*·ra (al·ki·*lar* un *ko*·tsche)

Kann ich (hereinkommen)?
¿Se puede (entrar)? — se *pue*·de (en·*trar*)

Könnten Sie mir bitte (helfen)?
¿Puede (ayudarme), por favor? — *pue*·de (a·ju·*dar*·me) por fa·*wor*

Brauche ich (ein Visum)?
¿Necesito (obtener un visado)? — ne·se·*si*·to (ob·te·*ner* un wi·*sa*·do)

Erdbeere	*fresa*	*fre*·sa
Gemüse	*verdura*	wer·*du*·ra
Gurke	*pepino*	pe·*pi*·no
Karotte	*zanahoria*	sa·na·*o*·rja
Kartoffel	*patata*	pa·*ta*·ta
Kirsche	*cereza*	se·*re*·sa
Kohl	*col*	kol
Kürbis	*calabaza*	ka·la·*ba*·sa
Linsen	*lentejas*	len·*te*·chas
Mais	*maíz*	ma·*is*
Nüsse	*nueces*	*nue*·ses
Obst	*fruta*	*fru*·ta
Orange	*naranja*	na·*ran*·cha
(rote/grüne) Paprika	*pimiento (rojo/verde)*	pi·*mjen*·to (*ro*·cho/*wer*·de)
Pfirsich	*melocotón*	me·lo·ko·*ton*
Pflaume	*ciruela*	sir·*ue*·la
Pilz	*champiñón*	tscham·pi·*njon*
Rote Bete	*remolacha*	re·mo·*la*·tscha
Salat	*lechuga*	le·*tschu*·ga
Sellerie	*apio*	*a*·pjo
Spargel	*espárragos*	es·*pa*·ra·gos

SCHILDER

Abierto	Offen
Cerrado	Geschlossen
Entrada	Eingang
Hombres	Männer
Mujeres	Frauen
Prohibido	Verboten
Salida	Ausgang
Servicios/Aseos	Toiletten

Spinat	*espinacas*	es·pi·*na*·kas
Tomate	*tomate*	to·*ma*·te
Trauben	*uvas*	*u*·was
Wassermelone	*sandía*	san·*di*·a
Zitrone	*limón*	li·*mon*
Zwiebel	*cebolla*	se·*bo*·ja

Anderes

Brot	*pan*	pan
Butter	*mantequilla*	man·te·*ki*·ja
Ei	*huevo*	*ue*·wo
Essig	*vinagre*	wi·*na*·gre
Honig	*miel*	mjel
Käse	*queso*	*ke*·so
Marmelade	*mermelada*	mer·me·*la*·da
Öl	*aceite*	a·*sej*·te
Pfeffer	*pimienta*	pi·*mjen*·ta
Reis	*arroz*	a·*ros*
Salz	*sal*	sal
Zucker	*azúcar*	a·*su*·kar

Getränke

Bier	*cerveza*	ser·*we*·sa
Kaffee	*café*	ka·*fe*
Milch	*leche*	*le*·tsche
Rotwein	*vino tinto*	*wi*·no *tin*·to
(Orangen-) Saft	*zumo (de naranja)*	*su*·mo (de na·*ran*·cha)
Tee	*té*	te
(Mineral-) Wasser	*agua (mineral)*	*a*·gua (mi·ne·*ral*)
Weißwein	*vino blanco*	*wi*·no *blan*·ko

NOTFALL

Hilfe!	*¡Socorro!*	so·*ko*·ro
Gehen Sie weg!	*¡Vete!*	*we*·te
Rufen Sie ...!	*¡Llame a ...!*	*ja*·me a ...
einen Arzt	*un médico*	un *me*·di·ko
die Polizei	*la policía*	la po·li·*si*·a

Ich habe mich verlaufen.
Estoy perdido/a. — es·*toj* per·*di*·do/a (m/f)

Ich bin krank.
Estoy enfermo/a. — es·*toj* en·*fer*·mo/a (m/f)

Es tut hier weh.
Me duele aquí. — me *due*·le a·*ki*

Ich bin allergisch gegen (Antibiotika).
Soy alérgico/a a (los antibióticos). — soj a·*ler*·chi·ko/a a (los an·ti·*bjo*·ti·kos) (m/f)

Wo sind die Toiletten?
¿Dónde están los servicios? — *don*·de es·*tan* los ser·*wi*·sjos

SHOPPEN & SERVICE

Ich würde gern ... kaufen.
Quisiera comprar ... — ki·*sje*·ra kom·*prar* ...

Ich schaue mich nur um.
Sólo estoy mirando. — *so*·lo es·*toj* mi·*ran*·do

Kann ich das mal sehen?
¿Puedo verlo? — *pue*·do *wer*·lo

Das gefällt mir nicht.
No me gusta. — no me *gus*·ta

Wie viel kostet das?
¿Cuánto cuesta? — *kuan*·to *kues*·ta

Das ist zu teuer.
Es muy caro. — es mui *ka*·ro

Können Sie mit dem Preis runtergehen?
¿Podría bajar un poco el precio? — po·*dri*·a ba·*char* un *po*·ko el *pre*·sjo

In der Rechnung ist ein Fehler.
Hay un error en la cuenta. — ai un e·*ror* en la *kuen*·ta

Geldautomat	*cajero automático*	ka·*che*·ro au·to·*ma*·ti·ko
Internetcafé	*cibercafé*	si·ber·ka·*fe*
Kreditkarte	*tarjeta de crédito*	tar·*che*·ta de *kre*·di·to
Postamt	*correos*	ko·*re*·os
Touristen-information	*oficina de turismo*	o·fi·*si*·na de tu·*ris*·mo

UHRZEIT & DATUM

Wie spät ist es?	¿Qué hora es?	ke *o*·ra es
Es ist (10) Uhr.	Son (las diez).	son (las djes)
Halb (zwei).	*Es (la una) y media.*	es (la *u*·na) i *me*·dja
Wann?	¿A qué hora?	a ke *o*·ra
Um ...	A la(s) ...	a la(s) ...

Morgen	*mañana*	ma·*nja*·na
Nachmittag	*tarde*	*tar*·de
Abend	*noche*	*no*·tsche
gestern	*ayer*	a·*jer*
heute	*hoy*	oj
morgen	*mañana*	ma·*nja*·na

Montag	*lunes*	*lu*·nes
Dienstag	*martes*	*mar*·tes
Mittwoch	*miércoles*	*mjer*·ko·les
Donnerstag	*jueves*	*chue*·wes
Freitag	*viernes*	*wjer*·nes
Samstag	*sábado*	*sa*·ba·do
Sonntag	*domingo*	do·*min*·go

Januar	*enero*	e·*ne*·ro
Februar	*febrero*	fe·*bre*·ro
März	*marzo*	*mar*·so
April	*abril*	a·*bril*
Mai	*mayo*	*ma*·jo
Juni	*junio*	*chu*·njo
Juli	*julio*	*chu*·ljo
August	*agosto*	a·*gos*·to
September	*septiembre*	sep·*tjem*·bre
Oktober	*octubre*	ok·*tu*·bre
November	*noviembre*	no·*wjem*·bre
Dezember	*diciembre*	di·*sjem*·bre

UNTERKUNFT

Hotel	*hotel*	o·*tel*
Jugendherberge	*albergue juvenil*	al·*ber*·ge chu·we·*nil*
Pension	*pensión*	pen·*sjon*
Ich hätte gern ein ...-zimmer.	*Quisiera una habitación ...*	ki·*sje*·ra *u*·na a·bi·ta·*sjon* ...
Einzel-	*individual*	in·di·wi·*dual*
Doppel-	*doble*	*do*·ble

Badezimmer	*baño*	*ba*·njo
Bett	*cama*	*ka*·ma
Fenster	*ventana*	wen·*ta*·na
Klimaanlage	*aire acondicionado*	*ai*·re a·kon·di·sjo·*na*·do

Wie viel kostet es pro Nacht/Person?
¿Cuánto cuesta por noche/persona? — *kuan*·to *kues*·ta por *no*·tsche/per·*so*·na

Ist das Frühstück inklusive?
¿Incluye el desayuno? — in·*klu*·je el de·sa·*ju*·no

VERKEHRSMITTEL & -WEGE

Öffentliche Verkehrsmittel

Bus	*autobús*	au·to·*bus*
Flugzeug	*avión*	a·*wjon*
Schiff	*barco*	*bar*·ko
Straßenbahn	*tranvía*	tran·*wi*·a
Zug	*tren*	tren
erster	*primer*	pri·*mer*
letzter	*último*	*ul*·ti·mo
nächster	*próximo*	*prok*·si·mo

Ich möchte nach (Córdoba).
Quisiera ir a (Córdoba). — ki·*sje*·ra ir a (*kor*·do·ba)

Wann kommt/fährt er/sie/es an/ab?
¿A qué hora llega/sale? — a ke *o*·ra *je*·ga/*sa*·le

Ist das eine direkte Route?
¿Es un viaje directo? — es un *wja*·che di·*rek*·to

Hält er/sie/es in (Granada)?
¿Para en (Granada)? — *pa*·ra en (gra·*na*·da)

Welche Haltestelle ist das?
¿Cuál es esta parada? — kual es *es*·ta pa·*ra*·da

Können Sie mir sagen, wann wir in Sevilla ankommen?
¿Puede avisarme cuando lleguemos a (Sevilla)? — *pue*·de a·wi·*sar*·me *kuan*·do je·*ge*·mos a (se·*wi*·ja)

Ich möchte hier aussteigen.
Quiero bajarme aquí. — *kje*·ro ba·*char*·me a·*ki*

ein ... -Ticket	*un billete de ...*	un bi·*je*·te de ...
1. Klasse	*primera clase*	pri·*me*·ra *kla*·se
2. Klasse	*segunda clase*	se·*gun*·da *kla*·se
einfaches	*ida*	*i*·da
hin und zurück	*ida y vuelta*	*i*·da i *wuel*·ta
Busbahnhof/ Bahnhof	*estación de autobuses/ trenes*	es·ta·*sjon* de au·to·*bu*·ses/ *tre*·nes

FRAGEWÖRTER

Wann?	*¿Cuándo?*	*kuan*·do
Warum?	*¿Por qué?*	por ke
Was?	*¿Qué?*	ke
Wer?	*¿Quién?*	kjen
Wie?	*¿Cómo?*	*ko*·mo
Wo?	*¿Dónde?*	*don*·de

ZAHLEN

1	uno	u·no
2	dos	dos
3	tres	tres
4	cuatro	kua·tro
5	cinco	sin·ko
6	seis	sejs
7	siete	sje·te
8	ocho	o·tscho
9	nueve	nue·we
10	diez	djes
20	veinte	wejn·te
30	treinta	trejn·ta
40	cuarenta	kua·ren·ta
50	cincuenta	sin·kuen·ta
60	sesenta	se·sen·ta
70	setenta	se·ten·ta
80	ochenta	o·tschen·ta
90	noventa	no·wen·ta
100	cien	sjen
1000	mil	mil

Fahrplan	*horario*	o·ra·rjo
Gang-/ Fensterplatz	*asiento de pasillo/ ventana*	a·sjen·to de pa·si·jo/ wen·ta·na
gestrichen	*cancelado*	kan·se·la·do
Gleis	*plataforma*	pla·ta·for·ma
Ticket-schalter	*taquilla*	ta·ki·ja
verspätet	*retrasado*	re·tra·sa·do

Autofahren & Radfahren

Ich möchte ein(en) ... mieten.	*Quisiera alquilar ...*	ki·sje·ra al·ki·lar ...
Allradwagen	*un todo-terreno*	un to·do·te·re·no
Auto	*un coche*	un ko·tsche
Fahrrad	*una bicicleta*	u·na bi·si·kle·ta
Motorrad	*una moto*	u·na mo·to

Benzin	*gasolina*	ga·so·li·na
Diesel	*gasóleo*	ga·so·le·o
Helm	*casco*	kas·ko
Kindersitz	*asiento de seguridad para niños*	a·sjen·to de se·gu·ri·da pa·ra ni·njos
Mechaniker	*mecánico*	me·ka·ni·ko
Tankstelle	*gasolinera*	ga·so·li·ne·ra

Wie viel kostet das pro Tag/Stunde?
¿Cuánto cuesta por día/hora? — kuan·to kues·ta por di·a/o·ra

Ist das die Straße nach (Malaga)?
¿Se va a (Málaga) por esta carretera? — se wa a (ma·la·ga) por es·ta ka·re·te·ra

(Wie lange) Kann ich hier parken?
¿(Por cuánto tiempo) Puedo aparcar aquí? — (por kuan·to tjem·po) pu·e·do a·par·kar a·ki

Das Auto ist (in Cádiz) liegen geblieben.
El coche se ha averiado (en Cádiz). — el ko·tsche se a·we·ria·do (en ka·dis)

Ich habe einen Platten.
Tengo un pinchazo. — ten·go un pin·tscha·so

Mir ist das Benzin ausgegangen.
Me he quedado sin gasolina. — me e ke·da·do sin ga·so·li·na

Gibt's dort Radwege?
¿Hay carril bicicleta? — ai ka·ril bi·si·kle·ta

Kann man dort sein Fahrrad abstellen?
¿Hay aparcamiento de bicicletas? — ai a·par·ka·mjen·to de bi·si·kle·tas

WEGWEISER

Wo ist ...?
¿Dónde está ...? — don·de es·ta ...

Wie lautet die Adresse?
¿Cuál es la dirección? — kual es la di·rek·sjon

Können Sie das bitte aufschreiben?
¿Puede escribirlo, por favor? — pue·de es·kri·bir·lo por fa·wor

Können Sie mir das (auf der Karte) zeigen?
¿Me lo puede indicar (en el mapa)? — me lo pue·de in·di·kar (en el ma·pa)

an der Ampel	*en el semáforo*	en el se·ma·fo·ro
an der Ecke	*en la esquina*	en la es·ki·na
gegenüber ...	*frente a ...*	fren·te a ...
geradeaus	*todo recto*	to·do rek·to
hinter ...	*detrás de ...*	de·tras de ...
links	*izquierda*	is·kjer·da
nah	*cerca*	ser·ka
neben ...	*al lado de ...*	al la·do de ...
rechts	*derecha*	de·re·tscha
vor ...	*enfrente de ...*	en·fren·te de ...
weit	*lejos*	le·chos

GLOSSAR

alameda – Pappelallee
alcázar – maurische Festung
artesonado – Kassettendecke (Decke, auf der die sich kreuzenden Balken gleich große Zwischenräume lassen, die dekorativ gefüllt werden können)
autopista – gebührenpflichtige Autobahn
autovía – gebührenfreie Schnellstraße
AVE – Alta Velocidad Española; Hochgeschwindigkeitszug zwischen Madrid und Sevilla
ayuntamiento – Rathaus
azulejo – Kachel

bahía – Bucht
bailaor/a – Flamenco-Tänzer/in
bandolero – Bandit
barrio – Stadtbezirk, Stadtteil
Bodega – Weinhandel, Weinlokal oder Weinkeller
buceo – Gerätetauchen
bulería – schneller Flamenco
buzón – Briefkasten

cajero automático – Geldautomat
calle – Straße
callejón – Gasse
cambio – Geldwechsel
campiña – flaches oder leicht hügeliges Ackerland
campo – Feld, Acker
cantaor/a – Flamenco-Sänger/in
cante jondo – „tiefer Gesang", die Seele des Flamenco
capilla – Kapelle
capilla mayor – Kapelle mit Hochaltar in einer Kirche
carnaval – Karneval
carretera – Landstraße
carta – Speisekarte
casa rural – Land- oder Bauernhaus mit Zimmervermietung
casco – wörtlich „Helm"; im übertragenen Sinn eine Altstadt *(casco antiguo)*
castellano – Kastilisch; die spanische Sprache
castillo – Burg
caza – Jagd
centro comercial – Einkaufszentrum
cercanía – Vorortzug
cerro – Hügel
cervecería – Bierkneipe
chiringuito – kleine, oft improvisierte Bar im Freien
Churriguerismus – schnörkeliger Barockstil in der Architektur, benannt nach den Brüdern Alberto und José Churriguera
cofradía – siehe *hermandad*
colegiata – Stiftskirche, Kirche mit Priesterkollegium o. Ä.
comedor – Speisesaal
comisaría – Station der Policía Nacional
converso – zum Christentum übergetretener Jude im Mittelalter
cordillera – Bergkette
coro – Chor (Teil einer Kirche, meist in der Mitte)
corrida de toros – Stierkampf
cortes – Parlament
cortijo – Landgut
costa – Küste
coto – Jagdrevier
cruce – Kreuzung
cuenta – Rechnung
cuesta – Abhang, Gefälle
custodia – Monstranz (kunstvoller Behälter für eine geweihte Hostie)

dehesa – Weide mit immergrünen Eichen
Denominación de Origen (DO) – Bezeichnung, mit der die geografische Herkunft, der Produktionsprozess und die Qualität von Weinen, Olivenölen und anderen spanischen Produkten gekennzeichnet wird
duende – der „Geist" des Flamenco, der von den großen Flamenco-Künstlern Besitz ergriffen hat
duque – Herzog
duquesa – Herzogin

embalse – Stausee
ermita – Einsiedelei oder Kapelle
escalada – Klettern
estación de autobuses – Busbahnhof
estación de esquí – Skistation, Skigebiet
estación de ferrocarril – Bahnhof
estación marítima – Passagierhafen
estanco – Tabakladen
estrella – wörtlich: Stern; Nachtzug mit Sitzplätzen, Liege- und Schlafwagen

farmacia – Apotheke
faro – Leuchtturm
feria – Handelsmesse, Jahrmarkt, Volksfest
ferrocarril – Eisenbahn
fiesta – Party, Feiertag oder Festival
Finca – Gutshaus, Bauernhof
flamenco – Flamingo, Flamenco oder die flämische Sprache
frontera – Grenze
fuente – Quelle, Springbrunnen

gitano – Angehöriger der Roma
Guardia Civil – Gendarmerie; Polizei, die im Straßenverkehr, auf dem Land, in den Dörfern sowie an der Grenze Dienst tut. Ihre Uniform ist grün; siehe auch *Policía Local* und *Policía Nacional*.

hammam – Badehaus im arabischen Stil
hermandad – Bruderschaft (Frauen sind jedoch ebenfalls zugelassen), vor allem eine, die an religiösen Prozessionen teilnimmt; auch *cofradía* genannt
hospedaje – Pension
hostal – schlichte Pension oder kleines billiges Hotel

infanta – Tochter eines Monarchen, die nicht an erster Stelle der Thronfolge steht
infante – Sohn eines Monarchen, der nicht an erster Stelle der Thronfolge steht

jardín – Garten
judería – jüdisches Viertel im mittelalterlichen Spanien
Junta de Andalucía – Regierung von Andalusien

lavandería – Waschsalon
librería – Buchladen
lidia – heutige Art des Stierkampfs
lucio – Teich in den *marismas* der Doñana

madrugada/madrugá – frühe Morgenstunden, von etwa 3 Uhr bis zur Dämmerung; in manchen spanischen Städten geht's zu dieser Zeit erst so richtig ab
marismas – Feuchtgebiete, Sumpfland
marisquería – Meeresfrüchtelokal
marqués – Marquis
medina – arabisch für Stadt oder Innenstadt
mercadillo – Flohmarkt
mercado – Markt
mezquita – Moschee
Mihrab – Gebetsnische in einer Moschee, die nach Mekka weist
mirador – Aussichtspunkt
morisco – zum Christentum übergetretener Muslim im mittelalterlichen Spanien
moro – Maure; Muslim im mittelalterlichen Spanien
movida – Bar- und Nachtclubszene, die in den Städten Spaniens nach Francos Tod aufgekommen ist; die *zona de movida* oder *zona de marcha* ist das Viertel, in dem sich die Leute zum Trinken und Feiern treffen
mozárabe – Mozaraber; Christ unter islamischer Herrschaft im mittelalterlichen Spanien
Mudejar – Muslim unter christlicher Herrschaft im mittelalterlichen Spanien; namensgebend für den dekorativen Architekturstil der Mudejaren
muelle – Kai, Mole
muladí – zum Islam übergetretener Christ im mittelalterlichen Spanien
nazareno – Büßer auf den Prozessionen der Semana Santa

nieve – Schnee
nuevo – neu

oficina de correos – Post
oficina de turismo – Touristeninformation
olivo – Olivenbaum

palacio – Palast, Schloss
palo – wörtlich: Stab, Einteilung für Flamenco-Lieder
panadería – Bäckerei
papelería – Schreibwarenladen
parador – Haus der staatlichen Luxushotelkette Paradores Nacionales, oft in einem historischen Gebäude
paraje natural – Naturschutzgebiet
parque nacional – Nationalpark
parque natural – Naturpark
paseo – Allee oder Promenade; Rundgang
paso – wörtlich: Schritt; auch für die Plattform, auf der bei einer Prozession ein Bildnis getragen wird
peña – ein Club; gewöhnlich für die Fans eines Fußballvereins oder für Flamenco-Enthusiasten *(peña flamenca)*, manchmal auch ein Debattierclub
pensión – Pension
pescadería – Fischgeschäft
picadero – Reitschule
pícaro – Falschspieler (Würfel oder Karten), Schurke, Gauner
pinsapar – Wald mit *pinsapos*
pinsapo – Spanische Tanne
piscina – Swimmingpool
Platereskenstil – Architekturstil aus der Frührenaissance mit besonders verzierten Fassaden
playa – Strand
plaza de toros – Stierkampfarena
Policía Local – Städtische oder örtliche Polizei; auch Policía Municipal genannt. Untersteht der Stadtverwaltung und kümmert sich vor allem um kleinere Angelegenheiten, wie Park- und Verkehrssünder und die Einhaltung städtischer Verordnungen. Die Uniform ist blauweiß. Siehe auch *Guardia Civil* und *Policía Nacional*.
Policía Municipal – Städtische Polizei; siehe *Policía Local*
Policía Nacional – Nationalpolizei; verantwortlich für größere Städte. Teilweise in besondere Einheiten zur Bekämpfung von Drogenkriminalität, Terrorismus usw. gegliedert.
preferente – 1. Klasse im Fernzug
provincia – Provinz; Spanien ist in 50 Provinzen aufgeteilt
pueblo – Dorf, Kleinstadt
puente – Brücke
puerta – Tor, Tür
puerto – Hafen, Bergpass
puerto deportivo – Jachthafen
puerto pesquero – Fischerhafen
punta – Punkt

rambla – Flussbett
Reconquista – Wiedereroberung der vom 8. bis zum 15. Jh. muslimisch beherrschten Iberischen Halbinsel durch die Christen
refugio – Schutzhütte mit einfachen Schlafmöglichkeiten für Wanderer, vor allem in den Bergen
regional – Zug zwischen andalusischen Städten
reja – Gitter; insbesondere ein schmiedeeisernes Gitter über einem Fenster und vor einer Kapelle
Renfe – Red Nacional de los Ferrocarriles Españoles; staatliche spanische Eisenbahn
reserva – Reservierung, auch: Reservat (z. B. Naturreservat)
reserva nacional de caza – Nationales Jagdgebiet
reserva natural – Naturreservat
retablo – Retabel (Altaraufsatz)
ría – trichterförmige Flussmündung mit Salzwasser (durch eine tief ins Land reichende Meeresbucht entstanden)
río – Fluss
romería – festliche Pilgerfahrt oder Prozession
ronda – Umgehungsstraße

sacristía – Sakristei, Raum innerhalb einer Kirche, in dem Gewänder, heilige Gegenstände und andere Wertgegenstände aufbewahrt werden
salina – Salzgarten, Saline
Semana Santa – Karwoche
sendero – Weg, Pfad
sevillana – beliebter andalusischer Tanz
sierra – Gebirgszug
Siglo de Oro – das „Goldene Zeitalter" der spanischen Hochkultur vom 16. bis zum 17. Jh.

taberna – Taverne
tablao – Flamenco-Show
taifa – Kleinkönigreich; im 11. und 12. Jh. war der islamisch beherrschte Teil Spaniens in mehrere *taifas* aufgeteilt
taquilla – Fahrkartenschalter
taracea – Einlegearbeit
tarjeta de crédito – Kreditkarte
tarjeta telefónica – Telefonkarte
teléfono móvil – Handy
terraza – Terrasse; oftmals gleichbedeutend mit der Freifläche einer Bar, eines Cafés oder eines Restaurants
tetería – Teehaus oder Teestube im orientalischen Stil; mit niedrigen Sitzen um niedrige Tische
tienda – Laden, Zelt
tocaor/a – Flamenco-Gitarrist/in
torre – Turm
trenhotel – teurer Schlafwagenzug ohne Sitzplätze
turismo – Tourismus, Limousine; auch: Touristeninformation
turista – 2. Klasse im Fernzug

valle – Tal

zoco – Basar (großer Markt in islamischen Städten)

Hinter den Kulissen

WIR FREUEN UNS ÜBER FEEDBACK

Post von Travellern zu bekommen ist für uns ungemein hilfreich – Kritik und Anregungen halten uns auf dem Laufenden und helfen, unsere Bücher zu verbessern. Unser reiseerfahrenes Team liest alle Zuschriften genau durch, um zu erfahren, was an unseren Reiseführern gut und was schlecht ist. Wir können solche Post zwar nicht individuell beantworten, aber jedes Feedback wird garantiert schnurstracks an die jeweiligen Autoren weitergeleitet, rechtzeitig vor der nächsten Nachauflage.

Wer Ideen, Erfahrungen und Korrekturhinweise zum Reiseführer mitteilen möchte, hat die Möglichkeit dazu auf www.lonelyplanet.com/contact/guidebook_feedback/new. Anmerkungen speziell zur deutschen Ausgabe erreichen uns über www.lonelyplanet.de/kontakt.

Hinweis: Da wir Beiträge möglicherweise in Lonely Planet Produkten (Reiseführer, Websites, digitale Medien) veröffentlichen, ggf. auch in gekürzter Form, bitten wir um Mitteilung, falls ein Kommentar nicht veröffentlicht oder ein Name nicht genannt werden soll. Wer Näheres über unsere Datenschutzpolitik wissen will, erfährt das unter www.lonelyplanet.com/privacy.

DANK DER AUTOREN

Gregor Clark

Muchísimas gracias an die vielen Andalusier und Mitreisenden, deren Empfehlungen, Wissen und Begeisterung für Spaniens sonnigen Süden uns sehr geholfen haben – insbesondere Ramón, Laura, José Manuel, Michaela, Eva, Daniel, Alfredo, Alberto, John und Isabella. *Un gran abrazo* an Gaen auf der anderen Seite des Atlantiks, die jeden Tag zu einer Entdeckungsreise macht und die Heimkehr zum schönsten Teil der Reise.

Duncan Garwood

Ich schulde vielen Menschen Dank, angefangen bei Rachel, Steve, Robert und Nick, deren Gesellschaft in Sevilla ich sehr genossen habe. Außerdem danke ich Isabella Noble und Gregor Clark sowie Tom Stainer, Darren O'Connell und Sandie Kestell von Lonely Planet. In Spanien: *Gracias* an Cristina Diaz, Félix, Paula Alcayada García, Salomé Rodríguez García, José Fabra Garrido, Ana Jimenez, José Peláez, María José Álvarez Rodríguez, Virginia Rivera, Miriam Toro und Tim. Und wie immer drücke ich Lidia, Ben und Nick ganz fest.

Isabella Noble

Vielen Dank an Molly Piccavey, June Windon, Silvia Roth-Bruggers, Anne Hunt, Nancy Laforest, Lorrane Dean sowie Emma und David Illsley in Granada. In Cádiz gilt mein Dank James Stuart, Annie Manson, Barbara Seine und Víctor Vidal. Und dann will ich mich natürlich bei den Tourismus-Teams bedanken, die sich um meine endlosen Fragen gekümmert haben, sowie bei meinen fleißigen Mitautoren Gregor und Duncan für all die Mails in letzter Minute und die großartigen Ratschläge. Wie immer danke ich auch den besten Recherchehelfern überhaupt, Jack und John Noble sowie Andrew Brannan.

QUELLENNACHWEIS

Klimakartendaten von Peel MC, Finlayson BL & McMahon TA (2007) „Updated World Map of the Köppen-Geiger Climate Classification", *Hydrology and Earth System Sciences*, 11, 1633–44.

Umschlagfoto: Details der Wandplatten und Fliesen der Alhambra in Granada, jacky chapman/Alamy Stock Photo ©

Illustrationen auf S. 54–55, 222–223 & 278–279 von Javier Zarracina

DIESES BUCH

Dies ist die 6. Auflage von *Andalusien*, basierend auf der mittlerweile 10. englischen Auflage von *Andalucía*, und stammt aus der Feder von Gregor Clark, Duncan Garwood und Isabella Noble. Die vorhergehende Auflage wurde von Isabella Noble, Gregor Clark, Duncan Garwood, John Noble und Brendan Sainsbury verfasst. Dieser Reiseführer wurde von den folgenden Personen produziert:

Verantwortlicher Redakteur Sandie Kestell

Leitender Kartograf Anthony Phelan

Redakteur Will Allen

Layout Virginia Moreno

Redaktionsassistenz James Appleton, Janet Austin, Carly Hall, Anne Mulvaney, Monique Perrin, Christopher Pitts

Kartografie Julie Dodkins

Umschlagrecherche Naomi Parker

Dank an Karen Henderson, Darren O'Connell

Register

Kartenverweise **000**
Fotoverweise 000

K

L

M

Kartenverweise **000**
Fotoverweise **000**

Kartenlegende

Sehenswertes

- Strand
- Vogelschutzgebiet
- Buddhistisch
- Burg/Festung
- Christlich
- Konfuzianisch
- Hinduistisch
- Islamisch
- Jainistisch
- Jüdisch
- Denkmal
- Museum/Galerie/Hist. Gebäude
- Ruine
- Shintoistisch
- Sikhistisch
- Taoistisch
- Weingut/Weinberg
- Zoo/Tierschutzgebiet
- Andere Sehenswürdigkeit

Aktivitäten, Kurse & Touren

- Bodysurfen
- Tauchen
- Kanu-/Kajakfahren
- Kurs/Tour
- Sento/Onsen
- Skifahren
- Schnorcheln
- Surfen
- Schwimmen/Pool
- Wandern
- Windsurfen
- Andere Aktivität

Schlafen

- Unterkunft
- Campingplatz
- Hütte/Schutzhütte

Essen

- Restaurant

Ausgehen & Nachtleben

- Bar/Kneipe/Club
- Café

Unterhaltung

- Theater/Kino/Oper

Shoppen

- Geschäft/Einkaufszentrum

Praktisches

- Bank
- Botschaft/Konsulat
- Krankenhaus/Arzt
- Internet
- Polizei
- Post
- Telefon
- Toilette
- Touristeninformation
- Noch mehr Praktisches

Landschaften

- Strand
- Schranke
- Hütte/Unterstand
- Leuchtturm
- Aussichtspunkt
- Berg/Vulkan
- Oase
- Park
- Pass
- Rastplatz
- Wasserfall

Städte

- Hauptstadt
- Landeshauptstadt
- Stadt/Großstadt
- Ort/Dorf

Transport

- Flughafen
- Grenzübergang
- Bus
- Seilbahn/Standseilbahn
- Fahrradweg
- Fähre
- Metro/MRT-Bahnhof
- Monorail
- Parkplatz
- Tankstelle
- S-Bahn/Skytrain-Station
- Taxi
- T-bane/Tunnelbana-Station
- Bahnhof/Eisenbahn
- Tram/Straßenbahn
- U-Bahn-Station
- Anderes Verkehrsmittel

Vekehrswege

- Mautstraße
- Autobahn
- Hauptstraße
- Landstraße
- Verbindungsstraße
- Sonstige Straße
- Unbefestigte Straße
- Straße im Bau
- Platz/Fußgängerzone
- Stufen
- Tunnel
- Fußgängerbrücke
- Spaziergang/Wanderung
- Wanderung mit Abstecher
- Pfad/Wanderweg

Grenzen

- Staatsgrenze
- Bundesstaaten-/Provinzgrenze
- Umstrittene Grenze
- Regionale Grenze/Vorortgrenze
- Meeresschutzgebiet
- Klippen
- Mauer

Gewässer

- Fluss/Bach
- Periodischer Fluss
- Kanal
- Gewässer
- Trocken-/Salz-/Periodischer See
- Riff

Gebietsformen

- Flughafen/Start- & Landebahn
- Strand/Wüste
- Christlicher Friedhof
- Sonstiger Friedhof
- Gletscher
- Watt
- Park/Wald
- Sehenswertes Gebäude
- Sportanlage
- Sumpf/Mangroven

Hinweis: Nicht alle Symbole kommen in den Karten dieses Reiseführers vor.

UNSERE AUTOREN

Gregor Clark

Provinzen Huelva, Málaga, Jaén & Almería Gregor Clark ist Autor und lebt in den USA. Seine Affinität für Fremdsprachen und seine Neugierde auf das, was sich hinter der nächsten Ecke verbirgt, hat ihn in zig Länder auf fünf Kontinenten geführt. Im Rahmen unzähliger Roadtrips durch seine nordamerikanische Heimat hat er zudem alle 50 US-Staaten und die meisten kanadischen Provinzen besucht. Seit 2000 verfasst Gregor regelmäßig Beiträge mit den Schwerpunkten Europa und Amerika für Lonely Planet Reiseführer, darunter für die Reiseziele Italien, Frankreich, Brasilien, Costa Rica, Argentinien, Portugal, Schweiz und Mexiko. Gregor schrieb auch die Kapitel „Andalusien verstehen" und „Praktische Informationen".

Duncan Garwood

Provinzen Sevilla & Córdoba Von Fast-Bowlern auf Barbados bis zu hungrigen Schweinen in Goa – Duncans Reisen hielten unzählige einmalige Begegnungen bereit. In letzter Zeit befasst er sich größtenteils mit Spanien und seiner Wahlheimat Italien, wo er seit 1997 lebt. Er hat an rund 50 Lonely Planet Titeln gearbeitet, inklusive Reiseführern zu Spanien, Italien, Rom, Sardinien, Sizilien und Portugal, sowie an Büchern über internationale Küche und spektakuläre Autorouten. Über Italien hat er auch für Zeitungen, Websites und Magazine berichtet.

Isabella Noble

Provinzen Cádiz & Granada, Gibraltar Isabella mag auf dem Papier Engländerin/Australierin sein, doch ihr Herz gehört Spanien. Seit ihrer ersten Reise um den Globus als Einjährige erkundet sie die Welt. Sie ist in einem Dorf in Andalusien aufgewachsen und arbeitet als Reisejournalistin mit Spezialgebiet Spanien, berichtet für Lonely Planet, den *Daily Telegraph*, das Magazin *Atlas* von Etihad Airways und andere aber auch über Indien, Thailand, Griechenland, das Vereinigte Königreich und weitere Länder. Isabella hat viele Lonely Planet Titel über Spanien geschrieben (darunter Barcelona, Andalusien, die Balearen, Nordspanien und die Kanaren) und ist Spanienexpertin bei *Telegraph Travel*. Sie hat auch an Lonely Planet Reiseführern über Indien, Südindien, Thailand, Südostasien, Großbritannien und Griechenland mitgewirkt. Auf Twitter und Instagram kann man Isabella unter @isabellamnoble folgen. Sie verfasste außerdem das Kapitel zur Reiseplanung.

DIE LONELY PLANET STORY

Ein uraltes Auto, ein paar Dollar in den Hosentaschen und Abenteuerlust, mehr brauchten Tony und Maureen Wheeler nicht, als sie 1972 zu der Reise ihres Lebens aufbrachen. Diese führte sie quer durch Europa und Asien bis nach Australien. Nach mehreren Monaten kehrten sie zurück – pleite, aber glücklich –, setzten sich an ihren Küchentisch und verfassten ihren ersten Reiseführer *Across Asia on the Cheap*. Binnen einer Woche verkauften sie 1500 Bücher und Lonely Planet war geboren. Heute unterhält der Verlag Büros in den USA, in Irland und China sowie ein Netzwerk aus über 2000 Mitwirkenden in allen Ecken der Welt. Sie alle teilen Tonys Überzeugung, dass ein guter Reiseführer drei Dinge tun sollte: informieren, bilden und unterhalten.

Lonely Planet Global Limited
Digital Depot
The Digital Hub
Dublin D08 TCV4
Ireland

Obwohl die Autoren und Lonely Planet alle Anstrengungen bei der Recherche und bei der Produktion dieses Reiseführers unternommen haben, können wir keine Garantie für die Richtigkeit und Vollständigkeit dieses Inhalts geben. Deswegen können wir auch keine Haftung für eventuell entstandenen Schaden übernehmen.

Verlag der deutschen Ausgabe:
MAIRDUMONT, Marco-Polo-Straße 1, 73760 Ostfildern,
www.lonelyplanet.de, www.mairdumont.com, lonelyplanet-online@mairdumont.com

Redaktion: Verlagsbüro Wais & Partner, Stuttgart (Meike Diekmann, Juliane Hansen, Julia Rietsch, Kai Wieland)
Mitarbeit: Natasa Sipka
Übersetzung der 6. Auflage: Anne Cappel, Gabriela Huber Martins, Gunter Mühl, Svenja Tengs, Carina Wurzinger
(An früheren Auflagen haben zusätzlich mitgewirkt: Julie Bacher, Petra Dubilski, Britt Maaß, Silvia Mayer, Günter Feigel, Sonja Hofmann, Claudia Riefert, Petra Sparrer, Nicole Stange, Robert Suske, Inga-Brita Thiele, Sara Walczyk, Katja Weber)
Technischer Support: Primustype, Notzingen

Andalusien
6. deutsche Auflage Juli 2022,
übersetzt von *Andalucia 10th edition*, September 2021
Lonely Planet Global Limited

Printed in Poland